/4038

TRAITÉ
D'ARCHITECTURE

PARIS. — IMP. SIMON RAÇON ET COMP., RUE D'ERFURTH, 1.

TRAITÉ D'ARCHITECTURE

PREMIÈRE PARTIE

ART DE BATIR

ÉTUDES SUR LES MATÉRIAUX DE CONSTRUCTION ET LES ÉLÉMENTS DES ÉDIFICES

PAR

M. LÉONCE REYNAUD

INSPECTEUR GÉNÉRAL DES PONTS ET CHAUSSÉES, PROFESSEUR D'ARCHITECTURE
A L'ÉCOLE POLYTECHNIQUE, ETC.

TROISIÈME ÉDITION

DUNOD, ÉDITEUR
LIBRAIRE DES CORPS IMPÉRIAUX DES PONTS ET CHAUSSÉES ET DES MINES
49, QUAI DES GRANDS-AUGUSTINS, 49
PARIS — 1867
DROIT DE TRADUCTION RÉSERVÉ ET REPRODUCTION INTERDITE

1867

PRÉFACE

Lorsque je me suis décidé à écrire cet ouvrage, mon intention était de me borner à un résumé de mes leçons à l'École polytechnique ; mais je me suis vu bientôt entraîné, presque malgré moi, à compléter un enseignement dans lequel des limites de temps beaucoup trop étroites m'obligent à laisser de regrettables lacunes, et à entrer dans des développements qui, déplacés dans un cours oral, sont presque nécessaires dans un livre. J'ai même pensé qu'il convenait d'admettre dans mon cadre quelques-unes des applications des sciences physiques, qui importent essentiellement à l'Architecture, mais qui, dans une École où les cours sont nombreux et bien ordonnés, n'appartiennent pas à celui dont je suis chargé.

Le plan auquel je m'étais arrêté d'abord a donc été modifié ; toutefois ses lignes essentielles n'ont pas été altérées, loin de là : j'ai pu les dessiner avec plus de clarté, par cela même que je me donnais plus d'espace. Mon but n'a pas changé ; je m'adresse toujours aux mêmes esprits, et je m'attache, avant tout, à leur donner satisfaction, en ne leur présentant aucune forme sans en exposer les motifs principaux, et en montrer la connexion avec les données rationnelles du sujet. Je ne conclus d'ailleurs à aucune règle étroite, à aucune formule absolue, et je crois laisser à l'art toute la latitude qui lui appartient. Si je juge que des considérations d'ordre scientifique doivent intervenir dans l'étude des formes de nos édifices, je suis loin de penser qu'on leur puisse tout demander. Ce qui touche à l'essence intime de l'art se sent et ne s'explique pas ; vouloir traduire toutes les expressions de l'Architecture en langage ordinaire, serait s'en faire et en donner la plus fausse idée ; tout soumettre au jugement de la raison serait ne rien laisser aux appréciations plus délicates et souvent plus sûres du sentiment. Mais aussi, refuser à l'intelligence son intervention légitime, est ôter à l'art une partie de son autorité, et l'exposer à ces aberrations qui signalent toutes les époques de décadence. Il y a donc deux écueils à redouter dans l'enseignement de l'Architecture ; je ne les ai pas perdus de vue, le lecteur jugera si j'ai su les éviter l'un et l'autre.

Contrairement à une opinion qui a été émise dans ces derniers temps, et qui a trouvé quelque faveur dans le public, j'admets que nous avons un système d'architecture très-convenable, qui ne se refuse à rien de ce que peuvent réclamer nos usages, notre climat, nos matériaux ou notre goût. Il se rattache sans doute à la Grèce et à Rome, mais c'est au même titre que notre littérature et notre civilisation ; il y peut puiser, comme elles, de précieux enseignements, mais il n'a point de préceptes absolus à leur demander. Il a témoigné de son indépendance et de ses ressources par la construction du Louvre, ce palais sans rival, des châteaux de Fontainebleau, des Tuileries, d'Anet, de Blois, de Versailles, de l'Hôtel de Ville de Paris, des palais de la place de la Concorde et de tant d'autres admirables monuments dont nous devrions être fiers. Les Pierre Lescot, les Jean Bullant, les Philibert Delorme, les le Mercier, les Mansard, les hommes qui après eux ont illustré l'Architecture française n'ont point été d'humbles copistes, de stériles plagiaires, comme on n'a pas craint de le dire ; ils se sont montrés aussi vrais, ils ont prouvé autant de virtualité, ils ont aussi bien obéi aux inspirations du génie national que nos poëtes, nos peintres et nos statuaires. L'art ne nous a pas plus fait défaut dans nos édifices que dans les autres voies ouvertes à sa manifestation, et peut-être même s'y est-il développé plus librement.

Qu'à une époque peu éloignée de nous, on ait vu revêtir de la forme de temples antiques nos églises, nos bourses, nos théâtres, jusqu'à nos corps de garde, cela importe assez peu ; quelques erreurs ne donnent pas le droit de mettre en oubli un passé glorieux, et personne n'a songé à nier Corneille et Molière, en haine des pauvres pièces que les premières années du siècle ont fournies à notre scène. Qu'on étudie sérieusement cette architecture tant décriée, qu'on la suive dans ses phases successives, qu'on l'examine chez les autres nations modernes, et l'on reconnaîtra qu'elle a constamment su diversifier ses expressions et marquer avec art les différences des temps et des lieux, tout en persistant à mettre en œuvre les mêmes éléments. Sur une base constante, elle a admis les styles les plus opposés. Elle a témoigné par là du lien qui unit les diverses fractions du monde civilisé et des nuances qui les séparent ; elle a conservé à la fois ces deux précieuses qualités de l'art : l'universalité et la variété.

L'Architecture, il est vrai, présente cette particularité, comparativement à la Peinture et à la Statuaire, que les formes où elle est appelée à puiser ses expressions sont des produits de notre intelligence, au lieu d'être empruntées à la création. Ses éléments ne peuvent par conséquent présenter la même fixité que ceux des autres arts, et l'on sait, en effet, qu'ils n'ont pas reçu, dès l'abord, les formes et les proportions qui leur sont actuellement consacrées. Mais il ne s'ensuit pas qu'ils doivent se renouveler sans cesse ; il y a une limite à la longue et sérieuse élaboration dont ils ont été l'objet, et cette limite est atteinte lorsqu'ils sont arrivés à un tel degré de perfection, qu'il y a harmonie complète entre la forme et la fonction. Ils prennent alors quelque chose de ce caractère que la nature a imprimé à ses œuvres, et l'on peut dire qu'ils ont droit au respect. Or je crois que, sinon la totalité, du moins une grande partie des types que nous employons sont parvenus à ce terme ; qu'on ne pourrait les altérer sans dommage dans ce qu'ils ont de fondamental; et je me suis attaché à établir cette opinion avec toute la rigueur que comporte le sujet.

Je suis loin d'ailleurs de prétendre que tout soit également parfait dans notre système d'architecture. Je signale les défauts où je crois en reconnaître, les améliorations où j'en entrevois, et je ne manifeste aucune répulsion pour l'introduction de nouveaux éléments; mais ces nouvelles formes, je ne veux les demander ni à de capricieuses fantaisies, ni à des reproductions du passé.

Le texte de cet ouvrage est accompagné de planches. Je les aurais voulues moins nombreuses; mais toutes m'ont paru nécessaires pour éclairer convenablement le sujet, car on ne peut faire apprécier une forme sans la présenter aux yeux. La plupart des monuments dont elles donnent les dessins n'avaient point encore été publiés, ou ne l'avaient pas été avec une exactitude suffisante. Mon portefeuille ne m'aurait pas fourni tous ces documents; mais plusieurs de nos savants architectes, dont l'amitié m'est doublement précieuse, ont mis les leurs à ma disposition avec un empressement qui m'a profondément touché. Ce m'est un devoir, et il est doux à remplir, de leur renouveler ici l'expression de ma reconnaissance.

Septembre 1850.

P. S. Cet ouvrage a reçu un accueil et paraît avoir exercé une action qui ont dépassé de beaucoup mes espérances. Mais le succès ne m'a point fait illusion; j'y ai vu surtout le témoignage d'un besoin des esprits et de l'opportunité de la publication.

La plupart de nos architectes reconnaissent en effet aujourd'hui l'insuffisance des études archéologiques, auxquelles ils s'étaient trop exclusivement abandonnés dans ces dernières années; ils éprouvent le besoin de rompre les étroites entraves qui leur étaient imposées, soit au nom de la Grèce ou de Rome, soit à celui du moyen âge; sans dédaigner les traditions, ils se jugent une autre et plus belle mission que celle de refaire le passé ; et, conformément aux sages avis de Vitruve, ils sentent la nécessité de s'appuyer sur la science et l'industrie de l'époque, de se pénétrer de l'esprit moderne, d'être, en un mot, les hommes de leur temps et de leur pays. Leur sympathie ne pouvait donc faire défaut à mes efforts pour mettre les préceptes de l'art de bâtir en harmonie avec l'état actuel de nos connaissances scientifiques, et pour donner à l'enseignement de l'Architecture une théorie qui paraissait lui manquer.

Que ce programme n'ait été que très-imparfaitement rempli, que l'exécution n'ait pas répondu à la pensée : personne n'en est plus convaincu que moi. Aussi ai-je profité de cette nouvelle édition pour revoir encore mon travail, essayer d'en combler les lacunes, et le rendre moins indigne de son objet ainsi que des suffrages dont il a été honoré.

De nouvelles planches ont été ajoutées aux anciennes, et plusieurs de celles-ci ont été modifiées; quelques chapitres ont été complétés; enfin je suis entré dans plus de détails que je n'avais pu le faire d'abord, sur les constructions en fer, ces constructions caractéristiques de notre époque, qui prennent chaque jour de l'extension et suffiraient seules à établir qu'il n'est point permis à l'Architecture de rester stationnaire, alors que tout grandit et se renouvelle autour d'elle avec une prodigieuse rapidité.

Juillet 1867.

TRAITÉ
D'ARCHITECTURE.

INTRODUCTION.

L'Architecture peut être définie : l'art des convenances et du beau dans les constructions. Il ne suffit pas, en effet, que ses œuvres soient solidement établies et convenablement disposées pour les divers usages auxquels elles sont consacrées : il faut qu'elles produisent par leurs formes une heureuse impression sur l'esprit du spectateur, il faut qu'elles soient belles.

Ces conditions ne sont jamais incompatibles, car le beau s'accommode de tout ce que les convenances imposent, et l'on peut même dire que rien n'est beau que ce qui est convenable. Qu'un édifice soit bien distribué, que toutes ses parties aient reçu les formes et les dimensions réclamées par leur destination, que les différents matériaux de construction y soient de bonne qualité et judicieusement répartis, que ses dehors soient le résultat de la composition de l'intérieur et en portent par conséquent témoignage, et il nous fera éprouver cette sensation agréable que la vue du bien a le privilége de produire sur nous ; tandis que, si la distribution nous paraissait vicieuse, la répartition des matériaux inintelligente ou la solidité douteuse, nous serions péniblement affectés en reconnaissant que cette construction ne remplit point le but dans lequel elle a été élevée ; nous serions blessés, parce que nous aurions sous les yeux le spectacle du mal. Les contours les plus élégants, la décoration la plus brillante ne sauraient détruire l'impression fâcheuse que nous éprouverions alors; les ornements pourraient être beaux, l'ensemble ne le serait pas. Le beau est agréable, mais l'agréable n'est pas le beau[1]. Tel édifice qui, au premier abord, excite une vive admiration, soit par sa construction monumentale, soit par ses formes harmonieuses, soit par son ornementation, produit un effet tout opposé dès que le spectateur intelligent s'aperçoit que les convenances de la destination ne sont pas satisfaites.

Il y a plus : aucune construction ne peut nous agréer complétement, si elle ne nous paraît porter en tous ses points essentiels un certain cachet d'utilité et de convenance. Aussi voit-on que l'architecte chargé d'élever un édifice purement décoratif est obligé de suppléer à l'absence ou à l'insuffisance de besoins matériels et d'en imaginer de vraisemblables, afin de donner une raison à ses formes, de nous montrer leur convenance, et de satisfaire ainsi à une exigence impérieuse et éminemment morale de notre esprit. L'Architecture, comme tous les autres arts, a ses conditions particulières d'existence, et nous voulons qu'elle s'y conforme : elle est née de besoins matériels, l'utile est son premier but, il faut que toutes ses œuvres en portent l'empreinte.

Ainsi, les formes indiquées par les diverses convenances, par celles qui tiennent aux usages comme par celles qui se rapportent à la stabilité de la construction, loin de nuire jamais à la beauté d'un édifice, sont toujours appelées à y contribuer, en sont même le principe le plus essentiel, et il importe par conséquent de les mettre autant que possible en évidence. Judicieusement conçues, elles déterminent une expression vraie, indépendante de toute convention, c'est-à-dire précisément le caractère général qui convient à l'édifice; et il en résulte en outre une certaine unité et une certaine harmonie, puisque toutes sont le produit d'un même ensemble de données qui leur sert de lien commun.

Telles sont les premières conditions auxquelles doit satisfaire une œuvre d'architecture pour éveiller en nous le sentiment du beau ; mais ce ne sont pas les seules. Ces convenances matérielles ne sont pas très-rigoureuses dans leurs

---

[1] C'est une chose que je dis laide, parce qu'elle ne vise qu'à l'agréable et néglige le bien. PLATON.

prescriptions; elles admettent des solutions fort diverses, et il faut profiter de cette latitude pour introduire dans la construction d'autres sources de beauté, c'est-à-dire pour y marquer l'empreinte d'autres qualités.

Au premier rang viennent se placer l'ordre et la simplicité. Nous avons appris à admirer ces qualités dans les œuvres de la nature, nous les poursuivons partout, au physique comme au moral, et elles se concilient tellement d'ailleurs avec les conditions précédentes, que, bien considérées, elles semblent en être des conséquences naturelles.

L'ordre apparaît dans nos constructions comme un témoignage de la sollicitude qui a présidé à leur établissement; il tend à prouver que rien n'y a été remis au hasard, que toutes choses y ont été justement disposées; c'est la manifestation d'une loi, c'est un des cachets de l'intelligence. Joint à la simplicité, il rend et fait paraître la distribution plus commode et la construction plus facile; il permet de saisir sans fatigue les différentes parties de l'édifice, d'en reconnaître les motifs et d'en juger les rapports; il donne de la netteté à l'impression produite et quelque chose de saisissant à l'unité de l'œuvre. L'ordre et la simplicité sont les principales sources de cette grandeur morale, qui commande l'admiration, s'allie si bien à la grandeur matérielle, sans en être cependant une conséquence, et paraît plus essentielle encore à l'Architecture qu'à tous les autres arts.

A ces qualités fondamentales, il convient d'en adjoindre d'autres plus spécialement en rapport avec la nature de l'édifice ou avec l'impression que l'artiste créateur a en vue. Ainsi, l'attention du spectateur sera plus particulièrement appelée sur telle partie caractéristique de l'œuvre; en telle circonstance on cherchera du mouvement, en telle autre on voudra du calme dans les lignes; la construction sera plus ou moins monumentale, et sera exécutée en matériaux plus ou moins riches; d'heureuses pensées, des idées poétiques auront présidé à la conception et se manifesteront par des formes expressives.

Mais si toutes les convenances matérielles et morales que comporte le sujet suffisent, quand elles sont bien appréciées, à ordonner la disposition générale, elles ne donnent pas de prescriptions bien formelles, lorsqu'on descend dans le détail. La destination apprendra, par exemple, que telle salle doit présenter environ telle superficie ou telle hauteur; mais elle ne déterminera rigoureusement, ni cette superficie, ni surtout cette hauteur. De même, les lois qui président à l'édification, les règles de la stabilité, n'indiqueront, dans la plupart des cas, que d'une manière approximative les épaisseurs à donner à tel mur ou à tel support pour obtenir un certain degré de solidité. De même encore, la nécessité d'éclairer suffisamment l'intérieur de l'édifice portera bien à reconnaître que les ouvertures destinées à l'introduction de la lumière doivent présenter une surface d'autant plus grande que la salle à laquelle elles appartiennent est plus vaste et que sa destination exige plus de clarté ; mais on n'en pourra conclure exactement ni la position, ni la forme, ni le nombre de ces ouvertures, ni même leur surface. En un mot, les données fournies par la destination de l'édifice et par la science des constructions, alors même qu'on y a fait intervenir les idées d'ordre, de simplicité et de convenances morales, ne sont qu'approximatives, ne posent que des limites, et ces limites sont souvent assez éloignées. Il est, dans chaque cas particulier, une foule de solutions qui peuvent paraître convenables, et qui cependant ne sont pas belles. Il faut d'autres mérites pour nous satisfaire complétement ; notre goût n'accepte pas tout ce dont notre intelligence se contente.

Or l'expérience démontrant que des figures, même géométriques, diversement combinées, sont susceptibles de plaire indépendamment de toute signification précise et à raison seulement des rapports de forme et de grandeur qui les unissent, c'est-à-dire sont capables d'harmonie, et démontrant en outre qu'il suffit de légères modifications dans ces rapports pour produire ou faire disparaître cette harmonie, on conçoit que, de toutes les formes auxquelles on peut s'arrêter entre les limites dont il s'agit, il y en ait une qui soit plus harmonieuse que toutes les autres, qui satisfasse à la fois aux convenances du fond et à celles de la forme, et qui constitue ainsi, pour chaque ensemble de données tant morales que matérielles, un type idéal de perfection. C'est là ce qu'il faut atteindre, c'est le but de l'art : c'est le beau.

Cette harmonie des figures, bien qu'elle soit d'un autre ordre, peut être comparée à celle qui préside aux compositions musicales, puisque le nombre est dans les lignes et les surfaces de même que dans les vibrations, et elle repose sans doute aussi sur une loi de nombres. Mais elle ne nous est connue que par ses effets ; nous en éprouvons la puissance sans en apprécier les conditions.

C'est donc après s'être attaché à satisfaire à toutes les convenances dont il a pu se rendre un compte plus ou moins net, et en s'appuyant désormais exclusivement sur le sentiment d'art qui l'anime, que l'architecte, à des formes grossières et indécises, substitue des formes plus distinguées et plus pures, et qu'il détermine les proportions de son œuvre de manière à lui appliquer dans toutes ses parties ces rapports heureux, cette harmonie dans les expressions, qui sont de si haute importance dans tous les arts. Le sculpteur qui agit sur les formes du corps humain afin d'impressionner le spectateur d'une certaine façon, recherche d'abord une attitude convenable à l'action qu'il veut représenter ou à la pensée qu'il veut traduire; il se conforme aux propriétés et aux proportions générales que la nature a données à son modèle; puis il modifie la forme, ainsi déterminée d'une manière approximative, en s'efforçant d'obtenir à la fois l'expression qu'il a en vue, la distinction et l'harmonie nécessaires pour qu'il y ait œuvre d'art. Il en est ainsi de l'architecte : la composition générale d'abord, puis la forme; la recherche du vrai, puis celle du beau; et cela, quand bien même il est uniquement préoccupé du désir d'obtenir de belles formes. L'intelligence ébauche; le goût, ce sentiment exquis des convenances de toute nature, termine.

Mais ces deux modes de procéder, si différents qu'ils soient par les facultés dont ils émanent, ne concourent-ils point au même but? La recherche du beau n'est-elle pas le complément de celle du bien, et le sentiment d'art auquel on s'adresse en dernier ressort pour préciser la forme de l'édifice, n'est-il pas appelé à conduire au résultat dont notre intelligence, abandonnée à ses propres forces, n'avait pu qu'approcher, mais que, plus développée, elle eût atteint? En d'autres termes, l'indétermination n'est-elle pas plutôt apparente que fondamentale, et l'harmonie, objet de nos recherches, n'aurait-elle pas pour principe précisément la loi de nombres que nous tirerions des conditions à imposer à l'édifice, s'il nous était donné de les percevoir toutes et de les soumettre à l'analyse? Résoudre ces questions affirmativement, serait s'appuyer, en la poursuivant jusque dans ses dernières conséquences, sur cette fameuse définition donnée par l'esthétique grecque : que le beau est la splendeur du bon; définition qui, bien avant qu'elle eût été formulée, était proclamée nettement par l'architecture la plus harmonieuse dont l'humanité puisse se glorifier, par l'architecture de tous les temples de la Grèce. Ce n'est point là, sans doute, une de ces vérités de l'ordre matériel, à l'appui desquelles se présentent les preuves les plus rigoureuses; mais n'est-ce pas une de ces hautes vérités dont le simple énoncé nous captive, que recommandent les autorités les plus imposantes, et dans lesquelles nous sommes heureux d'avoir confiance? Si ce principe échappe à la démonstration, n'inspire-t-il pas une sorte de foi religieuse? Et d'ailleurs, sans sortir de notre sujet, que d'inductions en sa faveur! Combien de formes parfaitement convenables le sentiment du beau n'avait-il pas introduites dans nos constructions, avant que les progrès des sciences nous les eussent révélées! Témoin celles de solides d'égale résistance qu'on trouve si bien tracées dans le chapiteau dorique et ailleurs. Et, réciproquement, combien de belles formes découlent immédiatement de conditions matérielles! Qui, par exemple, en examinant les nombreuses figures par lesquelles se traduisent les formules algébriques que nous déduisons des lois de la mécanique, n'a été frappé de leur élégance, et n'y a reconnu le cachet du beau? Ici, ce sont des rapports de nombres, souvent très-compliqués, mais perçus et rigoureusement obtenus par nous, qui engendrent des harmonies de lignes dont le goût le plus pur est amplement satisfait.

Il n'en faudrait point conclure qu'il convient de soumettre toutes les parties de nos constructions aux lois de la mécanique, et de se conformer fidèlement aux indications ainsi obtenues; car il est évident que les prescriptions de la science pourraient entraîner à de grandes difficultés d'exécution et ne se concilieraient pas toujours, soit avec les exigences de la destination, soit surtout avec l'état de nos esprits, qui demandent souvent quelque exagération dans les termes pour être convenablement impressionnés. En matière d'art, il ne suffit pas qu'une chose soit, il faut qu'elle se fasse sentir, sous peine d'être non avenue. Et d'ailleurs, si notre imagination nous permet de concevoir la possibilité d'une formule qui embrasserait tous les détails d'une construction, en tenant compte de toutes les conditions qui leur sont imposées, nous devons cependant reconnaître que notre science n'est pas et ne sera même jamais capable d'exprimer des relations aussi délicates et d'origines si différentes, et cela, quelque latitude qu'on veuille accorder au développement ultérieur de l'esprit humain.

Il y a plus: il nous serait impossible, dans la plupart des circonstances, de nous rendre compte, même vaguement, de l'ensemble de conditions qui a pu engendrer ces rapports harmonieux dont notre esprit est frappé. Les formes des vases, par exemple, varient à l'infini, car les convenances matérielles sont inhabiles à les déterminer; mais celles qui commandent notre admiration, à quelles autres conditions satisfont-elles? Quelle est la loi de cette harmonie, l'origine de ces relations qui se manifestent à nous avec tant de force et d'évidence ? Nous l'ignorons. Ainsi en architecture : ce qui est beau satisfait sans doute à toutes les conditions dont nous avons conscience, mais il satisfait aussi à d'autres conditions qui échappent à notre intelligence. Et c'est précisément par là que nos édifices sont des œuvres d'art ; c'est en tant que manifestations d'un esprit supérieur, que témoignages matériels de l'idéal. Dans la belle forme qui nous frappe, nous reconnaissons instinctivement l'expression de qualités morales, de sentiments qui ont un écho dans notre cœur, de lois que nous ne saurions formuler, mais que nous sommes disposés à accepter ; et si le beau d'une époque n'est pas celui d'une autre, s'il y a diversité dans les goûts des peuples et des individus, il le faut attribuer à ce que les mêmes qualités, les mêmes sentiments ne sont pas également en honneur chez tous. Aussi, qui comprend une époque en apprécie le beau, et plus l'esprit embrasse, plus les jouissances du goût se multiplient. Le beau ne nous paraît donc relatif et n'est controversé par nous que parce que nous ne savons pas en découvrir les sources. Il témoigne de l'esprit qui l'engendre, mais sans nous le révéler d'une manière explicite ; le visible porte notre âme à sentir l'invisible, et ne va pas au delà.

Les considérations précédentes ne tendent donc nullement à infirmer la qualité d'art d'imagination qui appartient à l'Architecture ; loin de là. Elles ont principalement pour but de montrer quelle est la virtualité du sentiment du beau qui est enfermé dans nos âmes ; comment il se développe, comment il nous est possible de le guider, et en quelle confiance nous pouvons nous appuyer sur lui. On en peut conclure également que l'harmonie des lignes doit reposer généralement sur des lois de nombres très-compliquées, et que par conséquent les tentatives faites à différentes époques pour l'obtenir au moyen de rapports simples entre les nombres, rapports déterminés *a priori*, ont été complétement erronées. Il en résulterait enfin que l'étude de l'Architecture aurait une portée plus grande qu'on ne le suppose généralement ; car il s'ensuivrait que le goût développé par cette étude serait appelé à intervenir utilement, même au point de vue de la solidité et dans les constructions uniquement destinées à la satisfaction d'intérêts matériels. Son but principal serait alors de combler les lacunes de la science.

Les conditions qui viennent d'être passées en revue ne sont pas les seules choses à considérer en architecture. Il est une autre partie de l'art dont l'efficacité ne saurait être niée : c'est celle qui constitue la décoration proprement dite. Si nous avons dû la laisser de côté pour envisager d'abord notre sujet dans ce qu'il a de plus essentiel, nous sommes fort éloigné d'en méconnaître l'importance. Certes, les ornements, qu'ils soient peints ou sculptés, ne sont pas indispensables à l'Architecture, qui peut produire de grands effets sans leur secours; mais cependant, dénuée de l'agrément qu'ils procurent, elle aurait souvent quelque chose de trop austère, et, privée de la netteté qu'ils ajoutent à son expression, quelque chose de trop vague.

Leur emploi est commandé par un goût qui nous est naturel puisqu'il se manifeste sur les objets les plus divers, à toutes les époques de la vie de l'humanité, à tous les degrés de la civilisation, et qui, à le bien considérer, vient au fond du sentiment de notre dignité. Ne semble-t-il pas en effet que ces ornements, véritables hors-d'œuvre, appliqués sur tous les ustensiles, sur tous les meubles, sur toutes les constructions dont nos besoins matériels nous obligent à nous entourer, soient une sorte de protestation de l'esprit, qui veut nous rappeler à de plus nobles besoins, et ne nous permet pas de satisfaire aux premiers en négligeant ceux-ci? Voyez les instruments les plus grossiers des sauvages eux-mêmes, de ces hommes dont la vie est si dure et dont les appétits intellectuels sont si bornés! Il a fallu souvent plus de temps et de peine pour les décorer que pour les mettre en état de servir.

L'ornementation peut, d'ailleurs, concourir puissamment au caractère et à la beauté d'un édifice, puisque, elle aussi, elle est susceptible d'expression et de beauté. Ce concours aura lieu si elle est inspirée par la même pensée, formulée dans le même sentiment que l'édifice lui-même; si les qualités morales de convenance, d'ordre, de simplicité, d'harmonie, qui ont présidé à la distribution, à la construction et aux proportions de l'ensemble, se manifestent également dans la disposition, dans la nature, dans les contours et dans les dimensions des ornements; si, loin de dissimuler aucune des formes principales, comme celles qui tiennent à la destination ou au système de construction, ces détails sont conçus et répartis de manière à les faire ressortir, à arrêter avec netteté et à rendre plus intelligible au premier abord l'expression de l'œuvre. Ils peuvent être appelés en outre à spécialiser, autant qu'on le voudra, l'idée que les conditions principales de l'édifice auront exprimée d'une manière générale, car ils admettent la convention et le symbole. N'étant point dictés par des besoins matériels, ils sont essentiellement du ressort de notre imagination, et ils se prêtent volontiers à la fantaisie et même au caprice. Ils forment la partie la plus mobile, on pourrait presque dire la partie la plus vivante de l'Architecture. Aussi voit-on qu'ils se modifient sans cesse, qu'ils portent l'empreinte des plus légères altérations que subit notre goût, et que chaque génération y appose son cachet particulier, tandis que les systèmes généraux de distribution et de construction ne varient qu'à de longs intervalles.

La décoration est donc un auxiliaire utile et agréable; mais il faut l'employer avec ménagement, la relier au fond sans lui permettre d'y empiéter, et se bien garder de la confondre avec l'Architecture elle-même, à l'existence de laquelle, nous devons le répéter, car trop d'erreurs ont été répandues à ce sujet pour qu'on puisse se dispenser d'y insister, elle n'est point indispensable. Nos églises du moyen âge, par exemple, conserveraient un grand caractère, quand bien même on supprimerait les statues, les peintures, les vitraux et les autres ornements, symboliques ou non, qui les décorent; mais il est hors de doute qu'après une pareille spoliation, leur caractère ne serait ni aussi complet ni aussi facilement saisi par tous, et que l'effet produit ne serait plus aussi grand.

La Sculpture et la Peinture rendent d'autres services encore à l'Architecture. Leur appréciation, l'étude artistique de l'harmonie et de la beauté des formes créées par la nature, développe un goût qui, des imitations, se porte sur les créations de formes, qu'il s'agisse d'édifices, de vases ou de tous autres objets pour lesquels l'homme ne trouve pas de modèle direct. Aussi, sous le rapport de l'harmonie de la forme, l'Architecture a-t-elle suivi dans son développement la même marche que les autres arts du dessin, et a-t-elle toujours eu, comme eux et en même temps qu'eux, ses époques de prospérité et de décadence.

Toutefois, malgré ces relations et cette analogie, l'Architecture diffère essentiellement, par ses procédés aussi bien que par ses conditions et par ses effets, de ces deux arts auxquels on a trop souvent voulu l'assimiler. Elle n'a pas l'imitation directe pour moyen, elle ne trouve point dans le monde ambiant les modèles de ses formes; de sorte que cet art, qui, au premier abord, semble le plus matériel de tous, et sur lequel en effet les lois de la matière exercent le plus d'influence, est celui qui demande le plus à notre esprit, qui comporte peut-être le plus d'idéal. Si l'Architecture imite, c'est d'une manière complétement abstraite; son imitation, purement sentimentale et intellectuelle, porte, non sur les formes, mais sur l'esprit qu'elles recèlent, non sur les produits, mais sur les procédés. De même que dans les êtres sortis de la main de Dieu il existe un rapport intime entre la forme et la fonction; que l'extérieur est le résultat de la composition de l'intérieur; que toutes choses sont disposées avec ordre et simplicité; que rien d'inutile ne vient frapper nos regards; que, des conditions d'existence, nous paraissent résulter l'expression, l'harmonie, la beauté; que la matière porte l'empreinte de l'esprit qui l'anime : de même l'Architecture demande que la forme soit le résultat, soit le produit de la destination satisfaite avec ordre et simplicité; n'admet rien qui ne soit, ou du moins ne paraisse fondé sur des besoins réels; puise son expression dans sa raison d'exister, et nous présente son harmonie comme le cachet d'une haute et délicate intuition des diverses conditions qui lui sont imposées. Dans ses œuvres, comme dans celles de la nature, l'ornementation est un accessoire placé à la surface, qui se moule sur le fond, et qui accentue, anime et embellit.

L'Architecture diffère d'une manière plus fondamentale encore des autres arts par les conditions matérielles qui la dominent, et par la dépendance où elle se trouve de l'état de nos connaissances sur les lois de la nature et sur le meilleur mode d'action de l'homme sur la matière. Quelque fixité qu'on veuille attribuer à son principe, il est certain que les formes élémentaires sur lesquelles elle agit, en les modifiant et les combinant de diverses manières, ne sont point immuables. Il faut distinguer en elles ce qui appartient à l'art de ce qui est du ressort de la science, soit spéculative, soit industrielle, et il est aisé de reconnaître que, sous ce dernier rapport, l'Architecture, ressortant des sciences physiques, a dû être et a été en effet progressive comme elles.

Quel est le mode de construction le plus simple, le plus facile à imaginer? Évidemment celui-ci : des murs ou des supports isolés réunis par des pierres posées à plat, lesquelles portent de l'un sur l'autre et ferment l'édifice à sa partie supérieure. Il régit les plus anciens systèmes d'architecture que nous connaissions; c'est celui de l'Inde, de la Perse et de l'Égypte antiques pour les monuments élevés au-dessus du sol, et on le trouve encore chez les Celtes. Il offre une stabilité bien évidente, et l'on conçoit aisément qu'il se soit présenté à l'esprit des hommes, dès qu'ils ont songé à élever des édifices durables. Mais cette simplicité de composition exigeait l'emploi de pierres d'énormes dimensions, et il en résultait des difficultés d'exécution qui seraient grandes pour nous, et qui l'étaient bien davantage pour des peuples dont les connaissances scientifiques et les pratiques industrielles étaient beaucoup moins développées que les nôtres. En outre, l'écartement des points d'appui était limité par la longueur des pierres dont on pouvait disposer; de sorte que, quand la largeur de l'enceinte dépassait cette limite, il fallait avoir recours à des supports intérieurs pour soutenir le plafond.

Les Grecs puisent en Égypte et en Orient les éléments de leur architecture; mais, plus désireux de plaire par l'élégance des contours que de frapper par la solidité du monument, ils s'appliquent sans cesse à augmenter la légèreté des colonnes et des autres parties de leurs constructions, et, sous le double rapport de l'art et de la science, ils portent le système qu'ils ont emprunté à toute la perfection dont il paraît susceptible.

Mais au moment où ce mode de construction atteint à son apogée, une nouvelle disposition se fait jour, et elle constitue un véritable progrès; les voûtes permettent, à la fois, d'espacer davantage les points d'appui et d'employer de plus petits matériaux. Qu'on les doive aux Étrusques, ou qu'ils les aient empruntées à l'Orient, peu importe. Ce qui est certain, c'est que, les premiers en Europe, ils en apprécient l'importance et osent introduire franchement dans l'architecture les formes qu'elles réclament. Le nouveau procédé a pour résultat une véritable révolution dans l'art. Timide au début, ses applications sont longtemps bornées et il a quelque chose de lourd; mais les Romains lui font faire des pas de géant, lui font franchir les plus grandes ouvertures, couvrir, sans autres points d'appui que les murs d'enceinte, les plus vastes salles qui aient jamais été construites jusqu'à eux.

Cependant ni les Étrusques ni les Romains ne l'admirent d'une manière évidente dans les édifices les plus importants au point de vue de l'art, dans les édifices destinés au culte. Le polythéisme appréciait trop bien l'importance de la forme, pour permettre aucune altération radicale dans les types qu'il avait consacrés. Ce fut dans les théâtres, dans les thermes, dans les palais, dans les arcs de triomphe, dans tous les grands monuments de la vie civile, que les voûtes se développèrent, s'accusèrent nettement au dehors, et devinrent caractéristiques. Dans les temples, ce fut toujours le mode de construction de l'Égypte, perfectionné par le génie des Grecs, qui se manifesta à l'extérieur; il n'y eut de changement que dans les proportions et les ornements de détail, qui varièrent, de même que les cérémonies du culte et les autres emblèmes religieux, entre des limites d'ailleurs assez restreintes. Vaine précaution ! Si la religion ne se pouvait accommoder de l'architecture du temps, c'est qu'elle était devenue étrangère aux besoins de l'époque ; la direction des esprits lui échappait en même temps que celle de l'art ; on l'abandonnait avec les vieilles formes sans racines vivantes sur lesquelles elle s'appuyait ; et, en dehors d'elle, la société, se préparant à une autre organisation, essayait la nouvelle forme qui en devait être le symbole.

Une consécration religieuse était nécessaire au développement du nouveau système de construction ; le christianisme vint l'apporter. Il s'empara naturellement de la forme qui avait le double avantage d'être la plus favorable à l'art de bâtir et d'être pure de tout contact avec la religion qu'il proscrivait. N'étant arrêté par aucune tradition, il la dégagea de toutes les entraves du passé, et lui donna une importance dont elle n'avait point approché jusqu'alors. Il fit de la voûte la caractéristique de son architecture, et, malgré la misère des temps, malgré les longs siècles de barbarie qu'il dut traverser, il s'appliqua sans cesse à la perfectionner, et sut élever des édifices qui, encore aujourd'hui, commandent l'admiration.

Voyez enfin de nos jours, combien de constructions sans précédents ! que de vastes espaces franchis avec une hardiesse dont on n'avait pas encore d'exemple ! quel excellent parti on a su tirer des nouveaux matériaux que nous livre l'industrie et des lois mieux connues de la mécanique. Nous avons accompli d'immenses progrès à la fois sur l'antiquité et sur le moyen âge, et il est aisé de juger que nous ne sommes nullement disposés à nous arrêter dans cette marche ascendante.

Veut-on un témoignage frappant de la progression que nous venons de signaler dans le développement de la partie scientifique de l'Architecture ? Qu'on se demande quel a pu être le but de l'action de la science, et qu'on jette un coup d'œil sur les plans des monuments des diverses époques. Le but est évidemment d'obtenir le résultat cherché avec le moins d'effort possible ; et l'examen le plus rapide fera reconnaître qu'en effet le rapport des parties pleines des constructions, c'est-à-dire de ce qui coûte, aux parties libres, ou à ce qui sert, a été sans cesse en diminuant, pourvu, bien entendu, qu'on sache négliger quelques anomalies. On dirait, s'il était permis de transporter dans le domaine de l'art une expression qui appartient à l'industrie, que l'*effet utile* des constructions a suivi une marche progressive depuis l'antiquité jusqu'à nos jours. Et l'on fera remarquer en outre que, des temples égyptiens à nos cathédrales, la hauteur des édifices a toujours été en augmentant, malgré les réductions apportées dans les épaisseurs des points d'appui.

Jamais d'ailleurs la science n'est venue contrarier le développement de l'art. Bien qu'elle ait engagé à donner plus de légèreté à la construction, elle ne s'est, en aucune manière, opposée à la réalisation d'expressions de pesanteur ou de force, puisque ces expressions résultent bien plutôt des proportions et des ornements, dont l'art a toujours souverainement disposé, que de la masse ou de la solidité réelle de la construction. L'art tire partie des dispositions matérielles mises à son service par la science ou par l'industrie; mais il ne peut être entravé par aucune d'elles. Ce sont des sujets qu'il façonne au gré de son objet; il prend ce qui est, et il l'idéalise.

Ainsi, la science et l'industrie exercent immédiatement une grande influence sur l'Architecture en lui fournissant, non-seulement ses moyens de réalisation, mais encore les formes élémentaires sur lesquelles elle est appelée à agir. Or c'est précisément dans cette dépendance de la matière et des lois qui la régissent, dans cette triple empreinte d'art, de science et d'industrie, que l'Architecture puise son caractère particulier, et c'est pour cela que ses productions ont eu, à différentes époques, une prédominance réelle sur celles des autres arts. Il existe, en effet, une certaine relation entre les usages, les connaissances et les sentiments de l'humanité aux diverses périodes de son développement. Une sublime et mystérieuse harmonie en résulte, et s'empreint sans doute sur tous les travaux sortis de la main de l'homme; mais nous ne pouvons la lire sur chacun d'eux, bien que la réflexion nous en donne conscience, tandis que nos édifices ont le pouvoir de l'exposer assez clairement. Usages, connaissances, sentiments, ils manifestent toutes ces choses par la distribution et la destination des salles, par la nature et l'emploi des matériaux, par les proportions et l'ornementation; et ces expressions sont d'autant plus saisissantes que le caractère de l'époque est plus tranché. Chaque système d'architecture peut être considéré comme le costume de la société à laquelle il appartient : il se moule sur elle, il en laisse apparaître les traits les plus essentiels, il en est l'expression la plus complète et la plus harmonieuse, le produit le plus caractéristique en fait d'œuvres d'art.

Aussi quelles lumières sur les peuples qui ne sont plus ne tirons-nous pas des monuments qui subsistent encore! Que de lacunes dans les récits des historiens ou les chants des poëtes ils sont appelés à combler! Comme ils font revivre à nos yeux les nations qui les ont élevés! Sans ses pyramides, sans ses temples si bien conservés, aurions-nous su comprendre l'Égypte antique? Apprécierions-nous justement la civilisation grecque, si son architecture si remplie de finesse, d'élégance et de majesté, nous était restée inconnue? Les monuments des Romains ne peuvent-ils pas réclamer une large part dans l'idée que nous nous sommes faite de la puissance et du goût de ce peuple? Et, sans recourir aussi loin, aurions-nous un sentiment bien net, soit de la vie intellectuelle et morale, soit de l'industrie de nos pères, sans les nombreux édifices que nous a légués le moyen âge?

Au point de vue de la durée, l'Architecture a peut-être, il est vrai, moins de valeur actuellement qu'elle n'en a eu jadis. Nous donnons bien rarement à nos édifices cet excès de solidité qui est nécessaire pour les faire passer à une lointaine postérité. Nous sommes assurés que notre mémoire ne périra point avec eux, et, mieux instruits que nos devanciers, par les enseignements de l'histoire, sur les révolutions qui s'opèrent dans les coutumes des peuples, nous savons que les usages en vue desquels nous construisons ne seront plus ceux de nos descendants après quelques générations. Plus habiles constructeurs, meilleurs économistes, nous employons nos efforts d'une manière plus profitable; nous satisfaisons immédiatement à plus de besoins, et nous laisserons plus de richesses et de bonheur après nous. Nous n'avons donc point à rougir de notre époque, quand, sous le rapport de la solidité, nous comparons nos constructions à celles de l'Égypte ou de Rome. Ce que nous perdons en durée, nous le gagnons en espace; et l'Architecture, telle que nous la pratiquons, si elle est moins monumentale, n'est certes, ni moins utile, ni moins digne de nos méditations. Aucun de nos arts n'expose ses produits en autant de lieux et avec autant d'évidence; aucun d'eux n'exerce sur nous une action aussi incessante, aussi grande, peut-être; aucun n'a une influence aussi prononcée sur la prospérité publique, et n'absorbe une aussi grande part de l'activité humaine.

En résumé : l'Architecture est un art éminemment rationnel, mais qui demande beaucoup à notre imagination; le beau est son objet le plus élevé, mais elle ne l'atteint qu'à la condition de se conformer pleinement à des convenances d'ordre matériel; ses formes doivent satisfaire à notre intelligence, mais c'est à notre sentiment seul qu'il appartient de les préciser en leur donnant de l'expression et de l'harmonie; l'ornementation n'est pas une nécessité de l'art, mais c'est un important auxiliaire.

Tels sont les principes qui ont servi de base à ce traité. Nous examinerons successivement, en suivant la marche qu'ils indiquent, toutes les formes de notre système d'architecture. Nous nous attacherons à montrer comment chacune d'elles se déduit, d'une manière plus ou moins approximative, de ses diverses conditions matérielles satisfaites avec intelligence, ordre et simplicité, et comment un goût éclairé intervient pour arrêter, suivant les circonstances, les proportions et les ornements. Mais le lecteur ne devra pas perdre de vue que, si une logique sévère régit en effet ces compositions, elle est plus délicate que celle qui préside aux travaux purement scientifiques, et que ses démonstrations ne peuvent avoir le même degré d'évidence, parce qu'elle est obligée de tenir compte d'éléments plus divers, dont plusieurs se refusent à des définitions précises.

L'ouvrage est divisé en deux parties :

La première traite de l'art de bâtir proprement dit; elle est consacrée à l'étude des divers matériaux que la nature et l'industrie fournissent aux constructions, et à celles des éléments de l'Architecture envisagés tant sous le rapport de la construction que sous celui de la forme.

La seconde a pour objet l'art de composer; elle en expose les principes, et elle fait connaître le développement historique, ainsi que les conditions actuelles des diverses classes d'édifices.

Nous nous appuierons fréquemment sur des exemples tirés des constructions les plus remarquables de l'antiquité, du moyen âge et de l'art moderne; mais, d'après ce qui vient d'être établi touchant l'influence de la science, de l'industrie et des mœurs sur l'Architecture, on ne devra point voir dans ces documents des modèles absolus, des formes immuables ou susceptibles d'être adoptées en toutes circonstances. Ils ne seront produits que comme confirmations des principes fondamentaux de l'art, et comme modèles de nature à développer le goût du lecteur. Ce qu'il faut chercher dans les monuments des belles époques, c'est moins la forme que l'esprit dont elle témoigne; ce qu'il faut imiter, c'est l'accord des moyens avec le but, c'est la vérité et le charme des expressions, c'est l'harmonie et la distinction.

DES DESSINS D'ARCHITECTURE.

On représente habituellement un édifice ou une partie d'édifice par ses projections sur des plans horizontaux et sur des plans verticaux.

La section de l'objet par un plan horizontal forme ce qu'on appelle le *plan*. On y indique au moyen de teintes plates ou de hachures toutes les parties pleines de la construction qui sont coupées par le plan de projection, et l'on y projette toutes les lignes apparentes situées au-dessous; on y marque quelquefois également, mais en les ponctuant, quelques-unes des lignes principales, comme marches d'escaliers ou arêtes de voûtes, qui sont placées au-dessus. Sa position est donnée par des lignes tracées sur les plans verticaux de projection, et l'on annonce que le plan est pris à hauteur de telle ligne. Quand cette indication est omise, il est censé que la section a été faite à hauteur de l'appui des fenêtres.

On donne le nom de *coupe* à une section de l'objet à représenter faite par un plan vertical. On y couvre également de teintes plates ou de hachures toutes les parties coupées, et l'on y projette toutes les lignes apparentes de la construction situées au-devant du plan de projection. On marque la trace de ce plan sur le plan horizontal, et l'on dit que la coupe est prise suivant telle ligne.

L'*élévation* est la projection d'une ou de plusieurs des faces extérieures sur un plan vertical. On lave ordinairement les élévations à l'encre de Chine, en les éclairant par des rayons lumineux parallèles dont les projections sont inclinées à 45°, tant sur le plan vertical que sur le plan horizontal. On fait ressortir ainsi les différentes parties de la composition, on en marque nettement les divers plans, les pleins et les vides, et l'on accuse les saillies des ornements. Il est indispensable d'avoir recours à cette méthode pour les études d'un projet et pour les dessins d'après lesquels il doit être jugé, afin que les représentations soient à la fois aussi explicites et aussi saisissantes que possible.

On ajoute à ces divers dessins des projections sur plans obliques ou des vues perspectives, lorsqu'ils paraissent insuffisants pour donner une idée bien nette de l'objet à représenter.

Il est enfin un autre mode de représentation qui est fort utile en plusieurs circonstances : c'est le modèle en relief. Ces modèles s'exécutent sur de petites dimensions, quand ils sont appelés à représenter des édifices entiers, et ils s'établissent sur une grande échelle ou même en grandeur d'exécution, lorsqu'ils ont pour objet l'étude des détails de construction ou de décoration. Ils ont le mérite d'être beaucoup plus nets que les meilleurs dessins, de faire mieux ressortir les différentes parties de la composition, et surtout de mieux signaler les modifications à introduire dans le projet pour remédier, ainsi qu'il convient, aux erreurs de l'optique et aux déformations de la perspective. Les architectes de la Renaissance y avaient fréquemment recours; ils n'élevaient pas un édifice important sans en avoir fait au préalable un modèle dont toutes les dispositions étaient sérieusement étudiées. Il est regrettable que la plupart des architectes modernes, trop confiants dans leurs dessins, ne partagent pas cette prudente sollicitude. Elle leur ferait souvent éviter des erreurs.

PREMIÈRE PARTIE.

ART DE BATIR.

LIVRE PREMIER.

MATÉRIAUX DE CONSTRUCTION.

CHAPITRE PREMIER.

DESCRIPTION DES MATÉRIAUX.

Les matériaux dont l'emploi est le plus fréquent dans nos constructions, et dont les propriétés exercent par conséquent le plus d'influence sur l'Architecture, sont : les pierres, les briques, les chaux, le plâtre, le sable, les pouzzolanes, les bois, principalement le chêne et le sapin, et plusieurs métaux, tels que le fer, le cuivre, le zinc et le plomb.

I. — DES PIERRES.

Les pierres sont des substances minérales, solides, incombustibles, non malléables et dont la pesanteur spécifique, sauf quelques scories volcaniques, est supérieure à celle de l'eau.

Elles sont formées d'oxydes terreux, purs ou combinés avec d'autres substances.

Un grand nombre d'entre elles sont déposées par couches distinctes dans le sein de la terre, ce qui facilite beaucoup leur extraction. Elles sont dites alors de *haut* ou de *bas appareil*, suivant l'épaisseur du banc auquel elles appartiennent.

La résistance de ces pierres à l'écrasement n'est pas la même dans tous les sens. Elle atteint habituellement son maximum, lorsque la force qui comprime est normale au plan de la couche. Il importe d'avoir égard à cette propriété dans l'établissement des constructions. Il est admis en principe qu'une pierre doit être toujours posée sur son *lit*. La pierre est dite posée en *délit*, quand on n'a pas observé cette condition.

La dilatation linéaire des pierres sous l'influence des variations thermométriques est assez faible pour pouvoir être négligée dans la plupart des circonstances ; cependant ses effets sont parfois sensibles dans quelques édifices. Elle varie avec la composition et la structure, et quelques expériences faites à ce sujet tendent à établir qu'on ne peut pas l'évaluer à plus de 0,001, depuis 0 jusqu'à 100 degrés.

Les qualités distinctives des bonnes pierres à bâtir sont : la finesse et l'homogénéité du grain, la compacité de la texture, la facilité du travail, l'adhérence au mortier, la résistance à l'écrasement et à la rupture, et l'inaltérabilité sous l'influence des diverses actions atmosphériques.

Pierres gélives. Les pierres qui ne présentent pas cette dernière qualité à un degré convenable ne peuvent être employées que dans l'intérieur des constructions. Elles sont diversement attaquées : les unes se décomposent à l'air par suite de la formation de nouvelles combinaisons chimiques ; d'autres sont altérées par l'eau qui les amollit en totalité ou en partie. Ces défauts se rencontrent surtout dans les pierres gypseuses ou argileuses, et il est presque toujours facile de les reconnaître immédiatement. Il est aussi des pierres qui ne peuvent résister à l'action des gelées ; il s'en détache des feuillets ou des éclats irréguliers, elles s'égrènent ou elles se corrodent de manière à présenter ces vermiculures qui ont été imitées dans quelques constructions des deux derniers siècles. Ni l'inspection de la texture, ni l'analyse chimique ne peuvent faire prévoir quelles sont celles qui sont dans ce cas, et une longue expérience était autrefois le seul guide consulté en cette matière. Pour s'assurer de la qualité d'une carrière ou d'un banc nouvellement mis en exploitation, on en extrayait quelques blocs, puis on les essayait en les laissant exposés à l'air pendant plusieurs hivers. Cette méthode avait le double inconvénient d'exiger un long espace de temps, et de ne rien offrir de bien concluant; car rien n'établissait que les pierres qu'elle présentait comme non *gélives*, ne pussent être détériorées par des gelées plus intenses ou par d'autres alternatives de gels et de dégels. M. Brard a publié, il y a quelques années, un procédé qui résout la question d'une manière satisfaisante, et d'après lequel on substitue la force d'expansion due à la cristallisation d'un sel à celle qui résulte de la congélation de l'eau. Ce procédé, modifié par M. Héricart de Thury, consiste à faire bouillir de petits cubes d'essai, pendant une demi-heure, dans une solution de sulfate de soude saturée à froid; à les suspendre ensuite dans une chambre, maintenue à la température de 15° environ, jusqu'à ce qu'ils soient couverts d'efflorescences salines; à les replonger dans la dissolution; à les exposer de nouveau à l'air; et à continuer ainsi, pendant quatre à cinq jours, les alternatives d'immersions et d'efflorescences. L'expérience est alors terminée : la pierre n'est point gélive s'il ne s'en est détaché aucun fragment; dans le cas contraire, on peut juger de son degré de gélivité par la quantité de détritus formé.

Quelques pierres, gélives au sortir de la carrière, ne le sont plus lorsque, ayant été exposées pendant quelque temps à l'air, elles ont perdu leur *eau de carrière*, et cela, alors même qu'elles sont susceptibles d'absorber une quantité d'eau bien supérieure à celle qui leur a été enlevée par l'évaporation. Ce phénomène s'expliquera aisément, si l'on admet, avec le docteur Lyell, que l'eau de carrière de ces pierres contient en dissolution des corps étrangers, tels que du carbonate de chaux, de la silice, etc., qui se déposent, lors de son évaporation, dans une partie des petites cavités qu'elle emplissait auparavant. La pierre ne peut plus alors être pénétrée par l'eau de la même manière; si elle en peut contenir autant et même davantage, c'est en d'autres cavités, et l'on conçoit qu'elle se comporte différemment sous l'action des gelées.

Eau de carrière.

La même hypothèse rend compte d'un fait fort remarquable et connu depuis longtemps, c'est-à-dire de l'accroissement de dureté que l'évaporation de l'eau de carrière produit sur certaines pierres; les matières dissoutes, en passant à l'état solide, augmentent la dureté de la pierre, tant par leur adhérence que par leur cohésion.

Classification des pierres.

La dureté, les dimensions, la mise en œuvre, la composition et la structure des pierres fournissent des caractères distinctifs fort importants au point de vue de l'art de bâtir.

On comprend sous la désignation générale de *pierres dures* toutes celles qui ne peuvent être débitées qu'à la scie sans dents, à l'eau et au grès ; et l'on appelle *pierres tendres* celles qui se débitent à la scie dentée.

Les pierres de fortes dimensions prennent le nom de *pierres de taille* lorsqu'elles sont taillées, de *blocs* lorsqu'elles ne le sont point, de *libages* lorsqu'elles sont grossièrement dressées sur leurs lits. Les pierres de petites dimensions s'appellent *moellons piqués* quand elles sont mises en œuvre à la façon des pierres de taille, *moellons smillés* quand elles sont grossièrement équarries, *moellons bruts* quand elles ne sont point travaillées. Toutes les pierres ne sont pas susceptibles d'être taillées, mais toutes peuvent être employées comme moellons, pourvu qu'elles soient suffisamment résistantes.

Sous le rapport de la composition, les pierres de construction se divisent en :

PIERRES
- CALCAIRES.
- SILICEUSES.
- ARGILEUSES.
- GYPSEUSES.
- VOLCANIQUES.

PIERRES CALCAIRES.

Les pierres calcaires sont essentiellement composées de chaux et d'acide carbonique ; ce sont des carbonates de chaux, tantôt purs, tantôt mélangés d'autres substances, telles que la silice, l'alumine, la magnésie, quelques oxydes métalliques, etc. Elles font effervescence avec les acides, ne donnent point d'étincelles sous le choc du briquet, et se convertissent en chaux quand elles sont exposées, pendant un certain temps, à une chaleur suffisamment intense. Elles sont pour la plupart déposées par couches dans le sein de la terre.

Ce sont les pierres qui se rencontrent le plus abondamment à la surface du globe, et qui sont le plus utiles à l'art de bâtir. Ce sont celles qui, à dureté égale, présentent le plus de résistance à la rupture et à l'écrasement. Habituellement homogènes et faciles à tailler, elles se prêtent mieux que toutes les autres aux formes les plus délicates, et conservent sous le ciseau ces arêtes vives et nettes qui contribuent efficacement à la beauté de nos édifices.

La plupart des grandes villes sont établies à proximité de puissants dépôts calcaires, et sont construites avec les pierres qui en proviennent. On conçoit, en effet, que les ressources offertes par une localité à l'établissement des constructions ont dû entrer pour beaucoup dans les motifs qui ont déterminé la formation d'un grand centre de population en cet endroit. Paris est une ville admirablement placée sous ce rapport, comme sous beaucoup d'autres d'ailleurs[1].

Les pierres calcaires présentent des degrés de dureté fort différents. Il en est de trop dures pour être avantageusement employées dans nos constructions ordinaires, et qu'on réserve pour les monuments publics. Il en est de trop tendres pour être utilisées en qualité de pierres; tels sont plusieurs craies et quelques calcaires terreux.

La pesanteur spécifique des pierres calcaires varie entre des limites très-éloignées. Elle est de 2,84 pour le marbre de Paros, et elle descend à 1,39 pour quelques pierres du bassin de Paris.

Un procédé, imaginé dans ces dernières années par M. Kuhlmann, à la suite de travaux d'un chimiste allemand, M. Fuchs, permet d'augmenter à peu de frais la dureté des pierres calcaires, leur résistance aux actions atmosphériques et même leur imperméabilité. Il consiste à appliquer sur leur surface du silicate de potasse ou verre soluble, dissous dans environ six fois son poids d'eau. On emploie à cet effet des pompes, s'il s'agit de grandes surfaces, et des brosses molles ou des pinceaux, si l'objet est de dimensions restreintes. Le silicate de potasse est décomposé par le carbonate de chaux d'une part, et par l'acide carbonique de l'air de l'autre. Il se forme un silico-carbonate de chaux et un dépôt de la silice qu'abandonne la potasse en se carbonatant. Cette dernière matière suinte parfois pendant quelque temps à la surface; mais on évite cet inconvénient par un lavage à l'acide hydro-fluo-silicique, lequel contribue en outre à augmenter la dureté de la pierre. On ne doit pas se borner à une seule application du silicate, il faut procéder à

Silicatisation.

---

[1] Voyez la description de cette ville, liv. III, chap. VII, de la IIe partie de ce Traité.

une nouvelle opération après quelques heures ou, mieux encore, après un jour ou deux. L'expérience a démontré que trois applications suffisent pour assurer une dureté convenable; un plus grand nombre pourrait déterminer un dépôt vitreux, dont l'aspect miroitant serait peu satisfaisant. La quantité de dissolution absorbée diminue à chaque opération, et elle varie, toutes choses égales d'ailleurs, avec le degré de dureté de la pierre. Le durcissement n'est pas instantané : il augmente graduellement, s'avance du dehors au dedans, et pénètre à une profondeur d'autant plus grande que la pierre est plus poreuse.

Les pierres convenablement silicatées prennent un grain serré, un aspect lisse, et peuvent même recevoir le poli.

M. Kuhlmann profite de la silicatisation pour colorer les pierres, quand il y a lieu. Un silicate double de potasse et de manganèse donne une dissolution noirâtre applicable aux calcaires jugés trop blancs, et l'on peut blanchir les pierres trop foncées, en ajoutant un peu de sulfate de baryte au silicate alcalin.

Phosphatisation. — Un autre mode de durcissement a été proposé par M. Coignet, et a déjà reçu d'utiles applications. Il consiste à traiter les pierres par une dissolution étendue de biphosphate de chaux. Le carbonate est décomposé, l'acide carbonique se dégage, et il se forme un sous-phosphate de chaux qui acquiert immédiatement une grande dureté. Les pierres ainsi traitées deviennent complétement imperméables, si poreuses qu'elles soient. Malheureusement le sous-phosphate de chaux favorise le développement de cette végétation microscopique qui macule parfois nos édifices, et il se couvre assez promptement de taches d'un aspect désagréable. Cet inconvénient est grave, et doit faire restreindre les applications du système dont il s'agit. Mais la phosphatisation paraît convenir très-bien pour les terrasses, car les taches importent généralement peu en pareille position.

Marbres. — Les marbres sont des pierres calcaires susceptibles de recevoir le poli. Personne n'ignore combien ils contribuent à la décoration de nos édifices, et quelle a été l'importance de leur rôle dans les architectures de la Grèce, de Rome et de la Renaissance italienne. Les qualités qu'on recherche dans les marbres sont : la dureté, la finesse du grain, la pureté et l'éclat des couleurs, la translucidité, et la résistance aux actions atmosphériques. Sous ces divers rapports, ils présentent de nombreuses variétés.

Les *marbres brèches* sont composés de fragments de marbre, de formes, de dimensions et de couleurs variées, réunis par un ciment calcaire. Les *brocatelles* sont des brèches ne renfermant que des fragments de petites dimensions. Ces marbres sont souvent d'une fort belle apparence, mais ils résistent rarement aux intempéries de l'atmosphère.

L'*albâtre oriental* est un marbre fibreux, plus ou moins translucide, à demi transparent dans quelques parties, opaque dans d'autres, à veines ondulées et concentriques, dont la couleur varie du blanc au fauve et dont la cassure est cristalline. Il s'exploite surtout en Égypte, où il a été employé dès la plus haute antiquité. Les Romains l'estimaient fort et en ont fait grand usage.

On a repris depuis quelques années, en Algérie, l'exploitation de carrières qui fournissent un albâtre extrêmement remarquable, auquel nous donnerons, avec M. l'ingénieur Delesse, le nom d'*albâtre algérien*[1]. Les veines de ce beau marbre sont presque rectilignes et sont parallèles entre elles; sa structure est rubanée. Il est plus translucide et de couleurs plus variées que l'albâtre oriental. Quelquefois incolore et transparent, il se montre en d'autres circonstances d'un blanc laiteux, ou se colore en jaune plus ou moins vif, en rouge, en rose, en vert émeraude ou en vert pomme, et ces diverses couleurs peuvent se trouver réunies sur le même échantillon. L'albâtre algérien résiste parfaitement aux intempéries de l'atmosphère, est très-compacte, peut s'obtenir en blocs de grandes dimensions, et est susceptible du plus beau poli. Peu de matières conviennent aussi bien à la décoration de nos édifices. Cet albâtre était connu des Romains, qui le tiraient probablement des mêmes carrières que nous. On en trouve cependant en d'autres contrées, notamment en Espagne et en Asie Mineure.

Les albâtres sont généralement plus durs que les autres marbres et conservent mieux le poli.

On donne le nom de **marbres antiques** à ceux qui étaient employés dans les monuments de l'antiquité. La plupart des carrières qui les fournissaient sont perdues, ou ne sont plus exploitées.

Nous citerons parmi les principaux marbres antiques :

Le *marbre de Paros*, d'un blanc d'ivoire, légèrement translucide, très-recherché par la statuaire; la Vénus de Médicis est en marbre de Paros.

Le *marbre pentélique*, marbre blanc, tiré des environs d'Athènes, employé à

---

[1] Matériaux de construction de l'Exposition universelle de 1855, par M. A. Delesse, ingénieur des mines. Paris. 1856. Nous ferons plusieurs emprunts à cet excellent ouvrage.

la construction de tous les monuments de l'acropolis de cette ville. Ce marbre est encore exploité aujourd'hui ainsi que le précédent.

Le marbre blanc de *Luna;* le marbre blanc *arabique*, analogue à celui de Paros et plus estimé encore; le marbre blanc *cappadocien*, qui était d'une translucidité très-prononcée.

Le *cipolin*, veiné de blanc, de jaune et de vert; il est d'un assez bel effet, mais il ne résiste pas très-bien aux intempéries de l'atmosphère; les colonnes du temple d'Antonin et Faustine, à Rome, sont exécutées en cipolin.

Le *jaune de Numidie*, marbre très-estimé, dont on rencontre de nombreux fragments dans les ruines de Rome, et dont on croit avoir retrouvé les carrières près de Philippeville, en Algérie.

Le *rouge antique*, d'un ton très-chaud, non veiné, susceptible du plus beau poli. Les Romains lui donnaient le nom d'*Ægyptum*, et l'on a cru, jusque dans ces derniers temps, qu'il était tiré d'Égypte. Mais on n'en a trouvé aucune carrière dans ce pays, tandis qu'on vient d'en découvrir en Grèce, où son exploitation a été reprise. Nos musées renferment quelques œuvres d'art remarquables, exécutées avec ce marbre qui a toujours été rare et précieux. Nous citerons, entre autres, un faune et le buste d'Appius Claudius, au musée du Capitole; le faune de la villa Adrienne, au Vatican; la louve allaitant Rémus et Romulus, au musée du Louvre.

Le *portor*, très-beau marbre noir, veiné en jaune vif.

Le *noir antique* ou *noir de Lucullus*, le noir le plus franc que nous connaissions.

Le *lumachelle*, ainsi nommé parce qu'il est formé de coquilles dont la plupart sont analogues à celles du limaçon; marbre très-commun, d'un gris plus ou moins foncé. Il présente de nombreuses variétés.

La *brèche jaune*, la *brèche violette* et celle qui est formée de fragments blancs, gris, rouges et bleus; cette dernière est connue sous le nom de *portasanta*.

Enfin les albâtres dont il a été parlé plus haut. Ils ont été fréquemment employés par les Romains en revêtements, en colonnes, et à la confection de statues et de divers objets d'art.

Les *marbres modernes* sont plus nombreux encore que les *marbres antiques;* ils varient, pour ainsi dire, à l'infini. Nous nous bornerons à citer quelques-uns de ceux qui se rencontrent le plus fréquemment dans nos constructions, ce sont : les marbres blancs de Carrare, des Alpes et des Pyrénées; les blancs veinés; le jaune de Sienne; le portor; les marbres rouges de Sienne, de Caunes et de la vallée de Campan; les cipolins; les griottes; le marbre royal, marbre commun d'un rouge terne et nuancé, veiné de blanc et de gris; le vert de Campan; les noirs du Piémont, des Alpes, des Pyrénées et de la Flandre; les noirs veinés ou tachetés de blanc; les gris veinés; les lumachelles de Flandre, de la Meuse et des Pyrénées; le bleu turquin; le gris brunâtre de Boulogne; les brèches jaunes, rouges, violettes, grises et de couleurs variées; la brocatelle d'Espagne, à fond rouge avec de petits fragments jaunes, gris et blancs; la brocatelle jaune de Sienne; le marbre mosaïque de Corse.

La France est très-riche en carrières de marbre. Elle en exploite dans les Pyrénées, les Alpes, les Vosges, dans les départements du Nord, du Pas-de-Calais, de la Mayenne, du Jura, de la Meuse, de la Côte-d'Or, de la Nièvre, des Bouches-du-Rhône et du Var, en Corse et en Algérie.

Les négociants et les constructeurs rangent habituellement parmi les marbres des pierres qui s'en rapprochent beaucoup par les caractères physiques, mais qui sont de toute autre composition : ce sont les *serpentines*, roches essentiellement composées d'hydrosilicate de magnésie. <small>Serpentines</small>

Les serpentines présentent à peu près la même dureté que les marbres, sont susceptibles d'un très-beau poli, et se conservent longtemps; mais elles sont rarement pures. Celles qui sont le plus fréquemment employées dans nos constructions, sont formées de fragments d'hydrosilicate de magnésie réunis par de nombreux filons de chaux carbonatée. Ces filons sont habituellement de couleur blanche, sont très-déliés, s'entrelacent dans diverses directions, et tranchent de la manière la plus heureuse sur le fond, qui est généralement foncé, vert, brun ou rouge. Ils ont l'inconvénient de s'altérer à l'air.

La belle pierre connue sous le nom de *vert antique*, est une serpentine à filons calcaires. Les Romains en ont fait grand usage.

La Corse fournit de fort belles serpentines, dites *vert de mer*, qui peuvent s'obtenir sous de très-grandes dimensions. Les veines calcaires qui les traversent sont colorées en vert clair ou en vert émeraude.

La serpentine du cap Lizard, en Angleterre, est une des plus belles qu'on connaisse. Elle est d'un vert olive plus ou moins foncé, que relèvent souvent des taches brunes ou rouges. Dépourvue de veines de chaux carbonatée, elle conserve son poli presque indéfiniment.

Le *vert de Gênes* et le *rouge de Gênes* sont des serpentines très-estimées.

La *brèche universelle* ou *brèche verte d'Égypte* est également rangée parfois parmi les marbres, bien qu'elle diffère complétement de ces pierres sous le double rapport de la composition et de la dureté. Cette roche est formée de fragments arrondis de granit, de porphyre et de pétrosilex, agglomérés par un ciment siliceux de couleur verdâtre. « On peut la regarder, dit M. Jomard, comme une des matières les plus dures, les plus riches en couleurs et les plus belles qui existent sur le globe. »

Les Égyptiens et, après eux, les Romains, tenaient cette brèche en grande estime, et l'ont fréquemment employée à la confection de colonnes, de sarcophages et de divers objets d'art.

PIERRES SILICEUSES.

Les pierres siliceuses ne font point effervescence avec les acides, et donnent des étincelles sous le choc du briquet. Ce sont, après les calcaires, les pierres le plus fréquemment employées dans nos constructions. Les granits, les grès et les meulières en sont les plus utiles.

Granits. — Le granit est une roche formée de cristaux accolés de quartz, de feldspath et de mica. Le quartz, qui est de la silice pure ou presque pure, y est disséminé en grains irréguliers et habituellement incolores. Le feldspath s'y présente sous forme de cristaux lamelleux, brillants et souvent colorés ; c'est un silicate à base d'alumine et de potasse. Le mica se reconnaît aisément à sa texture feuilletée, à sa transparence et à ses paillettes brillantes ; les couleurs qu'il affecte sont le blanc, le gris, le jaune, le brun foncé et le noir. Le mica est également un silicate, mais sa composition est à la fois plus compliquée et plus variable que celle du feldspath ; il est formé de silice, d'alumine, d'oxyde de fer et de quelques autres oxydes. Dans quelques granits, le mica est remplacé par un autre silicate de forme et d'aspect bien différents, à texture fibreuse, qui présente quelques variétés, et qui se compose en général de silice ou d'alumine, de chaux et d'oxyde de fer ; c'est l'amphibole. Ces granits prennent le nom de syénites, de la ville de Syène en Égypte, où il en existe de fort beaux.

Les granits sont d'autant plus durs, que le quartz y est plus abondant et que ses grains sont plus fins.

Le granit est une pierre très-dure et très-résistante, lorsqu'il est de bonne qualité. Aucune pierre de construction ne brave aussi bien toutes les injures du temps et ne conserve, comme lui, pendant des milliers d'années, toute la netteté de ses formes. Ces qualités sont précieuses pour les monuments que nous voulons faire passer à la postérité, et pour tous les ouvrages qui sont exposés à des frottements réitérés, comme les constructions à la mer, les murs de quais, les trottoirs de nos villes, et les dallages de nos édifices publics. Elles sont encore mises à profit pour les parties de nos constructions qui sont soumises à des pressions considérables; mais, dans la plupart des cas, cette grande dureté du granit est plutôt un inconvénient qu'un avantage, car elle rend la mise en œuvre difficile et dispendieuse. On ne peut pas d'ailleurs obtenir sur le granit, surtout quand on ne le polit pas, des arêtes aussi vives que sur la pierre calcaire. Cela provient de ce que, sous l'action des instruments qu'on emploie pour le travailler, les petits cristaux, dont il est composé, se détachent ou se séparent suivant leurs faces de clivage plutôt qu'ils ne se divisent suivant le plan voulu. Aussi l'architecture des contrées granitiques a-t-elle un caractère tout à fait exceptionnel; elle se distingue par des formes plus sévères, par des moulures moins fines, par une décoration moins riche et moins délicate.

Les granits ne sont pas déposés par couches dans le sein de la terre. Presque tous cependant offrent deux directions suivant lesquelles il est plus facile de les diviser. Elles ne sont pas aisées à reconnaître à l'inspection de la pierre, mais les ouvriers ne s'y trompent pas; ils les désignent sous les noms de *grande* et de *petite feuille*.

Un grand nombre de ces pierres ont le défaut de renfermer dans leur intérieur des solutions de continuité qu'on appelle *glaces*.

La pesanteur spécifique des granits varie de 2,90 à 2,60.

On peut ranger parmi les granits, une pierre très-remarquable qui s'exploite dans les environs de Brest, et qui est connue sous le nom de *Kersanton*. C'est une roche feldspathique d'un gris noirâtre, renfermant beaucoup de mica. Elle est très-compacte, se prête aux sculptures les plus délicates, et résiste parfaitement aux actions atmosphériques; c'est une des meilleures pierres de construction. Elle est malheureusement assez rare et s'obtient difficilement en gros blocs.

La France compte un grand nombre d'exploitations de granit. Les principales se trouvent en Bretagne, en basse Normandie, dans le Limousin, dans la haute Loire et dans les Vosges.

<small>Granits polis.</small> La plupart des granits sont susceptibles de recevoir un très-beau poli, et quelques-uns d'entre eux peuvent rivaliser, pour l'éclat des couleurs, avec les marbres les plus précieux. L'idée que nous avons des difficultés de leur travail, et surtout de leur inaltérabilité, y ajoute un nouveau prix. On les divise en *antiques* et en *modernes*, comme les marbres.

Tout le monde connaît le *granit rouge oriental*, véritable syénite, qui a été fréquemment employé par les Égyptiens et par les Romains en obélisques, en colonnes et à la confection de divers objets d'art. On trouve dans les Vosges et en Bretagne des granits qui en approchent, mais sans être aussi beaux.

Le *granit noir* de quelques statues égyptiennes est une fort belle pierre extrêmement dure, à grains très-fins et très-serrés, qui prend un poli parfait.

Enfin le *granit orbiculaire* de Corse peut être cité comme l'une des variétés les plus remarquables de cette pierre ; malheureusement il a été impossible jusqu'à présent de s'en procurer de gros blocs.

<small>Grès.</small> Les grès sont des pierres composées de grains de sable siliceux réunis par un ciment siliceux, argileux ou calcaire. Ils prennent les noms de *poudingues* ou de *brèches*, quand les grains sont de fortes dimensions, et suivant que ces éléments sont arrondis ou anguleux.

Quelques grès forment d'excellentes pierres à bâtir, et peuvent rivaliser avec les meilleurs calcaires ; mais la plupart adhèrent moins bien au mortier, ne se prêtent pas aussi facilement aux délicatesses de la sculpture, et sont plus fragiles.

Les grès durs fournissent d'excellents pavés.

La dureté et la résistance à l'écrasement de ces pierres varient beaucoup. Leur pesanteur spécifique est d'environ 2,50.

Il est quelques grès qui sont colorés en rouge plus ou moins foncé passant au gris et au brun : ce sont les *grès rouges* et les *grès bigarrés*. Ils produisent un fort bon effet décoratif, lorsqu'ils sont convenablement disposés, et ils ont pour la plupart le double mérite de résister parfaitement aux agents atmosphériques et de conserver leurs couleurs.

Un grand nombre de monuments des bords du Rhin sont exécutés en grès bigarré rouge. La cathédrale de Cologne est construite en grès d'un gris blanchâtre.

On remarquait, à l'Exposition universelle de 1855, des dalles dont l'épaisseur variait de 0^m,02 à 0^m,10, et qui étaient découpées à jour suivant des dessins du plus heureux effet. Elles provenaient de l'Inde, et étaient formées d'un grès quartzeux et micacé de couleur blanche.

La Toscane est très-riche en grès, dont quelques-uns sont d'excellente qualité. Leur couleur, d'un gris franc et uniforme, a été mise à profit par les architectes florentins, qui l'ont habilement fait concourir à la décoration des édifices.

Les meulières, ainsi nommées parce qu'elles forment d'excellentes meules, sont des pierres siliceuses d'une structure très-irrégulière. Cette irrégularité est telle, qu'elles ne peuvent être employées comme pierres de taille, mais elles fournissent des moellons de très-bonne qualité, très-durs, très-résistants, et qui ne s'altèrent nullement aux intempéries de l'atmosphère. Les meulières sont les pierres qui adhèrent le mieux au mortier; elles doivent cette propriété aux nombreuses cavités qu'elles présentent. On fait un assez grand usage de cette pierre à Paris et dans ses environs; elle y a été employée à la construction des abattoirs et à celles de nombreux ouvrages d'art sur les canaux et les chemins de fer. Elle contribue efficacement à la décoration de ces édifices par sa couleur rougeâtre et par sa texture prononcée, qui la font trancher nettement avec les pierres de taille qui l'encadrent. On en a également tiré très-bon parti dans l'établissement des fortifications de Paris.

Meulières.

Il est encore d'autres pierres siliceuses qui sont employées dans nos constructions, et tels sont les quartz, le grünstein, etc.; mais ils ne se laissent pas tailler, adhèrent mal au mortier, et ne sont utilisés que comme moellons, à défaut d'autres pierres de meilleure qualité.

PIERRES ARGILEUSES.

Les pierres argileuses ne font pas, en général, effervescence avec les acides, ne donnent point d'étincelles sous le choc du briquet, et affectent souvent la texture schisteuse.

On n'obtient de la plupart des pierres de cette espèce que des moellons assez médiocres. Quelques-unes cependant fournissent des dalles qui s'emploient très-utilement, soit au pavage, soit à la couverture des édifices.

Ardoises. — Telles sont les ardoises, schistes argileux, qui se divisent avec une grande facilité en feuillets minces et unis. Leur couleur la plus habituelle est un gris bleuâtre foncé; elle tourne quelquefois au brun rouge violacé.

Quelques carrières fournissent des ardoises de très-grandes dimensions, sur des épaisseurs variant de $0^m,02$ à $0^m,05$, qui sont utilisées pour former des cloisons ou des revêtements. Les ardoises dures et épaisses constituent d'excellents dallages. Quant à celles qui sont destinées aux couvertures, les qualités qu'elles doivent présenter sont d'être dures, légères, planes, d'une épaisseur uniforme, de n'être pas trop perméables, de résister aux intempéries de l'atmosphère, d'être douées de quelque flexibilité, et de se laisser tailler et percer sans se briser. Ces dernières se débitent sur différents échantillons que nous ferons connaître, lorsqu'il sera question des dispositions adoptées pour les mettre en œuvre.

La plupart des ardoises sont susceptibles de prendre un assez beau poli. En Angleterre et aux États-Unis, on fait grand usage d'ardoises dites *émaillées*. Cette préparation augmente la dureté de l'ardoise, et permet de lui attribuer différentes couleurs, d'y tracer des dessins durables, et même de lui donner l'apparence du marbre.

Les principales ardoisières de France sont celles de l'Anjou et des Ardennes. Elles fournissent des ardoises d'excellente qualité.

PIERRES GYPSEUSES.

Les pierres gypseuses, chaux sulfatées de la minéralogie, ne font pas effervescence avec les acides et se laissent rayer par l'ongle.

Plâtre. — Ces pierres, tendres, friables et déliquescentes pour la plupart, sont impropres aux constructions. Elles rendent cependant de grands services à l'art de bâtir, car ce sont elles qui fournissent le plâtre. Quelques-unes d'entre elles contiennent une petite quantité de carbonate de chaux; elles font alors une légère effervescence avec les acides, et elles donnent ordinairement de meilleur plâtre que les autres. Telle est celle de Montmartre, près de Paris.

La pesanteur spécifique des pierres gypseuses varie de 1,90 à 2,30.

MATÉRIAUX DE CONSTRUCTION.

On donne, fort improprement, le nom d'albâtre à un gypse saccharoïde, légèrement translucide, habituellement d'un blanc éclatant, quelquefois gris ou jaune pâle, qui s'emploie en incrustations et à la confection de menus objets d'art. Son peu de dureté le fait aisément distinguer des véritables albâtres, qui sont des chaux carbonatées, ainsi qu'il a été dit plus haut.

PIERRES VOLCANIQUES.

Cette division comprend des pierres de qualités et d'usages fort divers.

Les unes, telles que le basalte et le porphyre, sont compactes, très-résistantes; mais sont trop dures pour être employées comme pierres d'appareil, car les services qu'elles pourraient rendre ne compenseraient pas les dépenses de leur mise en œuvre. Elles fournissent des pavés, fort estimés parce qu'ils sont durables, mais qui présentent ordinairement l'inconvénient de se polir sous le frottement et de devenir très-glissants. On en tire quelquefois aussi des moellons bruts d'assez médiocre qualité, n'adhérant que fort imparfaitement au mortier. Basaltes et porphyres.

D'autres sont assez faciles à tailler, et se prêtent, quoique poreuses, aux moulures et même aux ornements les plus délicats. Elles adhèrent bien au mortier, tant à raison de leur structure, que parce qu'elles sont susceptibles d'entrer en combinaison avec la chaux pour former des hydrosilicates. Elles présentent une grande résistance à la pression, au frottement et aux diverses actions atmosphériques, et sont fort appréciées aussi bien comme pierres de taille que comme moellons. Malheureusement leur couleur est d'un gris noirâtre, qui donne quelque chose de triste aux constructions dans lesquelles elles sont exclusivement employées. Telles sont les laves d'Agde, de Volvic et d'Andernach. Laves.

La pesanteur spécifique de ces pierres varie beaucoup. Le basalte et le porphyre ont à peu près la même : 2,85 environ.

Les tufs volcaniques sont formés par des détritus de laves que réunissent des ciments de diverses natures. Plusieurs points de notre territoire en offrent des masses considérables, qui sont exploitées pour la plupart. Le *peperino* de Rome et le *piperno* de Naples sont des tufs volcaniques dont on fait un grand usage dans ces deux villes. Ce sont de fort bonnes pierres. Tufs volcaniques.

La pesanteur spécifique des tufs volcaniques est, en général, très-faible; elle varie de 1,95 à 1,22. Cette légèreté les rend très-convenables pour la construction des voûtes.

On a quelquefois employé, dans le même but, des pierres, également d'origine volcanique, mais plus légères encore que les tufs; ce sont les pierres ponces, dont la pesanteur spécifique, inférieure à celle de l'eau, est habituellement d'environ 0,65. Elles conviennent d'autant mieux à cette destination, qu'elles adhèrent très-bien au mortier et ne sont nullement hygrométriques.

<small>Basaltes et porphyres polis.</small> Quelques laves compactes, les basaltes et les porphyres surtout, sont susceptibles de prendre un beau poli. Cette dernière pierre, composée de petits cristaux de couleurs variées, nageant dans une pâte homogène, d'un ton habituellement chaud et foncé, présente parfois la plus belle apparence.

Le *porphyre vert antique* est une des roches décoratives les plus remarquables et les plus abondantes qui se trouvent dans les ruines de l'antiquité romaine. Sa pâte est d'un beau vert qu'animent des cristaux de feldspath d'un vert pâle et quelques grains d'augite noire. Il se tirait de Grèce, entre Sparte et Marathon.

On exploite en France un porphyre analogue dans le département de la Haute-Saône.

Le *porphyre rouge antique*, moins beau que le précédent, est composé d'une pâte d'un brun rouge violacé, dans laquelle sont disséminés de petits cristaux de feldspath blanc. Il provenait d'Égypte. On en trouve sur plusieurs points de notre territoire.

Le porphyre ne remplit aujourd'hui qu'un rôle très-secondaire dans la décoration des édifices. Nous attachons moins d'importance que les Romains à la durée et à l'éclat des matières, et nous nous préoccupons davantage de l'économie de la main-d'œuvre.

II. — DES BRIQUES.

L'origine des briques remonte à une si haute antiquité, qu'elle se perd dans la nuit des temps; cependant on peut affirmer qu'elles ont dû être employées postérieurement à la pierre, et que c'est par suite des difficultés éprouvées dans quelques contrées pour se procurer ou tailler celle-ci qu'on dut songer à fabriquer d'autres matériaux propres au même usage. On n'a pu recourir aux pierres artificielles qu'après avoir reconnu l'utilité des pierres naturelles.

Les plus anciennes formes de briques que nous connaissions témoignent bien, en effet, de cette marche de l'industrie humaine, car elles se rapprochent beaucoup de celles que recevaient les pierres à bâtir.

Les Grecs employaient trois sortes de briques qui étaient désignées par les noms de *Didoron*, *Tetradoron* et *Pentadoron*. Les premières, qui étaient également employées chez les Romains, avaient, suivant Vitruve, un pied (pied antique, ou $0^m,296$) de côté sur un demi-pied d'épaisseur. Celles des deux autres espèces étaient cubiques, et devaient avoir, s'il est permis de s'en rapporter à l'étymologie et au texte de notre auteur, les plus petites, $0^m,592$, et les plus grandes, $0^m,740$ de côté. Toutes ces briques et la majeure partie de celles qui ont été employées dans l'antiquité, tant en Asie Mineure qu'en Égypte, étaient formées d'argile corroyée avec de la paille hachée, puis simplement séchée au soleil. Leur dessiccation exigeait un long espace de temps pour être complète. Vitruve recommande d'y consacrer deux années au moins, et il approuve les magistrats d'Utique en ce qu'ils ne permettaient d'employer les briques crues que cinq années après leur fabrication. Ces briques présentaient d'ailleurs cet autre inconvénient, qu'elles ne pouvaient résister à l'action délétère des longues pluies et des gelées. Aussi tous les édifices construits en Europe avec de pareils matériaux ont-ils complétement disparu, et ceux des contrées méridionales elles-mêmes ne présentent-ils plus que des ruines.

La cuisson de la brique ne laisse subsister aucun de ces inconvénients. Cette opération était connue des anciens peuples de l'Orient; car la tour de Babel entre autres était construite en briques cuites[1]. Mais il paraît que les Romains n'y recoururent qu'à une époque assez rapprochée de nous; Vitruve en parle à peine, et l'on n'en a trouvé de témoignage dans aucun de leurs monuments qu'on puisse affirmer être antérieur au Panthéon d'Agrippa, lequel a été élevé sous le règne d'Auguste. A partir de cette époque, les briques cuites formèrent la majeure partie de la plupart des édifices que construisirent les Romains dans les diverses parties de leur vaste empire. Les murailles exécutées en briques étaient ordinairement

---

[1] « Et ils se dirent l'un à l'autre : Allons, faisons des briques et cuisons-les au feu. Ils se servirent donc de briques comme de pierres, et de bitume comme de ciment. » (Genèse, chap. xi, v. 3).

revêtues d'un enduit en stuc; quelquefois elles étaient recouvertes de dalles de marbre; en quelques circonstances elles restaient apparentes. On voit encore dans la campagne de Rome, à peu de distance du nymphée connu sous le nom de grotte d'Égérie, un édicule, fort bien conservé, où l'on a tiré parti, avec beaucoup d'art, de diverses nuances de briques pour bien faire ressortir les principaux membres d'architecture. Les pilastres corinthiens avec leurs chapiteaux, les encadrements et les corniches des fenêtres, les principales moulures de l'entablement, sont exécutés en briques de couleur foncée; le reste de la construction est formé de briques d'un rouge très-pâle.

Les briques cuites des Romains étaient de diverses dimensions; quelques-unes étaient fort grandes, mais toujours de faible épaisseur, ainsi qu'il convient pour obtenir une bonne cuisson. On en compte trois espèces principales, toutes sur forme carrée. Les plus grandes ont $0^m,60$ de côté sur $0^m,06$ d'épaisseur environ; les moyennes ont $0^m,45$ de côté sur $0^m,05$; les plus petites ont environ $0^m,20$ sur $0^m,04$. On trouve en outre, dans les ruines de Rome et de ses environs, des briques triangulaires résultant de l'intersection des briques carrées, suivant une des diagonales de la base. Leur plus grand côté était mis en parement.

Emploi des briques dans les constructions modernes.

Les nations modernes font encore un assez grand usage de la brique. Personne n'ignore qu'elle est beaucoup plus employée que la pierre en Angleterre et en Belgique, et qu'elle a joué un assez grand rôle, même au point de vue de la décoration extérieure, dans l'architecture du temps de Louis XIII. Mais maintenant, en France, on n'y a guère recours que pour les constructions légères qui l'exigent impérieusement, ou dans les départements qui ne fournissent pas de pierres de qualités convenables[1].

Il y a de l'injustice dans cette espèce de dédain. Sans méconnaître l'utilité de la pierre de taille et le caractère de solidité qu'elle communique aux monuments qui en sont formés, on peut dire que la brique lui est préférable en beaucoup de circonstances. Elle est plus légère et convient par conséquent beaucoup mieux pour les voûtes et les parties supérieures des édifices; elle adhère plus fortement au mortier; sa mise en place est plus facile; elle résiste aussi efficacement aux intempéries de l'atmosphère, toutes les fois qu'elle est de bonne qualité;

---

[1] En laissant subsister cette phrase, écrite en 1850, nous constatons avec bonheur qu'elle est beaucoup moins vraie aujourd'hui qu'à cette époque.

enfin elle a le mérite, au point de vue de l'art, d'introduire une heureuse variété dans la composition.

Les briques reçoivent différentes formes, suivant les exigences des constructions auxquelles on les destine. On en fabrique en forme de voussoirs pour les voûtes qui doivent supporter des pressions considérables; il y en a de creuses pour les voûtes légères; les tuyaux de cheminée s'exécutent souvent en briques terminées d'un côté par un arc de cercle, de telle sorte que, convenablement disposées, elles laissent entre elles un passage cylindrique. Mais elles sont en général méplates, rectangulaires et de dimensions uniformes. Dans le Nord et le Centre de la France, elles ont $0^m,22$ de longueur sur $0^m,11$ de largeur et $0^m,055$ d'épaisseur; celles du Midi sont plus grandes, et se rapprochent davantage des proportions adoptées par les Romains pour leurs briques cuites.

<small>Formes des briques.</small>

Les briques rectangulaires creuses ou *briques tubulaires* sont fort employées depuis quelques années dans nos constructions, et présentent en effet des avantages très-marqués. Leur poids n'est que moitié environ de celui des briques pleines; leur résistance à l'écrasement n'est pas notablement inférieure à celle de ces dernières, parce que la cuisson est plus uniforme, grâce à la faible épaisseur des parois; et elles devront avoir le mérite de l'économie, car elles exigent beaucoup moins de matière et de combustible que les autres. Leur forme est plus compliquée sans doute; mais elle s'obtient à peu de frais au moyen d'une machine.

<small>Briques tubulaires.</small>

La figure 18 de la planche II représente une de ces briques, à laquelle on a donné $0^m,22$ de longueur, $0^m,11$ de largeur et $0^m,065$ d'épaisseur. La cloison extérieure a $0^m,007$ d'épaisseur; celles de l'intérieur ont $0^m,001$ de moins. Ces briques s'établissent suivant des échantillons très-variés.

L'argile commune est la terre employée à la fabrication des briques. Elle ne doit être, pour nous servir des termes techniques, ni trop *grasse*, ni trop *maigre*; trop maigre, elle ne peut acquérir une dureté suffisante; trop grasse, elle donne des briques qui se gauchissent ou se fendent, soit au séchage, soit pendant la cuisson. C'est par des essais qu'on reconnaît les qualités ou les défauts de l'argile, ainsi que la nature et les proportions des matières étrangères par lesquelles elle peut être amendée. Les cendres de houille conviennent parfaitement au dégraissage de l'argile, et elles ont en outre le mérite de faciliter la régularité de la cuisson. On en fait grand usage en Angleterre.

<small>Fabrication des briques.</small>

La conversion de l'argile en briques exige quatre opérations bien distinctes : la préparation de la terre, le moulage, le séchage et la cuisson. Nous les passerons rapidement en revue.

<small>Préparation de la terre.</small> On extrait habituellement la terre avant le commencement de l'hiver, et on la laisse exposée pendant toute cette saison à l'action des agents atmosphériques, en ayant soin de la remuer de temps à autre ; l'expérience a démontré que la plupart des argiles deviennent ainsi plus faciles à travailler qu'elles ne l'étaient immédiatement après leur extraction. On jette ensuite la matière dans une fosse, solidement construite en maçonnerie hydraulique, et l'on y ajoute la quantité d'eau nécessaire pour la formation d'une pâte assez ferme. Après avoir laissé pénétrer cette eau pendant quelques jours, un ouvrier, muni d'une bêche, descend dans la fosse. Il y piétine et y recoupe la terre avec grand soin ; puis, lorsqu'il juge que la pâte est suffisamment homogène, il la jette dans une fosse voisine, où, quand on veut obtenir de bons produits, elle est reprise par un autre ouvrier qui la pétrit de nouveau et par petites parties. La *marche* de la terre est une opération longue, pénible et même quelquefois dangereuse pour la santé de l'ouvrier. On a cherché, dans ces derniers temps, à la pratiquer au moyen de manéges analogues à ceux avec lesquels on fabrique le mortier sur les grands travaux ; malheureusement les résultats obtenus ne paraissent pas avoir été très-satisfaisants. La machine mélange bien, mais elle ne saurait, comme l'ouvrier, découvrir et rejeter les petites pierres, fragments de craie ou de pyrite, qui se trouvent fréquemment dans l'argile et nuisent beaucoup à la qualité de la brique.

<small>Moulage et séchage de la brique.</small> La terre étant ainsi préparée, on passe immédiatement au moulage. Il s'exécute avec une grande rapidité. Un bon *mouleur* peut confectionner jusqu'à neuf ou dix milliers de briques dans un jour d'été, s'il est bien secondé et si la pâte n'est pas trop ferme. Les moules sont des cadres sans fond, en bois ou en fer, qui ne contiennent la terre que latéralement. On leur donne des dimensions supérieures à celles que doivent avoir les briques, afin de compenser le retrait de l'argile, retrait variable, dont l'expérience détermine la valeur pour chaque nature de terre. Le mouleur pose le moule sur une table, le remplit en pressant la pâte avec la main, et unit la surface supérieure avec un petit rouleau de bois nommé *plane*. La brique moulée est déposée dans un séchoir, à plat d'abord, puis de champ, sur une aire recouverte de sable, où elle reste jusqu'à ce qu'elle puisse

être transportée impunément. Elle contient encore alors trop d'humidité pour ne pas se déformer, si elle était immédiatement soumise à la cuisson; il faut donc compléter la dessiccation commencée. On emploie à cet effet différents procédés. Le plus généralement suivi consiste, soit à placer les briques sous un hangar, en les disposant de manière à faciliter les courants d'air et à multiplier les surfaces en contact avec eux, soit à construire en plein air des espèces de murailles à jour qu'on recouvre de planches ou de paillassons. Cette seconde période du séchage ne dure pas, en général, moins d'un mois, et quelquefois elle est beaucoup plus longue. Un autre procédé, nouvellement introduit en France, est bien plus expéditif, et donne même des produits supérieurs; mais il est plus dispendieux. Il consiste à placer la brique dans un moule de fonte où on la frappe d'un coup de balancier. L'eau, que l'évaporation enlève lentement, est ainsi expulsée instantanément par le rapprochement des particules solides.

Dans la fabrication qui vient d'être décrite, l'eau est employée pour diviser l'argile, rendre la masse homogène, et permettre le moulage; puis on l'expulse. C'est un auxiliaire utile, mais non indispensable. On a obtenu des briques prêtes pour la cuisson et d'excellente qualité, en soumettant à une très-forte pression de l'argile sèche préalablement réduite en poudre impalpable; du reste, il ne paraît pas y avoir économie à suivre cette dernière méthode.

Les briques tubulaires se fabriquent au moyen de machines, ainsi qu'on l'a dit plus haut, et sont desséchées à l'air chaud avant d'entrer dans le four où elles doivent être cuites.

La dernière opération à faire subir à la brique, la cuisson, est celle qui présente le plus de difficultés. Elle se pratique, soit dans des fours, soit en plein air. Dans les fours, on dispose les briques au-dessus du foyer en les plaçant de champ, par lits successifs dirigés en sens inverses, et en ayant soin de les combiner de manière à favoriser le tirage et à rendre la cuisson aussi uniforme que possible. Le feu, conduit lentement d'abord, est poussé avec activité lorsqu'on juge la masse entière suffisamment échauffée; on ne s'arrête que quand la cuisson est terminée, et l'on ferme alors hermétiquement toutes les issues du four, afin que le refroidissement n'ait lieu que lentement. La durée de cette opération varie avec la contenance du four; pour les fours ordinaires, qui renferment de quarante à soixante milliers de briques, le feu est allumé pendant dix ou douze jours, et l'on en consacre cinq ou six au refroidissement.

Cuisson de la brique.

La cuisson en plein air se fait à la houille. On place les briques de champ, par couches horizontales alternant avec des lits de houille menue, de deux à trois centimètres de hauteur. Le feu, allumé au moyen de fagots introduits entre de petits murs qui élèvent la masse à une certaine hauteur au-dessus du sol, se communique d'un lit à l'autre par des conduits verticaux ménagés entre les briques à cuire. Le *tas* se monte peu à peu ; on a soin de l'envelopper latéralement avec de l'argile détrempée, pour s'opposer, autant que possible, à l'action perturbatrice du vent ou de la pluie, et on le recouvre d'une légère couche de terre lorsque la construction est terminée. Comme dans le cas précédent, on ne retire les briques que plusieurs jours après l'extinction du feu, de peur qu'un refroidissement trop prompt ne les rende cassantes.

Ce dernier mode de cuisson est beaucoup plus économique que le premier dans les pays où la houille est à bas prix. Il permet en outre de multiplier ou de ralentir la fabrication, suivant les exigences du moment et sans aucune augmentation de frais ; mais il présente quelques difficultés d'exécution et ne donne pas d'aussi bons produits que l'autre : les briques ne sont pas cuites aussi uniformément, et il y en a beaucoup qui se déforment ou se fendent sous les pressions inégales auxquelles elles sont soumises pendant l'opération.

La plupart des argiles entrent en fusion à une température qui n'est pas très-élevée, et l'on arrête habituellement leur cuisson au moment où la vitrification se manifeste. Quelques-unes cependant ont la propriété de résister aux feux les plus violents que l'industrie ait besoin de produire ; ce sont celles qui ne renferment pas de carbonate de chaux. Elles fournissent les briques réfractaires, qui s'emploient dans la construction des différentes espèces de fourneaux.

<small>Silicatisation de la brique.</small> Les briques qui contiennent du carbonate de chaux sont susceptibles d'être silicatées à la manière des pierres calcaires. On augmente ainsi dans une forte proportion leur résistance à l'action des agents atmosphériques.

<small>Caractères distinctifs des bonnes briques.</small> Les bonnes briques sont sonores, n'ont ni cavités ni boursouflures, et sont assez dures pour donner des étincelles sous le choc du briquet.

<small>Tuiles.</small> Les tuiles en terre cuite se fabriquent à la manière des briques ; mais elles exigent une pâte plus fine, plus homogène et une cuisson plus parfaite.

La porosité que présentent toutes les terres cuites, à un degré plus ou moins prononcé, est un grand inconvénient pour les tuiles, car, après avoir absorbé de l'eau, elles sont attaquées par les gelées ou par les mousses dont elles se maculent. On s'oppose à ces causes de destruction en couvrant les tuiles d'un vernis ; mais il en résulte une augmentation de prix assez notable, et par suite une grande réserve dans l'emploi de cette méthode. C'est doublement regrettable, parce que le vernis ne se borne pas à assurer la conservation des ouvrages : il permet en outre de les diversifier par une coloration durable.

III. — DES CHAUX ET CIMENTS.

La chaux pure, protoxyde de calcium de la chimie, est une substance de couleur blanche, alcaline, caustique, infusible, et dont la pesanteur spécifique est de 2,30 ; mais les chaux employées dans les constructions sont fréquemment mélangées de matières étrangères, car elles résultent de la calcination de carbonates de chaux ou pierres calcaires, qui sont rarement purs. Dans l'état où se trouve une chaux quelconque à sa sortie du four, elle ne contient point d'eau ; elle est *vive*. Mise en contact avec l'eau, elle se transforme en hydrate, en dégageant une certaine quantité de chaleur, et elle se réduit en poudre impalpable ou en pâte plus ou moins épaisse. Cet hydrate est une chaux *éteinte*.

Quand la chaux est pure ou presque pure, elle augmente considérablement de volume lors de l'extinction ; son foisonnement est tel que le volume de l'hydrate atteint, suivant les circonstances, jusqu'à deux fois et même trois fois celui de la chaux. On appelle *chaux grasses* celles qui jouissent de cette propriété. Chaux grasses.

Les chaux grasses, réduites en pâte et exposées à l'air, se dessèchent par l'évaporation de l'eau non combinée, absorbent de l'acide carbonique, acquièrent au bout d'un certain temps une assez grande dureté, et deviennent même susceptibles de recevoir le poli. Leur durcissement est plus prompt quand, à l'action de l'air, on substitue celle d'un courant d'acide carbonique. Placées dans l'eau ou seulement dans un vase clos, de telle sorte qu'elles ne puissent perdre l'eau qu'elles contiennent à l'état libre, elles restent indéfiniment molles.

Quand le carbonate calcaire contient de 0,10 à 0,20 de matières étrangères, Chaux maigres.

la chaux ne foisonne pas ou presque pas lors de l'extinction; c'est une *chaux maigre*.

<small>Chaux hydrauliques.</small> Il est des chaux maigres qui jouissent de la faculté remarquable de durcir, non-seulement à l'air, mais même, et mieux encore, quand elles sont placées sous l'eau. Elles prennent alors le nom de *chaux hydrauliques;* ce sont les calcaires argileux qui les fournissent, et des analyses ainsi que des expériences synthétiques établissent que cette propriété est due à la présence de la silice, dont l'action peut être augmentée d'ailleurs par l'adjonction d'une certaine quantité d'alumine ou de magnésie. Mais il faut, pour que la silice produise un pareil effet, qu'elle soit dans un état moléculaire qui lui permette de se combiner avec la chaux; lorsqu'elle est disséminée dans la pierre calcaire à l'état de sable, il n'en résulte que des chaux maigres non hydrauliques, quelle que soit d'ailleurs la finesse de ses grains. De récentes expériences tendent à prouver que les calcaires magnésiens ou *Dolomies* donnent de bonnes chaux hydrauliques, lorsqu'ils contiennent à peu près parties égales de chaux et de magnésie.

M. Vicat, à qui l'on doit les principales découvertes qui aient été faites sur cette matière, si importante pour nos constructions et si peu connue avant ses lumineuses recherches, divise les chaux hydrauliques en trois classes, suivant le degré de rapidité de leur durcissement, sous les noms de *chaux moyennement hydrauliques, chaux hydrauliques, chaux éminemment hydrauliques*. Les premières font prise au bout de quinze ou vingt jours d'immersion; les secondes, au bout de six ou huit jours; les troisièmes, du deuxième au quatrième jour. Il regarde une chaux comme ayant fait prise lorsqu'elle supporte, sans dépression sensible, une aiguille à tricoter de 1,2 millimètres de diamètre, limée carrément à son extrémité et chargée d'un poids de $0^{kg},30$. En cet état, la chaux résiste au doigt poussé avec la force ordinaire du bras, et elle ne peut plus changer de forme sans se briser.

Dans les calcaires qui fournissent les chaux hydrauliques, la quantité d'argile varie entre 0,10 et 0,20, et la chaux est d'autant plus énergique, toutes choses égales d'ailleurs, qu'on se rapproche davantage de ce dernier terme.

<small>Chaux limites.</small> Lorsque la quantité d'argile contenue dans une pierre calcaire est comprise entre 0,20 et 0,25, on obtient ce que M. Vicat appelle une chaux limite.

Complétement cuites, c'est-à-dire lorsque la cuisson a été poussée jusqu'au degré qui est nécessaire à l'expulsion totale de l'acide carbonique, et sans aller au delà, ces chaux ne s'éteignent qu'avec beaucoup de difficultés, et ne peuvent être employées sans danger, parce que l'extinction atteint souvent, après la mise en œuvre, les fragments qui s'y étaient soustraits d'abord. Si l'on prend le parti de les réduire mécaniquement en poudre fine, et si on les gâche ensuite avec de l'eau, elles font prise en quelques instants et semblent promettre une grande dureté ; mais cet état ne persiste pas, bientôt se manifestent des fissures, et la chaux ne tarde pas à tomber en pulvérulence ou en bouillie molle, suivant les circonstances.

Ciments. — Les mêmes pierres calcaires qui donnent ces produits défectueux après une cuisson complète, fournissent une matière très-précieuse pour l'art des constructions, lorsqu'elles ont été convenablement traitées et exposées à une température assez élevée pour déterminer des vitrifications. Cette matière est connue depuis quelques années sous le nom de *ciment de Portland*. Plusieurs usines sont consacrées à sa fabrication, et leurs produits ne présentent pas exactement les mêmes caractères, ce qui se conçoit aisément ; mais quelques propriétés essentielles distinguent très-nettement le ciment de Portland des chaux hydrauliques et des autres ciments. Il n'est pas susceptible d'extinction ; il ne peut être employé qu'après avoir été broyé et réduit en poudre fine ; gâché avec de l'eau, il se solidifie avec une rapidité qui varie d'une demi-heure à dix-huit heures ; il acquiert au bout d'un certain temps une dureté extrême ; enfin il peut être mélangé avec une plus grande quantité de sable que n'en admettent les autres matières analogues.

Quand la quantité d'argile varie entre 25 et 60 pour 75 et 40 de carbonate de chaux, le résidu de la calcination ne fuse point avec l'eau, à quelque degré que la cuisson ait été poussée ; mais, réduit mécaniquement en poudre fine, il donne un ciment qui se comporte à la manière du ciment de Portland, sans devenir pourtant aussi dur, et dont la prise est généralement plus rapide. Dans ces calcaires riches en argile, il n'est pas nécessaire d'expulser tout l'acide carbonique, et la plupart des ciments employés dans nos constructions en renferment une certaine quantité. Toutefois le ciment prend plus de dureté, lorsque la température a été poussée au delà du terme qu'exige la cuisson complète ; il se comporte alors à la manière du ciment de Portland.

Enfin, quand la proportion d'argile dépasse la limite qui vient d'être indiquée, le produit de la calcination est incapable de durcir seul, de quelque manière qu'il soit traité ; mais il est de nature à être utilement employé dans la fabrication des mortiers en qualité de pouzzolane.

Chaux et ciments artificiels. — La connaissance de la composition des chaux hydrauliques et des ciments naturels a conduit à la fabrication de chaux et de ciments artificiels, qui jouissent des mêmes propriétés et au même degré. Deux procédés, indiqués par M. Vicat, sont employés pour cette fabrication. Ils consistent : le premier, à faire cuire un mélange, en proportions convenables, d'argile et de chaux grasse éteinte ; le second, à mélanger avec l'argile, au lieu de chaux, un calcaire très-tendre (de la craie par exemple) réduit en poudre fine. Ce dernier est le moins dispendieux, ce qui le fait préférer dans la plupart des circonstances ; mais ses produits ne sont pas toujours aussi bons.

Procédés d'extinction. — Les chaux se comportent diversement suivant le procédé dont on s'est servi pour les éteindre. On compte trois modes d'extinction. L'*extinction ordinaire*, la plus usitée, ainsi que l'indique son nom, consiste à placer la chaux vive dans un bassin en bois, à la délayer avec de l'eau de manière à la réduire en bouillie, puis à la faire couler dans un second bassin, creusé en terre ou construit en maçonnerie, où elle s'affermit et se conserve. Dans l'*extinction par immersion*, la chaux vive est immergée pendant quelques secondes et retirée avant qu'elle fuse ; elle s'éteint alors en se réduisant en poudre. L'*extinction spontanée* est le résultat de l'exposition de la chaux vive à l'action lente de l'humidité contenue dans l'air. Il y a dans ce cas absorption d'une petite quantité d'acide carbonique.

Le premier procédé est celui qui procure le foisonnement le plus considérable, et assure à la chaux le plus de dureté, lorsqu'elle n'est mélangée avec aucune matière étrangère.

Le second est fréquemment employé pour les chaux hydrauliques, car il a l'avantage de faciliter leur conservation et leur transport, sans donner avec elles des résultats notablement inférieurs à ceux du premier. On place la chaux en poudre dans des barils ou dans des sacs, et elle peut être ainsi conservée pendant longtemps, sans rien perdre de ses qualités, pourvu qu'elle ne soit point exposée aux atteintes de l'humidité.

Le troisième présente l'avantage de communiquer plus de dureté que les autres à la chaux grasse, quand cette chaux est mélangée avec du sable, et c'est dans ce cas seulement qu'il peut convenir d'y avoir recours. Il est repoussé par quelques constructeurs.

La plupart des chaux diminuent de volume en durcissant. Leur retrait est d'autant plus prononcé qu'elles sont plus grasses, et que leur foisonnement a été plus considérable. *Retrait de la chaux.*

La théorie de la solidification des chaux présente encore quelques difficultés, quand on entre dans un examen détaillé des divers phénomènes qui se produisent; mais elle paraît très-nette à qui se borne à envisager l'ensemble. On voit, par ce qui précède, que le durcissement de la chaux doit être attribué à une action chimique, et que ses agents essentiels sont l'eau et l'acide carbonique pour les chaux grasses, l'eau et l'argile pour les chaux et ciments hydrauliques. *Solidification.*

Dans les chaux hydrauliques vives, il y a combinaison de la silice avec la chaux et l'alumine; ce sont des silicates anhydres. Cette combinaison est immédiatement détruite par l'extinction, et il s'en forme ensuite une nouvelle entre les quatre corps mis en présence. La combinaison est plus énergique dans les ciments, l'extinction n'a pas prise sur elle, et l'hydrosilicate se forme sans qu'elle ait été détruite.

Enfin, dans les ciments incomplétement calcinés, la calcination incomplète a pour but de ne laisser libre que la quantité de chaux nécessaire pour former avec la silice un silicate neutre, lequel durcit instantanément, malgré son mélange avec une petite quantité de carbonate de chaux. On peut les considérer comme des ciments purs auxquels on a ajouté du carbonate de chaux réduit en poudre impalpable. Dans la surcalcination, une partie de la chaux grasse devient inerte, et il ne reste de libre que la quantité nécessaire pour entrer en combinaison définie avec la silice.

La plupart des chaux hydrauliques et des ciments se décomposent dans l'eau de mer. Le silicate de chaux est attaqué par le sulfate de magnésie en dissolution dans cette eau, et il y a échange de bases. La magnésie se substitue à la chaux, et les petits fragments de sulfate de chaux, qui se forment dans la gangue, s'exfolient en cristallisant. Les chaux et ciments à combinaison très-énergique résistent seuls à cette action, qui n'a été constatée que depuis un petit nombre d'années. *Action de l'eau de mer.*

La France est actuellement très-riche en chaux et en ciments hydrauliques, tant naturels qu'artificiels. Nous citerons quelques-uns de ces précieux produits.

La chaux hydraulique du Theil, dans le département de l'Ardèche, est peut-être la meilleure de France. On l'expédie au loin, et elle convient surtout parfaite- *Chaux et ciments de France.*

ment aux travaux maritimes, parce qu'elle n'est pas décomposée par l'eau de mer, du moins dans la Méditerranée. Elle acquiert beaucoup de dureté avec le temps, mais elle ne fait prise qu'après cinq ou six jours d'immersion.

Cette chaux est portée à sa sortie du four dans des fosses où elle s'éteint lentement et se délite; puis elle passe dans un blutoir, d'où elle sort en poudre débarrassée de tous les incuits. Elle s'expédie ensuite dans des sacs ou des barils.

Les chaux de Metz, d'Échoisy (Charente), des Morins (Gironde), de Doué (Maine-et-Loire), de Senonches et de la Mancélière (Eure-et-Loire), d'Antony (Seine), de Try (Marne), sont également des chaux hydrauliques naturelles de fort bonne qualité.

Parmi les chaux hydrauliques artificielles, nous citerons celle de Chartres, qui résulte d'un mélange de quatre parties de craie marneuse et d'une partie d'argile, celle de Paris qui s'obtient en mélangeant de la craie de Meudon avec 14,3 pour 100 d'argile, et celle de Saint-Malo.

L'un des meilleurs ciments de Portland se fabrique à Boulogne-sur-Mer. Il ne fait prise qu'au bout de douze ou même de dix-huit heures; mais il l'emporte de beaucoup sur la plupart des autres ciments par sa résistance à l'écrasement et par la forte proportion de sable qu'il admet. Il a été constaté que des mortiers composés d'une partie en volume de ce ciment et de quatre parties de sable, présentent autant de résistance que ceux dans la composition desquels on fait entrer un volume de ciment Portland anglais et deux de sable, et deviennent plus durs que les ciments ordinaires employés purs. Ce Portland est imperméable, s'emploie avec succès à la construction d'auges et de réservoirs, et n'est point attaqué par les gelées. Il doit ces qualités aux proportions de chaux et d'argile, à la cuisson et aux soins apportés dans sa fabrication.

Les calcaires argileux qui fournissent ce ciment contiennent de 18 à 25 pour 100 d'argile. On les mélange dans des proportions déterminées par des expériences de laboratoire pour chaque cuisson, de manière à obtenir une pâte contenant exactement 21 pour 100 d'argile.

Le ciment de Moissac (Haute-Garonne) se rapproche par ses propriétés du Portland de Boulogne, bien qu'il s'en éloigne beaucoup par la quantité d'argile qu'il renferme; mais il est cuit comme ce dernier à une température très-élevée. Il devient très-dur, très-résistant, ne se fendille pas en durcissant, est très-compacte, complétement imperméable, résiste parfaitement aux gelées, et admet une forte proportion de sable, trois fois environ son volume. Il s'emploie avantageusement en dallages.

Le ciment de la Porte de France, près de Grenoble, est également très-remarquable. Il y en a de deux espèces : l'un fait prise en cinq minutes; l'autre exige dix minutes environ. Ce dernier se mélange habituellement avec son volume de sable. Ils proviennent tous deux des mêmes fournées; le premier se tire des fragments qui ont été simplement agglutinés pendant la cuisson, le second provient des parties scorifiées. Le ciment de la Porte de France ne s'utilise pas seulement dans les constructions; il est employé à la confection de dallages, de moulages de diverses sortes et de tuyaux de conduite d'eau ou de gaz.

Le ciment de Cahors est très-énergique, et n'est pas décomposé par l'eau de mer.

Le ciment de Corbigny (Nièvre) fait prise en trois ou quatre minutes, et acquiert immédiatement une grande dureté. Il est imperméable, comme les précédents, et peut s'appliquer aux mêmes usages.

Les ciments naturels de Pouilly, de Vassy, de Vitry, de Roquefort, de l'île de Ré, d'Antony, de Boulogne, de la Valentine, de Gap, méritent également d'être mentionnés. Ils sont d'excellente qualité, et sont fréquemment employés dans les travaux hydrauliques et dans toutes les constructions qui exigent des mortiers susceptibles d'acquérir promptement une grande dureté.

Le ciment de Portland anglais, que nous citons ici parce qu'il s'en fait une grande consommation sur les côtes de France, malgré la supériorité de celui de Boulogne, est un ciment artificiel; il se fabrique avec de la craie mélangée à une certaine quantité de vase argileuse. Les deux matières sont triturées et intimement mélangées, puis elles sont cuites jusqu'à ce qu'il se manifeste un commencement de vitrification.

On fabrique à Stettin un ciment analogue au précédent, tant par la composition que par les propriétés, qui est très-répandu en Allemagne.

Le tableau suivant fait connaître la composition de quelques-uns des produits dont on vient de parler.

DÉSIGNATION DES CHAUX ET CIMENTS.	CHAUX.	SILICE.	ALUMINE.	MAGNÉSIE.	OXYDE DE FER.	SULFATE DE CHAUX.	OBSERVATIONS.
Chaux hydrauliques naturelles.							
Chaux du Theil	68,941	26,069	4,378	0,612	»	(1)	(1) Plus 1,71 de sable quartzeux.
— de Metz	68,50	24,00		2,00	5,70	(2)	(2) Plus 1,50 d'oxyde de manganèse.
— des Morins	77,19	13,77	8,69	0,35	»	»	(3) Plus 5,649 d'éléments inertes.
— de Doué	75,894	11,174	3,828	0,502	2,134	(3)	(4) Plus 19,83 de sable, 15 de carbonate de chaux et 4,95 de principes solubles.
— de Senonches	70,00	27,40	1,60	1,00	»	»	(5) Plus quelques traces d'oxyde de fer et de sulfate de chaux.
— de la Mancélière	74,90	16,73	6,89	0,24	»	1,24	(6) La composition du Portland anglais est sujette à varier.
Chaux hydrauliques artificielles.							(7) Plus quelques traces d'oxyde de fer.
Chaux de Paris (à simple cuisson)	74,60	15,86	7,93	»	1,60	»	(8) Le surplus en eau, acide carbonique, acide sulfurique et alcalis.
Chaux de St-Malo (à double cuisson)	57,92	17,59	4,71	»	»	(4)	(9) On a compris dans la silice un résidu sableux, et dans l'alumine un peu d'oxyde de fer et d'oxyde de manganèse.
Ciments.							
Ciment de Portland de Boulogne	65,13	20,42	13,87	0,58	»	(5)	
Ciment de Portland anglais	68,11	20,67	10,43	»	0,78	(6)	
Ciment ordinaire de Boulogne	49,99	32,78	9,09	0,69	7,44	»	
Ciment de Moissac	45,40	29,86	20,04	1,89	»	2,81 (7)	
— de Cahors	44,45	26,00	12,15	4,80	5,50	(8)	
— de Corbigny	54,92	24,63	15,31	0,68	»	4,46 (9)	
— de Pouilly	49,60	26,00	10,00	»	5,10	(8)	
— de Vassy	59,50	17,75	6,80	»	7,35	(8)	
— de Vitry	55,70	20,00	9,77	»	4,33	(8)	
— de l'île de Ré	54,35	26,45	13,45	»	»	(8)	

Les différentes espèces de chaux ne s'emploient presque jamais dans nos constructions sans être mélangées avec des sables ou des pouzzolanes. Ces mélanges ont pour but : de diminuer les dépenses, de modérer le retrait de la chaux, et souvent d'obtenir des propriétés que la chaux seule ne possédait point ou ne possédait qu'à un moindre degré. Les ciments s'emploient purs lorsque la nature du travail exige une grande promptitude de prise.

IV. — DES SABLES ET DES POUZZOLANES.

Les sables proviennent de la désagrégation de différentes roches. De cette origine, résulte une grande variété dans la forme, dans les dimensions et dans la composition de leurs grains.

<small>Sables.</small>

Outre les sables que fournissent abondamment les rivages de la mer et les lits de la plupart de nos rivières, il est des sables *fossiles*, produits d'anciennes révolutions du globe, formant de vastes dépôts en un grand nombre de points où ils ont été transportés par les eaux, et des *sables vierges* ou *arènes* qui n'ont point été charriés et résultent de la décomposition spontanée de roches arénacées, feldspathiques ou argileuses. Ces derniers sont mélangés d'argile en proportions variables.

La plupart des sables sont quartzeux, parce que les grains dont la composition est différente, comme ceux qui proviennent de schistes argileux ou de pierres calcaires, ne sont pas assez durs pour résister longtemps aux frottements réitérés qu'ils éprouvent pendant leur transport, et se convertissent bientôt en poussière ou en boue.

En général, les grains de sables fossiles sont plus anguleux que ceux du sable de mer ou de rivière, et ces derniers le sont d'autant moins qu'ils sont plus éloignés des roches qui leur ont donné naissance.

Un sable est regardé comme fin lorsque ses grains n'ont pas plus d'un millimètre de diamètre, et comme gros lorsque ce diamètre s'élève de un à trois millimètres; au delà, c'est du gravier. Ces sables se trouvent tantôt séparés, tantôt réunis.

Les sables s'emploient dans nos constructions pour former des mortiers, pour établir le lit et remplir les interstices de la plupart des pavés, et, en quelques circonstances, pour asseoir des fondations.

<small>Emploi du sable.</small>

Mélangés avec de la chaux, ils modèrent son retrait et préviennent les gerçures, augmentent la dureté des chaux hydrauliques, et diminuent celle des chaux grasses. Avec les ciments, ils se comportent diversement, rendant les uns plus durs, les autres moins, mais retardant toujours leur prise.

Les sables arènes ont la propriété remarquable, et ce sont les seuls sables qui la possèdent, de former avec la chaux grasse des mortiers hydrauliques. Ils la doivent à l'argile qu'ils contiennent. Ce sont des pouzzolanes naturelles, mais peu énergiques.

Tous les autres sables ne conviennent à la fabrication des mortiers que lorsqu'ils sont parfaitement purs; on ne doit se servir de ceux qui sont terreux, argileux ou vaseux, qu'après les avoir débarrassés par le lavage de toutes matières étrangères. Il en est de même des sables de mer : à raison des propriétés hygrométriques que leur communique le sel dont ils sont imprégnés, ils ne peuvent être employés dans toutes les constructions où l'on doit éviter l'humidité, qu'après avoir été lavés à grande eau ou exposés, pendant plusieurs années et par couches minces, à l'action des pluies; encore parvient-on rarement à enlever toutes les particules salines, et ne faut-il avoir recours à ces sables pour bâtir des édifices que quand il serait trop dispendieux de s'en procurer d'autres.

Les propriétés qui font employer le sable dans l'établissement des pavages et de quelques fondations sur terrains peu résistants, sont : d'être incompressible, d'offrir une grande résistance à l'écrasement, et de ne point faire pâte avec l'eau. Les sables quartzeux à grains arrondis sont les plus convenables pour ces ouvrages; ils doivent être d'ailleurs parfaitement purs.

Pouzzolanes.   Les pouzzolanes sont des substances qui, mélangées avec de la chaux grasse, donnent des mortiers capables de durcir sous l'eau. On les divise en pouzzolanes naturelles et pouzzolanes artificielles.

Les plus estimées sont des matières volcaniques, pulvérulentes, essentiellement composées de silice et d'alumine combinées avec quelques autres oxydes, tels que la chaux, la potasse, la soude, l'oxyde de fer. Leur couleur est généralement brune et passe quelquefois au rouge, au jaune ou au gris. On en tire depuis un temps immémorial des environs de Pouzzole, dans la baie de Naples, et de là, le nom qu'on leur a donné; il s'en exploite également sur les bords du Tibre et dans la plupart des contrées volcaniques. Telle est la substance connue sous le nom de strass d'Andernach, dont on fait un grand usage sur les travaux hydrauliques de la Hollande et des bords du Rhin. Il est enfin quelques pierres volcaniques, susceptibles d'être employées comme moellons et même comme pierres de taille, qui deviennent de fort bonnes pouzzolanes quand elles ont été pul=

vérisées. D'autres, telles que les basaltes, ne possèdent cette propriété qu'après avoir été exposées à une chaleur très-intense.

Toutes ces pouzzolanes n'ont pas la même énergie. Il en est qui donnent des mortiers faisant prise en moins de trois jours d'immersion; elles sont regardées comme très-énergiques. D'autres exigent plus de quinze jours pour la prise; ce sont des pouzzolanes peu énergiques. Un grand nombre présentent des qualités intermédiaires. Ce sont des différences de composition, et surtout des différences dans la constitution moléculaire, provenant de la diversité des actions produites, soit par le feu, soit par les autres agents de décomposition, qui déterminent ces divers degrés d'énergie.

Les arènes, dont il a été parlé plus haut, sont des pouzzolanes naturelles peu énergiques. Une torréfaction convenable les améliore beaucoup; mais on doit les ranger, quand elles ont subi cette préparation, dans la classe des pouzzolanes artificielles.

De même que les pouzzolanes volcaniques, les pouzzolanes artificielles sont le produit de l'action du feu sur des corps essentiellement composés de silice et d'alumine.

Les matières le plus généralement employées à leur fabrication sont les argiles, les vases qui se trouvent dans la plupart de nos bassins et de nos ports de mer, les arènes de diverses sortes, des schistes argileux et quelques roches amphiboliques en décomposition. On les fait cuire, soit en fragments irréguliers, soit sous forme de briques ou de moellons et à la manière des pierres à chaux ou des briques, soit pulvérisées et dans des fours à réverbères. Cette dernière méthode, employée en grand pour la première fois par M. l'ingénieur Petot, au port de Brest, sur une arène provenant de la désagrégation du gneiss, évite la pulvérisation après cuisson, opération toujours dispendieuse, et donne des produits plus homogènes et par suite de meilleure qualité. Le degré de chaleur nécessaire à la fabrication des pouzzolanes varie avec la nature des matières employées. Il est, pour chacune d'elles, un terme qui détermine un maximum d'énergie, et à mesure qu'on s'en éloigne, soit par excès, soit par défaut de cuisson, le produit perd rapidement de ses qualités. Des expériences spéciales sont nécessaires pour faire reconnaître, en chaque cas particulier, à quel degré de température il convient de porter la matière, et pendant combien de temps il faut l'y maintenir.

Une argile ne devient bonne pouzzolane que lorsqu'elle a perdu, par la cuisson,

Pouzzolanes artificielles.

la presque totalité de l'eau qu'elle renferme à l'état naturel; elle n'a plus alors la faculté caractéristique de faire pâte avec l'eau. M. Vicat[1] appelle *cuisson normale* celle qui est dirigée de manière à satisfaire aux conditions suivantes : 1° la réduction préalable de la matière en poudre fine; 2° l'action du feu limitée entre 600° et 700° centigrades, et soutenue ainsi jusqu'au moment où l'hydrosilicate alumineux arrive à très-peu près à l'état anhydre; 3° enfin la possibilité du contact de l'air sur toutes les parties de la matière pendant la durée de l'opération.

La cuisson *supranormale* est celle qui, sans s'élever au delà de 750°, a été assez prolongée pour décomposer le carbonate de chaux contenu dans l'argile.

Le même auteur déduit d'un grand nombre d'expériences les conclusions ci-après :

1° Le rang d'une terre à pouzzolane se règle à très-peu près par la proportion d'argile qu'elle renferme; d'où il suit que l'argile pure est la terre à pouzzolane par excellence;

2° A égales proportions d'argile, et tout étant égal d'ailleurs entre deux terres, la meilleure est celle dont l'argile contient une plus forte proportion de silice, sans pourtant dépasser une certaine limite qui n'exclut pas, à beaucoup près, toute l'alumine;

3° A identité de proportions et de principes, c'est la pouzzolane spécifiquement la plus pesante qui doit l'emporter;

4° La cuisson *normale* est le mode de cuisson qui développe au plus haut point les qualités pouzzolaniques des argiles et terres exemptes de carbonate de chaux, ou en contenant moins de 12 à 15 p. 100;

5° La cuisson *supranormale* convient au contraire à toutes les terres ou argiles où la proportion de carbonate de chaux dépasse cette limite.

Divers produits de notre industrie sont utilisés en qualité de pouzzolanes.

Les débris concassés de tuileaux et de briques doivent être cités en première ligne, à raison de la fréquence et de l'antiquité de leur emploi. Ils sont de qualités pouzzolaniques fort diverses et habituellement très-médiocres; on le conçoit aisément d'après ce qui vient d'être dit sur la nécessité d'atteindre et de ne pas dépasser un certain degré de chaleur dans la cuisson.

---

[1] *Nouvelles études sur les pouzzolanes artificielles.*

MATÉRIAUX DE CONSTRUCTION. 53

Quelques cendres de houille et de tourbe, les cendres de bois surtout, donnent de bonnes pouzzolanes.

Le ciment d'eau-forte, résidu provenant de la fabrication de l'acide nitrique au moyen de l'argile et du nitrate de potasse, est une pouzzolane très-énergique, mais d'un prix élevé.

Une expérience directe est nécessaire pour faire apprécier avec certitude la qualité d'une pouzzolane naturelle ou artificielle; cependant des essais plus expéditifs et l'inspection de la texture peuvent fournir à ce sujet quelques utiles indications. M. Vicat signale la dureté du grain, l'aspect vitreux ou émaillé, le refus de happer à la langue, en un mot, tout ce qui annonce une grande cohésion, comme un signe presque certain de médiocrité. Il ajoute que les pouzzolanes dépouillent l'eau de chaux quand elles y sont projetées à l'état pulvérulent, se laissent en général attaquer par les acides, et que la plupart d'entre elles sont d'autant plus énergiques qu'elles manifestent ces propriétés à un plus haut degré.

Il faut remarquer d'ailleurs qu'il y a deux choses à considérer dans une pouzzolane : la promptitude de la prise et la dureté ultérieure du mortier. Or, l'expérience démontre que ces qualités ne sont pas toujours proportionnelles. On conçoit en effet que le peu de cohésion de la silice doit favoriser l'activité d'une pouzzolane; et que cette circonstance, qui fait entrer moins de matière sous un même volume, peut être un obstacle à la dureté. Il appartient au constructeur, lorsqu'il a le choix entre plusieurs pouzzolanes, de donner la préférence à celle qui présente le mérite qui importe le plus au travail qu'il s'agit d'exécuter.

Action des pouzzolanes.

Tous les faits observés tendent à établir qu'il y a combinaison par voie humide entre les éléments de l'hydrate de chaux et ceux de la pouzzolane, et que la cuisson a pour résultat de placer ces derniers, en enlevant l'eau combinée et diminuant leur cohésion, dans un état qui les rend plus facilement attaquables par les premiers. Il y a, comme dans les chaux hydrauliques, formation de silicates hydratés de chaux et d'alumine. Aussi voit-on que toute pouzzolane agit avec d'autant plus d'énergie que ses points de contact avec la chaux sont plus multipliés, c'est-à-dire que la pulvérisation est plus complète et le mélange plus intime.

On s'est aperçu, dans ces dernières années, que la plupart des pouzzolanes ne résistent pas à l'eau de mer, c'est-à-dire se laissent enlever la chaux avec laquelle elles ont été mélangées, non-seulement quand la gangue est immédiatement immergée, mais même quelquefois lorsqu'elle a été soumise pendant plusieurs mois à la dessiccation à l'air.

Le strass d'Andernach de bonne qualité ne paraît pas présenter ce défaut, surtout lorsqu'il est mélangé avec de la chaux hydraulique.

V. — DES MORTIERS.

Le mélange d'une chaux, qui a été transformée en hydrate et réduite en pâte molle, avec du sable ou de la pouzzolane, quelquefois avec de l'un et de l'autre, constitue un mortier. Les mortiers se divisent en mortiers hydrauliques, et mortiers non hydrauliques.

Mortiers de chaux grasse. Quand on mélange de la chaux non hydraulique, grasse ou maigre, avec du sable, on obtient un mortier qui durcit assez promptement à l'air par dessiccation et par absorption d'acide carbonique, mais sans cependant y prendre jamais autant de cohésion que l'hydrate pur placé dans les mêmes circonstances, et sans que la chaux se sature jamais d'acide carbonique. Immergé, ce mortier reste indéfiniment mou, et il abandonne même toute la chaux qu'il contient, si l'eau est suffisamment renouvelée; enfoui, il conserve la même consistance pendant un grand nombre d'années, et s'il durcit, c'est avec une extrême lenteur. L'introduction du sable dans la chaux grasse a principalement pour but de modérer le retrait et de réduire la consommation de la chaux.

Si l'on emploie de la pouzzolane au lieu de sable, le mortier devient hydraulique; il fait prise en quelques jours, lorsque la pouzzolane est de bonne qualité, et il acquiert en dehors du contact de l'air et même sous l'eau une très-grande dureté, une dureté supérieure à celle de beaucoup de pierres de construction. Il présente en outre l'avantage, que ne possèdent pas les mortiers à chaux hydrauliques, d'être formé de matières qui ne tendent point à s'altérer, et dont la conservation est par conséquent facile. Mais, à l'air, il est loin de se comporter aussi bien; il devient plus ou moins pulvérulent, suivant la nature de la pouzzolane employée, et il est facilement attaqué par les gelées. En mélangeant une certaine quantité de sable avec la pouzzolane, on obtient un mortier dont la prise est plus lente, mais qui, en revanche, est beaucoup moins gélif et plus économique.

Les chaux hydrauliques mélangées avec du sable donnent des mortiers qui durcissent sous l'eau et en dehors du contact de l'air, de la même manière que l'hydrate pur, et y acquièrent à peu près le même degré de dureté. Exposés à l'air, ces mortiers deviennent beaucoup plus durs, et d'autant plus que la chaux qu'ils contiennent est plus hydraulique; il n'en est point de meilleurs pour les constructions élevées au-dessus du sol. Le sable, outre l'économie qu'il procure, présente, pour les mortiers ainsi composés, l'avantage de rendre la chaux moins soluble, par suite le mortier moins susceptible d'être délavé, et d'augmenter considérablement la dureté de l'hydrate dans le cas de l'exposition à l'air.

<small>Mortiers de chaux hydraulique.</small>

Aux chaux éminemment hydrauliques, il n'est aucune matière qui convienne mieux que le sable, qu'il s'agisse de constructions immergées, enfouies ou extérieures; mais, pour des chaux peu hydrauliques et même pour des chaux très-hydrauliques légèrement altérées, il y a avantage à ajouter au sable une certaine quantité de bonne pouzzolane, ou à lui substituer une pouzzolane peu énergique. Ces derniers mortiers résistent moins bien lorsqu'ils sont exposés à l'air que quand ils sont enfouis ou immergés, mais mieux cependant que ceux de chaux grasse et de pouzzolane.

Ainsi, l'on voit que les meilleurs mortiers pour les ouvrages placés sous l'eau (l'eau de mer exceptée) sont ceux de chaux non hydraulique avec pouzzolane, ou de chaux peu hydraulique avec sable et pouzzolane, et que les mortiers les plus convenables pour les constructions exposées à l'action de l'air sont ceux de chaux hydraulique avec sable. Les chaux changent de rôles par suite de leur transformation en mortier.

Quelques constructeurs croient que les sables à gros grains donnent de meilleurs résultats que les autres avec les chaux grasses, et ils préfèrent les sables fins pour les chaux éminemment hydrauliques, et les sables mélangés pour les chaux simplement hydrauliques. Plusieurs faits, ainsi que des considérations théoriques qui seront exposées tout à l'heure, nous portent à penser que les sables mélangés sont les plus convenables avec toutes les chaux.

Il est difficile de se rendre un compte satisfaisant de tous les phénomènes que présente la solidification des mortiers, lorsqu'on entre dans le détail de leur

<small>Théorie de la solidification des mortiers.</small>

examen; mais, si l'on veut se borner à les envisager d'un point de vue général, on reconnaîtra ce fait, qui domine tous les autres : que la silice, dans un état tel qu'elle puisse entrer en combinaison avec la chaux, est nécessaire pour former de bons mortiers (sauf cependant le cas, assez rare d'ailleurs, de chaux dont l'hydraulicité serait due à la magnésie). Lorsque la chaux ne contient pas de silice, la pouzzolane en fournit; le mortier durcit par suite d'une combinaison chimique entre les éléments de la pouzzolane et ceux de l'hydrate de chaux. Quand la chaux contient la quantité de silice qui la rend éminemment hydraulique, elle ne peut plus augmenter d'énergie par de nouvelles combinaisons, du moins avec les matières qui entrent dans la composition des mortiers; mais elle acquiert plus de dureté par l'adjonction de grains de sable, à raison de l'adhérence qu'elle contracte avec eux, adhérence que l'étude des faits tend à faire envisager comme se manifestant, non-seulement au contact, mais même à distance; de telle sorte que chaque grain de sable, par une action toute mécanique, augmente la cohésion de la chaux dans une certaine étendue. Quand une chaux est peu hydraulique, elle peut être considérée comme un mélange de chaux non hydraulique et de chaux éminemment hydraulique, et il convient évidemment d'y ajouter de la pouzzolane et du sable; les deux effets qui viennent d'être indiqués se produisent simultanément. Ceci n'explique pas ce fait si remarquable : que les chaux hydrauliques, qui acquièrent plus de dureté immergées qu'exposées à l'air, se comportent d'une manière opposée lorsqu'elles sont mélangées avec du sable; de telle sorte que cet ingrédient ne paraît avoir aucune action sur elles dans le cas de l'immersion. L'eau contenue dans le mortier à l'état libre s'oppose-t-elle à l'attraction des grains de sable, ou l'acide carbonique est-il nécessaire pour que cette attraction puisse se manifester?

Enfin, quand on mélange de la chaux grasse avec du sable, on n'obtient qu'un mortier d'assez médiocre qualité, mais auquel cependant des considérations d'économie font souvent donner la préférence, et qui présente d'ailleurs une résistance bien suffisante en une foule de circonstances. Dans un mortier de ce genre, il existe des tendances diverses qui produisent des effets opposés, qu'il convient d'envisager séparément. Le sable modère le retrait qui a lieu lors de la dessiccation, et il en résulte qu'entre chacun de ses grains, les molécules de la chaux sont dans un état de tension analogue à celui qui s'observe dans les larmes bataviques, d'où naît la pulvérulence. On obtient, en effet, des résistances presque doubles pour les mortiers exposés à l'air, lorsque, à l'extinction ordinaire, on substitue l'extinction spontanée ou l'extinction par immersion, procédés qui donnent moins de foisonnement que le premier et par suite une moindre tendance au retrait. D'un autre côté, le sable agit en sens inverse, en ce qu'il tend à augmenter la cohésion des chaux grasses de la même manière que celle des chaux hydrauliques, c'est-à-dire par voie d'attraction. Aussi voit-on que, si les premières acquièrent plus de dureté lorsqu'elles sont employées pures que quand elles sont mélangées avec lui, les propriétés ferrumentaires des mortiers qui en sont formés ne sont point en raison inverse de la quantité de sable mélangé; elles augmentent, au contraire, jusqu'à une certaine limite, avec cette quantité. Enfin la présence du sable paraît rendre l'absorption de l'acide carbonique plus difficile, ce qui retarde les progrès du durcissement.

Les considérations qui viennent d'être exposées expliquent des faits constatés depuis longtemps par les constructeurs au sujet de l'influence qu'exercent le mode d'extinction de la chaux, la quantité d'eau employée, les sables à grains inégaux, le mélange des matières et la compression des mortiers. Elles établissent qu'il importe de réduire autant que possible la tendance au retrait, ainsi que la quantité de chaux soustraite à l'action immédiate des grains de sable, et de s'attacher à donner au mélange un maximum de densité. Le meilleur mortier qu'on puisse obtenir avec une chaux donnée est celui dont la chaux a été éteinte de manière à produire le moins de foisonnement, qui renferme le moins d'eau, qui est le plus homogène, dont les grains de dimensions variées ne sont séparés les uns des autres que par une pellicule de chaux, et qui est enfin le plus fortement comprimé.

On conçoit que les proportions des ingrédients doivent exercer une grande influence sur la qualité de l'agrégat. Celles qui donnent les meilleurs résultats ne sont point constantes; elles dépendent de l'usage auquel on destine le mortier, de la nature des matières employées et même du procédé de fabrication, et elles doivent être déterminées, dans chaque cas particulier, d'après des expériences spéciales. On peut dire cependant qu'il convient, en général, d'associer aux chaux grasses éteintes suivant le procédé ordinaire, de 200 à 250 parties de sable pour 100 parties de chaux éteinte en pâte ferme; et, aux chaux hydrauliques de divers degrés, de 180 à 200 de sable pour 100 de chaux éteinte, toutes ces mesures étant prises au volume. Les mêmes proportions sont généralement adoptées pour les pouzzolanes et les mélanges de sable et de pouzzolane.

Proportions des ingrédients.

Dessiccation du mortier.

Il importe de s'opposer à une trop prompte dessiccation du mortier après son emploi ; car il devient pulvérulent si l'eau qu'il contient lui est brusquement soustraite, soit par une température élevée, soit par les pierres avec lesquelles il est mis en contact. On prévient cet effet en abritant le mortier des rayons solaires pendant les fortes chaleurs, et en arrosant les pierres, en abreuvant même celles qui sont poreuses, avant de les mettre en place.

Action de la température sur le mortier.

Les gelées exercent une action plus désastreuse encore sur tous les mortiers qui n'ont pas acquis un certain degré de dureté avant d'y être exposés. Un mortier n'est à l'abri de cette cause de destruction que six mois environ après son emploi ; il faut un peu plus de temps pour ceux de chaux grasses, un peu moins pour ceux de chaux hydrauliques, et d'autant moins pour tous qu'ils renferment une plus forte proportion de sable.

Tous les mortiers se vitrifient lorsqu'ils sont exposés à une haute température.

Procédés de fabrication.

Les procédés de manipulation doivent tendre à mélanger intimement les matières, en introduisant le moins d'eau possible dans le mortier, ainsi qu'il a été dit plus haut. Divers instruments et machines sont employés à cet effet.

Lorsqu'on n'a que de petites quantités de mortier à préparer, ainsi que cela a lieu dans la plupart de nos édifices, le mélange se fait à bras d'homme, au moyen de rabots en bois, de pilons ou de fléaux en fer. Ces derniers instruments rendent la manipulation un peu plus dispendieuse, mais ils donnent les meilleurs résultats, parce qu'ils exigent moins d'eau et divisent mieux la matière que les autres.

Quand la consommation de mortier doit être considérable, il convient, par raison d'économie, d'avoir recours à l'emploi de machines mises en mouvement par des chevaux ou par la vapeur. On se sert fréquemment de roues mues par un manège dans une auge circulaire qui contient le mortier. L'une des roues tourne contre le bord extérieur, l'autre contre le bord intérieur de l'auge ; elles broient et mélangent les matières, qui leur sont incessamment ramenées par des rabots fixés à l'arbre du manège. On emploie aussi quelquefois, sur de grands travaux, un tonneau cylindrique, placé verticalement, dans lequel des râteaux en fer à dents verticales sont fixés horizontalement et à diverses hauteurs ; ce tonneau est traversé par un axe vertical armé de râteaux semblablement disposés, dont les dents se croisent avec celles des premiers. Des chevaux ou une machine à vapeur impriment un mouvement de rotation à cette dernière partie du système, de sorte que les ingrédients du mortier versés par en haut, se divisent et se mélangent en descendant; on les retire par une ouverture pratiquée à la partie inférieure du tonneau.

Quel que soit le mode de fabrication employé, le volume du mortier est toujours moindre que celui de ses ingrédients avant le mélange. L'importance de cette réduction dépend à la fois de la nature et des proportions des matières employées, et elle ne peut être évaluée que par des expériences directes.

La pesanteur spécifique des mortiers varie avec leur âge et leur composition : elle est d'autant plus grande, toutes choses égales d'ailleurs, qu'ils ont été gâchés plus ferme. Les chiffres donnés par M. Vicat la font varier entre 1,26 et 2,03. *Pesanteur spécifique des mortiers.*

La solidification des mortiers s'accroît sans cesse; mais ses progrès se ralentissent avec l'âge. Dix-huit mois ou deux ans après leur fabrication, les mortiers de chaux hydraulique ne durcissent plus que d'une manière insensible. *Progrès du durcissement.*

Des considérations d'économie engagent souvent à mélanger les ciments avec du sable. Ils paraissent en admettre une proportion d'autant plus forte qu'ils sont plus riches en chaux. Les ciments de Portland sont les plus avantageux de tous sous ce rapport. Il résulte même d'expériences faites par M. l'ingénieur Bonnin, dans le port de Cherbourg, qu'au bout d'un certain temps, le sable, mélangé en proportion convenable, augmente la résistance à la rupture du Portland de Boulogne. Le tableau suivant présente un résumé de ces essais. *Mortiers de ciments.*

COMPOSITION DES MORTIERS DE CIMENT DE PORTLAND.	RÉSISTANCE A LA TRACTION PAR CENTIMÈTRE CARRÉ APRÈS IMMERSION DANS L'EAU DE MER PROLONGÉE PENDANT				OBSERVATIONS.
	5 JOURS.	45 JOURS.	165 JOURS.	189 JOURS.	
	Kg.	Kg.	Kg.	Kg.	
Ciment pur.	19,00	24,37	26,25	27,19	Ces chiffres sont des moyennes. Chacun d'eux est déduit de quatre expériences. Le dernier présente une anomalie qui provient de la faiblesse exceptionnelle d'un prisme. Il s'élèverait à 22,25 si l'on faisait abstraction de l'épreuve subie par ce prisme. Peut-être le précédent, 25,31, est-il trop fort par un motif exposé.
1 de ciment et 1 de sable.	15,50	28,00	30,69	32,44	
3/4 de ciment et 1 de sable.	13,44	21,37	25,62	30,00	
1/2 de ciment et 1 de sable.	8,31	14,94	23,31	21,50	

On voit que, dans les limites de ces expériences, le temps exerce d'autant plus d'action sur l'accroissement de dureté que la proportion de sable est plus forte.

Ajoutons que la résistance au même mode de rupture ne s'élève pas, au bout d'un an d'immersion, à plus de 15 kilogrammes pour les meilleurs mortiers de chaux hydraulique, et de 6 kilogrammes pour un mélange de parties égales de sable et de ciment de Pouilly.

Le tableau suivant, qui est emprunté aux *Annales des ponts et chaussées* de 1858, montre plus nettement encore combien les mortiers de ciment de Portland l'emportent sur ceux de ciments ordinaires ou ciments romains, et quelles fortes proportions de sable ils admettent.

Les prismes ont été soumis à la rupture six semaines après leur fabrication. Les ciments romains expérimentés ont été ceux de Vassy et de Paris.

PROPORTION DE SABLE POUR 1 DE CIMENT.	RÉSISTANCE A LA TRACTION PAR CENTIMÈTRE CARRÉ, DU MORTIER DE CIMENT		OBSERVATIONS.
	DE PORTLAND.	ROMAIN.	
	Kg.	Kg.	
0	20,0	10,0	La densité du ciment de Portland est égale à 1,4, celle du ciment romain à 1,1.
1	20,0	10,0	
2	14,0	8,0	
3	11,5	6,5	
4	10,0	5,6	
5	9,0	4,7	
6	8,2	4,0	
7	7,5	3,0	
8	7,0	2,5	
9	6,5	1,8	
10	6,0	»	

D'autres expériences ont été faites sur la même matière par M. l'ingénieur Voisin, dans le port de Boulogne. Cet ingénieur a opéré sur des prismes de béton, posés horizontalement et chargés au milieu de leur longueur. Le béton était formé de mortier de ciment et de galets mouillés, et l'on a fait varier la composition ainsi que la proportion du mortier. On a admis jusqu'à six parties de sable pour une de ciment. Ces expériences, dont quelques-unes sont rapportées ci-après, concordent assez bien avec les précédentes.

COMPOSITION		RÉSISTANCE A LA RUPTURE PAR TRACTION ET PAR CENTIMÈTRE CARRÉ AU BOUT DE			
DU MORTIER	DU BÉTON.	10 JOURS.	20 JOURS.	40 JOURS.	60 JOURS.
		Kg.	Kg.	Kg.	Kg.
1 de ciment et 1 de sable..	1 de mortier et 1 de galets.	19,00	19,00	22,00	23,50
	$\frac{1}{2}$ de mortier et 1 de galets.	14,50	24,50	23,50	26,00
$\frac{1}{2}$ de ciment et 1 de sable..	1 de mortier et 1 de galets.	14,00	16,00	16,00	22,50
	$\frac{1}{2}$ de mortier et 1 de galets.	9,50	12,50	13,00	16,00
$\frac{1}{3}$ de ciment et 1 de sable..	1 de mortier et 1 de galets.	8,00	8,50	11,00	? (¹)
	$\frac{1}{2}$ de mortier et 1 de galets.	6,00	7,00	11,00	11,00
$\frac{1}{4}$ de ciment et 1 de sable..	1 de mortier et 1 de galets.	5,00	7,00	8,00	10,00
	$\frac{1}{2}$ de mortier et 1 de galets.	4,00	5,50	6,00	8,00
$\frac{1}{5}$ de ciment et 1 de sable..	1 de mortier et 1 de galets.	3,50	6,50	7,00	8,00
	$\frac{1}{2}$ de mortier et 1 de galets.	? (²)	4,50	6,50	6,50
$\frac{1}{6}$ de ciment et 1 de sable..	1 de mortier et 1 de galets.	4,50	4,50	7,00	7,50
	$\frac{1}{2}$ de mortier et 1 de galets.	4,50	4,50	5,50	7,50

(¹) Expérience manquée.   (²) Les prismes n'avaient pas encore fait prise.

Ce tableau présente quelques anomalies, mais il n'y a point à s'en étonner.

Des expériences faites par M. Kuhlmann établissent qu'un mortier de chaux grasse se transforme en mortier hydraulique, après avoir été convenablement arrosé avec une dissolution de silicate de potasse. On peut faire directement du mortier hydraulique avec de la chaux grasse, par l'introduction de 11 pour 100 environ de silicate alcalin.

Silicatisation du mortier.

VI. — DES BÉTONS.

Les bétons sont des mélanges de mortiers hydrauliques avec des cailloux ou de menus éclats de pierre. Ils sont plus économiques que les mortiers, et ils offrent plus de résistance.

On en fait un grand usage dans l'établissement des fondations, surtout lorsqu'elles sont submergées ; on les emploie aussi, mais plus rarement, pour former des maçonneries de remplissage ou des voûtes.

Composition des bétons.

La promptitude de leur prise et leur résistance à l'écrasement dépendent de la nature du mortier, de l'adhérence que les pierres employées contractent avec lui et des proportions des matières mélangées. Ces proportions doivent varier avec la nature de ces matières et aussi avec la destination du béton. L'essentiel est que les vides soient entièrement remplis en mortier, et une expérience bien facile permet de s'assurer de leur volume ; elle consiste à remplir de pierres un récipient d'une capacité déterminée, puis à mesurer la quantité d'eau qu'il peut recevoir. On mélange assez habituellement de 1 1/2 à 2 parties de cailloux ou de petites pierres (de $0^m,05$ à $0^m,06$ de diamètre) avec une partie de mortier. Une réduction de volume de 20 à 25 pour 100 résulte de cette opération.

Mode d'emploi.

Le versement du béton sous l'eau s'opère au moyen de trémies, ou de caisses de différentes formes qui se renversent lorsqu'elles sont arrivées au fond. Les trémies paraissent préférables quand le béton est exposé à être soulevé par des sources de fond, car elles permettent de le verser en plus grande abondance ; les caisses donnent de meilleurs résultats en toute autre circonstance, parce qu'elles s'opposent au délavage du béton pendant le trajet. Quel que soit d'ailleurs le système employé, il est bon de comprimer le béton avec des rouleaux qui le régalent uniformément ; mais il faut se garder de le pilonner, ce qui ferait refluer le mortier et le délaverait.

Quand on verse le béton dans l'eau, il se forme à sa surface une sorte de laitance qui n'est autre chose que de la chaux délavée ; il importe de l'expulser, car elle n'est pas susceptible du même durcissement que le béton, et son interposition entre les couches successives déterminerait des solutions de continuité et favoriserait les tassements. Quant aux moyens à employer à cet effet, ils varient suivant les circonstances. Opère-t-on dans une eau tranquille ? on peut se servir de balais. Dans une eau courante ? de la force de ce courant lui-même. Le bétonnage est-il de faible épaisseur ? on embrasse toute sa hauteur dans chacun des versements, et l'on s'avance ainsi en chassant toujours la laitance devant lui.

Pierres en béton.

On exécute des pierres artificielles en béton, tantôt à défaut de pierres naturelles, tantôt pour obtenir des blocs de très-fortes dimensions. Ce système de construction a pris un grand développement depuis quelques années dans les travaux à la mer ; la plupart des jetées et des môles de nos ports de la Méditerranée ont été fondés sur des massifs exécutés ou revêtus en blocs artificiels, dont quelques-uns ont présenté un volume de 50 mètres cubes.

Une espèce particulière de béton, connue sous le nom de béton de sable, n'est autre chose qu'un mortier très-maigre. Ce béton est composé habituellement de 100 parties de sable pour 15 ou 20 parties de chaux hydraulique en pâte. Il n'est pas aussi résistant que le béton ordinaire, mais il est plus économique, et l'on peut en tirer fort bon parti en plusieurs circonstances. Il devient d'autant plus dur que le mélange des matières est plus intime, qu'on a employé moins d'eau dans sa fabrication et qu'il a été plus fortement comprimé. Béton de sable.

On obtient encore un assez bon béton, en mélangeant 0,10 de chaux environ avec 0,45 de sable et autant d'argile. Mais ce béton ne résiste pas à l'humidité. Il est toutefois préférable au *pisé*, terre argileuse fréquemment employée dans les constructions d'une partie du midi de la France.

VII. — DU PLATRE.

Le plâtre est un sulfate de chaux qui s'obtient par la calcination du gypse ou sulfate de chaux hydraté. Cette opération doit être conduite de manière à faire dégager toute l'eau de cristallisation, et une température de 100 degrés environ suffit pour produire cet effet, sans déterminer la fusion ignée qui donnerait une matière inerte. On reconnaît qu'un plâtre a été convenablement cuit lorsqu'il est très-onctueux étant gâché.

Le plâtre calciné a une grande tendance à se combiner avec l'eau pour se transformer en hydrate, ce qui le rend difficile à conserver, et engage à ne le pulvériser qu'au moment de le mettre en œuvre.

Réduit en poudre et gâché avec une quantité d'eau suffisante pour former une bouillie, il cristallise en masse et fait prise au bout de quelques instants. Pour être convenablement gâché, il exige à peu près un volume d'eau égal au sien ; c'est ce que les ouvriers appellent *gâché serré*. Ils disent qu'il est *gâché clair* lorsqu'on emploie une plus grande quantité d'eau ; le plâtre prend alors moins promptement, ce qui est quelquefois un avantage, mais il n'acquiert pas une aussi grande dureté.

Le plâtre adhère fort bien aux pierres, aux briques et au fer, mais fort mal au bois.

A l'inverse de ce qui a lieu pour le mortier, le plâtre perd de sa dureté en vieillissant; il est soluble dans l'eau, et par conséquent d'un mauvais usage dans tous les lieux humides.

Une des propriétés remarquables du plâtre est d'augmenter de volume en durcissant. Elle le rend très-propre au moulage d'ouvrages d'art, mais elle pourrait devenir nuisible dans les constructions, si l'on négligeait d'y avoir égard, quand des murs ou des aires de quelque étendue sont entièrement maçonnées en plâtre. Tous les constructeurs savent qu'il faut prévoir la dilatation de cette matière, et lui donner toutes facilités pour se produire.

Le gypse de Montmartre, qui fournit l'un des meilleurs plâtres connus, contient 12 à 13 pour 100 de carbonate de chaux, et pendant longtemps on avait attribué les bonnes qualités de ce plâtre à une action de la chaux ou du carbonate de chaux. Cette hypothèse n'est plus admise aujourd'hui : on a reconnu d'une part, que le carbonate de chaux n'est pas décomposé dans la calcination de la pierre à plâtre, et de l'autre qu'on n'obtient aucune amélioration en mélangeant du carbonate de chaux pulvérisé avec un plâtre qui n'en contient pas naturellement. D'après Gay-Lussac, un plâtre serait susceptible d'acquérir d'autant plus de dureté qu'il proviendrait d'un gypse plus dur, et il est possible que le carbonate de chaux augmente la cohésion du gypse. Quoi qu'il en soit, il paraît certain qu'on améliore le plâtre en le gâchant avec de la chaux.

Peut-être la dureté du plâtre de Paris doit-elle être attribuée à l'action de la silice, car il en contient environ 0,03, dans un état propre à entrer en combinaison.

Stucs de plâtre.

Le plâtre est employé à la fabrication de stucs qui imitent parfaitement le marbre, tant par leur poli que par leur coloration. On le gâche avec une solution de colle de Flandre, et l'on y introduit diverses substances colorantes, suivant le marbre qu'on a en vue. Ce stuc ne résiste malheureusement pas à l'action de l'humidité.

On obtient par une combinaison de plâtre et d'alun un stuc plus dur, plus fin et plus résistant que le précédent, mais qui est également attaqué par l'humidité.

VIII. — DU BITUME ET DES MASTICS BITUMINEUX.

Les bitumes sont des substances essentiellement composées de carbone et d'hy- *Bitumes.*
drogène, qui sont, les unes solides, les autres liquides à la température ordinaire,
et qui brûlent avec flamme en répandant une fumée épaisse d'une odeur *sui generis*. Le *naphte*, le *pétrole* et l'*asphalte* sont trois variétés de bitumes naturels. La
dernière, matière solide et dure à la température ordinaire, est un calcaire bitumineux.

L'emploi du bitume dans les constructions remonte à une haute antiquité. *Bituminabis bitumine*, avait dit le Seigneur à Noé, et l'on sait aussi que les briques
de la tour de Babel étaient cimentées en bitume.

Cette matière se trouve en Judée, où elle flotte à la surface et se recueille sur les
bords du lac Asphaltite ou mer Morte. Toute la superficie du *lac de poix*, dans l'île
de la Trinité, aux Antilles, en est couverte, et la rivière d'Alvarado, au Mexique,
en charrie en abondance. Mais, dans la plupart de ses gisements, le bitume est
associé à différentes roches qui en sont plus ou moins imprégnées, et il faut une
opération pour le retirer. Les minerais bitumineux ont pour gangues des calcaires,
des argiles, des grès ou des roches feldspathiques. Les plus estimés, à richesse
égale de bitume, sont ceux dont la gangue est un calcaire pulvérulent, parce que
cette gangue est complétement imprégnée et devient la base de ce qu'on appelle
un mastic bitumineux. Tels sont les minerais du val de Travers (Suisse), de Chavaroche (Savoie), de Rocca-Secca (Deux-Siciles), des Roys et de la Bourrière (Puy-de-Dôme) et celui de Vergozas, qui est traité dans l'île de la Giudecca près de
Venise. La gangue du minerai bitumineux de Seyssel est formée d'un calcaire mélangé avec une forte proportion de grains quartzeux. Le minerai de Bastennes,
dans les Landes, est une mollasse sableuse et argileuse qui contient près de 0,08
de bitume d'excellente qualité, ductile et solide à la fois.

Le bitume ne s'emploie presque jamais pur dans les constructions, mais à l'état *Mastics*
d'asphalte ou de mastic bitumineux. Les mastics les plus répandus en France, *bitumineux.*
ceux des usines du val de Travers et de Seyssel, s'obtiennent en faisant fondre du
minerai réduit en poudre dans une certaine quantité de bitume, laquelle varie avec

le degré de richesse de ce minerai. On admet que le mastic doit contenir de 15 à 16 pour 100 de bitume.

On fait depuis quelques années un grand usage de mastics bitumineux pour former des dallages et couvrir des terrasses ou des voûtes.

Emploi des mastics bitumineux.

Pour les mettre en œuvre, on les fait fondre en y ajoutant habituellement une petite quantité de bitume. Recherche-t-on surtout l'imperméabilité, comme pour les terrasses et les chapes des voûtes? on verse le mastic en fusion sur la surface préparée pour le recevoir; il remplit parfaitement son objet, mais il conserve une tendance assez prononcée à s'amollir sous les rayons ardents du soleil, et il n'acquiert pas une très-grande dureté. On s'oppose au ramollissement, quand il paraît à redouter, en saupoudrant de sable la surface de l'enduit encore chaud, ou, ce qui est préférable, en appliquant une nouvelle couche de mastic, dans lequel on introduit 50 pour 100 de sable. On donne généralement à ces couches $0^m,012$ d'épaisseur environ. Pour les dallages et les trottoirs, où il est essentiel d'avoir une matière très-résistante, le mastic en fusion se mélange également avec 50 pour 100 de gros sable ou de menu gravier, et l'on couvre la surface d'une couche de sable qu'on fait pénétrer, en la damant, avant que la matière soit refroidie.

Les asphaltes ont été employés avec succès pour former des empierrements de chaussées. La roche, préalablement chauffée et réduite en poudre, est versée sur une couche de béton, puis fortement pilonnée et comprimée, de manière à constituer une masse compacte de $0^m,04$ à $0^m,05$ d'épaisseur.

Bitume artificiel.

Un bitume artificiel, qui est connu sous le nom de *lave fusible*, s'obtient en mélangeant à chaud 75 parties de craie avec 25 parties de brai, matière extraite du goudron provenant de la houille employée à la fabrication du gaz d'éclairage. On améliore ce produit en y introduisant une petite quantité de caoutchouc ou de gutta-percha. Il possède à peu près les mêmes propriétés que les bitumes naturels, et s'applique aux mêmes usages; son prix est un peu moins élevé que le leur. Le fond des lacs du bois de Boulogne, qui laissait passer l'eau, a été rendu imperméable par un enduit en lave fusible.

Compositions hydrofuges.

Le bitume naturel ou artificiel sert de base à différentes compositions qui s'appliquent en couches minces sur des objets qu'on veut préserver des atteintes de l'humidité. Tels sont les hydrofuges connus sous le nom de *glu marine*, de *bitume de Judée* ou de *mastic Machabée*.

IX. — DES VERRES.

Le verre tend à remplir dans nos constructions un rôle beaucoup plus important que par le passé. Il possède en effet de précieuses propriétés qui ne se trouvent réunies dans aucune autre matière, et son prix n'est pas tellement élevé que ses applications ne doivent s'étendre.

Composition du verre.

Les verres sont des substances dures, transparentes, qui entrent en fusion à une température plus ou moins élevée, et ne sont attaquées ni par l'eau, ni même par les acides, sauf l'acide fluorhydrique. C'est pendant qu'ils sont en fusion qu'on leur donne la forme qu'ils doivent recevoir; ils peuvent toutefois se tailler et se polir à froid. Ils sont généralement formés de silicates doubles à base de chaux et de potasse ou de soude. Le cristal est un verre dans lequel la chaux est remplacée par de l'oxyde de plomb. Dans les verres très-communs, tels que les verres à bouteilles, des silicates métalliques très-fusibles, principalement des silicates de fer, remplacent en partie les silicates de soude ou de potasse.

La transparence est la qualité dominante du verre. Cette substance en possède une autre également très-remarquable : celle de laisser libre passage à la chaleur solaire et d'intercepter les rayons calorifiques émanés de nos foyers. Le verre est en outre mauvais conducteur du calorique et de l'électricité. Il a donc, sur toutes les autres matières employées dans nos constructions, le mérite de nous assurer tous les bienfaits du dehors et de nous préserver de ses injures. Les parois vitrées de nos édifices sont sans doute des causes de refroidissement en l'absence des rayons solaires, quand la température extérieure est plus basse que celle de l'intérieur; mais cela provient de leur peu d'épaisseur, et l'on sait que les doubles vitrages remédient très-efficacement à cet inconvénient.

Qualités du verre.

C'est encore à son peu d'épaisseur habituelle que le verre doit le principal défaut qu'on puisse lui reprocher : sa fragilité. On lui trouverait grande résistance s'il était mis en œuvre avec les dispositions convenables et sous les dimensions ordinaires à la plupart de nos autres matériaux. Ainsi il est déjà employé en dallage, lorsqu'il n'y a pas d'autre moyen de faire pénétrer la lumière dans une pièce couverte par une terrasse, et il ne réclame pas plus d'épaisseur dans ce cas qu'il n'en faudrait à une pierre d'excellente qualité[1]. Le verre pourrait former de magnifiques colonnes, des balustrades, des revêtements ; il s'associerait admirablement dans nos fontaines à l'éclat des eaux ; il paraît apte, en un mot, à se prêter à tous les offices auxquels le marbre est actuellement réservé. Il peut même produire des effets plus variés que cette dernière matière ; car il est susceptible d'un plus beau poli, admet également l'opacité et divers degrés de transparence, peut enfin se parer de toutes les couleurs et se couvrir de toutes sortes de dessins. On sait quelles splendides décorations résultent de la transparence et de la coloration du verre. Rien n'est comparable à la richesse éblouissante de quelques-unes de nos verrières du moyen âge, lorsqu'elles sont frappées par les rayons du soleil. L'Architecture n'a pas encore tiré de cet admirable produit de notre industrie tous les services qu'il est appelé à rendre.

Verre soluble. On donne le nom de *verre soluble de Fuchs* à un silicate de potasse, qui se prépare en faisant fondre dans un creuset un mélange de potasse, de quartz en poudre et d'un peu de charbon. Le verre ainsi obtenu se dissout, après pulvérisation, dans quatre à cinq fois son poids d'eau bouillante. Cette dissolution forme un vernis vitreux très-résistant sur les surfaces auxquelles on l'applique. Étendue d'eau, elle est employée à la silicatisation des pierres ou des mortiers, dont il a été parlé plus haut.

X. — DES BOIS DE CONSTRUCTION.

Quand on coupe, perpendiculairement à sa longueur, le tronc d'un des arbres qui croissent dans nos climats, on reconnaît immédiatement qu'il est composé de trois parties bien distinctes : la moelle, le corps ligneux et l'écorce.

Moelle. La moelle, substance molle, sèche et sans ténacité, n'occupe, dans les arbres propres à fournir des bois de construction, qu'un espace fort restreint, un tube cylindrique de quelques millimètres de diamètre.

Écorce. L'écorce est une substance peu résistante, remplie de cavités et de gerçures, qui n'ajoute rien à la force du bois ; elle ne produit d'autre effet dans les char-

---

[1] On le dépolit quand il est employé de la sorte, afin d'arrêter les rayons visuels et de prévenir les glissements. Il convient aussi alors de le faire reposer sur un corps légèrement élastique.

MATÉRIAUX DE CONSTRUCTION.

pentes que d'en favoriser la pourriture, et il importe toujours de l'enlever entièrement. Elle se compose de deux parties : de l'*épiderme*, au dehors ; du *liber*, au dedans.

Le corps ligneux présente une suite de zones ou couches concentriques. Les unes forment le *bois* proprement dit, ce sont les plus rapprochées du centre et les plus dures, et elles sont d'autant plus nombreuses que l'arbre est plus âgé ; les autres constituent l'*aubier*, qui se reconnaît à sa couleur blanche, à sa texture spongieuse et à son manque de dureté. Corps ligneux.

C'est entre l'aubier et le liber que se forme la couche qui, chaque année, vient accroître le diamètre de l'arbre, et qui se convertit, partie en aubier, partie en liber. Un autre travail s'accomplit dans l'intérieur de la substance ligneuse : les couches de l'aubier voient leurs cellules se remplir peu à peu, se colorent, acquièrent plus de dureté, et se convertissent successivement en bois.

Bien que l'aubier ne soit autre chose qu'un bois imparfait, l'on est obligé d'en purger avec soin toutes les pièces de charpente, non-seulement parce qu'il manque de ténacité, mais surtout parce qu'il est facilement attaqué, soit par l'humidité, soit par les insectes, qui étendent ensuite leurs ravages jusque dans le bois lui-même. Toutefois une méthode d'exploitation, proposée par Buffon et Duhamel, et en usage dans quelques contrées de l'Europe, lui enlève la plupart de ses défauts et permet de le conserver utilement. Elle consiste à écorcer les arbres sur pied une année avant de les abattre. Au bout de ce temps, l'aubier a acquis la dureté, la pesanteur, l'apparence du bois, et il résiste aussi bien que lui aux divers agents de destruction. Mais cette opération a d'abord l'inconvénient d'être fort dispendieuse et de faire périr les souches, puis il paraît qu'elle altère l'élasticité du bois.

Les couches successives diminuent habituellement d'épaisseur à mesure qu'elles s'éloignent de leur centre commun, et le tissu n'est pas homogène dans chacune d'elles ; c'est à l'extérieur qu'il est le plus compacte, et la compacité diminue jusqu'à la surface interne de la couche. Dans quelques essences, dans le sapin, par exemple, chaque couche paraît même formée de deux parties distinctes de duretés fort diverses. Couches concentriques.

Les différentes couches ne se prolongent pas dans toute la hauteur du tronc de l'arbre ; elles se recouvrent à leur partie supérieure, de manière à former des enveloppes coniques qui s'emboîtent les unes dans les autres.

Mailles. Enfin des espèces de lames verticales, composées de fibres horizontales assez serrées, sont dirigées du centre à la circonférence, et semblent relier les couches concentriques. Ce sont des canaux par lesquels la séve circule d'une couche à l'autre, et ce sont les parties du bois sur lesquelles les variations hygrométriques exercent le plus d'influence. Les ouvriers les désignent sous le nom de *mailles*; ce sont elles qui forment ces petites surfaces miroitantes qu'on remarque surtout dans le chêne.

On voit donc que la partie ligneuse d'un tronc d'arbre est formée de fibres longitudinales, sensiblement parallèles, disposées par groupes, et qui sont séparées dans un sens par une substance plus ou moins compacte, dans l'autre par des fibres horizontales réunies en faisceaux plus ou moins espacés.

Inégalité de résistance du bois. C'est dans la direction des fibres longitudinales que le bois présente le plus de résistance, et la différence qui s'observe entre ses résistances, suivant l'une et l'autre direction, est d'autant plus prononcée que les couches sont plus épaisses. Ainsi elle est plus grande dans le sapin que dans le chêne.

On a remarqué que les arbres qui croissent le plus lentement sont, en général, ceux dont les couches sont le plus denses, le plus dures et le plus minces; que parmi les bois de même espèce, les plus denses sont les plus forts; et que, dans un même arbre, la densité du bois décroît non-seulement du centre à la circonférence, mais encore de bas en haut, ce qui paraît du reste être une conséquence naturelle de la disposition des couches. Cependant quelques espèces d'arbres, le sapin entre autres, font exception à cette dernière règle. C'est ordinairement lorsque l'arbre est sur le point d'atteindre toute sa croissance que son bois présente le plus de densité et de force, et c'est ce moment qu'il faut choisir pour l'abattre; plus tard, lorsque le terme de la maturité est dépassé, lorsque l'arbre est sur le *retour*, le bois est moins résistant, moins élastique; ses couches centrales ont éprouvé un commencement d'altération, et il est sujet à la pourriture.

Influences exercées sur les qualités du bois. La nature et l'exposition du sol, ainsi que le mode de culture, exercent une grande influence sur le développement des arbres et sur les qualités de leur bois.

La plupart des arbres venus dans les terrains bas et humides, donnent un bois moins dense, moins dur, moins tenace, à tissu plus lâche, plus *gras* que ceux de même espèce tirés de terrains secs et suffisamment aérés. Dans un terrain très-sec, les arbres poussent lentement, sont rabougris, et leur bois est dur, résistant, mais difficile à travailler. Une culture convenablement dirigée peut développer et accélé-

MATÉRIAUX DE CONSTRUCTION. 71

rer la végétation; mais, au delà d'une certaine limite, c'est aux dépens de la force des bois. Chaque espèce d'arbre a d'ailleurs ses convenances spéciales, et il en est de même des diverses qualités de bois, et, suivant l'espèce ou la qualité qu'on a en vue, il faut donner la préférence à tel mode de culture ou à telle nature de terrain. Quant à l'exposition, celle de l'ouest paraît être la moins favorable dans nos climats, parce que les vents, qui soufflent si habituellement de ce côté, fatiguent les arbres, arrêtent leur développement et les tordent souvent. On a observé enfin que les arbres situés sur la lisière ou dans les clairières des forêts se développent plus rapidement que ceux des massifs et donnent des bois de meilleure qualité.

L'époque de l'abatage des arbres paraît influer également sur quelques qualités et surtout sur la durée des bois; mais les opinions les plus contradictoires ont été émises à ce sujet. Les uns veulent que les arbres soient abattus pendant l'été, et c'est ce qui se pratique en Italie et en Espagne; d'autres préfèrent la fin de l'automne ou le commencement de l'hiver, et tel est le système suivi en France et dans la plupart des contrées du nord de l'Europe. Ce qui paraît le plus important, c'est de faciliter l'écoulement de la séve, parce que cette matière peut exercer une action très-fâcheuse sur le bois abattu. Quelquefois on a recours, dans ce but, à un procédé connu depuis longtemps, car il est recommandé par Vitruve, qui consiste à pratiquer au pied de l'arbre, quelque temps avant de l'abattre, une large entaille par laquelle s'écoule une grande partie de la séve; mais ce procédé, de même que celui de la décortication, présente l'inconvénient de faire périr la souche.

Action de la séve.

Il est facile d'apprécier les motifs qui engagent à ne mettre en œuvre que des bois convenablement desséchés. Lorsqu'on place dans une construction des bois *verts*, c'est-à-dire des bois qui sont nouvellement abattus et renferment encore la majeure partie de leur séve, il arrive de deux choses l'une : ou l'évaporation est arrêtée sur tout ou partie de l'étendue des pièces, et alors la séve ne tarde pas à entrer en fermentation et à déterminer la pourriture; ou rien ne s'oppose à cette évaporation, d'où il résulte que les bois diminuent de volume, surtout dans une direction normale à celle des fibres, et que les assemblages, destinés à relier entre elles les différentes pièces, s'ouvrent et perdent par conséquent de leur efficacité, ou se resserrent en produisant des ruptures toutes les fois que la contraction l'emporte sur l'adhérence latérale des fibres. En outre, comme une pièce de bois n'est jamais parfaitement homogène, la contraction n'a pas même valeur dans toute son étendue, ce qui oblige la pièce à se *déjeter*. Ces mouvements sont plus ou moins prononcés, toutes choses égales d'ailleurs, suivant que le bois est de *sciage* ou de *brin*, et ils se manifestent surtout dans les planches. Tels sont les motifs qui engagent à exiger, dans la plupart des devis, que les bois de charpente aient été abattus trois années, et ceux de menuiserie cinq années au moins avant leur emploi.

<small>Qualités et défauts des bois.</small> Les autres qualités à rechercher dans les bois de construction sont d'être durs, tenaces, élastiques, sains, à fibres rectilignes et à structure aussi uniforme que le comporte la matière. Les défauts qu'ils sont sujets à présenter, et qui sont, en général, des motifs de rebut, sont les *nœuds vicieux*, le *rebours*, le *double aubier*, les *roulures*, les *gélivures*, les *gerçures*, le *retour*, l'*échauffement*, la *carie* et la *vermoulure*.

Tous les nœuds sont des défauts parce qu'ils altèrent la rectitude des fibres, mais tous ne sont pas *vicieux*. On ne doit les regarder comme tels que lorsqu'ils sont formés de bois mort, car ils sont exposés, dans ce cas, à une pourriture qui se propage ensuite dans le bois environnant. Les bois noueux sont difficiles à travailler et ne conviennent, ni à la menuiserie, ni aux ouvrages de charpente un peu délicats.

Le bois *rebours* ou *tordu* est un bois dans lequel les fibres sont tordues, et sont par conséquent coupées plusieurs fois par les plans d'équarrissement ; il en résulte une perte de force et quelques difficultés de mise en œuvre. Ce défaut provient habituellement de l'action du vent, qui détermine la torsion du tronc, lorsque l'arbre étant jeune offre plus de prise ou moins de résistance d'un côté que de l'autre. Les arbres exposés aux vents d'ouest le présentent fréquemment.

On donne le nom de *double aubier* à une couche d'aubier interposée entre les couches de bois parfait ; c'est un défaut fort grave, parce que cet aubier intérieur présente les mêmes inconvénients que l'autre. On attribue le double aubier à l'action de fortes gelées.

Le *bois roulé* est celui dans lequel une ou plusieurs couches sont séparées par des fentes concentriques. Ces solutions de continuité s'étendent quelquefois sur toute la circonférence, mais elles ne se manifestent ordinairement que sur l'un des côtés. Ce défaut est très-grave, non-seulement parce que les fibres, n'étant plus solidaires, se rompent plus facilement, mais encore parce que les intervalles qui les séparent sont des réceptacles d'humidité et par suite des causes de pourriture. Il résulte de l'action de vents violents ou de gelées très-intenses sur une couche nouvellement formée ou sur le point de l'être.

De fortes gelées, suivies de brusques dégels, produisent les *gélivures*; la séve diminue de volume en se dégelant, et la force de contraction, l'emportant sur l'adhésion latérale des fibres, fait éclater le bois en déterminant des fentes qui se dirigent du centre à la circonférence. Les gélivures présentent les mêmes inconvénients que les roulures.

Une trop prompte dessiccation du bois après qu'il a été abattu donne quelquefois naissance à des fentes dirigées également suivant les rayons, mais qu'il ne faut pas confondre avec les gélivures, car elles sont beaucoup moins dommageables.

Les *gerçures* sont des fentes, ordinairement très-multipliées et peu profondes, qui se manifestent dans une direction perpendiculaire à celle des fibres du bois. Elles proviennent souvent d'une dessiccation superficielle trop rapide, et il suffit d'enlever la surface attaquée pour pouvoir employer en toute sécurité la pièce qu'elle recouvrait. Quelquefois ces fentes sont profondes, les fibres qu'elles divisent ont perdu de leur dureté; alors le défaut est capital : il indique un bois sur le *retour*.

Un arbre est sur le *retour* lorsqu'il a dépassé le terme de sa maturité; sa cime se couronne, son bois s'altère, et cette altération se poursuit même après sa mise en œuvre. Il est difficile de reconnaître ce défaut sur les bois abattus, lorsqu'il n'est pas très-prononcé; des fibres moins élastiques, moins dures, surtout au centre de la pièce, des gerçures très-multipliées, une apparence terne lorsqu'il est coupé sont les seuls indices qu'on puisse consulter à ce sujet.

Le bois *mort sur pied* est beaucoup plus défectueux encore que le bois sur le retour; mais il est peut-être moins redoutable, parce qu'on ne peut y être trompé. Le bois mort a presque toujours perdu toute ténacité, même avant d'être abattu.

L'*échauffement* est un commencement de pourriture, qui est facile à reconnaître quand il est parvenu à un certain terme. Cette maladie est d'autant plus grave qu'elle se propage rapidement, non-seulement dans toute l'étendue de la pièce attaquée, mais encore sur les pièces qui se trouvent en contact avec elle. On l'attribue à la fermentation de la séve. Les bois enfermés dans les maçonneries y sont très-exposés, soit parce qu'ils ont été mis en place avant que leur séve fût convenablement desséchée, soit parce que cette séve s'est amollie et a fermenté sous l'influence de l'humidité fournie par les maçonneries.

La *carie* est un échauffement très-prononcé. Elle se manifeste habituellement à la surface, par la végétation de diverses espèces de cryptogames, de moisissures, d'agarics, qui se multiplient rapidement et conduisent à la pourriture complète.

La *carie sèche* est une espèce particulière de carie qui se reconnaît également à la présence de petits champignons; elle paraît due à l'action d'un air chaud et non renouvelé. Dans quelques mines, où cette sorte de gangrène attaquait les pièces du boisage et les détruisait en fort peu de temps, on a pris le parti d'arroser les bois, et ils se sont fort bien conservés ensuite.

La *vermoulure* est le résultat du travail de larves qui s'introduisent dans le bois, et l'attaquent sans altérer autrement sa surface que par les petits trous nécessaires à leur entrée ou à leur sortie. C'est principalement dans les bois très-vieux que se manifeste la vermoulure; mais elle est favorisée par tout ce qui tend à altérer la dureté de la surface du bois, et à offrir ainsi aux insectes de la facilité pour y loger leurs œufs.

Les pièces de bois renferment souvent des défauts qu'une simple inspection ne révèlerait pas; il faut avoir recours à l'auscultation pour les reconnaître. Lorsqu'une pièce est saine, elle rend, sous le choc, un son clair et d'autant plus clair que le bois est plus homogène et plus dur; quand elle est altérée, il n'en est pas de même : un son sourd, *étouffé* indique très-nettement, à toute oreille tant soit peu exercée, les roulures ou les nœuds pourris contenus dans l'intérieur.

Conservation des bois.

La conservation des bois, soit depuis le moment où ils ont été abattus jusqu'à l'époque de leur mise en œuvre, soit après cette époque, exige des soins tout particuliers. Après l'abatage, il faut d'abord enlever toutes les parties altérées, puis vider complétement les nœuds pourris et les remplir de goudron afin de prévenir les atteintes de l'humidité, enfin placer les pièces de bois de manière à favoriser leur dessiccation sans altérer leurs qualités. Deux systèmes sont employés à cet effet : l'exposition à l'air et l'immersion. Le premier, qui est le plus anciennement pratiqué et le plus répandu, consiste à déposer les bois sous des hangars, à l'abri des gelées, des alternatives de sécheresse et d'humidité, et de l'air tiède et humide, en évitant tout ce qui pourrait déterminer une dessiccation trop rapide, et en facilitant cependant le renouvellement de l'air. Le second a la propriété d'activer l'écoulement de la séve. Des expériences de Duhamel établissent même que les bois qui ont été immergés sont moins sujets à se corrompre et à se fendre, et se sèchent plus promptement que les autres après leur sortie de l'eau; mais elles montrent aussi que l'immersion enlève une partie de leur force. Quand cette immersion a eu lieu dans l'eau de mer, les bois deviennent hygrométriques sous l'action du sel déliquescent qui s'introduit dans leurs pores; c'est un inconvénient grave pour ceux qui doivent être employés à l'air, mais il disparaît par des lavages à l'eau douce suffisamment prolongés. On conserve encore très-bien les bois en les enfouissant dans la vase ou dans un sable humide; c'est une sorte d'immersion, que des circonstances locales peuvent rendre préférable à l'autre.

La plupart des bois de charpente employés à Paris sont des bois flottés et par conséquent privés de leur séve, en tout ou en partie, par voie d'immersion.

En résumé : la séve du bois est un composé de matières gommeuses dissoutes dans l'eau; une pièce de bois est-elle convenablement exposée à l'air? cette eau s'évapore peu à peu, la gomme qui reste dans les cellules donne au bois toute la force dont il est susceptible, et elle se redissout difficilement; mais cette dessiccation est fort lente. Le bois est-il placé dans l'eau? les parties gommeuses sont enlevées au bout d'un certain temps, il se conserve mieux, n'est plus sujet à gauchir, mais il a perdu toute la cohésion que lui aurait donnée l'adhérence de la séve solidifiée.

La peinture à l'huile est le moyen qui, jusqu'à présent, a été considéré comme le plus efficace pour assurer la conservation des bois mis en œuvre dans un état convenable de dessiccation. Le colonel Emy[1] recommande de ne pas se borner à peindre les surfaces apparentes, mais d'appliquer également au moins une couche de peinture sur les assemblages et sur toutes les faces en contact, afin de prévenir la pourriture qui pourrait se produire ultérieurement dans ces assemblages ou entre ces surfaces.

Quand des bois sont soumis à des alternatives d'immersions et d'émersions, ou même sont exposés aux intempéries de l'atmosphère, leur conservation devient fort difficile et ne dépasse pas un petit nombre d'années, malgré tous les soins employés au renouvellement de la couche de peinture ou de goudron dont on les recouvre. Ainsi, on estime que, dans notre climat, il faut renouveler au bout de

[1] *Traité de l'art de la charpenterie.*

trente années environ toutes les pièces qui composent la charpente d'un pont en bois.

Lorsqu'ils restent constamment immergés, les bois se conservent fort bien, surtout le bois de chêne, qui acquiert même sous l'eau plus de dureté qu'à l'air, et il est par conséquent inutile de leur appliquer aucun enduit. Il faut en excepter cependant les bois plongés dans la mer, qui sont exposés à être attaqués par le ver marin, le *taret*, qu'on rencontre maintenant dans nos ports, et qui détruit en peu de temps les plus fortes pièces de bois. Le seul moyen trouvé, jusqu'à ce jour, pour se garantir de ses attaques, consiste en enveloppes métalliques formées de feuilles ou de petits clous à large tête.

<small>Procédé du docteur Boucherie.</small> M. le docteur Boucherie a imaginé un procédé de conservation, dont tous les essais faits jusqu'à ce jour tendent à démontrer l'efficacité, et qui paraît résoudre l'important problème de la manière la plus complète. Ce procédé consiste à introduire, dans les canaux séveux du bois, un liquide capable de convertir les substances solubles, fermentescibles et attaquables aux insectes, en substances insolubles et à l'abri de la fermentation et des attaques. M. Boucherie s'était servi d'abord des forces vitales qui déterminent le mouvement de la séve pour faire pénétrer le liquide conservateur. Un réservoir contenant la dissolution entourait le pied de l'arbre encore debout ou récemment abattu et ayant toutes ses feuilles; deux fortes entailles favorisaient l'aspiration dans le premier cas; l'introduction était complète au bout d'un certain temps, les plus petites branches, les feuilles elles-mêmes étaient pénétrées. Cette méthode avait l'inconvénient d'exiger que le travail s'exécutât dans la forêt même, et elle a été abandonnée. M. Boucherie a obtenu le même résultat en agissant par voie de pression sur des bois encore verts, c'est-à-dire contenant toute leur séve à l'état liquide. Une pression de deux à trois mètres d'eau équivaut sous ce rapport à la force ascensionnelle de la séve. Les pièces de bois à injecter se posent horizontalement sur des chantiers, et chacune d'elles est mise en communication par une de ses extrémités avec un réservoir supérieur qui contient la dissolution. Les bois ainsi préparés peuvent être mis presque immédiatement en œuvre.

Quant au liquide à employer, M. Boucherie donne la préférence à une dissolution de sulfate de cuivre, comme la plus économique de toutes les matières auxquelles il a reconnu des propriétés conservatrices.

Tous les bois ne sont pas également susceptibles d'être pénétrés. Les *bois blancs* possèdent cette propriété à un très-haut degré ; d'autres bois que M. Boucherie appelle *bois à cœur*, et tel est le chêne, ne s'imprègnent que sur un certain nombre de couches extérieures ; les couches centrales ne sont point attaquées.

Il a été constaté que cette préparation ne se borne pas à assurer la conservation des bois, en prévenant la pourriture ou la vermoulure, mais encore en rendant leur combustion beaucoup plus difficile. On a reconnu de plus qu'elle augmente leur dureté d'une manière prononcée, de sorte qu'elle permet d'employer utilement des bois qui, jusqu'à ce jour, ont été repoussés comme trop tendres.

Enfin les essais de M. Boucherie l'ont conduit à proposer d'introduire des chlorures de chaux et de magnésie dans le bois pour lui donner de la flexibilité et l'empêcher de se fendre et de se tourmenter, de colorer les bois de différentes manières par l'injection de diverses substances colorantes, et même de produire de véritables pétrifications en faisant pénétrer des dissolutions capables de donner des précipités siliceux. La créosote a été employée avec succès en Angleterre, et c'est un antiseptique très-efficace ; mais elle a une odeur désagréable qui subsiste assez longtemps, et elle paraît plus susceptible que le sulfate de cuivre d'être entraînée par les eaux.

On a également proposé l'immersion dans un bain de sublimé corrosif, comme moyen d'assurer la conservation du bois, et ce système a donné, sous ce rapport, de fort bons résultats. Mais il présente le grave inconvénient d'être très-dispendieux.

Un autre procédé de conservation connu depuis longtemps, mais dont les applications étaient très-restreintes, a pris une grande extension dans ces dernières années, grâce aux travaux de M. de Lapparent, qui en a signalé les mérites et facilité l'exécution : c'est la carbonisation superficielle. Il est actuellement employé dans tous nos arsenaux maritimes, et même les poteaux de nos lignes télégraphiques se carbonisent à leur pied, quoiqu'ils soient injectés au sulfate de cuivre. La carbonisation n'exige pas d'installation dispendieuse, convient à toutes les natures de bois et s'applique aux pièces de bois de toutes dimensions après leur mise en œuvre. On l'obtient en projetant un jet de flamme sur la surface de la pièce jusqu'à ce qu'il se produise une pellicule carbonisée. On enlève cette pellicule quand le bois doit être peint ; on la conserve dans le cas contraire. Au-des-

Carbonisation.

sous d'elle le bois est torréfié et créosoté sur une certaine épaisseur, a conservé toute sa dureté, et il ne donne prise ni aux insectes, ni aux végétaux.

Dilatation et contraction du bois.

La dilatation et la contraction des bois, produites par des variations thermométriques, sont généralement assez faibles et peuvent être négligées, dans la plupart des circonstances, en présence de celles qui se manifestent par suite des variations hygrométriques. Ces dernières sont plus prononcées, et diffèrent d'une espèce de bois à l'autre. Elles sont beaucoup plus fortes dans une direction perpendiculaire aux fibres que dans le sens de ces fibres. Nous reviendrons tout à l'heure sur ce sujet en parlant des bois de menuiserie.

Espèces diverses de bois.

Les bois le plus habituellement employés dans nos constructions, se divisent en bois durs et en bois tendres. Le chêne, le châtaignier, l'orme, le charme font partie de la première classe; les sapins, les pins, le hêtre et le peuplier appartiennent à la seconde.

Chêne.

Le bois de chêne est un excellent bois de construction. Il est dur, résistant, et il s'obtient sous d'assez fortes dimensions. Exposé à l'air et dans des circonstances convenables, il se conserve pendant plusieurs siècles; sous l'eau, il acquiert une grande dureté au bout d'un certain temps, et il se conserve indéfiniment, sauf toutefois lorsque l'eau contient en dissolution des matières susceptibles de le décomposer.

Il est d'un jaune plus ou moins foncé passant quelquefois au gris clair; ses fibres sont habituellement droites et serrées; ses couches concentriques sont séparées par une substance assez résistante, remplie de petites cavités allongées dans le sens des fibres; fendu suivant un méridien, il montre des plaques brillantes et satinées d'une certaine étendue, ce sont ses mailles. Il a l'inconvénient d'avoir ordinairement un aubier fort épais, que sa couleur blanche rend d'ailleurs facile à distinguer.

Les botanistes admettent un grand nombre de variétés de chênes; les constructeurs en reconnaissent deux principales.

L'une, qui ne vient que dans les bons terrains, donne un bois élastique et résistant, lorsque le terrain est sec, et *gras* quand le sol est humide. A fibres droites, de forme régulière, ce bois est facile à travailler et convient parfaitement aux ouvrages de charpente intérieure et de menuiserie. Tels sont les bois connus dans le commerce sous les noms de chêne de Hollande et de chêne des Vosges. La pesanteur spécifique de cette espèce de chêne est d'environ 0,760.

L'autre, qui croît dans les terrains pierreux, fournit un bois plus dur, plus résistant, plus durable surtout; mais noueux, sujet à se gercer, difficile à travailler, et qui s'emploie de préférence en fondations et pour l'établissement de constructions exposées aux intempéries de l'atmosphère. Sa pesanteur spécifique varie beaucoup; on l'évalue moyennement à 0,905.

Le bois de châtaignier s'emploie quelquefois à défaut du bois de chêne, dont il a l'apparence et quelques qualités. Il est assez résistant, il durcit dans l'eau, et il s'y conserve indéfiniment; mais, exposé à l'air, il est sujet à la vermoulure, et il devient cassant. Suivant Hassenfratz, sa pesanteur spécifique serait de 0,685. *Châtaignier.*

L'orme est encore un bois qu'on substitue quelquefois au chêne, dans les constructions qui ne réclament pas une grande durée. Il est compacte et résistant, mais ses fibres sont rarement droites, et il est en outre difficile à travailler, disposé à se tourmenter et sujet à être attaqué par les insectes. L'orme *tortillard*, qui a une grande ténacité, est souvent employé avec avantage pour les poinçons de combles à plusieurs égouts qui doivent être percés d'un grand nombre de mortaises. Sa pesanteur spécifique est d'environ 0,700. *Orme.*

Le bois de charme est blanc, d'un grain fin et serré, et devient très-dur en séchant. Il ne s'emploie guère que dans le charronnage et la charpenterie des machines. *Charme.*

Le hêtre est un bois compacte, pesant et de couleur blanche. Il est très-répandu dans nos forêts, où il atteint de grandes dimensions. Il est malheureusement sujet à se tourmenter et à être attaqué par les insectes. Mais il se prête parfaitement aux injections du docteur Boucherie, et cette propriété paraît devoir développer son emploi dans les constructions; elle a déjà permis de s'en servir utilement pour supporter les rails de chemins de fer. Sa pesanteur spécifique est évaluée à 0,852 par l'Annuaire du bureau des longitudes. *Hêtre.*

Le sapin est un arbre résineux, dont le tronc est droit et élevé. La partie interne de ses couches annuelles est très-molle, de couleur claire; l'autre est, au contraire, dure, serrée, de couleur jaune tirant quelquefois sur le rouge, et c'est elle qui renferme la résine. Le bois de sapin est tendre, facile à travailler; mais il ne se conserve pas très-bien : il est sujet à l'échauffement et à la vermoulure. Celui qu'on tire du nord de l'Europe est plus estimé que la plupart des sapins indigènes; il est plus dur, plus résistant et plus durable. *Sapin.*

La Prusse et la Russie nous envoient des bois de sapin qui sont connus dans nos ports, où il s'en fait une grande consommation, sous le nom de sapins rouges de Riga. Ils sont d'excellente qualité ; leurs fibres, en général fines et serrées, ainsi que leur belle couleur, les rendent éminemment propres à la menuiserie de décoration.

La pesanteur spécifique des sapins varie beaucoup ; Hassenfratz la fixe à 0,542, et l'Annuaire du bureau des longitudes à 0,637.

Pins. On connaît un grand nombre d'espèces différentes de pins ; nous nous bornerons à mentionner celles qui sont le plus fréquemment employées dans les constructions. Ce sont :

1° Le *mélèze* (pinus larix), dont les fibres sont dures et serrées ; c'est le plus beau et peut-être le meilleur de tous nos bois de construction. Plus grand, plus droit, moins dur que le chêne, il a plus de ténacité que lui, et il est plus facile à travailler ; nul bois ne résiste mieux aux intempéries de l'atmosphère et à la pourriture ; placé sous l'eau, il acquiert une très-grande dureté et devient impérissable ; enfin il brûle très-difficilement, à tel point que les Romains le croyaient incombustible.

Les bois de mélèze nous viennent du nord de l'Europe et des Alpes. Il est à regretter que ce soit en petite quantité ;

2° Le *pin de Corse*. Cet arbre a beaucoup de rapports avec le précédent ; il nous fournit d'excellentes mâtures, et il convient parfaitement à la construction des édifices. La charpente et la menuiserie en tirent également bon parti ;

3° Le *pin sauvage* (pinus sylvestris), qui est fort commun dans quelques parties de la France, dans les Alpes, les Pyrénées, l'Auvergne, la Bourgogne et les Vosges ;

4° Le *pin maritime*, dont on fait un grand usage sur tout le littoral de l'Océan, depuis Bayonne jusqu'aux côtes de Bretagne. Il est de qualité fort inférieure, est peu durable, et ne s'emploie que dans les constructions les plus vulgaires.

Les sapins et les pins sont faciles à injecter par le procédé du docteur Boucherie, et deviennent très-durables par suite de cette préparation.

Peupliers. On compte plusieurs espèces de peupliers, mais aucune ne fournit de bois convenable pour la charpente. Ce bois, tendre, homogène, très-léger, facile à travailler, n'est guère employé qu'en menuiserie où ces qualités le font quelquefois préférer au sapin. Il est peu résistant et peu durable ; mais il se laisse pénétrer par les injections, sauf dans les parties qui avoisinent le cœur, et l'on peut lui enlever par conséquent le dernier de ces défauts. Sa pesanteur spécifique est d'environ 0,400.

DES PLANCHES.

La plupart des planches employées dans nos constructions sont de chêne ou de sapin. Elles se trouvent dans le commerce débitées sur des dimensions déterminées, qu'il est essentiel de connaître pour disposer les ouvrages avec économie. Ces dimensions sont indiquées dans le tableau suivant :

Dimensions des planches.

ESSENCES DES BOIS.	DÉSIGNATION DES PLANCHES.	ÉPAISSEURS.	LARGEURS.
		m.	m.
Chêne.	Feuillet (¹).	0,013	0,24
	Panneau (¹).	0,020	0,24
	Entrevoux.	0,027	0,24
	Planches.	0,034	0,24
		0,041 à 0,045	0,22
	Merrain (²).	0,033, 0,040 et 0,047	0,13 ou 0,16
	Doublette.	0,054 à 0,06	0,32
	Membrure.	0,08	0,16
	Petit battant.	0,08	0,22
	Gros battant.	0,11	0,33
Sapin de France.	Feuillet (¹).	0,016 à 0,018	0,22 ou 0,32
	Ordinaire.	0,027	0,22 ou 0,32
	Forte qualité.	0,034 à 0,040	0,24 ou 0,32
	Madrier.	0,06	0,32
Sapin du Nord.	Planche.	0,027, 0,034 et 0,041	0,22
	Petit madrier.	0,054	0,22
	Madrier.	0,08	0,22

(¹) Ces échantillons se débitent presque toujours chez les menuisiers, qui les tirent ordinairement des planches.
(²) Ces planches n'ont pas plus de 1ᵐ,45 de longueur; l'architecture ne les emploie guère que dans l'établissement des panneaux de lambris et de parquets.

Ces planches sont débitées sur différentes longueurs, mais sans dépasser six mètres.

Planches habituellement employées à Paris.

On fait un fréquent usage, à Paris, d'autres planches, tant de chêne que de sapin, provenant du déchirement de grands bateaux qu'il est jugé plus avantageux de dépecer que de faire retourner à vide. Ce bois est de qualité inférieure et s'emploie de préférence, par motif d'économie, pour la construction des cloisons qui doivent être ravalées en plâtre, ou pour des ouvrages qui ne réclament pas une exécution très-soignée.

Les planches de chêne dont on se sert habituellement à Paris proviennent de la Champagne et de quelques parties de la Lorraine, de la Bourgogne et du Nivernais, et sont presque toujours désignées sous le nom de la première de ces provinces. Elles arrivent à Paris en trains, et sont par conséquent flottées. Cette longue immersion facilite l'écoulement de la séve, et les rend moins susceptibles de jouer ; mais, ainsi qu'il a été dit plus haut, elle diminue leur résistance, et elle leur communique en outre une teinte noirâtre qui pénètre plus ou moins dans l'intérieur, et une sorte de sécheresse qui les rend moins propres que les autres à la confection des ouvrages de choix dans lesquels le bois doit rester apparent.

Chêne de Hollande.

Le bois de chêne employé de préférence dans ces travaux, qui se rapprochent de ceux de l'ébénisterie par leur perfection et l'importance qu'y prend la beauté de la matière, est habituellement désigné sous le nom de chêne de Hollande, et son prix est comparativement très-élevé.

Son histoire est assez curieuse. Il n'est pas tiré de la Hollande, comme son nom pourrait le faire supposer ; il vient de France, mais pendant fort longtemps l'industrie hollandaise a su s'attribuer le monopole de sa préparation. Elle tirait ses bois en *billes* de la Lorraine ou de l'Alsace, les débitait d'une certaine façon, puis nous les renvoyait par mer. Non-seulement ce bois n'est pas flotté, mais encore il est moins sujet que les autres aux variations dues aux influences hygrométriques, moins exposé à se déjeter, et d'un aspect plus agréable en ce qu'il présente une bien plus grande quantité de petites surfaces miroitantes. Toutes ces qualités sont dues à une intelligente direction des traits de scie : ce bois est débité sur *mailles*.

« Il vient à Paris, disait Duhamel en 1764, des planches minces, qu'on nomme
« bois de Hollande ; on en fait les panneaux des beaux lambris. Ces bois, comme
« nous l'avons déjà dit, sont tirés des forêts voisines du Rhin et de la Lorraine
« par les Hollandais, qui les fendent avec leurs moulins à scie. La supériorité de
« ces bois sur ceux de Vauge (Lorraine) consiste en ce qu'ils sont refendus très-
« régulièrement et presque tous sur la maille. »

Ajoutons, avant d'aller plus loin, que nous ne payons plus aujourd'hui ce singulier tribut; les bois de Hollande actuellement employés à Paris se tirent presque tous du département de l'Aisne.

Si l'on se rappelle que les mailles sont les parties les plus hygrométriques du bois, on se rendra aisément compte des avantages du débit sur mailles, en examinant comment doit se comporter une planche débitée à la manière ordinaire. Soit une planche AB (pl. LXXIII, fig. 1), située à une certaine distance du cœur et débitée parallèlement au plan mn. Les mailles se présenteront par leur tranche, elles seront plus serrées sur la face intérieure que sur l'autre, et lorsque, sous l'influence de l'humidité, les mailles viendront à se gonfler, la planche augmentera de largeur, mais non pas uniformément; la dilatation sera plus prononcée sur la face intérieure, et la planche se voilera, ainsi qu'il est indiqué en A'B'. Si au lieu d'absorber de l'humidité, la planche en dégage, un effet inverse se produira; il y aura contraction, et la face intérieure prendra une courbure concave. Les mouvements pourront ne pas être uniformes dans toute l'étendue de la planche, et alors les surfaces seront gauches au lieu d'être cylindriques. Il est à remarquer d'ailleurs que si, sous des influences opposées à celles qui les avaient produites, les courbures diminuent, elles ne disparaissent pas entièrement, du moins dans la plupart des circonstances, soit parce que les molécules se sont constituées dans un nouvel état d'équilibre, soit parce que quelques-uns des pores du bois se sont oblitérés pendant les mouvements qui ont eu lieu. Quand une planche a pris du *gauche*, elle en conserve presque toujours.

Lorsque les traits de scie partent du centre, les mailles sont parallèles aux faces de sciage. Les mouvements de la planche se manifestent alors surtout dans le sens de l'épaisseur et fort peu dans celui de la largeur; ils sont beaucoup moins prononcés et pour ainsi dire sans inconvénients.

Afin de préciser un peu à ce sujet, nous citerons l'expérience suivante, en faisant remarquer toutefois qu'on n'est pas en droit de tirer des conclusions absolues, en ce qui concerne la valeur des contractions ou des dilatations, non-seulement d'un arbre à un autre de même essence, mais encore d'une partie à une autre du même tronc d'arbre, attendu la diversité des textures.

Expériences sur l'influence exercée par le mode de débit des planches.

Elle a été faite dans une vallée des Pyrénées, pendant le mois d'août. On a fait abattre trois arbres : un chêne, un sapin et un noyer, chacun de 0^m,30 à 0^m,32 de diamètre, l'écorce enlevée, et l'on en a tiré des billes prises à peu près à même hauteur au-dessus du pied. Chacune d'elles a été immédiatement débitée, ainsi qu'il est indiqué sur la figure 4, pl. LXXIII, de manière à donner cinq planches de 0ᵐ,012 d'épaisseur, espacées de 0ᵐ,035, et dont l'une est débitée sur mailles ; nous désignerons ces dernières par le n° 1 ; le n° 2 indiquera les planches qui étaient le plus rapprochées de l'un et de l'autre côté, et le n° 3, les planches les plus éloignées du centre. Toutes ont été mesurées avec soin ; puis elles ont été immergées pendant quinze jours dans un courant d'eau thermale à 40° environ, qui a dû entraîner la majeure partie, sinon la totalité de la séve ; enfin elles ont été complétement desséchées dans un four. Le tableau suivant fait connaître les contractions observées ; les chiffres qu'il renferme sont des moyennes déduites de plusieurs mesures.

ESSENCES.	LARGEURS DES PLANCHES.						VALEURS RELATIVES DES CONTRACTIONS.		
	N° 1.		N° 2.		N° 3.		N° 1.	N° 2.	N° 3.
	BOIS VERT.	BOIS SEC.	BOIS VERT.	BOIS SEC.	BOIS VERT.	BOIS SEC.			
	m.	m.	m.	m.	m.	m.			
Chêne	0,190	0,186	0,193	0,181	0,197	0,181	0,0210	0,0622	0,0822
Sapin	0,187	0,182	0,189	0,178	0,190	0,177	0,0267	0,0582	0,0684
Noyer	0,194	0,189	0,195	0,186	0,195	0,183	0,0258	0,0461	0,0615

Les mêmes planches, ultérieurement soumises à des alternatives de sécheresse et d'humidité, par des dessiccations et des immersions prolongées, les unes et les autres, pendant 48 heures, ont donné les résultats suivants :

ESSENCES.	LARGEURS DES PLANCHES.				VALEURS RELATIVES DES DILATATIONS.	
	N° 1.		N° 3.		N° 1.	N° 3.
	SEC.	HUMIDE.	SEC.	HUMIDE.		
	m.	m.	m.	m.		
Chêne	0,160	0,1604	0,1600	0,1660	0,0025	0,0375
Sapin	0,160	0,1612	0,1595	0,1645	0,0075	0,0313
Noyer	0,160	0,1610	0,1600	0,1632	0,0062	0,0200

MATÉRIAUX DE CONSTRUCTION.

On voit que les mailles exercent beaucoup plus d'influence sur les mouvements du chêne que sur ceux des autres bois mis en expérience ; elles sont aussi plus apparentes sur le premier de ces bois que sur les autres. Les rapports des contractions des planches n° 3 à celles des planches n° 1 ont été, sur les bois verts,

> Pour le chêne.. 3,91
> Pour le sapin.. 2,56
> Pour le noyer. 2,38

Les bois étant secs, les rapports des dilatations relatives observées sur les mêmes planches, après leur avoir fait absorber toute l'humidité qu'elles pouvaient contenir, ont été plus élevés ; ils ont pris les valeurs suivantes :

> Pour le chêne.. 15,00
> Pour le sapin.. 4,17
> Pour le noyer.. 3,22

En outre, les planches n° 1 sont restées sensiblement planes lors de leur dessiccation, tandis que les planches n°s 2 et 3, ces dernières surtout, ont pris plus ou moins de gauche. Les déformations n'ont pas suivi d'ailleurs la même loi que les contractions et les dilatations, en ce sens qu'elles ont été beaucoup plus prononcées sur le noyer que sur les deux autres essences.

Il ne faudrait pas craindre, dans les constructions, des mouvements aussi forts que ceux qui sont indiqués par les chiffres précédents, et se diriger en conséquence. On serait entraîné à des précautions superflues. D'une part, en effet, on n'emploie jamais des bois tout à fait verts, et, de l'autre, quelle que soit l'influence de l'humidité de l'atmosphère, elle ne saurait avoir la même efficacité que les immersions prolongées de la seconde série d'expériences. On reviendra tout à l'heure sur ce sujet.

Dans le débit sur mailles exécuté en toute rigueur, les planches sont plus épaisses d'un côté que de l'autre ; mais, au moyen de *levées*, on les réduit à une épaisseur sensiblement uniforme. Ce système a l'inconvénient d'être très-dispendieux, en ce qu'il exige beaucoup de main-d'œuvre et entraîne à un déchet assez considérable.

D'autres modes de débit, plus économiques que celui-ci et donnant, sous le rapport de la qualité des planches, des résultats préférables à celui qui consiste à

Modes de débit.

débiter avec traits de scie parallèles, ont été employés et le sont encore journellement dans quelques exploitations intelligentes; mais nous ne saurions entrer dans le détail de leur examen sans sortir des limites que nous avons dû nous imposer, et nous nous bornerons à indiquer les deux principaux.

La figure 2, pl. LXXIII, représente le mode de débit usité en Hollande. Le tronc d'arbre est divisé en quatre ou en trois parties, suivant que son diamètre est plus ou moins fort; puis chacune de ces parties est sciée en planches dirigées parallèlement au rayon qui divise le segment en deux portions égales. Toutes ces planches ne sont pas débitées sur mailles; mais il en est beaucoup qui en approchent, et il n'y en a pas de normale à la direction des mailles.

La figure 3 rend compte d'un mode de débit qui a été imaginé par Moreau, marchand de bois à Paris, et dont l'emploi est assez fréquent. Il donne des pièces d'équarrissages fort divers, et il paraît avoir quelques avantages sur la méthode hollandaise.

L'inconvénient de ces systèmes est de rendre le débit un peu plus dispendieux.

Planches de sapin. — Le sapin du Nord qu'on emploie à Paris n'est pas flotté, et, quoiqu'il soit moins susceptible de jouer que le bois de chêne, il faut avoir égard à cette circonstance et le laisser sécher pendant quelques années avant de le mettre en œuvre.

Le sapin rouge de Riga est éminemment propre à la menuiserie; beaucoup plus léger que le chêne, à tissu plus serré que le sapin ordinaire, il est durable, résistant et se prête parfaitement aux moulures les plus fines; sa belle couleur et la régularité de ses fibres le font employer quelquefois comme bois de décoration. On en a tiré d'heureux effets en le combinant avec le chêne.

Le sapin de France est repoussé de toutes les constructions faites avec une certaine recherche; on ne l'emploie guère que dans les localités qui le fournissent et par motif d'économie. Ce bois, qui a presque toujours été *saigné* pour en extraire la résine, joue peu, mais présente peu de résistance et n'est pas durable.

Planches de menuiserie. — Il est essentiel de n'employer dans les travaux de menuiserie que du bois privé de séve ou dont la séve est arrivée à un état de dessiccation parfaite, car c'est pendant que cette dessiccation s'opère que les planches ont le plus de tendance à se voiler et que leurs fibres se resserrent davantage. Le bois le plus sec est susceptible, il est vrai, de prendre du gauche et d'augmenter ou de diminuer de largeur sous l'influence des variations hygrométriques, mais ses mouvements sont très-peu prononcés.

A Paris, où l'art de la menuiserie a atteint un degré de perfection très-remarquable, la plupart des planches employées dans les constructions sont de fort bonne qualité sous ce rapport.

Les bois de chêne ordinaire et de sapin indigène ont été flottés pendant assez longtemps pour qu'ils aient perdu la majeure partie de leur séve, et les bois de sapin du Nord sont abattus depuis plusieurs années. Un grand nombre d'expériences ont été faites sur ces bois pour déterminer la contraction qu'ils éprouvent, dans une direction normale à celle des fibres, lorsqu'ils passent de la plus grande humidité à laquelle des planches sont exposées, dans les circonstances ordinaires de nos édifices, à un état de siccité parfaite; elles ont donné les résultats consignés dans le tableau suivant :

ESSENCES.	CONTRACTIONS		
	MAXIMA.	MINIMA.	MOYENNES DE TOUTES LES EXPÉRIENCES.
Chêne..................	0,0180	0,0026	0,0090
Sapin de France..........	0,0184	0,0063	0,0110
Sapin du Nord...........	0,0184	0,0026	0,0103

Les variations dans le sens de la longueur des fibres sont très-faibles, et peuvent être négligées dans la plupart des circonstances. Rondelet les évalue à 0,000 091 pour le sapin et à 0,000 152 pour le chêne.

XI. — DES MÉTAUX.

DU FER.

Le fer est le métal le plus tenace, le plus utile à l'art de bâtir et le plus fréquemment employé dans nos constructions.

Les fers du commerce ne sont jamais parfaitement purs; ils contiennent tous une petite quantité de carbone, quelquefois un peu de soufre ou de phosphore, et ces matières, bien qu'en très-minime proportion, suffisent pour leur donner des qualités fort diverses.

Le fer a généralement une texture grenue, lorsqu'il est de bonne qualité; sa cassure fait voir un grain fin, serré, à pointes déliées, et il prend une texture nerveuse, aux fibres allongées et blanchâtres, quand il est forgé en barres minces, après avoir été chauffé au rouge blanc. Lorsque la cassure présente de gros grains ou des lamelles, on peut en conclure que le fer est de mauvaise qualité.

La nature du combustible employé pour la fabrication du fer exerce une grande influence sur les qualités de ce métal. Les minerais et les fontes traités à la houille ne donnent pas d'aussi bons produits que s'ils l'avaient été au charbon de bois.

Les fers laminés paraissent moins tenaces et moins résistants que ceux qui ont été préparés au marteau, lorsqu'il s'agit de fers de fortes dimensions. Ils se forgent aussi plus difficilement; mais, en revanche, ils sont plus réguliers et plus homogènes dans le sens de la longueur des barres. Pour les fers en barres minces, l'action du laminoir paraît donner de meilleurs résultats que celle du marteau.

Espèces diverses de fer.

Les constructeurs distinguent cinq espèces principales de fer :

1° Le *fer doux*. C'est le plus pur, le plus ductile et le plus malléable de tous ; sa texture est grenue, et elle devient assez promptement fibreuse sous l'action du marteau ou du laminoir. Il plie facilement à froid et à chaud, et il s'allonge beaucoup au moment où un excès de tension va déterminer sa rupture; mais il est sujet à se détériorer à la forge, où il se *brûle* quelquefois et devient cassant. Une *chaude suante* suffit du reste pour lui rendre ses qualités. Ce fer se polit assez mal et s'oxyde très-facilement;

2° Le *fer dur*, *fer fort* ou *fer de roche*, le plus résistant de tous, ne plie pas aussi facilement que le fer mou, et ne s'allonge pas autant sous la charge, quand il est près de se rompre. Il paraît contenir plus de carbone que ce dernier. Il conserve plus longtemps à la forge sa texture grenue, et même il s'y améliore en devenant plus doux. Le martelage à froid le rend aigre; mais une chaude fait disparaître ce défaut. Cette espèce de fer est susceptible de prendre un très-beau poli, faculté qui tient à la finesse et à l'homogénéité de son grain;

3° Le *fer cassant à froid*. Ce fer montre habituellement une texture lamelleuse, et il s'en trouve de dur et de mou. Il se forge assez bien, car il plie facilement à chaud; mais le défaut qu'il présente doit faire restreindre son emploi aux ouvrages qui n'ont pas de grands efforts à supporter. Ce défaut est habituellement dû à la présence d'une certaine quantité de phosphore; d'après M. Karsten, il serait très-prononcé dans un fer contenant 0,006 de phosphore. On le trouve également dans le fer mou brûlé à la forge;

4° Le *fer rouverain* ou *cassant à chaud*. Il se comporte fort bien à froid, mais il est extrêmement difficile à forger et il est souvent insoudable. Il suffit de 0,0004 de soufre dans le fer pour produire cet effet;

5° Le *fer aigre* ou *cassant à froid et à chaud*, dont l'emploi, fort désavantageux sous tous les rapports, est proscrit par tous les constructeurs. Tels sont les fers mal affinés.

On trouve aujourd'hui dans le commerce des fers qu'on ne connaissait pas autrefois, et qui ont reçu au laminoir des formes très-favorables pour l'art des constructions. Ce sont les *cornières* et les fers à *simple* ou à *double* T. Nous en reparlerons en traitant des constructions en fer.

L'épiderme d'une barre de fer est toujours plus compacte et plus dure que l'intérieur, parce qu'elle a été plus fortement comprimée sous l'action du marteau ou du laminoir; mais cette amélioration ne se manifeste que sur une très-faible épaisseur. Il en résulte que, pour une même qualité de métal, les barres de fer présentent d'autant plus de résistance par unité de surface que la section est moindre et que le rapport du périmètre à la section est plus grand. Ainsi, le fer méplat est plus tenace que le fer carré, la surface de la section étant la même, et le fil de fer plus que le fer en barre.

<small>Propriétés du fer.</small>

Le martelage à froid ou à une température peu élevée exalte cette propriété.

Le fer présente une faculté extrêmement remarquable et qui n'a été reconnue jusqu'à présent que dans un seul autre métal, dans le platine : il peut se souder à lui-même quand on le porte à la chaleur blanche. Cette qualité est d'autant plus précieuse pour la mise en œuvre qu'il n'entre en fusion qu'à une température fort élevée, environ 170° du pyromètre de Wedgwood.

Le fer s'oxyde très-facilement à l'air humide, surtout à l'air humide et salin des bords de la mer, et plus promptement sur les parties limées que sur les autres. Il se conserve fort bien dans les constructions, tant qu'il est à l'abri de l'humidité, et principalement lorsqu'il est enveloppé de chaux; mais, mis en contact avec le plâtre, son oxydation est très-prompte et il se détériore complétement au bout de peu de temps. Il augmente de volume en s'oxydant, et fait quelquefois éclater les pierres dans lesquelles il a été scellé.

On le préserve de l'oxydation, soit en le couvrant d'une couche de peinture à l'huile et au minium ou de goudron minéral, soit en l'étamant à l'étain ou au zinc.

Ce dernier procédé, connu depuis quelques années sous le nom de galvanisation du fer, est fort efficace; mais il est plus dispendieux de frais de premier établissement que la peinture à l'huile, et il a paru, en quelques circonstances, rendre le fer cassant.

La pesanteur spécifique du fer du commerce est d'environ 7,70.

La dilatation de ce métal est assez considérable pour devoir être fréquemment prise en considération; Laplace et Lavoisier la fixent à 0,0012, depuis 0° jusqu'à 100°.

Le fer est le principe de plusieurs matières colorantes fort employées dans nos édifices, telles que les diverses ocres, la terre d'ombre, la terre de Sienne, le bleu de Prusse, la plombagine, etc.

DE LA FONTE DE FER.

C'est à l'état de fonte que le fer s'écoule des hauts fourneaux dans lesquels on traite le minerai qui le renferme. Il est alors associé avec du carbone, du silicium, souvent avec une petite quantité de phosphore et de manganèse, et quelquefois avec un peu de soufre. Le fer, le carbone et le silicium paraissent être les seuls principes essentiels de la fonte.

Les propriétés qui distinguent le plus nettement la fonte du fer forgé sont d'être plus fusible, moins malléable, plus cassante, de ne pouvoir se forger ni à chaud ni à froid et de ne se point souder. Elle est moins tenace, mais elle résiste mieux à l'écrasement.

Il en résulte que ce n'est point sous l'action du marteau, mais après avoir été fondue et coulée dans un moule, que la fonte prend la forme qu'on veut lui donner. Il y a par conséquent presque toujours avantage à substituer la fonte au fer toutes les fois qu'il s'agit d'objets de décoration dont les formes sont compliquées, et surtout lorsque ces ornements doivent être multipliés; car alors chacun d'eux a une moindre fraction des frais de modèles à supporter. Le prix de la fonte est d'ailleurs beaucoup moins élevé que celui du fer.

Les pièces de fonte présentent, dès que leur section dépasse une certaine limite, une particularité qui ne se rencontre au même degré dans aucune autre des matières employées dans nos constructions, et qu'il est essentiel de prendre en grande considération. Leur périmètre se compose d'une couche dont l'épaisseur varie de 3 à 5 millimètres, et dont le grain est plus fin, plus compacte et plus dur que celui de l'intérieur. Cela provient de ce que l'enveloppe se solidifie assez rapidement au contact de la paroi des moules et en toute liberté de contraction, tandis que l'intérieur est condamné à occuper après sa solidification, qui se produit plus lentement, tout l'espace qu'il remplissait, lorsque la matière était en fusion. Cette dernière partie de la pièce est donc d'une moindre densité que l'autre, et se trouve dans un état de tension moléculaire qui la rend moins résistante. Ce phénomène est d'autant plus prononcé que l'épaisseur de la section est plus grande, et que le refroidissement de la surface a été plus rapide. Il en résulte que dans la fonte, plus encore que dans le fer, et à l'inverse de ce qui s'observe dans les pierres, la résistance augmente en même temps que le rapport du périmètre à la surface de la section. Mais il n'en faudrait pas conclure cependant qu'il convient toujours de donner de très-faibles épaisseurs à cette matière, car il importe de se mettre en garde contre sa fragilité.

On distingue deux espèces principales de fonte : la *fonte grise* et la *fonte blanche*. Elles diffèrent ordinairement, plutôt par l'état de combinaison de leurs éléments, que par leur composition chimique; cependant on a remarqué qu'une petite quantité de soufre rend la fonte blanche, et qu'il en est de même du phosphore, mais quand il y est contenu en plus forte proportion.

<small>Deux espèces de fonte.</small>

La fonte grise est douce, grenue et légèrement malléable; sa couleur, qui est d'un gris noirâtre, quand ses grains sont très-prononcés, passe au gris clair à mesure qu'ils se resserrent davantage. Cette fonte est généralement d'autant plus dure et d'autant moins malléable qu'elle est moins colorée.

La fonte blanche est dure, non malléable et très-cassante; sa cassure est brillante, et, suivant les circonstances, rayonnante, esquilleuse ou compacte; sa couleur est un blanc d'argent qui passe quelquefois au gris clair.

Il est quelques fontes dont la cassure présente des taches grises sur un fond blanc; on leur a donné le nom de *fontes truitées*. Elles paraissent être un mélange des deux principales espèces de fontes, et elles se rapprochent beaucoup des fontes blanches par leurs propriétés.

La fonte grise reçoit l'empreinte du marteau, et se laisse entamer assez facilement par la lime, le ciseau et le foret; la fonte blanche ne présente aucune de ces qualités. La première est plus tenace, la seconde résiste davantage à l'écrasement.

Fondue à l'abri du contact de l'air, la fonte grise ne s'altère pas, pourvu toutefois qu'elle soit refroidie lentement; mais si elle l'est d'une manière brusque, elle se convertit en fonte blanche, et devient dure et cassante. On accélère quelquefois le refroidissement superficiel dans le but de donner une sorte de trempe à la pièce. Il suffit, au reste, de recuire une fonte grise, devenue blanche de cette manière, pour lui rendre ses propriétés.

Fondue au contact de l'air, la fonte grise finit par s'altérer et par se convertir en fer, du moins en grande partie. Les fontes d'un gris foncé, qu'on désigne souvent sous le nom de fontes noires, peuvent seules être refondues plusieurs fois sans perdre de leur douceur; elles y gagnent même, en ce qu'elles acquièrent plus de ténacité.

La plupart des fontes blanches se changent en fontes grises quand elles ont été maintenues en fusion à l'abri du contact de l'air et à une haute température; avec le contact de l'air, elles s'épaississent très-promptement et se convertissent en acier.

La fonte grise entre en fusion à 6° environ du pyromètre de Wedgwood; la fonte blanche est un peu plus fusible, mais elle n'atteint pas le même degré de liquidité, ce qui la rend moins propre au moulage. Toutes deux jouissent de la propriété singulière, qu'elles partagent avec un petit nombre de corps, de se dilater en se solidifiant, et la première la possède à un plus haut degré que la seconde. Suivant M. Dumas, la contraction linéaire de la fonte grise, de l'état de fusion à la température ordinaire, serait de $\frac{1}{96}$; celle de la fonte blanche est un peu plus forte.

La dilatation linéaire de la fonte peut être évaluée à **0,0011**, depuis 0° jusqu'à 100°.

La pesanteur spécifique de la fonte grise est de **7,20** environ; celle de la fonte blanche peut être fixée moyennement à **7,50**.

La fonte grise n'est pas susceptible d'un aussi beau poli, et elle s'oxyde plus facilement que la blanche, mais moins que le fer forgé. Les surfaces limées s'oxydent beaucoup plus rapidement que les autres.

On voit que la fonte grise, étant moins sujette à s'altérer par la fusion, plus facile à mouler et à travailler, et, ce qui est fort important, moins cassante que la fonte blanche, doit lui être préférée dans la plupart des circonstances, et c'est en effet celle qui est le plus généralement employée dans les constructions; l'autre est presque exclusivement consacrée à la fabrication du fer.

DU CUIVRE.

Le cuivre est, après le fer, le métal le plus tenace et le plus utile à l'art des constructions.

Il est malléable à froid et à chaud, et jouit d'une assez grande ductilité. Il entre en fusion à 27° du pyromètre de Wedgwood.

Exposé pendant un certain temps à l'air humide, il s'altère à la surface, et se couvre d'une couche verte d'hydrate et de carbonate de cuivre.

Sa pesanteur spécifique, qui est de 8,788 quand il est fondu, augmente par l'écrouissage et prend pour valeur 8,878. La dilatation linéaire qu'il éprouve de 0° à 100° est de 0,0017.

Pur, il n'est guère utilisé dans nos constructions qu'à l'état de feuilles, pour couvrir des terrasses ou des combles; et même, sous ce rapport, son emploi est fort restreint, surtout depuis l'introduction du zinc, qui lui est généralement préféré comme beaucoup plus économique. C'est après avoir été converti en bronze ou en laiton, par son alliage avec l'étain ou le zinc, que le cuivre est le plus fréquemment employé.

Plusieurs sels de cuivre servent de matières colorantes, sous les noms de vert-de-gris, vert de Scheele, cendres bleues, etc.

DU BRONZE.

L'emploi du bronze dans les constructions remonte à une haute antiquité. Pausanias cite, parmi les merveilles de la Grèce, le temple de Minerve, à Lacédémone, qui était entièrement revêtu de plaques de bronze chargées de sculptures. On sait que le péristyle du Panthéon d'Agrippa, à Rome, était couvert par une charpente en bronze, que la grande voûte de cet édifice était ornée de caissons et de rosaces en même matière, et que des colonnes, des portes, des tuiles, une foule de menus ouvrages de serrurerie et jusqu'aux crampons destinés à relier les pierres de taille dans les constructions importantes, étaient aussi exécutés en bronze chez les anciens.

Pline rapporte que les Romains composaient leur bronze en alliant, à 100 parties de cuivre, 12 parties et demie d'étain, quand il s'agissait d'ouvrages importants, et 3 à 4 seulement dans le cas contraire; mais de nombreuses analyses de bronzes antiques montrent des proportions plus variables et souvent une composition plus compliquée.

<small>Composition et qualités du bronze.</small> On admet également aujourd'hui plusieurs proportions de cuivre et d'étain, suivant l'usage auquel l'alliage est destiné; mais on paraît s'accorder à réserver la dénomination de bronze pour celui qui est formé de 8 à 11 parties d'étain pour 100 de cuivre : cette dernière proportion donne le bronze des canons.

Cet alliage, d'un jaune rosé, est plus tenace, plus dur, plus fusible et moins oxydable que le cuivre; il est fort peu malléable quand il a été refroidi lentement, mais, lorsqu'il est trempé, il le devient assez pour pouvoir être travaillé au marteau et sa ténacité augmente en même temps. Sa pesanteur spécifique est de 8,08 dans le premier état, de 8,00 dans le second.

Sa dureté augmente avec la proportion d'étain, mais sa résistance à la rupture par extension paraît diminuer.

Les qualités qui le recommandent pour nos constructions sont : sa dureté, sa fusibilité, la finesse de son grain et sa résistance à l'action oxydante de l'air humide. Cette dernière propriété doit, malgré le prix élevé du bronze, faire préférer ce métal au fer pour tous les ouvrages un peu importants exécutés au bord de la mer.

Tel est le motif pour lequel les lanternes de nos phares, par exemple, sont construites ou revêtues en bronze.

Le bronze ne convient pas très-bien aux pièces de sculpture et d'ornement, parce qu'il ne pénètre pas assez dans les parties les plus déliées du moule. L'alliage employé le plus habituellement pour ces sortes d'ouvrages se rapproche plus du laiton que du bronze par sa composition.

DU LAITON.

Le laiton est très-ductile et très-malléable, quand il ne renferme que ses principes essentiels, le cuivre et le zinc. Tel est celui qu'on destine à être étiré ou à être travaillé au marteau; il est composé d'environ 70 parties de cuivre pour 30 de zinc. L'avantage qu'il présente sur le cuivre est d'être plus tenace et moins dispendieux. L'étain le rend plus dur, moins malléable et moins ductile. Le plomb agit à peu près de la même manière, et il le rend en outre susceptible d'être coupé et tourné avec plus de précision et sans empâter l'outil, mais il lui donne en même temps de l'aigreur. Le laiton plombeux s'emploie pour tous les ouvrages qui doivent être exécutés au tour, et aussi pour ceux qui doivent être dorés, parce qu'il absorbe moins d'or que les autres dans cette opération.

M. Dumas rapporte les analyses suivantes de laitons destinés à être tournés.

	LAITON EN PLANCHES	
	DE STOLBERG.	DE JEMMAPES.
Cuivre.	64,8	64,6
Zinc.	32,8	33,7
Plomb.	2,0	1,5
Étain.	0,4	0,2
	100,0	100,0

Les beaux ouvrages de bronze qui ont été fondus sous le règne de Louis XIV, par les frères Keller, contiennent également une certaine quantité de plomb.

Les analyses, faites par M. d'Arcet, de fragments tirés de trois statues du parc de Versailles, indiquent les compositions suivantes :

Cuivre..................................	91,22	91,30	91,68
Zinc....................................	5,57	6,09	4,93
Étain...................................	1,78	1,00	2,32
Plomb...................................	1,45	1,61	1,07
	100,00	100,00	100,00

On donne le nom de *potin* à un laiton dur, aigre, cassant, dont la composition est très-variable, et qui provient habituellement de la refonte de vieux laitons.

La densité du laiton varie de 8,20 à 8,95, suivant la nature et les proportions de ses principes constituants.

Un refroidissement brusque rend le laiton moins tenace, moins dur et moins dense.

La quincaillerie fait un très-grand usage de cet alliage; elle le préfère au bronze comme plus économique et plus facile à travailler.

DU ZINC.

Ce métal est d'une texture lamelleuse; il est peu tenace, un peu malléable à la température ordinaire, très-malléable lorsqu'il a été chauffé à 100° environ; à partir de ce point, il perd de sa malléabilité à mesure que la température s'élève, et il est très-cassant à 200°. Il entre en fusion à une température de 360°, et il bout à la chaleur blanche. La vapeur qui résulte de son ébullition brûle au contact de l'air, en produisant une flamme très-éclatante et des flocons blancs et légers qui sont de l'oxyde de zinc.

Le zinc ne s'altère pas sous l'action de l'air sec; à l'air humide, il se couvre d'une couche mince d'oxyde, qui forme une sorte de vernis superficiel très-compacte, et qui s'oppose à tout progrès ultérieur de l'oxydation. On a remarqué cependant que les feuilles de zinc employées à la couverture de nos édifices, contractent une *aigreur* toute particulière au bout d'un certain temps; mais cet effet paraît provenir plutôt d'une altération dans la constitution moléculaire du métal que d'une action chimique.

Le zinc se lamine en feuilles minces, et c'est en cet état qu'il est employé dans nos constructions pour former des couvertures et divers objets de ferblanterie, tels que chéneaux, tuyaux de descente, etc.

Le laminage paraît augmenter la ténacité du zinc, et donner à ce métal une plus grande tendance à se dilater dans le sens de l'étirage que dans toute autre direction. Il en résulte des irrégularités de dilatation qui font gauchir les feuilles, et que les contractions ne corrigent pas.

La pesanteur spécifique du zinc fondu est de 6,86; celle du zinc laminé atteint à 7,19.

La dilatation linéaire de ce métal est assez considérable; elle varie de 0,0029 à 0,0031, depuis 0° jusqu'à 100°; le chiffre le plus fort s'applique à celle qui se mesure dans la direction de l'étirage.

Depuis quelques années, grâce aux travaux d'un de nos plus habiles peintres en bâtiments, M. Leclaire, l'oxyde de zinc ou *blanc de zinc*, tend à se substituer, dans la peinture, au blanc de céruse dont tout le monde connaît les inconvénients. Cette dernière matière, qui exerce une influence très-pernicieuse sur la santé des ouvriers appelés à la fabriquer ou à l'employer, n'a pas même le mérite de donner des couleurs persistantes; elle prend une teinte noire sous l'action des vapeurs hydro-sulfurées. Le blanc de zinc, auquel on n'a reconnu jusqu'à présent aucun danger, permet d'obtenir des tons au moins aussi fins que ceux dans la préparation desquels on fait entrer le blanc de céruse, et n'a pas moins de solidité que lui, paraît *couvrir* presque aussi bien les surfaces sur lesquelles on l'applique, et résiste parfaitement aux miasmes et aux divers agents atmosphériques. Il est donc grandement à désirer que son emploi se généralise.

DU PLOMB.

Le plomb est très-malléable, peu ductile et peu tenace. Il a de l'éclat quand il vient d'être coupé; mais il se ternit promptement à l'air en se couvrant d'une couche d'oxyde. Cette couche, de même que celle qui se forme sur le zinc, a d'ailleurs la propriété de s'opposer aux progrès ultérieurs de l'oxydation, mais avec moins d'efficacité pour le premier de ces métaux que pour le second.

Le plomb entre en fusion à 260° centigrades. Sa pesanteur spécifique est de 11,35. Sa dilatation linéaire se rapproche beaucoup de celle du zinc; elle est de 0,0028, depuis 0° jusqu'à 100°.

Le plomb du commerce n'est jamais pur; il renferme presque toujours une petite quantité de cuivre et quelquefois d'antimoine, d'arsenic, de zinc, de soufre, etc. On distingue deux sortes de plomb : le plomb mou et le plomb maigre. Ce dernier, recherché par les fabricants de plomb de chasse, est repoussé par les constructeurs. Le plomb coulé est généralement préféré au plomb laminé; il est plus malléable et plus homogène.

On sait que le plomb s'emploie principalement à la couverture de terrasses (où il résiste mieux que le zinc, parce qu'il est plus malléable et se dilate plus régulièrement), à la fabrication de tuyaux de conduite, à l'établissement de chéneaux, de noues et d'arêtiers. Il convient parfaitement, en un mot, pour tous les ouvrages qui réclament une matière molle et malléable à froid.

La soudure des plombiers est un alliage composé à peu près de deux parties de plomb et d'une partie d'étain. Quand on augmente la proportion d'étain, on obtient une soudure plus fusible et plus facile à employer; la diminue-t-on? la soudure est *maigre*, moins fusible, plus difficile à mettre en œuvre, mais plus résistante.

Le carbonate de plomb, dont on a signalé plus haut les inconvénients, est fort employé en peinture, sous les noms de blanc d'argent, blanc de plomb, blanc de céruse. La litharge l'est également en qualité de siccatif; c'est un protoxyde de plomb.

Le minium, qui est un oxyde de plomb, le jaune de chrome, qui est un chromate de plomb, et le jaune minéral ou jaune de Paris, qui est un oxychlorure de plomb, sont des matières colorantes, la première en rouge, les deux autres en jaune vif; la peinture à l'huile en fait une assez grande consommation.

CHAPITRE DEUXIÈME.

RÉSISTANCE DES MATÉRIAUX.

I. — CONSIDÉRATIONS GÉNÉRALES.

Quelques-uns des phénomènes que révèle l'étude des propriétés de la matière, ont porté à admettre que les corps sont composés de molécules dont nous ne pouvons percevoir les dimensions, et qui sont maintenues dans leurs positions relatives par des forces, les unes attractives, les autres répulsives. Ces forces se font équilibre dans les états stables du corps. Elles diminuent à mesure que les distances des molécules augmentent, et elles deviennent nulles dès que l'écartement est appréciable pour nous. On admet encore que les répulsions proviennent du calorique interposé entre les molécules, et l'on attribue les attractions à deux causes : à une propriété particulière de la matière, qu'on désigne sous le nom d'*attraction moléculaire*, et à une action que les molécules des corps exercent sur les atomes du calorique. Ces hypothèses, quelle que soit leur valeur au fond, ont le mérite de rendre un compte assez net des faits qui intéressent l'art des constructions.

Lorsqu'elles sont libres d'obéir à leurs tendances naturelles, les molécules se groupent suivant des dispositions spéciales, qui dépendent de la nature du corps. C'est ainsi que, dans la formation des cristaux réguliers, les forces attractives s'exerçant en toute liberté, les molécules se placent dans un certain ordre auquel correspond, en général, le plus grand rapprochement dont elles soient susceptibles. Alors même que les circonstances dans lesquelles un corps solide se constitue ou se modifie ne leur permettent pas de se mouvoir librement, les molécules semblent user de toute la latitude qui leur est laissée pour prendre, entre les limites assignées à leurs mouvements, la disposition qui convient le mieux à leur nature, et il est de certains arrangements qui leur sont, on pourrait presque dire, tellement antipathiques qu'elles profitent de toutes les occasions qui se présentent pour s'en affranchir. On remarque, par exemple, que des feuilles de métal, brusquement réduites par le laminage à une faible épaisseur, se voilent lorsque, sous l'influence des variations thermométriques, elles ont éprouvé une suite de contractions et de dilatations, et que cet effet est beaucoup moins prononcé dans les feuilles martelées. Les molécules de ces dernières, ayant trouvé dans la durée de l'opération plus de facilités pour se grouper à leur guise, ont moins de tendance à de nouvelles dispositions. On sait aussi qu'un morceau de fer fibreux finit par devenir cristallin, lorsqu'il est soumis à des vibrations multipliées, ainsi qu'il s'observe sur les essieux de voitures et les fleurets de mineurs ; ces vibrations autorisent de petites évolutions ou même de petits déplacements, et les molécules en tirent profit.

On peut citer encore, à l'appui de ces observations, ce qui se passe dans la fabrication du verre. Refroidie trop rapidement, cette substance est extrêmement fragile ; mais qu'elle soit recuite, puis refroidie lentement, et ce défaut disparaît. Dans le premier cas, la disposition que les molécules ont dû prendre instantanément les met dans un état d'équilibre, qui approche de l'instabilité ; dans le second, en les écartant d'abord les unes des autres par l'intervention du calorique, puis en ne les obligeant à se rapprocher que très-lentement, on leur a donné la possibilité de se grouper, sinon dans l'ordre qui leur convient le mieux, au moins dans un ordre où les attractions se trouvent mieux combinées.

Le fil de fer et même le fer en barre présentent des phénomènes analogues. Lorsqu'ils ont été recuits, ils sont plus souples, plus susceptibles d'allongement, et ils sont moins exposés à se rompre brusquement ; mais ils ne présentent plus la même résistance. Les molécules, qui avaient été violemment rapprochées par l'étirage, ont conservé, après le refroidissement, une partie de l'écartement produit par le calorique pendant l'opération de la recuite.

Lorsque des forces extérieures s'ajoutent aux forces attractives et répulsives qui se font équilibre, le corps prend une nouvelle forme ; les molécules se rapprochent ou s'éloignent, et elles se constituent dans un nouvel état d'équilibre, pourvu

toutefois que ces forces ne dépassent pas une certaine limite. Le corps est-il soumis à une pression? les forces répulsives sont en partie détruites, et il y a contraction; dans le cas contraire, il y a dilatation. Des effets analogues se manifestent, lorsque la température du corps s'abaisse ou s'élève; les forces répulsives dues au calorique diminuent ou augmentent, et il y a encore rapprochement ou écartement des molécules. Mais on observe cette différence, entre les phénomènes dont il s'agit, que ces derniers mouvements, ceux qui proviennent du calorique, se produisent dans toutes les directions, tandis que les premiers n'ont lieu que dans la direction de la force à laquelle ils sont dus, et sont même accompagnés de mouvements opposés dans une direction normale. Ainsi, un prisme tiré dans le sens de sa longueur s'allonge, mais il se rétrécit en même temps; et un effet inverse se manifeste, s'il y a compression. « Ces effets, dit
« M. Poncelet, dans son Introduction à la Mécanique industrielle, qui se mani-
« festent d'une manière très-apparente pour des prismes fort courts et pour des
« substances plus ou moins molles, tiennent à l'isolement et à la disposition na-
« turelle des molécules qui, uniquement liées les unes aux autres par leurs
« forces d'attraction et de répulsion réciproques, forment une sorte de *réseau* ou
« *filet* dont les mailles ou losanges, tendent à se resserrer dans un sens quand
« on les allonge dans l'autre, et *vice versa*. »

Un corps allongé ou comprimé ne reprend pas exactement ses dimensions primitives après avoir été soustrait à l'action de la force qui les avait modifiées. Il éprouve une contraction s'il a été allongé, mais elle ne compense pas l'allongement; et réciproquement, s'il a été comprimé. Les molécules se sont constituées dans un nouvel état d'équilibre. Des forces inférieures ou égales à la première et agissant dans la même direction, n'introduisent plus d'altération permanente dans les dimensions du corps; mais une nouvelle modification définitive se produit, si elles sont supérieures.

Les allongements sont sensiblement proportionnels aux charges par unité de surface, jusqu'à une certaine limite qui dépend de la nature du corps, et ils croissent plus rapidement au delà. Tant que cette limite n'est pas atteinte, les altérations permanentes sont peu prononcées. On est autorisé à admettre alors que les accourcissements suivent la même loi que les allongements. Les uns et les autres sont proportionnels à la longueur du prisme sur lequel on agit, et en raison inverse de la section. De sorte que, si l'on désigne par P la tension ou la compression par unité de surface de la section transversale d'un prisme et par i l'allongement ou l'accourcissement qui en résulte sur l'unité de longueur, $\frac{P}{i}$ sera une quantité sensiblement constante pour un même corps, jusqu'à la limite dont on vient de parler, et l'on en pourra déduire les variations de longueur répondant à des forces et à des sections données. Cette quantité, qu'on désigne habituellement par la lettre E, représente la réaction élastique de la substance à la tension ou à la compression. Elle n'a pas même valeur dans les deux cas; mais les différences sont peu prononcées quand les allongements ou les accourcissements sont faibles.

On a donc :

$$\frac{P}{i} = E,$$

et l'allongement l, produit sur un prisme d'une longueur L et d'une section S par un poids P, est donné par la relation,

$$l = \frac{LP}{SE}.$$

On verra plus loin que cette loi de la proportionnalité des allongements aux charges se vérifie pour le bois, pour le fer forgé et même pour la fonte jusqu'au delà des actions auxquelles il est permis de soumettre ces matières dans les constructions.

On ne doit jamais exposer les matériaux à des actions voisines de celles qui détermineraient la rupture. Ils doivent toujours présenter un grand excès de résistance, tant eu égard aux défauts qui peuvent se rencontrer dans leur constitution, qu'à raison des actions imprévues, des vices de construction et des causes de dégradation auxquelles ils sont soumis. Ainsi, l'on admet généralement que, dans les constructions en pierre, la limite des charges permanentes ne doit pas dépasser le dixième de la charge qui détermine l'écrasement immédiat, et qu'il ne faut pas aller au delà du cinquième dans les constructions en fer, où les mécomptes paraissent moins redoutables. Il convient d'ailleurs de se tenir bien au-dessous de ces chiffres, lorsque la construction est soumise à des chocs ou à des secousses réitérées. Dans les ponts suspendus, par exemple, on limite la charge permanente des tiges de suspension en fer forgé à 2 kilogrammes par millimètre carré, bien que la rupture instantanée ne se produise que sous une tension de près de 40 kilogrammes.

M. Vicat appelle :

Force portante, la résistance à l'écrasement ;

Force tirante, la résistance à l'extension ;

Force transverse, la résistance à la disjonction par le mouvement tangentiel des deux parties du corps.

Ces résistances, surtout celles des deux premiers ordres, qui sont les plus essentielles à connaître, ont été déterminées par un grand nombre d'expériences dont nous allons rapporter les principaux résultats, en passant successivement en revue les divers matériaux employés dans nos constructions.

II. — RÉSISTANCE DES PIERRES.

On a reconnu qu'il n'existe aucun caractère physique, tel que la densité, la dureté ou la couleur, d'où l'on puisse conclure la force portante d'une pierre ; mais que cependant, dans une même carrière, les parties les plus denses, les plus dures et les plus colorées sont presque toujours les plus résistantes. L'expérience démontre également que, dans des prismes semblables, les résistances sont proportionnelles aux aires des sections transversales, et qu'elles sont d'autant plus grandes que le périmètre de la section est plus petit par rapport à l'aire. Ainsi, un prisme dont la base est un cercle ou un carré aura une force portante plus considérable qu'un prisme de même hauteur, dont la section présenterait même surface, mais serait elliptique ou barlongue ; et la différence sera d'autant plus grande que les diamètres ou les côtés de ces dernières sections seront plus inégaux. On voit que les piliers aux formes accidentées et refouillées de l'architecture du moyen âge présentent un emploi peu judicieux de la matière. Ils sont établis dans de fort mauvaises conditions de résistance sous ce rapport.

Rondelet avait cru pouvoir tirer de quelques essais la conclusion que le cube est le parallélipipède le plus résistant ; mais M. Vicat a reconnu, par des expériences faites avec le plus grand soin, qu'il n'en est pas ainsi, et que la force portante diminue à mesure que la hauteur augmente par rapport aux dimensions de la base. Cette question est d'ailleurs sans importance au point de vue de la pratique, et les épreuves destinées à déterminer les forces portantes des diverses sortes de pierres ont été faites sur des cubes, tant afin de faciliter les expériences, que pour rendre les résultats plus certains et plus comparables. Elles sont considérées comme indiquant des maxima.

Le tableau suivant fait connaître les chiffres donnés par quelques-unes de ces expériences.

INDICATION DES PIERRES.	PESANTEURS SPÉCIFIQUES (1).	FORCES PORTANTES PAR CENTIMÈTRE CARRÉ.	AUTEURS DES EXPÉRIENCES.
PIERRES VOLCANIQUES.		kg.	
Basalte de Suède． ． ． ． ． ． ． ． ． ． ． ． ．	3,06	1912	
Basalte d'Auvergne． ． ． ． ． ． ． ． ． ． ． ．	2,88	2077	
Lave des environs de Naples (*piperno*)． ． ． ． ．	2,60	592	
Lave grise des environs de Rome (*piperino*)． ． ． ． ．	1,97	228	
Lave tendre de Naples． ． ． ． ． ． ． ． ． ． ．	1,72	160	
Tuf de Rome．． ． ． ． ． ． ． ． ． ． ． ． ． ．	1,22	57	
Pierre ponce． ． ． ． ． ． ． ． ． ． ． ． ． ． ．	0,60	34	Rondelet.
PIERRES SILICEUSES.			
Granit vert des Vosges． ． ． ． ． ． ． ． ． ． ．	2,85	619	
Granit gris de Bretagne． ． ． ． ． ． ． ． ． ． ．	2,74	654	
Granit de Normandie． ． ． ． ． ． ． ． ． ． ．	2,66	702	
Granit gris des Vosges． ． ． ． ． ． ． ． ． ． ．	2,64	423	
Granit bleu d'Aberdeen． ． ． ． ． ． ． ． ． ． ．	2,62	761	Rennie.
Granit de Cornouailles． ． ． ． ． ． ． ． ． ． ．	2,66	443	
Granit très-dur, roussâtre． ． ． ． ． ． ． ． ． ．	2,52	812	
Granit très-dur, blanc． ． ． ． ． ． ． ． ． ． ．	2,48	923	Rondelet.
Grès tendre． ． ． ． ． ． ． ． ． ． ． ． ． ．	2,49	4	
Pierre siliceuse de Dundee． ． ． ． ． ． ． ． ． ．	2,53	740	Rennie.
Pierre siliceuse de Derby, rouge et friable． ． ． ． ．	2,32	223	
Grès de Florence． ． ． ． ． ． ． ． ． ． ． ． ．	2,56	420	
PIERRES CALCAIRES.			
Marbre noir de Flandre． ． ． ． ． ． ． ． ． ． ．	2,72	788	Rondelet.
Marbre blanc veiné． ． ． ． ． ． ． ． ． ． ． ．	2,70	298	
Marbre blanc statuaire． ． ． ． ． ． ． ． ． ． ．	2,69	327	
Marbre bleu turquin． ． ． ． ． ． ． ． ． ． ． ．	2,67	307	
Marbre blanc veiné d'Italie． ． ． ． ． ． ． ． ． ．	2,72	686	
Marbre blanc de Brabant． ． ． ． ． ． ． ． ． ． ．	2,70	654	Rennie.
Marbre rouge du Devonshire．． ． ． ． ． ． ． ． ．	»	528	
Marbre de Portland． ． ． ． ． ． ． ． ． ． ． ．	2,43	324	

(1) Multiplier par 1000 pour avoir le poids du mètre cube.

RÉSISTANCE DES MATÉRIAUX.

INDICATION DES PIERRES.		PESANTEURS SPÉCIFIQUES.	FORCES PORTANTES PAR CENTIMÈTRE CARRÉ.	AUTEURS DES EXPÉRIENCES.
Pierre de Caserte, près de Naples..		2,72	kg. 594	
Travertin de Rome..		2,36	297	Rondelet.
Pierre noire de Saint-Fortunat, près de Lyon.		2,65	627	
Liais de Créteil (bassin de Paris).	partie supérieure de l'assise..	2,34	499	
	à mi-hauteur.	2,41	553	
	partie inférieure.	2,12	212	
Liais de Maisons-Alfort, id.		2,20	237	
Cliquart de Vaugirard, id.	partie supérieure de l'assise..	2,41	350	
	à mi-hauteur.	2,26	285	
	partie inférieure.	1,97	220	
Liais de Bagneux, id.		2,20	293	
Roche de Château-Landon, id.		2,53	540	
Roches de la butte aux Cailles, à Gentilly, id.		2,03	172	
Roche d'Arcueil, id.		2,26	227	
Roche de Bagneux, id..		2,50	207	
Roche de Laversine, id.		2,30	239	
Pierre de Saillancourt, id.	banc rouge.	1,84	252	
	banc de fond.	2,16	411	
Pierre de Chérence, id.	1er échantillon.	2,42	365	
	2e id.	2,32	392	
	3e id.	2,27	292	
Banc franc de la croix d'Arcueil, id.		2,22	307	Michelot.
Banc franc de la plaine de Constantine, id..		2,01	63	
Banc franc de la plaine de Châtillon, id..		2,24	126	
Banc franc d'Issy, id.		2,24	149	
Banc royal de Gournay, id..		1,78	117	
Banc royal de Montrouge, id..		1,90	109	
Lambourde blanche de Gentilly, id.		1,61	42	
Banc royal du moulin de la Roche, id.		1,76	75	
Banc royal de Châtillon, id.		2,07	126	
Banc royal de Conflans-Ste-Honorine, id.	1er échantillon.	1,71	65	
	2e id.	1,64	58	
Vergelé dur de Conflans-Ste-Honorine, id.		1,94	99	
Vergelé de Méry, id.		1,68	49	
Vergelé de Magny, id		1,47	54	
Vergelé de St-Maximin, id.	demi-roche.	1,86	91	
	dur.	1,77	75	
	grossier.	1,69	63	
	fin.	1,65	51	
Vergelé de St-Gavais, id.		1,59	25	
Pierre blanche de Tonnerre.		2,10	103	Gauthey.
Calcaire jaune oolithique de Jaumont, près de Metz..	1re qualité.	2,20	180	
	2e id.	2,00	120	
Calcaire jaune oolithique d'Amauvilliers...	1re id.	2,00	120	De Montfort.
	2e id.	2,00	100	
Roche vive de Saulny, près de Metz (non rompue).		2,55	500	

INDICATION DES PIERRES.	PESANTEURS SPÉCIFIQUES.	FORCES PORTANTES PAR CENTIMÈTRE CARRÉ.	AUTEURS DES EXPÉRIENCES.
		kg.	
Pierre à plâtre de Montmartre	1,92	.71	Rondelet.
BRIQUES.			
Brique dure très-cuite.	1,56	150	Poncelet.
Brique de Hammerschmith.	»	71	
Brique de Hammerschmith brûlée..	»	102	Rennie
Brique rouge.	2,17	56	
Brique rouge pâle.	2,08	36	
Brique crue..	»	33	Vicat.
Brique jaune des environs d'Étaples, cuite à la houille. . .	»	39	
Brique jaune des environs d'Étaples, vitrifiée.	»	99	Pigault de Beaupré.
PLATRES ET MORTIERS.			
Plâtre gâché à l'eau.	»	50	Rondelet.
Plâtre gâché au lait de chaux.	»	72	
Plâtre gâché ferme.	»	90	Vicat.
Plâtre gâché moins ferme..	»	42	
Mortier de chaux grasse et sable (de 18 mois).	1,63	30	
Mortier de chaux grasse et sable, battu (de 18 mois). . .	1,89	41	
Mortier de chaux grasse et ciment de tuileaux pilés (de 18 mois).	1,46	47	
Mortier de chaux grasse et ciment de tuileaux pilés, battu (de 18 mois).	1,66	65	Rondelet.
Mortier de chaux grasse et de pouzzolanes de Rome et de Naples mêlées (de 18 mois).	1,46	37	
Enduit d'une conserve antique près de Rome.	1,55	76	
Enduit en ciment provenant des démolitions de la Bastille.	1,49	54	
Mortier de chaux grasse et sable.	»	19	
Mortier de chaux hydraulique ordinaire.	»	74	Vicat.
Mortier de chaux éminemment hydraulique.	»	144	
Mortier de ciment de Vassy et sable (parties égales). . .	»	136	Couche.

Il ne faut pas perdre de vue que les chiffres de ce tableau représentent les charges qui déterminent des ruptures instantanées et complètes. Avant que ces effets se produisent, les échantillons mis en expérience donnent des signes évidents de désorganisation, et il est hors de doute qu'il y a rupture partielle à partir de cet instant, de sorte que la rupture totale n'est plus qu'une question de temps.

M. Vicat conclut d'une série d'observations faites avec soin qu'une pierre ne doit pas être exposée, d'une manière permanente, à une charge supérieure au tiers de celle qui détermine la rupture instantanée. Et il n'est permis d'approcher de cette limite que pour des solides semblables à ceux des expériences, c'est-à-dire pour des monolithes de forme cubique; car la force portante diminue, non-seulement, ainsi qu'il a été dit plus haut, à mesure qu'augmentent les rapports des hauteurs aux dimensions des bases et ceux des périmètres aux aires des sections transversales, mais encore avec le nombre des morceaux de pierre qui forment le massif.

Rondelet, ayant superposé trois cubes de 5 centimètres de côté, a trouvé que la résistance était réduite aux $\frac{2}{3}$ environ de celle que présentait chacun des cubes. Une expérience de M. Vicat ne donne pas une réduction aussi forte, ce qui provient sans doute de la précision apportée dans la taille des surfaces en contact : les lits des prismes étaient, en effet, dégauchis d'abord au grès, puis usés les uns sur les autres. Elle tend à établir qu'en prenant pour unité la force portante d'un prisme monolithe ayant h pour hauteur, les forces portantes diminueront ainsi qu'il suit, à mesure que le nombre d'assises augmentera :

Prisme composé de deux assises et d'une hauteur h. . . . 0,930
Id.   de quatre assises et d'une hauteur $2h$. . . 0,861
Id.   de huit assises et d'une hauteur $4h$. . . . 0,834

Il convient de faire remarquer que ces expériences ont été faites sur des pierres posées à sec, et que si l'on ne peut pas compter dans la pratique sur des lits taillés avec autant de précision, on se trouve pourtant dans des conditions peut-être plus favorables, par suite de l'intervention du mortier qui tend à obvier aux petites irrégularités des surfaces et à relier les pierres les unes aux autres. Mais il n'en est pas de même en ce qui concerne les joints verticaux : leur influence est plus fâcheuse, et le mortier n'y remédie pas aussi efficacement. M. Vicat a trouvé qu'un cube de plâtre ne perd que $\frac{1}{13}$ de sa force quand il est subdivisé en deux assises entières, tandis qu'il en perdrait $\frac{1}{6}$ si chacune de ces assises se composait de quatre cubes.

Si l'on réfléchit d'ailleurs aux vices d'exécution et aux causes de ruine auxquels toute construction est exposée, on comprendra que, dans les édifices qui ont résisté aux injures du temps, on ne trouve pas de charges permanentes aussi considérables que paraîtraient l'autoriser les chiffres précédents. On n'en connaît pas qui dépassent le cinquième de celles qui produiraient la rupture instantanée d'un monolithe cubique de même matière. Les constructeurs ont même généralement admis, ainsi que nous l'avons dit plus haut, la proportion de $\frac{1}{10}$ comme un maximum, et encore convient-il de la réduire quand il s'agit d'ouvrages exécutés en petits matériaux, ou lorsqu'il est question de supports isolés dont les dimensions verticales l'emportent de beaucoup sur les dimensions horizontales.

Ainsi, bien que la pierre de roche d'Arcueil, près de Paris, ne s'écrase instantanément que sous une charge de 227 kilogrammes par centimètre carré, on n'imposera pas à un pilier composé de plusieurs morceaux de cette pierre une pression permanente de plus de $22^{kg},7$ par centimètre; et l'on n'ira aussi loin que si la charge peut être considérée comme uniformément répartie sur toute l'étendue de la surface, et si la hauteur du pilier ne dépasse pas six à huit fois la plus petite des dimensions transversales. Il ne faudrait pas aller au delà de $2^{kg},5$ par centimètre carré, si la pierre mise en œuvre était du vergelé de Saint-Gavais.

Les pierres éprouvent une contraction assez marquée, avant de s'écraser sous la charge qui leur est imposée. M. Vicat, ayant mis en expérience des pierres de $0^m,03$ de hauteur, dont la base était un carré de $0^m,015$ de côté, a obtenu les résultats suivants :

INDICATION DES CORPS.	RÉSISTANCES PAR CENTIMÈTRE CARRÉ.	TASSEMENTS POUR 1 MÈTRE DE HAUTEUR.
	kg.	m.
Mortier de chaux grasse et sable ordinaire.	23,5	0,004 26
Id. Id.	19	0,004 97
Mortier de chaux hydraulique.	74,6	0,006 05
Id. éminemment hydraulique.	145,7	0,007 10
Grès de rémouleurs.	170,7	0,006 05
Calcaire oolithique.	177,7	0,006 05
Id. arénacé.	99,5	0,003 55

Les tassements ont été observés immédiatement avant les formations de fissures. On n'en peut pas conclure la valeur de ceux qui ont lieu pour des charges de beaucoup inférieures à celles qui les ont déterminés, car l'élasticité de la matière était altérée lorsqu'ils se sont produits; toutefois, ces expériences donnent des limites utiles à connaître en quelques circonstances. Par exemple, le tassement du calcaire oolithique ne s'étant élevé qu'à $0^m,006\ 05$ pour la charge de rupture de

178 kilogr., on peut être assuré que sous une pression qui serait dix fois moindre, ce tassement ne s'élèverait pas à plus de 0^m,0006, et serait même probablement bien inférieur. On voit par là que la compressibilité des pierres est très-faible, et que les constructeurs sont suffisamment autorisés à en faire abstraction dans la plupart des circonstances.

Les pierres étant rarement exposées à la rupture par traction, il n'a été entrepris qu'un petit nombre d'expériences pour déterminer leur résistance sous ce rapport. Les résultats de quelques-unes de ces expériences sont donnés ci-après.

Force tirante

INDICATION DES PIERRES.	FORCES TIRANTES PAR CENTIMÈTRE CARRÉ.	AUTEURS DES EXPÉRIENCES.
	kg.	
Basalte d'Auvergne..	77	Tredgold.
Calcaire de Portland.	60	
Calcaire compacte.	51,8	Vicat.
Calcaire à tissu arénacé.	22,9	
Calcaire à tissu oolithique.	13,7	Coulomb.
Brique de Provence de très-bonne qualité.	18 à 20	Vicat.
Brique anglaise.	19,3	
Plâtre gâché ferme.	11,7	Rondelet.
Plâtre gâché à la manière ordinaire.	4	
Mortier de chaux éminemment hydraulique, après un an.	15	
Mortier de chaux hydraulique ordinaire, après un an.	7 à 10	Vicat.
Mortier de chaux grasse, âgé de quatorze ans.	3	
Mortier de ciment de Pouilly et sable (parties égales), après un an.	5 à 6,9	
Mortier de ciment de Portland de Boulogne et sable (parties égales), après six mois.	32,44	Bonnin.
Mortier de même ciment (1 de ciment et 2 de sable), après six mois.	24,5	

Rondelet annonce que la force tirante ou cohésion des mortiers est le huitième environ de leur résistance à l'écrasement, et que leur adhérence aux pierres ou aux briques surpasse leur cohésion. Suivant le même auteur, il n'en serait pas de même du plâtre; son adhérence ne serait que les deux tiers de sa cohésion.

Les pierres sont plus rarement encore exposées à la rupture par suite de glissement qu'à celle qui peut provenir d'un effort de traction, et nous nous bornerons à rapporter à ce sujet les chiffres suivants qui sont empruntés à un mémoire de M. Vicat.

Force transverse.

INDICATION DES PIERRES.	FORCES PORTANTES PAR CENTIMÈTRE CARRÉ.	FORCES TRANSVERSES PAR CENTIMÈTRE CARRÉ.
	kg.	kg.
Calcaire à tissu arénacé................	93,50	121,00
Calcaire à tissu oolithique.............	106,33	127,60
Calcaire à tissu compacte.............	285,00	258,85

Ces chiffres tendraient à établir que dans les pierres la résistance au glissement diffère peu de la résistance à l'écrasement.

Dureté. Dans quelques parties des constructions, entre autres dans les dallages et dans les revêtements exposés à des frottements réitérés, la dureté de la matière est une qualité plus essentielle que la résistance à la rupture. Rondelet a fait quelques expériences dans le but de déterminer les duretés relatives de quelques pierres susceptibles d'être employées en dallages. Dans une première série, il a essayé ces pierres en les soumettant au frottement de grès parfaitement dressés, chargés d'un poids constant et mus avec la même vitesse pendant une durée de trois heures. Les résultats obtenus sont consignés dans le tableau suivant :

DÉSIGNATION DES PIERRES.	RÉDUCTIONS D'ÉPAISSEUR EN MILLIMÈTRES.	DURETÉS COMPARATIVES.
Marbre blanc veiné..................	16,54	1,00
Marbre bleu turquin.................	13,68	1,21
Granit gris.........................	2,40	6,89
Granit feuille morte.................	2,25	7,35
Granit vert.........................	2,10	7,87

Dans une seconde série d'expériences, l'action d'une scie sans dents, au grès et à l'eau, a été substituée à celle du frottement. La scie était du poids de 6 kilogr., et l'épreuve a duré quatre heures pour chaque échantillon; la vitesse n'est pas indiquée.

DÉSIGNATION DES PIERRES.	PROFONDEURS DU TRAIT DE SCIE EN MILLIMÈTRES.	DURETÉS COMPARATIVES.
Pierre de liais.	111,05	0,88
Marbre blanc veiné.	98,50	1,00
Marbre bleu turquin.	76,91	1,28
Granit gris des Vosges.	11,04	8,92
Granit feuille morte.	10,59	9,30
Granit vert.	10,15	9,70
Granit antique rose (syénite).	9,77	10,08
Granit gris de Normandie.	13,08	7,55
	15,33	6,42
Granit gris de Bretagne.	11,50	8,56

Ces deux tableaux ne donnent pas les mêmes valeurs pour les duretés comparatives, mais ils montrent nettement combien le granit l'emporte par sa dureté sur les autres pierres employées dans les constructions; et l'on voit, en se rappelant le tableau des forces portantes, que cette qualité y est beaucoup plus prononcée que la résistance à l'écrasement.

III. — RÉSISTANCE DES BOIS.

Lorsqu'une pièce de bois est soumise à une pression dirigée dans le sens de ses fibres, et ne peut pas plier avant de se rompre, les fibres se refoulent d'abord aux deux extrémités, puis s'infléchissent en dehors, et finissent par se séparer et se briser successivement. Quand la hauteur du prisme dépasse de plus de huit à dix fois son épaisseur, il s'infléchit avant de rompre, et la rupture a lieu sous une charge bien inférieure à celle qu'un cube eût exigée.

Le tableau suivant indique la force portante de diverses essences de bois chargés debout, et qui n'ont pu s'infléchir avant leur rupture.

Force portante.

INDICATION DES BOIS.	RÉSISTANCES PAR MILLIMÈTRE CARRÉ.	AUTEURS DES EXPÉRIENCES.
Chêne de France	kg. kg. 3,85 à 4,63	Rondelet.
Sapin	4,62 à 5,38	
Chêne anglais	4,55 à 7,06	
Sapin de Prusse	4,56 à 4,79	
Pin rouge	3,79 à 5,28	
Hêtre	5,43 à 6,58	Hodgkinson.
Orme	» 7,26	
Peuplier	2,18 à 3,60	
Noyer	4,26 à 5,07	

Le premier chiffre de chaque rang se rapporte à un état moyen de dessiccation, et le second à une siccité complète.

Gauthey annonce que la limite des pressions à faire supporter à une pièce de bois de chêne, pour que la face comprimée ne se refoule pas sensiblement, est de 200 kilogrammes par centimètre carré, si la direction de la charge est parallèle aux fibres, et de 160 si elle leur est perpendiculaire. Ce dernier chiffre descend à 70 pour le sapin, d'après Tredgold.

Les défauts qui se rencontrent, plus ou moins nombreux, dans toute pièce de bois; les intersections de fibres, soit par le sciage, soit par des nœuds; et, plus encore, les altérations qu'éprouvent les bois sous l'influence de diverses circonstances, obligent à se tenir, dans les constructions, bien au-dessous de la limite des pressions qui déterminent la rupture. Il est généralement admis qu'une pièce de bois ne doit pas être chargée de plus du dixième du poids capable de produire cet effet, lorsqu'il s'agit de constructions permanentes, et de plus du cinquième dans les constructions provisoires.

Des formules analytiques permettent de calculer la résistance des pièces comprimées dans le sens de leur longueur, lorsqu'elles fléchissent avant de rompre sous la charge; mais on se contente assez volontiers, dans la pratique habituelle, et bien qu'elles ne soient pas très-rigoureuses, de relations qui ont été données par Rondelet.

En représentant par l'unité le poids qui détermine la rupture par compression d'une pièce qui ne peut fléchir, c'est-à-dire qui a en longueur moins de huit à dix fois la plus petite dimension de sa section transversale, on peut, d'après cet auteur, adopter les chiffres du tableau suivant pour exprimer les résistances correspondant à de plus grandes différences entre ces deux dimensions :

RAPPORTS DE LA HAUTEUR A L'ÉPAISSEUR.	RAPPORTS DES RÉSISTANCES A LA RUPTURE.
1 à 8	1
12	$\frac{5}{6}$
24	$\frac{1}{2}$
36	$\frac{1}{3}$
48	$\frac{1}{6}$
60	$\frac{1}{12}$
72	$\frac{1}{24}$

Il est évident que les chiffres de la seconde colonne ont été déterminés en vue de les rendre faciles à retenir, et qu'ils ne donnent que des approximations. Toutefois si l'on construit une courbe en les prenant pour ordonnées et en admettant pour abscisses ceux de la première colonne, on obtient une forme assez régulière, sauf à l'endroit qui répond au rapport $\frac{1}{3}$. Cette anomalie se prévoit d'ailleurs à la simple inspection des chiffres, et elle disparaît à peu près si l'on substitue $\frac{2}{7}$ à cette dernière fraction.

Ainsi, soit une pièce de bois de chêne de forme rectangulaire, ayant 0^m,21 sur 0^m,25 d'équarrissage et 5 mètres de hauteur, on calculera de la manière suivante le poids dont elle peut être chargée dans une construction permanente : la force portante instantanée de la pièce, s'il n'y avait pas flexion, étant

$$F = 210 \times 250 \times 3^{kg},85 = 202\,125^{kg},$$

le maximum de la pression à adopter serait 20212^{kg},5, par suite de la réduction au 10e ; mais l'épaisseur de la pièce n'étant que le 24e environ de la longueur, cette expression doit être réduite à moitié ; d'où, le poids cherché étant désigné par p,

$$p = 10106^{kg},25.$$

114 TRAITÉ D'ARCHITECTURE.

S'il s'agissait d'une construction ne réclamant pas une grande durée, on pourrait porter le poids au cinquième de la charge de rupture, c'est-à-dire le doubler.

Force tirante. La résistance du bois à la rupture par extension varie suivant que la force qui tend à produire cet effet est dirigée parallèlement ou perpendiculairement aux fibres, et elle est beaucoup plus grande dans le premier cas que dans le second. Les résultats moyens de nombreuses expériences entreprises à ce sujet sont consignés dans le tableau ci-après, qui est emprunté à la Mécanique industrielle de M. Poncelet.

SENS DE LA TRACTION.	INDICATION DES BOIS.	FORCES TIRANTES PAR MILLIMÈTRE CARRÉ.
Parallèle aux fibres.	Chêne..................	6 à 8^{kg}
	Sapin...................	8 à 9
	Tremble.................	6 à 7
	Frêne...................	12
	Orme....................	10,40
	Hêtre...................	8
	Teack...................	11
	Buis....................	14
	Poirier.................	6,90
	Acajou..................	5,60
Perpendiculaire aux fibres.	Chêne...................	1,60
	Peuplier................	1,25
	Larix...................	0,94

On réduit ces chiffres au dixième pour avoir la limite des charges permanentes. Ainsi, une pièce de bois de chêne tirée dans le sens de sa longueur ne devra pas être chargée d'un poids de plus 0^{kg},6 à 0^{kg},8 par millimètre carré de la section transversale, et il conviendra même de ne dépasser le premier de ces chiffres que si des expériences spéciales sur les bois à mettre en œuvre permettent de compter sur une résistance supérieure à 6 kilogr.

Si la traction avait lieu dans une direction normale à celle des fibres, circonstance qui se présente d'ailleurs assez rarement, il ne faudrait pas exercer un effort de plus de 0^{kg},16 sur le bois de chêne.

Élasticité. Il n'a été entrepris qu'un petit nombre d'expériences directes dans le but de déterminer la marche suivie par le bois dans ses allongements et accourcissements.

RÉSISTANCE DES MATÉRIAUX.

Dans une expérience faite par MM. Minard et Désormes sur une tringle de bois de chêne, de $0^m,036$ d'équarrissage et de $1^m,016$ de longueur, les allongements ont cessé d'être proportionnels aux poids lorsqu'on a atteint la charge de 2 kilog. environ par millimètre carré, c'est-à-dire le tiers ou le quart de celle qui aurait déterminé la rupture instantanée.

Une charge de $1^{kg},86$ par millimètre a produit un allongement total de $0^m,0015$, soit par mètre de longueur $\frac{0^m,0015}{1,016} = 0^m,0014764$; d'où la valeur de l'allongement par mètre et pour un kilogramme par millimètre carré de la section transversale,

$$i = \frac{0^m,0014764}{1,86} = 0^m,000794,$$

et l'expression de la réaction élastique, rapportée au millimètre carré,

$$E = \frac{P}{i} = \frac{1}{0,000794} = 1259^{kg}.$$

Des expériences de M. Ardant, rapportées par M. Poncelet, dans l'ouvrage déjà cité, donnent, pour E, la valeur un peu plus faible

$$E = 1178^{kg}.$$

Enfin Navier, en appliquant le calcul à de nombreuses expériences appelées à constater les flexions que prennent des pièces de bois de chêne posées horizontalement sur deux appuis et chargées, a trouvé que cette valeur était comprise entre 683 kilogr. et 1688 kilogr., suivant la qualité du bois employé.

Dans la pratique, on admet assez habituellement le chiffre de 1200 kilogr. pour le chêne, et l'on déduit l'allongement i, que produit un poids P sur une pièce dont la longueur est L et dont la section transversale présente M millimètres carrés, de la relation

$$i = \frac{LP}{1200\,M},$$

à condition que le poids P ne dépasse pas le tiers environ de celui qui déterminerait la rupture; limite qui n'est jamais atteinte dans les constructions, ainsi que nous l'avons déjà dit.

L'allongement, par mètre de longueur, correspondant à la charge de $0^{kg},6$ par millimètre carré, qui est généralement admise comme limite supérieure dans les constructions permanentes, a pour expression

$$i' = 0^m,0005.$$

Les expériences faites sur les diverses espèces de sapins ont donné des résultats fort divers. Celles qui ont servi de base aux calculs de Navier font varier la valeur de E depuis 600 jusqu'à 1300 kilogr. M. Ardant en a fait sur des tringles de sapin blanc des Vosges, et il en a tiré pour E les valeurs 1188 kilogr. et 1615 kilogr. M. Poncelet propose d'adopter pour valeur moyenne :

$$E = 1300^{kg} \text{ pour le sapin blanc;}$$
$$E = 1500^{kg} \text{ pour le sapin rouge.}$$

En admettant les charges limites, pour le premier, de $0^{kg},8$ par millimètre carré, et pour le second, de $0^{kg},9$, les allongements par mètre de longueur seront respectivement :

$$i' = 0^m,000\,615 \text{ et } i' = 0^m,0006.$$

On n'a pas d'expériences directes pour déterminer la valeur de la résistance élastique des bois à la compression; mais on se regarde comme autorisé à admettre qu'elle est la même que pour l'extension, tant que les charges ne dépassent pas les limites imposées aux constructions permanentes.

IV. — RÉSISTANCE DES MÉTAUX.

Force portante. Les métaux se comportent diversement sous la pression, suivant qu'ils sont plus ou moins ductiles. Ceux qui ne présentent cette qualité qu'à un très-faible degré, tellement qu'on est en droit de les regarder comme non ductiles, comparativement aux autres, et tels sont l'acier fortement trempé, le bronze, la fonte de fer, le fer de roche, se compriment très-peu avant de se rompre, et se brisent brusquement avec bruit, en dégageant de la chaleur et même de la lumière,

Lorsque la hauteur de la pièce est comprise entre une fois et quatre fois environ le diamètre ou la plus petite des dimensions horizontales, l'échantillon mis en expérience se divise en forme de coins dont l'angle est à peu près constant pour chaque matière. Les métaux très-ductiles s'affaissent lentement sous la charge, en se renflant par les côtés, et le bourrelet, ainsi formé, se déchire assez ordinairement lorsque la pression dépasse une certaine limite.

De nombreuses expériences faites sur la résistance du fer et de la fonte à la compression, et surtout de celles de M. Hodgkinson, les plus importantes de toutes, on peut conclure ce qui suit :

1° Les résistances des prismes semblables sont sensiblement proportionnelles aux surfaces comprimées, tant que ces surfaces sont peu différentes ;

2° Lorsque la hauteur d'un prisme ou d'un cylindre ne dépasse pas quatre fois le plus petit côté ou le diamètre de la base, la résistance du fer forgé peut être évaluée de 25 à 40 kilogrammes environ par millimètre carré. Celle de la fonte varie entre des limites plus éloignées encore; les expériences de M. Hodgkinson ont donné 45 et 111 kilogrammes, également par millimètre carré, comme termes extrêmes, et en moyenne 63 kilogrammes environ ; d'autres essais portent ce dernier chiffre à 80 ;

3° Lorsque la hauteur du prisme ou cylindre dépasse cette limite, la rupture est précédée d'une flexion et la résistance diminue à mesure que la hauteur augmente et dans une plus forte proportion. En désignant la longueur par L, M. Hodgkinson croit pouvoir conclure de ses expériences que les résistances sont proportionnelles à $\frac{1}{L^{1,7}}$;

4° Lorsqu'un support qui fléchit avant de se rompre est disposé de telle sorte que ses extrémités, élargies et bien dressées, lui assurent une assiette solide, sa résistance est trois fois plus grande que s'il était arrondi de chaque bout ; elle n'est que doublée, quand l'une des extrémités seulement est convenablement aplatie ;

5° On augmente d'un septième environ la résistance d'un de ces supports, quand on lui donne un renflement au milieu de sa hauteur ;

6° La fonte présente plus de résistance que le fer forgé à la rupture par compression, jusqu'à ce que la hauteur du support ait atteint un certain multiple de la plus petite des dimensions de la base; au delà, c'est l'inverse qui a lieu, et les différences sont d'autant plus prononcées qu'on s'éloigne davantage de ce terme.

Les chiffres de résistance à la compression, qui sont donnés par ces expériences, varient entre des limites trop éloignées pour qu'on puisse se dispenser de recourir à des épreuves spéciales toutes les fois qu'il s'agit de constructions importantes. Nous admettrons, comme terme moyen et sous toutes réserves, que la fonte présente une résistance à la compression de 70 kilog. par millimètre carré, et que la résistance du fer forgé est de 30 kilog. environ, quand il n'y a pas flexion.

M. l'ingénieur Love[1] a déduit de ces expériences les formules empiriques suivantes, qui s'appliquent à des hauteurs comprises entre 30 fois et 120 fois le diamètre, et qui paraissent présenter tout le degré d'exactitude que comportent de semblables recherches et qu'exigent les constructions dans les circonstances ordinaires de la pratique.

Pour la fonte,

$$R = \frac{C}{1{,}45 + 0{,}00337 \left(\frac{L}{D}\right)^2};$$

pour le fer,

$$R = \frac{C}{1{,}55 + 0{,}0005 \left(\frac{L}{D}\right)^2}.$$

R est la résistance du pilier exprimé en kilogrammes, C la résistance maximum, également en kilogrammes, d'un cylindre en fonte ou en fer de même section que le pilier et dont la hauteur ne dépasse pas une fois et demie le diamètre, L et D sont respectivement la hauteur et le diamètre du pilier.

On conclut de ces formules, en comblant la lacune qu'elles laissent pour les hauteurs inférieures à 30 fois le diamètre, que, pour les prismes ou cylindres à bases aplaties, les résistances décroissent à mesure que les hauteurs augmentent, suivant les progressions indiquées dans le tableau qui suit :

---

[1] *Mémoire sur la résistance du fer et de la fonte*, 1852.

RAPPORTS		
DE LA HAUTEUR A LA PLUS PETITE DES DIMENSIONS DE LA BASE.	DES RÉSISTANCES	
	POUR LA FONTE.	POUR LE FER FORGÉ.
1	1	1
10	0,559	0,750
20	0,357	0,590
30	0,223	0,500
40	0,146	0,425
50	0,101	0,357
60	0,073	0,298
70	0,055	0,250
80	0,044	0,210
90	0,035	0,178
100	0,029	0,152

Il ne faut pas perdre de vue que les chiffres inscrits dans les deux dernières colonnes répondent aux pressions qui produiraient la rupture immédiate, et qu'il est prudent de n'en prendre que le cinquième, quand il s'agit de constructions auxquelles on veut assurer de la durée. Ainsi, pour calculer le poids dont on peut charger une colonne cylindrique en fonte, ayant $0^m,05$ de diamètre et 3 mètres de hauteur, et dont la matière aurait un maximum de résistance de 70 kilogr. par millimètre, on opérerait de la manière suivante :

Résistance du support sur $0^m,05$ de hauteur $= \pi \times 625 \times 70^{kg} = 137\,418^{kg},75$.

La hauteur étant de 60 fois le diamètre, ce produit doit être multiplié par 0,073 pour avoir le poids qui déterminerait la rupture, $10\,031^{kg},54$; dont il faut prendre le cinquième, soit $2006^{kg},32$.

On trouverait de la même manière qu'une colonne en fer forgé de mêmes dimensions pourrait être chargée de $3508^{kg},28$.

Si ces colonnes n'avaient que $1^m,50$ de hauteur, les pressions admissibles deviendraient $6125^{kg},75$ pour la fonte, et $5886^{kg},37$ pour le fer forgé.

Les colonnes en fonte résistent mieux que les colonnes en fer de mêmes dimensions jusqu'à ce que leur hauteur atteigne à 32 fois environ le diamètre; au delà ce sont les dernières qui l'emportent, et d'autant plus que la hauteur comparative est plus grande. Cette limite suppose d'ailleurs que les résistances maxima des deux matières sont entre elles dans le rapport, admis plus haut, de 7 à 3.

Il est essentiel de remarquer que les expériences sur lesquelles tous ces chiffres sont basés n'ont pas porté sur des échantillons de plus de 0^m,05 de diamètre, de sorte qu'il y a lieu à indécision pour des diamètres plus forts, surtout en ce qui concerne la fonte. La résistance de cette matière, soit à l'écrasement, soit à la flexion, diminue en effet dans une forte proportion à mesure que la section est plus considérable. Ce fait s'explique aisément, si l'on se rappelle que dans toute pièce de fonte l'épiderme présente, sur 4 à 5 millimètres d'épaisseur, un grain plus serré que celui de l'intérieur, à raison des circonstances qui accompagnent la solidification, d'où il résulte que, dès que la plus petite des dimensions de la section dépasse un centimètre, la pièce peut être considérée comme composée de deux parties : l'une formant l'enveloppe, l'autre constituant le noyau, la seconde étant d'une résistance comparative d'autant plus faible que son épaisseur est plus grande. Cette différence entre les degrés de résistance a été constatée par des expériences très-multipliées.

La fonte est souvent employée en colonnes creuses, et il y a avantage à adopter cette disposition au point de vue de l'économie de la matière. On peut évaluer la résistance d'un support de ce genre à la différence qui existe entre celles de deux supports pleins ayant pour diamètre, le premier le diamètre extérieur, et le second le diamètre intérieur de la colonne. En procédant ainsi, on obtiendra un chiffre plutôt trop faible que trop fort, parce que la fonte étant employée sur une faible épaisseur présentera plus de résistance par unité de surface de la section que si la colonne avait été fondue pleine ; mais il faut que le noyau ait été bien placé, et que l'épaisseur du métal soit sensiblement la même sur tout le périmètre de la colonne.

Des expériences de Rennie, faites sur de petits cubes de $\frac{1}{4}$ de pouce anglais de côté, ont donné les résultats suivants pour le plomb, l'étain et le cuivre :

MÉTAUX	RAPPORTS DE L'ACCOURCISSEMENT A LA HAUTEUR PRIMITIVE.	CHARGES PAR MILLIMÈTRE CARRÉ.
		kg.
Plomb coulé	$\frac{1}{10}$	1,45
	$\frac{1}{2}$	5,4
Étain	$\frac{1}{10}$	6,2
	$\frac{1}{3}$	10,87
Cuivre battu	$\frac{1}{10}$	38,55
	$\frac{1}{8}$	72,45
Cuivre jaune	$\frac{1}{10}$	56,15
	$\frac{1}{2}$	115,84

Les expériences faites dans le but de déterminer la force tirante, ou la résistance à l'extension des métaux, sont beaucoup plus nombreuses et plus concluantes que les précédentes. Elles ont principalement porté sur le fer forgé, qui est la matière le plus fréquemment exposée à ce mode de rupture. Le tableau suivant fait connaître les résultats de quelques-unes d'entre elles :

Force tirante.

INDICATION DES MÉTAUX.	ÉQUARRISSAGES OU DIAMÈTRES.	FORCES TIRANTES PAR MILLIMÈTRE CARRÉ.	AUTEURS DES EXPÉRIENCES.
	mm.	kg. kg.	
Fer forgé carré	12,97	32,7 à 39,8	
	9,02	36,7 à 38,3	Perronnet.
	6,77	46,6 à 54,3	
Fer forgé rond	10,15	37,3 à 41,6	
Fer carré. { grain moyen, brillant	10,7	44,5	
{ grain fin, gris bleu	11,7	29,9	
{ partie grain et nerf	10,7	55,8	Minard et Désormes.
Fer rond, grain fin	8,8	40,2	
Fer de Saint-Chamond, laminé	16 sur 8	45,8	
	10 sur 8	51,7	
Fer de Saint-Chamond, rond	10	48	Séguin aîné.
Fer carré de Bourgogne	15	50,4	
Id. coupé au milieu, soudé bout à bout sans être étiré	15,3	29,7	

INDICATION DES MÉTAUX.	ÉQUARRISSAGES OU DIAMÈTRES.	FORCES TIRANTES PAR MILLIMÈTRE CARRÉ.	AUTEURS DES EXPÉRIENCES.
	mm.	kg.	
Id. coupé au milieu, soudé en sifflet et étiré.	10,15	55,2	
Id. sans soudure, plus étiré.	4,5	61	Séguin ainé.
Fer dit *ruban*, très-doux.	20,3 sur 1,7	44,7	
Fer rond de Saint-Chamond.	de 45 à 54	33,3 à 36,2	
Fer carré anglais, de qualité supérieure.	25,5 à 38,8	35,8 à 38,5	
	61	31,5	
	57	31,7	
Fer à câble de Fourchambault.	49	33,1	
	45	33,9	Émile Martin.
	33,5	34	
	29,5	35,6	
Fer à câble du Creuzot.	63	32,8	
	55,5	35,5	
Fer d'Ottange (Moselle).	40 sur 15	39,8	Tenbrinck.
	40 sur 40	36,4	
Fer d'Hayange (Moselle).	30 sur 9,1	38,2	Gouin.
	30 sur 9,5	35,09	
Fer de Montataire pour rivets (moyenne de deux expériences).	»	40,56	Love.
Fer de Suède.	25,4	45,2	Telfort.
Id. à grain fin serré.	33,2	37,5	Brown.
Fer de Sibérie (moyenne déduite de plusieurs expériences).	10	57,41	Love.
Tôle de fer tirée dans le sens du laminage (moyenne déduite de plusieurs expériences).	»	40,8	
Tôle de fer tirée perpendiculairement au sens du laminage (moyenne déduite de plusieurs expériences).	»	36,4	Navier.
Tôle anglaise de 0m,0127 à 0m,0164 d'épaisseur.	»	26,4 à 31,37	Stephenson.
Fil de fer de Bourgogne { recuit.	1,06	36,1	
non recuit.	1,06	73,7	
Fil de l'aigle, employé pour la carderie.	0,23	89,8	
	0,62	86,1	
	0,73	80,8	
	0,91	72,3	
	1,08	71,2	Séguin ainé
Fils de fer de Besançon.	1,43	64,8	
	1,8	57,2	
	2,23	51,9	
	3,49	78,2	
	4,81	62,5	
	5,94	62,6	
Fils de fer de la fabrique de la Ferrière	0,85	84,4	
	1,9	69,1	Dufour.
	2,75	64,3	
	3,7	72,2	

INDICATION DES MÉTAUX.	ÉQUARRISSAGES OU DIAMÈTRES.	FORCES TIRANTES PAR MILLIMÈTRE CARRÉ.	AUTEURS DES EXPÉRIENCES.
	mm.	kg.	
Fils de fer de Russie	4,99	74,2	
	2,19	99,9	Lamé.
	0,93	143,8	
Fontes anglaises (moyenne déduite d'un grand nombre d'expériences portant sur des barreaux dont la section a varié de 10cq à 27cq)	»	11,59	Hodgkinson.
Fontes mélangées de l'usine de Marquise (moyenne de six expériences)	20	18,11	
Fonte des Landes (moyenne de quatre expériences)	21,8	15,55	
Fonte de Bességes (moyenne de seize expériences)	20,1 sur 20,1 à 26,4 sur 27,7	18	
Fonte de Mazières (Berry) (moyenne de quatre expériences)	20,3 à 20,6	14,46	Love.
Fonte de Torteron (Berry) (moyenne de sept expériences)	11 sur 11 à 11 sur 17	20,8	
Même fonte (deux expériences)	15 sur 16	14,41	
Fonte de Commentry (Berry)	16 sur 16	14,71	
Acier anglais, roide	25	83,4	
Acier de Hombourg (Moselle), très-doux	40	48,6	Tenbrinck.
Acier de Krupp (Prusse), roide	25 sur 25	73,2	
Id. doux	»	63	
Bronze de canon	»	25,57	
Cuivre battu	»	24,88	Rennie.
Cuivre fondu	»	13,41	
Cuivre laminé	»	21,1	Navier.
Étain fondu	»	5,33	Rennie.
Plomb { fondu	»	1,28	
{ laminé	»	1,35	Navier.
Zinc laminé	»	5	
Fil de fer recuit	0,55	24,4	
	1,03	21	
	1,48	22,3	Minard et Désormes.
Fil de cuivre rouge non recuit	0,55	69,4	
	1,48	49,4	
	1,03	44,6	
Fil de laiton { non recuit	1,9	41,4	Dufour.
{ recuit	1,9	29,6	
Fil d'acier	2,67	70,31	Tresca.

Des expériences qui viennent d'être rapportées, et d'autres faits bien constatés, on est en droit de tirer les conclusions suivantes :

1° De toutes les matières employées habituellement dans les constructions, le fer forgé est celle qui offre le plus de résistance à la rupture par extension; mais l'acier serait beaucoup plus avantageux sous ce rapport;

2° Comme terme moyen, on peut évaluer la force tirante du fer forgé à 35 kilogr. par millimètre carré, celle du fer fondu à 13 kilogr., celle de l'acier roide à 78 kilogr., celle de l'acier doux à 56 kilogr., et celle du bronze à 25 kilogr.; mais ces résistances varient entre des limites tellement éloignées, pour une même matière, qu'il convient de faire des expériences spéciales, non-seulement sur le métal, mais encore sur les sections à employer, toutes les fois qu'il s'agit de constructions importantes et sortant des conditions ordinaires de la pratique;

3° Toutes choses égales d'ailleurs, une barre de fer présente d'autant plus de résistance que le rapport du périmètre à la section est plus grand, et qu'elle a été étirée davantage;

4° Le fer et le cuivre deviennent plus résistants lorsqu'ils sont étirés en fils, et d'autant plus que le diamètre du fil est plus faible; mais ils perdent cet avantage lorsqu'on fait recuire les fils;

5° La résistance de la fonte par unité de surface diminue à mesure qu'augmente le diamètre ou l'épaisseur de la section.

D'après ce qui a été dit plus haut sur les rapports à observer entre les charges de rupture et celles qu'il est prudent d'admettre dans les constructions, on ne doit pas soumettre du fer de qualité moyenne à une tension de plus de 7 kilogr. par millimètre carré, et il ne faut pas dépasser $2^{kg},6$ pour le fer fondu, dans les circonstances ordinaires.

Le fer perd de sa résistance lorsqu'il est porté à une température élevée. Une expérience de MM. Trémery et Poirier Saint-Brice a montré qu'en chauffant une barre de fer au rouge sombre, on lui enlève les $\frac{5}{6}$ de sa ténacité.

Élasticité.

Les expériences faites sur l'élasticité des métaux établissent, si l'on fait abstraction de quelques anomalies, que les allongements, qui sont proportionnels aux charges jusqu'à une certaine limite, croissent dans une progression plus rapide au delà de ce terme.

Pour le fer forgé, la charge d'extension qui correspond à cette limite est comprise entre le tiers et la moitié de celle qui détermine la rupture. En procédant par traction directe, Lagerhielm a trouvé que ce rapport était de 0,40 pour le fer en barre; Navier a déduit le chiffre 0,45 d'expériences faites sur une grande échelle; et M. Ardant, opérant sur des fils de fer non recuits, a trouvé 0,33.

Une belle suite d'expériences de Duleau a conduit à assigner au coefficient d'élasticité du fer forgé la valeur :

$$E = 20\,000^{kg}$$

par millimètre carré.

Les expériences faites avec beaucoup de précision par M. Hodgkinson sur des barres de fer anglais, ayant 15 mètres de longueur et un diamètre moyen $13^{mm},12$, ont donné sensiblement la même valeur pour E, jusqu'à la limite de 15 kilogr. par millimètre.

Ainsi, l'on peut admettre qu'une pièce de fer forgé, supportant une tension d'un kilogramme par millimètre carré de sa section transversale, s'allonge de $\frac{1}{20\,000}$, et que l'allongement i produit par un poids P sur une pièce dont la longueur est L et qui a M millimètres carrés de section transversale est donné par la relation :

$$i = \frac{LP}{20\,000\,M}$$

pourvu que l'élasticité ne soit pas altérée. La tension qui détermine cette altération étant comprise entre 12 et 18 kilogrammes par millimètre carré, conformément à ce qui a été dit plus haut, le plus grand allongement auquel s'applique cette formule varie des 0,0006 aux 0,0009 de la longueur primitive. Mais il ne serait pas prudent d'aller jusque-là ; on ne doit pas dépasser celui qui répond à la charge maximum de 7 kilogrammes par millimètre, soit 0,000 35.

Il est digne de remarque que le fer fort a le même coefficient que le fer doux. Il n'en faudrait pas conclure toutefois que les constructeurs ont tort de préférer le premier au second pour tous les ouvrages où des allongements trop prononcés seraient nuisibles ; car il faut faire la part des erreurs et des surcharges accidentelles, et le fer fort s'allonge moins que l'autre au delà de la limite d'élasticité jusqu'au moment où la rupture se manifeste. Il peut y avoir par contre un avantage à employer du fer doux, parce que les allongements sensibles qui se produisent avertissent que les limites conseillées par la prudence ont été dépassées, et que la rupture approche.

Il paraît résulter des expériences de M. Ardant que le coefficient d'élasticité du fil de fer ne peut pas être évalué aussi haut que celui du fer en barre, et doit être de 18 000 kilogrammes environ par millimètre carré.

M. Fairbairn [1] a trouvé que, pour les barres en fer à double T, lesquelles sont exécutées au laminoir en métal doux et flexible, la valeur de ce coefficient s'abaisse à

$$E = 11\,500.$$

Lorsqu'une barre de fer est comprimée au lieu d'être sollicitée à l'extension, on observe que les accourcissements sont encore proportionnels aux charges jusqu'à une limite qui varie de 14 à 18 kilogrammes par millimètre; mais quelques expériences de M. Hodgkinson tendent à établir que le coefficient d'élasticité n'a plus même valeur. Elles donnent en moyenne :

$$E = 14\,295.$$

Toutefois des expériences plus nombreuses, faites sur des barres posées horizontalement et chargées de poids, autorisent à admettre le même coefficient pour l'extension et la compression, dans les calculs relatifs à la flexion des pièces.

Des expériences de Rondelet tendent à assigner à la fonte blanche et à la fonte douce les coefficients d'élasticité suivants pour l'extension :

$$E = 9029 \quad \text{et} \quad E = 10\,653.$$

On conclut d'autres expériences faites par Tredgold sur des fontes douces de faibles sections :
$$E = 12\,144.$$

Navier a adopté la valeur :
$$E = 11\,000.$$

M. Hodgkinson a trouvé, en opérant sur des barres de $6^{cq},45$ de section et de $3^m,05$ de longueur, que jusqu'à une tension de $5^{kg},92$ par millimètre, on peut admettre la valeur :

$$E = 9096.$$

Le même physicien a déduit d'autres expériences, faites sur des barres de

---

[1] Morin, *Leçons de mécanique pratique.*

mêmes dimensions, que les accourcissements de la fonte sont proportionnels aux charges jusqu'à celle de 17 kilogrammes par millimètre, et donnent la valeur :

$$E = 8804.$$

Ce chiffre diffère peu du précédent, de sorte qu'on peut adopter la valeur moyenne :
$$E = 8947,$$
ou, en nombre rond :
$$E = 9000,$$

tant pour l'extension que pour la compression. Mais il est essentiel de remarquer que, eu égard à la contexture de la fonte, ces chiffres ne peuvent s'appliquer avec sécurité qu'à des sections analogues à celles qui ont été expérimentées.

Un travail fort intéressant de MM. les ingénieurs Collet-Meygret et Desplaces [1], démontre en effet que le coefficient d'élasticité de la fonte varie avec les dimensions transversales de la pièce, et entre des limites très-éloignées. Les expériences sur lesquelles ils s'appuient donnent pour valeur de E dans les pièces comprimées n'ayant que $0^m,01$ d'épaisseur :

$$E = 12\,000,$$

et dans les pièces dont la section est $0^m,10$ sur $0^m,05$:

$$E = 5000.$$

Ces derniers chiffres montrent, de même que quelques-uns des précédents, avec quelle réserve il convient de calculer les dimensions à attribuer aux pièces de fonte, et les effets que peuvent produire les actions auxquelles ces pièces seront soumises dans une construction. On s'exposerait à de graves erreurs, si l'on appliquait à de fortes sections les coefficients déduits des expériences faites sur de petits échantillons. La première de ces valeurs, par exemple, fixe à 0,000 08 par mètre de longueur l'accourcissement qui correspond à une pression de 1 kilogramme par millimètre carré de la section, tandis que la seconde le

---

[1] *Annales des ponts et chaussées*, 1854.

porte à 0,000 33. On trouve qu'une barre de fer chargée du même poids ne s'accourcit que de 0,000 05 ou de 0,000 07, suivant qu'on adopte pour E la valeur 20 000, qui est généralement admise, ou celle de 14 295, qui est donnée par M. Hodgkinson.

Quelques expériences faites sur des aciers de diverses natures tendent à établir qu'on peut adopter pour ce métal la valeur moyenne :

$$E = 18\,000,$$

sous réserve de vérification, et qu'il faut aller à 40 kilogrammes par millimètre carré pour atteindre la limite d'élasticité.

Force transverse. — La résistance transversale des métaux, qui est souvent désignée sous le nom très-expressif de résistance au cisaillement, n'a pas été aussi sérieusement étudiée que celles dont on vient de parler. Elle joue cependant un rôle fort important dans nos constructions, bien qu'elle ne soit généralement appelée à intervenir que dans des pièces de dimensions restreintes. Ainsi, les boulons ou les rivets qui maintiennent deux pièces sollicitées à la traction sont exposés à céder par glissement, ou, en d'autres termes, à être rompus par cisaillement. C'est encore la résistance transverse qui agit dans les filets d'une vis ou d'un boulon sollicités à l'arrachement.

Les expériences faites à ce sujet établissent que la résistance transversale du fer forgé diffère peu de sa résistance à la rupture par extension; cependant quelques constructeurs l'ont limitée aux $\frac{4}{5}$. Quelques faits portent à penser que la résistance transversale de la fonte est à peu près égale à sa résistance à la rupture par compression. Même observation a été faite pour la pierre, et il y a en effet beaucoup d'analogie entre ces deux matières, au point de vue qui nous occupe.

Effets de contraction et de dilatation. — Les contractions et les dilatations qu'éprouvent les métaux sous l'influence des variations thermométriques de l'atmosphère sont assez prononcées pour qu'il soit souvent nécessaire de les prendre en considération. On dispose quelquefois la construction de manière à leur permettre de se produire en toute liberté; en d'autres circonstances ces mouvements sont entravés, et il faut se rendre compte de la valeur des efforts auxquels les matériaux sont exposés.

Or, s'opposer à l'allongement que tend à prendre un corps dont la température s'élève, équivaut à comprimer ce corps, après qu'il s'est allongé, de manière à le ramener à sa longueur primitive. Et l'on peut de même assimiler l'obstacle à la contraction à une force qui tendrait à produire l'extension.

En appelant D la dilatation ou la contraction par degré centigrade et par unité de longueur du métal employé, N le nombre de degrés que l'on considère, et A l'allongement ou la contraction par unité de longueur, on aura la relation

$$A = DN, \qquad (1)$$

et, d'après ce qui a été dit plus haut, l'action à exercer pour s'opposer à l'une ou à l'autre de ces variations de longueur aura pour expression

$$P = DNE. \qquad (2)$$

Cette valeur peut devenir considérable.

Ainsi, supposons qu'un tirant en fer forgé, dont les extrémités ne peuvent point se rapprocher, ait été mis en place à une température de 20° au-dessus de zéro, et soit exposé ensuite à une température de — 15°, et admettons que les contractions et dilatations suivent la même marche au-dessous de 0 que de 0 à 100° : le coefficient de dilatation de la matière étant 0,000 012, on aura

$$P = 0,000\,012 \times 55 \times 20\,000^{kg} = 8^{kg},4.$$

Cette tension ne déterminerait pas la rupture; mais elle dépasse la limite généralement admise, qui est de 7 kilogr. par millimètre carré de la section, et elle pourrait devenir redoutable si le tirant était déjà fortement sollicité à la rupture par traction.

Si le tirant était exécuté en fonte, matière dont le coefficient de dilatation est évalué à 0,000 011, on aurait

$$P = 0,000\,011 \times 55 \times 9000^{kg} = 5^{kg},47,$$

valeur qui l'emporte sur le maximum de tension qu'il convient d'imposer à la matière.

Si la température s'élevait au lieu de s'abaisser, un effet inverse serait produit, et la pièce serait soulagée d'une partie ou même de la totalité de la tension qu'elle supportait lorsqu'elle a été mise en place ; mais il se produirait un allongement égal à DN × L (L désignant la longueur de la pièce), si les actions qui avaient déterminé cette tension subsistaient toujours.

On voit par là qu'il est prudent de se réserver le moyen d'allonger ou de raccourcir les tirants et autres pièces analogues, lorsqu'ils sont exposés à de grandes inégalités de température et surtout lorsque leur longueur est considérable.

Des grilles en fer sont quelquefois comprises entre des pilastres en pierre. Il faut que leurs traverses puissent se mouvoir dans les ouvertures qui les reçoivent, ou que les pilastres soient assez forts pour résister aux contractions qui les attirent et aux dilatations qui les repoussent, actions dont la formule (2) donne la valeur.

V. — FORMULES DE RÉSISTANCE.

Les considérations et les données expérimentales qui précèdent permettent de déterminer, dans un judicieux esprit d'économie, les dimensions transversales des diverses parties d'une construction qui sont soumises à des pressions ou à des tensions directement exercées dans le sens de la longueur de ces pièces ; mais cela ne suffit pas : il est essentiel que le constructeur puisse apprécier les résistances à des forces plus variées dans leurs directions. Les poutres et solives des planchers, ainsi que plusieurs pièces des charpentes des combles, par exemple, sont appelées à résister à des pressions normales ou obliques à la direction de leur longueur, lesquelles les font fléchir avant de les rompre, et il faut fixer les équarrissages de telle sorte que, non-seulement il n'y ait point rupture, mais que les flexions ne dépassent pas une certaine limite.

On peut aisément se rendre compte de ce qui se passe dans les corps soumis à des actions de ce genre, si l'on considère un prisme AB (pl. I, fig. 1) placé horizontalement, encastré en A, et sollicité à l'autre extrémité par une force verticale P. Il s'infléchira, et ce mouvement aura lieu par suite de l'extension des fibres placées à la partie supérieure et de la contraction des fibres inférieures. Il y aura une fibre intermédiaire qui ne changera pas de longueur, et celles qui seront situées au-dessus ou au-dessous s'allongeront ou s'accourciront d'autant plus qu'elles en seront plus éloignées. Cette fibre invariable passera par le centre de gravité de la section, si ces mouvements sont renfermés dans des limites telles que les allongements et les accourcissements soient de mêmes valeurs relatives et soient proportionnels aux forces qui les produisent. Mais il n'en sera plus de même, si la force P approche de celle qui déterminerait la rupture de la pièce; car on a vu qu'il existe, dans chacune des substances qui ont été examinées, des différences plus ou moins marquées entre les résistances à la rupture, suivant qu'il y a compression ou extension. Il est difficile de calculer exactement la valeur de la pression transversale nécessaire et suffisante pour produire la rupture; mais cette difficulté est plus regrettable pour qui se place à un point de vue purement spéculatif, qu'aux yeux du constructeur, qui n'a à se préoccuper que des applications et sait apprécier le degré de rigueur qu'elles comportent. Il ne faut jamais, en effet, approcher de cette limite extrême, et ce n'est pas elle qu'il importe de considérer. Bien avant d'y arriver, on rencontre celle que la prudence ne permet pas de dépasser. Par conséquent, une pièce donnée étant soumise à des forces dont on connaît l'intensité, la direction et les points d'application, on ne cherchera pas à déterminer ses dimensions transversales en vue de la rupture, mais en se posant pour condition de ne pas altérer l'élasticité de la substance. Le résultat obtenu ne dépassera pas les limites que commande une économie intelligente.

Ramené à ces termes, le problème dont il s'agit peut être soumis au calcul, et il est aisé d'établir les formules nécessaires pour satisfaire aux exigences de la pratique. Nous ne pourrions entrer dans des recherches de ce genre, sans sortir du cadre qui nous est tracé; elles appartiennent bien plutôt à la Mécanique qu'à l'Architecture. Nous devons donc renvoyer aux traités spéciaux ceux de nos lecteurs qui désireraient étudier cette branche intéressante des sciences physiques[1]; mais nous croyons utile de transcrire ici les principales formules qui permettent de calculer les équarrissages des diverses pièces employées dans les constructions, en supposant ces pièces prismatiques et à bases rectangulaires, circulaires ou annulaires.

On désignera par

a   l'épaisseur du prisme à base rectangulaire dans le sens perpendiculaire au plan passant par

---

[1] Voir surtout l'ouvrage de Navier sur la *Résistance des matériaux* et les *Leçons de mécanique pratique* du général Morin.

l'axe longitudinal et par la direction de la force ; c'est le côté horizontal de la section transversale d'une pièce posée horizontalement et chargée de poids ;

b   l'autre côté de la section transversale ;
l   la longueur de la pièce entre les points d'appui ou d'encastrement ;
r   le rayon de la base dans les pièces cylindriques ;
r et r' le rayon extérieur et le rayon intérieur de la section annulaire des pièces en forme de tuyaux cylindriques ;
π le rapport de la circonférence au diamètre ;
f   la flèche qui mesure la flexion de la pièce ;
R   la pression ou la tension qu'on peut imposer en toute sécurité, par unité de surface, à la substance dont il s'agit ;
E   le coefficient d'élasticité de cette substance ;

l'unité de longueur étant le millimètre et l'unité de poids le kilogramme.

Nous admettrons pour R et pour E les valeurs consignées dans le tableau ci-dessous.

DÉSIGNATION DES SUBSTANCES.	VALEURS DE	
	E.	R.
	kg.	kg.
Bois de chêne.	1200	0,7
Bois de sapin du Nord, blanc.	1300	0,8
Idem. rouge.	1500	0,9
Fer forgé.	20000	7
Fer fondu.	9000	3,5[1]
Acier.	18000	14

1° *Pièce horizontale encastrée par une extrémité et chargée à l'autre d'un poids* P.

(Pl. I, fig. 1).

Pièce à base rectangulaire. . . . $\begin{cases} P = \dfrac{Rab^2}{6l}. & (1) \\ f = \dfrac{4Pl^3}{Eab^3}. & (2) \end{cases}$

[1] Voyez la note A placée à la fin du volume.

RÉSISTANCE DES MATÉRIAUX.

Pièce à base circulaire . . . . . .
$$P = \frac{R\pi r^3}{4l}. \qquad (3)$$
$$f = \frac{4Pl^3}{3E\pi r^4}. \qquad (4)$$

Pièce à base annulaire . . . . .
$$P = \frac{R\pi(r^4 - r'^4)}{4lr}. \qquad (5)$$
$$f = \frac{4Pl^3}{3E\pi(r^4 - r'^4)}. \qquad (6)$$

2° *Pièce horizontale encastrée par une extrémité et chargée uniformément d'un poids p par unité de longueur, soit en tout du poids pl.*

Pièce à base rectangulaire . . . .
$$pl = \frac{Rab^2}{3l}. \qquad (7)$$
$$f = \frac{3pl.l^3}{2Eab^3}. \qquad (8)$$

Pièce à base circulaire . . . . . .
$$pl = \frac{R\pi r^3}{2l}. \qquad (9)$$
$$f = \frac{1}{2}\frac{pl.l^3}{E\pi r^4}. \qquad (10)$$

Pièce à base annulaire . . . . .
$$pl = \frac{R\pi(r^4 - r'^4)}{2lr}. \qquad (11)$$
$$f = \frac{1}{2}\frac{pl.l^3}{E\pi(r^4 - r'^4)}. \qquad (12)$$

On voit, en comparant ces formules aux précédentes, que la charge peut être doublée, lorsque le poids est uniformément distribué sur la longueur de la pièce au lieu d'être placé à l'extrémité, et que l'abaissement de ce dernier point est réduit aux $\frac{3}{8}$, si le poids total reste le même.

3° *Pièce posée horizontalement sur deux appuis et chargée au milieu d'un poids P.*

(Pl. I, fig. 2).

Pièce à base rectangulaire . . . . .
$$P = \frac{2Rab^2}{3l}. \qquad (13)$$
$$f = \frac{Pl^3}{2Eab^3}. \qquad (14)$$

Pièce à base circulaire. . . . . . $\begin{cases} P = \dfrac{R\pi r^3}{l}. & (15) \\ f = \dfrac{Pl^3}{12E\pi r^4}. & (16) \end{cases}$

Pièce à base annulaire. . . . . . . $\begin{cases} P = \dfrac{R\pi(r^4 - r'^4)}{lr}. & (17) \\ f = \dfrac{Pl^3}{12E\pi(r^4 - r'^4)}. & (18) \end{cases}$

4° *Pièce posée horizontalement sur deux appuis et uniformément chargée d'un poids p par unité de longueur.*

Pièce à base rectangulaire. . . . . $\begin{cases} pl = \dfrac{4Rab^2}{3l}. & (19) \\ f = \dfrac{5pl.l^3}{16Eab^3}. & (20) \end{cases}$

Pièce à base circulaire. . . . . . $\begin{cases} pl = \dfrac{2R\pi r^3}{l}. & (21) \\ f = \dfrac{5pl.l^3}{96E\pi r^4}. & (22) \end{cases}$

Pièce à base annulaire. . . . . . $\begin{cases} pl = \dfrac{2R\pi(r^4 - r'^4)}{lr}. & (23) \\ f = \dfrac{5pl.l^3}{96E\pi(r^4 - r'^4)}. & (24) \end{cases}$

On voit que le poids peut être doublé, lorsque la charge est uniformément distribuée au lieu d'être portée au milieu de la longueur de la pièce, et que la flèche de l'arc est réduite aux $\dfrac{5}{8}$ pour un même poids.

5° *Pièce posée horizontalement sur deux appuis, supportant un poids P au milieu de sa longueur et chargée uniformément d'un poids p par unité de longueur.*

Pièce à base rectangulaire. . . . . $\begin{cases} P = \dfrac{2Rab^2}{3l} - \dfrac{pl}{2}. & (25) \\ f = \dfrac{Pl^3}{4Eab^3} + \dfrac{5pl^4}{16Eab^3}. & (26) \end{cases}$

Pièce à base circulaire. . . . . . $\begin{cases} P = \dfrac{R\pi r^3}{l} - \dfrac{pl}{2}. & (27) \\ f = \dfrac{Pl^3}{12E\pi r^4} + \dfrac{5pl^4}{96E\pi r^4}. & (28) \end{cases}$

Pièce à base annulaire. . . . . .
$$P = \frac{R\pi(r^4 - r'^4)}{lr} - \frac{pl}{2}. \qquad (29)$$
$$f = \frac{Pl^3}{12E\pi(r^4 - r'^4)} + \frac{5pl^4}{96E\pi(r^4 - r'^4)}. \qquad (30)$$

6° *Pièce posée horizontalement sur deux appuis et chargée d'un poids* P *appliqué à une distance* x *du milieu de cette pièce.*

Pièce à base rectangulaire. . . .
$$P = \frac{2lRab^2}{3(l^2 - 4x^2)}. \qquad (31)$$
$$f = \frac{P(l^2 - 4x^2)^3}{4lEab^3}. \qquad (32)$$

Pièce à base circulaire. . . . . .
$$P = \frac{lR\pi r^3}{l^2 - 4x^2}. \qquad (33)$$
$$f = \frac{P(l^2 - 4x^2)^2}{12lE\pi r^4}. \qquad (34)$$

Pièce à base annulaire. . . . . .
$$P = \frac{lR\pi(r^4 - r'^4)}{r(l^2 - 4x^2)}. \qquad (35)$$
$$f = \frac{P(l^2 - 4x^2)^2}{12lE\pi(r^4 - r'^4)}. \qquad (36)$$

7° *Pièce dont l'une des extrémités est encastrée et dont l'autre extrémité est posée sur un appui.*

Dans ce cas, la pièce peut supporter un poids égal aux $\frac{4}{3}$ de celui qu'elle admettrait si ses deux extrémités n'étaient que posées, et la flèche produite par un même poids est réduite aux $\frac{7}{16}$. Ainsi, il suffira de multiplier les valeurs précédentes de P par $\frac{4}{3}$, et celles de f par $\frac{7}{16}$ pour obtenir les valeurs cherchées.

8° *Pièce dont les deux extrémités sont encastrées.*

La flexion pour un poids donné est le quart de ce qu'elle serait si les deux extrémités étaient libres, et la pièce peut supporter un poids double. Il faut donc, dans ce cas, multiplier par 2 les valeurs qui ont été attribuées à P et diviser celles de f par 4.

9° *Pièce rectangulaire, inclinée, encastrée à son extrémité inférieure, et chargée à son extrémité supérieure d'un poids* P.

(Pl. I, fig. 3).

Soit α l'angle formé par la direction de la pièce avec la verticale, on déterminera la valeur de P, avec une exactitude suffisante pour les applications ordinaires, par la relation :

$$P = \frac{Rab^2}{b\cos\alpha + 6l\sin\alpha}. \qquad (37)$$

La même formule peut également s'appliquer au cas où la pièce occuperait une position inverse, c'est-à-dire serait encastrée à son extrémité supérieure et chargée d'un poids à l'autre extrémité.

10° *Pièce inclinée, posée sur son extrémité inférieure, appuyée à sa partie supérieure, et chargée d'un poids* P *en un point quelconque de sa longueur.*

Cette pièce (pl. I, fig. 4) exerce au point B une pression horizontale égale à $P\frac{m\,tg.\,\alpha}{m+m'}$, formule dans laquelle m et m' désignent les longueurs AC et CB. La même force agit contre le point d'appui, et il faut qu'il soit en état d'y résister par sa masse, à moins que le pied de la pièce ne soit retenu par un tirant de section suffisante. Le point d'appui supporte en outre une pression verticale qui est égale à P, augmenté du poids de la pièce.

Quant à la valeur de P, on la détermine en considérant chaque partie m et m' comme encastrée en C, et comme sollicitée, à son autre extrémité, par une force oblique. On a recours alors à la formule (37), dans laquelle on substitue à P la valeur de la pression horizontale $P\frac{m\,tg.\,\alpha}{m+m'}$, pour la partie CB, et, pour la partie AC, la valeur de la résultante des deux forces qui agissent en A, c'est-à-dire,

$$P\sqrt{1 + \frac{m^2 tg^2.\,\alpha}{(m+m')^2}}.$$

11° *Pièces combinées.*

On emploie assez souvent, dans la construction des planchers, des poutres formées par la réunion de plusieurs pièces de bois superposées. Lorsque ces dernières pièces sont rendues solidaires, au point de ne pouvoir ni glisser ni fléchir séparément, leur résistance est supérieure à la somme des résistances dont chacune d'elles considérée isolément est susceptible. Soient, par exemple, deux pièces rectangulaires de mêmes dimensions, posées horizontalement sur deux appuis et chargées au milieu de leur longueur, la somme des poids qu'elles pourraient supporter, si elles devaient être regardées comme indépendantes l'une de l'autre, serait, suivant la formule (13),

$$P = 2 \frac{2Rab^2}{3l},$$

tandis que, s'il est permis de les considérer comme ne formant qu'une seule pièce, et telles sont celles qui sont représentées Pl. LIII, fig. 32, il faudra leur donner $2b$ pour hauteur, et l'expression de leur résistance sera :

$$P = \frac{8Rab^2}{3l}.$$

Par cela seul qu'elles sont liées l'une à l'autre, elles deviennent capables de supporter une charge double. On peut d'ailleurs augmenter encore la résistance en espaçant les pièces. Soient deux pièces rectangulaires (Pl. LIX, fig. 5), isolées, mais assujetties entre elles, de manière qu'une ligne tracée avant la flexion, perpendiculairement à la longueur, soit encore, après la flexion, normale aux courbes formées par ces pièces ; en appelant b' la hauteur totale et b'' la distance qui sépare les deux pièces, les valeurs des poids s'obtiendront en remplaçant b^2 par $\frac{b'^3 - b''^3}{b'}$ dans les formules relatives aux résistances de pièces rectangulaires à l'altération d'élasticité, et b^3 par $b'^3 - b''^3$ dans celles qui servent à déterminer les flexions.

Ainsi, l'on aura pour expression de la résistance d'un appareil de ce genre, posé sur deux appuis et chargé au milieu de sa longueur :

$$P = \frac{2Ra(b'^3 - b''^3)}{3lb'}.$$

Le poids que pourront supporter deux pièces ayant chacune b pour hauteur, et séparées par une distance égale à $2b$, sera donc :

$$P = \frac{28 R a b^2}{5 l},$$

c'est-à-dire trois fois et demie plus considérable que si ces deux pièces avaient été juxtaposées, tout en étant assujetties l'une à l'autre. Il est essentiel toutefois de faire remarquer que, eu égard aux imperfections des assemblages et aux entailles qu'ils exigent, il y aurait quelque imprudence à compter dans les applications sur des résistances aussi fortes. Il conviendra toujours de réduire dans une certaine proportion les chiffres donnés par les formules, et d'autant plus que les assemblages seront plus multipliés et qu'on sera moins assuré d'une grande perfection dans le travail.

12° *Sections transversales de diverses formes.*
(Pl. I).

La section représentée fig. 5 est fréquemment employée dans les constructions en fer et convient parfaitement, en effet, aux propriétés de cette matière. Elle est plus avantageuse que la forme rectangulaire, en ce qu'elle offre à la fois plus de stabilité et plus de résistance pour un même volume.

En appelant :

    a la largeur totale *mn*,
    a' la somme des saillies *op*, *rq*,
    b la hauteur totale *mm'*,
    b' la distance *oo'*,

les formules données plus haut pour les pièces rectangulaires seront applicables à cette section, lorsqu'on aura remplacé, dans celles qui sont relatives aux résistances à l'altération d'élasticité, ab^2 par $\frac{ab^3 - a'b'^3}{b}$, et, dans celles qui concernent les flexions, ab^3 par $ab^3 - a'b'^3$. Mais, lorsqu'on emploiera les fers laminés de petites dimensions qui se trouvent dans le commerce, il conviendra d'adopter pour E la valeur 11 500 kilogrammes qui se déduit des expériences, citées plus haut, de M. Fairbairn, à moins que des épreuves spéciales n'indiquent un autre chiffre.

Les mêmes modifications permettraient de calculer les résistances et les flèches de tuyaux rectangulaires dont les sections transversales auraient, en largeur et en hauteur, a et b au dehors, a' et b' au dedans.

Quelques poutres en fer sont composées d'une lame verticale en tôle à laquelle les branches du double T sont réunies par des cornières. Leur forme est analogue à celle de la fig. 11, et l'on peut calculer leur résistance en remplaçant, dans les formules relatives aux pièces rectangulaires, ab^2 par $\frac{ab^3 - a'b'^3 - a''b''^3 - a'''b'''^3}{b}$, s'il s'agit de déterminer les poids qu'elles peuvent supporter, et ab^3 par $ab^3 - a'b'^3 - a''b''^3 - a'''b'''^3$, si l'on veut connaître les flexions. a et b représentent, comme plus haut, les dimensions extrêmes de la poutre, et l'on désigne par

a' la somme des saillies l, l',
b' la hauteur xy,
a'' la somme des saillies m, m',
b'' la hauteur uv,
a''' la somme des saillies n, n',
b''' la hauteur rs.

Mais il est à remarquer que les rivets employés pour unir entre elles les différentes parties de la pièce sont une cause d'affaiblissement. S'ils peuvent être regardés comme inoffensifs à la partie supérieure où il y a compression, il n'en est pas de même à la partie inférieure dont les fibres sont étendues. Aussi quelques constructeurs font-ils abstraction de la résistance due aux cornières, et adoptent-ils pour ces poutres les formules qui concernent le profil à double T sans renforts dans les angles.

Il est aisé de voir, par ce qui précède, comment il convient d'évaluer les résistances d'une poutre formée d'une âme en tôle avec cornières en haut et en bas.

Pour calculer le poids que peut supporter une pièce en forme de croix, comme celle dont la section est représentée par la fig. 18, il faut remplacer dans les formules ab^2 par $\frac{ab^3 + a'b'^3}{b}$ en appelant

    a   l'épaisseur de la branche verticale,
    b   la hauteur totale,
    a′   la somme des saillies des deux branches horizontales,
    b′   l'épaisseur de ces branches.

Cette forme présente moins de résistance, à cube égal, que celle du double T, mais il est quelques circonstances où elle mérite la préférence.

La section en forme de simple T, droit ou renversé (fig. 19), est assez fréquemment employée dans les constructions; mais elle ne comporte pas des formules aussi simples que les précédentes, parce que la ligne des fibres invariables ne passe pas par le milieu de la hauteur. Il faut déterminer au préalable la hauteur x du centre de gravité au-dessus de la base. En appelant

    a   la longueur de la base *mn*,
    b   l'épaisseur de cette base,
    b′   la longueur de la branche verticale *op*,
    a′   l'épaisseur de cette branche,

on aura la relation

$$ab \times \frac{1}{2} b + a'b' \left(\frac{1}{2} b' + b \right) = (ab + a'b')x,$$

et

$$x = \frac{ab^2 + a'b'^2 + 2a'bb'}{2(ab + a'b')}.$$

Le poids dont une pièce de cette forme, posée sur deux appuis, peut être chargée en son milieu aura pour expression :

$$P = 4R \frac{ax^3 - (a-a')(x-b)^3 + a'(b+b'-x)^3}{l(b+b'-x)}.$$

d'où il faudra retrancher $\frac{pl}{2}$, si l'on veut tenir compte du poids de la pièce.

On déduira la flèche de la relation

$$f = \frac{1}{16} \frac{Pl^3}{E(ax^3 - (a-a')(x-b)^3 + a'(b+b'-x)^3)}.$$

Tant qu'on ne dépasse pas les limites que nous avons fixées plus haut aux valeurs de R, il est indifférent de placer les branches du T en dessus ou en dessous. Mais il n'en serait pas de même si l'on allait au delà, car on sortirait des hypothèses qui servent de base aux formules. Une pièce de fonte présente beaucoup moins de résistance à la rupture dans le premier cas que dans le second. Ces deux faits sont constatés par de nombreuses expériences.

13° *Pièce courbe posée verticalement sur deux appuis et chargée de poids.*

A chaque mode de distribution des poids correspond une forme de courbe qui doit être préférée à toutes les autres. Lorsqu'elle a été adoptée, la pièce est comprimée en tous ses points et ne tend pas à changer de figure. Cette forme a reçu le nom de *courbe d'équilibre*.

Le cas le plus simple est celui où la pièce est chargée de telle sorte que les poids sont uniformément répartis sur la ligne horizontale qui joint les deux appuis; c'est celui des planchers et des combles, si l'on fait abstraction des surcharges accidentelles et du poids des ouvrages qui transmettent les pressions à la courbe. La courbe d'équilibre est alors un arc de parabole dont l'axe est vertical. Soient :

m la moitié de l'ouverture de l'arc,
n la flèche de l'arc, c'est-à-dire la hauteur de son sommet au-dessus des naissances,
a et b les côtés de la section transversale que nous supposerons d'abord rectangulaire,

l'équation de la courbe, rapportée à son sommet et à son axe, sera :

$$y^2 = \frac{m^2 x}{n},$$

et le poids p, dont la pièce pourra être chargée par unité de longueur de la corde, aura pour expression :

$$p = \frac{2Rabn}{m\sqrt{m^2 + 4n^2}}. \qquad (38)$$

La pression horizontale exercée contre chacun des appuis sera :

$$Q = \frac{pm^2}{2n}.$$

S'ils n'étaient pas en état d'y résister, il faudrait réunir les deux extrémités de l'arc par un tirant calculé en vue de cette tension. La pression verticale supportée par chaque appui est égale à pm.

Il est à remarquer que la forme de la section transversale de la pièce n'exerce aucune influence sur la valeur de p; c'est la surface seule qui agit, et p lui est proportionnel, de sorte que les mêmes formules peuvent s'appliquer à des sections quelconques en y remplaçant le produit ab par les valeurs correspondantes; ce serait, par exemple, par πr^2, si la section était circulaire avec r pour rayon. Mais il n'en faut pas conclure que la forme dont il s'agit soit indifférente en réalité, car la distribution uniforme des pressions est une hypothèse dont on s'éloigne toujours plus ou moins dans la pratique; on est exposé par conséquent à voir la courbe changer de forme, et il y a intérêt alors à augmenter la hauteur de la section transversale en réduisant la largeur. Il importe surtout, dans les constructions de cette nature, d'avoir égard aux surcharges accidentelles et inégalement réparties auxquelles elles sont sujettes, comme la pression du vent ou des neiges sur les combles, les poids qui peuvent être déposés sur un plancher, etc., et il convient toujours de donner à une pièce courbe une section bien supérieure à celle qu'exige la valeur de p déduite de la formule (38).

SOLIDES D'ÉGALE RÉSISTANCE.

On n'a considéré jusqu'à présent que des pièces prismatiques ou cylindriques. Leur section est la même dans toute leur longueur, et les formules qui précèdent permettent de calculer leurs dimensions de manière que, dans les points les plus exposés à la rupture, les efforts supportés ne dépassent pas une certaine limite préalablement déterminée.

Or la section qui convient en ces points est plus forte qu'il ne serait rigoureusement nécessaire pour tous les autres, et il est des circonstances où la matière employée a une telle valeur qu'il y a avantage à en réduire le cube autant que possible, bien qu'il en doive résulter des formes moins simples et parfois plus de main-d'œuvre. On est conduit alors à faire varier la section dans la longueur de la pièce, et l'on se donne pour condition d'avoir, en chaque point, un même degré de résistance par rapport aux efforts supportés. Les solides qui jouissent de cette propriété prennent le nom de *solides d'égale résistance*.

14° Pièce à section rectangulaire, dont la face supérieure est horizontale, encastrée à une extrémité et chargée de poids.

Si cette pièce était prismatique, elle se romprait, en cas de rupture, au point d'encastrement. Sa hauteur en ce point devra être déterminée par la formule (1), et celles qu'il conviendra de lui assigner partout ailleurs seront données par la relation

$$y^2 = \frac{b^2 x}{l},$$

dans laquelle x désigne les abscisses comptées à partir du point A (Pl. 1, fig. 6), et y, les ordonnées de la courbe AmC qui doit terminer le solide à sa partie inférieure. Cette courbe est un arc de parabole dont le sommet est placé au point A.

L'abaissement de ce point sous l'influence du poids est double de ce qu'il serait si la pièce conservait la même hauteur dans toute son étendue.

Si le poids, au lieu d'être placé en A, était uniformément réparti sur la ligne AB, le solide prendrait la forme d'un triangle; il serait terminé inférieurement par une ligne droite joignant les deux points donnés A et C (fig. 7).

Enfin, si le solide n'avait à supporter que son propre poids, la forme d'égale résistance serait encore donnée par un arc de parabole ayant son sommet au point A, mais concave au lieu d'être convexe (fig. 8).

15° Solide posé horizontalement sur deux appuis et chargé d'un poids en un point quelconque de sa longueur.

Il tendra à se rompre en ce point, et l'on calculera par la formule (31) la hauteur qu'il devra y présenter. Il sera d'égale résistance, s'il est terminé, à sa partie supérieure, par deux arcs de parabole ayant leurs sommets situés aux points A et B et ayant pour axe commun la ligne AB (fig. 9).

La forme d'égale résistance serait toute différente si le corps était solidement encastré par ses deux extrémités. La courbe qu'il prendrait, dans le cas où sa section serait constante, aurait trois points d'inflexion, et la rupture tendrait à se produire simultanément aux points d'encastrement et au milieu, si le poids était appliqué à la moitié de la longueur du solide. C'est donc en chacun de ces trois points qu'il faudrait donner à la pièce son maximum de section.

16° Solide posé horizontalement sur deux appuis et uniformément chargé d'un poids p par unité de longueur.

On déterminera la hauteur au milieu de la pièce par la formule (19), et l'on donnera à la section longitudinale la forme d'une demi-ellipse ACB (fig. 10).

17° Exemples.

Une pièce de bois de chêne, posée horizontalement, a son extrémité en saillie de 3 mètres sur un mur dans lequel elle est solidement encastrée (fig. 1); la largeur et la hauteur de la section sont respectivement $0^m,20$ et $0^m,35$; on croit pouvoir faire abstraction du poids de la pièce; et l'on demande de quel poids elle peut être chargée à son extrémité, et de quelle quantité elle s'abaissera en ce point.

Les formules (1) et (2) donneront :

$$P = \frac{0^{kg},7 \times 200 \times 350^2}{6 \times 3000} = 952^{kg},77.$$

$$f = \frac{4 \times 952,77 \times 3000^{3mm}}{1200 \times 200 \times 350^3} = 9^{mm},99.$$

Si, le poids P étant déterminé, on avait eu à chercher l'équarrissage à donner à la pièce, on aurait fixé arbitrairement le rapport à observer entre les deux dimensions de la section transversale, soit, comme on l'a supposé tout à l'heure, $\frac{a}{b} = \frac{4}{7}$, et l'on aurait déduit de la formule (1) :

$$\frac{4}{7} b^3 = \frac{6 \times 952,77 \times 3000}{0,7} \; ;$$

d'où

$$b = 350^{\text{mm}} \text{ et } a = 200^{\text{mm}}.$$

Si l'on voulait que le solide fût d'égale résistance, il faudrait le terminer inférieurement, ainsi que l'indique la ligne ponctuée, par un arc de parabole assujetti à passer par le point C, à avoir son sommet au point A, et à avoir pour axe la ligne AB. On aurait dans ce cas

$$f = 19^{\text{mm}},98.$$

Une poutre de bois de chêne, dont la section a $0^m,45$ de largeur sur $0^m,60$ de hauteur, est posée sur deux appuis éloignés de 8 mètres; on demande quel est le poids qu'elle peut supporter, en le supposant uniformément réparti sur la longueur de la pièce.

La formule (19) donnera :

$$P = 8000 \, p = \frac{4 \times 0^{\text{kg}},7 \times 450 \times 360\,000}{24\,000} = 18\,900^{\text{kg}}.$$

Le poids de la pièce est compris dans cette valeur, et, si l'on veut opérer en toute exactitude, il conviendra de le retrancher pour obtenir l'expression des poids extérieurs dont la pièce peut être chargée.

Si le poids devait être placé au milieu de la longueur, il se réduirait à moitié, conformément à l'une des observations précédentes, et il deviendrait double, si la pièce était encastrée par ses deux extrémités.

Une pièce de fonte est posée sur deux appuis éloignés de 6 mètres; elle a $0^m,40$ de hauteur sur $0^m,06$ d'épaisseur; on demande de quel poids elle peut être chargée au milieu de sa longueur.

Afin d'opérer exactement, nous tiendrons compte du poids de la pièce; sa section étant de $0^m,024$, son poids par unité de longueur, c'est-à-dire par millimètre, sera de $0^{\text{kg}},18$, en supposant que la fonte employée ait pour densité 7,50, et le poids cherché sera donné par la formule (25) :

$$P = \frac{2 R a b^2}{3 l} - \frac{p l}{2} = 2 \times 3^{\text{kg}},5 \; \frac{60 \times 16\,0000}{3 \times 6000} - \frac{0^{\text{kg}},18 \times 6000}{2} = 5193^{\text{kg}},31.$$

Si l'on avait donné à la pièce de fonte la section représentée fig. 3, en faisant

$$mn = 0^m,465,$$
$$op + rq = 0^m,450,$$
$$mm' = 0^m,400,$$
$$oo' = 0^m,360,$$

de manière à présenter même surface et par suite même quantité de matière que dans le cas précédent, le poids, calculé conformément à ce qui a été dit au paragraphe 12, eût été :

$$P = \frac{2R(ab^3 - a'b'^3)}{3bl} - \frac{pl}{2}$$

$$= 2 \times 3^{kg},5 \frac{465 \times 64\,000\,000 - 450 \times 46\,656\,000}{3 \times 6000 \times 400} - \frac{0,18 \times 6000}{2} = 7981^{kg},31.$$

Les flèches des courbes de flexion produites par les poids dont ces pièces peuvent être chargées au milieu de leur longueur, seront données par les relations

$$f = \frac{Pl^3}{4Eab^3} + \frac{5pl^4}{32Eab^3}$$

$$= \frac{3193,31 \times 216\,000\,000\,000^{mm}}{4 \times 9000 \times 60 \times 64\,000\,000} + \frac{5 \times 0,18 \times 1\,296\,000\,000\,000\,000^{mm}}{32 \times 9000 \times 60 \times 64\,000\,000} = 6^{mm},04,$$

pour le premier profil, et

$$f = \frac{Pl^3}{4E(ab^3 - a'b'^3)} + \frac{5pl^4}{32E(ab^3 - a'b'^3)} = \frac{7981,31 \times 216\,000\,000\,000^{mm}}{4 \times 9000(465 \times 64\,000\,000 - 450 \times 46\,656\,000)}$$

$$+ \frac{5 \times 0,18 \times 1\,296\,000\,000\,000\,000^{mm}}{32 \times 9000(465 \times 64\,000\,000 - 450 \times 46\,656\,000)} = 5^{mm},93,$$

pour le second, et cependant le poids a été plus que doublé.

On remarquera d'ailleurs qu'en admettant pour R et pour E les mêmes valeurs dans les deux cas, nous faisons une hypothèse tout à fait favorable au premier de ces profils, et qui ne serait pas admissible en exécution, d'après ce qui a été dit plus haut sur la diminution de résistance par unité de surface que présente la fonte à mesure qu'augmente l'épaisseur de la pièce.

Si les pièces étaient exécutées en fer forgé au lieu d'être en fonte, les valeurs de P et de F deviendraient respectivement

$$P = 6926^{kg},62 \quad f = 2^{mm},72,$$
$$P = 16\,502^{kg},62 \quad f = 2^{mm},65.$$

Ces valeurs de f sont calculées dans l'hypothèse de $E = 9000$ pour la fonte, et $E = 20\,000$ pour le fer.

La formule $P = \frac{2Rab^2}{3l}$, combinée avec la valeur $R = 0^{kg},7$ assignée au bois de chêne, montre qu'une pièce de ce bois à section carrée, ayant également 6 mètres de longueur, exigerait un équarrissage de $0^m,345$ de côté pour supporter en son milieu un poids de $3193^{kg},83$, un équarrissage de $0^m,468$ pour un poids de $7972^{kg},47$, et un équarrissage de $0^m,597$, si le poids devait s'élever à $16\,533^{kg},9$. Ces chiffres font ressortir nettement l'avantage du métal sur le bois, surtout quand le premier a reçu la forme qui lui convient le mieux, laquelle n'entraîne pas d'ailleurs à une notable augmentation de dépenses. Et il est à remarquer que nous avons fait abstraction du poids de la pièce dans nos derniers calculs. Si l'on réparait cette omission, afin d'opérer en toute exactitude, on trouverait que les poids dont on peut charger la pièce de bois en son milieu descendraient respectivement à $2908^{kg},17$, $7447^{kg},21$ et $15\,678^{kg},27$, en admettant que la pesanteur spécifique du bois employé fût égale à 0,8.

LIVRE DEUXIÈME.

CONSTRUCTIONS EN PIERRE.

Les pierres sont les matériaux les plus utiles à l'art de bâtir. Les constructions exécutées en pierre sont celles qui nous offrent l'abri le plus sûr contre toutes les influences extérieures, et qui présentent le plus de garanties de durée; il n'en est point qui soient susceptibles de porter à un aussi haut degré l'empreinte d'un caractère monumental, qui aient été aussi longtemps et aussi sérieusement élaborées; c'est sur elles que repose essentiellement tout notre système d'architecture; ce sont, en un mot, les constructions les plus importantes sous le double rapport de l'art et de l'industrie.

Disposer les pierres de telle sorte qu'elles se maintiennent par leurs pressions réciproques, et leur donner les formes les plus favorables à la résistance, tel est le principe général qui préside à ces constructions. Les pierres y sont employées à l'état de pierres de taille, de moellons ou de briques, et l'on ajoute habituellement à la stabilité qu'elles doivent, tant à leur pesanteur, qu'à leur disposition, en les reliant par du mortier, du ciment ou du plâtre.

CHAPITRE PREMIER.

FONDATIONS.

I. — CONSIDÉRATIONS GÉNÉRALES.

Le choix du système à employer, pour asseoir solidement un édifice sur le sol, est chose fort importante et souvent très-difficile; c'est là que les fautes sont le plus à redouter, car c'est là qu'elles ont ordinairement les conséquences les plus fâcheuses et qu'elles sont le moins réparables.

Il ne suffit pas qu'une fondation soit établie de manière à ne point s'affaisser sous le poids qu'elle supporte, il faut encore qu'elle ne puisse pas céder aux diverses actions horizontales qui la sollicitent, actions qui résultent de la poussée de voûtes, de terres, de liquides, etc. Il est vrai que, dans la plupart des circonstances, l'adhérence et le frottement des maçonneries sur l'assiette naturelle ou artificielle qui leur est offerte, ainsi que la retenue latérale exercée par le terrain ambiant, apportent un suffisant obstacle au glissement que ces actions tendent à produire; mais il n'en est pas toujours de même, et l'on est quelquefois obligé, soit de maintenir le pied de la construction par des chaînes en fer ou des arcs-boutants fixés au dehors à des points invariables, soit d'affermir les terres avoisinantes, soit enfin d'araser les fondations suivant un plan normal à la direction de toutes les forces qui agissent sur elles. Sans doute cette dernière solution n'est pas susceptible d'une extrême rigueur, car, toute construction devant résister à la fois à des charges permanentes et à des charges éventuelles, cette direction varie entre des limites plus ou moins éloignées; mais, comme il n'est pas nécessaire d'annihiler

FONDATIONS.

complétement toute propension au glissement pour maintenir l'équilibre, on est en droit de se contenter de solutions approximatives.

Au reste, les circonstances dans lesquelles il convient d'avoir ainsi recours à des moyens spéciaux pour se prémunir contre les pressions horizontales étant tout à fait exceptionnelles, il paraît suffisant d'avoir appelé l'attention sur ce point et inutile d'y insister actuellement davantage. On supposera dorénavant, à moins d'indication contraire, qu'on n'a point de glissement à redouter, qu'il suffit de prendre en considération les pressions verticales, et qu'on doit par conséquent dresser de niveau l'assiette des fondations, ainsi que cela se pratique habituellement.

Les dispositions à adopter, dans chaque cas particulier, pour établir une fondation de la manière la plus convenable, sous le double rapport de la stabilité et de l'économie, dépendent de la nature de la construction et surtout de celle du sol qui doit la recevoir. Sous ce point de vue, les divers terrains peuvent être divisés en deux classes : les terrains incompressibles et les terrains compressibles. La première comprend les rocs, les tufs, les terrains pierreux, graveleux et sablonneux ; la seconde, les terrains argileux, tourbeux, vaseux, les terres végétales, les terres rapportées, etc.

Terrain de diverses natures.

Pour apprécier convenablement la nature d'un terrain, il faut se livrer souvent à des investigations assez étendues, car un examen superficiel pourrait exposer à de graves mécomptes. Tel sol, par exemple, est formé d'une roche dure et résistante, mais sur une faible épaisseur, et il pourrait s'affaisser sous une charge bien inférieure à celle que semblerait permettre la composition de sa surface ; tel autre céderait parce qu'il y a, au-dessous de lui, des excavations, telles que grottes naturelles ou carrières anciennement exploitées ; en d'autres circonstances, la construction à établir s'opposera à ce que les eaux s'écoulent par leurs canaux habituels, et pourra les porter sur des couches de terrain susceptibles d'être amollies ou entraînées. On conçoit que des moyens divers doivent être employés suivant que l'une ou l'autre de ces éventualités paraîtra redoutable. S'agit-il de la première ; on devra, soit enlever la couche d'épaisseur insuffisante pour aller chercher à de plus grandes profondeurs un point d'appui plus sûr, soit établir les fondations en ayant égard à la nature du terrain immédiatement inférieur, s'il n'est pas trop compressible. De la seconde ; il faudra, par des constructions souterraines, soutenir le toit des excavations partout où il inspirerait quelques inquiétudes. De la troisième enfin ; on dirigera l'écoulement des eaux sur des points où leur action sera inoffensive. Il faut donc, avant d'arrêter un mode de fondation, examiner attentivement toutes les circonstances locales, s'assurer par des sondages, suffisamment multipliés et prolongés, de la nature, de l'épaisseur et de l'inclinaison des couches, et rechercher comment se comporteront les eaux souterraines après les modifications qu'on se propose d'introduire dans la disposition naturelle des lieux.

L'expérience des constructions existantes dans la localité est un guide qu'on devra toujours consulter, et d'où l'on tirera d'utiles enseignements; mais il ne faudrait pas lui accorder cependant une confiance trop absolue, parce que la nature du sol varie quelquefois brusquement d'un point à un autre, et que d'ailleurs le même système de fondation ne convient pas à toute espèce d'édifices.

II. — FONDATIONS SUR TERRAINS INCOMPRESSIBLES.

Les fondations sur le roc ou sur le tuf pourraient être immédiatement établies sur la surface de ces terrains; cependant il convient de les descendre à une certaine profondeur, soit pour s'opposer au glissement, soit surtout pour prévenir les corrosions qui pourraient les *déchausser*. Cette profondeur varie avec la nature du rocher et les circonstances dans lesquelles on se trouve placé; elle doit être rarement inférieure à $0^m,30$, pour des constructions de quelque importance.

Fondations par gradins. Lorsque la surface du sol n'est pas trop inégale, on dresse l'assiette des fondations de niveau dans toute leur étendue; dans le cas contraire, on fait reposer la construction sur des gradins horizontaux AB, CD, EF, GH, etc. (Pl. I, fig. 12); mais on a soin alors, pour éviter les inégalités de tassement, de comprimer fortement, à mesure qu'elle s'élève, la maçonnerie destinée à racheter la différence de hauteur de ces gradins, et même de l'exécuter en pierres de taille quand elle doit être soumise à des pressions considérables.

Si le rocher présentait une résistance à l'écrasement inférieure à celle des matériaux employés dans la construction, et s'il y avait lieu de craindre qu'il ne cédât sous la pression, il conviendrait d'augmenter la largeur des maçonneries dans les fondations; en d'autres termes on leur donnerait de l'*empatement*, afin de répartir cette pression sur une plus grande surface.

Le même système de fondations peut s'appliquer à des terrains pierreux, graveleux ou sablonneux; mais ils sont plus mobiles, et il faut alors pénétrer à une plus grande profondeur, donner au pied des maçonneries des empatements proportionnés aux pressions exercées, et distribuer la charge aussi uniformément que possible, tant par la disposition de ces empatements qu'au moyen de libages ou d'épaisses couches de béton.

Ces terrains sont de nature à être entraînés par les eaux. Lorsqu'on redoute cet effet, on s'y oppose par des encaissements en charpente, ou, ce qui est préférable, par des murs de garde en maçonnerie, qu'on descend jusqu'au-dessous des points où l'action des eaux est susceptible de s'étendre.

On ne peut pas toujours s'établir directement sur ces différents sols; il faudrait quelquefois exécuter des déblais ou des épuisements trop dispendieux.

S'agit-il d'éviter des déblais; dans toute l'étendue des fondations, on enfonce des pilotis qu'on distribue en quinconce (Pl. I, fig. 13), et qu'on espace de 1^m,20 à 0^m,80 d'axe en axe, suivant leur diamètre et la pression totale qu'ils ont à supporter. Leur diamètre est ordinairement fixé au 24e de la longueur, sans descendre cependant au-dessous de 0^m,18, et l'on peut alors leur imposer une charge de 0^{kg},5 par millimètre carré de leur section transversale. Ces pilotis sont terminés en pointe à leur extrémité inférieure, afin de pouvoir pénétrer plus aisément dans le terrain, et il faut, en outre, les armer de sabots en fer ou en fonte, si la nature du sol qu'ils doivent traverser fait craindre que ces pointes ne s'émoussent pendant le trajet. Lorsque le terrain incompressible, auquel doit être transmis le poids de la construction superposée, est assez compacte pour qu'ils ne puissent y pénétrer, on arrête le battage dès qu'ils y sont parvenus; quand ce terrain est sablonneux ou graveleux, ils s'y enfoncent, mais avec une difficulté toujours croissante, et l'on suspend l'opération dès qu'on juge que leur résistance à l'enfoncement ne peut être vaincue par la pression qu'ils sont appelés à supporter. On se dirige habituellement d'après la règle suivante, qui est le résultat d'une longue expérience : on regarde un pieu comme susceptible de résister à une charge permanente de 25 000 kilogrammes lorsqu'il ne s'enfonce plus que de 0^m,05 environ par volée de dix coups d'un mouton du poids de 600 kilogrammes élevé à 5^m,60 de hauteur, ou de 0^m,01 par volée de trente coups d'un mouton de même poids,

Fondations sur pilotis.

élevé à 1^m,20 de hauteur. Si l'on n'avait pas besoin d'autant de résistance, on pourrait arrêter le battage plus tôt, en admettant que les pénétrations sont proportionnelles aux pressions que le terrain peut supporter.

Cette règle suffit dans la pratique ordinaire; mais il ne faudrait pas toujours s'y confier aveuglément, et il convient parfois de recourir à une épreuve directe. Elle consiste à charger les pilotis d'un poids au moins égal à celui qui doit leur être ultérieurement imposé. Malheureusement une semblable expérience n'est concluante qu'à condition d'avoir été prolongée pendant assez longtemps, car les pressions ne produisent souvent tout leur effet qu'avec beaucoup de lenteur. Elle est d'ailleurs assez dispendieuse, en ce qu'elle exige le transport et la mise en place de poids considérables.

Lorsque tous les pilotis ont été convenablement enfoncés, on les coupe de niveau à la hauteur préalablement fixée, puis on enlève dans leurs interstices toutes les terres qui ont été remuées pendant le battage, et on les remplace par une maçonnerie à pierres sèches, ou, ce qui est préférable sous le rapport de la solidité, par une maçonnerie en mortier hydraulique. On a soin de comprimer fortement ces maçonneries à mesure qu'elles s'élèvent. Elles ont pour but d'ajouter à la rigidité du système, en maintenant la tête des pilotis et en augmentant les frottements latéraux qui s'opposent à l'enfoncement.

On couronne ensuite la construction par un grillage en charpente. Il est formé de *longrines*, ou de moises, reliant les files longitudinales de pieux, et de *traversines* assemblées à mi-bois sur les premières de ces pièces, ou à tenon et mortaise sur les pilotis. La maçonnerie se prolonge jusque dans les cases du grillage, et le tout est habituellement surmonté d'une plate-forme en madriers. C'est sur le sol ainsi formé que s'élève l'édifice.

On supprime quelquefois cette plate-forme, qui a l'inconvénient de faciliter le glissement, parce que la maçonnerie y adhère fort mal, et on la remplace par une ou deux assises de forts libages, ou par une épaisse couche de béton, qui enveloppe les pieux jusqu'à une certaine profondeur, de manière à les maintenir parfaitement. Cette dernière disposition permet même de se passer de grillage, pour peu que le terrain présente une résistance convenable et soit susceptible d'être coupé verticalement. Dans ce cas, il est inutile de receper les pieux; leurs têtes inégalement élevées sont toutes comprises dans le massif de béton.

Pieux à vis. Un système fort ingénieux a été imaginé il y a quelques années en Angleterre

FONDATIONS.   155

pour enfoncer des pilotis dans le sol : c'est celui des *vis à terrain* ou *vis Mitchell*, du nom de l'inventeur [1].

Ces vis sont de diverses formes et de diverses dimensions; elles sont généralement exécutées en fonte de fer.

Pour les terrains peu résistants, les vis sont cylindriques, font à peu près un tour et demi, et ont de 1^m à $1^m,20$ de diamètre.

Pour les terrains plus difficiles à pénétrer, la vis est conique, fait jusqu'à trois tours et demi, et son diamètre ne dépasse pas $0^m,76$.

Dans les terrains très-résistants, on a recours à des tarières.

Ces vis se fixent à la partie inférieure de pieux en bois, en fer forgé ou en fonte. Ces derniers sont creux et sont souvent ouverts à leur pied, ce qui facilite leur enfoncement. On fait pénétrer la vis en saisissant la tige par un cabestan que des hommes mettent en mouvement. Il est prudent d'avoir recours à une expérience spéciale pour déterminer la profondeur à laquelle on doit s'arrêter.

Ce système a l'avantage de ne pas ébranler le sol comme le fait l'enfoncement par le choc, de permettre de pénétrer à de grandes profondeurs, de présenter une grande résistance à l'arrachement et de faciliter l'enfoncement de pieux inclinés sur l'horizon, disposition à laquelle on a quelquefois recours afin d'établir la plateforme supérieure des fondations dans un plan normal à la direction des forces qui agissent sur elle. Il a été fréquemment employé, et toujours avec succès, pour fonder sur le sable des ouvrages maritimes tels que phares, balises et jetées. La planche LXXIX représente un phare ainsi établi, et donne le détail des vis qui le supportent.

Quand un mur doit être fondé à une grande profondeur, il y a généralement avantage, sous le rapport de l'économie, à substituer, à un massif continu, une série de piles réunies par des arcs. Si, par exemple, il était nécessaire, pour arriver au sol incompressible, d'exécuter des déblais de 12 à 15 mètres de hauteur, il conviendrait de creuser, de distance en distance, des puits de forme carrée ou rectangulaire, qu'on remplirait ensuite en maçonnerie ou, plus économiquement, en béton de sable, si toutefois les terres se maintenaient convenablement. Sur les

<small>Fondations sur piles.</small>

---

[1] Consulter à ce sujet un mémoire de M. l'ingénieur en chef Chevallier, inséré dans les *Annales des ponts et chaussées* de 1855.

piles ainsi formées, on appuierait des voûtes en maçonnerie, qu'on pourrait d'ailleurs exécuter sans cintre, si l'on donnait au déblai entre les piles la forme de l'intrados de la voûte. Cette disposition est représentée planche I, figure 16.

Pilotis de sable.

Enfin, on remplace quelquefois, également dans un but d'économie, des pilotis entièrement enfoncés dans les terres, par du sable ou du béton de sable. On forme, au moyen d'un pieu, des espèces de trous de sonde qu'on descend jusqu'à la profondeur voulue, et qu'on remplit successivement après qu'il a été retiré, en ayant soin de comprimer la matière de temps à autre et d'arroser si l'on emploie du sable. On ne doit d'ailleurs se contenter de sable pur que si le terrain traversé présente une assez grande résistance, et n'est pas susceptible d'être envahi par les eaux.

Fondations au sein des eaux.

Lorsqu'il s'agit de fonder un édifice au sein des eaux, on a recours, selon les circonstances locales, à l'un ou à l'autre des procédés suivants.

Fondations par épuisements. Ce procédé consiste à entourer de *batardeaux* l'emplacement des fondations, à épuiser les eaux contenues dans cette enceinte, et à s'établir ensuite, à la manière ordinaire, sur le sol ainsi mis à nu. La composition et la forme des batardeaux varient avec la hauteur et l'impétuosité des eaux qu'ils ont à soutenir, et avec les ressources dont on peut disposer. Tantôt ce sont de simples digues en terre avec talus au dehors et au dedans; tantôt ces digues sont appuyées contre une enceinte, ou comprises entre deux enceintes de pieux et de palplanches jointives (les palplanches sont des madriers de $0^m,10$ à $0^m,15$ d'épaisseur, terminés en pointe à leur extrémité inférieure); quelquefois elles se réduisent uniquement à des panneaux en charpente qui se combinent et se maintiennent de différentes manières; en quelques circonstances enfin, on a employé avec avantage des toiles goudronnées, lorsqu'il s'agissait de hauteurs d'eau peu considérables. Quant aux machines au moyen desquelles s'opèrent les épuisements, ce sont des seaux, des pelles hollandaises, des vis d'Archimède, des norias, des roues à tympans, des pompes de divers systèmes. C'est d'après la quantité d'eau à épuiser, la hauteur à laquelle il faut l'élever, l'espace et le nombre d'hommes dont on peut disposer, et une foule d'autres circonstances locales, qu'on se décide en faveur de l'une ou de l'autre de ces machines, et qu'on détermine le moteur à lui appliquer.

Fondations sur pilotis et grillage sans épuisements. Une fondation sur pilotis et grillage peut être établie sans épuisements. On procède ainsi qu'il a été dit plus haut, avec cette seule modification, que la maçonnerie des intervalles des pieux est remplacée par des enrochements, ou par du béton qui est contenu latéralement par une enceinte de palplanches. On coupe les pieux à une faible profondeur au-dessous du niveau des eaux, 0^m,40 à 0^m,50, et le grillage, ainsi que la première assise de pierres, peut se poser dans l'eau. Toutefois, on est assez ordinairement obligé de faire quelques épuisements, parce que la hauteur des eaux est rarement constante, et qu'on ne peut pas toujours profiter de l'étiage pour exécuter cette opération.

Fondations par caissons. Ce système permet de descendre les fondations à une plus grande profondeur au-dessous du niveau des eaux. Le caisson est une sorte de grand bateau à fond plat dont les faces latérales sont susceptibles de se démonter, et s'enlèvent lorsque les travaux sont suffisamment avancés. On l'amène en place, puis on le fait échouer, soit par la pesanteur des maçonneries qu'on y élève, soit en le chargeant de matériaux qu'on retire ensuite au fur et à mesure des progrès de la construction; on y laisse d'ailleurs presque toujours entrer l'eau, quand il se trouve à peu de distance du sol préparé pour le recevoir, afin de déterminer l'échouage à volonté et alors que toutes les mesures sont prises pour l'opérer convenablement. Lorsque le terrain qui forme le lit du fleuve est incompressible, on peut se contenter de le niveler, et y faire reposer immédiatement le caisson. Ce système paraît avoir été appliqué pour la première fois, en 1750, aux piles du pont de Westminster.

Le plus habituellement, on enfonce des pilotis; on les recèpe de niveau, à la profondeur voulue, au moyen de machines spécialement consacrées à cet usage; on remplit d'enrochements ou de béton l'intervalle qui les sépare; puis on fait échouer le caisson sur leurs têtes. C'est ainsi qu'ont été fondés les ponts d'Austerlitz et d'Iéna à Paris, les ponts de Sèvres, de Rouen, etc., et un grand nombre d'ouvrages exécutés soit à la mer, soit en lit de rivière.

La figure 14 de la planche I montre quelle est la disposition de ces caissons; elle représente une coupe transversale. AB est le fond du caisson mis en place; il est formé de fortes pièces équarries, jointives, qui s'assemblent à rainure dans les pièces de rive. Les côtés AC, BD sont composés de poteaux contre lesquels s'appuient des châssis en madriers; ces châssis sont reçus dans des rainures pratiquées sur les faces latérales des poteaux, et ces derniers sont reliés deux à deux à leur partie supérieure par des traverses horizontales. Ce sont ces traverses qui maintiennent tout le système; elles sont fixées au fond par des tirants en fer qui sont attachés à un crochet par le bas et serrés en haut par un écrou. On voit qu'il suffit d'enlever les écrous pour détacher les parois latérales du caisson.

Fondations sur massifs de béton. Depuis quelques années, on emploie très-fréquemment un mode de fondation plus simple et plus économique que le précédent. Il n'est pas d'invention moderne, car Vitruve[1] le décrit très-nettement, et il paraît d'ailleurs qu'il n'a jamais cessé d'être en usage sur les bords de la Méditerranée; mais les travaux de M. Vicat sur la fabrication des mortiers hydrauliques en ont généralisé les applications. Il consiste à former, autour de l'emplacement des fondations, une enceinte de pieux et palplanches jointives, à draguer dans cette enceinte jusqu'à ce qu'on soit arrivé à un sol suffisamment incompressible, puis à la remplir en béton jusqu'à la hauteur fixée pour l'établissement de la première assise de maçonnerie. Cette disposition est représentée figure 15. C'est par ce moyen qu'on a fondé la plupart des ponts nouvellement jetés sur le Rhône, le pont du Carrousel à Paris, etc.

On ne peut enfoncer de pilotis lorsqu'il faut s'établir sur un fond de rocher qu'aucune terre ne recouvre. On emploie alors, pour former l'enceinte, un coffre sans fond, composé de montants et de fortes palplanches qui sont maintenues par deux ou trois cours d'entretoises horizontales, entre lesquelles elles peuvent glisser et entre lesquelles on les fait descendre jusqu'à ce qu'elles s'appuient sur le rocher. On remplit l'enceinte de béton, dès que cette opération est terminée.

Fondations tubulaires. Un système de fondations fort ingénieux est en usage dans l'Inde depuis un temps immémorial, et a fait de grands progrès entre les mains des Anglais. Il convient parfaitement lorsque les terres à traverser présentent peu de résistance. Il consiste à faire descendre, dans le terrain envahi par les eaux, des puits à base circulaire ou carrée, et à les remplir ensuite en maçonnerie. Une couronne en charpente se pose sur le sol, dès que les fouilles sont parvenues au niveau de la nappe liquide, on construit au-dessus un tube de faible hauteur en maçonnerie de briques, on drague dans l'intérieur, on charge le tube en le prolongeant, on l'oblige ainsi à s'enfoncer, et l'on continue à élever la maçonnerie et à faire descendre l'ouvrage jusqu'à ce qu'on soit arrivé à un sol jugé suffisamment incompressible. Dans quelques circonstances, on a fait reposer plusieurs de ces tubes sur une même plate-forme en charpente.

---

[1] Vitruve, livre V, chap. XII.

FONDATIONS.

Une méthode qui a beaucoup d'analogie avec la précédente est entrée depuis quelques années dans la pratique des travaux publics, et s'applique aux diverses natures de terrains. De grands tubes sans fond, en fonte ou en tôle de fer, se posent verticalement sur le lit du fleuve; on y comprime l'air de manière à refouler toute l'eau qu'ils renferment; les dragages d'abord, puis les maçonneries s'exécutent à sec. Il est nécessaire de charger ces tubes, pour déterminer leur enfoncement et pour prévenir les effets de la sous-pression qui tend à les soulever. Plusieurs de ces ouvrages sont disposés de manière qu'on puisse, après l'achèvement du travail, retirer toute la partie du tube qui s'élève au-dessus de l'eau.

Ce procédé paraît avoir été employé en France pour la première fois. En 1841, M. Triger a annoncé à l'Académie des sciences qu'il y avait eu recours avec succès pour ouvrir un puits de mine dans un terrain qu'inondaient les eaux de la Loire. Mais c'est en Angleterre qu'il a reçu sa première application pour l'établissement de fondations au sein des eaux. Les piles du pont de Rochester ont été fondées de cette manière en 1851, et c'est ainsi qu'a été construite la pile centrale du grand pont de Saltash, sur $10^m,65$ de diamètre et par une profondeur d'eau de $21^m,35$ à haute mer.

Le pont récemment construit sur la Gironde, à Bordeaux, pour les chemins de fer qui se réunissent en cette ville, repose sur des piles composées chacune de deux colonnes isolées de $3^m,60$ de diamètre, et c'est également au moyen de l'air comprimé que ces points d'appui ont été établis. Mais plusieurs dispositions nouvelles et heureuses ont été adoptées à cet effet, et il paraît utile d'en dire quelques mots.

Le fleuve coule sur un fond de gravier susceptible d'affouillement, et qui est couvert à haute mer de $13^m,35$ d'eau dans l'emplacement de la première pile de la rive droite. On a jugé prudent de descendre les fondations jusqu'à $7^m,50$ au-dessous du sol, de sorte que la pression d'eau s'est élevée sur le fond du tube à $20^m,85$.

Chaque colonne se compose de tambours en fonte de $3^m,60$ de diamètre et de $0^m,04$ d'épaisseur, qui ont été successivement posés et boulonnés les uns sur les autres. Leurs joints sont à emboîtement, sont parfaitement dressés et sont rendus étanches par une corde de caoutchouc qui en occupe le milieu.

La pression nécessaire pour déterminer l'enfoncement d'une colonne de fonte était transmise par quatre presses hydrauliques, dont les tiges de piston étaient réunies deux à deux par une forte poutre en tôle qui s'appuyait sur la partie supérieure de la colonne. On réglait la charge ainsi qu'il convenait, et l'on pouvait même l'exercer en sens inverse, quand il paraissait nécessaire de relever un peu la colonne, car ces presses étaient à double effet. Un contre-poids formé de rails les maintenait sur le pont de service; il s'est élevé à 200 000 kilogr.

A la partie supérieure de la colonne était une écluse à air ou chambre d'équilibre, destinée à assurer les communications entre l'intérieur et le dehors. Formée au moyen de deux plateaux en tôle fixés sur les brides des tambours, elle embrassait quatre de ces tambours dans sa hauteur, qui était de $4^m,50$. Chacun des plateaux était percé de deux portes. Voulait-on faire sortir du tube des hommes ou des matériaux; ils se rendaient dans la chambre, mise au préalable en équilibre avec l'intérieur, et dont les portes inférieures étaient ouvertes; on fermait ces portes, on tournait les robinets mettant la chambre en communication avec l'extérieur, puis on ouvrait les portes du plateau supérieur dès que l'équilibre était établi. La marche inverse était suivie pour entrer dans le tube.

Il est à remarquer qu'on n'était pas obligé de déplacer la chambre d'équilibre à mesure que le tube s'enfonçait. On la surmontait des nouveaux tambours qui devenaient successivement nécessaires, et elle n'était reportée au sommet que quand elle approchait du niveau des eaux.

Le montage des déblais s'effectuait avec des treuils mus par des hommes, et ils se déposaient dans la chambre d'équilibre, jusqu'à ce qu'elle fût remplie. Il fallait ensuite une éclusée pour les retirer.

Quand le tube était descendu à la profondeur voulue, on versait le béton dans de grands entonnoirs installés sur chacun des plateaux, et en procédant par éclusées, comme pour l'extraction. Le béton était ensuite pilonné avec soin.

L'air était comprimé par une machine à vapeur locomobile installée sur le pont de service.

Ce système de construction présente deux inconvénients principaux : il exige le transport de poids considérables pour déterminer l'enfoncement des tubes, et la maçonnerie de remplissage est soumise pendant l'opération à des alternatives de pression parfois fort diverses, qui paraissent avoir pour effet d'y déterminer des ruptures partielles et de s'opposer par suite au durcissement.

Une autre disposition, plus satisfaisante à ces deux points de vue, a été adoptée

FONDATIONS. 161

pour la fondation des piles du pont de Kehl sur le Rhin, en un endroit où, dans les crues, la vitesse des eaux s'élève à 5 mètres par seconde et la hauteur à près de 11 mètres, et où le lit du fleuve est formé de gravier susceptible d'être affouillé jusqu'à une grande profondeur. Elle a été également appliquée avec succès, dans des conditions analogues, à deux ponts établis sur la partie inférieure du cours du Rhône, l'un à la Voulte, l'autre à Arles.

Un grand caisson en tôle, sans fond, présentant même section horizontale que la pile à établir, est divisé en deux parties sur sa hauteur par un plancher horizontal également en tôle et solidement assujetti. Des tubes verticaux traversent ce plancher et servent aux communications de l'extérieur avec le compartiment inférieur sous lequel s'introduit l'air comprimé et s'effectuent les déblais. La maçonnerie de la pile s'élève sur le plancher, où elle est exécutée en plein air, et elle détermine par son poids l'enfoncement successif du caisson. Enfin, quand on est parvenu à la profondeur jugée nécessaire, on remplit en maçonnerie le compartiment resté vide jusqu'alors, on enlève les tubes et l'on verse du béton dans leur emplacement.

Au pont de la Voulte, les caissons des piles avaient 12 mètres de longueur sur 5 mètres de largeur. Le plancher de chacun d'eux, établi à $2^m,65$ au-dessus de l'arête inférieure de l'enveloppe, était consolidé et rattaché à la paroi par de vigoureuses armatures en tôle, dont les intervalles ont été remplis dès l'abord en maçonnerie de briques et ciment. Les tôles de la partie du caisson située au-dessous de ce plancher, lesquelles étaient appelées, pendant toute la durée de l'opération du fonçage, à supporter et à transmettre sur le sol la pression exercée par la construction superposée, devaient présenter beaucoup de résistance, et ont reçu $0^m,010$ d'épaisseur. Au-dessus, cette épaisseur a été réduite à $0^m,004$.

Trois tubes verticaux ont été élevés sur le plancher. Le tube central, de 2 mètres de diamètre, descendait au-dessous et un peu plus bas que l'arête du caisson, de sorte que son orifice inférieur était toujours plongé dans l'eau. Il était uniquement destiné à l'extraction des déblais, qui étaient rejetés au-dessous de cet orifice par les ouvriers placés dans la *chambre de travail*, et que saisissaient et remontaient les hottes d'une drague mise en mouvement par une petite machine à vapeur. Ce tube était ouvert à son sommet comme à son pied, et l'eau s'y élevait au même niveau que celle du fleuve. Les deux autres tubes étaient destinés aux mouvements des ouvriers et des matériaux de remplissage du compartiment inférieur ; ils avaient 1 mètre de diamètre et étaient surmontés chacun d'une écluse à air.

La descente du caisson était régularisée au moyen de huit vérins montés sur la plate-forme supérieure de l'échafaudage et fixés à autant de chaînes de suspension qui saisissaient le caisson à sa partie supérieure.

Tous les caissons ont été arasés au niveau de l'étiage, et une hausse mobile de $2^m,50$ de hauteur a formé au-dessus de chacun d'eux un batardeau pour la pose du socle et de quelques assises à la suite.

Le poids des fers d'un caisson s'est élevé à 39 000 kilogr. pour une profondeur de 10 mètres au-dessous de l'étiage.

Un autre système de fondation, paraissant réunir les mérites de l'un et de l'autre de ceux dont on vient de parler, a été appliqué aux piles d'un pont récemment construit sur la Seine, à Argenteuil, pour le passage d'un des embranchements du chemin de fer de l'Ouest.

Chacune de ces piles est composée, comme celles du pont de Bordeaux, de deux colonnes isolées, réunies à leur partie supérieure et formées de tambours en fonte superposés. Le diamètre des tubes a été fixé à $3^m,60$ au-dessous de l'étiage et à $3^m,20$ au-dessus. La chambre de travail de la partie inférieure est enveloppée d'une armature en fonte de forme conique, et l'intervalle existant entre cette armature et le tube a été rempli en maçonnerie de pierres de taille et ciment de Portland, de manière à charger le pied de la construction et à constituer une fermeture hermétique, sur laquelle les inégalités de pression ne pouvaient produire aucun effet. Au-dessus de cette chambre s'élevait une cheminée centrale de $1^m,10$ de diamètre, destinée à la circulation des hommes et des matériaux, laquelle était surmontée d'une écluse à air qu'on relevait à mesure que le tube s'enfonçait. Cette écluse était formée d'une partie centrale, cylindrique, toujours en communication avec le tube dont elle était le prolongement, et qui donnait accès par deux portes dans une enveloppe annulaire, laquelle, divisée en deux par des plans verticaux, formait deux sas distincts. Grâce à cette dernière disposition, le travail n'était jamais interrompu, chaque sas étant alternativement ouvert sur la cheminée et au dehors. Sauf dans l'espace occupé par la cheminée, le tube se remplissait, à mesure qu'il s'enfonçait, en maçonnerie exécutée à l'air libre ; puis, dès qu'il était parvenu à la profondeur voulue, on remplissait la chambre de travail en béton, en ayant soin d'assurer l'équilibre des pressions au moyen de quelques tubes en fer, ouverts d'un côté dans le sol, de l'autre dans la cheminée. L'écluse et cette cheminée étaient ensuite démontées, et le vide que laissait cette dernière était comblé en maçonnerie.

On a descendu ainsi la fondation d'une des piles jusqu'à $18^m,50$ au-dessous de l'étiage.

La figure 17 de la planche I représente une coupe de la chambre de travail ainsi que le plan et la coupe de l'écluse à air d'un de ces tubes. Les portes extérieures de l'un et l'autre sas sont marquées A, et les portes ouvertes sur le tube y sont indiquées par la lettre B. La coupe de l'écluse est prise suivant l'axe commun à toutes ces ouvertures.

Les fondations tubulaires constituent un grand progrès dans l'art des constructions, et paraissent devoir être adoptées toutes les fois qu'il est nécessaire de descendre à de grandes profondeurs. Ce système l'emporte alors sur tous les autres par la solidité, l'économie et la rapidité de l'exécution.

Les scaphandres, appareils dont le principe est connu depuis longtemps, mais qui n'ont été convenablement améliorés et ne sont entrés dans la pratique des travaux que depuis un petit nombre d'années, ont été employés avec succès à l'établissement de fondations sous l'eau et même à de grandes profondeurs. Les scaphandres actuels présentent de la diversité dans la disposition des détails, mais sont tous conçus dans le même ordre d'idées. Ils consistent essentiellement en un vêtement imperméable au sommet duquel se fixe, au moyen d'écrous, un grand casque en bronze muni d'oculaires, qui couvre la tête du plongeur et repose sur ses épaules. L'air nécessaire à la respiration est envoyé dans l'intérieur de ce casque à l'aide d'une pompe foulante et d'un tuyau en caoutchouc vissé sur le sommet de l'appareil. Une soupape s'ouvrant du dedans au dehors sert à l'évacuation de l'air. Le plongeur est d'ailleurs chargé de poids qui lui permettent de se maintenir à la profondeur voulue. Libre de ses mouvements, l'ouvrier muni d'un scaphandre travaille sous l'eau, comme il ferait en plein air; mais il n'opère pas avec autant de promptitude, et ne peut pas non plus travailler aussi longtemps. En outre son salaire est plus élevé, et de deux à quatre hommes, suivant les circonstances, sont attachés au service de la pompe alimentaire. Il en résulte que ce système est fort dispendieux, et qu'il ne convient d'y avoir recours que dans des cas exceptionnels. Les réparations à faire sous l'eau à des

Scaphandres.

constructions existantes y trouvent de grandes facilités, et même de l'économie toutes les fois que la profondeur est un peu considérable.

Affouillements. — Quel que soit le système employé pour établir une fondation dans l'eau, il importe de se mettre en garde contre l'action corrosive des courants, car elle a causé la ruine de beaucoup d'ouvrages hydrauliques. On se garantit des affouillements de diverses manières : en versant des enrochements à pierres perdues au pourtour de la fondation ; en entourant le pied de l'ouvrage d'une file de palplanches ou de pieux jointifs, et en remplissant de béton ou d'enrochements l'enceinte ainsi formée ; en couvrant d'une forte couche de maçonnerie toute la surface menacée. Le premier moyen est le plus économique, le plus fréquemment employé, mais le moins efficace ; on préfère le second, quand la profondeur d'eau est considérable, et lorsqu'on peut faire pénétrer les pieux au delà de la limite des affouillements ; on a surtout recours au troisième quand il faut s'établir sur une rivière torrentielle à fond de gravier mobile. C'est ainsi qu'ont été garanties les fondations du pont de Moulins sur l'Allier. Trois ponts, dont le dernier exécuté sous la direction de Hardouin Mansart, avaient été successivement emportés par suite d'affouillements, et l'on paraissait avoir renoncé à établir aucun ouvrage de ce genre dans cette localité, lorsque M. de Règemorte produisit et fit approuver un nouveau projet dont l'expérience a parfaitement justifié les dispositions. Le lit de l'Allier, à Moulins, est formé de gravier susceptible d'être affouillé jusqu'à 5 mètres de profondeur, et dans lequel il est fort difficile de faire pénétrer des pieux. M. de Règemorte prit le parti de le couvrir d'une couche de maçonnerie de $1^m,65$ d'épaisseur, arasée à un mètre au-dessous du niveau de l'étiage, s'étendant d'une rive à l'autre sur 34 mètres de largeur, et défendue par un mur de garde, à l'amont et à l'aval ; ce fut sur ce *radier général* qu'il éleva les piles du pont. Le même système, mais amélioré en tout ce qui concerne les moyens d'exécution, a été employé avec non moins de succès, il y a quelques années, par M. l'ingénieur Jullien, pour l'établissement d'un pont canal construit sur la même rivière, à peu de distance de son embouchure dans la Loire.

On conçoit qu'il est impossible de prescrire d'une manière absolue, en se maintenant dans les généralités, aucun des systèmes de fondation et de garantie qui viennent d'être indiqués ; il faut fixer son choix, dans chaque cas particulier, en prenant en considération la composition du sol, la hauteur et le régime des eaux, la nature de la construction, la qualité et le prix des matériaux.

III. — FONDATIONS SUR TERRAINS COMPRESSIBLES.

Quand le terrain solide se trouve à une trop grande profondeur pour qu'on puisse y atteindre, il faut se résoudre à s'établir sur le sol compressible, et l'on a recours alors à différents procédés.

Le terrain est-il homogène et peu compressible; on assoit les fondations sur des plates-formes horizontales composées de fortes pièces de charpentes jointives ou très-rapprochées; on leur donne des empatements proportionnés à la compressibilité du sol et à la charge qu'il devra supporter en chaque point, de manière que la pression par unité de surface ne dépasse pas une certaine limite et soit à peu près constante dans toute l'étendue de la construction. Il convient, en outre, d'élever les maçonneries aussi uniformément que possible, afin de prévenir les inégalités de tassement. Souvent on substitue un massif en béton à la plate-forme en charpente, en ayant soin de lui donner une épaisseur telle qu'on n'ait pas à redouter sa rupture. Fondations sur terrains peu compressibles.

Lorsqu'on n'est pas exposé aux corrosions, il y a avantage à placer au-dessous de la plate-forme ou du massif de béton, une forte couche de sable convenablement comprimé; elle a pour objet de répartir la pression sur une plus grande surface, et elle permet de réduire l'étendue des empatements et, par suite, le cube de la maçonnerie. Les fondations sur pilotis réussissent fort bien sur ces terrains quand ils ne sont pas détrempés par les eaux. Elles sont presque toujours plus dispendieuses que celles qui viennent d'être indiquées; mais elles offrent plus de sécurité, et permettent d'évaluer avec plus de certitude la résistance dont elles sont susceptibles. Aussi convient-il d'y avoir recours quand il s'agit de constructions de nature à exercer des pressions considérables.

Quand le terrain est très-compressible, les dispositions précédentes exigeraient beaucoup d'étendue pour les fondations; elles ne seraient par conséquent pas toujours praticables, et entraîneraient d'ailleurs à de grandes dépenses. On s'attache alors à diminuer au préalable la compressibilité du sol. On y parvient de deux manières : Fondations sur terrains très-compressibles.

1° En chargeant le sol de pierres qui s'y enfoncent, le compriment et augmentent ainsi sa résistance; la masse de pierres à verser croît avec la compressibilité du sol et la charge qu'il doit supporter;

2° En enfonçant des pilotis, qu'on met en fiche par le gros bout afin qu'ils ne puissent être soulevés par la réaction du terrain. Ils agissent à la manière des pierres : ils compriment. On a recours, suivant les circonstances, à des pieux de fortes ou de faibles dimensions; aux premiers, quand la résistance des couches augmente avec la profondeur, aux seconds dans le cas contraire. On a combiné quelquefois ces deux modes de compression en enfonçant des pierres entre les pieux après le recepage.

Quel que soit d'ailleurs le système adopté, il faut l'appliquer sur une surface beaucoup plus grande que celle qui est occupée par les constructions, et l'étendre surtout du côté où la translation horizontale paraît à redouter. On s'établit ensuite sur le terrain ainsi solidifié, avec de larges plates-formes de charpente ou de béton, comme sur un sol peu compressible.

Les terrains d'argile détrempée par les eaux présentent de grandes difficultés: visqueux, élastiques, agissant à la manière des fluides, ils cèdent facilement à la pression qui leur est imposée et la transmettent en tous sens; ils s'affaissent inégalement pour peu qu'ils ne soient pas comprimés avec la même intensité dans toute l'étendue de la construction, et se relèvent souvent soit au dehors, soit au dedans, sous les parties les moins pesantes. On ne peut y employer de pilotis, parce qu'ils n'y adhèrent point et ont même une grande tendance à les soulever, non-seulement par suite de charges inégales, mais encore pendant le battage, à raison de la réaction qu'exerce le terrain, comprimé par les pieux qu'on enfonce, sur les pieux déjà mis en place. Cette opération, en macérant le sol, n'a d'autre effet que d'en exalter les fâcheuses propriétés. Il faut, pour s'asseoir avec quelque sécurité sur un terrain de cette nature, avoir recours à des plates-formes étendues, à de larges empatements; répartir les pressions avec une grande uniformité, même pendant l'exécution du travail, et charger, au besoin par des remblais les abords de l'édifice. Il est d'ailleurs prudent, avant d'élever les parties supérieures de la construction, d'imposer aux massifs inférieurs, et cela pendant quelques mois, un poids au moins égal à celui qu'ils auront à supporter plus tard.

Les difficultés qu'on éprouve à s'établir solidement sur des terrains compressibles augmentent encore, lorsque l'emplacement des fondations est envahi par les eaux. Il faut combiner alors les moyens qui viennent d'être indiqués avec ceux qui ont été décrits plus haut pour fonder sur terrains immergés et incompressibles.

IV. — DE L'ÉPAISSEUR DES FONDATIONS.

Quelques auteurs ont cru pouvoir prescrire des règles fixes au sujet de l'empatement à donner aux fondations. Ainsi, Palladio veut que les fondations aient une épaisseur double de celle des murs qu'elles supportent; Scamozzi fait varier cette augmentation d'épaisseur depuis un sixième jusqu'à un quart; Philibert Delorme la porte à moitié. Tous s'accordent pour recommander de répartir également les empatements de chaque côté du mur, de telle sorte que les axes des murs et de leurs fondations se projettent horizontalement suivant une même ligne. Il est évident, d'après ce qui a été dit plus haut, que ces préceptes sont erronés en tant qu'absolus. L'épaisseur des fondations doit varier avec la nature de la construction et celle du terrain; elle doit être d'autant plus grande que le sol est plus compressible et la pression plus considérable. Quant aux empatements, ce n'est pas en vue de la position de l'axe du mur qu'ils doivent être distribués, mais bien d'après celle du point d'application de la résultante de toutes les forces qui agissent sur la fondation, et aussi suivant que le terrain est ou n'est pas compressible. Dans le premier cas, il ne suffit pas que la pression soit reportée sur une grande surface, il faut encore qu'elle y soit répartie le plus uniformément possible, et c'est là un point d'autant plus essentiel, que le terrain présente moins de résistance. Cette condition exige que, dans chaque tranche verticale du mur, la force qui comprime vienne rencontrer la surface comprimée, l'assiette des fondations, au milieu de sa largeur.

Disposition
des
empatements.

Soient ABCD (Pl. I, fig. 17) la section transversale d'un mur, MN le niveau des fondations, XY la direction de la résultante de toutes les forces qui agissent sur elles, PQ la largeur à donner aux fondations. Si les empatements étaient également portés de chaque côté du mur, il est évident, quelque hypothèse qu'on puisse faire d'ailleurs sur la manière dont l'effort se répartira de chaque côté du point Y, que la pression par unité de surface sera plus grande sur PY que sur YQ, et que dès lors il y aura plus de tendance à l'affaissement d'un côté que de l'autre. Que le terrain y obéisse, le mur s'inclinera du côté du point P, et il pourra y avoir renversement. Mais, si les empatements sont reportés de ce côté, ainsi qu'il est indiqué sur la figure par des lignes ponctuées, de telle sorte que P′Y approche d'être égal à YQ′, cette tendance pourra être, sinon complétement anéantie, au moins réduite au point de n'être plus redoutable. S'il y a affaissement, il sera le même dans toute la largeur de la fondation ; la construction pourra descendre d'une petite quantité, mais elle ne se déversera pas. Ainsi, pour les murs qui ont des voûtes, des terres ou des liquides à soutenir, il convient de donner plus d'empatement au dehors qu'au dedans, et même, le plus souvent, de supprimer toute saillie de ce dernier côté.

Quand le terrain peut être regardé comme tout à fait incompressible, il suffit que la résultante des forces tombe dans le plan des fondations et à une telle distance des arêtes extérieures qu'on n'ait point à redouter l'écrasement des maçonneries. Toute garantie de résistance étant donnée par le sol, c'est à la construction seule qu'il importe d'avoir égard, et c'est uniquement d'après ses conditions que se déterminent les empatements.

CHAPITRE DEUXIÈME.

MURS.

I. — DISPOSITION.

Les divers systèmes de construction en pierre peuvent être divisés en deux classes principales : les constructions homogènes et les constructions mixtes.

Constructions homogènes en pierres de taille. Dans la Grèce et dans la Rome antiques, la plupart des constructions en pierres de taille étaient exécutées sans mortier. Les surfaces en contact étaient dressées et travaillées avec le plus grand soin, à un tel point que quelques personnes ont supposé qu'elles étaient frottées les unes contre les autres, afin de les faire coïncider très-exactement dans toute leur étendue ; les joints des pierres étaient à peine visibles. Les blocs étant, en général, de très-fortes dimensions, leur pesanteur donnait une garantie suffisante de stabilité, et soit quand ces dimensions paraissaient trop faibles, soit lorsque la position des pierres faisait craindre le renversement ou le glissement, on avait recours à des crampons en fer ou en bronze, ou même à des queues d'hironde en bois, qu'on encastrait de toute leur épaisseur.

Dans quelques constructions qui remontent à une haute antiquité, et qu'on attribue aux Pélasges, les pierres sont de forme polygonale, ainsi que le représente la figure 1 de la planche II ; mais, dans la plupart des constructions grecques et romaines, on a adopté la forme rectangulaire et la disposition par assises horizontales.

<small>Constructions en pierres de taille.</small>

Ce dernier mode est le seul que nous suivions aujourd'hui, mais en faisant intervenir le mortier dans la construction. Le mortier a pour but de relier les pierres entre elles, et de répartir les pressions sur toute l'étendue des surfaces appelées à les supporter. Il n'est pas nécessaire alors de dresser les lits avec autant de précision et de soins que dans les constructions antiques, d'où il résulte une notable économie dans les dépenses; mais, en revanche, l'exécution est de moins belle apparence, car les joints qui séparent les pierres ont plus de largeur. Ces joints sont en outre sujets à se dégarnir et à donner passage aux filtrations ou prise à ces végétaux parasites qui sont des causes assez énergiques de destruction. On ne doit point d'ailleurs se reposer avec trop de confiance sur l'efficacité du mortier pour compenser les défauts de la taille des lits, car il n'est pas absolument incompressible; il diminue de volume en séchant, et, si les surfaces en contact étaient trop grossièrement préparées, les pierres viendraient à se toucher ou à se comprimer en quelques points seulement, ce qui pourrait déterminer leur rupture. Pareils accidents se sont produits lors de la construction des piliers qui supportent le dôme du Panthéon, à Paris. Afin d'obtenir des joints plus minces, on avait évidé, *démaigri* les lits, ainsi que l'indique la figure 6 de la planche II, et, lorsque le mortier s'est affaissé, la pression a été reportée en grande partie sur les arêtes extérieures qui n'ont pu y résister et se sont brisées. On a été obligé d'augmenter l'épaisseur des piliers, et de remplacer à grands frais les pierres défectueuses. Toutefois, quoique limités, les avantages qu'on retire de l'emploi du mortier l'emportent sur les inconvénients qu'il présente, et il convient toujours d'y avoir recours, sauf en quelques circonstances tout à fait exceptionnelles.

Il faut disposer les pierres les unes par rapport aux autres, de manière à s'opposer autant que possible à leur disjonction. Les joints d'une assise ne doivent jamais se trouver dans le prolongement de ceux de l'assise inférieure, ils doivent les *découper;* et, quand plusieurs rangées de pierres sont nécessaires pour former l'épaisseur du mur, il faut les enchevêtrer de telle sorte qu'une séparation dans le sens longitudinal ne puisse s'opérer en ligne droite. Ainsi, on met alternativement à l'extérieur le grand et le petit côté des pierres dans chaque assise, et l'on a en outre le soin de placer, de distance en distance, des pierres embrassant toute l'épaisseur du mur, quand elle n'est pas trop considérable. On réserve d'ailleurs les pierres de fortes dimensions pour les parties les plus exposées aux dégradations.

On donne le nom de *carreaux* aux pierres dont le plus grand côté est mis en parement, de *boutisses* à celles qui occupent une position inverse, de *parpaings* à celles qui font parement sur les deux faces du mur.

Ce système de construction, à la fois simple et solide, a été employé avec une extrême régularité dans quelques temples de l'antiquité; toutes les assises y sont de même hauteur, toutes les pierres de mêmes dimensions apparentes; c'est l'ἰσόδομος des Grecs, l'*opus isodomum* des Romains. D'autres constructions de la même époque présentent des assises alternativement hautes et basses; cette distribution, qui est fort convenable toutes les fois que les carrières fournissent des pierres de hauteurs inégales, constituait l'*opus pseudisodomum*. Les figures 2, 3, 4 et 5 de la planche II montrent que ces constructions peuvent être exécutées avec des pierres de formes et de dimensions fort diverses, et se prêtent à des combinaisons assez variées. La figure 5 indique une disposition qui a été employée dans quelques constructions de l'antiquité, et qui consiste à composer chaque assise de pierres semblables; on fait alterner ainsi des assises de parpaings ou de boutisses avec des assises de carreaux. La liaison est fort imparfaite dans chaque rang, mais celle de l'ensemble est assez bien établie.

Constructions en pierres de taille des Grecs et des Romains.

Il y a avantage, sous le rapport de la solidité, à employer des pierres de très-fortes dimensions; mais on est limité à cet égard, d'abord par les difficultés de transport et de mise en place, puis parce que les hauteurs des pierres sont souvent assez bornées et qu'il convient d'observer un certain rapport entre les dimensions horizontales et la hauteur, afin que la pierre ne soit point exposée à se rompre par suite des inégalités de compression qu'il est prudent de prévoir. Ce rapport dépend évidemment de la résistance de la pierre et de la pression à supporter. Habituellement les longueurs ne dépassent pas quatre fois la hauteur pour les pierres de force moyenne, et cinq fois pour les pierres très-résistantes comme les granits[1].

Proportions des pierres.

[1] La description des procédés d'exécution n'entre nullement dans le cadre de cet ouvrage, cependant ceux qui se rapportent à la mise en place des pierres de taille exercent une trop grande influence sur la solidité des constructions pour que je puisse me résoudre à les passer entièrement sous silence. A Paris et dans quelques grandes villes, on em-

Constructions homogènes en moellons. Il faut distinguer celles qui s'exécutent en moellons piqués ou smillés de celles qui sont formées de moellons bruts. Les premières se disposent de la même manière que les maçonneries en pierres de taille, dont elles ne diffèrent que par de plus petites dimensions dans les pierres et moins de perfection dans le travail des lits et des joints. Il résulte de ces motifs d'infériorité une plus grande nécessité d'entrelacer les pierres, de placer des parpaings de distance en distance, et d'unir le tout au moyen d'un mortier.

Cette nécessité est plus grande encore pour les maçonneries de moellons bruts; mais ce dernier genre d'ouvrage, quelque soin qu'on apporte d'ailleurs à son exécution, laisse toujours beaucoup à désirer dans les parties qui sont le plus exposées aux dégradations, telles que les encoignures saillantes et les couronnements. Aussi réserve-t-on presque toujours, pour ces endroits, des matériaux plus parfaits, des pierres de taille, des moellons smillés, ou même de fortes briques; mais alors la maçonnerie n'est plus homogène, elle rentre dans les maçonneries mixtes, dont il sera parlé plus bas.

Les figures 7 et 8 représentent, en projection horizontale, des fragments de murs exécutés en moellons.

Constructions homogènes en briques. Quoique les briques le plus en usage présentent de fort petites dimensions, la régularité de leurs formes et l'adhérence qu'elles contractent avec le mortier les rendent susceptibles de constituer de très-bonnes maçonneries. Cependant il est à regretter qu'on ait abandonné la pratiq suivie par les Romains, qui admettaient deux sortes de briques dans les constructions de ce genre. Il serait bien d'établir, à leur exemple, la majeure partie de l'ouvrage en briques de dimensions ordinaires, et d'en avoir d'autres, plus longues

---

ploie à cet effet une méthode fort expéditive, mais très-vicieuse, qui consiste à poser les pierres à sec sur des cales en bois, puis à remplir les lits et joints en y coulant du mortier ou du plâtre liquide. Il en résulte que les pierres n'adhèrent point les unes aux autres; qu'elles ne portent réellement que sur leurs cales; que la pression, au lieu d'être répartie sur toute la surface des lits, est concentrée sur quelques points seulement; et, de là, instabilité, ruptures et tassements inégaux. L'emploi des cales doit être sévèrement proscrit dans toutes les constructions un peu importantes, et les pierres doivent être posées à bain de mortier consistant. Voici le procédé qui paraît le meilleur : dès qu'une assise est terminée, on vérifie et l'on dresse exactement de niveau son lit supérieur ; la pierre à poser est ensuite essayée en la mettant en place, à sec, sur de petites règles en bois de même épaisseur que celle qui a été assignée aux lits (cette épaisseur varie de $0^m,005$ à $0^m,01$) ; puis on l'enlève, on lui fait, en cas de besoin, les ragréments reconnus nécessaires, et on la replace en substituant, aux règles de bois, un lit de mortier d'une épaisseur à peu près double, épaisseur qu'on réduit ensuite à la mesure voulue par une forte compression de la pierre à coups de maillets ou de demoiselles de paveur ; le mortier en excès reflue au dehors. Quant aux joints verticaux, on les emplit en même mortier, qu'on y *fiche* au moyen d'un *sabre*, instrument en forme de scie. On évite ainsi tous les inconvénients qui résultent de l'emploi des cales.

et plus larges, mais de même épaisseur, qu'on placerait dans les angles et de distance en distance en guise de parpaings.

Les briques posées de champ forment des cloisons minces et légères qui sont fréquemment employées pour les distributions intérieures de nos habitations. Mais, au mortier ordinaire qui durcit trop lentement, il faut substituer alors du plâtre ou du ciment, et il ne suffit pas toujours que ces cloisons soient soutenues à leurs extrémités; on est obligé de les maintenir par des montants et des traverses en bois ou en fer, lorsque leur étendue dépasse une certaine limite.

Quand les briques sont posées à plat, on peut les maçonner à bain de mortier, alors même que l'épaisseur du mur est réduite à une largeur de brique.

On range les briques à la manière des pierres de taille et des moellons, de telle sorte que les joints se découpent au dedans comme au dehors. Les figures 9, 10 et 11 offrent divers exemples des dispositions qu'elles reçoivent suivant les épaisseurs des murs.

Constructions mixtes. Si les maçonneries mixtes présentent moins de solidité que celles qui sont entièrement exécutées en pierres de taille, elles offrent en revanche un emploi de matériaux plus judicieux et plus économique. C'est le mode de construction le plus usité. Il consiste à exécuter, en matériaux de choix, les parties de la construction qui supportent les pressions les plus considérables ou qui sont le plus exposées aux dégradations, et le reste en matériaux plus communs et partant plus économiques. On mélange ainsi les pierres de taille, les moellons, les briques et le béton.

<small>Constructions mixtes des Grecs et des Romains.</small>

On trouve une grande variété de constructions de ce genre dans les restes encore subsistants de quelques édifices antiques; les principales sont l'ἔμπλεκτὸν des Grecs, l'*opus incertum*, l'*opus reticulatum* et les maçonneries parementées en briques des Romains.

L'ἔμπλεκτὸν était formé à l'extérieur par un parement en pierres de taille, à l'intérieur par une maçonnerie de petits moellons bruts ou de béton. Lorsque le mur avait deux parements, ils étaient réunis par des parpaings ou des chaînes transversales, également en pierres de taille, placés de distance en distance. La figure 5 offre un exemple de cette disposition.

L'*opus incertum* (fig. 12) consistait en une maçonnerie de blocailles ou de béton contenue à l'extérieur par de petits moellons bruts mis en parement de chaque côté du mur. Les angles étaient consolidés au moyen de chaînes formées par des assises horizontales de pierres de taille, de forts moellons équarris ou même de briques.

L'*opus reticulatum* (fig. 13) diffère du précédent en ce que les moellons du parement sont de forme régulière ; ils présentent au dehors une face carrée d'environ 0^m,08 de côté. A l'intérieur, ils sont terminés en pointe, et leurs longueurs sont inégales, dans le but de faire adhérer le revêtement au reste du mur. Ces moellons ne sont pas posés sur un de leurs côtés, mais sur l'angle ; c'est là ce qui constitue le caractère distinctif de cette sorte d'ouvrage et justifie son nom, puisque la disposition des pierres rappelle celle des mailles d'un filet. Ce système, plus encore que le précédent, exige, dans les angles saillants, des chaînes verticales en matériaux plus gisants. Les Romains avaient en outre le soin, afin de mieux relier toutes les parties de la construction, d'établir à des intervalles réguliers (1^m à 1^m,40), des chaînes horizontales en grandes briques ou en moellons plats embrassant tout ou partie de l'épaisseur du mur.

L'*opus reticulatum* offre plus de régularité et plus d'élégance que l'*opus incertum* ; mais il est d'exécution plus dispendieuse, et il ne présente peut-être pas autant de solidité, parce que les pierres, d'après la disposition qu'elles ont reçue, agissent comme coins pour séparer le mur dans le sens de sa longueur. Il en existe encore cependant de nombreux vestiges, et beaucoup dans un état de conservation fort remarquable. C'est que la disposition relative des fragments est de bien faible importance dans toute maçonnerie exécutée en petits matériaux ; la solidité de la construction dépend alors essentiellement de la qualité du mortier et des soins apportés dans l'exécution pour prévenir les inégalités de tassement.

Des maçonneries du même genre étaient parementées en briques triangulaires. Cette forme avait le mérite d'assurer une bonne liaison entre le parement et le remplissage, et il résultait du peu de hauteur des briques que, les couches de mortier étant aussi multipliées au dehors qu'au dedans, le tassement tendait à se produire uniformément dans toute l'épaisseur de la construction. Des rangées de grandes briques carrées reliaient d'ailleurs les deux parements et assuraient la solidité des angles. Quelquefois des assises de moellons alternaient avec des assises de briques. Ces dispositions sont représentées par les figures 14 et 15.

Dans toutes celles de ces antiques maçonneries qui subsistent encore, on remarque des lits et des joints d'une assez grande épaisseur (de 0^m,02 à 0^m,03). Cette pratique était très-convenable, d'abord parce que les briques romaines, présentant plus de surface sur moins d'épaisseur que les nôtres, étaient fort exposées à la rupture, puis parce qu'il importait de donner aux parements à peu près même disposition à se comprimer qu'au reste de la maçonnerie. Il paraît en outre que, pour prévenir des tassements ultérieurs trop prononcés, et surtout, ce qui est plus redoutable, des inégalités de tassements, ces ouvrages étaient exécutés dans des encaissements, formant des espèces de moules en planches, où ils étaient fortement comprimés au fur et à mesure de leur exécution.

Plusieurs systèmes de maçonneries, actuellement en usage, présentent de l'analogie avec ceux qui viennent d'être décrits. Ce sont :

Constructions mixtes modernes.

1° Les constructions en moellons bruts avec chaînes en pierres de taille ou en forts moellons équarris. Elles diffèrent de l'*opus incertum* en ce que les parements, comme le massif intérieur, sont exécutés en pierres de dimensions plus fortes, posées à la main et non versées dans un encaissement;

2° Les maçonneries de blocages revêtues en briques. Elles sont exécutées à l'intérieur de la même manière que les précédentes, et le parement est formé de briques rectangulaires, toutes de mêmes dimensions, posées par carreaux et boutisses. On y ajoute quelquefois des chaînes en pierres de taille. Il est fâcheux qu'on ait abandonné l'ancien système de briques triangulaires, combinées avec quelques rangées de grandes briques carrées; car il en résultait une meilleure liaison entre les diverses parties de l'ouvrage, sans qu'il y eût augmentation de dépenses.

On trouve, dans les constructions romaines, un autre système de maçonnerie mixte, qui a une plus grande apparence de solidité que les précédents; les parements présentent en effet plus de résistance, mais ils ne sont pas aussi bien reliés au reste de la construction. Il consiste à revêtir, en pierres de taille ou en moellons de fortes dimensions, un massif exécuté, soit en béton, soit en maçonnerie de blocage; c'est un ἐμπλεκτὸν sans parpaings (fig. 16). Il est encore fréquemment employé de nos jours, et il convient très-bien à tous les ouvrages dont les parements sont exposés à des causes actives de destruction, tels que murs de quais, digues, jetées et autres travaux à la mer.

L'inconvénient qu'il présente provient de ce que, les joints étant beaucoup plus multipliés au dedans qu'au dehors, il y a plus de tendance au tassement dans la maçonnerie de blocage que dans le revêtement, lequel est ainsi sollicité à se détacher. Les exemples de dégradations de ce genre sont très-nombreux. On s'oppose à cet effet :

1° En comprimant fortement la maçonnerie intérieure à mesure qu'elle s'élève ;

2° En terminant les pierres de parement en pointes irrégulières, et en leur donnant des longueurs inégales ;

3° En établissant, de distance en distance, des chaînes horizontales qui pénètrent plus profondément dans l'intérieur de la construction, ou en distribuant, en quinconce, de longues boutisses sur le parement.

Lorsqu'un mur est chargé d'un poids considérable, il peut se rompre sans que la pression atteigne la limite de la résistance des matériaux dont il est formé, surtout quand ils sont de petites dimensions. Dans ce cas, il se divise en deux parties sur sa hauteur ; la séparation a lieu suivant une ligne plus ou moins inclinée à l'horizon, et la partie supérieure glisse sur la partie inférieure. Un mode de rupture analogue s'observe fréquemment dans les constructions qui cèdent sous l'action de pressions horizontales ; seulement il y a, suivant les circonstances, renversement ou glissement de la partie supérieure.

De là une autre méthode de distribution des divers matériaux. Elle consiste à diviser le mur, sur sa hauteur, par des chaînes horizontales en pierres de taille qui en embrassent toute l'épaisseur. La rupture devient ainsi plus difficile, puisque la surface de séparation est obligée à un plus long développement. On augmenterait encore la résistance en cramponnant les pierres de ces chaînes les unes aux autres, dans le sens de l'épaisseur du mur, ou en maintenant les deux parements opposés par des barres de fer armées d'ancres à leurs extrémités. Mais ces artifices de construction ne laissent pas que d'être dispendieux, et il est habituellement préférable de donner aux murs assez d'épaisseur pour n'être pas obligé d'y recourir.

Revêtements en dalles de marbre. — Dans quelques édifices, les murailles sont revêtues de dalles de marbre diversement combinées. Ces revêtements s'exécutent après les maçonneries qu'ils recouvrent, et lorsque les mortiers ont acquis assez de consistance pour qu'on n'ait plus de tassement à redouter. Ils sont maintenus par du mortier qui se coule ou se *fiche* après leur pose, et surtout par de petits crampons en fer, ou mieux en bronze, scellés dans la muraille. Serlio blâme ce mode de procéder ; il conseille d'exécuter le revêtement en même temps que la maçonnerie, et il propose divers moyens pour fixer les dalles verticales à l'aide de dalles horizontales, plus épaisses, fortement engagées dans le mur. Sans doute on assurerait ainsi plus d'adhérence au parement, si l'on pouvait, en comprimant la maçonnerie, s'opposer à tout tassement ultérieur; mais ce dernier point paraît fort douteux, et le système aurait d'ailleurs l'inconvénient d'exiger une plus grande quantité de marbre.

Dans la plupart de nos édifices, les murailles ne sont pas assez épaisses pour comporter l'emploi de matériaux de diverses natures dans le sens de leur épaisseur; mais elles se prêtent fort bien à un autre genre de maçonnerie mixte. Les pressions n'étant pas ordinairement réparties uniformément sur tout le développement des murs, il consiste à exécuter en matériaux très-résistants les parties les plus chargées, et les autres en matériaux de qualité inférieure. Ainsi, des chaînes verticales en pierres de taille supportent les principales poutres des planchers ou les fermes des combles, reçoivent les retombées des voûtes d'arête ou les arcs doubleaux des voûtes en berceau, sont placées à l'intersection des différents murs pour les mieux relier; elles constituent l'ossature de la construction, ce qui importe le plus à la solidité; le reste n'a pour but que de les rattacher les unes aux autres, et de clore l'intervalle qui les sépare.

Chaînes en pierres.

Dans ce système, qui est représenté planche III, figure 7, comme dans celui des revêtements en pierres de taille, il y aurait, toutes choses égales d'ailleurs, plus grande tendance à tassement dans les parties formées de petits matériaux que dans les autres; mais les pressions plus considérables auxquelles ces dernières sont soumises tendent à produire un effet opposé, et par conséquent à diminuer, sinon à détruire complètement, les inégalités du tassement. On peut conclure de là que les chaînes verticales sont vicieuses, surtout quand il s'agit de les élever sur de grandes hauteurs, toutes les fois que les pressions sont distribuées uniformément dans toute l'étendue de la construction; elles ne sont admissibles alors qu'aux points d'intersection des murs ou dans les angles, où il faut des pierres plus gisantes et plus dures, et encore conviendrait-il d'y observer mêmes hauteurs d'assises que dans le surplus de la maçonnerie.

II. — PROPORTIONS.

L'épaisseur qu'il convient de donner à un mur dépend, tant de l'intensité et de la direction des efforts auxquels il est exposé, que de la nature de la construction. On peut quelquefois la déterminer en s'appuyant uniquement sur ces diverses considérations; des conditions d'équilibre établissent des relations d'où l'on déduit quelle valeur il faut lui attribuer pour n'avoir à redouter ni écrasement de matériaux, ni rupture, ni renversement. Mais, dans la plupart des circonstances, il est fort difficile d'évaluer ces diverses données du problème, même avec le faible degré d'approximation que réclament les recherches de ce genre. Si les pressions verticales peuvent s'obtenir avec une assez grande exactitude, il en est rarement de même des actions horizontales, lesquelles sont produites par les réactions des différentes parties de la construction et sont souvent très-redoutables, et surtout de la résistance que les matériaux, par leur adhérence et leur disposition, opposent à toute disjonction dans le sens de l'épaisseur ou dans celui de la hauteur du mur. De sorte que, bien que ces calculs soient d'une utilité incontestable, surtout comme moyens de vérification, et qu'il soit même nécessaire d'y avoir recours dans tous les cas exceptionnels, on est conduit, en général, à s'appuyer de préférence sur l'exemple des constructions existantes ou sur les formules empiriques qui s'en déduisent.

Épaisseur des murs isolés.

Quand un mur est isolé et n'est chargé que de son propre poids, son épaisseur, dans les circonstances habituelles de la pratique, peut être déduite de la formule :

$$e = 12 \sqrt{\frac{h}{\pi}}$$

dans laquelle l'épaisseur e et la hauteur h sont exprimées en mètres, et le poids du mètre cube de maçonnerie π, en kilogrammes.

Comme cette épaisseur est déterminée par la condition de résister aux actions horizontales auxquelles le mur est accidentellement exposé, et entre autres à la pression du vent, les dimensions des matériaux employés dans la construction, leur résistance à l'écrasement et leur adhérence réciproque exercent beaucoup moins d'influence sur elle que leur pesanteur spécifique; aussi la formule précédente, quoiqu'elle s'accorde assez bien avec les enseignements de l'expérience, a-t-elle pu ne tenir aucun compte de ces divers éléments. D'ailleurs la stabilité n'est pas quelque chose d'absolu dans nos constructions. Elle doit toujours s'y trouver en excès, eu égard aux causes de destruction qu'il nous est donné de prévoir, et les considérations qui engagent à employer, suivant les circonstances, des matériaux plus ou moins résistants, ou susceptibles de former des liaisons plus ou moins parfaites, doivent porter, en même temps, à désirer un excès de stabilité plus ou moins prononcé.

Quand le mur n'est pas très-élevé, on lui donne même épaisseur dans toute sa hauteur; mais lorsqu'il a plus de quatre à cinq mètres, il est préférable de l'élever avec talus, et l'on doit prendre alors pour épaisseur moyenne l'épaisseur déduite de la formule.

Si le mur n'était pas dirigé en ligne droite ou s'il se rattachait à d'autres murs, sa stabilité augmenterait, car il ne pourrait être renversé qu'après rupture dans la hauteur, soit du mur lui-même, soit des murs incidents; et il est aisé de reconnaître que ce surcroît de stabilité serait d'autant plus prononcé que la courbure serait plus forte, les changements de direction plus fréquents, ou les points d'attache plus rapprochés. Mais il est impossible d'évaluer, avec quelque rigueur, la réduction d'épaisseur qu'il conviendrait de lui faire subir; il est seulement certain qu'elle pourrait être plus grande pour une construction exécutée en pierres de fortes dimensions que pour celle qui serait formée de menus matériaux. On est donc réduit à se guider à ce sujet, dans chaque cas particulier, sur l'exemple des ouvrages de même nature établis dans des circonstances analogues, et la formule ne donne plus alors que des limites supérieures. Il convient d'ailleurs de relier le mieux possible, les uns aux autres, les murs qui se croisent, afin de rendre plus efficace leur action réciproque. C'est là ce qui engage souvent à exécuter leurs points de jonction en matériaux de choix.

On peut également obtenir un même degré de stabilité sous un moindre volume de maçonnerie, en consolidant un mur par des contre-forts. Mais les avantages de cette disposition sont balancés par l'inconvénient qu'elle présente d'exiger plus de main-d'œuvre, d'offrir une plus grande surface de parements et par suite plus de prise aux dégradations, et de déterminer des saillies souvent fort incommodes. On ne peut donc ni la recommander, ni la proscrire d'une manière absolue. La saillie et l'espacement de ces contre-forts doivent être tels que le mur oppose une même résistance au renversement, soit qu'il les entraîne dans sa chute, soit qu'il se déchire pour s'en séparer, et il convient par conséquent de leur donner des dimensions d'autant plus grandes que les matériaux sont mieux reliés.

Contre-forts.

Lorsqu'ils ne supportent que des planchers ou des combles, les murs de nos

Murs des édifices.

édifices sont placés dans des conditions plus favorables à la stabilité que les murs de clôture. Ils sont, en général, beaucoup plus rapprochés les uns des autres, et les principales poutres des planchers ainsi que les entraits des combles sont en outre habituellement disposés de manière à maintenir leur écartement. Toutefois ces pièces communiquent, à raison de leur élasticité, des ébranlements aux maçonneries qui les supportent, de sorte que le surcroît de stabilité qu'elles procurent décroît à mesure que leur longueur, ou la distance des murs parallèles augmente. D'où il résulte que, toutes choses égales d'ailleurs, l'épaisseur d'un mur doit être d'autant plus grande qu'il est plus élevé, qu'il est plus éloigné des murs qui lui sont parallèles, et que les murs incidents sont plus espacés. Rondelet a proposé, en négligeant ce dernier ordre de considérations, qui, dans les circonstances qu'il avait en vue, est en effet celui qui exerce le moins d'influence, une construction graphique pour déterminer les épaisseurs des murs dans les édifices qui ne comportent qu'un seul étage, dont les murs sont isolés dans toute leur hauteur, et sont exécutés en moellons smillés ou en briques.

Elle est représentée planche II, figure 17. Elle consiste à former un triangle rectangle ayant pour côtés de l'angle droit la hauteur AB des murs et la distance AC qui les sépare, puis à porter sur l'hypoténuse BC, de B en D, la douzième partie de la hauteur : l'horizontale DE indique l'épaisseur cherchée.

En d'autres termes, l'épaisseur e se déduit de la hauteur h et de l'écartement l au moyen de la relation

$$e = \frac{lh}{12\sqrt{l^2 + h^2}}.$$

Pour les murs qui sont appuyés, à une certaine hauteur, par d'autres constructions ou par des toits en appentis, comme dans les anciennes basiliques, Rondelet modifie la règle précédente; il ajoute à la hauteur totale du mur celle de la partie qui s'élève au-dessus du point d'appui, et il prend la vingt-quatrième partie de la somme pour porter de B en D.

Il est bien évident que les indications ainsi obtenues ne doivent être considérées que comme des solutions approximatives, et qu'il ne convient de leur attribuer quelque valeur qu'entre les limites des observations qui concordent avec elles; car elles ne sont pas déduites d'une appréciation complète et rigoureuse de toutes les données de la question. Il n'y faut voir que des points de départ pour les recherches et les vérifications auxquelles il est nécessaire d'avoir recours dans chaque cas particulier.

On éprouverait plus de difficultés encore à faire entrer, dans une formule générale, toutes les circonstances qui sont de nature à influer sur la détermination de l'épaisseur des murs dans les édifices composés de plusieurs étages. Mais, ces constructions étant extrêmement multipliées, les enseignements de l'expérience sont abondants et les points de comparaison faciles à recueillir; puis, malgré la diversité des distributions, les conditions dans lesquelles les murs se trouvent placés ne paraissent pas varier beaucoup, de sorte qu'on adopte généralement, dans la pratique, des épaisseurs à peu près constantes pour chaque nature de matériaux et pour tous les édifices qui peuvent être rangés dans une même catégorie. Chaque localité offre donc à cet égard des prescriptions assez formelles et qui doivent être accueillies comme dictées par une longue expérience.

A Paris, où les constructions pèchent plutôt par défaut que par excès de solidité et où les matériaux sont de fort bonne qualité, on est dans l'usage de donner environ $0^m,50$ d'épaisseur aux murs de face et de $0^m,40$ à $0^m,45$ aux murs de refend, pour les maisons qui ont jusqu'à dix-huit mètres de hauteur, mais dont les murs sont assez rapprochés et dont les planchers ne sont pas espacés de plus de 4 à 5 mètres. On élève habituellement les murs de face d'aplomb du côté de l'intérieur et avec fruit ou talus au dehors, de manière à réduire leur épaisseur à $0^m,45$ au sommet; quant aux murs de refend, leur épaisseur étant presque toujours déterminée par les tuyaux de cheminée qu'ils renferment, elle est la même dans toute la hauteur de l'édifice.

Dans les hôtels, les salles sont de plus grandes dimensions, les étages sont plus élevés, la construction réclame plus de solidité, et l'on donne alors plus d'épaisseur aux murs, bien qu'ils aient généralement moins de hauteur. Cette épaisseur varie de $0^m,60$ à $0^m,80$ pour les murs de face et de $0^m,45$ à $0^m,50$ pour les autres.

Si l'on cherchait à déterminer ces différentes épaisseurs par la condition que les murs soient en état de résister aux pressions verticales qui leur sont imposées, on serait conduit à leur assigner des valeurs beaucoup plus faibles, même dans le cas où la construction devrait être exécutée en matériaux de fort médiocre qualité. Mais, d'une part, la résultante de toutes les forces qui agissent sur un mur, même lorsqu'il n'est chargé que de planchers, n'est point exactement verticale;

elle est plus ou moins inclinée à l'horizon, et elle ne rencontre généralement pas la base du mur en son centre de gravité, de sorte qu'il n'est pas permis de regarder la pression comme uniformément répartie sur toute l'étendue de cette base; et d'autre part, quand bien même cette résultante serait placée dans la position la plus favorable, il suffirait que quelques-uns de ces vices de construction, auxquels il est toujours prudent de s'attendre, produisissent un léger déversement du mur pour que, à raison du peu d'épaisseur, la pression se trouvât presque entièrement reportée sur une arête qui n'y pourrait résister. Ce sont ces considérations qui engagent les constructeurs à porter à l'extérieur tout le fruit qu'ils veulent donner à un mur.

Lorsqu'on peut regarder les pressions comme uniformément réparties dans toute l'étendue de la section transversale d'un mur ou d'un massif de maçonnerie, et lorsqu'il s'agit d'épaisseurs telles qu'on n'ait pas à se préoccuper des petits mouvements dont la construction est susceptible, on peut déterminer immédiatement ces épaisseurs en se donnant pour condition que la pression par unité de surface ne dépasse pas une certaine limite. Cette limite se fixe d'après la nature de la maçonnerie et la résistance à l'écrasement des matériaux employés. Il est vrai que, si la section transversale était insuffisante, il y aurait ordinairement rupture de la maçonnerie plutôt qu'écrasement des matériaux; mais l'incertitude où l'on est sur la valeur à attribuer aux coefficients de la formule d'équilibre qui donnerait les conditions de cette rupture ne permet guère de se diriger d'après cette considération, et d'ailleurs, comme on est obligé de se tenir toujours beaucoup au-dessous des pressions que permettrait la résistance à l'écrasement, si l'on se trouvait en exécution dans des circonstances aussi favorables que celles des expériences d'après lesquelles on évalue cette force, les surfaces convenablement déterminées en vue de l'écrasement mettent également à l'abri de la rupture. C'est ce que démontre l'expérience. Toutefois il convient, dans la fixation de la limite des pressions, de se préoccuper du plus ou moins de disposition à la rupture qui résulte, soit de la nature, soit de la forme des maçonneries. Sous le premier rapport, elle est la plus faible possible lorsque la construction est exécutée en pierres de taille, et l'on prend généralement alors pour limite de la charge le dixième du poids qui produirait l'écrasement instantané de la pierre. S'il s'agissait de moellons, la rupture serait plus redoutable; d'ailleurs les pressions ne seraient plus aussi uniformément réparties sur toute l'étendue des surfaces en contact, et il conviendrait d'abaisser cette limite suivant que les moellons seraient de dimensions plus ou moins fortes et présenteraient des lits plus ou moins bien dressés. Il serait en outre prudent de disposer, de distance en distance, des lits de pierres de taille pour rendre la disjonction plus difficile.

Sous le rapport de la forme, le cas le plus défavorable est celui où la hauteur est très-grande comparativement à l'une des dimensions de la section transversale. Mais ce n'est point la hauteur totale de l'édifice qu'il faut considérer, c'est celle qui est libre, celle de l'intervalle dans lequel la rupture peut se produire. Si un pilier, par exemple, était appuyé, en divers points de sa hauteur, par d'autres constructions suffisamment résistantes, il faudrait, pour apprécier sa résistance à la rupture, comparer à la plus faible de ses dimensions horizontales, non pas la hauteur totale, mais seulement les distances qui séparent ces points d'appui. C'est sans doute ce qui a engagé les Romains à relier par des arcs intermédiaires les piles très-élevées de quelques-uns de leurs aqueducs.

Le tableau suivant indique les pressions, par centimètre carré de la section transversale, dans quelques constructions auxquelles on reconnaît de la hardiesse.

Pressions par centimètre carré dans quelques édifices.

INDICATION DES ÉDIFICES.	NATURE DE LA CONSTRUCTION.	PRESSIONS A LA BASE PAR CENTIMÈTRE CARRÉ.	OBSERVATIONS.
Murs de refend de la basilique de Constantin, à Rome.	Maçonnerie de blocage revêtue en briques.	kg. 24,51 [1]	[1] Ce chiffre est hypothétique ; il a fallu, pour l'obtenir, imaginer une restauration de la partie supérieure de l'édifice ; mais il doit approcher beaucoup de la vérité. On a admis 1500 kilogr. pour poids moyen du mètre cube de maçonnerie. [2] Cette pression est celle qui est supportée par les colonnes immédiatement au-dessous du chapiteau. La résistance à l'écrasement de la pierre employée est égale à 500 kilogr. environ par centimètre carré.
Colonne du rez-de-chaussée de la cour du palais de la Chancellerie, à Rome.	Pierre de taille.	54,11 [2]	
Piliers du dôme de Saint-Pierre de Rome.	Maçonnerie de blocage revêtue en travertin.	16,35	
Piliers du dôme de Saint-Paul de Londres.	Pierre de taille calcaire.	19,35	
Piliers de la tour de l'église de St-Méry, à Paris.	Id.	29,42	
Piliers du dôme du Panthéon, à Paris.	Id.	29,43	
Murs de soutènement du réservoir de Gros-Bois, au canal de Bourgogne.	Maçonnerie de blocage en moellons quartzeux.	14	
Piliers du réservoir d'eau de la rue de l'Estrapade, à Paris.	Béton de cailloux.	8	

Murs supportant des voûtes.

Un mur qui supporte une voûte est soumis à des pressions verticales, qu'il est facile d'évaluer, et à des actions horizontales. Ces dernières tendent à le faire glisser, ou à le renverser en totalité ou en partie; ce sont les plus redoutables, et l'épaisseur à adopter se déduit de leur intensité et de la position de leur point d'application. Elles dépendent de la forme, des dimensions et du système de construction de la voûte. Un pareil mur ne peut donc pas être considéré indépendamment de la voûte à laquelle il se rattache; il en fait partie et doit en être regardé comme le prolongement. De sorte que c'est seulement lorsqu'il sera question de l'établissement des voûtes que ce sujet pourra être convenablement traité.

Murs de soutènement.

Les murs qui soutiennent des terres ou des liquides sont également sollicités au renversement ou au glissement, et leurs épaisseurs doivent être calculées en conséquence. D'habiles constructeurs ont suivi et recommandé une règle qui consiste à prendre, pour épaisseur d'un mur de soutènement, le tiers de la hauteur des terres à soutenir; et ce rapport est en effet fort convenable en beaucoup de circonstances. Mais il conduirait quelquefois à des épaisseurs, ou trop fortes, ou insuffisantes, et il convient toujours, dans les applications, d'examiner jusqu'à quel point il y a lieu de s'y conformer. En thèse générale, les éléments de la question sont : la forme et la hauteur du mur, la cohésion et la pesanteur spécifique des terres, celles de la maçonnerie, le frottement des terres ou l'inclinaison du plan sur lequel elles se tiennent en équilibre par l'effet seul de ce frottement, leur frottement contre la face du mur, l'adhérence et le frottement des maçonneries sur l'assiette des fondations, enfin les surcharges permanentes ou éventuelles, en terre ou en toute autre matière, qui peuvent exister au-dessus du plan horizontal passant par le sommet du mur, et il faut rechercher successivement, en les prenant en considération, quelles sont les épaisseurs nécessaires à la stabilité, dans les deux hypothèses du glissement et du renversement. Dans le cas qui, au reste, se présente assez rarement, où la première des valeurs ainsi obtenues l'emporterait sur la seconde, on devrait rechercher si, au lieu de se condamner à un surcroît d'épaisseur, il ne serait pas plus avantageux de s'opposer au glissement par des artifices de construction ou même par des ouvrages spéciaux.

Il ne convient pas au plan de ce traité d'entrer dans le détail de ces divers calculs [1];

---

[1] On consultera avec fruit, à ce sujet, l'ouvrage déjà cité de Navier, sur l'*Application de la mécanique à l'établissement des constructions*, divers mémoires insérés dans le Mémorial du génie, et notamment celui de M. Poncelet, qui est un traité complet sur la matière.

on se bornera à citer la formule donnée par Navier pour le cas où il n'y a point de surcharge et dans l'hypothèse du renversement :

$$x = 0{,}59ht\sqrt{\frac{\pi}{\Pi}}.$$

Dans laquelle on désigne par :

x l'épaisseur du mur, supposée constante dans toute la hauteur,
t la tangente de la moitié de l'angle formé avec la verticale par le plan sur lequel les terres se tiendraient en équilibre par l'effet seul du frottement,
h la hauteur du mur, supposée égale à celle des terres à soutenir,
Π le poids de l'unité de volume de la maçonnerie,
π le poids de l'unité de volume du massif de terre à soutenir.

Cette formule montre nettement quelles sont les données les plus essentielles de la question et quelle est l'importance relative de chacune d'elles ; elle est d'ailleurs d'un usage commode dans la pratique, car elle ne renferme qu'un très-petit nombre de coefficients, tous assez faciles à déterminer, et elle résout la question avec une exactitude suffisante pour la plupart des circonstances.

On l'obtient en négligeant les cohésions des terres et des maçonneries, et leur frottement réciproque ; ce qui tend à donner à la construction, ainsi qu'il est toujours convenable d'ailleurs, une résistance supérieure à celle qu'exigerait impérieusement l'équilibre, puisqu'on estime les actions plus fortes et les résistances moindres qu'elles ne le sont réellement.

On a supposé également que les deux parements sont verticaux, tandis que le parement extérieur s'élève ordinairement suivant un talus qui varie de $\frac{1}{8}$ à $\frac{1}{15}$, et que l'autre s'établit par retraites successives dont la saillie dépend de l'épaisseur qu'on juge nécessaire de donner au sommet. Or cette dernière disposition est plus favorable à la stabilité ; de sorte qu'on s'assure un nouvel excès de résistance, si l'on prend la valeur déduite de la formule précédente pour épaisseur moyenne du mur.

Des expériences spéciales sont nécessaires pour déterminer, dans chaque cas particulier, la valeur des coefficients π, Π et t. Toutefois, afin de se rapprocher davantage des applications, on citera le tableau suivant donné par Navier[1] comme offrant des résultats moyens :

[1] Navier, *Application de la mécanique*, page 189.

Valeurs de π.

Terre végétale.	1,4
Terre franche.	1,5
Terre argileuse.	1,6
Glaise.	1,9
Sable terreux.	1,7
Sable pur.	1,9

Valeurs de II.

Maçonnerie de moellons calcaires ou siliceux { depuis.	1,7
jusqu'à.	2,3
Maçonnerie de moellons de granit.	2,3
Maçonnerie de moellons de basalte.	2,5

Quant aux talus qu'affectent les diverses terres, sèches ou légèrement humectées, employées en remblais, ils forment avec l'horizon des angles qui varient de 30° à 55°, et les valeurs de t sont par conséquent comprises entre 0,58 et 0,31 ; la première convient au sable fin et sec, la seconde à une terre compacte. Mais lorsqu'il s'agit de terres délayées par l'eau, au point de se comporter à la manière des fluides, comme les vases, la valeur à assigner à t ne diffère pas sensiblement de l'unité. Il en est de même pour la glaise, lorsqu'elle est dans le cas d'être pénétrée par les eaux, car elle augmente alors de volume et exerce la même action que si elle était liquéfiée. Cette nature de terrain, présentant en outre une grande pesanteur spécifique, est celle qui exige le plus d'épaisseur pour les murs de soutènement.

La même formule s'applique au cas où, au lieu de terres, on aurait de l'eau à soutenir ; il suffit de donner à π et à t les valeurs qui conviennent à cette nouvelle matière, c'est-à-dire l'unité.

Utilité des barbacanes.

On voit par là que, quand les eaux pénètrent derrière un mur de soutènement, elles exercent toujours une action redoutable, qu'elles fassent couler ou gonfler les terres, ou même qu'elles y soient simplement interposées et agissent seules, et qu'il convient, par conséquent, de les éloigner autant que possible ou de leur donner un écoulement prompt et facile si l'on ne peut les éviter. C'est ce qui engage à pratiquer des barbacanes au pied des murs de soutènement, et même à en ouvrir sur divers points de la hauteur quand elle est considérable, et surtout quand le terrain est composé de couches aquifères placées au-dessus de celles qu'il faut éviter de mettre en contact avec l'eau. Quand les terres à soutenir n'ont point été remuées, elles conservent toute leur cohésion naturelle et elles se maintiennent sous des talus beaucoup plus roides qu'on ne l'a supposé plus haut; on peut réduire alors les épaisseurs données par la formule, pourvu toutefois que les actions extérieures ne paraissent pas susceptibles de détruire à la longue cette cohésion.

Des contre-forts s'appliquent contre les murs de soutènement, de même que contre les murs de clôture, et tantôt ils se placent du côté des terres, tantôt au dehors. La première disposition a l'avantage de ne pas entraîner à un plus grand développement de parements vus, et elle ne produit aucune saillie apparente, ce qui est souvent une condition importante à observer, comme lorsqu'il s'agit de murs de quais, de remparts, etc. La seconde offre, sous le rapport de la stabilité, un plus judicieux emploi des matériaux, et permet par suite une plus forte réduction sur le cube de la maçonnerie. On peut d'ailleurs utiliser les intervalles qui séparent les contre-forts. Enfin, dans ce système de construction ainsi mis en évidence, il y a le principe d'une décoration presque naturelle et susceptible de produire le meilleur effet.

Dispositions diverses des contre-forts des murs de soutènement.

L'espacement, la largeur et la saillie qu'il convient d'attribuer aux contre-forts dépendent essentiellement de la nature de la construction. Toutes ces choses doivent être déterminées dans le but de rendre les diverses parties de l'ouvrage tellement solidaires, qu'aucune d'elles ne puisse céder isolément à la pression. Si les contre-forts étaient trop espacés ou trop saillants au dehors, le mur pourrait se détacher et être renversé sans les entraîner dans son mouvement; si, trop saillants en dedans, le même effet pourrait se produire ou la rupture aurait lieu dans le contre-fort lui-même; et, en tout cas, partie de la maçonnerie eût été inutilement établie. Si ces points d'appui étaient, au contraire, très-rapprochés et peu saillants, ils perdraient beaucoup de leur effet économique.

Lorsqu'on veut avoir une largeur uniforme au sommet du mur, on peut, ou arrêter les contre-forts à une petite distance de ce point, en les terminant suivant un plan incliné afin de donner un écoulement plus rapide aux eaux pluviales, ou les réunir par des arcades, ce qui procure plus de largeur et contribue d'ailleurs à augmenter la stabilité. Ces deux dispositions sont représentées par les figures 1 et 2 de la planche III. On a supposé, dans le dernier de ces dessins, que le mur était établi suivant une ligne courbe, entre les contre-forts, de manière à résister plus efficacement à la poussée des terres.

Dans tout ce qui précède, on a complétement fait abstraction de la longueur du mur, et cependant il convient d'y avoir égard quand elle dépasse une certaine limite. Il serait possible, en effet, que le mur, se comportant à la manière d'une pièce encastrée à ses deux extrémités et chargée de poids distribués sur sa longueur, vînt à fléchir horizontalement et par suite à se rompre au milieu. L'expérience a plusieurs fois justifié cette hypothèse; mais la question ne paraît pas de nature à être soumise à une investigation rigoureuse, à raison de l'extrême difficulté qu'il y aurait à en préciser les éléments. Le parti auquel on s'arrête ordinairement consiste à fractionner par des éperons ou des contre-forts les longueurs qui paraissent trop considérables.

III — DÉCORATION.

Toute décoration architectonique réside essentiellement dans la mise en évidence d'un bon système de construction. On a choisi des matériaux de qualités convenables, on les a distribués judicieusement, on les a employés dans les proportions voulues, ils ont été travaillés avec soin : il s'agit de le manifester au spectateur. On y parvient en accusant les diverses parties de l'œuvre par des saillies plus ou moins prononcées ou par des différences de couleurs. On réunit ainsi la vérité à la variété dans l'unité, ces deux conditions essentielles du beau.

Appliqué à la décoration des murs, ce principe conduit à indiquer l'appareil dans les constructions en pierres de taille, à distinguer nettement l'ossature du remplissage dans les maçonneries mixtes, et à marquer les contre-forts ou les points d'appui partout où ils sont nécessaires.

Refends et bossages.

Les refends, petits canaux de séparation taillés sur le développement des lits et des joints des pierres pour les mettre en évidence, ont été consacrés par l'Architecture dès les beaux temps de l'art grec, toutefois avec beaucoup de réserve. On en trouve un bel exemple dans le soubassement du petit monument choragique de Lysicrates, à Athènes; mais il n'y en a ni au Parthénon ni dans les autres monuments de l'acropolis de cette ville. C'est que l'art de cette époque est essentiellement sobre ; il évite de multiplier les moyens de décoration ; il ne veut pas que l'accessoire puisse le disputer au principal. Où le système général de la construction est marqué à grands traits par des supports isolés, il se refuse à appeler l'attention sur le détail de la distribution des pierres ; il veut que les lignes majestueuses de ses colonnes se dessinent sur un fond uni, afin de mieux ressortir.

La même modération ne se trouve plus chez les Romains. Les refends s'introduisent sur les façades de leurs temples, en arrière des colonnes, et très-délicats au début, ils se marquent d'autant plus que la décadence de l'empire approche davantage. L'art n'avait plus à satisfaire aux mêmes conditions ; en vue de l'agrément, il sacrifia d'abord quelque chose de sa simplicité, et il finit par tenir la richesse des ornements en plus haute estime que l'harmonie des proportions. Il faut, dit Vitruve, en parlant de la construction des temples, que des saillies ménagées autour des lits et des joints forment des compartiments d'un aspect agréable. Mais s'ils n'ont pas su en éviter l'abus, les Romains, on doit le reconnaître, ont tiré un parti très-convenable de ce mode de décoration dans un grand nombre de leurs monuments d'utilité publique, et ils en ont varié les expressions en y ajoutant des bossages, c'est-à-dire des saillies plus ou moins prononcées sur le parement des pierres. Ils l'ont appliqué à des aqueducs, à des portes de ville, à des amphithéâtres, à des enceintes monumentales, et là ils peuvent faire autorité.

Les refends et les bossages ne jouent pas un moindre rôle dans l'art moderne ; on en remarque dans la plupart de nos édifices. Il est même un style particulier d'architecture qui repose sur eux d'une manière presque exclusive : c'est le style florentin, qui a eu sa belle époque au moyen âge et aux débuts de la Renaissance. Convenablement dégagé des traditions de l'antiquité, expression libre et vraie des conditions de la société qui lui a donné naissance, il a imprimé à ses œuvres quelque chose d'austère et d'imposant ; ses moindres compositions présentent un caractère monumental. Il porte au plus haut degré l'empreinte d'une solidité inébranlable, les matériaux qu'il accuse ont des dimensions colossales, les refends y sont vigoureusement tracés, les saillies des bossages y sont très-prononcées et parfois fort irrégulières. Et non-seulement quelques-uns de ces bossages ne sont pas travaillés, mais il est évident qu'on s'est appliqué à indiquer bien nettement cette absence de travail ; l'apparence de la construction est celle de blocs bruts superposés, et il semble que ces pierres sur lesquelles le ciseau n'a pas laissé de trace se soient refusées à obéir à sa fantaisie, et soient, mieux que les autres, en état de braver les injures des hommes et du temps. Le palais Vieux et les palais Strozzi, Riccardi et Pitti, à Florence, sont d'admirables exemples de l'effet que peut produire ce système de décoration, lorsqu'il est employé avec art.

Le palais du Luxembourg, à Paris, qui est représenté sur la planche LXXV de la seconde partie de cet ouvrage, peut être également cité comme un exemple de décoration par refends et bossages. Ces ornements n'y sont pas seulement appliqués sur les murs; ils s'y dessinent encore sur les colonnes et les pilastres.

Ce sont surtout les édifices ou les parties d'édifices qui réclament une grande apparence de solidité qu'il convient de décorer par des refends ou des bossages, et il faut accentuer ces ornements avec plus ou moins de force suivant le caractère qu'on a en vue. Sans doute il n'y a aucune relation nécessaire entre l'épaisseur d'un mur et les saillies de ses bossages, entre la solidité d'une construction et la profondeur des traits qui en marquent les pierres; mais on sent qu'il devrait exister une certaine connexion entre ces choses, et aux yeux de l'art la réalité est bien plutôt dans le sentiment que dans le fait matériel. Jusqu'à preuve contraire, on admettra que la construction a dû être dirigée dans le même esprit que l'ornementation, on jugera de l'une par l'autre; un refend vigoureusement tracé, un bossage très-saillant seront les indices d'une grande solidité. Enfin les dimensions des pierres, étant ainsi mises en évidence, concourent efficacement à l'expression de l'œuvre.

D'après ce qui vient d'être dit, on conçoit qu'il n'y ait pas de règle absolue pour fixer les relations à observer entre les dimensions des refends ou des bossages. C'est au goût qu'il appartient de les déterminer suivant les circonstances. Il est toutefois utile de connaître quelques-unes de celles qui ont été adoptées dans divers édifices, et la planche III offre plusieurs exemples que le lecteur pourra consulter avec fruit.

Exemples de refends et de bossages.

La figure 3 représente les refends qui ornent l'extérieur de la cella du temple de Vesta, à Rome. Ce petit édifice, entièrement exécuté en marbre blanc, est traité avec la plus grande délicatesse dans cette partie de son ornementation comme dans toutes les autres. A deux assises hautes succède une assise basse, et les pierres sont toutes de même longueur. Les refends ont $0^m,067$ de largeur sur $0^m,012$ de profondeur.

Les refends de la figure 4 sont tirés des soubassements des grands palais qui décorent la place de la Concorde, à Paris[1]. Leur caractère diffère essentiellement de celui des précédents : ils sont très-vigoureusement accentués. Ils ont 0^m,085 de profondeur sur 0^m,04 de largeur, et leurs arêtes saillantes sont légèrement arrondies.

La figure 5, empruntée au fort Saint-André à Venise, offre un exemple de bossages assez prononcés. Ils ne sont pas accompagnés de refends, contrairement à ce qui se pratique le plus habituellement. Il résulte de cette disposition un peu plus d'indécision dans le dessin et peut-être, par contre, quelque chose de plus doux à la vue, de plus harmonieux.

Des bossages avec refends sont représentés par la figure 6.

Il est des édifices où le plan incliné du bossage est remplacé par une surface cylindrique; les arêtes de la pierre sont arrondies au lieu d'être abattues en ligne droite. Cela importe assez peu; cependant on peut dire que la forme y perd en vigueur et en netteté, ce qui d'ailleurs n'est pas toujours un défaut.

Les architectes de l'époque de la Renaissance, plus désireux de plaire par l'agrément de la décoration que par la vérité des expressions, ont introduit beaucoup de variété et de caprice dans ce genre d'ornements. On voit, dans leurs œuvres, des pierres dont la face est taillée en *pointe de diamant*, ou qui, étant de forme carrée, sont ornées de cercles en saillie. Quelquefois la face est *rustiquée*, alors que les arêtes, les refends et les bossages sont finement travaillés au ciseau; souvent elle est couverte de *vermiculures*, singulier ornement que son nom définit, et qui paraît avoir été inspiré par les corrosions sinueuses et irrégulières qui s'observent sur plusieurs pierres gélives; dans quelques édifices très-richement décorés, d'élégants dessins sont sculptés sur chacun des compartiments; enfin des bandes en saillie, continues ou coupées par des refends ou des bossages, viennent parfois introduire des divisions dans la face du mur et en rompre l'uniformité. L'aile du Louvre placée du côté de la Seine offre d'intéressants exemples de ces gracieuses fantaisies de nos pères, ainsi qu'on peut en juger à l'inspection de la figure 3 de la planche XXXVI, et de la colonne représentée planche XXX, figure 6. On n'y trouve sans doute ni la majesté ni la finesse de l'art grec, ni la mâle expression de l'art romain, ni l'énergie des constructions florentines; mais on y admire d'autres qualités, on y reconnaît un caractère original, un art en parfaite harmonie avec les mœurs et la littérature de l'époque.

---

[1] Ces palais sont représentés sur la planche VII de la seconde partie de l'ouvrage.

Décoration maçonneries mixtes.

Quand il s'agit de maçonneries mixtes, la décoration découle naturellement de la construction, pourvu que les matériaux aient été disposés avec un certain art. Tout le monde a pu observer les heureux effets que produisent des combinaisons de pierres de dimensions ou de couleurs variées. Des chaînes de pierres de taille que réunissent, de distance en distance, des assises horizontales de même composition, et, dans leurs intervalles, des maçonneries de petits moellons ou de briques : la décoration n'exige pas davantage en une foule de circonstances.

L'*opus reticulatum* et les lits alternatifs de briques et de moellons des Romains n'ont besoin d'aucun ornement étranger pour plaire au spectateur ; ils présentent assez de variété, tout en témoignant d'une sollicitude intelligente.

La maçonnerie de remplissage est quelquefois revêtue d'un enduit. On marque alors, assez habituellement, les chaînes verticales par des refends ou des bossages, et des encadrements plus ou moins riches se tracent sur l'enduit, en saillie ou en creux, ainsi que le montre la figure 8 de la planche III. Mais lorsque la décoration doit avoir un certain caractère d'élégance, il est mieux de supprimer les refends, de n'accuser les chaînes que par une légère saillie, de leur donner des proportions un peu élancées et de les couronner de quelques moulures.

Ce système s'applique encore à des murs entièrement exécutés en pierres de taille, seulement la signification des pilastres n'est plus la même. Ils n'indiquent plus la présence de matériaux d'une nature particulière ; ils se présentent comme des points d'appui plus résistants, ou comme des contre-forts. La figure 9 de la planche III offre un exemple de ce mode de décoration.

Il est aisé de juger qu'on peut faire varier le caractère des murs ainsi décorés, en rapprochant plus ou moins les chaînes verticales, et en leur donnant plus ou moins de saillie ou de largeur ; en agissant, en un mot, sur les dimensions qui intéressent la solidité.

Décorations sculptées, peintes ou formées de marbres colorés.

A côté de la décoration rationnelle, caractéristique et éminemment expressive, il en est une autre qui est plus particulièrement appelée à plaire, tout en étant susceptible d'expression, et qui résulte, soit de dessins que rien ne rattache au système de la construction, soit de combinaisons de matières colorées, soit de l'emploi de matériaux de luxe. Il faut se garder d'en faire abus ; mais il est certain que, maintenue en de justes limites, elle est de nature à contribuer puissamment à la beauté de nos édifices.

Ainsi, il est telle circonstance où il conviendra d'ajouter à la décoration d'un mur par des bas-reliefs, des bustes ou des statues, et telle autre où l'on aura recours à la peinture ; mais ce dernier mode d'ornementation n'a rien de monumental, surtout dans notre climat, lorsqu'il doit être appliqué à l'extérieur des édifices, car tout le monde sait combien il y est éphémère. Les marbres ne présentent pas ce défaut, et ils offrent des couleurs assez riches et assez variées pour pouvoir être avantageusement utilisés dans les conditions les plus diverses. Les Romains de l'Empire affectionnaient ce genre de décoration, et ils y déployèrent un luxe dont aucun de nos édifices de France ne saurait donner une idée. Les marbres les plus précieux, débités en dalles minces, étaient employés par eux pour former des compartiments variés sur des parements de murs. L'Italie est restée fidèle à cette tradition, et elle montre avec orgueil un assez grand nombre d'édifices ainsi décorés, soit au dedans, soit au dehors. On peut citer, parmi les plus remarquables, la cathédrale, le baptistère et le campanile du Giotto, à Florence, les intérieurs de la basilique de Saint-Pierre et de l'église des Jésuites, à Rome, la cathédrale de Sienne, la Superga de Turin, plusieurs églises de Sicile, etc.

Ce système produit le meilleur effet lorsqu'il est convenablement traité, c'est-à-dire lorsque les compartiments sont bien dessinés et les couleurs associées avec goût. Il est évident d'ailleurs qu'il est possible et qu'il convient toujours de le mettre en harmonie avec la nature de l'édifice. Mais il n'est aucune règle précise à donner à ce sujet ; les dispositions à adopter dépendent essentiellement du caractère et des dimensions de la construction, et telle distribution de marbres, heureuse pour un édifice, pourrait être complétement inadmissible dans un autre.

Dans la plupart de nos intérieurs, la décoration des murs n'est plus aussi exclusivement du domaine de l'Architecture ; les autres arts du dessin, la Peinture surtout, sont appelés à y intervenir, et les formes caractéristiques de la construction doivent s'effacer, jusqu'à un certain point, pour faire une place convenable à ces précieux auxiliaires, qui viennent apporter l'agrément et la richesse où l'Architecture, abandonnée à ses propres ressources, aurait pu présenter quelque chose de trop austère. Mais ce n'est pas ici le lieu d'exposer les conditions de ce système mixte ; il en sera plus convenablement traité dans la partie de cet ouvrage qui aura pour objet l'étude de la décoration intérieure en général [1].

[1] IIe partie, liv. Ier, chap. III.

CHAPITRE TROISIÈME.

SUPPORTS ISOLÉS AVEC ENTABLEMENTS.

DES COLONNES.

I. — DISPOSITION.

La forme cylindrique est la plus convenable pour les supports isolés ; c'est celle qui, à masse égale, offre le moins d'obstacle à la circulation, le moins de prise aux dégradations, et le plus de résistance au renversement. Les supports cylindriques prennent le nom de colonnes.

Une colonne est habituellement composée de trois parties : la *base*, le *fût* et le *chapiteau*.

Chapiteau. Au point de vue de l'utilité matérielle, le chapiteau a pour objet de donner une assiette convenable à la partie de la construction qui s'élève au-dessus de la colonne, et de réduire la portée des pierres qui réunissent les colonnes entre elles.

Fût. Le fût est la partie la plus importante de la colonne ; la résistance du système dépend de ses dimensions. Son diamètre n'est pas constant dans toute sa hauteur ; il est plus faible au sommet qu'à la base, d'un côté par motif de stabilité, de l'autre parce que la pression en ce dernier point étant accrue de tout le poids de la colonne, il convient de la répartir sur une plus grande surface.

Base. La base a pour but de donner de l'empatement à la colonne, et elle a en outre

COLONNES. 195

le mérite d'ajouter à la hauteur ou à la stabilité de la construction. Les bases sont d'une utilité incontestable. Mais elles apportent un obstacle d'autant plus fâcheux à la circulation qu'elles sont peu apparentes à raison de leur position, et il est des circonstances où il y a avantage à les supprimer. Elles sont, en conséquence, d'un emploi moins général que les chapiteaux, dont les bénéfices sont plus grands et ne sont atténués par aucun inconvénient. Leur institution est d'ailleurs plus moderne : l'ancienne architecture de la Grèce ne les connaissait pas.

Le système le plus simple pour réunir des colonnes et couvrir l'espace qui les sépare, consiste à poser des pierres de longueur convenable, portant de l'une à l'autre, et formant ainsi une construction continue sur chaque rangée de supports. D'autres pierres placées les unes à côté des autres, au-dessus des premières et dans une direction normale, couvrent l'intervalle existant entre une file de colonnes et sa voisine ou le mur en avant duquel elle a été établie. On donne ordinairement à cette seconde assise une certaine saillie au dehors, afin d'éloigner les eaux pluviales du pied de la construction. L'édifice, ainsi exécuté, est couvert en terrasse. Tel est le plus ancien système de construction de supports isolés que nous connaissions; c'est celui des temples de l'Égypte. Il est représenté planche IV, figure 1. *Entablement.*

Quand on veut couvrir l'édifice par un toit, il faut ajouter une construction spéciale au-dessus des colonnes, et c'est alors cette nouvelle division qui forme saillie au dehors. Cette disposition, imaginée par les Grecs, a été adoptée par les Romains et reprise à l'époque de la Renaissance; elle forme l'une des bases fondamentales de notre système d'architecture.

L'ensemble des trois parties qui se rattachent ainsi à la colonne constitue l'*entablement*. Ces parties sont : l'*architrave*, qui relie entre elles les colonnes d'une même file; la *frise*, qui comprend la construction destinée à rattacher une file de colonnes à une autre ou à un mur; la *corniche*, qui correspond à la toiture, et dont la saillie forme un abri.

Le pied d'une colonne est habituellement élevé à une certaine hauteur au-dessus du sol, surtout à l'extérieur des édifices. La construction, de forme rectangulaire, qui le supporte, prend le nom de *piédestal*, lorsqu'elle a reçu tout le développement qu'elle comporte, c'est-à-dire lorsqu'elle est composée d'une base, d'un dé et d'une corniche ou bandeau. *Piédestal.*

Un système complet de colonnes avec entablement est donc essentiellement *Système complet.*

composé de trois parties, dont chacune comprend trois divisions principales, comme il est résumé ci-dessous, et représenté planche IV, figures 2 et 3.

	Piédestal.	Base. Dé. Corniche.
Système complet.	Colonne.	Base. Fût. Chapiteau.
	Entablement.	Architrave. Frise. Corniche.

Mode de construction.

Le mode d'exécution constamment suivi par les Grecs et par les Romains est aussi simple et aussi rationnel que la disposition générale du système. La construction est exécutée en matériaux de grandes dimensions, travaillés avec une perfection remarquable. Les pierres qui forment l'architrave portent toutes d'une colonne à l'autre; aux extrémités des portiques, où les architraves des deux faces se rencontrent à angle droit, un arrangement particulier, dans le genre de celui que représente la figure 4, leur assure, à toutes deux, une assiette convenable. La même pratique s'observe dans toutes les parties analogues de la construction. Il est aisé de reconnaître que la disposition et les dimensions des matériaux donnaient de grandes garanties de stabilité, et cependant toutes les pierres d'une même assise sont habituellement rattachées les unes aux autres par des crampons ou des queues d'hironde en métal, en marbre ou même en bois. Dans les constructions de la Grèce, et dans celles de la république romaine, les fûts des colonnes sont presque toujours formés de plusieurs morceaux; mais il a été apporté un tel soin dans l'exécution, que les joints sont fort peu apparents, et qu'il est même quelquefois difficile de les reconnaître. De petits goujons en bois ou en bronze relient les tambours successifs. Au temple du Parthénon, à Athènes, ces goujons sont en bois, et ils ont reçu la disposition fort ingénieuse que représente la figure 5; ils sont divisés en deux parties, en forme de crapaudine, ce qui permettait de faire tourner la pierre après l'avoir posée, et de faire coïncider très-exactement les deux lits en contact, en les frottant l'un sur l'autre.

Sous l'Empire romain, le luxe des constructions avait pris un tel développement, que la plupart des fûts de colonnes isolées s'exécutaient en marbre, en granit ou en porphyre, et étaient formés d'un seul morceau. Les bases et les chapiteaux s'y fixaient par des goujons.

Il est rare de trouver autant de recherche dans les constructions modernes. Nous ne nous bornons pas à former nos colonnes de quelques tronçons superposés, comme le faisaient les Grecs et les Romains de la république; nous les construisons souvent par assises multipliées, à la manière des murs, et sans y apporter la perfection qui était de règle dans l'antiquité. Aussi leur apparence n'est-elle pas, à beaucoup près, aussi satisfaisante; ces joints multipliés qui divisent une colonne sur sa hauteur, et qui finissent par devenir apparents, produisent un mauvais effet, parce qu'ils sont en opposition avec ce qui, au premier abord, nous paraît de l'essence d'un support élancé.

Une disposition bien plus vicieuse encore s'est introduite dans la construction de nos architraves et de nos frises. L'architecture du moyen âge avait habitué à l'emploi exclusif de petits matériaux, même dans les édifices les plus importants; et lorsque la Renaissance fit revivre les formes de l'art antique, on ne put se résoudre à renoncer à un système dont on avait apprécié les avantages économiques, et qui se conciliait très-bien d'ailleurs avec toutes les exigences de la solidité, quand on l'appliquait à la construction des voûtes. Au lieu de se procurer à grands frais des architraves d'un seul morceau, on eut recours à des voûtes plates, composées de plusieurs pierres taillées en claveaux, et l'on suit encore aujourd'hui la même méthode dans la plupart de nos grands portiques. Mais ces voûtes sont les plus désavantageuses de toutes celles qu'on pourrait exécuter pour réunir deux supports, car elles tendent, avec plus d'énergie que les autres, à les renverser en dehors. Les constructions ainsi disposées ne doivent leur stabilité qu'aux nombreuses barres de fer qui traversent et retiennent les différentes parties du système, et il est aisé de prévoir qu'elles n'auront pas une grande durée. La figure 6 de la planche IV, qui est une coupe longitudinale, prise suivant les axes des colonnes, offre un exemple de cette disposition.

Le mode d'exécution n'est pas en harmonie avec la forme; il repose sur l'emploi de petits matériaux, et elle en annonce de grands. Il exige une forme spéciale, ainsi qu'on le verra plus tard.

II. — PROPORTIONS.

Proportions des colonnes.

Toutes choses égales d'ailleurs, plus des colonnes sont élancées, plus il convient de les rapprocher; plus elles sont massives, plus on peut les espacer. Il y a donc une certaine relation à observer entre les hauteurs, les diamètres et les espacements des colonnes, suivant le degré de solidité qu'on veut obtenir. Elle s'exprime habituellement en fonction du rayon de la colonne à son pied, qui prend alors le nom de *module*. Il est évident qu'elle ne saurait rien avoir d'absolu, qu'elle doit varier avec la nature et le caractère de l'édifice; cependant il est, à chaque période de l'art, une proportion moyenne, dont on s'éloigne assez peu, et qui répond aux idées générales de l'époque et plus particulièrement à celles qui sont relatives à la stabilité et à la durée dont il convient que les monuments portent l'empreinte. Ainsi, si l'on fait abstraction de quelques constructions d'un caractère exceptionnel, on trouvera que, dans les beaux temps de la Grèce, les hauteurs des colonnes des temples ne diffèrent pas de plus de 0,75 de module, en plus ou en moins de leur valeur moyenne, qui est $11^{mod},25$ environ, et que les espacements d'une colonne à l'autre, à la base, sont presque toujours de trois modules à peu près. Il en est de même chez les Romains : si, malgré leur profond respect pour l'art grec, ils ont admis des proportions bien différentes, ils ne les ont fait varier qu'entre des limites assez étroites. La moyenne de la hauteur de leurs colonnes, dans les temples élevés depuis la fin de la République jusqu'à la décadence de l'Empire, est un peu plus de 19 modules, et ils ne s'en sont presque jamais écartés de plus d'un demi-module; pour les espacements, la proportion moyenne est de trois modules et demi environ. Nous savons d'ailleurs par Vitruve, et il était naturel de le présumer, que de plus forts espacements étaient admis dans les édifices qui, à raison de leur destination, ne comportaient pas le même caractère monumental que les temples.

On peut déduire de ces rapports, d'une manière approximative, ceux qu'il eût fallu adopter pour d'autres hauteurs ou d'autres espacements, afin de conserver les mêmes apparences de solidité, autant du moins que des questions de ce genre sont de nature à être soumises à de rigoureuses investigations.

Dans les traités d'Architecture publiés depuis l'époque de la Renaissance, on a généralement admis trois systèmes principaux de proportions pour les colonnes.

Tous les auteurs n'ont pas adopté les mêmes chiffres; mais ils diffèrent peu sous ce rapport, et l'on peut considérer les expressions suivantes comme représentant assez exactement l'opinion la plus accréditée : pour les colonnes les plus massives, la hauteur est de 16 modules, et l'espacement d'une colonne à l'autre, à la base, de $5\frac{1}{2}$; pour les plus élancées, la hauteur est de 20 modules, et l'espacement, de 4; enfin, aux colonnes intermédiaires, on a donné 18 modules de hauteur sur environ $4\frac{3}{4}$ d'espacement. Mais il est essentiel de se rappeler qu'il n'y a rien là d'absolu; qu'il est permis, et qu'il convient même de s'écarter en plus ou en moins de ces proportions, suivant ce qu'exigent les circonstances. Elles ne représentent qu'un état moyen de solidité. Veut-on un caractère plus monumental; on réduit, soit les hauteurs, soit les espacements, soit toutes ces choses à la fois. Dans le cas contraire, on opère d'une manière diamétralement opposée. Il n'est pas d'ailleurs indifférent de toucher aux hauteurs ou aux espacements; le résultat peut être le même en ce qui concerne la résistance à la rupture, mais il n'en est pas ainsi au point de vue de l'art; c'est au goût de l'architecte qu'il appartient de prononcer pour l'un ou l'autre de ces partis, suivant le caractère à assigner à l'édifice. On verra plus loin que les trois espèces de colonnes ont reçu des ornements spéciaux, et forment trois systèmes ou *ordres*, qui sont connus sous les noms d'*ordre dorique*, d'*ordre ionique* et d'*ordre corinthien*.

Les proportions moyennes qui viennent d'être indiquées ont pour elles la garantie du consentement public, et elles doivent être considérées comme le produit d'une longue expérience. On peut du reste les soumettre à une vérification scientifique; on peut, en prenant celles d'une des classes de colonnes pour point de départ, rechercher quelles doivent être celles des deux autres pour que la pression par unité de surface soit la même dans tous les cas; l'espacement des colonnes de 16 modules de hauteur, par exemple, étant donné, on en déduira celui des colonnes de 18 et de 20 modules. Les espacements d'axe en axe devront être, en effet, proportionnels aux sections des colonnes, de sorte qu'en désignant la hauteur par h, l'espacement connu, $7^{mod},50$, par E, et les deux autres espacements par E′ et E″, on aura les relations :

$$\frac{E'}{E} = \frac{\left(\frac{h}{18}\right)^2}{\left(\frac{h}{16}\right)^2}, \quad \frac{E''}{E} = \frac{\left(\frac{h}{20}\right)^2}{\left(\frac{h}{16}\right)^2},$$

d'où

$$E' = \frac{E}{1,265}, \quad E'' = \frac{E}{1,562}.$$

Si l'on remplaçait E par sa valeur $7^{mod},50$, on aurait les espacements cherchés en fonction d'un module égal au seizième de la hauteur ; mais ils doivent être exprimés en modules respectivement égaux au dix-huitième et au vingtième de cette dimension, d'où la nécessité d'une correction qui donnera :

$$E' = 6^{mod},67 \quad \text{et} \quad E'' = 6^{mod},00.$$

Or les chiffres adoptés sont, ainsi qu'il a été dit tout à l'heure,

$$E' = 6,75 \quad \text{et} \quad E'' = 6,00.$$

On trouverait des espacements moindres, si l'on se posait pour condition, non une égalité de pressions, mais une même résistance au renversement. Et en effet les proportions dont il s'agit ne donnent pas aux colonnes les plus sveltes la même apparence de stabilité qu'aux autres.

Forme conique des colonnes. Des conditions de stabilité réelle, et surtout d'apparence de stabilité, ce qui est plus important au point de vue de l'art, engagent à réduire le diamètre de la colonne à mesure qu'elle s'élève. On observe dans les monuments exécutés une grande diversité de rapports entre les dimensions de la base et celles du sommet.

Chez les Grecs la *diminution de la colonne* est extrêmement prononcée, comme tout ce qui importe à la solidité, surtout dans les constructions où les colonnes ont reçu les proportions les plus massives, c'est-à-dire dans celles d'ordre dorique. Ainsi, le rapport du diamètre supérieur au diamètre inférieur est dans les ordres doriques :

Du grand temple de Pœstum. . . . . $\frac{1}{1,38}$

Du temple de Jupiter, à Égine. . . . . $\frac{1}{1,35}$

Du temple de Thésée, à Athènes. . . . . $\frac{1}{1,29}$

Du Parthénon.. . . . . $\frac{1}{1,27}$

Des propylées d'Éleusis. . . . . $\frac{1}{1,28}$

Du temple de Némésis, à Rhamnus. . . . . $\frac{1}{1,30}$

Du temple de Minerve, à Sunium. . . . . $\frac{1}{1,27}$

Les proportions suivantes s'observent dans les colonnes d'ordre ionique,

Du temple de Minerve Poliade, à Athènes. . . . . $\frac{1}{1,18}$

D'un petit temple sur l'Ilissus.. . . . . $\frac{1}{1,17}$

De l'intérieur des propylées d'Éleusis. . . . . $\frac{1}{1,22}$

Dans les constructions des Romains, les deux diamètres diffèrent beaucoup moins, et, si l'on s'en rapportait à Vitruve, les rapports observés auraient varié avec les hauteurs des colonnes de la manière suivante :

Pour les colonnes de moins de 15 pieds (romains) de hauteur. $\frac{5}{6}$

— de 15 à 20 pieds.. . . . . $\frac{5,5}{6,5}$

— de 20 à 30 pieds.. . . . . $\frac{6}{7}$

— de 30 à 40 pieds.. . . . . $\frac{6,5}{7,5}$

— de 40 à 50 pieds.. . . . . $\frac{7}{8}$

Et ainsi de suite, en se rapprochant d'autant plus de l'égalité que les colonnes sont plus élevées. Mais cette règle, de même que plusieurs autres données par cet auteur, ne paraît pas avoir obtenu grande autorité, ou du moins ne se vérifie pas dans les monuments que nous connaissons, ainsi qu'il résulte du tableau suivant :

ÉDIFICES.	ORDRES.	HAUTEURS DES COLONNES		DIAMÈTRES		RAPPORTS DES DIAMÈTRES.
		EN MÈTRES.	EN PIEDS ROMAINS.	A LA BASE.	AU SOMMET.	
Temple de Junon Matuta, à Rome....	Dorique.	4,44	15,00	m. 0,652	m. 0,548	$\frac{1}{1,19}$
Temple d'Hercule, à Cora........	id.	6,19	20,91	0,716	0,61	$\frac{1}{1,17}$
Temple de la Fortune virile, à Rome..	Ionique.	8,10	27,36	0,971	0,86	$\frac{1}{1,13}$
Temple de Minerve, à Assise......	Corinthien.	10,06	34,00	1,05	0,92	$\frac{1}{1,12}$
Temple de Vesta, à Tivoli.......	id.	7,15	24,08	0,754	0,655	$\frac{1}{1,15}$
Théâtre de Marcellus, à Rome.....	Dorique.	7,75	26,18	0,97	0,775	$\frac{1}{1,25}$
Id.	Ionique.	7,10	24,00	0,812	0,672	$\frac{1}{1,21}$
Panthéon de Rome.........	Corinthien.	14,18	47,90	1,46	1,291	$\frac{1}{1,13}$
Temple d'Antonin, à Rome......	id.	14,85	50,17	1,445	1,288	$\frac{1}{1,12}$

Les auteurs modernes sont loin de s'accorder à ce sujet. Vignole adopte le rapport de $\frac{5}{6}$ pour toutes les colonnes, sauf un ordre dorique simplifié, pour lequel il le réduit à $\frac{19}{24}$; Palladio admet le rapport $\frac{3}{4}$ pour ce dernier ordre, et celui de $\frac{7}{8}$ pour tous les autres; suivant Scamozzi, ces rapports devraient être $\frac{4}{5}$ pour l'ordre dorique, $\frac{5}{6}$ pour l'ordre ionique, $\frac{7}{8}$ pour l'ordre corinthien.

Malgré cette diversité dans les opinions et dans les faits, on peut conclure de ce qui précède, qu'il convient d'apporter une réduction proportionnelle d'autant plus forte, dans le diamètre supérieur, que la colonne est moins élancée et qu'elle doit présenter plus de garantie de stabilité; ou, ce qui revient au même et donne une idée plus juste du but poursuivi, qu'il faut augmenter alors dans une plus forte proportion le diamètre à la base, en prenant celui du sommet pour point de départ.

On pourrait soumettre la question au calcul, en se posant pour condition d'avoir même pression par unité de surface à la base et au sommet. Il est vrai qu'il faudrait déterminer, au préalable, le rapport existant entre le poids de la colonne et celui de la construction qu'elle supporte, et que ce dernier varie d'un édifice à l'autre entre des limites très-éloignées ; mais cette difficulté ne doit pas arrêter, car, en matière d'art, il y a bien moins à s'occuper de la réalité que de l'apparence, et, si les charges effectives sont fort diverses, il n'en est pas de même de celles qu'on peut apprécier à première vue, dans les circonstances les plus ordinaires. Il importe assez peu qu'il y ait égalité parfaite dans les pressions, car on se tient toujours bien au-dessous de celles qui produiraient l'écrasement, tandis qu'il importe beaucoup de montrer des formes rationnelles, de ne choquer en rien les délicatesses de notre sentiment. Hé bien ! d'après les proportions adoptées pour les entablements et les espacements, les charges apparentes qui pèsent sur les colonnes formant des portiques analogues à ceux des temples de l'antiquité sont très-sensiblement celles qui détermineraient les rapports moyens que l'usage a consacrés ; elles équivalent à peu près au triple du poids des supports.

Il est à remarquer que la question, ainsi envisagée, conduit à poser en principe que le diamètre supérieur doit différer d'autant moins du diamètre inférieur que la colonne paraît soumise à une pression plus considérable. Cette conséquence ne se vérifie pas dans tous les édifices exécutés, cela se conçoit aisément ; mais on s'y est conformé instinctivement dans un grand nombre, et il est certain que, quand des colonnes supportent des arcades ou des constructions quelconques au-dessus de l'entablement, il y a avantage, sous le rapport de l'art, à ne pas les diminuer dans une aussi forte proportion que d'ordinaire. C'est un point essentiel sur lequel nous aurons occasion de revenir.

Vitruve dit, en parlant de la disposition des temples (liv. III, chap. III), qu'il ne faut pas toujours répartir uniformément la diminution de la colonne autour de l'axe vertical passant par le centre de la base, et il ajoute que, pour les colonnes des angles et pour celles des faces latérales, il convient de faire porter entièrement cette diminution au dehors, de telle sorte que le galbe présente une ligne verticale à l'intérieur. Le précepte est judicieux dans ce qu'il a de plus général, et, s'il entraîne à une légère altération de la régularité de la colonne, il est évidemment de nature à contribuer au bon effet de l'édifice, ce qui est l'essentiel. Mais on ne voit pas pourquoi Vitruve ne l'applique pas à la face principale aussi bien qu'aux autres : cette exception ne paraît nullement motivée et ne serait pas heureuse. Peut-être aussi y a-t-il quelque exagération à en venir à une ligne exactement verticale à l'intérieur. Le temple antique, connu à Rome sous le nom de Basilique d'Antonin, est, à notre connaissance, le seul des monuments encore subsistants où cette règle ait été appliquée en toute rigueur. Au Parthénon, on s'est borné à faire sentir la diminution beaucoup plus au dehors qu'au dedans, et cela sur toutes les faces, ainsi que le montrent la figure 7 de la planche IV et la figure 4 de la planche XV.

Galbe des colonnes.

Le rétrécissement graduel des fûts de colonnes s'opère de différentes manières.

Il peut être uniforme dans toute la hauteur ; la colonne a alors la forme d'un tronc de cône à base circulaire. La plupart des colonnes de l'architecture grecque ont été tracées ainsi, ou du moins la courbe du galbe est si peu prononcée qu'elle a été prise pendant longtemps pour une ligne droite.

La seconde manière consiste à substituer, à la ligne droite, une ligne courbe assujettie à la condition d'avoir sa tangente verticale à l'origine. Cette courbe n'est pas très-accentuée ; il faut une certaine attention pour la juger, et cependant sa forme n'est pas indifférente. L'arc de cercle a été employé quelquefois, et l'uniformité de sa courbure produit un assez bon effet. Plusieurs architectes modernes ont recommandé la conchoïde engendrée par le mouvement du point m (fig. 8, pl. IV) d'une ligne Om, astreinte à la condition de passer toujours par un point donné O et de dépasser l'axe de la colonne, AB, d'une longueur constante mn. Cette courbe présente un point d'inflexion, mais il est en dehors des limites que l'on considère dans la pratique. Vignole indique également la construction suivante : du pied A (fig. 9) de l'axe de la colonne, comme centre, on décrit un arc de cercle avec le rayon inférieur ; on abaisse une verticale Cm de l'extrémité C du rayon supérieur ; on divise en un même nombre de parties égales l'arc Dm d'une part, et la hauteur de la colonne de l'autre ; enfin on mène, par les points de division correspondants, des abscisses et des ordonnées, dont les intersections déterminent des points de la courbe cherchée. Cette solution ne pouvait être passée sous silence, à raison de la juste autorité attachée au nom de l'auteur qui l'a publiée, mais elle n'est pas heureuse : la courbure est trop prononcée à la partie supérieure du fût.

La plupart des colonnes des Romains ont une ligne courbe pour génératrice, ou, en d'autres termes, sont *galbées*.

La courbe n'a pas ordinairement son origine au pied du fût ; elle ne commence qu'au tiers environ de la hauteur, et la partie inférieure est cylindrique (fig. 10).

On trouve, dans quelques édifices, des colonnes dont le galbe est formé, dans sa partie supérieure, comme il vient d'être dit, et, dans sa partie inférieure, par

le prolongement de la même courbe, ainsi que le représente la figure 11. Ce sont des colonnes *renflées* : le diamètre maximum est placé au tiers de la hauteur. On ne connaît aucun exemple de cette singulière disposition dans les monuments de l'antiquité; mais un passage de Vitruve a porté à penser qu'elle avait été admise par les Romains et même par les Grecs. « Quant au renflement à observer au mi-
« lieu de la colonne, dit cet auteur, que les Grecs désignent sous le nom d'*entasis*,
« une figure, placée à la fin de ce livre, montrera comment on peut le rendre
« doux et convenable. » Malheureusement ce document, si nécessaire en présence d'un texte aussi concis, n'est pas venu jusqu'à nous; on en est réduit aux conjectures, et peut-être convient-il de repousser celle qui a été généralement adoptée. Il est à remarquer, en effet, que Vitruve donne à cette pratique quelque chose d'absolu, et que cependant, dans aucune des nombreuses colonnes, encore subsistantes, qui remontent à son époque, on ne voit le diamètre aller en augmentant, à partir du pied jusqu'à une certaine hauteur. N'aurait-on pas dû en conclure que le renflement dont il parlait devait porter, non pas sur la verticale passant par l'extrémité du diamètre à la base, mais sur la ligne inclinée joignant la base au sommet, ligne qui, dans le système d'architecture antérieur, eût formé la génératrice de la colonne? Cette ligne étant la corde de la courbe, il était assez naturel d'y rapporter la flèche, et d'en donner la mesure au milieu de sa longueur. L'architecte romain aurait donc, suivant nous, voulu parler de colonnes galbées et non de colonnes renflées, et ainsi disparaîtrait le désaccord entre les monuments et le texte antique, qui a si fortement préoccupé les commentateurs.

La forme n'a pas, moins que le texte, exercé la sagacité de la critique. Les uns y ont vu une imitation des troncs d'arbres, dont le plus fort diamètre n'est pas toujours placé à l'origine; d'autres, une sorte de réminiscence, fort libre assurément, de la forme générale du corps humain; les plus rationnels ont pensé qu'elle était le résultat d'un caprice. La science, si elle eût été consultée, eût donné une explication plus satisfaisante. En effet, lorsqu'une colonne est suffisamment élancée, elle est exposée à fléchir avant de se rompre sous la charge qui lui est imposée; c'est ce qui s'observe journellement sur les supports en bois ou en fer. Qu'on admette ce mode de rupture, et qu'on demande au calcul quelle forme il conviendrait de donner à une colonne pour qu'elle y résistât également en tous ses points, on trouvera celle qui est représentée (fig. 12) par les lignes *mno*, *opm*; le diamètre aura son maximum au milieu de la hauteur et ira en décroissant jusqu'aux deux extrémités où il deviendra nul : le solide aura la forme d'un fuseau. Mais on ne pourrait adopter entièrement cette solution, car les pointes s'écraseraient, mode de rupture dont le calcul n'a pu tenir compte, puisqu'il est en dehors de l'hypothèse qui lui a servi de base, et, de là, la nécessité de supprimer ces pointes. On a vu d'ailleurs que le diamètre à la base devait l'emporter sur celui du sommet, et il faudra par conséquent que la troncature inférieure se rapproche plus que l'autre du diamètre maximum, lequel se trouvera ainsi placé au tiers environ de la hauteur. On pourrait encore dire qu'après avoir déterminé, dans l'hypothèse de la flexion, la forme du solide d'égale résistance *abcd*, on l'entoure d'une enveloppe qui s'éloigne un peu plus du pied que du sommet, tant par motif de stabilité, que pour offrir l'apparence de l'égalité dans les pressions par unité de surface.

De ce qu'elle offre quelque chose de rationnel, nous ne conclurons pas d'ailleurs qu'il convienne d'adopter la forme dont il s'agit : les embarras de la critique la condamnent. Il ne suffit pas à l'art qu'une chose soit bonne; il faut qu'elle puisse être appréciée, il faut que notre sentiment l'accepte, et cela n'a pas lieu ici. Nous sommes portés à craindre qu'une colonne ne soit renversée ou écrasée et non à redouter sa flexion, bien qu'elle puisse périr par là, et c'est par conséquent en vue des deux premiers phénomènes que sa forme doit être conçue. La disposition qui nous occupe ne s'est pas produite spontanément, ne s'est pas naturellement présentée à l'esprit; elle n'a pas été adoptée parce qu'elle a paru belle, mais parce qu'on a cru qu'elle était conforme à un précepte de l'antiquité.

Proportions des entablements.
Il est évident que, toutes choses égales d'ailleurs, il faut donner d'autant plus de hauteur à une architrave ou à une frise qu'elles ont à franchir une plus grande distance, c'est-à-dire que les colonnes sont plus espacées. Ainsi, ces deux parties de l'entablement doivent être établies sur de plus fortes proportions dans l'ordre dorique que dans l'ordre ionique, et dans ce dernier que dans l'ordre le plus élancé. Il n'en est pas de même de la corniche : on conçoit qu'il doit exister une certaine relation entre sa saillie et son épaisseur, et qu'elle doit être d'autant plus saillante que l'ordre auquel elle appartient a plus de hauteur. La troisième partie de l'entablement doit donc suivre, d'un ordre à l'autre, une progression inverse de celle qui s'observe dans les deux premières.

Le tableau suivant fait connaître les proportions adoptées à ce sujet dans divers monuments de l'antiquité.

COLONNES.

ÉDIFICES.	ORDRES.	DIA-MÈTRES A LA BASE.	HAUTEURS				HAUTEUR DE L'EN-TABLEMENT EN FONCTION DU MODULE.	RAPPORT DE LA HAUTEUR DE L'ENTABLE-MENT A CELLE DE LA COLONNE.
			DE LA COLONNE.	DE L'AR-CHITRAVE.	DE LA FRISE.	DE LA CORNICHE.		
		m.	m.	m.	m.	m.	mod.	
Grand temple de Pæstum..	Dorique.	2,06	8,85	1,49	1,41	0,95[1]	3,74	$\frac{1}{2,30}$
Temple de Jupiter, à Égine.	id.	0,99	5,28	0,84	0,82	0,38[1]	4,12	$\frac{1}{2,59}$
Parthénon.	id.	1,87	10,43	1,35	1,35	0,99	3,95	$\frac{1}{2,85}$
Temple d'Apollon, à Bassœ.	id.	1,10	6,13	0,77	0,84	0,28[1]	3,44	$\frac{1}{3,24}$
Temple de Minerve, à Sunium.	id.	1,01	6,14	0,85	0,85	0,39[1]	4,06	$\frac{1}{3,00}$
Temple de Junon Matuta, à Rome.	id.	0,652	4,44	0,404	0,596	0,56 ?	4,78	$\frac{1}{2,84}$
Temple d'Hercule, à Cora..	id.	0,716	6,19	0,208	0,444	0,328	2,74	$\frac{1}{6,31}$
Temple d'Érechthée, à Athènes.	Ionique.	0,84	7,64	0,73	0,675	0,28[1]	4,00	$\frac{1}{4,54}$
Temple de la Fortune virile, à Rome.	id.	0,971	8,10	0,615	0,55	0,983	4,42	$\frac{1}{3,77}$
Temple de Vesta, à Tivoli..	Corinthien.	0,754	7,13	0,378	0,487	0,395	3,54	$\frac{1}{5,66}$
Temple de Minerve, à Assise.	id.	1,03	10,06	0,593	0,576	0,58[1]	5,40	$\frac{1}{5,75}$
Panthéon de Rome.	id.	1,46	14,18	1,04	0,967	1,281	4,50	$\frac{1}{4,31}$
Théâtre de Marcellus, à Rome.	Dorique.	0,97	7,755	0,515	0,76	0,612	3,89	$\frac{1}{4,11}$
	Ionique.	0,812	7,097	0,614	0,46	0,765	4,53	$\frac{1}{3,86}$
Temple d'Antonin, à Rome.	Corinthien.	1,445	14,85	1,025	0,80	1,55 ?	4,67	$\frac{1}{4,40}$

[1] Non compris la cimaise formant chéneau.

On voit que les proportions des entablements ont été modifiées dans le même esprit que celles des colonnes. Ils sont devenus moins massifs à mesure que ces dernières se sont élancées davantage. Les édifices ont perdu de leur caractère monumental pour prendre plus de hardiesse, mais on s'est toujours attaché à leur assurer de l'harmonie.

On trouvera ci-après les proportions adoptées par quelques auteurs modernes pour les entablements des trois ordres d'architecture. Elles sont exprimées en fonction du rayon de la colonne à sa base ou module et en divisions décimales de cette unité.

NOMS DES AUTEURS.	ORDRES.	HAUTEURS					RAPPORT DE LA HAUTEUR DE L'ENTABLEMENT A CELLE DE LA COLONNE.
		DE LA COLONNE.	DE L'AR-CHITRAVE.	DE LA FRISE.	DE LA CORNICHE.	DE L'EN-TABLEMENT.	
Vignole........	Dorique.	mod. 16	mod. 1,00	mod. 1,50	mod. 1,50	mod. 4,00	$\frac{1}{4}$
	Ionique.	18	1,25	1,50	1,75	4,50	$\frac{1}{4}$
	Corinthien.	20	1,50	1,50	2,00	5,00	$\frac{1}{4}$
Jean Bullant.......	Dorique.	14	1,00	1,50	1,17	3,67	$\frac{1}{3,81}$
	Ionique.	16,68	1,25	1,25	1,67	4,17	$\frac{1}{4}$
	Corinthien.	18	1,35	1,35	1,80	4,50	$\frac{1}{4}$
Philibert Delorme. ...	Dorique.	14	1,00	1,50	1,35	3,85	$\frac{1}{5,66}$
	Ionique.	16	1,00	1,00	1,17	3,17	$\frac{1}{5,05}$
	Corinthien.	20	1,45	1,37	1,80	4,62	$\frac{1}{4,33}$
Palladio.........	Dorique.	15	1,00	1,50	1,16	3,66	$\frac{1}{4,1}$
	Ionique.	18	1,20	0,90	1,50	3,60	$\frac{1}{5}$
	Corinthien.	19	1,27	0,95	1,55	3,77	$\frac{1}{5,04}$
Serlio..........	Dorique.	14	1,00	1,50	1,29	3,79	$\frac{1}{3,69}$
	Ionique.	16	1,20	1,20	1,60	4,00	$\frac{1}{4}$
	Corinthien.	18	1,35	1,35	1,80	4,50	$\frac{1}{4}$
Scamozzi........	Dorique.	17	1,16	1,50	1,40	4,06	$\frac{1}{4,19}$
	Ionique.	17,50	1,16	0,93	1,41	3,50	$\frac{1}{5}$
	Corinthien.	20	1,33	1,06	1,61	4,00	$\frac{1}{5}$

Il est bon de connaître ces proportions; mais il faut se rappeler qu'elles n'ont rien d'absolu, et que c'est au goût de l'architecte qu'il appartient de préciser, dans chaque cas en particulier, celle qui est la plus convenable. L'entablement doit toujours être en harmonie avec les colonnes qui le supportent; il doit avoir d'autant plus de hauteur que les proportions adoptées pour ces dernières indiquent une construction plus massive. Sa longueur exerce même une certaine influence sur la hauteur à lui assigner; telle proportion convenable pour un entablement qui ne régnerait que sur quatre colonnes, par exemple, pourrait paraître insuffisante s'il devait en embrasser huit ou dix, et, à plus forte raison, davantage. L'art se préoccupe surtout de l'apparence, et il faut savoir se mettre en garde contre les illusions auxquelles nous sommes exposés; or personne n'ignore qu'un objet nous paraît d'autant plus étroit qu'il est plus allongé.

La hauteur à laquelle les bases des colonnes sont élevées au-dessus du sol ne peut exercer qu'une bien faible influence sur la stabilité du système, eu égard aux limites entre lesquelles elle est habituellement renfermée; il n'y a pas, en conséquence, de proportions aussi bien définies pour les piédestaux que pour les entablements. On peut dire cependant, en termes généraux, que, toutes choses égales d'ailleurs, il convient d'observer une certaine relation entre les hauteurs des colonnes et celles de leurs piédestaux, et de donner à ceux-ci des proportions d'autant plus élancées qu'ils appartiennent à des colonnes plus sveltes. C'est sans doute cette considération qui a porté Vignole à adopter, dans son Traité des ordres, la proportion du tiers de la hauteur de la colonne; mais le plus grand nombre des édifices exécutés s'éloignent de cette règle, et l'auteur lui-même a su s'en affranchir dans la pratique.

<small>Proportions des piédestaux</small>

Quand la hauteur d'un piédestal descend au-dessous d'une certaine limite, on supprime la corniche et même quelquefois la base de cette partie de la construction, afin que le dé, qui est l'objet essentiel, s'annonce nettement et ne paraisse pas trop écrasé.

III. — DÉCORATION.

On sait quelle est, pour l'Architecture, l'importance des divers ornements qui forment ce qu'on appelle des moulures. Ils sont destinés à marquer les diffé-

<small>Moulures.</small>

rentes parties de la construction, à introduire de la variété sans porter atteinte à l'unité, et à donner à l'édifice le caractère général qui convient à toute œuvre d'art, celui de n'être pas uniquement appelé à la satisfaction d'intérêts matériels.

Les moulures le plus fréquemment employées se divisent en moulures simples et en moulures composées : les premières sont le *quart de rond*, représenté *droit* (fig. 1, pl. V) et renversé (fig. 2), et le *cavet* (fig. 3 et 4) ; les secondes se composent du *talon* (fig. 5 et 6), et de la *doucine* (fig. 7 et 8). On appelle *filets* les petites parties planes qui parfois accompagnent et séparent les moulures, comme on en voit sur les figures 1, 7 et 8. La *baguette* (fig. 9) est une petite moulure demi-cylindrique ; elle prend le nom de *tore* (fig. 11) quand elle est de fortes dimensions, ce qui provient sans doute de ce qu'elle se rencontre dans toutes les bases de colonnes, où elle a la forme d'un véritable tore, puisqu'elle y est établie sur plan circulaire. La *scotie* (fig. 10) est une moulure concave et rentrante qui s'emploie aussi plus particulièrement à la décoration des bases. La moulure représentée figure 12 appartient à l'architecture grecque ; elle est formée de la réunion d'un quart de rond avec une doucine. On la désigne quelquefois sous le nom de *bec de chouette*. Un raccordement concave entre deux faces planes peu saillantes l'une sur l'autre, comme celui qui est indiqué en A (fig. 7) forme ce qu'on appelle un *congé*.

Quelques auteurs conseillent de tracer les moulures au moyen d'arcs de cercle ; mais cette méthode paraît vicieuse, en ce qu'elle ne fait pas au goût de l'artiste une part suffisante par cela même qu'elle en accorde une trop grande au compas. Tout au plus peut-on, après avoir dessiné la forme, chercher les arcs de cercle qui, convenablement déterminés et raccordés, la reproduisent d'une manière suffisamment approchée, et il faut même en venir là quand les dimensions sont considérables. L'essentiel est de conserver une liberté entière et de se préoccuper avant tout de l'expression. Les moulures sont en effet susceptibles de différents caractères suivant les formes qu'elles reçoivent.

On conçoit aisément qu'en leur donnant plus ou moins de saillie et en accentuant plus ou moins leurs galbes, il est possible de leur imprimer des expressions variées de lourdeur ou de légèreté, de vigueur ou de finesse ; et l'on comprend aussi que cette faculté est uniquement affaire de goût, et ne peut être exercée que par une main habile et dégagée de toute entrave. Il n'y a ni règles ni formules à imposer en pareille matière ; c'est le sentiment du beau, développé et assuré par l'étude des œuvres appartenant aux belles époques de l'art, qui seul est appelé à donner des solutions.

Ce point bien établi, nous ne pouvons résister au désir de présenter encore ici à nos lecteurs quelques-unes de ces considérations d'ordre scientifique auxquelles ils sont habitués. Elles ne sont sans doute d'aucune utilité pratique bien déterminée, elles ne sont susceptibles d'aucune application immédiate; toutefois elles paraissent de nature à donner à l'art une salutaire direction, et peut-être trouvera-t-on qu'elles ne sont pas dépourvues d'intérêt, même à un point de vue plus élevé. Il y aurait faiblesse à les passer sous silence dans la crainte d'être accusé de vouloir étouffer l'art sous la science.

Les principales moulures sont des corps en saillie qui, suivant les positions qu'ils occupent, peuvent être considérés, ou comme n'ayant que leur propre poids à supporter, ou comme étant soumis à des pressions plus ou moins considérables; et, dans ce dernier cas, le mode de répartition de ces actions étant indéterminé, il y aura prudence à supposer que leur point d'application est placé à l'extrémité supérieure de la moulure. Or que le calcul soit appelé à traiter la question ainsi posée; qu'on lui demande la forme qui fera, de ces corps en saillie, des solides d'égale résistance : il indiquera, dans la première hypothèse, la courbe représentée figure 13, celle d'un arc de parabole ayant son sommet au point A et son axe AB vertical; et, dans la seconde, la courbe (fig. 14), qui est encore un arc de parabole ayant son sommet au même point, mais convexe et non concave, et dont l'axe est horizontal au lieu d'être vertical; il recommandera ou le *cavet* ou le *quart de rond*. Et il y a ceci de bien remarquable que, dans la plupart des édifices exécutés, non-seulement ces deux moulures ont été distribuées comme si l'on avait eu égard à cette prescription scientifique, mais que, dans les belles époques de l'art antique, elles se rapprochent en général beaucoup des formes géométriques. La *doucine* et le *talon* peuvent d'ailleurs être envisagés comme résultant de légères modifications apportées au *cavet* et au *quart de rond*, ainsi que le montrent les lignes ponctuées des figures 13 et 14, de sorte que l'observation précédente leur est applicable. Sans doute il n'y a rien là d'absolu, les exceptions sont nombreuses et il serait bien étrange qu'il en fût autrement; on conçoit que la fantaisie ne pouvait être enchaînée jusque dans ces détails; mais la loi n'en paraîtra pas moins évidente lorsqu'on examinera les faits avec un esprit philosophique et en toute impartialité.

Décorations des moulures.

Dans les édifices qui paraissent réclamer un certain luxe de décoration, des ornements peints ou sculptés viennent ajouter à l'effet produit par les moulures, et permettent de varier à l'infini les degrés de richesse et d'atteindre aux plus élevés sans multiplier outre mesure les divisions des profils. Ils peuvent reproduire des objets naturels ou usuels, et non-seulement satisfaire à cet instinct qui nous fait rechercher la variété et l'imitation, mais encore contribuer efficacement à spécialiser le caractère général de l'édifice par les idées que réveillent les objets représentés. Ils sont appelés à ajouter beaucoup de netteté à l'Architecture, et à offrir aliment à notre esprit aussi bien que jouissance à notre goût, alors que nous descendons à l'examen des détails après avoir admiré l'ensemble de l'œuvre. Ils devraient être toujours symboliques. On ne peut douter que tels n'aient été ceux de la Grèce et des premiers temps de l'art romain ; mais, dans le développement des civilisations, le souvenir des débuts s'efface peu à peu ; lors même que les formes se reproduisent, leur signification se perd ; la lettre subsiste, et l'esprit s'éteint. La plupart des ornements que nous employons aujourd'hui sont de serviles reproductions de ceux de l'antiquité ; ils n'ont aucune valeur allégorique et n'ont pas même le mérite de nous offrir l'imitation d'objets connus ; les plantes qu'ils représentent appartiennent à d'autres climats, et les usages qu'ils rappellent ne sont pas les nôtres. Il est donc à regretter que le grand mouvement intellectuel qui nous a rattachés aux traditions de l'antiquité, n'ait pas maintenu l'esprit plutôt que la forme des ornements ; l'architecture du moyen âge et quelques tentatives isolées faites à diverses reprises prouvent qu'il serait facile de trouver autour de nous d'heureux motifs de décoration. Que le goût de la nation se développe, que l'art se ressente de l'indépendance des esprits, et l'ornementation sortira de l'ornière dans laquelle on la traîne depuis si longtemps.

Il ne faudrait pas conclure de ce qui précède que ces ornements traditionnels n'offrent d'autres ressources à l'art que l'expression de divers degrés de richesse. Il est évident que, comme les moulures qui les reçoivent, ils sont susceptibles de caractères généraux très-variés, suivant qu'ils ont plus ou moins de relief, qu'ils sont plus ou moins légers, et que leurs contours sont plus ou moins accentués. On ne saurait méconnaître leurs services, parce qu'ils ne tiennent pas tout ce qu'on peut se juger en droit de leur demander.

Exemples de moulures ornées.

La planche VI offre quelques exemples des ornements les plus usuels. Ils sont empruntés à la Grèce et à Rome.

Les figures 1 et 2 représentent l'ornement auquel on a donné le nom d'*oves*, parce qu'il rappelle la forme de l'œuf. Il est composé de trois parties essentielles : l'*ove* proprement dite, l'*enveloppe de l'ove*, et le *dard* qui sépare deux enveloppes consécutives. On trouve dans les ruines de Pompéi des oves qui se rapprochent beaucoup plus de la forme d'une châtaigne ouverte que de celle d'un œuf, ainsi que le montre l'un des chapiteaux de la planche XXII, et peut-être faut-il y voir un témoignage de l'origine de cet ornement.

Les oves de la figure 1 sont tirées du temple d'Érechthée, à Athènes, dont la planche XX représente l'ensemble et quelques détails. Elles sont précédées d'un ornement très-fréquemment employé en architecture sous le nom de *perles* ou de *chapelet*. La figure 2 représente les oves de la corniche du piédestal de la colonne Trajane.

Les oves sont l'ornement le plus habituel du quart de rond, et n'appartiennent qu'à lui.

Les figures 3 et 4 représentent des talons décorés de *rais de cœur*. La première est tirée du temple d'Érechthée, et la seconde, du grand arc de Septime Sévère à Rome. L'ornement grec offre une imitation libre de feuilles aux bords lisses et aux nervures prononcées ; mais celui qui est emprunté à l'architecture romaine est un mélange de fleurs fantastiques et d'enveloppes bizarres dont on ignore la signification.

Les doucines représentées figures 5 et 6 sont ornées, l'une de *palmettes* et de *fleurs de lotus*, l'autre de *feuilles d'acanthe* entre lesquelles se montrent des *feuilles d'eau*. La première couronne la porte du temple grec qui nous a fourni déjà deux modèles d'ornement, la seconde appartient à la corniche du piédestal de la colonne Trajane.

Les *entrelacs* (fig. 7) et les *feuilles de laurier* (fig. 8) sont des ornements principalement affectés à la décoration des tores. L'un est tiré des bases des colonnes du temple d'Érechthée, l'autre est imité de la colonne Trajane.

Enfin les surfaces planes de médiocre hauteur, telles que les larmiers de corniche, sont quelquefois décorées de *palmettes plates* ou de *cannelures*, ornements dont les figures 9 et 10 offrent des exemples. Le premier est emprunté à un monument étrusque ; le second, au larmier du temple d'Antonin et Faustine, à Rome. Ces mêmes ornements peuvent également s'appliquer à des cavets droits ou renversés.

Nous pourrions mettre sous les yeux du lecteur beaucoup d'autres ornements de moulures, mais cela ne nous semble pas nécessaire. Il est évident qu'il y a là un vaste champ ouvert à la fantaisie, et que les formes de ces détails peuvent varier à l'infini. L'essentiel était de montrer dans quel esprit il convient de traiter l'ornement d'architecture, et les exemples qui viennent d'être passés en revue paraissent y suffire.

On remarquera d'abord que le profil d'une moulure ornée est toujours formé par les parties saillantes de la sculpture, et l'on appréciera le motif qui fait placer dans les angles des nervures à peu près continues, en reconnaissant que c'est surtout sur les arêtes qu'il importe de respecter les profils, parce qu'ils s'y accusent plus nettement que partout ailleurs. Grâce à cette méthode, la forme de la moulure dans les changements de direction est la même que s'il n'y avait pas d'ornement, ou du moins n'est que très-faiblement altérée; l'accessoire n'y empiète pas sur le principal. On verra aussi que, toutes choses égales d'ailleurs, il convient de refouiller et de rapprocher d'autant plus les ornements qu'ils appartiennent à de plus petites moulures; ce qu'il était du reste aisé de prévoir.

Enfin, ces exemples pourront donner une idée de la différence qui existe entre l'art grec et l'art romain. Ils montrent combien le premier l'emporte sur le second par l'élégance de la forme, par la finesse des expressions, par la modération des effets. Tandis que les ornements de l'un, pleins de grâce et de légèreté, se jouent en quelque sorte à la surface de la moulure, ceux de l'autre, larges, épatés, se détachent par de fortes saillies et sont profondément refouillés, à l'exception toutefois de ceux du tore de la colonne Trajane qui est traité dans un style tout particulier. Ce caractère heurté de l'ornementation est un indice de décadence, de même que l'excès de décoration, et il s'est marqué de plus en plus sur les œuvres de l'architecture romaine, à mesure que la fin de l'Empire approchait davantage.

Tracé des profils. L'art de disposer les assemblages de moulures de la manière la plus favorable, en d'autres termes, l'*art de profiler*, importe essentiellement à l'architecte qui, par là surtout, donne du style à ses œuvres et les marque au cachet de son individualité. De principes absolus, il ne saurait y en avoir en pareille matière, et les principes généraux y sont de bien faible secours; car la beauté d'un profil dépend d'une foule de nuances que le sentiment apprécie, mais que le langage parlé est inhabile à formuler. Cependant on peut dire, moyennant toute réserve pour les circonstances exceptionnelles, qu'il convient d'avoir égard, dans le tracé d'un profil, aux prescriptions suivantes :

1° Observer dans la disposition générale un mouvement assez prononcé pour qu'elle ne présente rien de confus, et entrer d'autant plus dans cette voie que l'édifice est plus accentué et que le profil est destiné à produire son effet à une plus grande distance;

2° Combiner les parties droites avec les parties sinueuses, et les moulures ornées avec les moulures lisses, afin qu'elles se fassent valoir réciproquement;

3° Opposer, à de grandes moulures, de petites faces planes ou des saillies fines et nettes,

Syllaba longa brevi subjecta ;

4° Donner le même caractère général à toutes les moulures d'un même profil, sauf les nuances que peuvent exiger les différences de position.

Mais nous répéterons à ce sujet ce que nous avons dit plus haut, en parlant des moulures envisagées isolément : l'étude des formes appartenant aux belles époques de l'art, et surtout de l'art grec, peut seule développer convenablement le goût de l'architecte ; il n'est aucun précepte qui puisse y suppléer.

ORDRES DE COLONNES.

Témoigner d'une intention arrêtée et intelligente, tel est en architecture l'un des principaux buts de l'ordre, ce mot étant pris dans son acception la plus générale. Mais si l'ordre doit présider à toutes les parties d'un édifice, il ne peut remplir complétement son objet que dans celles dont il est facile de juger les rapports et d'apprécier les motifs. Voyez un mur, par exemple : sa disposition vous portera à reconnaître qu'il a été établi avec ordre, que vous n'avez pas sous les yeux une œuvre de hasard ; mais vous ne serez pas suffisamment édifié sur le degré d'intelligence qui en a réglé les dimensions, parce que l'une d'elles vous est cachée, et que d'ailleurs rien ne vous indique quelles sont les pressions qu'il supporte. Tandis qu'il en serait tout autrement s'il s'agissait de colonnes, car là tout est mis en évidence : les proportions et les dispositions de ce qui résiste, comme celles de ce qui agit. C'est donc dans les supports isolés que l'ordre est le plus susceptible

Théorie des ordres.

de se manifester d'une manière complète et saisissante ; c'est là seulement qu'il lui est donné d'atteindre à son maximum d'expression. Mais il est aisé de juger que cette qualité se produira avec plus de netteté si, en vertu d'une convention rationnelle, les formes et les proportions ne peuvent varier qu'entre d'étroites limites, au lieu d'être abandonnées à tous les écarts des sentiments individuels. Cette considération, sentie plutôt que formulée, a conduit à l'établissement d'un certain nombre de types de colonnes, qui, par cela même qu'ils portent le cachet de l'ordre par excellence, constituent ce qu'on appelle des *ordres d'architecture*.

Ainsi, un ordre de colonnes exige avant tout une disposition intelligente et des proportions convenables clairement indiquées. Or on a vu plus haut que les formes des colonnes et de leurs entablements sont éminemment rationnelles, et il semble qu'il ne peut y avoir le moindre doute à cet égard ; cependant, comme il s'agit d'un point fondamental en architecture, on nous permettra d'examiner, avant d'aller plus loin, quelle est la valeur de ces théories historiques, si souvent invoquées dans nos traités et dans nos académies, et sur lesquelles il semblerait que repose toute la théorie de l'art.

Vitruve (liv. IV, chap. I) expose, ainsi qu'il suit, les traditions qui avaient cours de son temps touchant les origines des ordres de colonnes : « Les différentes « formes de colonnes ont donné naissance à trois ordres qui sont le dorique, « l'ionique, et le corinthien. Le premier est le plus ancien. En effet, Dorus, fils « d'Hellen et de la nymphe Orséis, étant roi de l'Achaïe et du Péloponnèse, fit « bâtir un temple à Junon dans l'antique cité d'Argos, et il y employa par hasard « des colonnes de cette espèce. Le même ordre fut adopté dans les autres villes « d'Achaïe, car on n'avait pas encore établi de règle pour les proportions. Plus « tard les Athéniens, obéissant à un oracle d'Apollon, et de l'avis de tous les Grecs, « envoyèrent treize colonies en Asie ; chacune avait son capitaine et toutes reconnurent pour chef Ion, fils de Xuthus et de Créuse, qu'Apollon avait adopté par « son oracle. Entré en Asie, Ion s'empara de la Carie et y fonda de très-grandes « villes... Ils nommèrent ce pays Ionie, du nom de son chef. Des enceintes y « furent consacrées aux dieux immortels, et l'on commença à y bâtir des temples. « Le premier fut dédié à Apollon Pannonien ; ils le construisirent à la manière « de ceux qu'ils avaient vus en Achaïe, et ils donnèrent à cet ordre le nom de « dorique, en souvenir des villes doriennes qui l'avaient inventé. Mais ils ne connais-

« saient pas les proportions à adopter, et, cherchant quelles seraient celles qui
« permettraient aux colonnes de résister à la charge et les rendraient agréables
« à la vue, ils mesurèrent le pied de l'homme, et ayant trouvé qu'il était la
« sixième partie de la hauteur du corps, ils transportèrent cette proportion dans
« leurs colonnes ; quelle que fût la grosseur d'une colonne à son pied, ils lui donnè-
« rent une hauteur sextuple y compris le chapiteau. C'est ainsi que la colonne dorique
« prit l'empreinte des proportions, de la force et de la beauté du corps de l'homme.

« Plus tard, voulant élever un temple à Diane, ils cherchèrent un nouvel ordre ;
« ils lui donnèrent quelque chose de la grâce de la femme, et ils portèrent la
« hauteur des colonnes à huit diamètres, afin qu'elles parussent plus sveltes.
« Ils y ajoutèrent des bases avec des enroulements à l'imitation des chaussures,
« et ils placèrent des volutes au chapiteau pour représenter les grandes boucles de
« la chevelure, rejetées à droite et à gauche du visage ; des cimaises et des guir-
« landes furent comme des ornements arrangés sur le front des colonnes ; enfin
« des cannelures creusées le long du fût imitèrent les plis d'une robe. Ainsi,
« ils inventèrent deux ordres de colonnes, dont les unes imitent les proportions
« et la simplicité dépourvue d'ornements du corps de l'homme, et les autres,
« la délicatesse et la parure de la femme. Plus tard, le sentiment de l'élé-
« gance s'étant développé, on préféra des proportions plus élancées, et l'on
« donna sept diamètres en hauteur à la colonne dorique et huit et demi à la
« colonne ionique ; car cette dernière prit le nom du peuple qui l'avait inventée.

« Le troisième ordre, que nous appelons corinthien, imite la grâce d'une jeune
« fille ; il en a les proportions délicates, et il appelle aussi les ornements les plus
« élégants. »

M. Quatremère de Quincy, quoique partisan du système de l'imitation, était trop
judicieux pour admettre celui de Vitruve, et voici sur quelle base il fait reposer la
constitution des colonnes : « Ainsi donc, dit-il dans son Dictionnaire d'architec-
« ture, les arbres et les poutres qu'on enfonça en terre devinrent les premières
« colonnes. Comme les arbres vont ordinairement en diminuant d'épaisseur de
« bas en haut, ainsi firent les colonnes, surtout celles de l'ordre primitif (le dorique),
« où cette diminution est le plus sensible. Ces poutres ainsi plantées en terre, sans
« aucun support apparent, sont encore représentées par l'ordre dorique sans base.
« Lorsqu'on se fut aperçu que cette méthode exposait les bois à pourrir, on établit
« sous chaque poutre des massifs ou plateaux de bois plus ou moins épais, qui ser-

« vaient en même temps à lui donner une assiette et une plus grande solidité. De
« ces plateaux ou massifs plus ou moins continus, plus ou moins élevés, sont nés
« les soubassements, les plinthes, les dés, les tores et profils qui accompagnent le
« bas des colonnes. La conséquence naturelle des additions faites aux extrémités
« inférieures des poutres fut d'en couronner l'extrémité supérieure par un ou plu-
« sieurs plateaux propres aussi à donner une assiette plus solide aux poutres trans-
« versales. De là le chapiteau, d'abord simple tailloir, puis avec tore dans le
« dorique. »

Le premier de ces passages est la plus ancienne hypothèse qui soit venue jusqu'à nous sur l'origine des proportions et de quelques ornements des colonnes, et le second résume parfaitement l'opinion la plus accréditée sur l'origine des colonnes elles-mêmes. Ils concordent d'ailleurs en ce sens que tous deux tendent à donner à la forme quelque chose d'absolu, en montrant la colonne indépendante à la fois, et de la matière qui la constitue, et du rôle qu'elle est appelée à remplir dans les constructions. Il ne s'agit donc pas ici d'une simple question d'origine : il s'agit de savoir si les colonnes en pierre sont des imitations de supports en bois ou du corps humain et doivent leur beauté à ces modèles, ou si elles dérivent des néces- sités de la construction, et en ont tiré leurs formes et leur beauté ; si, dans la création des colonnes, l'humanité a agi en vertu d'un heureux hasard qui, au milieu de tant d'objets variés, lui a présenté une vulgaire bâtisse en charpente pour la forme et le corps humain pour la proportion, ou si elle a été guidée par une délicate intuition des lois de la nature ; si l'art doit puiser ses effets dans des imitations de formes, ou s'il doit les trouver dans l'observation des conditions diverses qui lui sont imposées par ses moyens de réalisation et par les convenances auxquelles il faut satisfaire ; en un mot, si l'Architecture doit demander à la Création un mo- dèle matériel ou des principes. On voit que le sujet a son importance.

Or il est à remarquer, en ce qui concerne l'opinion de Vitruve, d'abord que la longueur du pied de l'homme n'est pas la sixième partie de la hauteur du corps, puis qu'il semblerait résulter de cette théorie que les colonnes doriques grecques n'ont jamais eu moins de six diamètres en hauteur, ce qui est fort loin d'être exact. La plupart d'entre elles sont moins élancées, et la hauteur de quelques-unes, qui paraissent antérieures au siècle de Périclès, ne dépasse pas quatre fois le diamètre. Il est évident qu'on a dû suivre pour la construction des colonnes une marche analogue à celle qui a été suivie plus tard pour les voûtes : on a dû procéder par tâtonnements. Le désir d'obtenir une solidité suffisante a engagé, dans le principe, à employer un excès de matière, puis l'expérience acquise a invité à plus de hardiesse, et, jusqu'à ce que l'art ait paru établi sur des bases certaines, les proportions des colonnes ont sans cesse présenté plus de légèreté. Il n'y a point eu là, il ne pouvait y avoir de proportions déterminées *a priori*; le sujet et les procédés de l'esprit humain s'y opposaient également. Et d'ailleurs, si l'application des formes du corps de l'homme à l'architecture était une sorte de nécessité, les cariatides seraient les supports les plus habituels de nos grands édifices, au lieu de s'y présenter comme de rares exceptions. Enfin comprendrait-on que le peuple grec, si délicat en matière d'art, eût pu admettre d'aussi grossières imitations que celles dont parle Vitruve? Le passage de cet auteur ne doit donc pas être pris à la lettre; mais, ainsi qu'on le verra tout à l'heure, il faut le considérer comme le retentissement d'un antique symbole qui témoigne des vues les plus judicieuses.

La théorie de l'imitation des constructions en charpente, ou *théorie de la cabane*, pour employer l'expression consacrée, bien que plus spécieuse et plus généralement admise, ne supporte pas davantage un sérieux examen. Nous ne voulons tirer aucune conclusion de l'action exercée par l'Égypte et l'Orient sur la civilisation des Hellènes; nous n'avons pas besoin de rappeler les nombreux monuments qui prouvent que la sculpture grecque a son point de départ sur les bords du Nil ou en Asie; nous laisserons de côté le témoignage de Pausanias, qui déclare que, jusqu'à la cinquante-quatrième olympiade, les sculpteurs de la Grèce n'avaient pas su rompre avec les traditions du style égyptien; nous ne parlerons même pas des anciennes colonnes qui se voient encore aujourd'hui en Égypte, et qui offrent une analogie frappante avec la colonne dorique des Grecs, tant par leurs proportions que par leurs cannelures, l'absence de bases et même leurs chapiteaux [1]. Il ne s'agit pas d'archéologie, et il nous paraît plus à propos et plus philosophique de considérer le sujet en lui-même, et de rechercher si, en effet, la forme des colonnes peut se déduire des exigences de la construction en bois.

Il est facile de reconnaître que le système à employer pour élever des constructions en charpente doit différer de celui qui convient à la pierre; car on sait que le bois est beaucoup plus léger, et peut, à dimensions égales, supporter de plus lourds fardeaux que la pierre. Des pierres de taille de dimensions ordinaires, placées les

---

[1] Voyez le tombeau représenté par les figures 5, 6, 7 et 8 de la planche XLV de la IIe partie de cet ouvrage.

unes sur les autres, trouvent une cause suffisante de stabilité dans leur propre poids, et il n'en est pas de même des pièces de charpente, qu'on est constamment obligé de relier les unes aux autres, soit par des assemblages, soit par des ligatures. Deux poteaux isolés, simplement posés sur le sol et sur lesquels on placerait une poutre, ne présenteraient pas la moindre solidité, quelque assiette qu'on eût donnée d'ailleurs à leur base ou à leur sommet par des adjonctions de *plateaux plus ou moins épais*. Pareille construction n'a jamais été, n'a jamais pu être établie. Et, en vérité, si l'on ne savait à quelles aberrations entraînent d'ordinaire les systèmes préconçus, on ne comprendrait pas comment les théoriciens qui l'ont adoptée pour type n'ont pas été frappés par le spectacle des constructions en charpente qui s'élevaient sous leurs yeux. Journellement, en effet, nous employons des poteaux en bois dans nos bâtisses les plus vulgaires; nous élevons alors quelque chose d'analogue à ce qu'on suppose avoir été exécuté avant l'emploi de la pierre ; les convenances matérielles sont seules consultées pour ces ouvrages, et voit-on qu'elles conduisent à rien qui ressemble à une base ou à un chapiteau? Non : le bois, comme nous l'avons dit, exige des assemblages, et l'on assemble le poteau dans la poutre qu'il supporte, et même, dans la plupart des circonstances, on y ajoute, de chaque côté, une petite pièce inclinée (une *contre-fiche*) qui est assemblée à la fois dans le poteau et dans la poutre afin d'assurer au système une fixité convenable. Il y a plus : on exécute quelquefois des colonnes en bois à l'imitation des colonnes en pierre, et on leur donne alors des chapiteaux et des bases. Or n'est-il pas évident que, si ces ornements pouvaient être de quelque utilité, ils formeraient une partie essentielle de la construction, et ne sauraient en être détachés sans dommage pour la stabilité? Eh bien! il n'en est pas ainsi; tous les constructeurs le savent. La plupart du temps, ces chapiteaux et ces bases sont rapportés après coup; ce ne sont que de vains ornements qui n'importent nullement à l'édification proprement dite, qui sont formés de matières légères, et auxquels on se garde bien de rien faire supporter. Enfin il est un autre enseignement qu'on n'aurait pas dû négliger. Il est un peuple qui a constamment et presque exclusivement employé des colonnes en bois, et qui s'en sert encore : c'est le peuple chinois ; et l'on ne trouve ni bases, ni chapiteaux dans son architecture, tandis que ses colonnes présentent fréquemment, à leur partie supérieure, des pièces analogues aux contre-fiches de nos poteaux.

Après des témoignages aussi concluants est-il besoin d'insister davantage? Ferons-nous remarquer ce qu'il y aurait d'étrange à ce que les bases eussent précédé les chapiteaux pour les colonnes en bois, tandis qu'une marche inverse eût été suivie dans les imitations, puisque l'adjonction des bases aux colonnes en pierre est de beaucoup postérieure à l'emploi du chapiteau? Demanderons-nous comment on expliquerait que les Grecs, voulant imiter dans leur colonnes la diminution du tronc d'arbre, l'eussent aussi grossièrement outrée, eux qui avaient un si exquis sentiment de la forme? Cela ne nous semble point nécessaire. Et, aux objections qu'on voudrait tirer de ce que rapporte Pausanias sur des colonnes en bois remontant à une haute antiquité, nous nous jugerions en droit de répondre que, si ces colonnes étaient décorées de chapiteaux, elles avaient été élevées à l'imitation de colonnes en pierre préexistantes.

S'ensuit-il qu'il n'y ait jamais eu imitation? Que l'art n'ait pu puiser d'heureuses inspirations dans quelques productions de la nature? Que la forme des troncs d'arbre, par exemple, n'ait exercé, dans le principe, aucune influence sur celle qui a été donnée aux colonnes? Évidemment non : ce que nous repoussons, c'est la nécessité de l'imitation ; ce que nous voulons établir, c'est que l'art ne consacre que les formes rationnelles, et ne s'inquiète pas de savoir si elles sont dues aux perceptions des sens ou à celles de l'intelligence. Ce qui lui importe avant tout, c'est le bon. Ainsi, la solution adoptée pour la disposition et les proportions des colonnes et des entablements est précisément celle qui résulte des lois de la stabilité, des propriétés de la matière, des convenances de la destination et du système de la construction ; et si les ordres d'architecture peuvent faire remonter quelques-unes de leurs formes à des réminiscences, ce n'est pas une règle générale, et ce n'est point à cette origine qu'ils doivent leur valeur.

L'art grec a su ajouter à ces qualités essentielles en donnant aux expressions des colonnes quelque chose de cette lucidité et de cette variété contenue qu'il avait introduites dans la Peinture et dans la Sculpture. Entre ses mains habiles, les statues inanimées de l'Égypte avaient vécu de notre vie, s'étaient empreintes de nos qualités et de nos passions, sans dépasser toutefois les limites posées par le goût le plus délicat. Ni l'harmonie, ni la distinction, ni la vérité des formes n'avaient eu à souffrir de la diversité des caractères. Il avait suffi de légères modifications dans la forme typique du corps humain pour produire les impressions les plus variées et les plus profondes, tout en respectant les conditions essentielles de l'art, et pour obtenir des effets auxquels nul discours n'aurait pu atteindre:

mais rien, dans la nature, n'offrait le modèle du corps modifiable que l'Architecture devait mettre en œuvre, et qui était appelé à lui assurer un pouvoir analogue à celui des deux autres arts du dessin. Or, ce modèle, les Grecs l'ont créé, et ils l'ont créé dans le même esprit que l'autre, c'est-à-dire de manière qu'il satisfît avant tout, et aussi évidemment que possible, à toutes ses conditions d'existence ; puis, à la dispostion et aux proportions ainsi déterminées, ils ont ajouté des ornements caractéristiques destinés à marquer le cachet de l'art, et à former, pour ainsi dire, les linéaments de la physionomie.

Il suit de là que l'Architecture aurait pu, à la rigueur, se contenter d'un seul ordre de colonnes, et obtenir les diverses expressions qu'elle est appelée à rendre, en faisant varier entre certaines limites les proportions ainsi que les ornements. Mais on conçoit qu'elle ait pu trouver avantage à en adopter plusieurs, de même que la Sculpture, suivant le symbole qu'elle doit présenter et surtout la nuance qu'elle veut lui donner, s'adresse, tantôt au corps de l'homme, tantôt à celui de la femme ou de l'enfant, tantôt à celui qui se courbe sous le poids des ans, a reconnu, en un mot, la nécessité de varier ses types. L'Architecture a satisfait ainsi à l'ordre, sans sacrifier la vérité, sans tomber dans la monotonie. Aux trois principaux systèmes de proportions, dont il a été parlé plus haut, elle a affecté trois modes caractéristiques d'ornementation, présentant divers degrés de richesse ; et, comme nous aimons, en général, à associer les idées de force et de simplicité, d'une part, et celles d'élégance et de richesse, de l'autre, elle a attribué les ornements les plus riches aux colonnes les plus élancées.

Bien des objections ont été faites contre cette admirable institution des ordres. Que son esprit ait été parfois méconnu par les architectes modernes, qu'elle ait conduit quelques-uns d'entre eux à vouloir étouffer la liberté de l'art sous de sèches formules : on ne saurait le nier ; mais les abus n'en peuvent détruire les mérites, et il est permis d'affirmer, en toute sûreté, que ce que la Grèce, ce que Rome, ce que la Renaissance ont consacré ne saurait aboutir à une négation de l'art. Remarquez, en effet, nous l'avons déjà dit, mais il est nécessaire d'insister sur ce point, remarquez qu'il n'y a rien d'absolu, ni dans les proportions, ni dans les formes des ordres, et que toutes ces choses doivent, au contraire, varier suivant les circonstances et le caractère qu'on a en vue. Veut-on, par exemple, associer l'idée de force à celle de richesse, rien n'empêchera de transporter les ornements les plus riches, soit sur les colonnes du second groupe, soit même sur celles du premier, ou, si on le préfère, d'augmenter la richesse de ces dernières en multipliant les moulures et surtout en les couvrant de divers ornements. On agira en sens inverse, si l'on juge convenable d'offrir l'apparence d'une grande simplicité. Ce n'est pas tout : l'institution dont il s'agit ne s'oppose nullement à ce qu'on sorte tout à fait des formes consacrées par elle, dans toutes les compositions où il convient de faire quelque place à la fantaisie. Toutes les belles époques de l'art, où elle a été florissante, en portent de nombreux témoignages. Et l'on peut dire par conséquent que, loin de nuire à la liberté, elle lui permet de se manifester plus nettement. L'architecte agit-il sur les types, nous sommes d'autant plus sensibles aux modifications qu'il leur fait subir, et d'autant mieux disposés à éprouver les impressions qu'il veut produire, que nous sommes plus familiarisés avec eux. En sort-il, nous reconnaissons immédiatement que son intention a été de tempérer, par quelque chose de capricieux, ce que les formes habituelles de l'architecture peuvent avoir de trop digne ou de trop sévère en quelques circonstances. On voit donc que ce système crée de précieuses ressources, sans être jamais un obstacle, et qu'il a le mérite de donner à l'art, à la fois, de la lucidité et de la délicatesse. Ajoutons que, par cela même, il engage en quelque sorte à la modération, qualité précieuse que l'architecture grecque a possédée au plus haut degré, et qui, elle aussi, est une des conditions du beau.

Si les divers styles d'architecture qui se sont succédé n'ont pas tous adopté cette disposition, il le faut attribuer à ce que tous n'ont pas dû rechercher également la netteté dans les expressions. Il est en effet des époques où la fantaisie a été le caractère dominant, d'autres où il semble qu'on ait voulu asservir la raison humaine et repousser ses investigations ; mais dans toutes celles où les droits de l'intelligence n'ont pas été méconnus, l'architecture en a porté témoignage en consacrant l'institution des ordres.

Quant à la fixation à trois du nombre de ces types, il est permis de dire qu'elle n'est point arbitraire, car elle se déduit des données du sujet. L'art ne saurait admettre de rigoureuses classifications, et quand on se tient dans les généralités ou quand on l'étudie dans les grandes périodes de son développement, on ne reconnaît que trois termes à ses expressions fondamentales : le plus, le moins et l'état intermédiaire. Une colonne sera massive, sera élancée ou aura une proportion moyenne ; une ornementation sera simple, sera riche ou présentera l'une ou l'autre de ces qualités à un moindre degré. Sans doute, entre les deux termes extrêmes, il en est une infinité d'intermédiaires, et il serait facile de multiplier les divisions ; mais il n'y aurait nulle utilité, et il y aurait le danger de donner quelque chose d'étroit et de faux à une conception éminemment philosophique, qui cesse d'être rationnelle dès qu'elle n'est plus comprise comme elle a été imaginée, c'est-à-dire avec ampleur.

Qu'on examine la marche suivie par les différents systèmes d'architecture ou par les civilisations qui les ont enfantés, et ces trois termes de l'art apparaîtront plus clairement encore. Au début, on s'occupe du fond plutôt que de la forme, le sentiment de l'utile et du vrai domine, la simplicité est en honneur ; c'est l'époque de l'austérité dorienne. Plus tard, on recherche l'élégance ; on ne repousse pas l'utile, mais l'agréable doit tempérer ses expressions ; la vérité plaît encore, mais il lui faut quelque parure ; c'est l'époque de la molle Ionie. Enfin arrive le goût des richesses, l'ornement étouffe l'expression, l'idée disparaît sous le luxe, et l'opulente Corinthe peut représenter cette époque qui conduit à la décadence. Voyez : dans l'art grec, le siècle de Périclès forme la période intermédiaire, avant lui le caractère dorien, après lui le caractère corinthien et la chute ; à Rome, l'architecture est simple et vraie sous la République, elle est élégante dans les premiers temps de l'Empire, elle est riche par-dessus tout au bout de quelques générations, puis arrive la décadence de l'Empire et de l'art. Il en est de même au moyen âge : examinez son architecture au treizième, au quatorzième et au quinzième siècle, et vous y reconnaîtrez successivement le caractère dorien, ionien et corinthien, bien que l'époque n'ait pas admis ces dénominations. Voyez encore l'architecture qui a succédé aux gracieuses fantaisies de la Renaissance : vous la trouverez austère sous Henri IV et Louis XIII, élégante sous Louis XIV, riche sous Louis XV. Et de combien d'autres analogies votre esprit ne sera-t-il pas frappé pour peu qu'il se fixe sur ce sujet !

La plupart des auteurs modernes ont établi, il est vrai, cinq ordres d'architecture ; mais cela provient de ce que, trop préoccupés de la forme, considérée en elle-même, ils n'en ont pas suffisamment saisi l'esprit. Les deux adjonctions qu'ils ont adoptées ne sont pas assez caractérisées pour constituer des ordres ; l'une est un cas particulier de l'ordre dorique, l'autre n'est qu'une variété assez insignifiante de l'ordre corinthien, ainsi qu'on le verra tout à l'heure.

DE L'ORDRE DORIQUE.

Cet ordre, le plus ancien des trois, est celui qui est le plus conforme aux données de la construction, qui présente le plus de solidité pour un même espacement, et dont la décoration est, à la fois, la plus simple et la plus rationnelle. Mais l'architecture moderne lui a enlevé beaucoup de son énergie et de sa netteté, et c'est dans l'antiquité grecque qu'il faut l'étudier d'abord pour l'apprécier convenablement.

Nous prendrons, pour premier exemple, l'ordre du grand temple de Pœstum, monument dont la façade principale et quelques détails sont représentés par la planche XIV, et dont le plan est donné planche XV, figure 3.

Temple de Pœstum.

Les colonnes sont très-courtes; elles n'ont que $8^{mod},59$ en hauteur. Leur espacement est très-faible; il ne s'élève pas à plus de $2^{mod},33$. La diminution est fortement prononcée. Les chapiteaux sont très-saillants, et ils présentent une grande résistance. L'entablement a les 0,44 de la hauteur de la colonne, sans compter le chéneau qui le surmontait, et il est à présumer que cette adjonction, dont il ne reste plus de vestiges, le portait au moins à moitié de cette hauteur.

Colonnes.

Le chapiteau consiste en un plateau ou *tailloir* de forme carrée que soutient un solide engendré par la révolution, autour de l'axe de la colonne, d'un quart de rond dont le galbe est fort peu prononcé. Cette courbe présente de la finesse, de l'élégance et beaucoup de fermeté; elle se rapproche plus de la ligne droite que de la parabole, et elle répond plutôt à l'hypothèse d'une pression également distribuée sur la saillie du chapiteau qu'à celle d'une charge entièrement reportée à l'extrémité. Si l'on pouvait, au rebours de ce qui se pratique d'ordinaire, remonter de la courbe à la loi qu'elle recèle, il est permis de supposer qu'on ne trouverait pas moins d'élégance dans l'expression scientifique que dans la forme. Ce solide de révolution constitue ce qu'on appelle l'*échine* du chapiteau. Au bas de l'échine sont placés quatre petits filets, ornements fins et légers qui forment opposition, la font valoir, et donnent une grande délicatesse à l'ornementation. C'est l'agréable à côté de l'utile. Enfin, à quelque distance au-dessous, trois petites rainures complètent cette partie de la décoration, et sauvent ce qu'il y aurait eu de trop sec à prolonger la colonne sans interruption jusqu'à la naissance de l'échine. La figure 1 de la planche XIV, qui est exécutée sur une plus grande échelle que l'élévation, permet d'apprécier la forme du chapiteau, et les filets ou *annelets* sont représentés plus clairement encore par la figure 2 de la planche XV.

Le fût de la colonne n'est pas lisse; il est cannelé. Les cannelures, au nombre de vingt-quatre, sont creuses et sont engendrées par des arcs de cercle décrits du centre de chacun des carrés formés sur leurs côtés. Cet ornement, qui donne beaucoup d'élégance, doit sans doute son origine à une pratique d'exécution. On commençait probablement par donner aux tambours des colonnes la forme de prismes à base polygonale d'un grand nombre de côtés, et l'on n'avait ensuite qu'à effacer les arêtes pour obtenir la forme cylindrique. On trouve en effet des colonnes ainsi disposées dans quelques monuments de l'antiquité grecque; ce ne sont plus des troncs de cône, ce sont des troncs de pyramide à base polygonale. On aura reconnu que cette opération préliminaire donnait d'heureux résultats, quand elle avait été exécutée avec soin, et l'on aura jugé inutile d'aller au delà; mais, les côtés du polygone se rencontrant sous des angles très-obtus, il en résultait une certaine indécision dans la forme, et l'on a remédié presque toujours à ce défaut en les creusant légèrement. De là, une ornementation fine et des effets agréablement variés d'ombre et de lumière.

Entablement. Les conditions de la construction en pierre motivent parfaitement la composition de l'entablement, mais elles ne conduisaient pas à des formes décoratives pour cette partie de l'ordre. La difficulté qui en résultait a été très-habilement surmontée par les Grecs : ils ont puisé dans un autre système de construction, dans la construction en charpente, le motif de décoration nécessaire au caractère d'utilité qu'ils avaient en vue.

On sait que, dans les anciens temples de la Grèce, les entablements étaient exécutés en bois, et la figure 15 de la planche V fait voir quelle était, suivant toute apparence, la disposition adoptée à cet effet. Deux poutres parallèles, fort rapprochées l'une de l'autre, reposaient sur les chapiteaux des colonnes; elles étaient reliées, de distance en distance, par des clefs ou des queues d'hironde en bois, et un cours de planches, placé en dessus, les mettait suffisamment à l'abri des atteintes délétères de l'humidité. Sur cette architrave (*maîtresse poutre*) étaient posées des solives, dirigées en sens inverse, dont une des extrémités affleurait la face extérieure de l'architrave, et dont l'autre reposait sur le mur. Une sablière couvrait ces solives et supportait les chevrons de la toiture; ces derniers étaient plus ou moins en saillie au dehors, et, au-dessus d'eux, s'élevaient le plancher et la couverture en tuile, au bas de laquelle régnait un chéneau. Des planches étaient clouées sur les extrémités antérieures et sur les faces inférieures des chevrons, afin sans doute d'éviter ce qu'il y aurait eu de mesquin dans l'effet produit par ces pièces de bois si multipliées et de si faible équarrissage.

Or tous ces détails se trouvent très-nettement reproduits dans la construction en pierre : un large filet sépare de même la frise de l'architrave ; des tables rectangulaires, en saillie sur la frise, rappellent les solives de la charpente ; la sablière est figurée par un large bandeau placé au-dessus de la frise ; la corniche a conservé la même forme, sa face inférieure est inclinée comme celle des chevrons, et elle est couronnée par un filet qui marque la position du plancher de la couverture. L'imitation est évidente.

Entrons maintenant dans un examen plus détaillé des divers ornements. Les tables saillantes de la frise, imitation des extrémités des solives, présentent sur leur face deux cannelures creusées en biseau et deux demi-cannelures dans les angles, et de là le nom de *triglyphes* qui leur a été donné. Vitruve attribue cette décoration à l'usage où l'on aurait été de clouer trois petites tringles verticales sur les extrémités des pièces de bois, et de mastiquer leurs joints avec de la cire.

<small>Triglyphes.</small>

Il paraît, d'après un passage d'Euripide, que, dans les anciens entablements en charpente, les intervalles séparant les triglyphes restaient vides, ce qui d'ailleurs n'avait rien que de conforme aux données de la construction. Dans l'Iphigénie en Tauride, Pylade et Oreste, cherchant comment ils pourront entrer dans le temple de Diane pour enlever la statue de la déesse, le premier propose de passer par les ouvertures qui existent entre les triglyphes. Mais il ne pouvait en être ainsi dans les constructions en pierre ; ces ouvertures n'y étant pas suffisamment motivées, y eussent produit un mauvais effet.

Les panneaux de forme rectangulaire qui séparent les triglyphes s'appellent des *métopes*. Ils sont souvent lisses, comme dans le temple de Pœstum ; quelquefois ils sont décorés de sculptures emblématiques.

Au droit de chaque triglyphe et au-dessous du bandeau qui sépare la frise de l'architrave, est un ornement particulier consistant en six petits appendices de forme cylindrique ; il est caractéristique de l'ordre dorique, de même que le triglyphe qu'il accompagne toujours. On le désigne sous le nom de *gouttes de l'architrave*, et la figure 4 de la planche XIV en représente le plan. Quelle est son origine ? on l'ignore. Serait-ce, comme on l'a dit, une imitation de gouttes d'eau qui, après avoir glissé le long du triglyphe, s'arrêteraient un instant sous le bandeau avant de tomber ? Ne serait-ce pas plutôt la tradition d'une pratique d'exécution dont le souvenir serait perdu, et, au lieu de rappeler des gouttes d'eau, n'aurait-on pas voulu imiter des têtes de clous posés en saillie sur la clef en bois, de manière à maintenir l'écartement des deux pièces formant l'architrave, ainsi qu'on le voit sur notre dessin ? Une disposition analogue qui se remarque à la partie inférieure de la corniche pourrait donner quelque valeur à cette dernière hypothèse. Au-dessus de chaque triglyphe et de chaque métope, et au-dessous du plafond de la corniche, est une petite table saillante, de même largeur que le triglyphe, qui est décorée de trois rangs de petits cercles, lesquels sont au nombre de six dans chaque rang, et sont tracés en creux (fig. 2 et 3) dans le monument qui nous occupe. Sur d'autres édifices, ils sont au contraire en saillie et rappellent davantage encore les gouttes de l'architrave. Or il est difficile d'admettre qu'on ait voulu figurer des gouttes d'eau dans cet endroit ; car, la face qui présente cet ornement étant inclinée à l'horizon, les eaux s'égouttent le long de son arête inférieure, et c'est même ce qui a fait donner le nom de *larmier* à la partie rectangulaire et saillante de la corniche. Il est probable d'ailleurs que des gouttes eussent été toujours figurées par des saillies. Enfin il resterait à expliquer la présence des tables ou *mutules* sur lesquelles ces cercles sont tracés. Vitruve dit, il est vrai, qu'elles représentent les extrémités des pièces inclinées de la charpente qui supportent les chevrons ; mais on ne voit pas comment ces pièces pouvaient être apparentes au dehors, et en outre, il n'en devrait exister qu'au-dessus des triglyphes ; en placer au-dessus des métopes eût été un contre-sens grossier, que n'eût certainement pas toléré un peuple très-délicat en matière d'art, alors surtout qu'il avait encore sous les yeux les modèles dont on aurait prétendu lui offrir une imitation. Il paraîtrait plus admissible que, dans les constructions en bois, de petits bouts de planches auraient été cloués contre le plancher placé sous les chevrons, dans le but de cacher les joints et de fixer ce plancher. Les mutules en seraient la représentation et les gouttes rappelleraient les clous qui les maintenaient. Cette hypothèse est exprimée sur notre dessin.

Ainsi que le prescrivaient les convenances du système de construction rappelé par cette décoration, un triglyphe est placé au-dessus de chaque colonne intermédiaire et à chacun des angles de l'édifice. Il en résulte qu'il fallait, ou donner aux métopes des extrémités plus de largeur qu'aux autres, ou diminuer l'espacement des dernières colonnes, ou prendre à la fois l'un et l'autre de ces partis. Dans le temple de Pœstum et dans la plupart de ceux de la Grèce, on a adopté la seconde solution. Elle a l'avantage de maintenir la régularité de l'ornement caractéristique de l'ordre, et d'être favorable, en réalité et en apparence, à la stabilité de l'édifice.

La planche XVI représente la façade principale d'un autre temple du même ordre, du Parthénon d'Athènes. Cet admirable monument, œuvre capitale de l'époque la plus féconde en chefs-d'œuvre, fut élevé par les architectes Callicrates et Ictinus sous la direction de Phidias. On peut le regarder comme la plus haute expression de l'art grec; nulle part l'architecture ne s'est montrée plus harmonieuse, ne s'est empreinte d'une plus imposante sérénité, n'a allié plus d'élégance et de noblesse à plus de vérité.

<small>Parthénon.</small>

L'ordre dorique qui le décore présente la même disposition générale que celui de Pœstum; mais que de différence entre les caractères! Les colonnes sont plus élancées, leur diminution est moins prononcée, leur espacement est un peu plus grand, le chapiteau est moins saillant et l'entablement moins élevé. Toutes les convenances et toutes les données traditionnelles de la construction sont encore clairement indiquées, mais avec la plus grande modération et sans aucune rudesse dans l'expression. La décoration n'est pas moins vraie, mais elle est plus riche, plus variée et plus délicate. Rien d'utile n'est sacrifié, mais le sentiment de l'utile ne domine plus autant; l'élégance l'emporte sur l'austérité, l'esprit le plus distingué et le plus fin respire jusque dans les moindres détails de l'ornementation.

La construction est entièrement exécutée en beau marbre blanc, et avec une précision dont nos édifices modernes ne sauraient donner une idée. Les métopes sont décorées de sculptures en ronde bosse représentant divers sujets religieux ou historiques et entre autres les combats des Centaures et des Lapithes[1]. La lutte de Neptune et de Minerve était figurée de la même manière sur l'un des frontons, et l'on voyait sur l'autre la naissance de Minerve ou la présentation de cette déesse aux divinités de l'Olympe. Toutes ces sculptures se détachaient sur un fond coloré en brun rouge; les triglyphes étaient peints en bleu, suivant toute probabilité, et de récentes découvertes prouvent que de légers ornements de couleurs variées décoraient le filet qui sépare la frise de l'architrave et quelques-uns de ceux de la corniche.

---

[1] Les métopes représentées sur notre dessin n'appartiennent pas à la façade sur laquelle nous les avons mises; nous avons cru devoir reproduire celles qui sont le mieux conservées ou dont on a les dessins les plus dignes de foi.

On comprend que ce monument ait excité l'admiration de toute l'antiquité, quand on cherche à se figurer l'effet que devait produire, sous le beau ciel de la Grèce et dominant toute la ville du haut de l'Acropolis, cette forme pleine de majesté, avec ses nobles et harmonieuses proportions, ses élégantes sculptures et sa splendide décoration [1].

Les figures 4 et 5 de la planche XV donnent les principaux détails des colonnes extérieures et de l'entablement du Parthénon ; la figure 6 représente, sur une plus grande échelle, les filets qui précèdent l'échine du chapiteau ; enfin le plan restauré du monument est donné par la figure 7.

Temple de Cora. — Nous emprunterons encore un autre exemple d'ordre dorique à l'architecture de l'antiquité, afin de faire apprécier à nos lecteurs la diversité des expressions que peut revêtir une forme donnée, sans cesser d'être harmonieuse, lorsqu'on modifie convenablement ses proportions. Nous avons représenté, sur la planche XVII, le plan, l'élévation et les principaux détails d'un petit temple dont les restes, assez bien conservés, se voient à Cora, ancienne cité du Latium. Il y a tout lieu de penser que sa construction date de la république romaine, et quelques antiquaires ont supposé qu'il était consacré à Hercule.

On y retrouve toutes les formes qui viennent d'être examinées ; mais l'esprit n'est plus le même. L'édifice a un tout autre caractère : ce n'est plus une construction monumentale ; il ne présente ni la sévérité du temple de Pœstum, ni la noble élégance du Parthénon, peut-être même ne porte-t-il pas une empreinte suffisante de solidité ; mais son harmonie est parfaite. Les colonnes y sont beaucoup plus élancées que dans ces deux monuments ; elles ont plus de dix-sept modules de hauteur. Leur espacement est plus considérable. Les chapiteaux sont réduits dans une forte proportion. L'entablement est beaucoup moins élevé : il n'a pas la sixième partie de la hauteur de la colonne. Les triglyphes sont moins accentués et plus multipliés. L'architrave n'a plus autant d'importance ; elle n'a même pas la hauteur nécessaire pour présenter la résistance voulue, aussi est-elle prise dans le même morceau de pierre que la frise. Les formes traditionnelles ont donc été conservées, mais non pas avec la même valeur ; elles ne con-

---

[1] Il est très-digne de remarque que cet édifice ne renferme pour ainsi dire pas une ligne droite d'une certaine étendue : les colonnes sont légèrement galbées, et les arêtes du soubassement, ainsi que les différentes lignes de l'entablement, sont courbes dans le plan vertical. Ces lignes sont concaves en dessous. Nous avons essayé de donner la théorie de cette disposition dans la IIe partie de l'ouvrage, livre Ier, chap. III.

cordent plus avec la construction, elles n'en manifestent plus les conditions. Elles sont rangées, en quelque sorte, parmi ces motifs usuels de décoration, que l'artiste façonne à son gré sans y attacher aucune signification précise.

Cet édifice présente une particularité remarquable, dont on ne trouve aucun exemple dans les temples de la Grèce : c'est l'adjonction de bases à des colonnes d'ordre dorique. On peut l'attribuer à l'influence de l'architecture étrusque, qui avait généralisé l'emploi de cet ornement. Il est également à remarquer que les cannelures ne sont pas évidées dans toute la hauteur du fût ; elles sont pleines, c'est-à-dire que la section de la colonne est polygonale, jusqu'au tiers environ de la hauteur. Cette disposition, très-rationnelle en ce qu'elle soustrait les arêtes trop fragiles des cannelures aux causes habituelles de dégradation, a été fréquemment employée par les Romains ; les ruines de Pompéi en offrent de nombreux exemples.

Le temple de Cora est un précieux témoignage de la latitude qu'avaient su se réserver les architectes de l'antiquité ; mais il n'y faudrait pas voir le type de l'architecture d'une époque. Il n'a pas un caractère assez monumental pour faire autorité, et ni les Romains ni les peuples modernes n'ont donné autant de légèreté à leurs colonnes doriques, bien qu'ils se soient notablement écartés des proportions consacrées par le siècle de Périclès.

Vitruve dit que ces colonnes doivent avoir quatorze modules en hauteur, quand elles sont employées à la construction d'un temple, et quinze, s'il s'agit de portiques où elles paraissent comporter plus de hardiesse. A l'exemple des Grecs, il ne leur donne pas de base. Enfin il attribue un module de hauteur à l'architrave et un module et demi à la frise. Ordre dorique
des Romains.

A ces altérations dans les proportions, les Romains ajoutèrent des modifications assez prononcées dans les formes caractéristiques. L'architrave et la frise avaient reçu des Grecs, à peu près même hauteur, parce qu'elles devaient présenter même résistance ; on réduisit la première de ces parties, qui était lisse, pour augmenter la seconde, qui était décorée, et les triglyphes étant considérés alors plutôt comme des ornements que comme des symboles, on attacha plus de prix à les distribuer régulièrement qu'à leur donner les positions que recommandait leur origine. Vitruve signale les difficultés que présentait leur ancien mode de distribution, et il recommande de ne pas s'astreindre à en placer dans les angles de l'édifice ; il pose en principe qu'il en faut un au-dessus et dans l'axe de chaque colonne, et que les angles doivent être occupés par des fragments de métopes. Il donne en même temps des proportions rigoureuses à cette partie de l'ornementation; il fixe la largeur des triglyphes à un module, et leur hauteur ainsi que leur espacement à un module et demi, de sorte que les métopes sont carrées. Les mutules de la corniche sont supprimées, mais les gouttes traditionnelles sont sculptées sous le plafond du larmier, et, comme dans le temple de Cora, une moulure remplace le chéneau qui couronnait cette partie de l'entablement.

Ordre dorique du théâtre de Marcellus.

On voit encore à Rome, dans les restes du théâtre de Marcellus, construction qui date du règne d'Auguste, un ordre dorique qui s'accorde assez bien avec les prescriptions de Vitruve, et dont la figure 1 de la planche XVIII représente le détail. La hauteur du chapiteau, celle de l'architrave et la largeur du triglyphe sont égales, à fort peu de chose près; toutefois elles l'emportent un peu sur le module. La frise a très-sensiblement un module et demi en hauteur; mais les métopes ne sont pas tout à fait carrées, et les angles de l'édifice étant détruits, on ignore comment les triglyphes y étaient disposés. La corniche présente plus de divisions que celles des ordres grecs, et l'on y remarque, au-dessous du larmier, un ornement particulier, qui porte le nom de *denticules*, et qui, dans l'origine, devait sans doute rappeler les extrémités apparentes des chevrons. Or on a vu plus haut que le larmier était une imitation de cette même partie de la construction, lorsque des planches la couvraient, et il y a par conséquent là une superfétation qui ne se rencontre pas dans les anciens monuments de l'art grec, et qui est un nouveau témoignage de la décadence du symbole.

Le chapiteau diffère beaucoup de celui des Grecs; il porte moins le cachet de l'utilité et davantage celui de l'ornement. Il est moins saillant, l'échine est plus arrondie, et le tailloir est couronné par une moulure. Le fût de la colonne est terminé par une *astragale*.

Cet ordre antique a exercé une grande action sur l'architecture moderne; les artistes de la Renaissance l'ont pris pour modèle, et s'ils y ont introduit quelques légères modifications, elles ont été, pour la plupart, uniquement dictées par le désir de rentrer dans les règles posées par Vitruve. Cependant, presque partout, on y a ajouté des bases, ornement qui ne se trouve pas au théâtre de Marcellus et que l'auteur romain n'admet pas.

Ordres doriques modernes.

Dans le type d'ordre dorique adopté par Palladio, les colonnes n'ont pas de base; leur hauteur est de 15 modules et leur espacement de $5^{\text{mod}}\frac{1}{2}$; l'architrave, a frise, les triglyphes et les métopes ont reçu les proportions indiquées par l'auteur romain; le *gorgerin* du chapiteau est orné de fleurons, des rais de cœur sont sculptés dans le petit talon qui couronne le larmier, et les métopes sont alternativement occupées par des patères ou boucliers et des têtes de bélier décharnées. Ce dernier ornement, emprunté à l'antiquité, se conçoit très-bien dans les monuments funéraires et dans les temples du paganisme; il y rappelle les animaux immolés dans les cérémonies du culte, et peut-être même doit-il son origine à l'usage où l'on aurait été, dans les premiers temps de la Grèce ou de Rome, de suspendre les restes des victimes autour de l'édifice qu'elles avaient arrosé de leur sang. Mais il est complétement déplacé dans nos constructions, et, sa forme n'ayant d'ailleurs rien de bien agréable, on ne comprendrait pas que Palladio, dont le goût était si pur, l'eût admis dans ses œuvres, si l'on ne savait combien a été profonde et, par suite, dépourvue souvent de tout esprit de critique, l'admiration que le seizième siècle avait vouée à l'antiquité.

Vignole a proposé deux types d'ordre dorique. Dans tous deux les colonnes ont des bases, ont 16 modules de hauteur et sont espacées de $5^{\text{mod}}\frac{1}{2}$. L'un se rapproche beaucoup de celui du théâtre de Marcellus, tout en montrant dans ses métopes l'ornement dont on vient de parler; l'autre, que nous mettons sous les yeux de nos lecteurs (fig. 2, pl. 18), porte dans sa corniche des mutules très-accentuées. Cette disposition a quelque chose de mâle qui doit la faire rechercher en plusieurs circonstances. Elle paraît convenir surtout pour les ordres exécutés sur une grande échelle et placés à l'extérieur des édifices.

Les cotes inscrites sur le dessin sont exprimées en fonction du module, lequel est divisé en trente parties ou *minutes*.

On voit que le chapiteau, les métopes, le plafond du larmier et les mutules sont richement décorés, et l'on remarquera dans les autres ordres de Vignole ce même goût prononcé pour l'ornementation, qui a été quelquefois une qualité, mais le plus souvent un défaut chez beaucoup d'architectes de la même époque.

Ils n'ont pas toujours su se modérer; leurs œuvres n'ont pas, en général, assez de calme et les oppositions n'y sont pas suffisamment marquées; les lignes trop multipliées, les divisions trop nombreuses engendrent la confusion et nuisent au caractère. Plus de simplicité eût produit de meilleurs effets.

Un de nos grands architectes de la Renaissance, Jean Bullant, l'auteur du château d'Écouen et de quelques parties de celui des Tuileries, a montré un sentiment plus vrai des conditions de l'art dans la composition de ses ordres d'architecture, ainsi qu'on peut le reconnaître à l'inspection de la figure 3 de la même planche. Peut-être la cimaise supérieure a-t-elle reçu trop de développement, le filet qui la couronne n'est-il pas assez épais, et le larmier gagnerait-il à avoir un peu plus de hauteur; mais l'ensemble, et c'est l'essentiel, présente à la fois de la netteté, de l'harmonie et de la finesse.

L'architecte français a d'ailleurs le mérite de n'avoir rien attribué de trop absolu à ses ordres d'architecture. Il présente plusieurs types ou modèles pour chacun d'eux, et il laisse à ses lecteurs le soin de choisir suivant les circonstances, tandis que les architectes italiens semblent avoir voulu donner quelque chose d'immuable aux profils qu'ils proposent, et les ont en effet presque constamment reproduits dans leur pratique. Or, non-seulement les formes et les proportions doivent varier avec l'expression à donner à l'édifice, non-seulement la longueur d'un entablement doit exercer une certaine influence sur sa hauteur, ainsi que nous l'avons déjà dit, mais il faut encore prendre en considération les dimensions réelles de l'œuvre, sa position, et même, jusqu'à un certain point, la nature des matériaux employés à la construction. Toutes les divisions que comporte un ordre exécuté sur une grande échelle ne pourraient, en effet, être introduites dans un ordre de dimensions beaucoup plus restreintes sans conduire à la sécheresse et à la confusion; car les divers membres d'une corniche, ainsi que les saillies qui les séparent, ne sauraient descendre au-dessous d'une certaine limite, qu'il est impossible de préciser, mais que l'homme de goût sait apprécier. De même, il ne conviendrait pas de reporter à un grand édifice, en les augmentant dans une même proportion, les dispositions qui, exécutées en petit, ont produit un effet satisfaisant; on tomberait dans la lourdeur et peut-être même dans la grossièreté. En ce qui concerne la position, il est évident que les formes doivent être d'autant plus prononcées, toutes choses égales d'ailleurs, qu'elles doivent être vues à plus grande distance. Enfin il est des pierres qui, à raison de la finesse de leur grain et de la compacité de leur texture, permettent d'avoir des arêtes très-vives, et par suite des saillies très-fines, et il est aisé de juger qu'il y a tout avantage à faire ressortir ce mérite. Un profil à exécuter en beau marbre blanc, par exemple, comportera et devra recevoir plus de finesse que s'il était destiné à un granit ou à un calcaire à gros grains.

Ces considérations nous avaient porté à penser que nous devions nous borner à réunir différents exemples d'ordres antiques et modernes, et qu'il était inutile d'ajouter de nouveaux types à ceux qui ont déjà été formulés. Mais il nous a paru, après mûre réflexion, d'une part, que les œuvres de l'antiquité grecque, si elles sont d'un haut et profitable enseignement, sont presque toutes trop éloignées, des formes que comporte notre architecture actuelle pour conduire aux applications avec une sécurité suffisante; et, de l'autre, que les ordres tirés des temples romains, aussi bien que ceux qui ont été proposés par les architectes modernes, sont, en général, trop surchargés de membres et d'ornements pour convenir à des édifices du genre de ceux que la majeure partie de nos lecteurs auront à exécuter, c'est-à-dire à des édifices simples et établis sur des dimensions assez restreintes. Qu'on ne voie donc pas dans nos essais la prétention de refaire l'œuvre des Vignole ou des Palladio; nous ne jugeons pas qu'il y ait nécessité, et nous ne nous en reconnaissons pas le droit. L'enseignement spécial qui nous a été confié exigeait des types plus simples que ceux de ces auteurs, et nous les avons composés, en nous attachant à rester aussi fidèle à l'esprit de l'art grec que le permettent les convenances de l'architecture moderne. Mais loin de nous la pensée d'en vouloir faire des modèles à suivre en toutes circonstances; les développements qui précèdent en ont déjà averti nos lecteurs et nous dispensent d'insister davantage à ce sujet.

Les trois ordres d'architecture que nous proposons sont représentés dans leur ensemble sur la planche 7, qui, en les mettant en présence, permet de saisir facilement les progressions observées entre leurs diverses proportions; leurs détails sont reproduits sur une plus grande échelle par les planches 8, 9, 10, 11, 12 et 13.

Ainsi qu'il a été dit plus haut, nous donnons aux colonnes d'ordre dorique 16 modules de hauteur et $5^{\text{mod}} \frac{1}{2}$ d'espacement. La hauteur de l'entablement est de $4^{\text{mod}} \frac{1}{6}$, et celle du piédestal de 5 modules.

La planche 8 représente le chapiteau et l'entablement de cet ordre. La fig. 1 est une élévation, et la fig. 2, une projection horizontale. Les cotes sont exprimées en *minutes* ou trentièmes de module.

Le chapiteau a trente minutes en hauteur, non compris l'astragale qui fait partie du fût de la colonne, et l'on voit qu'il se rapproche beaucoup de celui du théâtre de Marcellus. La hauteur de l'architrave est de 40 minutes, celle de la frise de 45 et celle de la corniche de **40**. A la rigueur, l'architrave et la frise devraient avoir la même dimension, comme on l'observe dans la plupart des édifices grecs, mais notre architecture n'admet pas des formes aussi caractérisées que celles de l'antiquité. Le symbole n'ayant plus aujourd'hui la valeur qu'il avait autrefois, on ne peut plus lui accorder autant, et il faut qu'il cède quelque chose aux convenances de la décoration. Ainsi, il est bien d'augmenter un peu la frise aux dépens de l'architrave, quand elle est décorée, alors que ce dernier membre reste lisse, et réciproquement; mais il faut se garder de tomber dans l'exagération, et peut-être ce défaut n'a-t-il été évité, ni par l'architecte du théâtre de Marcellus, ni par les architectes modernes, qui n'ont donné à l'architrave que les deux tiers de la hauteur de la frise.

La corniche est, pour ainsi dire, réduite à son maximum de simplicité, tout en conservant les ornements caractéristiques de l'ordre. La figure 3 est une coupe destinée à montrer quelle est la disposition de sa partie inférieure.

Les détails de la base et du piédestal sont représentés par la planche 9. Ils ne paraissent exiger aucun commentaire, et nous nous bornerons à faire remarquer que, toutes les fois qu'un ordre dorique doit être exécuté sur une grande échelle ou comporte une certaine richesse, la base adoptée par Jean Bullant doit être préférée à celle que nous proposons. La première, connue sous le nom de *base attique*, est très-fréquemment employée et s'applique à tous les ordres; elle peut convenir également à un dorique riche ou à un corinthien traité avec simplicité. Les bases ne sont pas, à beaucoup près, aussi caractéristiques que les chapiteaux.

Cannelures. La figure 3 de la même planche donne la méthode le plus habituellement suivie pour le tracé des cannelures des colonnes doriques. L'arc de cercle qui les forme est décrit du sommet du triangle équilatéral construit sur le côté de la cannelure. En plaçant le centre au milieu du carré formé sur ce côté, ainsi qu'on l'a fait pour le temple de Pœstum, la cannelure est plus accentuée; mais peut-être alors les arêtes ne présentent-elles pas assez de garanties de durée. On a supposé vingt cannelures sur le développement du fût; mais, s'il s'agissait d'une colonne de grandes dimensions, il conviendrait de porter ce nombre à vingt-quatre ou même à vingt-huit, et il faudrait le réduire dans le cas contraire. Il est essentiel de remarquer que le nombre des cannelures doit être toujours divisible par quatre, afin d'en avoir une au milieu de chacune des faces principales de la colonne.

Ce mode de décoration suppose en quelque sorte que le fût est formé d'un seul morceau ou du moins d'un petit nombre de tronçons. Mais la construction se prête à d'autres formes, quand elle est exécutée par assises; elle permet l'emploi de refends ou de bossages. Le diamètre de la colonne se mesure alors dans le fond des rainures qui séparent les pierres, et les refends commencent à une certaine hauteur au-dessus de la base pour s'arrêter à quelque distance du chapiteau, afin que ces deux ornements se détachent entièrement, ainsi que le montre la figure 4 de la planche 9.

Ce système de décoration est consacré par d'imposantes autorités : on voit encore à Rome, à la porte Majeure, des colonnes antiques ainsi disposées, et l'on en trouve de nombreuses applications dans les œuvres de la Renaissance. Cependant on ne doit y avoir recours qu'avec la plus grande réserve, car il a pour résultat d'altérer le galbe de la colonne, d'enlever à l'ordre une partie de sa simplicité et de son unité, et de mettre en évidence un mode de construction qui est assurément fort admissible, mais auquel on ne donnerait pas la préférence si l'on avait la liberté du choix.

Les maîtres de l'art n'ont détaché les tambours que sur des colonnes engagées, ou très-rapprochées des murs en avant desquels elles se trouvent placées; comme s'il fallait l'appui de la partie de l'édifice qui a donné naissance aux refends pour légitimer la construction par assises et l'ornement qui l'accuse. Ajoutons qu'il faut bien se garder surtout de tomber dans ces absurdes exagérations, dont les architectes du siècle dernier n'ont pas toujours su se garantir, et dont on trouve de nombreux exemples dans les anciennes barrières de Paris, où l'on voit, entre autres licences, des colonnes composées de tambours carrés alternant avec des tambours cylindriques.

On peut dire, en thèse générale, que cette disposition ne convient pas aux édifices qui réclament une grande distinction dans la forme, et qu'il faut la réserver pour ceux dans lesquels l'idée de la construction proprement dite doit l'emporter sur toutes les autres, tels que portes de villes, de forteresses, de prisons, de parcs, etc. Cependant l'architecture française, et c'est assurément un de ses titres de gloire, a su en étendre les applications, en lui donnant un caractère tout particulier d'élégance, de richesse et de variété. Elle a orné les assises successives au lieu de les laisser lisses, et elle a fait varier leurs hauteurs suivant les circonstances. Philibert Delorme, qui, le premier, est entré dans cette voie, donne dans son Traité d'architecture plusieurs dessins de colonnes doriques, lesquelles sont formées d'un petit nombre de tambours cannelés, dont les joints sont couverts et indiqués à la fois par des bandeaux encadrés de petites moulures ou enrichis de feuillages : et il annonce qu'il a appliqué ce système aux colonnes d'une chapelle construite par lui dans le parc de Villers-Cotterets, lesquelles, dit-il, *se montrent fort belles et de bien bonne grâce*. C'est ainsi qu'ont été décorés les colonnes et les pilastres, trop riches peut-être pour la place qu'ils occupent, de la partie la plus ancienne de l'aile du Louvre qui donne sur le quai. La figure 6 de la planche 30 représente une de ces colonnes ; on voit que des assises décorées de cannelures et de feuillages y alternent avec des tambours chargés d'élégantes sculptures, qui se détachent sur un fond dentelé et rappellent un peu les guipures qui jouaient un si grand rôle dans les costumes de l'époque. Il y a là une création originale et très-remarquable, et qui n'a été inspirée par aucune des œuvres de l'art antique ou de l'architecture italienne. Ainsi que le proposait Philibert Delorme, on est en droit de donner le nom de française à cette forme de colonne.

<small>Ordre dorique simplifié, improprement appelé ordre toscan.</small>

Nous avons dit plus haut que la plupart des auteurs modernes avaient ajouté deux ordres à ceux que l'antiquité nous avait transmis, mais que nous ne pouvions reconnaître, à ces compositions, les caractères distinctifs nécessaires à la constitution d'un *ordre*. L'une d'elles, qui a reçu le nom d'*ordre toscan*, n'est en effet qu'un ordre dorique traité avec beaucoup de simplicité, et, si l'on tenait à y voir un type, elle ne pourrait être envisagée que comme un type de la limite inférieure de la décoration dorique. Il est une foule de circonstances où il convient d'avoir recours à cette simplification ; mais ce n'est pas un terme, ce n'est qu'une nuance. Ce qu'elle présente de plus tranché est la suppression des triglyphes et de tous les ornements qui s'y rattachent. Elle n'est pas d'ailleurs d'institution moderne ; les Romains en ont fait grand usage, et l'on en trouve des exemples dans plusieurs de leurs édifices.

L'un des monuments les plus anciens et les plus remarquables qu'on puisse citer à ce sujet est représenté par la planche 19. C'est un temple de Rome, que quelques antiquaires supposent avoir été dédié à la Piété, et dans lequel d'autres voient le temple consacré à Junon Matuta, par le consul C. Cornélius. Il date de la République, et il n'en reste plus aujourd'hui que quatre colonnes avec leur entablement. Son plan et son élévation restitués, tant d'après le plan gravé du Capitole, que d'après un dessin fort intéressant de Balthasar Peruzzi, sont donnés par les figures 1 et 2, et les détails de l'ornementation sont représentés figures 3 et 4.

On voit que ces colonnes ont beaucoup de rapport avec celles de l'ordre dorique grec ; elles n'ont pas de base, le chapiteau est très-simple, la disposition de la corniche est à peu près la même. Mais l'expression est bien différente : la construction n'a pas un caractère aussi monumental, il y a moins de distinction dans la forme, moins de finesse et de grâce dans l'ornementation ; la simplicité est le caractère dominant. C'est l'œuvre d'une époque étrangère aux jouissances du luxe, d'un peuple qui sait tenir la pauvreté en honneur. Elle est, à nos yeux, un précieux témoignage des modifications que les Étrusques, ces premiers maîtres des Romains, avaient introduites dans l'architecture de la Grèce. Vitruve nous apprend, en effet, qu'ils n'employaient point de triglyphes dans la décoration de leurs temples ; n'y voyant que des ornements, ils les avaient supprimés. De là, le nom de *toscan* donné ultérieurement à l'ordre dorique dépourvu de triglyphes.

Le Colisée de Rome et l'amphithéâtre de Nîmes offrent également des exemples de ces modifications introduites dans l'ordre dorique. Mais les seules simplifications à y noter consistent dans la suppression des triglyphes et des gouttes ; toutes les autres formes sont aussi chargées, au moins, que celles de l'ordre dorique du théâtre de Marcellus, sans présenter autant de netteté et d'élégance. Ce sont des modèles qu'il peut être utile de consulter, qui peuvent fournir d'heureuses inspirations, mais dont, malgré notre respect pour l'art antique, nous ne voudrions pas conseiller la reproduction.

Vignole a proposé un type d'ordre toscan, qui est l'une des plus heureuses compositions modernes de ce genre, et qui a été très-fréquemment reproduit. Il assigne, aux colonnes ainsi décorées, quatorze modules de hauteur et quatre modules deux tiers d'espacement. Peut-être, dans la plupart des circonstances, serait-il préférable de les espacer davantage ; mais il conviendrait alors d'augmenter la hauteur de l'architrave.

Jacques de Brosse, l'auteur du beau frontispice de l'église Saint-Gervais, a adopté ce type pour la décoration du rez-de-chaussée du palais du Luxembourg, à Paris.

L'ordre toscan de Serlio, plus simple et moins répandu que le précédent, offre également une disposition judicieuse et des proportions très-convenables. Ses détails sont représentés planche 18, figure 4 ; ils sont cotés en minutes. Serlio donne à ses colonnes douze modules de hauteur, et il paraît les espacer de six modules, sans être toutefois bien explicite à cet égard. Elles gagneraient souvent à être un peu plus élancées.

DE L'ORDRE IONIQUE.

Chapiteau.   Le chapiteau de la colonne ionique, cet ornement le plus caractéristique de l'ordonnance, présente une disposition fort originale : un tailloir carré, beaucoup moins élevé et moins saillant que celui de la colonne dorique, est supporté par une sorte de coussin plus long que large, qui se recourbe en forme de volute à ses deux extrémités, et qui repose sur un quart de rond dont la colonne est entourée à sa partie supérieure. Cette singulière forme est expliquée par Vitruve dans un passage que nous avons transcrit plus haut : il l'attribue à l'imitation d'une coiffure de femme ; mais un esprit sérieux ne saurait admettre aujourd'hui une pareille explication, et il est évident que le chapiteau ionique doit avoir une autre origine.

  Plusieurs des monuments funéraires qui ont été découverts depuis quelques années dans l'Asie Mineure, monuments fort importants et qui remontent à une haute antiquité, sont précédés de portiques formés de colonnes ioniques ; sur un beau sarcophage trouvé dans la même contrée, on remarque une petite colonne ionique cannelée qui est sculptée au milieu du fronton ; il paraît bien démontré que les cippes funéraires sont habituellement représentés sur les vases grecs, par des colonnes ou des stèles à chapiteaux ioniques ; enfin un grand nombre de sarcophages, tant grecs que romains, parmi lesquels nous citerons celui de Scipion Barbatus, qui se voit au musée du Vatican[1], sont couronnés par un ornement présentant, comme le chapiteau ionique, des volutes à ses deux extrémités. On avait cru pouvoir conclure de ces faits que la forme avait dû être affectée, dans l'origine, à des monuments funéraires, et l'on s'était demandé si la volute ne rappellerait pas les cornes du bélier des sacrifices, ou quelque disposition particulière de la nappe placée sur l'autel pour recevoir les parties sacrées du corps de la victime. Mais ce n'est pas toujours un tombeau qu'indique le chapiteau ionique sur les plus anciens vases de la Grèce ou de l'Asie, c'est parfois un édifice de toute autre

[1] Planche 47, figure 3, de la IIe partie de l'ouvrage.

nature; et si les pieds des lits funéraires y sont habituellement couronnés de la sorte, le même ornement se rencontre aussi sur les lits des festins joyeux. Or des fouilles récemment faites dans l'île de Chypre ont fait revivre des monuments fort divers, du plus haut intérêt pour l'histoire de l'art, dont plusieurs appartiennent à l'époque où l'île était rangée sous la domination des Phéniciens, c'est-à-dire au moins au septième siècle avant notre ère, et parmi eux se trouvent deux chapiteaux de stèles ou de pilastres, qui paraissent résoudre avec la plus grande netteté la question d'origine si controversée jusqu'à présent.

Ces chapiteaux sont déposés dans le musée du Louvre, et l'un d'eux est représenté par les figures 8 et 9 de la planche 22. Le point d'appui était rectangulaire, de $0^m,395$ sur $0^m,315$, ses longs côtés formant les faces principales, et le chapiteau consiste en deux grandes feuilles qui couronnent l'une et l'autre de ces faces, se recourbent en forme de volute à leur extrémité supérieure et semblent supporter le tailloir. Cette dernière partie de l'œuvre est composée de trois plateaux superposés, dont les hauteurs successives sont de $0^m,04$, $0^m,05$ et $0^m,06$, et dont les saillies sont plus prononcées sur les petits côtés que sur les faces principales. Il paraît tout naturel que les côtés les plus étroits du chapiteau, lesquels étaient probablement les moins apparents, n'aient pas été aussi richement ornés que les autres et ne montrent que la tranche des feuilles. S'il se glissait d'ailleurs le moindre doute dans l'esprit du lecteur au sujet de la nature de l'élément fondamental de la composition, il s'évanouirait à l'inspection de la figure 10, qui représente un des amortissements des anses du célèbre vase d'Amathonte, que conserve le même musée; qu'on retourne ce dessin, et l'on retrouvera le même motif associé à une palmette.

Enfin le chapiteau est précédé de cinq filets, dont celui du milieu est plus large que les autres, qui forment une astragale, et entre les grandes feuilles se trouve le symbole caractéristique des œuvres phéniciennes, le globe surmonté du croissant aux pointes renversées.

Ainsi, c'est à ce couronnement de feuillages, qui se rencontre si fréquemment dans les monuments de l'antiquité la plus reculée, qu'on peut attribuer l'origine du chapiteau ionique, de même qu'il a conduit plus tard, mais avec beaucoup moins d'altération, au chapiteau de l'ordre corinthien.

C'est vraisemblablement dans les cités ioniennes que l'ordre ionique fut employé pour la première fois en Grèce à la décoration des temples, et qu'il reçut ce caractère d'élégance et de mollesse si conforme à celui de la nation qui le constituait, et si opposé à celui que les Doriens avaient donné à l'ordre qui a conservé leur nom. La volute ne fut plus alors considérée comme un symbole, mais comme une forme gracieuse éminemment propre à l'ornementation. Les temples de Diane, à Éphèse et à Magnésie, ainsi que le temple de Bacchus, à Téos, étaient d'ordre ionique.

Érechthéion. On voit encore dans l'acropolis d'Athènes, à peu de distance du Parthénon, les restes, assez bien conservés, de deux temples accolés appartenant au même ordre d'architecture. Cet édifice, dont le plan, un fragment d'élévation et quelques détails sont représentés sur la planche 20, offre l'un des plus remarquables types d'ordre ionique qui soient venus jusqu'à nous.

Il est connu sous le nom d'Érechthéion, de celui d'Érechthée, à qui l'on attribue la fondation du premier temple construit sur ce point. L'une de ses divisions était consacrée à Minerve Poliade; mais, jusque dans ces derniers temps, les antiquaires ne savaient pas laquelle, et ils étaient loin de s'accorder sur la destination de l'autre. Enfin des fouilles intelligentes et les savantes investigations de MM. Tétaz et Beulé[1] ont éclairci la question, et elle peut être regardée comme résolue, bien que quelques points de détail soient encore obscurs.

Le temple de Minerve Poliade occupe la partie antérieure de notre plan (fig. 7), lequel est conforme à la restauration de M. Tétaz. Il est précédé d'un portique hexastyle qui est tourné vers l'est, et le naos, plus étroit que ce portique, est compris entre deux couloirs. L'un de ces derniers est ouvert d'un côté sur le naos, et est occupé, à l'extrémité opposée, par un escalier conduisant dans le second temple, qui était consacré à Pandrose et dont le sol est placé à un niveau inférieur à celui du sanctuaire de Minerve. Le temple de Pandrose avait une entrée plus directe et plus digne sur la face latérale du nord; elle était précédée d'un portique à quatre colonnes de front, double en profondeur, établi également à un niveau plus bas que celui du portique de l'est; le premier donnait accès dans un pronaos, qui communiquait à gauche avec le sanctuaire, et s'ouvrait à son extrémité sur une petite salle dont le plafond était soutenu par six admirables cariatides en marbre blanc. Dans le temple de Minerve, on conservait la fameuse statue de la déesse, exécutée en bois d'olivier, qu'on prétendait tombée du ciel, et que recouvrait le splendide péplum brodé par les vierges athéniennes; au centre du Pandroséion, qui devait être découvert, était l'olivier planté par Minerve elle-même;

[1] Beulé, *l'Acropole d'Athènes*, 1853.

sous le porche tétrastyle, on voyait, à travers une ouverture rectangulaire ménagée dans le dallage, l'empreinte creusée dans le rocher par le trident de Neptune, lors de sa dispute avec Minerve. Le tombeau de Cécrops paraît avoir été placé dans la tribune des cariatides, et celui d'Érechthée se trouvait dans un autre endroit du monument, qu'il est difficile de préciser; dans la même enceinte étaient un autel dédié à Jupiter Hercéen, l'autel de l'Oubli, témoignage de la réconciliation de Neptune et de Minerve, de précieux trophées, un siége attribué à Dédale, un Mercure en bois qui datait de Cécrops, etc.

Ainsi, ce curieux monument, dont l'inégalité du sol et la destination multiple expliquent l'irrégularité, rappelait aux Athéniens le souvenir des fondateurs de leur ville, des divinités qui s'étaient disputé l'honneur de la protéger et des victoires auxquelles elle devait sa puissance. On conçoit dès lors qu'il ait été tenu en grande vénération, et qu'un luxe tout particulier ait été déployé dans son architecture. Quant au choix qui a été fait de l'ordre ionique pour le décorer, alors que l'on venait d'élever, à peu de distance, un temple d'ordre dorique à Minerve, il est à présumer, d'après ce qui a été dit plus haut, que les sépultures de Cécrops et d'Érechthée n'y ont pas été étrangères.

L'origine de ces temples remonte à une haute antiquité; mais, brûlés par Xerxès, ils furent reconstruits sous l'administration de Périclès ou peu de temps après. Toutefois ils ne furent pas complétement achevés alors, car une inscription, rapportée par le docteur Chandler, et qui date de la vingt-troisième année de la guerre du Péloponèse, présente un état des dépenses à faire pour les terminer. Au reste, aucun des ouvrages dont l'exécution est proposée dans cet état ne se rapporte au portique du temple de Pandrose, dont nous donnons l'élévation et les détails, et dont le style appartient complétement d'ailleurs à la belle période de l'art grec.

A la fois plus élancées et plus espacées que celles du Parthénon, les colonnes sont surmontées par un entablement moins élevé que celui de ce temple. L'édifice n'a pas à beaucoup près un caractère aussi monumental; mais il a quelque chose de plus gracieux, et son architecture est plus riche. On retrouve bien, dans le nouvel ordre, la forme générale et les divisions qui résultent des données fondamentales de la construction; mais le principe de la décoration n'est plus le même. La disposition de l'ensemble est toujours rationnelle; mais les ornements ne sont plus empreints d'un caractère d'utilité. Ils ne sont plus empruntés à des convenances matérielles ; ils ne sont plus appelés à représenter d'anciens procédés de construction ; ils n'ont d'autre but que d'introduire de la variété et de l'agrément dans la composition. L'art a pris de l'essor et a étendu ses ressources ; sans perdre de vue ses conditions essentielles, il renonce à l'austérité pour accorder davantage à la grâce et à la fantaisie.

Les colonnes ont 7^m,64 de hauteur, et elles sont espacées de 3^m,12 environ d'axe en axe. Leur diminution est peu prononcée : le diamètre supérieur est les 0,85 du diamètre inférieur. Le fût n'est pas dirigé en ligne droite : il est légèrement galbé, et la flèche de courbure est de 0^m,005. Les colonnes sont un peu inclinées en dedans, comme celles du Parthénon. Elles sont ornées de bases d'un fort beau dessin, et sont surmontées de chapiteaux très-riches et très-élégants. Les cannelures sont plus marquées que dans l'ordre dorique ; elles sont creusées suivant un demi-ovale, et elles sont séparées par des filets. L'entablement n'a que les 0,22 environ de la hauteur des colonnes. L'architrave est divisée, sur sa hauteur, en trois bandes à peu près égales, et elle est séparée de la frise par une réunion de moulures dont deux sont couvertes d'ornements. La frise est unie, et elle est exécutée à l'extérieur en marbre noir, alors que le reste de l'édifice est construit en beau marbre blanc ; mais on y remarque des trous de crampons, et l'on a trouvé dans les ruines de petites figures en marbre blanc, d'un relief assez prononcé, qui paraissent avoir été appliquées sur cette partie de l'édifice. Le marbre noir avait sans doute pour but de faire ressortir ces sculptures ; il remplissait le même office que le fond brun rouge du fronton et des métopes du Parthénon. La corniche est extrêmement simple en ce qui concerne sa disposition ; mais ses deux cimaises sont décorées d'ornements sculptés.

La figure 2 de la planche 20 donne le détail de l'entablement, non compris le chéneau de la corniche, dont il ne s'est conservé aucun vestige. On remarquera sur ce dessin et sur le fragment de coupe (fig. 8) la profondeur inusitée du refouillement pratiqué sous le larmier, refouillement qui a pour effet de donner à la corniche plus de développement que la hauteur de cette partie de l'ordre n'en paraîtrait comporter. La frise a été établie en retraite sur l'architrave, sans doute afin qu'on pût donner une saillie convenable aux figures qui la décoraient.

Le chapiteau est très-richement orné sur toutes ses faces, et surtout sur ses deux faces principales, c'est-à-dire sur celles qui montrent les volutes. Les deux autres font voir la surface enroulée, ou ce qu'on appelle les *balustres* du chapiteau. Ces dernières parties de l'ornement caractéristique de la colonne sont divisées par des rangs de perles, qui paraissent représenter ou rappeler des ligatures (fig. 5).

Les volutes sont plus développées que dans la plupart des autres colonnes du même ordre, et elles sont enrichies d'un plus grand nombre de spires. En outre, des trous de crampons, qui se voient entre quelques-uns de ces enroulements, portent à penser qu'il y avait un ornement en bronze dans cette partie de la volute. Peut-être cet ornement consistait il en une suite de perles, à l'extrémité de laquelle venait s'épanouir la palmette qui est habituellement placée dans les chapiteaux ioniques au point d'intersection de la volute avec le quart de rond. La partie centrale, ce qu'on appelle l'*œil de la volute*, paraît avoir été dorée.

Le tailloir est formé d'un quart de rond décoré d'oves, et le même motif de décoration se retrouve sur la moulure principale du chapiteau, où il est précédé d'un rang de perles et couronné d'un large entrelacs. On a trouvé, dans ce dernier ornement, des morceaux de verre coloré incrustés entre quelques nattes; dans les autres intervalles, se remarquent des cavités qui étaient sans doute remplies de la même manière. Le chapiteau est séparé du fût de la colonne par une astragale extrêmement simple et le gorgerin est décoré de palmettes fort élégantes alternant avec des lis de mer, qui ont été si bien rendus par le ciseau des sculpteurs, qu'on prétendait que ces fleurs s'étaient pétrifiées en quittant le fond des eaux.

Une moitié de ce chapiteau est représentée, sur une grande échelle, par la figure 3, et la figure 4 donne une coupe transversale de la volute, exécutée sur une échelle plus grande encore.

Le chapiteau ionique, tel qu'il a été décrit plus haut et qu'on vient de le voir, présente une particularité qui ne se rencontre dans aucun autre, et qui n'est pas sans quelque inconvénient en plusieurs circonstances : il n'a pas même disposition sur toutes ses faces; il a deux faces principales, celles qui montrent les volutes, et deux faces d'un moindre effet, celles dont les balustres forment l'ornement caractéristique. Ces dernières sont habituellement désignées sous le nom de faces latérales, eu égard à la position qu'on a toujours soin de leur donner. Or, quand des colonnes entourent un édifice ou une enceinte, ou doivent former un portique comprenant plusieurs entre-colonnements sur sa profondeur, comme dans l'exemple que le lecteur a sous les yeux, il résulterait de cette disposition, si elle n'était modifiée en quelque point, que l'un des côtés de l'œuvre

Chapiteaux des colonnes d'angle.

montrant au spectateur les faces à volutes des chapiteaux, les deux autres présenteraient au dehors les faces latérales, ce qui aurait quelque chose de bizarre et de regrettable, puisque ces dernières ne sont ni aussi belles, ni aussi riches que les autres. On pourrait, il est vrai, placer les chapiteaux des colonnes intermédiaires dans une direction opposée à celle des chapiteaux des colonnes angulaires ; on y gagnerait en richesse, mais les chapiteaux de la façade pour laquelle on aurait adopté ce parti ne seraient pas tous semblables. On a tourné la difficulté, dans la plupart des temples ioniques de l'antiquité, au moyen d'une légère modification dans la forme des chapiteaux angulaires : les volutes des extrémités de chaque façade, au lieu d'être comprises dans le même plan vertical que les autres, ont été retournées à 45°, ainsi que le représentent le plan (fig. 5) et l'élévation (fig. 2) de la planche 20. Il en résulte que les faces semblables de ces chapiteaux sont contiguës et non opposées deux à deux comme elles le sont ailleurs. Il y a encore une irrégularité, mais elle est peu prononcée et n'a rien que de fort admissible.

Chapiteaux à quatre volutes.

Cependant quelques architectes ont voulu éviter ce léger défaut ; ils ont dirigé toutes les volutes du chapiteau ionique comme celles dont on vient de parler, et ils ont, de la sorte, supprimé les balustres et établi une similitude complète entre les quatre faces. Cette disposition a été consacrée par des autorités imposantes, parmi lesquelles celle d'Ictinus doit être citée en première ligne. L'illustre architecte du Parthénon l'a adoptée pour les colonnes intérieures du naos du temple d'Apollon, à Bassæ, et avec cette circonstance remarquable, que ces colonnes ne sont placées que sur les faces latérales de la salle, et sont engagées dans des têtes de murs, ainsi que le représente le fragment de plan (fig. 7, planche 22). La colonne qui est isolée n'est pas semblable aux autres ; elle est décorée d'un chapiteau corinthien qui est reproduit par la figure 5 de la planche 25, et sur lequel nous reviendrons tout à l'heure. On voit donc que les colonnes dont il s'agit occupent des positions telles que, non-seulement la forme ordinaire du chapiteau ionique n'y présentait aucun inconvénient, mais y était même de quelque avantage ; et peut-être serait-on en droit de trouver là un premier essai d'un nouveau système, qui se glisse dans un intérieur avant d'oser se produire au dehors. Les figures 5 et 6 de la même planche donnent le plan et l'élévation d'un de ces curieux chapiteaux. Elles sont empruntées au bel ouvrage publié par la commission scientifique de la Morée.

Les ruines de Pompéi offrent plusieurs exemples de chapiteaux ioniques disposés de la même manière. La figure 1 de la planche 22 en présente un à nos lecteurs, et elle est accompagnée d'un détail de la volute, parce qu'elle a paru exécutée sur une trop petite échelle pour permettre d'apprécier convenablement la disposition de cet ornement. Ce chapiteau est tiré du portique du forum triangulaire. On y remarque, ainsi que dans l'entablement qui le surmonte, la finesse élégante, mais parfois un peu sèche, qui distingue l'architecture de cette ville. Les colonnes du portique sont au nombre de huit, et elles sont espacées de $2^m,26$ environ d'axe en axe ; quant à leur hauteur, elle ne peut être déterminée que par hypothèse, attendu l'état de ruine de ce petit monument ; un travail fort intéressant de M. Th. Labrouste la fixe à $5^m,45$, y compris la base et le chapiteau.

On retrouve encore une forme analogue, mais complétement dépourvue d'élégance, dans les chapiteaux d'un temple construit au pied du Capitole, à l'époque du Bas-Empire, et qu'on suppose avoir été dédié à la Fortune. Enfin elle a été adoptée par plusieurs architectes modernes, par Michel-Ange et par Scamozzi entre autres.

Cependant elle a quelque chose de peu satisfaisant ; ces volutes saillantes et étroites ne sont pas d'un heureux effet, d'abord faute d'être motivées, puis parce qu'elles se détachent trop de la colonne quand on les voit de côté, et qu'elles ne sont même pas suffisamment reliées aux autres ornements du chapiteau. Aussi la forme primitive a-t-elle été maintenue dans la plupart des constructions antiques et modernes. On la trouve dans tous les temples ioniques de la Grèce, et, à Rome, dans le temple de la Fortune virile, dans les débris de deux temples du forum Olitorium, au théâtre de Marcellus, au Colisée et dans un grand nombre de colonnes provenant d'édifices antiques. Parmi les architectes modernes qui, sous ce rapport, sont restés fidèles aux saines traditions de l'antiquité, on peut citer presque tous les grands maîtres de la Renaissance : L. B. Alberti, Vignole, Palladio, Serlio, Jean Bullant, Philibert Delorme, etc.

La planche 24 présente le plan, l'élévation et quelques détails d'un des temples que nous venons de citer, du temple de la Fortune virile, à Rome. Ce monument est dans un état de conservation assez remarquable, et a été transformé en une petite église sous l'invocation de sainte Marie l'Égyptienne. Il est peu probable que ce soit celui qui a été dédié par Servius Tullius ; on n'est pas fixé sur l'époque de sa construction, mais on est en droit d'affirmer qu'il est antérieur à l'avénement de l'Empire. Il a été d'ailleurs restauré à plusieurs reprises, et son caractère primitif a été profondément modifié par des couches de stuc appliquées sur toutes ses

Temple de la Fortune virile.

parties; mais nos dessins ne tiennent pas compte de ces altérations, ils représentent les formes de la construction en pierre, qui est à découvert dans une notable partie de la surface. On voit qu'elles diffèrent beaucoup de celles du temple d'Athènes. On n'y retrouve ni l'élégance, ni la richesse, ni les ornements délicats de l'œuvre grecque. Il y a quelque chose d'un peu rude dans cette architecture; la grâce y fait défaut. Le profil de la corniche n'est pas heureux; il paraît trop chargé et le larmier n'est pas suffisamment accentué. Les moulures du piédestal sont peut-être également trop multipliées. Mais l'ensemble présente des proportions fort convenables, de la simplicité et une certaine expression de force, qui recommandent cette construction indépendamment de l'intérêt qu'elle a sous le rapport de l'histoire de l'art.

On voit, par les figures 3, 4 et 5, que les chapiteaux d'angle de ce temple ont été disposés dans le même système que ceux de l'Érechthéion.

La planche 22 donne les détails des trois ordres ioniques suivants :

Ordres ioniques divers.

1° De l'ordre ionique d'un des trois temples du forum Olitorium, à Rome (fig. 3). Ce temple, entièrement exécuté en pierre, date de la République, et l'on suppose qu'il était dédié à l'Espérance. Les colonnes sont espacées de $2^m,60$ d'axe en axe. Peut-être sont-elles un peu trop élancées, et la corniche a-t-elle plus de hauteur qu'il ne conviendrait ;

2° De l'ordre ionique du théâtre de Marcellus (fig. 4). Cet ordre est appliqué contre les pieds-droits des arcades du premier étage de l'édifice. Il est d'un fort beau style, tout en étant traité avec une grande simplicité, et il a été pris pour modèle par un grand nombre d'architectes modernes;

3° De l'ordre ionique de Scamozzi (fig. 2). C'est un type, que nous ne pouvions nous dispenser de présenter à nos lecteurs, du chapiteau moderne à quatre faces semblables; mais il est loin de notre pensée de l'offrir comme un modèle à suivre. Scamozzi donne $17^{\text{mod}}\frac{1}{2}$ de hauteur à ses colonnes, et il fait varier leur espacement, d'axe en axe, de $5^{\text{mod}}\frac{5}{6}$ à 7 modules.

Dans les divers exemples qui viennent d'être examinés, et que nous avons choisis comme les plus dignes d'intérêt au point de vue où nous nous sommes placé, l'ordre ionique se distingue nettement de celui qui le précède, aussi bien par la forme de l'entablement que par celle du chapiteau et surtout par l'esprit qu'elles recèlent; mais il n'a pas eu un caractère aussi tranché dès le début. On le trouve, dans quelques tombeaux de l'Asie Mineure, avec des entablements dont la disposition rappelle d'une manière frappante celle d'une construction en bois; la corniche est soutenue par une suite de petits corps en saillie, qui représentent évidemment des extrémités de solives. Cet ornement, traité avec plus de finesse, s'est converti en denticules par la suite des temps, et s'est reproduit très-fréquemment dans la corniche ionique. Vitruve semble même le regarder comme essentiel à cet ordre, ce qui tendrait à établir que, sous ce rapport, les traditions s'étaient beaucoup mieux conservées à Rome qu'à Athènes, où, comme le montre le temple de Minerve Poliade, l'on ne se croyait pas obligé de placer des denticules dans tous les entablements ioniques, et cela dès le siècle de Périclès.

Dans un petit nombre de monuments funéraires, dans un tombeau d'Agrigente entre autres [1], on reconnaît une intention plus marquée encore de donner à l'ordre qui nous occupe un caractère analogue à celui de l'ordre dorique : au-dessus de colonnes dont les chapiteaux sont ornés de volutes, se voient des entablements décorés de triglyphes. Cette disposition, diversement jugée par les critiques et peut-être d'une manière trop absolue, exige, pour être convenablement appréciée, qu'on prenne en considération les idées de l'époque et la nature des édifices auxquels elle a été appliquée. Il est à remarquer en effet, d'une part, que ces édifices exigeaient une architecture sévère et monumentale, et, de l'autre, qu'il était fort convenable de marquer leur destination par le symbole funéraire alors en vigueur, c'est-à-dire par des volutes dans les chapiteaux. On a été ainsi amené à marier les formes austères, les proportions massives, l'expression de solidité de l'ordre dorique grec, qui était l'ordre monumental de l'époque, avec l'ornement caractéristique de la colonne ionique; et il a été parfaitement légitime d'adopter cette disposition, car elle satisfaisait à de hautes convenances. Mais, en l'approuvant dans le passé et pour une classe particulière d'édifices, on doit faire observer qu'elle serait loin d'avoir le même mérite aujourd'hui que le chapiteau ionique a perdu pour nous toute valeur symbolique. Dans l'établissement d'un ordre, le point essentiel est de mettre en harmonie les différentes parties du système. Or la volute n'est plus à nos yeux qu'un ornement, et la forme du chapiteau ionique n'étant point celle que dicteraient les données purement matérielles de la construction, il y aurait faute à faire intervenir des considérations de cette nature dans l'ornementation des diverses parties de l'entablement. L'esprit de décoration sans caractère d'utilité du membre le plus caractéristique doit se retrouver dans

---

[1] IIe partie, planche 46, figure 1.

les autres divisions de l'ordre; car où il n'y a pas d'harmonie dans la pensée, il ne saurait s'en trouver dans les formes qui la traduisent.

Ainsi, non-seulement il convient de repousser les triglyphes de l'ornementation ionienne, mais il n'y a pas à s'arrêter à la recommandation de Vitruve de couronner toujours les colonnes de ce style par des corniches à denticules. Sans doute il y a souvent avantage à y employer ce dernier ornement, qui a quelque chose de riche et de saisissant, mais ce n'est pas parce qu'il rappelle un système de construction (les proportions qui lui ont été données lui ont fait perdre toute signification sous ce rapport), c'est par un motif diamétralement opposé : c'est parce qu'il n'a aucun caractère d'utilité et ne se présente que comme une forme décorative. Ainsi modifié, il n'y a ni à le recommander, ni à le proscrire d'une manière absolue.

Ordre ionique moderne. — Dans l'ordre ionique que nous présentons comme susceptible d'être adopté, dans notre style actuel d'architecture, pour des édifices qui ne comportent ni une grande richesse de décoration, ni des colonnes exécutées sur une grande échelle, la hauteur des colonnes est fixée à 18 modules, et leur espacement d'axe en axe à $6^{mod}\frac{3}{4}$; l'entablement a $4^{mod}\frac{1}{6}$ et le piédestal $5^{mod}\frac{1}{2}$ de hauteur, ainsi que le montre la figure 2 de la planche 7. Les planches 10 et 11 donnent les détails de l'ornementation de cet ordre; ils sont cotés, comme ceux de l'ordre dorique, en minutes ou trentièmes de module.

La corniche est décorée de denticules précédées d'un quart de rond et surmontées d'un talon, lequel est compris, presque en entier, dans la hauteur du refouillement pratiqué sous le larmier. Elle a 45 minutes de hauteur. La frise est lisse, et a reçu, par ce motif, un peu moins de hauteur que l'architrave, qui est couronnée d'une moulure et divisée en deux bandes. Il conviendrait, ainsi qu'on l'a dit déjà, d'adopter une proportion inverse si la frise était ornée de sculptures.

Le chapiteau est vu de face sur la figure 1, planche 10, et les figures 2 et 3 donnent respectivement la moitié de son plan et celle de son élévation latérale, qui est à balustres. Les volutes sont formées d'une suite d'arcs de cercle successivement tangents entre eux et dont les rayons de courbure varient graduellement de l'un à l'autre, de manière à engendrer une spirale d'une forme agréable. Voici quelle est la méthode employée pour tracer cette courbe : de l'extrémité inférieure du talon du tailloir on abaisse une verticale; on porte sur cette ligne une longueur de 17 minutes à partir du talon, et du point de division ainsi obtenu, comme centre, on décrit une circonférence de cercle de $3^{min}\frac{3}{4}$ de diamètre; cette circonférence forme l'*œil* de la volute. On y inscrit un carré dont les côtés sont inclinés à 45°, ainsi que le représente la figure 5, et mieux encore la figure 6, qui est exécutée sur une plus grande échelle; puis on mène, par le centre, des lignes parallèles à ces côtés, et les points où elles les rencontrent sont pris successivement pour centres des quatre premiers arcs de cercle de la volute. Ainsi, l'on décrit d'abord l'arc *ab* (fig. 5), et on le prolonge jusqu'à sa rencontre avec l'horizontale 1.2 (fig. 6) passant par son centre; du point 2, l'on décrit un autre arc de cercle *bc*, jusqu'à sa rencontre avec la verticale abaissée de ce point; la pointe du compas se porte alors au point 3, d'où l'on décrit l'arc *cd*, et de là, en 4, qui est le centre de l'arc *de*. Pour continuer ce tracé, l'on divise chacune des lignes 01, 02, 03, 04, de la figure 6, en trois parties égales, et les points de division qui en résultent sont les centres des nouveaux arcs à décrire. Le cinquième arc commence au point *e*, où le quatrième vient rencontrer le prolongement de la ligne menée par les points 4 et 5. Après avoir ainsi déterminé le contour extérieur du filet qui forme le dessin de la volute, il faut en tracer le contour intérieur, et l'on y procède en suivant la même marche, mais en choisissant d'autres centres; car, si l'on conservait les mêmes, la largeur de ce filet serait constante dans tout le périmètre, alors que le goût exige évidemment qu'elle participe du mouvement de la spirale, c'est-à-dire qu'elle diminue à mesure qu'on se rapproche du centre. On partage à cet effet chacun des intervalles 1.5, 2.6, 3.7, etc. (fig. 6) en quatre parties égales, et l'on prend pour centres successifs les points de division les plus rapprochés du centre de l'arc extérieur auquel correspond celui qu'il s'agit de tracer. Ainsi, l'on décrira le premier arc intérieur du premier point de division de la ligne 1-5 à partir du point 1, le second arc du point de division le plus rapproché du point 2, et ainsi de suite.

La méthode suivante a été également proposée pour le tracé de cette spirale : on abaisse, comme dans le cas précédent, une verticale 1.5 (fig. 7), de l'extrémité inférieure du tailloir; l'œil de la volute a son centre à 17 min. au-dessous du point 1, et on lui donne 4 min. de diamètre. Cela posé, on forme un triangle rectangle AOB (fig. 8) ayant $10^{min}\frac{1}{2}$ de base et 15 min. de hauteur, on décrit l'arc AC du point O comme centre, on le divise en 24 parties égales, et l'on tire, du centre à chaque point de division, une ligne qu'on prolonge jusqu'à sa rencontre avec le côté AB. On mène ensuite, par le centre de la volute (fig. 7), des verticales, des horizontales et des lignes inclinées à 45°, et l'on porte successivement sur chacune d'elles, dans l'ordre où elles se présentent en commençant par le point 1 et à partir de leur point d'intersection avec l'œil de la volute, les longueurs A.1, A.2, A.3, etc.; les points 1, 2, 3, etc., appartiennent à la courbe cherchée. S'ils paraissaient trop espacés pour assurer convenablement le tracé, on pourrait doubler le nombre des divisions de l'arc AC, et l'on marquerait alors de nouveaux points de la spirale sur des lignes inclinées, les unes à $22°\frac{1}{2}$, les autres à $67°\frac{1}{2}$. Cette méthode est préférable à la précédente, en ce que la courbure de la ligne dont elle détermine le tracé varie d'une manière continue ; mais elle est moins commode en exécution, et il est rare qu'on y ait recours.

Il est facile de juger quelles sont les modifications qu'il conviendrait d'apporter dans les dimensions qui ont servi de base aux tracés précédents, si l'on voulait augmenter ou réduire le nombre des circonvolutions de la spirale.

Nous n'insisterons donc pas davantage sur ce sujet ; nous ferons remarquer seulement qu'il n'y a nulle nécessité à donner à l'œil de la volute le même diamètre qu'au cercle décrit en vue des opérations relatives à la construction de la courbe.

Les balustres du chapiteau présentent toujours une sorte de ligature au milieu de leur longueur, et ils se resserrent en cet endroit, ainsi que l'indiquent les figures 2 et 3 et les lignes ponctuées de la figure 1.

Des palmettes, dont la tige prend naissance au-dessus de la grande révolution de la spirale, forment le raccordement du quart de rond décoré d'oves avec la volute.

La planche 11 donne les détails de la base et du piédestal de notre ordre ionique. On y a représenté (fig. 5) le profil d'une base proposée par Vitruve et adoptée par Vignole, sauf quelques légères différences dans les cotes ; mais sa disposition ne paraît pas heureuse, et il y faut plutôt voir un document qu'un modèle. La figure 4 fait connaître un autre profil de base qui a été quelquefois appliqué à des colonnes de cet ordre, et qui produit un assez bon effet lorsqu'il n'est pas exécuté sur une trop grande échelle.

Cannelures. Les cannelures de l'ordre ionique de l'architecture moderne sont formées par des demi-circonférences de cercle, et sont séparées par des filets. Elles sont semblables à celles des colonnes corinthiennes, qui sont représentées sur la planche 13, et dont il sera parlé plus bas.

Tambours décorés. Le système de décoration par refends et par tambours a été appliqué aux colonnes ioniques de même qu'aux colonnes doriques, et c'est encore l'architecture française qui en fournit les plus beaux exemples. Nous citerons entre autres les élégantes colonnes du rez-de-chaussée du château des Tuileries, lesquelles sont du dessin de Philibert Delorme, qui en parle à plusieurs reprises dans son Traité d'Architecture. Elles présentent plus d'un titre à l'intérêt du lecteur, et nous croyons devoir transcrire ici quelques-uns des passages que leur consacre l'illustre architecte :

« Ie ne passeray oultre, dit-il, sans vous aduertir que i'ay choisy le présent
« ordre ionique entre tous autres, pour orner et illustrer le palays, lequel la
« maiesté de la Royne, mere du très-chrestien Roy Charles, neufième de ce nom,
« fait auiourd'hui bastir en ceste ville de Paris, sous ses ordonnances et desseings,
« car ie y procède tout ainsi qu'il plaist à sa dicte maiesté le me commander, sauf
« les ornements, symmétries et mesures, pour les quelles elle me faict ceste grace
« et faueur de s'en fier à moy. I'ai voulu accommoder le présent ordre à son dit
« palays pour autant qu'il n'est guères usité, et que encore peu de personnes l'ont
« mis en œuures aux bastiments auec colomnes. Plusieurs en ont bien patrouillé
« quelque chose en bois pour des portes, mais ils ne l'ont encores bien cogneu ny
« représenté. L'autre raison pourquoy i'ay voulu figurer et naturellement repré-
« senter ledict ordre ionique au palays de la maiesté de la Royne, c'est pour autant
« qu'il est femenin, et a esté inuenté après les proportions et ornements des
« dames et déesses, ainsi que le dorique des hommes, comme m'ont appris
« les anciens. » Et plus loin il ajoute : « Qui faict que ie prend grandissime plaisir
« de mettre tel ordre ionique en execution, non point tant pour monstrer aux
« ouuriers de bien conduire l'œuure, que pour la curiosité que i'ay de l'enseigner
« à plusieurs pauures compagnons qui sont de bon esprit et s'efforcent iournelle-
« ment d'apprendre à mesurer, contrefaire et portraire ce qu'ils voyent pour s'en
« pouuoir ayder lors que l'occasion se présentera. »

On lit dans un autre chapitre : « Ie feray icy par manière de digression un
« petit discours des colomnes ioniques, lesquelles ie fais employer au susdit pa-
« lays de la maiesté de la Royne mere, puis ie reprendray le propos de la basse
« ionique. Les dictes colomnes seront en nombre soixante-quatre du costé de la
« face des iardins, et aura une chacune deux pieds de diamètre par le bas, iaçoit
« qu'elles ne soient toutes d'une pièce, pour autant que ie n'en pourrois trouuer
« si grand nombre, ny de telle hauteur qu'il les fault, si promptement, et aussi

« que l'œuure pourra estre plus tost faicte que les colomnes ne pourroient estre
« recouuertes : lesquels i'ordonne comme vous les verrez, et auec propres or-
« nements pour cacher les commissures. Qui est une inuention que ie n'auois en-
« cores veuë ny aux édifices antiques ny aux modernes, ne encores moins dans
« nos liures d'architecture. »

Enfin, et ce passage n'est pas le moins curieux : « Ie vous ay figuré cy-auprés
« une colomne de l'ordre ionique, laquelle i'auois dressée et faicte expressément
« pour estre appliquée au palays de la maiesté de la Royne mere ; mais, cõme le
« bon vouloir lui a creu de faire son dit palays fort magnifique, et beaucoup plus
« riche qu'elle n'auoit délibéré au commencement, après auoir faict poser les
« basses et premieres assiettes des colomnes, il m'a fallu prendre une autre sorte
« d'ornements et façon trop plus riche : voire iusques à faire tailler et insculpter
« plusieurs sortes d'ouurages et devises (ordonnées par sa maiesté) sur les dictes
« basses et assiettes qui sont faictes de marbre. »

Or, sur ces devises données par Catherine de Médicis, que voit-on ? Des signes de deuil, de renoncement au monde et à ses plaisirs, des miroirs brisés, des lacs d'amour rompus, des parures en lambeaux. La veuve de Henri II affichait ainsi sa douleur à quelques pas du palais où se voyaient, et sont encore étalés de toutes parts, le chiffre et les emblèmes de Diane de Poitiers, sa vieille et orgueilleuse rivale. Que ces regrets aient été bien sincères, il est permis d'en douter ; mais toujours est-il qu'ils ont donné lieu à une composition originale, qui mérite plus de retentissement qu'elle n'en a eu jusqu'à présent.

La figure 5 de la planche 30 représente une de ces colonnes aux tambours cannelés et aux bandeaux sculptés ; et l'on voit par la figure 1 que le même mode de décoration, mais sans ornements sur les bandeaux, a été appliqué aux pilastres et se rattache à l'ornementation du mur.

DE L'ORDRE CORINTHIEN.

Chapiteau. « Une jeune fille de Corinthe étant morte au moment où elle allait se marier, dit
« Vitruve (liv. IV, chap. I), sa nourrice réunit dans une corbeille plusieurs petits
« objets qui avaient plu à cette infortunée, la déposa sur le tombeau, et la recou-
« vrit d'une tuile, afin de les mettre à l'abri des injures du temps. La racine d'une

« plante d'acanthe se trouvait par hasard en cet endroit, et lorsque, au printemps,
« les feuilles et les tiges commencèrent à pousser, elles entourèrent la corbeille
« dont le centre était placé précisément au-dessus de la racine ; elles s'élevèrent
« le long de ses côtés, et, quand elles rencontrèrent les angles saillants de la tuile,
« elles furent obligées de se recourber en décrivant des espèce de volutes. Calli-
« maque, sculpteur célèbre par l'élégance de ses œuvres et l'habileté de son tra-
« vail, vint à passer par là, remarqua la corbeille et son gracieux entourage, fut
« frappé de la beauté de cette nouvelle disposition, et la reproduisit dans des co-
« lonnes qu'il fit exécuter à Corinthe. Il fixa ensuite les règles et les proportions de
« l'ordre corinthien. »

Cette histoire a le double mérite d'attacher un souvenir poétique au chapiteau corinthien, et de rendre un compte assez net des diverses parties de cet ornement caractéristique de la colonne, ainsi qu'on peut le reconnaître en examinant les figures 1 et 2 de la planche 12. Elles représentent l'élévation et la moitié du plan d'un de ces chapiteaux aux formes riches et accentuées. La corbeille, dont la surface apparaît dans les intervalles des feuilles qui l'entourent, repose sur l'astragale qui termine le fût de la colonne, et elle est surmontée d'un plateau où l'on reconnaît la tuile placée par la sollicitude de la nourrice. Les lignes ponctuées, tracées à gauche de la figure 1, indiquent les profils de la corbeille et du plateau. Des feuilles, dont les extrémités supérieures se courbent en forme de panaches, prennent naissance au pied de la corbeille et sont distribuées sur deux rangs, au nombre de huit dans chacun d'eux. Celles du second rang s'élèvent entre les feuilles du premier, et sur une hauteur à peu près double ; dans leurs intervalles se voient des tiges d'où s'échappent des feuilles naissantes disposées par groupes, dont quelques-unes vont s'enrouler en forme de volutes sous les angles saillants du plateau, et dont d'autres affectent la même disposition, mais avec des dimensions moindres, au milieu de chacune des faces du chapiteau où elles se rencontrent deux à deux. Entre ces dernières volutes, passe une petite tige qui sort d'une espèce de fleuron, et qui porte, à son extrémité supérieure, une grande fleur (la *rose* du chapiteau), dont le sommet atteint le niveau du plan supérieur du plateau. Ce plateau, qu'on désigne habituellement sous le nom de *tailloir* ou d'*abaque*, est creusé sur chacune de ses faces, ainsi que le représente le plan (fig. 2), et ses angles sont abattus. On n'a pas toujours observé d'ailleurs cette dernière disposition, notamment dans l'architecture grecque, où les quatre angles de l'abaque sont habituellement très-aigus.

L'abaque est profilé sur sa hauteur, et l'on conçoit, en effet, qu'une face unie aurait eu quelque chose de trop simple et de trop lourd pour couronner dignement une composition dont le caractère le plus saillant est la richesse et la légèreté.

Le chapiteau corinthien s'éloigne plus encore que le chapiteau ionique des formes que pouvaient recommander des considérations d'ordre matériel. Ce n'est autre chose qu'un ornement placé au sommet de la colonne, dans le but de la décorer richement et de ménager une heureuse transition entre la forme du support et celle de la partie supportée. Mais, cette donnée acceptée, l'on ne saurait trop admirer l'art avec lequel il y a été satisfait; la disposition des feuillages, des tiges, des volutes, de toutes les parties du système, est pleine de grâce et de mouvement; la fantaisie y abonde, mais elle est dirigée avec tant de goût, toutes ces formes variées se rattachent si bien entre elles, il y a une telle harmonie dans l'ensemble, que l'œuvre paraît en quelque sorte toute naturelle. Il semble qu'elle réponde à certaines lois inconnues, et qu'on n'y pourrait rien changer sans manquer à quelques-unes de ses conditions d'existence. Il est peu de formes où le génie de l'homme se soit montré aussi véritablement créateur que dans celle-ci, où il se soit mieux approprié les inspirations qu'il avait puisées dans le spectacle de la nature. Aussi, des nombreuses tentatives faites à toutes les époques pour introduire des modifications plus ou moins profondes dans la disposition de ce chapiteau, aucune n'a prévalu. Quelques-unes d'entre elles n'ont pas été sans mérite, ont présenté des emblèmes heureusement choisis, ont été accueillies avec faveur dans leur nouveauté et quelquefois à bon droit, ont été parfaitement convenables pour les édifices auxquels elles s'appliquaient; mais la forme consacrée est toujours restée la plus belle en tant que type : aucune n'a jamais réuni autant de richesse à autant de dignité.

Il ne s'ensuit pas que cette forme soit immuable et se présente toujours identiquement la même dans tous les monuments qu'elle décore ; l'art n'admet pas de formules absolues, il ne saurait aliéner à ce point la liberté de ses allures et la variété de ses expressions. Elle se modifie, alors même qu'on respecte sa disposition générale, et elle admet la diversité. Il en est du chapiteau comme de l'ordre lui-même; tout en lui conservant ses organes essentiels et son expression fondamentale de richesse, on en fait varier les proportions et les ornements de détail, de manière à obtenir des caractères fort divers. Tel chapiteau corinthien sera lourd, et tel autre aura une apparence de grande légèreté; tantôt tous les ornements seront traités avec beaucoup de fermeté, tantôt, au contraire, ils se feront remarquer par leur délicatesse; l'ensemble sera toujours riche, mais il pourra l'être fort peu ou au plus haut degré. Et, entre ces divers états si tranchés, il y a place pour une infinité de nuances qu'il appartient à l'art d'indiquer et à l'homme de goût d'apprécier.

On remarque surtout une assez grande variété dans la forme des feuilles, qui non-seulement sont plus ou moins élancées et affectent des galbes assez variés, mais encore ne sont pas empruntées à la même plante, ou plutôt ne sont pas inspirées par un même modèle. Malgré la tradition rapportée par Vitruve et le nom qui leur a été donné, ces feuilles ne sont pas des reproductions de celles de l'acanthe; car si l'art demande des inspirations, si l'artiste peut tirer parfois un heureux parti d'une rencontre fortuite, ils n'admettent pas cependant des modèles à copier servilement. Ils sont tenus de modifier les formes qu'ils empruntent à la Création, de manière à les mettre en harmonie, d'abord avec le caractère général de l'Architecture, qui exige une certaine régularité et une apparence de solidité, puis avec le caractère particulier des édifices à l'ornement desquels elles doivent être employées.

Si canimus sylvas, sylvæ sint consule dignæ.

En Grèce, où croît en abondance l'acanthe épineuse, on s'est borné, dans le principe, à régulariser les contours de ses feuilles, mais bientôt on les a profondément altérés. A Rome, on paraît avoir pris pour point de départ l'acanthe sans épines (*acanthus mollis*), qui est également la plus répandue dans la contrée, et l'on y trouve quelques imitations assez évidentes de cette plante; mais, à ses découpures inégales et légèrement arrondies, on a très-fréquemment substitué des formes plus régulières, plus nettes et plus vives, qui paraissent avoir été inspirées par les feuilles du laurier ou de l'olivier. De sorte que, dans la plupart des chapiteaux corinthiens, on n'a conservé, du modèle donné par la nature, que les nervures prononcées et les divisions bien marquées des contours, c'est-à-dire les traits les plus convenables à la décoration qu'on avait en vue. On trouve, en général, plus de finesse et d'élégance dans les feuilles de l'architecture grecque, quelque chose de plus riche et de plus ferme dans celles des Romains.

Bien que l'ordre corinthien ne remonte pas à beaucoup près à une aussi haute antiquité que les deux autres, on ignore l'époque de son institution, et l'on est même indécis sur la question de savoir s'il a été inventé par les Grecs, ou s'il ne faudrait pas en faire honneur aux Romains. Il est à remarquer, en effet, qu'il n'y a pas création d'un ordre par cela même qu'une nouvelle disposition a été donnée au chapiteau d'une colonne; il faut en outre, non-seulement un système complet de proportions et d'ornements concordant entre eux de manière à produire une œuvre harmonieuse, mais encore sa consécration par cet assentiment public qui admet ou repousse les nouveautés dans les types de l'art comme dans le langage parlé. Ainsi, de ce que l'Égypte a employé des feuilles à la décoration de ses chapiteaux bien antérieurement à la Grèce, il ne s'ensuit pas qu'on puisse lui attribuer l'invention de l'ordre corinthien; tout au plus pourrait-on prétendre qu'elle a fourni le germe d'une des formes caractéristiques de cet ordre, et encore y a-t-il là une idée tellement simple, qui découle si naturellement de notre goût inné pour l'ornement et de notre tendance à l'imitation, qu'on n'est pas en droit d'affirmer que l'une des nations l'ait empruntée à l'autre.

Temple d'Apollon à Bassæ.

Dans l'intérieur du temple d'Apollon à Bassæ, dont nous avons parlé plus haut à l'occasion des volutes angulaires de l'ordre ionique, on a trouvé un chapiteau dont la disposition se rapproche de celle du chapiteau corinthien, et c'est, à notre connaissance, le plus ancien monument à citer quand on veut remonter à l'origine de la forme qui nous occupe. Il est représenté par la figure 5 de la planche 25 d'après la restauration qui en a été donnée par M. de Stackelberg. On y trouve le tailloir et ses faces concaves, les volutes angulaires et le premier rang de feuilles du chapiteau corinthien; on y remarque aussi deux volutes centrales et une palmette qui, amoindries et relevées, sont devenues plus tard les petites volutes et la rose de cet ornement. Mais la colonne ainsi décorée n'était pas surmontée d'un entablement qui lui fût spécialement affecté, elle paraît avoir fait partie de l'ordonnance ionique de l'intérieur du naos, ainsi que le montre le plan (fig. 7, pl. 22); placée entre deux colonnes ioniques, en face de la porte d'entrée, au-devant de la statue du dieu, elle aura dû sans doute à cette position d'être marquée d'un cachet particulier. A l'envisager isolément, on y peut voir une espèce de colonne corinthienne; mais si l'on considère l'ensemble dans lequel elle était enclavée, elle change de caractère : ce n'est plus qu'une colonne ionique dont le chapiteau a reçu plus de richesse et d'élégance que les autres.

Les deux essais tentés dans ce temple de Bassæ par le grand artiste auquel on doit le Parthénon peuvent être cités parmi les plus intéressants que présente l'histoire de l'art. Ils semblent annoncer qu'après avoir porté l'ordre dorique à son plus haut degré de perfection, Ictinus a senti que l'architecture devait désormais poursuivre d'autres formes, que de nouvelles conditions ne tarderaient pas à se produire, et que, satisfait dans une direction, l'idéal devait se porter sur une autre. On dirait qu'il a vu deux voies ouvertes au développement ultérieur de l'art, l'une par l'extension de l'ordre ionique rendu plus régulier, l'autre par l'institution d'un nouvel ordre, à la fois plus riche et plus indépendant des anciennes traditions que les précédents; qu'il a essayé de prendre place sur chacune d'elles; et que, plein de foi dans ses pensées d'avenir, ainsi que de reconnaissance pour qui les lui avait inspirées, il a voulu les déposer dans le sanctuaire du dieu des beaux-arts à titre d'invocation et d'hommage.

On voit encore à Athènes les restes d'un petit édifice où le nouvel ordre apparaît avec beaucoup plus de netteté, sans présenter cependant toutes les formes dont il s'est revêtu plus tard. Ce monument, vulgairement désigné sous le nom de lanterne de Démosthènes, date en effet de l'époque où florissait le grand orateur; mais il ne lui a pas servi de retraite, comme on l'a prétendu : il avait pour objet, ainsi que l'apprend une inscription gravée sur l'architrave, de rappeler la mémoire de jeux célébrés pendant le cours de la troisième olympiade, aux frais d'un nommé Lysicrates de Cycine. Il est circulaire, et l'entablement qui le couronne est soutenu par six colonnes cannelées, à moitié engagées dans le mur, qui s'élèvent au-dessus d'un piédestal de forme rectangulaire.

Monument de Lysicrates.

Ces colonnes ont dix diamètres en hauteur, et leur chapiteau, qui est représenté par la figure 1 de la planche 25, d'après la restauration de Stuart[1], a la plus grande analogie avec le chapiteau corinthien ordinaire, malgré de nombreuses et frappantes dissemblances. Ainsi, l'on y trouve la forme générale du tailloir, les deux rangs de feuilles, les volutes angulaires et les volutes centrales; mais les feuilles du premier rang sont plus nombreuses, plus petites et ne sont pas découpées; celles du second se recouvrent en partie les unes les autres, semblent prendre naissance au-dessus des précédentes, et ne laissent voir nulle part le noyau du chapiteau, le panier de l'histoire de Vitruve; ce noyau n'apparaît qu'au-dessus, et il a une forme exactement cylindrique, de sorte que les volutes angulaires s'en détachent complètement; les volutes centrales sont doubles et très-développées, mais elles ne sont pas accentuées avec la netteté qui se remarque dans les œuvres postérieures. Une particularité de

[1] *Antiquities of Athens.*

ce chapiteau, c'est qu'il n'est pas séparé de la colonne par une astragale en saillie, mais par une cannelure ; peut-être, au reste, cette cavité était-elle remplie par un ornement en bronze, disposé à la manière des astragales ordinaires et enrichi de perles. Cette hypothèse a été indiquée sur la droite du dessin.

Bien que l'édifice soit exécuté sur une très-petite échelle, puisque les colonnes n'ont pas plus de 3^m,54 de hauteur, l'entablement présente un bien plus grand nombre de lignes et de moulures qu'on n'en trouve dans ceux des autres monuments des belles époques de l'art grec. La frise est en outre décorée de bas-reliefs et la corniche est surmontée d'un chéneau sculpté.

Il y a évidemment là un système complet et harmonieux qui marque un des termes du développement de l'ordre corinthien ; mais le but n'est pas encore atteint, on ne peut pas dire que le nouvel ordre soit constitué. Le chapiteau surtout laisse trop à désirer ; on y remarque assurément beaucoup de grâce et d'élégance, il peut être très-convenable pour un édifice qui ne réclame ni sévérité dans le style, ni grande dignité dans la forme ; mais il n'est pas devenu, il ne pouvait devenir un type. La légèreté des volutes présente un contraste, qui ne paraît pas heureux, avec la masse compacte des deux rangs de feuilles, et elle enlève à la partie supérieure du chapiteau cette apparence de solidité que réclame l'architecture monumentale, même dans ses ornements les plus délicats.

D'autres chapiteaux, également ornés de feuillages, ont été trouvés dans des monuments grecs antérieurs à l'époque de la domination romaine. Tels sont ceux, remarquables à plus d'un titre, qui couronnaient les antes du vestibule placé à l'entrée du péribole du grand temple d'Éleusis, et qui ont été publiés par la société des Dilettanti[1]. Mais ils s'éloignent, bien plus que les précédents, de la forme qui a été attribuée ultérieurement au chapiteau corinthien, et il ne nous paraît pas nécessaire de les mettre sous les yeux du lecteur.

L'Italie ne nous offre pas, comme la Grèce, le spectacle intéressant du développement successif de la nouvelle forme, soit que le temps n'ait pas respecté ses premiers travaux dans cette direction, soit, ce qui est plus probable, qu'elle ait effectivement emprunté cet ordre à la ville dont il rappelle le souvenir, lorsque le *rude* Mummius[2] envoya à Rome les dépouilles de Corinthe, ou, plus tard, à la

---

[1] *Unedited antiquities of Attica.*
[2] *Tam rudis fuit.* (V. Paterculus.)

suite des déprédations de Sylla. L'ordre corinthien s'y montre constitué dès les plus anciens monuments où nous le trouvons employé.

L'un des plus précieux de ces édifices est le temple de Vesta à Tivoli (Tibur), dont il subsiste encore quelques colonnes avec leur entablement et une partie du mur de la cella, et qu'on suppose avoir été construit l'an de Rome 682. La planche 23 en représente le plan, l'élévation restaurée et quelques détails. Les feuilles du chapiteau sont profondément sinuées et se rapprochent assez de celles de l'acanthe sans épines ; mais elles se replient sur les bords et forment ce qu'on appelle des *frisures*, disposition dont on a trouvé d'autres exemples dans l'architecture romaine. On remarquera en outre le peu de hauteur de ce chapiteau, la fermeté des volutes angulaires, leur isolement des volutes centrales, la simplicité de ces dernières, enfin le grand développement et la forte saillie de la rose. Il y a, dans toute cette composition, un caractère éminemment monumental, qu'on ne trouve pas toujours dans les œuvres plus importantes et plus riches de l'empire romain.

Temple de Vesta à Tivoli.

L'entablement est très-simple ; le seul ornement qu'il présente est placé dans la frise et consiste en têtes de bœuf, réunies par des guirlandes de fleurs et de fruits. Cette sculpture est d'une fort belle exécution, et le profil de la corniche produit le meilleur effet.

Ce temple est exécuté en *travertin*, pierre calcaire assez dure, de couleur foncée. Il ne faut pas perdre de vue cette circonstance, quand on veut comparer son architecture à celle des édifices du même ordre qui ont été construits en marbre par les empereurs ; car cette dernière matière comporte et demande par conséquent bien plus de finesse d'exécution que la première. Il y a, du reste, dans cette fermeté et dans cette sobriété de lignes auxquelles convie une pierre commune, quelque chose qui ne messied pas à l'architecture, et, avec les conditions économiques que les nations modernes ont eu la sagesse de s'imposer, les constructions en marbre ne sont pas celles dont les enseignements peuvent nous être le plus profitables ; mieux vaut porter nos études sur les édifices qui ont été exécutés avec des matériaux analogues à ceux dont nous pouvons disposer.

Ces considérations nous engagent à prendre encore un exemple d'ordre corinthien dans un des temples, assez rares parmi ceux qui nous viennent des Romains, où le marbre n'a pas été substitué à la pierre. Nous l'empruntons à un temple d'Assise, qu'on suppose avoir été consacré à Minerve, dans les derniers temps de la répu-

Temple de Minerve à Assise.

blique, ou tout au moins dans les premières années du règne d'Auguste. La planche 24 donne le plan, l'élévation principale et les détails du chapiteau et de l'entablement de cet édifice.

Le chapiteau diffère notablement de celui du temple précédent, et il peut être présenté comme un type de la disposition générale qui a prévalu. Les découpures régulières et aiguës des contours de ses feuilles rappellent un peu la forme de la feuille du laurier, et elles montrent plus de finesse et d'élégance que celles du temple de Tivoli. Les volutes se détachent avec plus de hardiesse, et la proportion de l'ensemble est plus élancée. Les feuilles, qui sont d'un beau galbe, ont un aspect de solidité très-convenable. Dans les constructions élevées postérieurement par les empereurs, on remarque des saillies plus prononcées, les feuilles se recourbent davantage, leur épaisseur est beaucoup moindre; on reconnaît l'intention de plaire par le mérite de la difficulté vaincue, et peut-être, en effet, fallait-il des tours de force de sculpture pour satisfaire aux exigences d'un peuple blasé; mais le spectateur intelligent apprécie peu ce mérite, il voit avec regret qu'on est sorti des conditions imposées par la nature de la matière mise en œuvre, et le temps d'ailleurs a fait justice de ces témérités du ciseau, en détruisant presque toutes les feuilles où elles se sont produites.

La corniche présente un ornement qui ne se montre pas dans celle de notre premier exemple, et qui est presque devenu de règle dans l'ordre corinthien : nous voulons parler des corps en saillie qui soutiennent le larmier. Ils ont reçu le nom de *modillons*. Ceux du temple d'Assise sont d'une forme inusitée, et qui n'est peut-être pas très-heureuse. Cet ornement reçoit ordinairement la disposition qui est représentée sur la planche 12; il a la forme d'une console décorée de volutes sur ses faces latérales, d'une feuille en dessous et d'un balustre sur sa face antérieure. Dans quelques ordres corinthiens de dimensions colossales, tels que ceux des temples du Soleil et d'Antonin à Rome, on remarque des modillons de forme rectangulaire d'une faible saillie comparative. Cette disposition, qui a pour effet de donner au profil quelque chose de net et de monumental, a été également adoptée pour l'une des corniches extérieures du palais du Louvre, qui est représentée planche 39, figure 3, et pour celle qui couronne l'arc de triomphe de l'Étoile à Paris.

Des caissons décorés de rosaces sont creusés sous le larmier, entre les modillons; c'est un ornement qui se remarque dans toutes les corniches ainsi disposées. On s'attache ordinairement à donner à ces compartiments une forme carrée.

La corniche était probablement surmontée d'un chéneau qui en formait la cimaise supérieure; mais il a complétement disparu. On l'a restitué sur l'élévation.

Les pierres de la frise sont taillées en forme de claveaux, de manière à reporter au-dessus des colonnes la majeure partie, sinon la totalité de leur propre poids et de celui de la construction superposée. Il en résulte une action qui tend à repousser en dehors les sommiers angulaires; mais il est probable que ces dernières pierres sont maintenues sur l'architrave par des goujons en métal.

Ainsi que le montre l'élévation, les colonnes reposent sur des piédestaux entre lesquels sont placées une partie des marches qui rachètent la différence de niveau observée entre le sol de l'édifice et celui de la voie publique ou de l'enceinte qui précédait le temple. Il est probable que cette disposition, dont nous ne connaissons pas d'autre exemple, a été motivée par un défaut de profondeur du terrain. Il est à remarquer, en effet, que la cella est beaucoup moins allongée que dans la plupart des édifices du même genre, et l'on trouve, en outre, à quelques mètres en arrière du temple, un mur de soutènement, de construction romaine, qui ne permettait pas de s'étendre davantage dans cette direction.

La forme des piédestaux est également inusitée : ils sont très-bas, et leur corniche est décorée de denticules.

Enfin ce temple présente, dans la disposition de son fronton, une particularité fort intéressante, sur laquelle nous appellerons plus loin l'attention du lecteur.

L'ordre corinthien se montre plus riche et souvent plus monumental et plus élégant dans les temples en marbre dont la Rome des empereurs se vit successivement décorer. Ses formes se précisent davantage, ses proportions deviennent plus harmonieuses; la sculpture y joue un plus grand rôle, mais, délicate et contenue en de justes limites au début, elle finit par devenir grossière et par envahir tous les membres de l'architecture lorsqu'on approche de l'époque de la décadence. L'exubérance de l'ornement est un indice de l'affaiblissement du goût; le fond se perd sous une végétation parasite trop abondante. Cependant, même dans cette puissante cité, où l'architecture avait à sa disposition toutes les richesses du monde connu et n'avait, pour ainsi dire, pas à tenir compte de la main-d'œuvre, on reconnut qu'il y avait en quelques circonstances un trop grand luxe de sculpture dans la forme habituelle du chapiteau corinthien, et l'on s'attacha à la simplifier. Quelquefois la disposition générale fut modifiée et le nombre de feuilles fut réduit; dans d'autres édifices, on prit le parti de se borner à indiquer la masse des feuilles

Ordres corinthiens divers.

sans y marquer aucun détail, ainsi que le montrent les colonnes qui décorent le troisième rang de portiques du Colisée.

La figure 3 de la planche 25 représente la base, le chapiteau et l'entablement de ces colonnes. On voit qu'ils ont été traités avec beaucoup de simplicité, et que les formes en sont nettement accentuées, ainsi qu'il convenait pour une construction exécutée en pierres ordinaires et pour des détails placés à une assez grande hauteur. Cette simplicité s'allie d'ailleurs à une certaine élégance et à un caractère monumental assez prononcé. On remarquera la suppression du larmier supérieur de la corniche et la forme rectangulaire des modillons, dispositions qui ont pour effet de donner de la netteté à cet ornement.

Ordre corinthien moderne.
Dans le dessin que nous produisons comme présentant un type d'ordre corinthien (pl. 12), nous nous sommes attaché à réunir tous les ornements qui sont généralement admis comme caractéristiques de cet ordre, tout en y introduisant autant de simplicité que possible. Ainsi, la cimaise supérieure de la corniche est décorée d'une tête de lion au-dessus de chaque colonne, ornement très-habituel dans les temples grecs, où il avait un but utile, celui de donner de l'écoulement aux eaux pluviales réunies dans le chéneau; il pourrait s'appliquer à tous les ordres, si l'on suivait scrupuleusement les traditions de l'antiquité, mais l'architecture moderne l'a presque exclusivement affecté au corinthien. Le larmier est soutenu par des modillons décorés suivant la méthode la plus usitée, entre lesquels sont sculptés des caissons portant rosaces. Plusieurs des moulures de la corniche et de l'architrave sont couvertes d'ornements habituels (trop habituels peut-être) à ces deux parties de l'ordonnance corinthienne. Mais il est une foule de circonstances où l'on devra trouver qu'il y a exubérance dans cette ornementation, et où il conviendra d'y faire de nombreuses suppressions. Quand un ordre corinthien est placé dans un édifice qui ne réclame pas un grand luxe de décoration, ou n'est pas exécuté sur une grande échelle, il y a presque toujours avantage à renoncer aux têtes de lion, aux modillons et aux moulures sculptées, ainsi que le temple de Tivoli et l'intérieur du Panthéon d'Agrippa en offrent des exemples.

Les cannelures des colonnes corinthiennes sont de forme demi-circulaire et sont séparées par des filets ou listels, dont la largeur varie habituellement du quart au tiers de celle de la cannelure. Leur nombre est toujours divisible par quatre, de telle sorte qu'une cannelure corresponde au milieu de chacune des faces du chapiteau, et il est de 24, de 28 ou de 32, suivant le diamètre de la colonne et le caractère de l'ornementation. Elles sont quelquefois coupées carrément à leurs deux extrémités, ainsi qu'on le remarque sur les colonnes du temple de Tivoli ; mais le plus habituellement elles se terminent suivant une forme sphérique.

Pour donner à cette décoration une plus grande apparence de solidité, on remplit quelquefois la cannelure, soit sur toute sa hauteur, soit, ce qui est préférable, jusqu'au point où les dégradations paraissent le plus à redouter, c'est-à-dire jusqu'au tiers du fût à partir de la base, par une petite baguette plane ou arrondie sur sa face antérieure, ainsi que le représentent les figures 3, 4, 5 et 6 de la planche 13. Cet ornement est ce qu'on appelle une *rudenture*. Dans quelques colonnes, très-richement décorées, une tigette s'échappe de la rudenture, qui est arrêtée au tiers de la hauteur, et elle s'élève en serpentant jusqu'au sommet de la cannelure, où elle se termine par une petite fleur.

On a quelquefois enroulé en spirales les cannelures de colonnes ioniques ou corinthiennes ; c'est une décoration capricieuse qui n'est admissible, ni pour des colonnes exécutées sur une grande échelle, ni pour des édifices réclamant une certaine sévérité de style.

On peut également appliquer aux colonnes corinthiennes le système de décoration par tambours, dont il a été parlé à l'occasion des autres colonnes ; mais, ainsi que nous l'avons dit, il ne conviendra d'y avoir recours que dans des circonstances exceptionnelles et avec la plus grande réserve. Les colonnes du porche de l'église de Saint-Étienne-du-Mont, à Paris, en offrent un exemple fort intéressant.

La base attique, qui est représentée par la figure 1 de la planche 13, est la plus habituelle à l'ordre corinthien ; mais, quand les colonnes sont exécutées sur une très-grande échelle, on multiplie souvent davantage les divisions de cet ornement : on lui donne deux scoties séparées par une ou deux baguettes. On a adopté quelquefois la même forme pour des colonnes de dimensions assez restreintes qu'on voulait décorer richement. La figure 2 de la planche 25 en offre un exemple ; il est tiré de l'arc de Titus, à Rome.

Ce même monument renferme une disposition de détail, dont la figure 2 rend également compte, et sur laquelle nous devons appeler l'attention du lecteur, car elle a eu un assez grand retentissement : on a voulu en faire la caractéristique d'un nouvel ordre d'architecture.

Chapiteaux composites.

Les chapiteaux de ses colonnes présentent à leur partie supérieure la forme du chapiteau ionique à volutes angulaires, et sont décorés, au-dessous, des deux rangs de feuilles du chapiteau corinthien. Du reste, les proportions des colonnes, la disposition de l'entablement, l'esprit du système d'ornementation rentrent tout à fait dans le type corinthien. Il n'y a donc là qu'une variété de détail dans la décoration du chapiteau, et encore n'a-t-elle rien de bien recommandable. Si quelques auteurs de l'époque de la Renaissance ont cru trouver dans ces colonnes un ordre spécial, il le faut attribuer à ce qu'ils ne s'étaient pas formé une idée bien nette de l'esprit qui a présidé à l'institution des ordres d'architecture ; ils n'ont vu que la forme d'un détail, où il fallait avant tout chercher la disposition générale et le caractère. Leur profond respect pour l'antiquité les disposait d'ailleurs à donner grande autorité à tout ce qu'elle avait admis ; ils cherchaient des règles, et ils s'imaginaient que les anciens en avaient adopté d'absolues. Et quand, au milieu de tous les temples corinthiens de Rome, ils en rencontrèrent deux qui, de même que quelques arcs de triomphe, étaient décorés de colonnes dont les chapiteaux présentaient quelque chose d'inusité, ils crurent avoir retrouvé l'un des termes fondamentaux de cette langue, longtemps méconnue, qu'ils avaient mission de faire revivre. Mieux instruits par de plus profondes études archéologiques, ils auraient eu connaissance de plus nombreuses variétés du chapiteau corinthien, et ces monuments leur auraient été d'un tout autre enseignement. Loin d'en tirer une sèche formule, qui est plutôt de nature à limiter qu'à étendre les ressources de l'architecture, ils en auraient conclu la liberté de l'art. Ils auraient reconnu que les architectes de l'antiquité ne se croyaient pas tenus de maintenir scrupuleusement les formes consacrées, lors même qu'il s'agissait de temples, et savaient surtout y apporter de nombreuses innovations dans les édifices qui n'exigeaient pas autant de sévérité et de noblesse de style. Ils auraient renoncé alors à présenter comme type ce qu'ils ont appelé l'ordre *composite;* ils n'y auraient vu qu'un exemple, à citer entre beaucoup d'autres, des changements qu'il est souvent convenable d'introduire dans la disposition habituelle du chapiteau corinthien. « On a appliqué « quelquefois à des colonnes corinthiennes, dit Vitruve, d'autres formes de chapi- « teaux auxquelles on a donné différents noms, mais les colonnes doivent conserver « le leur, puisque leurs proportions ne sont pas altérées. » Les figures 6 et 7 de la planche 25 mettent sous les yeux du lecteur deux de ces antiques variétés de l'ornement dont il s'agit. La première est empruntée au voyage archéologique de M. Lebas; elle provient du temple de Diane Laphria, à Messène. Le chapiteau qu'elle représente est très-remarquable par son élégante simplicité, par la distinction de ses formes et par une fermeté qu'on trouve bien rarement dans ceux du même ordre. Le second chapiteau appartient au portique des douze grands dieux, à Rome; mais c'est surtout ce qu'il y a d'original dans sa disposition qui nous a engagé à le reproduire, et nous sommes loin de l'offrir comme un modèle.

Ajoutons que plusieurs architectes modernes ont su s'affranchir des règles trop étroites qu'on voulait leur imposer; à l'exemple des anciens et des grands artistes italiens du quinzième siècle, ils ont introduit de la variété dans leurs chapiteaux corinthiens, et ont produit souvent de très-heureuses compositions dans ce genre.

La figure 4 de la planche 25 représente les détails de l'ordre corinthien employé par Bramante, sous forme de pilastres, à la décoration du premier étage du palais de la Chancellerie, à Rome. La disposition du chapiteau est un modèle de grâce et de simplicité dans la richesse, et elle est parfaitement appropriée à un couronnement de pilastre.

DES PILASTRES.

On donne le nom de pilastres aux colonnes qui présentent une section rectangulaire, au lieu d'être cylindriques.

Les pilastres ne sont presque jamais isolés; ils sont habituellement engagés dans des murs, sur lesquels ils forment des saillies plus ou moins prononcées. On peut y voir alors des chaînes de pierres ou des contre-forts, qu'on a jugé convenable de décorer à la manière des colonnes.

Quand l'entablement qui réunit les colonnes d'un portique vient s'appuyer sur un mur, il faut pour le recevoir, soit une colonne engagée, comme on le voit au temple de la Fortune virile (pl. 21, fig. 2), soit un pilastre, ainsi que le montrent les plans des temples représentés sur les planches 17, 20 et 24. On décore également de pilastres les têtes des murs entre lesquels sont placées des colonnes. Le plan du grand temple de Pœstum (pl. 15) offre un exemple de cette disposition, qui, lorsqu'elle était adoptée pour la face principale de l'édifice, formait le caractère distinctif d'une classe particulière de temples antiques, que Vitruve appelle *in antis*. Dans l'un et l'autre cas, on procède rationnellement, puisqu'on marque une plus grande résistance où il y a surcroît de pression; et l'on satisfait, par cela même, à l'une des exigences de notre goût, qui n'admettrait pas d'ailleurs, au point de vue exclusif de la forme, qu'aucune ornementation ne vînt répondre sur le mur à celle des colonnes, et la rattacher en quelque sorte au reste de la construction. Quelquefois on ne se borne pas à mettre des pilastres dans ces endroits, où ils sont presque indispensables ; on en distribue sur les faces des murs, de manière à indiquer une ossature et à former par là une décoration monumentale. Ce parti a été adopté pour le temple de Cora, qui est représenté sur la planche 17. Enfin il est un grand nombre d'édifices dans lesquels ces supports ne figurent plus à titre de conséquences des colonnes, mais dominent seuls l'ordonnance. Les pilastres sont alors employés de préférence aux colonnes, comme répondant mieux aux données de la construction proprement dite, et se prêtant à une architecture plus fine, par cela même qu'ils n'exigent pas d'aussi fortes saillies. Sous le rapport de l'ornementation, ils peuvent être regardés comme des colonnes en bas-relief, et ils comportent la même diversité qu'elles dans les formes et dans les caractères.

L'antiquité a admis plusieurs systèmes en ce qui concerne les relations à observer entre les proportions et la décoration des pilastres, d'une part, et celles des colonnes correspondantes, de l'autre. Il est essentiel de les connaître, et nous allons les passer en revue.

Dans la plupart des édifices d'ordre dorique de l'architecture grecque, la largeur des pilastres ne diffère pas sensiblement du diamètre à la base des colonnes auxquelles ils sont associés. Elle est quelquefois la même ; le plus souvent elle est un peu inférieure. Mais la diminution des colonnes est très-prononcée, tandis que celle des pilastres est nulle ou très-faible, et il en résulterait ce défaut, que l'entablement serait fortement en retraite sur les pilastres, si l'architrave avait pour épaisseur le diamètre supérieur de la colonne, comme il est d'usage dans nos constructions modernes. Aussi cette architecture a-t-elle procédé tout autrement : l'architrave, dans la plupart des temples grecs, est beaucoup plus épaisse, sa section présente plus de largeur que la colonne n'en a à son sommet, et cette largeur est à peu de chose près celle du pilastre. En d'autres termes : l'architrave est établie à l'aplomb du pilastre et en saillie sur la colonne. On verra tout à l'heure que cette disposition a motivé une différence dans la forme des chapiteaux des deux supports.

Ceux de ces pilastres qui terminent des murs, comme dans les temples *in antis* et dans ceux de Pœstum et du Parthénon, ou qui sont placés aux angles de la cella, comme on le voit au temple d'Érechthée, présentent souvent cette particularité que leurs faces latérales tournées à l'extérieur sont beaucoup moins larges que les autres. C'est que ces dernières n'ont pas le même caractère d'utilité que celles qui marquent l'épaisseur du mur, ou au-dessus desquelles vient porter l'extrémité d'un entablement ; elles sont, en quelque sorte, uniquement destinées à terminer le mur ainsi qu'à motiver et à arrêter le retour, sur la face latérale, de l'ornement qui forme le chapiteau du pilastre. Or les Grecs, dominés par l'amour du vrai dans l'art, préoccupés avant tout de la justesse des expressions, ont voulu diversifier les formes où les fonctions étaient diverses, et ils ont agi sur la seule chose qui, en cette circonstance, se prêtât à modification, c'est-à-dire sur les largeurs des faces. D'un côté, le pilastre se présentait comme une des nécessités de la construction, et on lui a donné les dimensions que paraissait réclamer la solidité ; de l'autre, on pouvait n'y voir qu'un ornement, et il a été traité avec cette finesse que l'architecture grecque apportait dans toutes les parties de sa décoration.

Le même sentiment délicat des véritables convenances de l'art a conduit cette architecture à ne pas attribuer aux chapiteaux des pilastres la même disposition qu'à ceux des colonnes correspondantes. Cette règle est fondée sur divers motifs. D'abord, quand la largeur de l'architrave l'emporte notablement sur celle du diamètre supérieur de la colonne, il faut que les colonnes soient surmontées de chapiteaux saillants et annonçant une résistance suffisante pour la charge qui leur est visiblement imposée ; tandis que cette nécessité n'existe pas pour les pilastres, puisqu'ils ont même largeur que l'architrave. Une colonne d'ailleurs reçoit les extrémités des deux architraves qui la relient à ses voisines, et un pilastre n'en supporte réellement qu'une seule. Il convient donc d'assurer au sommet de l'une plus d'assiette que n'en réclame celui de l'autre.

Décoration des pilastres.

A ces considérations, puisées dans les données mêmes de la construction, s'en joignent d'autres qui sont exclusivement du domaine de l'art et n'ont pas assurément moins de valeur. Sous le rapport de la forme, un chapiteau de colonne peut être considéré comme une transition entre la forme cylindrique du support et la forme rectangulaire de la construction supportée ; mais un chapiteau de pilastre n'a pas ce caractère, il n'a pas de transition à opérer, il ne se présente que comme un ornement. Or, de cette différence dans les fonctions, résulte une différence très-marquée dans les expressions, quand on donne même disposition générale aux deux objets. Comparez, par exemple, deux chapiteaux d'ordre dorique appliqués, l'un à une colonne, l'autre à un pilastre : l'échine du premier participe du mouvement cylindrique de la colonne, tandis que le tailloir est carré, de sorte que les angles de cette dernière partie de l'ornement se détachent avec une grande netteté ; mais il n'en est pas de même pour le second, car le tailloir y est soutenu par l'échine dans tout son développement. Le chapiteau de la colonne vous mettra sous les yeux une forme accidentée, qui, quoique susceptible d'une grande fermeté, ne laisse pas de présenter une certaine hardiesse, et celui du pilastre vous paraîtra avoir quelque chose de lourd et d'indécis à la fois. Les mêmes différences de caractères se présenteraient également dans l'ordre ionique ; vous verriez les volutes de la colonne se détacher du fût dans toute leur partie inférieure, tandis que celles du pilastre viendraient s'y perdre. L'ordre corinthien offrirait un spectacle analogue aux précédents : moins de légèreté dans le tailloir du pilastre, et des volutes atrophiées ne paraissant pas suffisamment motivées. En outre, les autres ornements des chapiteaux de ces deux derniers ordres, imaginés en vue de colonnes, ne se prêtent pas non plus très-bien aux formes planes d'un pilastre. Dans l'ordre ionique, le quart de rond, habituellement décoré d'oves, qui surmonte l'astragale, vient passer derrière la volute, bien qu'il soit fortement en saillie sur la colonne. Or cette disposition essentielle de l'ornement est due à la forme cylindrique du support, et, pour la retrouver dans un chapiteau de pilastre, on est obligé de déformer le quart de rond en faisant diminuer sa saillie depuis le milieu de la face jusqu'à son intersection avec la volute, point où elle est presque annulée ; cette moulure repose sur une ligne droite, et elle est terminée à sa partie supérieure par une ligne courbe. Il y a là un ajustement qui n'est certainement pas heureux. Dans le chapiteau corinthien, les feuilles sont, ou plus espacées, ou plus larges, ou à la fois plus espacées et plus larges sur le pilastre que sur la colonne, puisque le développement de l'un l'emporte sur celui de l'autre ; et dans tous les cas les caractères des deux ornements diffèrent, ainsi qu'on peut le remarquer sur la planche 12, où l'on a mis un chapiteau de pilastre en regard d'un chapiteau de colonne. Enfin, telle saillie de chapiteau, qui produit un effet très-convenable sur une colonne, parce qu'elle est justement proportionnée au diamètre du support, paraîtra beaucoup trop forte si elle s'observe sur un pilastre appliqué contre la face d'un mur, parce qu'on sera porté à la comparer, non à la largeur, mais à la saillie de ce pilastre. Ainsi, le chapiteau des colonnes du temple de Cora (pl. 17), bien qu'il semble très-léger dans la position qu'il occupe, prendrait une apparence de lourdeur, s'il était substitué à l'ornement délicat (fig. 3) qui couronne les pilastres de ce monument.

Tant de motifs n'étaient pas nécessaires pour dicter à l'architecture grecque le parti auquel elle s'est arrêtée; elle ne pouvait se contenter de grossières approximations, sacrifier l'unité de caractère à une apparence de régularité, et elle trancha très-nettement la question : elle n'admit pas le moindre rapport de forme entre le chapiteau du pilastre et celui de la colonne. On en peut juger par la figure 1 de la planche 15, qui représente la partie supérieure du portique intérieur du pronaos du temple de Pœstum, par la figure 1 de la planche 42, où l'on voit le chapiteau d'une des antes et ceux des colonnes du temple de Thésée, à Athènes, et par la figure 6 de la planche 20, qui donne le chapiteau des antes du temple d'Érechthée. Aux propylées intérieures d'Éleusis, on remarque des colonnes ioniques accompagnées de pilastres dont les chapiteaux sont décorés de feuillages.

Les Romains eux-mêmes adoptèrent cette méthode, du moins jusqu'à l'avénement de l'empire, ainsi que le témoignent les pilastres du temple de Cora, ceux d'un temple ionique de Rome, dont la disposition était analogue à celle que représente la figure 3 de la planche 11, et plusieurs monuments de Pompéi. Il est même, parmi les constructions antiques postérieures à cette époque, des édifices dont la décoration est régie par des pilastres, lesquels sont couronnés de chapiteaux présentant des formes essentiellement différentes de celles qui ont été consacrées aux colonnes ; et nous citerons à ce sujet les amphithéâtres de Pola et de Vérone. Mais on peut dire que, sous les empereurs, il a été en quelque sorte de règle, toutes les fois que des pilastres étaient associés à des colonnes, d'adopter le même parti pour les ornements des uns et des autres ; les portiques du théâtre de Marcellus et du Colisée et plusieurs temples d'ordre corinthien en portent témoignage.

Les pilastres ainsi décorés sont de même proportion que les colonnes correspondantes, et ils sont établis sur plan carré, c'est-à-dire que toutes celles de leurs faces qui se montrent entières sont égales entre elles et au diamètre inférieur de la colonne. Ces dispositions montrent un empiétement bien prononcé du goût de la régularité sur le sentiment, plus fin et plus précieux, de la signification de la forme; elles portent atteinte à la délicatesse des expressions de l'art.

La diminution des colonnes corinthiennes étant, en général, peu accentuée, les inconvénients que présente ce parti, eu égard à l'architrave, peuvent être facilement évités. Il suffit de faire diminuer un peu le pilastre, de tenir sa largeur à la base un peu au-dessous du diamètre inférieur de la colonne, et de mettre l'architrave partie en retraite sur lui, partie en saillie sur la colonne. Ces irrégularités ne seront pas assez prononcées pour être reconnues. Cependant on remarque au portique du Panthéon de Rome que l'entablement ressaute au-dessus de pilastres placés en arrière des colonnes, afin de prendre l'épaisseur qu'ils lui assignaient ; mais cette disposition ne saurait être citée comme un modèle à suivre, bien que l'édifice qui la présente soit un des plus beaux monuments de l'architecture antique.

Les pilastres grecs diffèrent encore des pilastres romains, en ce que les premiers ne sont jamais cannelés, tandis que les seconds le sont quelquefois, et alors même que les colonnes auxquelles ils sont associés ne portent pas de cannelures. C'est ce qu'on remarque, par exemple, au portique du Panthéon, où, il est vrai, les colonnes, exécutées en beau granit, étaient suffisamment décorées par le poli et la couleur de la matière, et n'auraient pu que perdre à être cannelées. Il est, par contre, plusieurs édifices, tels que le temple de Mars Vengeur, où, les colonnes étant en marbre blanc, on a observé la disposition inverse.

Les architectes de la Renaissance ne paraissent pas s'être préoccupés le moins du monde de toutes ces questions concernant les différences à observer entre l'ornementation des pilastres et celle des colonnes. Disposés à accepter avec confiance les solutions admises par l'antiquité, et demandant plutôt des motifs de décoration que des formes expressives aux ornements de l'architecture, ils adoptèrent pour tous les ordres la disposition que leur présentaient les pilastres doriques du théâtre de Marcellus et du Colisée, ainsi que les pilastres corinthiens des temples de Rome. Et il faut reconnaître qu'elle concorde parfaitement avec leur style plus gracieux que correct. Où les ornements sont semés à profusion, où la fantaisie domine, on ne saurait exiger que tous les détails se conforment aux prescriptions les plus délicates de l'art.

Les architectes modernes ont suivi, sous ce rapport, les errements de leurs prédécesseurs, jusque dans ces derniers temps, où grâce à une étude plus approfondie de l'architecture, à des idées plus philosophiques sur les conditions de l'art, et à une appréciation plus saine et plus étendue des monuments de l'antiquité, la plupart d'entre eux sont revenus au système imaginé par les Grecs. Dans la majeure partie des édifices nouvellement élevés à Paris et remarquables par leur style, les pilastres sont traités à la manière de ceux de l'architecture grecque : leurs chapiteaux diffèrent complètement de ceux des colonnes.

Les pilastres ainsi décorés se désignent habituellement sous le nom d'*antes*, du mot latin *antæ*.

De ce qui précède, on peut conclure que, s'il ne convient de prescrire d'une

CARIATIDES. 273

manière exclusive aucun des deux systèmes d'ornementation de pilastres, on est en droit cependant de repousser celui qui a dominé jusqu'à présent dans l'architecture moderne, toutes les fois qu'il s'agit d'édifices réclamant une certaine distinction dans la forme. On peut dire que, dans l'état actuel de l'art, ce dernier n'appartient qu'au style banal, et que, même dans ce style, il ne faut l'adopter qu'avec une certaine réserve. Ainsi, quand une ordonnance ne présentera que des pilastres, il sera bien de donner à leurs chapiteaux des formes spéciales, ou au moins de modifier celles qui ont été imaginées pour les colonnes, de manière à les mettre en harmonie avec ces pilastres, et surtout à établir un juste rapport entre la saillie de l'ornement et celle de l'objet qu'il couronne.

Les saillies des pilastres sur les murs varient entre des limites très-éloignées ; mais elles descendent rarement au-dessous du dixième de la largeur, et ne dépassent pas les deux tiers de cette dimension. Elles dépendent essentiellement du caractère qu'on veut donner à la construction et de la position qu'occupent les pilastres ; on les tient d'autant plus faibles qu'on veut avoir une architecture plus fine et que l'ordonnance dont elles dessinent les traits principaux doit être vue de plus près. Toutes choses égales d'ailleurs, elles doivent être plus prononcées à l'extérieur d'un édifice que dans l'intérieur d'une salle. Quand elles dépassent la moitié de la largeur, on fait habituellement ressauter l'entablement au-dessus de chacun des pilastres, qui prennent alors le caractère de contre-forts. Quelquefois des pilastres ainsi disposés supportent des colonnes, comme on le voit à l'amphithéâtre de Nîmes [1]. Enfin, quand la saillie de pilastres cannelés n'atteint pas cette limite, on est dans l'usage de ne pas marquer de cannelures sur les faces latérales ; on juge, avec raison, que ces surfaces sont trop restreintes pour comporter une ornementation.

Saillie des pilastres.

DES CARIATIDES.

Dans la partie de son ouvrage où il énumère les connaissances à exiger d'un architecte, Vitruve insiste sur la nécessité de se livrer à des études historiques pour se mettre en état de rendre compte de la signification de plusieurs ornements employés à la décoration des édifices, et, à titre d'exemple, il rapporte ce qui suit sur l'origine des cariatides : « Carie, ville du Péloponèse, s'était réunie aux Perses

[1] II⁰ partie, planche 6, figure 5.

« dans une guerre contre les Grecs ; ceux-ci, à la suite d'une glorieuse victoire,
« dispersèrent leurs ennemis, tournèrent leurs armes contre les Cariates, s'empa-
« rèrent de la ville, la détruisirent, et firent périr tous les hommes. Puis, non
« contents de réduire les femmes en esclavage, ils obligèrent ces malheureuses à
« conserver toujours les *stoles* et les ornements qu'elles portaient auparavant. Les
« donner en spectacle dans les pompes triomphales ne leur parut pas suffisant, ils
« voulurent rappeler que la servitude et l'opprobre dans lesquels elles étaient con-
« damnées à vivre étaient la punition du crime commis par leur ville natale, et les
« architectes de l'époque, s'associant à cette pensée, imaginèrent de les représenter
« dans des édifices publics en guise de supports lourdement chargés, afin de
« transmettre à la postérité le souvenir de la trahison et du châtiment des Cariates.
« Les Lacédémoniens en usèrent de même, lorsque, sous la conduite de Pausanias,
« fils de Cléombrote, ils défirent, quoiqu'en petit nombre, l'immense armée des
« Perses, à la bataille de Platée. Après avoir célébré leur triomphe, ils firent
« construire avec le produit des riches dépouilles de l'ennemi, en mémoire de
« leur courage et de la victoire qu'ils avaient remportée, un portique auquel ils
« donnèrent le nom de *Persique*, et, dans ce monument, les entablements furent
« également supportés par des statues de captifs, revêtus du costume des barbares ;
« juste humiliation infligée à un peuple orgueilleux, et qui devait avoir pour effet
« de faire trembler les ennemis et d'exciter les citoyens à se dévouer glorieusement
« à la défense de la liberté. De là vint l'usage, suivi par plusieurs architectes, de
« substituer aux colonnes des statues persiques, ce qui fournit à l'architecture de
« nouveaux motifs de décoration. »

Ajoutons à ce récit, sans vouloir dénier aux Grecs le mérite de l'invention qu'il leur attribue, que, suivant toute probabilité, l'Asie et l'Égypte avaient employé avant eux des statues en guise de colonnes.

Il est à regretter que Vitruve ne nous ait pas fait connaître l'attitude que les artistes grecs avaient donnée à ces images de captifs. Il eût été intéressant de savoir si, dominés, comme leurs concitoyens, par la haine de l'ennemi et l'amour de la vengeance, ils avaient renoncé au calme et à la modération habituels à leur architecture, pour représenter des créatures humaines péniblement courbées sous de lourds fardeaux et sous le poids, plus lourd à porter, de l'humiliation, ou s'ils avaient su maintenir la dignité de l'art en se contentant d'exprimer l'idée par une forme symbolique. Il est à penser, du reste, qu'ils adoptèrent ce dernier parti.

Si l'art grec, en effet, recherche la vérité, il ne tombe jamais dans un naturalisme grossier; il admet l'expression, mais elle est toujours contenue; dans ses débuts surtout, le calme est son caractère dominant; et, quelle que fût chez ce peuple la haine des Barbares, il est fort à douter qu'elle lui eût fait supporter la vue de formes entièrement opposées à celles que lui recommandait son esthétique et que lui dictait son amour du beau. En tout cas, si quelque malheureuse inspiration individuelle ou une erreur du moment avait fait dévier l'art de sa tradition et de ses convenances, il est permis d'affirmer que le sentiment public l'aurait repoussée; toutes les statues cariatides que l'antiquité nous a léguées en donnent l'assurance.

Les cariatides du petit édifice annexé à l'Érechthéion, par exemple, ne représentent nullement des femmes chargées de poids considérables; elles n'ont rien de forcé dans les poses, rien de douloureux dans les expressions. Ce sont d'admirables statues, mais elles ont, sans offrir d'ailleurs la moindre roideur, quelque chose de cette dignité froide, de ce cachet d'immobilité et même un peu de ces formes géométriques, en un mot, de ces qualités qui appartiennent plutôt à l'Architecture qu'à la Statuaire. Elles ne montrent pas des femmes supportant un entablement; on n'y voit que des statues remplissant l'office de colonnes et participant, jusqu'à un certain point, de leur caractère. Et, sans doute afin de prévenir toute indécision à cet égard, l'auteur inconnu de ce précieux monument a pris le parti de surmonter la tête de chacune d'elles d'un chapiteau bien caractérisé, avec tailloir prononcé et échine décorée d'oves.

Peut-être même pourrait-on se demander s'il n'a pas été plus loin. On ne voit de bras entier à aucune de ces figures. Or est-ce le résultat d'une mutilation, et faut-il en accuser les injures du temps ou des hommes? Et il faudrait admettre alors que toutes les extrémités des bras auraient été, dès l'origine, complétement détachées du corps, car on ne trouve aucune trace de mains qui se seraient appuyées contre les tuniques, pose qui cependant est en quelque sorte naturelle. Ou n'y aurait-il pas plutôt à en conclure que le sculpteur avait supprimé les membres inutiles à l'action de porter, afin de manifester nettement son intention, c'est-à-dire de caractériser des supports et d'éloigner toute idée de représentation d'êtres animés? Ajoutons qu'une autorité très-respectable peut être invoquée à l'appui de cette opinion : c'est celle de Jean Goujon, qui n'a pas donné de bras à ses belles cariatides de la tribune du Louvre, soit qu'ayant eu connaissance de

Cariatides antiques.

celles d'Athènes, il ait cru que cette disposition y avait été adoptée à dessein et en ait apprécié les motifs, soit qu'un sentiment délicat des convenances morales du sujet la lui ait fait imaginer. Mais nous devons avouer qu'on n'a rien trouvé d'analogue dans les restes de l'antiquité, et qu'on peut citer des autorités contraires à celle de notre grand sculpteur, lesquelles sont d'autant plus imposantes que l'art grec lui-même les fournit.

On voit dans les jardins de la villa Albani, près de Rome, des cariatides antiques d'un très-beau style grec; elles ont été conçues dans le même esprit que les précédentes, elles présentent, comme elles, des attitudes simples, privées d'action, et elles sont également couronnées par des chapiteaux. Or les bras sont entiers, et les uns sont appliqués contre le corps, tandis que les autres se détachent en partie et semblent même apporter par leurs saillies quelque trouble dans l'harmonie de l'œuvre. Ces statues n'ont pas un caractère aussi monumental que celles d'Athènes; elles affectent plus de diversité dans les poses et moins de régularité dans les draperies. Leurs chapiteaux n'ont pas une grande apparence de solidité; ils figurent des corbeilles richement ornées, et se rapprochent par conséquent plutôt de la forme corinthienne que de celle de l'ordre dorique.

Un autre exemple de cariatides nous est fourni par le temple de Jupiter Olympien à Agrigente, et il n'est pas moins concluant que les précédents, bien qu'il ne témoigne pas d'autant de pureté dans la conception et qu'il n'y ait pas autant d'élégance dans la forme. L'intérieur de ce vaste monument était divisé en trois nefs par des piliers carrés au-dessus desquels s'élevaient des cariatides de 8 mètres environ de hauteur. Toute cette construction est détruite; mais on a pu, en rapprochant quelques-uns de ses fragments, recomposer une de ces figures, et elle a montré un homme nu, d'un style archaïque, dont la tête est penchée en avant, et dont les bras sont élevés et repliés à droite et à gauche, comme pour concourir avec la nuque à supporter un fardeau. Trois de ces statues étaient encore debout au commencement du quinzième siècle, et elles sont représentées dans les armes de la ville de Girgenti, l'Agrigente moderne. C'est à elles qu'il faut attribuer le nom populaire de *temple des Géants* qui a été donné au monument dont elles faisaient partie.

Quelques auteurs, M. Quatremère de Quincy entre autres, ont cru que toutes les cariatides de ce temple représentaient des hommes et qu'il convenait de les ranger dans la classe des atlantes ou télamons, d'après ces paroles de Vitruve : « Item, si

« qua virili figura, signa mutulos aut coronas sustinent, nostri telamones appellant;
« Græci vero eos atlantas vocitant. » Cette opinion pouvait conduire à penser que
l'antiquité n'avait donné qu'à des statues viriles l'attitude qui marque l'action de
supporter; mais elle est erronée, car l'une des trois figures des armes de Girgenti
est celle d'une femme, et elle a la même pose que les deux autres. Un de nos
savants architectes, M. Hittorf, a trouvé d'ailleurs dans les ruines du temple, une
tête de femme de mêmes dimensions et de même caractère que celle de la statue
recomposée, et qui a dû appartenir évidemment à l'une des cariatides de ce
monument.

On voit enfin, dans une salle des thermes de la ville de Pompéi, des télamons
de fort petites dimensions, exécutés en terre cuite, qui supportent une voûte en
berceau, et ils présentent la plus grande analogie de composition avec les colosses
d'Agrigente.

Il ne paraît donc pas qu'il y ait eu, dans l'antiquité, aucune formule arrêtée en
ce qui concerne la disposition à donner aux statues employées en guise de supports,
et nous ferons remarquer à ce sujet que l'art de cette époque a été beaucoup plus
dégagé d'entraves, bien plus disposé à obéir aux inspirations individuelles qu'on
ne le suppose communément. Mais toutes celles de ces figures qui sont parvenues
jusqu'à nous, portent l'empreinte d'un même caractère général, et toutes témoignent
d'un sentiment très-juste des convenances de l'art. Alors même qu'elles représentent des hommes ou des femmes supportant des poids, comme à Agrigente et à
Pompéi, on remarque beaucoup de calme dans les attitudes et une sorte de sérénité
sur les physionomies; on n'a pas sous les yeux le spectacle pénible de la souffrance.

Les sculpteurs modernes n'ont pas toujours obéi à d'aussi saines inspirations.
Ils se sont souvent attachés, plutôt à montrer les ressources de leur art qu'à satisfaire aux exigences de l'Architecture, et plutôt à donner à leurs cariatides une
apparence de vie qu'à observer les convenances morales du sujet; ils ont méconnu
en cela l'une des fins essentielles des beaux-arts, qui sont appelés à développer les
bons sentiments, les nobles instincts de notre nature, et non à donner satisfaction
aux mauvais. Leurs statues, péniblement contournées, ne concordent nullement
d'ailleurs avec les autres parties de la construction qu'elles sont appelées à décorer,
et elles produisent le plus mauvais effet sur tout esprit tant soit peu sensible à
l'harmonie des lignes et à la dignité des expressions.

La planche 26 met sous les yeux du lecteur les dessins des cariatides de l'Érechthéion et de celles de Jean Goujon : chefs-d'œuvre de styles bien différents, mais que rapproche une même pensée.

Nous avons déjà parlé de ce curieux monument de l'Érechthéion. Les cariatides sont appliquées à l'un de ses appendices, qui est représenté en projection horizontale à la partie supérieure à gauche du plan (fig. 7, pl. 20). On voit que ces statues sont, ou plutôt étaient, car l'une d'elles a été détruite, au nombre de six, dont quatre sur la face principale de l'édicule et deux sur chacune des faces latérales, en comptant deux fois celles des angles. Elles sont élevées à une assez grande hauteur au-dessus du sol sur un piédestal continu, et leurs chapiteaux supportent une architrave surmontée d'une corniche. Toutes ces parties de la construction sont du plus beau style, sont richement décorées de sculptures extrêmement délicates et produisent l'ensemble le plus harmonieux, ainsi qu'on peut le reconnaître à l'inspection de la figure 1 de la planche 26. Mais ce qui frappe surtout dans cette œuvre, et ce qu'un dessin est malheureusement inhabile à exprimer, c'est la grandeur morale dont elle porte l'empreinte ; quoique de dimensions assez restreintes, elle a quelque chose de monumental et de très-imposant.

La figure 2 de la même planche fait voir une partie de l'élévation latérale de l'édifice, et les figures 3, 5 et 6 représentent, sur une plus grande échelle, les détails les plus intéressants de cette ordonnance. La figure 4 donne le dessin du chapiteau des pilastres qui, appliqués contre le mur, reçoivent les extrémités de l'entablement que supportent les cariatides.

La construction est entièrement exécutée en marbre blanc, avec toute la perfection habituelle aux monuments des beaux temps de l'architecture grecque.

Cariatides de Jean Goujon. Les cariatides de Jean Goujon, qui sont représentées par la figure 7, sont beaucoup plus grandes que les précédentes et ne sont pas ajustées de la même manière. Chacune d'elles repose sur un petit piédestal de forme ovale, très-richement décoré ; les chapiteaux qui les couronnent, au lieu de s'appuyer directement sur les chevelures, en sont séparés par des draperies ; l'entablement est complet, et il est couvert de ces gracieux ornements, un peu trop refouillés peut-être, que les architectes de la Renaissance se plaisaient à semer à profusion. Enfin cette charmante composition, la plus remarquable de toutes celles du même genre dont l'art moderne se puisse glorifier, était surmontée d'une élégante balustrade, qui n'existe plus aujourd'hui, mais que nous avons restituée d'après les dessins de Ducerceau.

Il faut convenir qu'on ne trouve pas dans le monument français ce caractère élevé, cette pureté de forme, cette noblesse, cette prodigieuse majesté qui se font admirer dans l'œuvre antique. Sous tous ces rapports, l'infériorité est incontestable, mais elle se rachète, jusqu'à un certain point, par d'autres qualités : par la grâce, par l'ampleur, surtout par cette naïveté pleine de charmes, que nul peut-être n'a poussé aussi loin que le sculpteur français.

Une particularité digne de remarque, c'est que, dans l'un et dans l'autre monument, l'artiste a eu soin de faire fléchir légèrement l'une des jambes de chaque figure, afin sans doute d'éviter tout excès de roideur, et peut-être aussi afin de donner une plus grande apparence de solidité à la construction. Les cariatides antiques, aussi bien que les cariatides modernes, sont en effet distribuées de telle sorte que le mouvement qui leur a été imprimé les fait pencher du côté de l'axe du monument; toutes celles de gauche ont la jambe droite pliée, et l'inverse a lieu de l'autre côté. C'est quelque chose d'analogue à ce qui s'observe dans les colonnes de la plupart des temples grecs et romains, ainsi que nous l'avons dit plus haut.

Nous n'insisterons pas davantage sur ce mode d'ornementation qui est assez peu usité. Il était utile de montrer dans quel esprit il convient de le traiter, et il serait superflu, pour la plupart des lecteurs, d'examiner dans quelles circonstances il y a lieu d'y avoir recours; les principes généraux, précédemment exposés, résolvent d'ailleurs la question. Il est évident que, lorsqu'il s'agit d'un objet aussi important qu'un support isolé, une forme prise en dehors des convenances de la construction ne peut être admise que dans des édifices auxquels ne messied pas une certaine fantaisie. Que ces figures se placent donc dans des palais, dans des salles de fête, dans des théâtres, qu'elles décorent des tribunes, qu'elles encadrent des niches ou des cheminées; personne ne songera à s'en plaindre, et les critiques ne pourront porter que sur leur disposition considérée soit en elle-même, soit par rapport aux parties de l'édifice avec lesquelles elles sont appelées à concourir. Ce sont des formes riches, susceptibles d'expressions fort diverses, qui portent le cachet du caprice sans tomber dans la bizarrerie, et l'on ne saurait méconnaître la légitimité de leur emploi par l'Architecture. Mais il convient, en général, de les repousser de tous les édifices qui réclament une grande sévérité de style ou beaucoup de simplicité de décoration. Ajoutons cependant qu'elles ont été très-convenablement consacrées quelquefois à l'ornementation de monuments funéraires, à raison du caractère saisissant qu'elles peuvent recevoir; mais elles ne remplacent pas alors des supports isolés; elles sont presque toujours appliquées contre un mur; ce sont des figures symboliques ajustées avec l'architecture, sans lui être indispensables; et les corps y sont habituellement remplacés par des gaînes, forme austère qui rappelle les momies égyptiennes, et en dérive peut-être.

CHAPITRE QUATRIÈME.

ARCADES.

I. — DISPOSITION.

Lorsque la qualité ou les dimensions des matériaux dont on peut disposer ne permettent pas d'établir les architraves suivant le système de construction qui s'observe sur tous les monuments de l'antiquité, lorsqu'il faut avoir recours à des voûtes, il convient d'abandonner la plate-bande et de lui substituer une forme plus favorable à la stabilité. La demi-circonférence de cercle est celle qui a été le plus fréquemment employée, et elle est en quelque sorte exclusive dans l'architecture étrusque, dans l'architecture romaine et dans l'architecture moderne depuis l'époque de la Renaissance.

Les arcades reposant sur des points d'appui rectangulaires ont joué un grand rôle dans les constructions de l'antique Étrurie, et ont passé de là aux Romains, qui eurent le bon esprit de ne pas abandonner cet ingénieux système, lorsqu'il leur fut donné de se rattacher plus directement à l'art grec, où rien de semblable ne s'offrait à leurs yeux. Ils ne les admirent pas dans leurs temples, et il paraît certain d'ailleurs que les Étrusques avaient eu le même scrupule; mais ils en firent grand usage dans leurs monuments de la vie civile, et, jusqu'à l'époque de leur décadence, ils les établirent toujours sur des points d'appui de forme rectangulaire.

Cette disposition, très-convenable pour résister au renversement que la voûte tend à produire, est encore fréquemment employée dans notre architecture moderne.

Les pieds-droits sont munis de socles à leur partie inférieure, par la raison qui a fait donner des bases aux colonnes, et ils sont couronnés habituellement par une pierre plus ou moins saillante, qui marque la naissance de la voûte et forme ce qu'on appelle l'*imposte*.

La partie de la construction qui est placée au-dessus des pieds-droits et entre les arcs est quelquefois exécutée en matériaux moins résistants que ceux qui ont été consacrés à ces éléments fondamentaux de la composition. Elle constitue les *tympans* des arcades.

A une certaine distance au-dessus des arcades, se place une corniche dont le but utile est de recevoir les eaux pluviales et de préserver la construction de leur action délétère.

II. — PROPORTIONS.

Les proportions des arcades ne sont pas, à beaucoup près, aussi bien définies que celles des colonnes. Ce n'est pas que le sujet, considéré en lui-même, ne s'y prête également; mais c'est qu'il n'y a pas eu institution d'*ordres* pour le premier de ces systèmes de construction, comme il y en a eu pour le second, ainsi que nous tâcherons de l'expliquer tout à l'heure. Cependant il est certaines proportions moyennes dont on s'éloigne habituellement assez peu, et il est aisé de se rendre compte des modifications qu'il convient d'y introduire suivant les circonstances qui se présentent.

La hauteur d'une arcade est ordinairement comprise entre une fois et demie et deux fois sa largeur, et la largeur du pied-droit varie entre la moitié et le quart de celle de l'ouverture. L'épaisseur de la construction dépend des pressions auxquelles il faut résister et du degré de solidité qu'on veut obtenir, et on la détermine d'après les mêmes considérations que celle des murs. Il est évident que plus la construction doit être monumentale, plus il faut donner de force et par conséquent de largeur et d'épaisseur aux points d'appui.

III. — DÉCORATION.

La décoration des arcades se déduit des données fondamentales de la construction, de même que toute décoration rationnelle. Ces données sont : le pied-droit, lequel est composé du socle, du fût et de l'imposte; la construction en claveaux, qui forme l'arc; la corniche, qui couronne le système.

Dans les arcades les plus simples, le socle ne se détache que par une légère saillie, l'imposte se réduit à une face plane peu saillante, et la corniche n'est qu'un bandeau. Veut-on plus de richesse, on fait intervenir les moulures dans toutes ces parties, et on les multiplie ou on les décore d'autant plus que l'ornementation doit prendre plus d'importance. Nous avons dit plus haut comment il convient d'employer ces ornements pour les faire concourir, non-seulement à la richesse, mais encore au caractère et à l'expression de l'œuvre.

La partie de la construction qui forme l'arc se prête à deux systèmes de décoration : on peut marquer le détail de sa composition en indiquant, au moyen de refends ou de bossages, les claveaux dont elle est formée, ou se contenter d'en mettre l'ensemble en évidence, en le détachant des tympans par une saillie plus ou moins prononcée.

Dans le premier cas, il est nécessaire d'appliquer aux pieds-droits la même décoration, afin qu'il y ait harmonie entre ce qui porte et ce qui est supporté, et, suivant que les tympans sont exécutés ou non en mêmes matériaux que les arcs, on y trace également des refends ou des bossages, ou l'on s'en abstient et ils restent lisses.

Ces deux dispositions sont représentées sur la figure 1 de la planche 27. Les cotes sont exprimées en modules et en minutes, et l'on a pris pour module la neuvième partie de la largeur de l'ouverture. La figure 4 de la même planche donne le détail de la corniche de couronnement.

Les arcades ainsi décorées conviennent très-bien quand la construction doit présenter un certain caractère de solidité; mais il est des circonstances où les refends ne sont pas admissibles, parce que la décoration qui en résulte paraîtrait trop lourde ou trop simple. On a recours alors au second des systèmes dont nous venons de parler : on se borne à indiquer l'ensemble de la voûte. L'encadrement adopté à cet effet est l'*archivolte* de l'arcade.

Dans les constructions les plus simples, l'archivolte consiste en une face plane en saillie sur les tympans ou marquée par un filet; mais on y ajoute ordinairement des moulures, et l'on adopte, pour leur disposition, des profils analogues à ceux des architraves, ainsi que le montre la figure 2 de la planche 27, dont les détails sont représentés par les figures 5, 6 et 7.

Quelques auteurs ont voulu donner des règles, en quelque sorte absolues, sur le rapport à observer entre la largeur d'une arcade et celle de son archivolte; mais, même en admettant qu'il ne faille voir dans leurs chiffres que des proportions moyennes à modifier en plus ou en moins suivant le degré de solidité qu'on a en vue, ces prescriptions ne seraient acceptables qu'entre de très-étroites limites et elles peuvent par cela même induire en erreur. Cela provient sans doute de ce que, les épaisseurs des voûtes ne croissant pas suivant une progression géométrique avec les ouvertures, il en doit être de même des largeurs des archivoltes qui en sont la représentation.

Le rapport à observer entre l'épaisseur et l'ouverture d'une voûte se déduit, en effet, ainsi qu'on le verra plus loin, d'une relation de la forme :

$$E = AO + B,$$

dans laquelle E désigne l'épaisseur, O l'ouverture et A et B des constantes dont les valeurs sont déterminées par des méthodes empiriques. Il s'ensuit que, toutes choses égales d'ailleurs, pour un même degré de solidité, une voûte doit avoir, par rapport à son ouverture, une épaisseur d'autant plus forte que cette ouverture est plus faible. La raison et le goût s'accordent pour imposer la même loi aux archivoltes, et l'étude des constructions de diverses époques prouve qu'elle a été généralement observée, ainsi que le montre le tableau suivant :

ARCADES.

ÉDIFICES.	OUVERTURES DES ARCADES.	RAPPORTS DE LA LARGEUR DE L'ARCHIVOLTE A CELLE DE L'OUVERTURE.	OBSERVATIONS.
Amphithéâtre de Nîmes, arcades du rez-de-chaussée.	m. 4,60	0,152	Construction monumentale.
Arc de triomphe de Titus, à Rome.	5,50	0,083	
Arc de triomphe de Septime Sévère, à Rome :			
Grand arc.	6,75	0,094	
Petit arc.	2,95	0,149	
Arc de triomphe de Constantin, à Rome :			
Grand arc.	6,54	0,092	
Petit arc.	3,40	0,133	
Arc de triomphe de Saint-Remy.	5,18	0,098	
Arcs du pont antique de Saint-Chamas.	3,52	0,131	
Arcades de Saint-Pierre de Rome.	13,26	0,071	
Porte Saint-Denis, à Paris.	7,86	0,136	Construction monumentale.
Arc de triomphe de l'Étoile, à Paris.	14,80	0,109	Id.

Ce tableau appelle plusieurs observations.

Un mot d'abord sur sa composition : il a été rédigé en dehors de tout esprit de système ; nous avons pris dans nos souvenirs les arcs, appartenant à différentes époques de l'art, qui nous ont paru pouvoir être de quelque autorité, puis, la liste dressée, nous avons recherché les mesures à mettre en regard des noms.

Tous ces chiffres ne concordent pas assurément ; ainsi les petites arcades de l'arc de Septime Sévère, bien que plus étroites que celles de l'arc de Constantin, ont des archivoltes tout aussi larges ; les arcs de Titus et de Saint-Remy ont à peu près même ouverture, et l'on remarque une différence assez prononcée entre les largeurs de leurs archivoltes. Il n'y a rien là qui doive surprendre, car les voies de l'art ne sont point celles de la science, et les artistes ne se sont, fort heureusement, jamais avisés d'obéir à des formules absolues ; c'est le sentiment du beau qui les dirige et leur enseigne les proportions à observer. Il y a sans doute des lois générales auxquelles ils obéissent, souvent à leur insu, et il n'est pas impossible d'en découvrir l'esprit en étudiant l'ensemble des constructions exécutées ; mais il faut pour cela ne se point trop préoccuper des détails, et savoir passer par-dessus les anomalies qui tiennent aux goûts individuels ou aux caractères des édifices. Or, pour qui se placera à un point de vue élevé, un premier fait ressortira bien net de ce tableau : c'est celui qui a été annoncé plus haut, que la largeur proportionnelle des archivoltes diminue à mesure que la largeur réelle des ouvertures augmente. Deux édifices surtout le marquent avec beaucoup d'évidence : ce sont les arcs de Septime Sévère et de Constantin. L'un et l'autre sont formés d'un grand arc accompagné de deux petits; il est clair d'ailleurs que les architectes ont voulu mettre de l'harmonie entre les diverses parties de leurs compositions, et, tandis que les archivoltes des grands arcs n'ont que le onzième environ de l'ouverture, celles des petits arcs sont comprises entre le sixième et le septième dans le premier de ces monuments, et entre le septième et le huitième dans le second.

La proportion moyenne pour les arcades comprises entre $2^m,95$ et $3^m,52$ d'ouverture est environ $0,137$, en faisant abstraction de celles de l'amphithéâtre de Nîmes, qui doivent être mises hors de ligne à raison de leur caractère de très-grande solidité. Pour les arcades comprises entre $5^m,18$ et $6^m,75$, notre tableau donne $0,092$ pour expression de la proportion moyenne, et à Saint-Pierre de Rome, dont les arcades ont $13^m,26$ d'ouverture, nous trouvons $0,071$. Il est vrai que la porte Saint-Denis et l'arc de triomphe de l'Étoile, qui ont respectivement $7^m,86$ et $14^m,80$ d'ouverture, présentent des proportions qui ne suivent pas la même marche que les précédentes; mais ce sont des constructions d'un caractère monumental tout particulier.

Nous ne chercherons pas à déduire de ces chiffres une relation algébrique qui, alors même qu'elle serait suffisamment exacte, serait déplacée en pareil sujet; nous craindrions que, malgré nos réserves, quelques lecteurs ne vinssent à penser que des formules peuvent suppléer au sentiment dans les œuvres d'art, et ne se reposassent en trop de confiance sur celles que nous leur soumettrions. Cependant, comme il nous paraît à propos de tirer une conclusion pratique de ce qui vient d'être dit, nous proposerons les proportions suivantes, comme pouvant servir de guides et répondant à un degré de solidité moyenne :

OUVERTURE DES ARCADES.	LARGEUR PROPORTIONNELLE DES ARCHIVOLTES.
3ᵐ	$\frac{1}{7}$
4	$\frac{1}{8,5}$
5	$\frac{1}{10}$
6	$\frac{1}{11}$
7	$\frac{1}{12}$

Mais il ne faut pas perdre de vue que ces chiffres ne représentent que des valeurs moyennes, et qu'il convient de les augmenter ou de les réduire, suivant que l'édifice dont on s'occupe doit avoir un caractère de solidité plus ou moins prononcé, et aussi suivant une foule d'autres considérations secondaires que le goût est seul en état d'apprécier. Ainsi, les archivoltes des arcades du rez-de-chaussée de l'amphithéâtre de Nîmes sont comprises entre le sixième et le septième de l'ouverture, bien qu'elle ait 4ᵐ,60, et celles de l'arc de l'Étoile vont jusqu'au neuvième de l'ouverture qui est de près de 15 mètres; mais ces deux constructions sont traitées avec vigueur, et les proportions, qui paraissent et sont effectivement très-fortes, seraient tout à fait insuffisantes si les ouvertures étaient beaucoup moindres. On trouverait des exemples bien plus frappants encore, si l'on voulait en prendre dans les constructions étrusques. Nous citerions entre autres deux portes de ville fort remarquables, l'une de Pérouse, l'autre dans les ruines de Faleri; la première a environ 4ᵐ,40 d'ouverture, et son archivolte a plus du tiers de cette dimension; la seconde a 3ᵐ,25 d'ouverture, et la largeur de son archivolte est de 1ᵐ,40, c'est-à-dire de près de moitié. Veut-on, au contraire, un exemple de proportions réduites, qu'on jette les yeux sur les arcades représentées sur la planche 28 (fig. 1), qui sont tirées de l'Église de Saint-Laurent au palais de la Chancellerie, à Rome : on remarquera que les archivoltes ne sont que le dixième environ des ouvertures, lesquelles n'ont cependant que 3ᵐ,60. Elles n'indiquent pas beaucoup de résistance assurément, mais il fallait qu'elles fussent en harmonie avec la légèreté des points d'appui et la délicatesse de leurs formes.

On a supposé, en dessinant les arcades de la figure 2, planche 27, qu'elles devaient avoir environ 3 mètres d'ouverture, et l'on a déterminé la largeur des archivoltes en vue d'une solidité moyenne.

Il y a peut-être moins de précision encore à apporter dans les proportions des impostes que dans celles des archivoltes. Nous nous bornerons à dire que la hauteur d'une imposte est habituellement comprise entre le dixième et le treizième de celle du pied-droit, et qu'il convient, en général, de se rapprocher d'autant plus de ce dernier rapport que le pied-droit est plus élevé et que l'ornementation est traitée avec plus de légèreté.

Les impostes sont ordinairement peu saillantes; d'abord parce qu'une forte saillie ne serait motivée par aucune apparence d'utilité, puis parce qu'elle cacherait une partie notable de la forme de l'arc aux personnes qui seraient très-rapprochées du pied-droit. On a même le soin, et cette observation est fort essentielle, de relever le centre de l'arcade à une certaine hauteur au-dessus du plan supérieur de l'imposte, afin que la demi-circonférence apparaisse bien tout entière. Ce relèvement est d'ailleurs plus ou moins prononcé suivant la position qu'on doit supposer au spectateur.

Arcades de Bramante. — Les arcades sur pieds-droits sont susceptibles d'expressions assez variées et se prêtent à divers degrés de richesse; mais on doit reconnaître qu'elles ne présentent pas autant d'élégance et de distinction que les colonnes réunies par des entablements. Bramante a essayé, il est vrai, de leur assurer ces qualités, et les arcades qu'il a placées dans l'église de Saint-Laurent, à Rome, ont, sous ce rapport, une très-grande valeur dans l'histoire de l'art. Si elles ne peuvent être considérées comme offrant une solution complète du problème, elles prouvent du moins qu'il s'est posé, dès les premiers temps de la Renaissance, à l'esprit de l'architecte le plus capable peut-être de le résoudre.

Ces arcades, qui sont représentées par la figure 1 de la planche 28, ont plus d'élégance et de hardiesse qu'on n'est habitué à en trouver dans les constructions du même genre. Leurs proportions sont heureuses, et ont quelque chose de cette simplicité que les architectes se plaisent à trouver dans les ordres de colonnes et que plusieurs ont regardée comme une des conditions du beau. Les ouvertures ont deux fois leur largeur en hauteur; la largeur des pieds-droits est le quart de la distance qui les sépare, et elle est par conséquent la sixième partie de leur hauteur; la hauteur de l'imposte est le douzième de la hauteur totale, ou la moitié de la largeur du pied-droit; en un mot, on trouve partout des rapports simples entre les dimensions.

La forme est également étudiée avec le plus grand soin. Le socle ordinaire des pieds-droits est remplacé par un piédestal ; une base est placée au-dessus et se raccorde harmonieusement avec la saillie de la corniche ; le pied-droit a moins de largeur au sommet qu'à la base ; il est décoré suivant un système rationnel analogue à celui des colonnes à tambours ; les petites rosaces de l'imposte sont une réminiscence de celles que les architectes de l'époque plaçaient habituellement dans le gorgerin du chapiteau dorique ; enfin jamais peut-être Bramante n'a témoigné plus de sollicitude dans ses dispositions, n'a déployé plus de pureté et de grâce dans ses profils. Ses vues se sont certainement portées au delà de l'édifice dont il s'occupait ; il a voulu constituer un *ordre* d'arcades et engager la lutte avec les ordres de colonnes.

Or il a succombé : on admire sa composition, mais elle ne fait pas autorité ; indépendamment de ce qu'elle n'a rien de monumental, on n'y trouve pas ce cachet de distinction et de noble simplicité qui paraît presque naturel aux colonnes. Cela provient, sans doute, de ce que la forme rectangulaire des supports a quelque chose de sec, et de ce que leur largeur apparente varie avec la position du spectateur. Si donc le grand artiste a échoué, du moins en partie, on est en droit de l'attribuer aux données de la question, et de les regarder comme ayant apporté un obstacle insurmontable au succès complet de sa tentative.

D'autres essais se sont produits dans une voie différente : des colonnes ont été substituées aux pieds-droits, et de là une autre disposition. Nous allons l'examiner.

ARCADES SUR COLONNES.

Ce système d'arcades remonte à une époque de décadence ; il date des derniers temps de l'empire romain. Le palais de Dioclétien, à Spalatro, est, suivant toute apparence, le plus ancien monument qui en offre des exemples. Mais la religion chrétienne s'en empara dès qu'elle put produire son culte en public, et elle sut lui donner grande valeur dans l'histoire de l'art. Il lui fallait des temples bien différents de tous ceux que le paganisme avait élevés : elle exigeait de vastes enceintes ; mais les circonstances n'étaient pas favorables à l'établissement de grands monuments, et force fut de recourir au système de construction le plus économique. Les murs furent exécutés en briques ou en moellons, on retira quelques colonnes d'édifices abandonnés, on en obtint d'autres de la piété d'opulents néophytes, et l'on rassembla ainsi, dans une même salle, des colonnes d'origine, de forme et de proportions différentes. Quelquefois, comme dans la vieille basilique de Saint-Pierre, elles furent réunies par des plates-bandes, conformément aux prescriptions de l'architecture du temps ; mais c'était un travail assez dispendieux, qui exigeait des matériaux de choix, qu'on n'avait pas toujours, et l'on dut chercher une autre solution. Les arcades levèrent la difficulté ; elles s'exécutaient en briques, à peu de frais, et elles avaient le grand avantage d'admettre de plus forts espacements pour les colonnes [1]. Elles en présentaient un autre, au point de vue de l'art et de la religion : celui de s'éloigner complétement des formes consacrées par le polythéisme. Aussi ce nouveau mode de construction devint-il bientôt exclusif dans toutes les basiliques, et malgré les profondes altérations que la suite des temps apporta dans les formes de l'art, il resta, dans ce qu'il a d'essentiel, caractéristique de l'architecture chrétienne, jusqu'à l'époque où le mouvement de la Renaissance nous reporta vers l'antiquité.

Une autre organisation religieuse l'adopta également. Le Bas-Empire le transmit aux sectateurs de Mahomet, et il fut transporté par eux chez tous les peuples qui se rangèrent à leur croyance, peuples qui le conservent encore. De sorte que, pendant une longue suite de siècles, les arcades sur colonnes régnèrent sans partage dans les divers styles d'architecture de la majeure partie de l'ancien monde. Les proportions et les formes des colonnes, celles des arcs surtout, varièrent avec le génie des peuples et des temps ; courtes, arrondies et richement ornées en Orient, plus élancées et plus austères en Occident, ces arcades surent se plier aux exigences les plus diverses, et s'empreindre des caractères les plus opposés.

Elles avaient pris de trop profondes racines, trop d'édifices de toute nature en avaient légitimé l'emploi, pour que la Renaissance pût songer à les proscrire. Elle leur fit donc place dans son architecture, bien qu'elle n'en trouvât aucun exemple dans les monuments de l'époque où elle puisait ses modèles ; mais elle s'attacha à les faire rentrer dans les données de l'art antique, et, par cela même, en diminua considérablement l'importance. Depuis cette époque, et encore maintenant, les colonnes qui supportent les arcs sont de mêmes formes et de mêmes proportions que celles qui ont été établies pour être réunies par des entablements. Or, comme elles sont plus espacées sans être plus massives, il en résulte des

---

[1] II° partie, planches 19, 20, 21 et 22.

œuvres qui peuvent paraître élégantes et hardies, mais qui manquent de solidité, à la fois en réalité et en apparence. Ainsi disposées, les arcades sur colonnes conviennent parfaitement en une foule de circonstances ; en Italie, où elles sont très-répandues, elles forment de charmants portiques ; mais elles ne sont plus admissibles dès qu'il s'agit de constructions réclamant un caractère tant soit peu monumental.

On diminue le défaut qui vient d'être signalé, en tenant la hauteur des colonnes un peu au-dessous de la moyenne admise dans les ordres. Il convient en outre de ne pas réduire autant que d'ordinaire le diamètre supérieur, tant en vertu des considérations qui ont été exposées plus haut au sujet des proportions des colonnes, qu'afin d'offrir plus d'assiette à la retombée des arcs. Quelquefois même on place cette dernière partie de la construction un peu en encorbellement sur la colonne, ainsi qu'on le voit sur la figure 3 de la planche 27, où sa largeur est égale au diamètre de la colonne à la base. Mais ce ne sont là que de faibles palliatifs ; il fallait et l'on a essayé davantage, ainsi qu'on le montrera tout à l'heure, après avoir complété par quelques mots la description du système actuellement en vigueur.

Il est sans doute inutile de faire remarquer que ces arcades n'admettent ni refends, ni bossages ; il est évident qu'un pareil mode de décoration ne se concilierait nullement avec la légèreté des points d'appui. On doit même, pour établir entre toutes les parties du système une harmonie convenable, donner beaucoup moins de largeur aux archivoltes que n'en comportent celles des arcades élevées sur pieds-droits rectangulaires. Malgré cette réduction, les archivoltes de deux arcs consécutifs se pénètrent avant d'arriver à la colonne qui les reçoit toutes deux ; c'est un inconvénient, mais il vaut mieux l'accepter qu'admettre, pour l'éviter, des proportions insuffisantes. On y est tellement habitué d'ailleurs qu'il n'a rien de choquant.

L'arc ne repose pas toujours immédiatement sur le chapiteau ; il en est quelquefois séparé par une corniche précédée d'une architrave, ou même par un entablement complet. Mais ces dernières dispositions nous paraissent devoir être repoussées, bien qu'elles aient été adoptées par plusieurs architectes fort distingués et qu'elles se recommandent de l'autorité de Brunelleschi entre autres, qui a surmonté d'un entablement les colonnes des églises de Saint-Laurent et du Saint-Esprit, à Florence. Elles ont en effet l'inconvénient de réduire dans une assez forte proportion la hauteur et par suite le diamètre de la colonne, ce qui revient à diminuer la stabilité ; et, d'un autre côté, on ne peut se rendre compte de l'utilité d'un entablement en pareille position. Il est cependant des circonstances où il convient d'avoir recours à cet ornement, ou tout au moins à une architrave ; c'est lorsque les colonnes placées aux extrémités de la série d'arcades se trouvent à une certaine distance des murs ou des piliers qui la terminent, disposition assez souvent employée et sur laquelle nous reviendrons quand il sera question de la composition des portiques. Dans ce cas, il faut une architrave, que surmonte habituellement une corniche peu saillante, pour rattacher ces colonnes aux murs ou aux piliers, dont elles sont d'ailleurs toujours très-rapprochées, et cette adjonction se reproduit nécessairement sur toutes les colonnes intermédiaires. On adopte encore le même parti quand on accouple les colonnes ; les petits intervalles sont franchis par une seule pierre et les grands par des arcs, ce qui n'a rien que de très-rationnel. Mais cet accouplement, bien qu'on en trouve plusieurs exemples dans des édifices assez remarquables, n'est pas d'un heureux effet, tant par défaut de simplicité, que parce que les tympans prennent alors trop de développement. Et quoiqu'il ait le mérite de donner plus de résistance aux points d'appui, ce n'est point à lui qu'il faut demander la solution de la grande question que soulève la constitution des arcades.

L'architecture romane était entrée dans une bien meilleure voie, et il est assurément fâcheux qu'on ne l'y ait pas suivie. Il est permis de croire que c'eût été celle de l'antiquité grecque, si le problème s'était présenté à elle. Les artistes de cette époque eussent sans doute traité la nouvelle forme dans le même esprit que celle qu'ils nous ont léguée ; ils eussent avant tout consulté les convenances. En ce qui concerne la disposition et les proportions générales, ils se fussent attachés avec soin à trouver la disposition la plus rationnelle, les proportions les plus justes, la forme la plus vraie ; et ce travail eût produit des *ordres* d'arcades semblables par l'esprit aux ordres de colonnes, dissemblables en ce qui est de la forme. Mais rien de pareil n'a pu être fait dans le onzième et le douzième siècle ; ni l'esprit du temps, ni les conditions de la société ne se prêtaient à l'établissement et à la consécration de lois de cette nature.

Les premiers temps de la Renaissance étaient plus favorables à la création d'un nouveau système de formes coordonnées, et ce grand mouvement intellectuel signala en effet ses débuts par d'heureuses tentatives faites dans cette direction. Divers édifices élevés à cette époque, soit en France, soit en Italie, montrent des arcades parfaitement disposées sous tous les rapports. Elles sont supportées par des colonnes courtes, à chapiteaux ramassés, comme dans l'architecture romane ; mais il y a plus d'art dans la forme, d'harmonie dans les proportions, de grâce dans les ornements. La figure 2 de la planche 28 en offre un exemple du plus grand intérêt ; c'est un fragment d'un portique du palais de Venise, à Rome, lequel a été construit par Julien de Majano, dans la seconde moitié du quinzième siècle, alors que le gothique fleuri régnait chez nous sans partage.

Il semble que l'architecte se soit donné pour but de réunir dans une même composition les types des deux meilleurs systèmes d'arcades. Au rez-de-chaussée, les pieds-droits sont prismatiques à base octogonale, et sont couronnés par des chapiteaux, d'un dessin fort heureux et présentant quelque variété dans les détails, qui servent de transition entre l'octogone du support et la forme carrée de la retombée des arcs. On peut y voir des pieds-droits rectangulaires dont les angles ont été abattus, système fort convenable, qui témoigne d'une certaine recherche, et qui conduit à l'élégance tout en conservant la fermeté. Le portique supérieur est formé d'arcades supportées par des colonnes d'ordre, ou plutôt d'ornementation ionique ; mais ces colonnes sont beaucoup plus massives qu'elles ne l'eussent été si elles avaient dû être réunies par un entablement : elles n'ont pas six diamètres et demi en hauteur.

Que l'on compare ces deux types à ceux que nous venons de passer en revue ; qu'on tâche de se rendre compte de toutes les modifications auxquelles ils se prêtaient, de la variété infinie de formes, d'ornementation, de caractère qu'ils pouvaient admettre, et l'on reconnaîtra qu'ils conduisaient à la solution de la haute question d'esthétique que soulevait l'introduction des arcades dans l'architecture, celle de savoir si la nouvelle forme était, comme l'ancienne, susceptible de réunir la distinction à l'apparence monumentale. Il est donc à regretter que la voie dans laquelle l'art s'était engagé ait été promptement abandonnée et n'ait pas été reprise depuis ; mais un peu de réflexion fait comprendre qu'il en devait être ainsi, car on sait combien il est difficile de résister à l'entraînement d'un principe. La Renaissance avait proclamé la prééminence de l'antiquité, et elle ne put pas conserver longtemps son indépendance ; elle se vit forcée d'entrer chaque jour davantage dans les entraves de l'imitation, et elle finit par repousser les heureuses créations de ses débuts, pour appliquer aux arcades sur colonnes la vicieuse disposition imaginée par les Romains de la décadence.

ARCADES AVEC COLONNES.

Les Romains occupent une large place dans l'histoire de l'art, ils ont élevé de nombreux et admirables monuments, et leurs œuvres nous sont d'un précieux enseignement; mais il est permis de dire, tout en conservant respect à leur mémoire, qu'ils n'avaient ni le génie inventif, ni le goût exquis des Grecs. L'Étrurie leur avait donné les arcades, à la Grèce ils devaient les ordres de colonnes, et quand ils voulurent communiquer à la première de ces formes les qualités morales qu'ils admiraient dans la seconde, ils ne trouvèrent rien de mieux à faire que de les accoler l'une à l'autre : ils appliquèrent les colonnes contre les pieds-droits des arcades et les surmontèrent de leurs entablements.

Ainsi, l'arcade pour le fond, la colonne pour la forme, telle fut la disposition adoptée. Il y a loin de là assurément à la simplicité et à la vérité de l'architecture grecque ; la décoration n'est plus une suite en quelque sorte naturelle de la construction ; au nom des principes de l'art, on est en droit de faire la critique d'un pareil système ; on y peut voir un témoignage d'impuissance. Mais les Romains et les nations modernes, depuis qu'elles se sont rattachées à l'antiquité, l'ont consacré dans un si grand nombre de monuments, remarquables à plus d'un titre, qu'il y aurait quelque témérité à vouloir le repousser d'une manière absolue. Que le critique le blâme, que le grand artiste qui se sent la virtualité nécessaire pour inventer et faire accepter de nouvelles formes en cherche de meilleures, soit en remontant à la source, soit en s'inspirant des travaux du moyen âge et de ceux des débuts de la Renaissance ; mais qu'on ne se refuse pas à y voir une des données de notre système d'architecture, qu'on ne méconnaisse ni les services qu'il a rendus, ni ce qu'il y a de légitime dans son emploi. Il est sage à l'architecte d'accepter les types qui lui sont remis par l'art de son époque, et de se poser pour but, plutôt de les employer convenablement, que d'en inventer de nouveaux. Ce sont les mots, bien ou mal faits, de la langue qu'il est appelé à parler.

Les colonnes appliquées contre les pieds-droits sont quelquefois *engagées* sur moitié de leur épaisseur, mais le plus souvent sur un tiers seulement. Ce dernier parti présente l'avantage de mieux faire ressortir la colonne, et d'empêcher que, pour qui la voit de face, son galbe ne soit altéré par la saillie de l'imposte. Les divers ordres sont ainsi employés à la décoration des arcades et lui communiquent leurs caractères. Il convient d'ailleurs d'arrêter les dessins des ornements afférents aux arcs, de manière à les mettre en harmonie avec ceux des colonnes ; ainsi l'archivolte et l'imposte d'une arcade dorique doivent être traitées plus simplement que celles d'une arcade corinthienne, et il y a lieu en outre à une infinité de nuances dans chaque ordre.

Suivant les circonstances, on élève les colonnes sur des piédestaux ou sur de simples socles, ou bien on les fait reposer directement sur le sol.

La planche 29 présente des types d'arcades des divers ordres. Au-dessous de chacun de ces dessins est placé le détail de l'imposte et de l'archivolte. Les cotes sont exprimées en modules et en minutes.

On remarquera au sommet de chacun de ces arcs une clef saillante qui interrompt l'archivolte et s'élève jusqu'au-dessous de l'entablement. Cet ornement n'est pas obligatoire, mais il est assez généralement employé. Il semble rattacher l'arcade à l'entablement et soutenir l'architrave au milieu de sa portée ; il a donc le mérite de donner plus d'unité à la composition. Il admet d'ailleurs différentes dispositions, et il est susceptible des degrés de richesse les plus variés. Les figures 7 et 8 de la même planche en offrent des exemples.

Il est des édifices où l'entablement se retourne à droite et à gauche de chaque colonne pour venir s'appliquer contre le mur dans lequel les arcades sont ouvertes, au lieu d'être en saillie très-prononcée dans toute son étendue, comme l'indiquent nos dessins. On dit alors qu'il *ressaute* sur les colonnes.

Cette disposition lui enlève une partie de sa netteté, en tant que couronnement de l'édifice, ce qui est souvent un inconvénient : mais, d'un autre côté, la colonne prend alors un caractère particulier qui tend à légitimer son intervention : elle a l'apparence d'un contre-fort appliqué contre le pied-droit dans un but de stabilité. Aussi voit-on que ce système a été adopté et produit un heureux effet dans des œuvres de caractères bien différents ; dans des édifices admettant quelque chose de pittoresque et d'accidenté dans la forme, et dans des constructions monumentales, telles que l'amphithéâtre de Nîmes[1]. On y a également recours lorsqu'on veut faire intervenir des statues dans la décoration du couronnement ; on en place naturellement une au-dessus de chaque colonne, et il y a tout avantage à faire ressauter l'entablement afin de rattacher nettement ces deux choses. Outre la fonction de contre-fort, la colonne remplit alors celle de piédestal pour la statue.

[1] Planche 6, IIe partie.

Quelquefois, et principalement dans des arcs de triomphe (Ex. les arcs de Septime Sévère[1] et de Constantin, à Rome, et l'arc du Carrousel, à Paris), les colonnes sont complétement isolées du reste de la construction ; elles sont placées à une petite distance en avant de pilastres appliqués contre les pieds-droits. Cette disposition a pour but de donner plus de mouvement et quelque chose de plus accentué à la décoration. Elle exige impérieusement le ressaut de l'entablement ; car les colonnes sont trop espacées pour être réunies par une plate-bande qui paraîtrait, comme elles, entièrement dégagée du reste de la construction. On n'a pas toujours eu égard à cette règle : témoin les arcades de la principale façade du Palais-Royal, à Paris; mais il suffit d'observer les édifices dans lesquels on s'en est écarté, pour reconnaître combien elle est fondée. Il est essentiel en outre de placer au-dessus de chaque colonne une statue ou tout autre ornement équivalent, afin de la motiver et de former *amortissement*.

Arcades de Palladio. — Il est des édifices où les arcades sont supportées par de petites colonnes isolées, placées de chaque côté du pied-droit. Telle est la basilique de Vicence, qui a été entourée par Palladio de deux portiques superposés ; le portique du rez-de-chaussée est décoré de colonnes doriques, et l'autre de colonnes ioniques. La figure 3 de la planche 30 représente une partie de ce dernier. Ce beau monument fait autorité, et l'on en peut déduire les principales conditions à observer dans toute disposition de ce genre. Ainsi, il faut que la face antérieure de chaque pied-droit soit décorée d'une colonne, laquelle peut être d'ailleurs engagée ou isolée ; l'entablement doit ressauter sur les colonnes de face, afin de ne pas charger trop lourdement la construction légère formée par les arcades; les petites colonnes latérales doivent être reliées aux pieds-droits ou plutôt aux pilastres accolés qui leur correspondent, soit par un entablement entier, soit par une corniche architravée ; les colonnes de face et les colonnes latérales doivent être de même ordre, et, bien qu'elles soient de hauteurs différentes, il convient que leurs bases se raccordent, soit au moyen d'une réduction apportée dans celles des premières, soit en donnant à celles des secondes un peu plus de hauteur que ne le comportent les proportions ordinaires. Il faut, en général, que les petites colonnes ne soient pas éloignées du pied-droit de plus d'un diamètre ; car, au delà de ce terme, la construction paraît manquer de solidité et les tympans des arcades prennent trop de développement. Il est vrai que Palladio a dépassé cette limite ; mais il n'était pas entièrement libre de ses mouvements,

---

[1] Planche 51, IIe partie.

car il a dû ajuster son portique autour d'un édifice déjà existant, et il y est rentré, du reste, pour les arcades des angles dont aucune condition étrangère ne lui imposait les proportions. Ajoutons que cette différence entre les arcades intermédiaires et celles des extrémités du portique, bien qu'elle ne puisse être citée comme un modèle, ne produit pas un mauvais effet, parce qu'on est porté à admettre que ces dernières réclamaient plus de solidité que les autres. C'est une nouvelle preuve de l'avantage qu'il y a à satisfaire plutôt aux convenances qu'à une régularité absolue.

Il est à remarquer qu'on est presque toujours obligé de doubler les petites colonnes, afin de donner à la construction une épaisseur suffisante, ainsi que le montre le plan placé au-dessous de notre dessin.

La décoration des arcades admet également des pilastres, et il est des circonstances où ils doivent être préférés aux colonnes. Tantôt ils ont pour but de donner plus de finesse et quelque chose de moins accentué à la composition ; tantôt, au contraire, on y a recours pour obtenir une apparence monumentale. Dans ce dernier cas, ils doivent être très-saillants, sans que leur saillie toutefois dépasse leur largeur, et l'entablement qui les couronne doit ressauter au-dessus de chacun d'eux, afin de leur imprimer nettement le caractère de contre-forts. Dans le premier cas, leur saillie doit être faible et l'entablement se dirige en ligne droite de l'un à l'autre.

<small>Arcades avec pilastres.</small>

On remarque, dans quelques édifices, des pilastres dont la saillie est si peu prononcée qu'elle est inférieure à celle des impostes, et alors la disposition de ce dernier ornement présente quelque difficulté.

Quand le pied-droit dépasse le pilastre d'une quantité supérieure à la largeur de l'archivolte, on peut profiler l'imposte de chaque côté, de manière à ne pas la laisser arriver contre le pilastre. C'est ce qui a été pratiqué à l'arc de triomphe de Septime Sévère, par exemple[1]. Mais cette circonstance est assez rare : l'archivolte s'étend presque toujours jusqu'au pilastre, et la solution n'est plus possible.

Michel-Ange s'est trouvé en présence de cette difficulté, lorsqu'il a arrêté le dessin des arcades intérieures de sa grande œuvre, la basilique de Saint-Pierre de Rome, et, comme il n'était pas homme à se préoccuper d'un détail, il a tout simplement coupé l'imposte par un plan vertical, au point où elle vient rencontrer le pilastre ; mais on ne peut se dissimuler que l'effet qui en résulte n'est pas très-heureux[2].

---

[1] Planche 51, IIe partie.
[2] Planche 44, IIe partie.

Philibert Delorme a adopté un autre parti pour les arcades placées au palais des Tuileries du côté du jardin, lesquelles sont représentées par les figures 1 et 2 de la planche 30 : il a fait passer l'imposte par-dessus le pilastre. Cette disposition est assurément fort admissible dans une architecture qui n'a rien de sévère et se prête volontiers à la fantaisie; elle se concilie même assez bien avec le mode de décoration par tambours qu'affectionnait notre illustre architecte, et qu'il a très-heureusement appliqué à cette composition; mais il ne conviendrait pas d'y avoir recours pour un édifice qui réclamerait quelque chose de digne et d'austère dans la forme.

La meilleure solution de la difficulté et la plus généralement adoptée, consiste à réduire la saillie de l'imposte de telle sorte qu'elle ne dépasse pas celle du pilastre ou lui soit même inférieure. On ne voit pas d'ailleurs qu'il y ait aucun avantage à sortir de cette limite; seulement il peut devenir nécessaire de changer le profil de l'imposte, de manière à regagner en hauteur ce qu'on perd en saillie. Les arcades des petits portiques construits par Vignole sur le Capitole, à Rome, peuvent être citées comme des modèles en ce genre; elles sont traitées avec beaucoup de simplicité, et leurs proportions sont des plus heureuses.

Entablements. La disposition ordinaire des arcades décorées de colonnes ou de pilastres comporte une assez grande épaisseur de maçonnerie au-dessus de la voûte, eu égard à la hauteur de l'entablement. Or il est des circonstances où cette exigence de la décoration devient un embarras ou même un grave inconvénient; on a donc dû chercher à s'en affranchir. Deux systèmes, dont on trouve plusieurs exemples, ont été imaginés à cet effet.

Le premier consiste à supprimer la frise; l'entablement se réduit alors à une corniche architravée, simplification qui n'a rien d'ailleurs que de très-légitime, puisque les données de la construction qui motivaient la frise se trouvent complétement changées par la présence de l'arcade.

Le second permet de rapprocher encore davantage le sommet de l'arcade de la corniche qui la couronne. L'entablement reste entier ou se réduit, comme dans le cas précédent, à une corniche architravée; mais il se profile au-dessus de la colonne ou du pilastre, et la corniche seule se prolonge entre ces points d'appui. On a soin ordinairement de la simplifier dans ces intervalles, afin de mieux faire ressortir dans toute sa hauteur l'entablement, qui n'est conservé intégralement qu'au-dessus de la colonne à laquelle il appartient. Les colonnes ou les pilastres deviennent alors des contre-forts ornés, qui sont reliés les uns aux autres, non plus par un entablement complet, mais par un bandeau, plus ou moins chargé de moulures, de même hauteur que la corniche et se raccordant avec elle par ses lignes principales. Quand on adopte ce parti, on supprime assez habituellement les impostes, et l'archivolte se prolonge inférieurement jusqu'à hauteur du piédestal. On évite ainsi ce qu'il y aurait de choquant à rencontrer un trop grand nombre de membres interrompus dans un petit espace, et à voir, à la fois, l'imposte arrêtée par la colonne, et l'entablement par les tympans.

Le palais de l'École des beaux-arts, à Paris, offre de précieux spécimens de l'une et de l'autre de ces dispositions.

CHAPITRE CINQUIÈME.

PORTES ET FENÊTRES.

Deux dispositions principales peuvent être employées pour ménager une ouverture dans un mur et supporter la construction qui doit s'élever au-dessus : on peut placer, à la partie supérieure de l'ouverture, une forte pierre reposant par ses extrémités sur les deux jambages, ou franchir l'intervalle au moyen d'une voûte soit plate, soit cintrée. Dans le premier cas, l'ouverture est rectangulaire; dans le second, elle peut conserver cette forme, ou être terminée par une courbe. Les figures 2, 3 et 4 de la planche 31 représentent des fenêtres de forme rectangulaire ; les figures 5, 6 et 7 de la même planche montrent, d'un côté, des fenêtres terminées par une demi-circonférence de cercle, et de l'autre, des fenêtres limitées à leur partie supérieure par un arc surbaissé.

Proportions. Les proportions des portes et des fenêtres varient beaucoup, et cela se conçoit aisément, puisque les convenances de la destination, aussi bien que celles de la construction, n'y sont intéressées qu'en dehors de limites assez éloignées. Elles sont loin cependant d'être entièrement arbitraires, et des considérations purement rationnelles interviennent, jusqu'à un certain point, dans leur fixation. Il faut évidemment observer quelque rapport entre la forme d'une porte et celle des corps auxquels elle doit donner passage; et, quant aux fenêtres, si, comparativement à leur hauteur, on les faisait très-larges, il en résulterait des difficultés d'exécution; si, au contraire, très-étroites, il faudrait les multiplier outre mesure pour obtenir la quantité de lumière voulue.

La hauteur d'une porte ou d'une fenêtre est habituellement comprise entre une fois et demie et deux fois et demie la largeur de l'ouverture. La première de ces proportions est assez habituelle dans les contrées méridionales ; la seconde est plus fréquente dans les pays froids, où il convient de faire large place à l'introduction de la lumière et des rayons solaires. Il appartient au goût de l'architecte de déterminer, suivant les circonstances, la proportion précise à laquelle il convient de s'arrêter.

Les vantaux des fenêtres s'ouvrent toujours à l'intérieur, et on les place dans des *embrasures*, tant afin de réduire leur saillie, quand ils sont développés, que pour élargir le passage destiné à l'introduction de la lumière. On divise, à cet effet, le mur en trois parties sur son épaisseur. La première, à partir du dehors, forme le *tableau* de la fenêtre. La seconde est la *feuillure;* elle est destinée à recevoir le châssis dormant, et sa profondeur varie, ainsi qu'on le verra plus loin, quand nous traiterons de la menuiserie. La troisième partie constitue l'*embrasure;* les faces latérales et quelquefois le linteau de l'ouverture y sont ébrasés, c'est-à-dire font un angle plus ou moins obtus avec le parement du mur. L'embrasure se prolonge habituellement au-dessous de l'appui de la fenêtre, dont l'épaisseur se trouve alors réduite à celle du tableau et de la feuillure, à moins qu'il ne fasse saillie au dehors.

Cette disposition est représentée, en plan et en coupe, par la figure 1 de la planche 31. Elle est souvent employée pour les portes, sauf en ce qui concerne l'appui, et principalement pour les portes extérieures.

Les deux systèmes de décoration dont nous avons déjà parlé plusieurs fois s'appliquent aux portes et aux fenêtres : on peut indiquer le détail de la construction de ces ouvrages, ou se borner à en exprimer les contours principaux.

Décoration.

Dans le premier cas, on marque chaque pierre par des refends ou des bossages, ainsi qu'on le voit sur les fenêtres représentées par les figures 2 et 5 de la planche 31, et leur appui est formé par un simple bandeau ou par une longue pierre de même hauteur que les autres. On substitue souvent, à la plate-bande de la figure 2, un arc de cercle à flèche très-courte, ainsi que le montre le côté droit de la figure 5. Cette dernière disposition a l'avantage de mieux convenir aux données de la construction, sans nuire sensiblement à la simplicité de la forme. Souvent aussi l'arête extérieure de l'ouverture est abattue et remplacée par une ou deux moulures, tant pour élargir le passage, que pour ôter à ce mode de décoration ce qu'il pourrait avoir de trop sec.

Le second système présente plus de variété et se prête à une ornementation beaucoup plus riche.

Réduit à sa plus simple expression, il consiste en un encadrement qui représente un linteau supporté par deux longues pierres verticales, s'il s'agit d'une ouverture rectangulaire, et qui indique l'ensemble de la construction en briques ou en pierres, constituant l'arcade, quand telle est la forme de l'ouverture.

Les extrémités du linteau peuvent affleurer les montants qui le supportent ou les dépasser, et, de là, deux dispositions d'encadrements ou *chambranles* : l'une sans ressauts, l'autre avec *crossettes* aux deux angles supérieurs de l'ouverture. La figure 3 représente une fenêtre entourée d'un chambranle à crossettes, et l'on voit sur le côté gauche de la figure 6 une fenêtre en arcade décorée d'un chambranle simple.

Quand on veut mettre l'ouverture à l'abri des eaux pluviales, il convient de placer une corniche au-dessus du chambranle, soit en la faisant reposer immédiatement sur lui, soit en l'élevant à une certaine hauteur au-dessus, et il en résulte un nouveau motif de décoration. On s'arrête à l'un ou à l'autre de ces partis suivant ce qu'indique le goût. Veut-on développer l'ornementation, le caractère de l'édifice paraît-il exiger des formes allongées, craint-on de laisser trop de surface lisse au-dessus de l'ouverture, on adopte le second. S'il en est autrement, on donne la préférence au premier.

La figure 4 représente une fenêtre de forme rectangulaire ainsi décorée. La corniche est séparée du chambranle par un intervalle qui rappelle la frise des entablements, et auquel on a donné le même nom. Cette disposition ne s'applique pas aussi heureusement aux fenêtres terminées par une demi-circonférence de cercle, ainsi qu'on peut le remarquer sur le côté gauche de la figure 7 ; mais, s'il en résulte moins d'harmonie dans l'ensemble de la composition, on y trouve, par contre, un certain cachet de fantaisie dont quelques édifices peuvent réclamer l'empreinte.

Dans ces deux dernières figures, l'appui de la fenêtre a été marqué par une espèce de piédestal, se détachant du mur au moyen d'une légère saillie qui est de même valeur à peu près que celle du chambranle. Ce motif de décoration ne s'admet habituellement que dans les constructions monumentales ou dans des édifices traités avec luxe.

On ajoute parfois quelques ornements accessoires aux données fondamentales qui viennent d'être passées en revue, et nous en mettrons des exemples sous les yeux du lecteur; mais, avant d'entrer dans ce détail, il nous paraît à propos de compléter l'essentiel par quelques mots sur les proportions des principales parties de la décoration. Elles varient suivant le caractère qu'on a en vue, de même que toutes celles de notre système d'architecture. La largeur d'un chambranle est ordinairement le cinquième environ de celle de l'ouverture; la frise est plus étroite que le chambranle quand elle est dépourvue d'ornements, plus large quand elle est décorée de sculptures. La hauteur de la corniche ne dépasse pas, en général, la largeur du chambranle, et souvent elle se tient au-dessous, surtout dans les grandes portes. Quelquefois le chambranle a plus de largeur dans la partie qui correspond au linteau que sur les deux montants de l'ouverture. Ce changement de proportions, dont on trouve plusieurs exemples dans les édifices de l'antiquité, n'a rien que de très-rationnel et convient parfaitement aux constructions monumentales. On donne d'ailleurs d'autant plus de largeur à un chambranle qu'on veut marquer plus de solidité, et l'on doit s'attacher surtout à observer une juste harmonie entre cette partie de l'ornementation de l'édifice et toutes les autres.

Les chambranles se profilent à la manière des architraves et des archivoltes. Les plus simples ne se détachent du mur que par un filet peu saillant, et, quand il y a lieu à plus de richesse, on y ajoute une ou deux moulures et l'on divise le surplus de la largeur en plusieurs bandes. Les corniches se disposent comme celles des entablements; seulement elles n'admettent pas autant de divisions, parce qu'elles sont de dimensions moindres. On fait varier le degré de richesse de tous ces ornements dans le même esprit que celui des ordres d'architecture, et l'on peut établir ainsi des fenêtres ou des portes répondant aux expressions de l'ordre dorique, de l'ordre ionique ou de l'ordre corinthien. Quelques auteurs ont même proposé, à ce sujet, des classifications assez nettement tranchées; mais il est permis de douter que ce soit avec juste raison. D'abord parce qu'il faut éviter de multiplier, sans nécessité bien établie ou plutôt sans consentement bien manifeste, des formules qui tendent toujours à donner à la forme quelque chose d'absolu et par conséquent d'incompatible avec l'objet de l'art; puis parce qu'on ne trouve ici aucun de ces ornements éminemment caractéristiques qui distinguent les ordres d'architecture. Il y a lieu assurément à exprimer les caractères les plus opposés, soit en ce qui est de la solidité, soit en ce qui concerne les qualités morales de simplicité, de finesse, d'élégance, etc.; mais aucune disposition générale de l'ornementation n'a été affectée à une proportion déterminée de l'ouverture, et les monuments des belles époques de l'art montrent souvent des portes très-simples placées sous des portiques corinthiens, et d'autres, dont les ornements sont nombreux, annexées à des ordres doriques. Il n'est qu'une seule règle à suivre à ce sujet, et le bon sens la dicte : il faut donner à une ouverture quelconque d'autant plus d'élégance dans les proportions, de finesse dans les détails, de richesse dans l'ornementation, que l'ordonnance d'architecture, dans laquelle elle doit intervenir, est elle-même plus élégante, plus délicate et plus riche.

Nous avons réuni sur la planche 33 plusieurs portes tirées d'édifices appartenant à la Grèce ou à Rome.

Portes antiques. La première (fig. 1), qui est d'un fort beau style et d'un grand caractère, est un précieux monument de l'art grec; elle est empruntée à un petit temple tétrastyle d'Agrigente. Elle est très-élancée, et ses jambages sont inclinés de telle sorte qu'elle est plus étroite à sa partie supérieure qu'au niveau du sol. Cette dernière disposition, qui avait sans doute pour but de réduire la portée du linteau, se retrouve dans un grand nombre de portes et de fenêtres antiques, et Vitruve nous apprend qu'elle était de règle dans les temples; cependant il est quelques-uns de ces édifices, entre autres le Panthéon d'Agrippa, où elle n'a point été observée.

L'architecte romain divise les portes en trois classes : les portes doriques, les portes ioniques et les portes attiques. Les premières et les dernières ont mêmes proportions; leur largeur au niveau du sol est égale à cinq fois et demie le douzième de leur hauteur, et le rétrécissement mesuré au sommet se règle de la manière suivante : quand la porte a moins de seize pieds de hauteur, il est le tiers de la largeur du chambranle; il en est le quart, pour les portes de seize à vingt-cinq pieds, et il descend au huitième pour celles qui sont comprises entre vingt-cinq et trente pieds. La largeur du chambranle, non compris la moulure qui le contourne, est la douzième partie de la hauteur, et elle diminue à mesure qu'il s'élève, de manière à être réduite d'un quatorzième au sommet. Ainsi, d'après cette règle, on devrait observer, suivant la hauteur, les rapports ci-après entre les largeurs au bas et au sommet :

Pour les portes de moins de seize pieds. . . . . $\frac{550}{517}$

— de seize à vingt-cinq. . . . . $\frac{550}{525}$

— de vingt-cinq à trente.. . . . . $\frac{550}{538}$

Pour les portes ioniques, Vitruve recommande d'observer la même loi en ce qui concerne le rétrécissement ; mais il donne plus de largeur à l'ouverture : il la fixe aux $\frac{3}{5}$ de la hauteur.

La porte du temple d'Agrigente n'est nullement conforme à ces prescriptions ; elle est beaucoup plus étroite par rapport à sa hauteur, et le rétrécissement y est plus prononcé.

La porte suivante est d'architecture romaine ; elle est tirée du temple de Vesta, à Tivoli, dont la planche 23 représente l'ensemble et quelques détails. Son rétrécissement rentre tout à fait dans la règle de Vitruve : elle a plus de seize et moins de vingt-cinq pieds romains de hauteur, et le rapport entre les deux largeurs est égal à $\frac{550}{525}$, à un millième près. Sa largeur est, du reste, un peu plus faible que ne le comporte cette règle ; elle est de $2^m,40$ au niveau du sol, tandis que les $\frac{5,5}{12}$ de la hauteur donnent $2^m,53$.

La face plane du chambranle n'a pas le douzième de la hauteur ; mais elle est divisée en deux bandes, conformément à une autre prescription de notre auteur relative aux portes attiques.

Cette porte est d'une architecture fine, élégante, mais beaucoup moins monumentale que celle de la précédente.

La porte du temple de Cora (fig. 3), édifice qui est représenté sur la planche 17, participe de cette finesse excessive qui forme le caractère le plus saillant de ce curieux monument. Bien qu'elle appartienne à un ordre dorique, les extrémités de la corniche qui la couronne sont soutenues par deux consoles, ornement qu'on pourrait appeler de luxe, et qui, suivant Vitruve, était réservé aux portes ioniques. Cette corniche a peu de hauteur, et elle est décorée d'oves, de perles et de denticules. Une inscription, dont plusieurs termes portent à penser que cette construction date de la République, est placée dans la frise, disposition fort convenable, dont on pourrait citer de nombreux exemples. Le célèbre γνῶθι σεαυτὸν du temple de Delphes occupait probablement une position analogue.

Les jambages de la porte sont inclinés en dedans : mais ni leur inclinaison, ni les largeurs de l'ouverture et du chambranle ne se rapportent à la règle posée par Vitruve, auteur auquel on peut d'ailleurs reprocher d'avoir eu trop de tendance à conclure du particulier au général, et dont il ne faut accepter les formules qu'avec la plus grande réserve.

La quatrième porte de la même planche est tirée du portique de l'Érechthéion, dont nous avons déjà parlé plusieurs fois et dont nous avons mis les dessins sous les yeux du lecteur (pl. 20). C'est la plus riche et peut-être la plus intéressante de toutes celles que l'antiquité nous a léguées. On admire la noblesse et l'ampleur de ses formes, l'harmonie de ses proportions, la finesse, la grâce et le goût exquis de ses ornements. La corniche qui la couronne est du plus beau caractère, et contraste beaucoup avec celle de la porte du temple de Cora ; ses extrémités sont soutenues par des consoles riches, fermes et élégantes à la fois, dont la figure 5 donne le profil rapporté à une plus grande échelle que le dessin d'ensemble.

Un autre motif de décoration de porte se trouve dans quelques monuments antiques ; il consiste en deux pilastres formant les jambages de l'ouverture, lesquels sont surmontés d'un entablement. Cette disposition n'a rien que de très-rationnel, et elle est par conséquent susceptible de produire un très-bon effet. On en voit un exemple dans l'acropolis, actuellement en ruines, de l'ancienne ville grecque de Céfalu, en Sicile, et la ville de Pompéi en offre un autre, à l'entrée d'une de ses principales maisons.

Portes modernes.

Dans notre architecture moderne, les portes ont, en général, moins de caractère et de simplicité que dans l'architecture antique. Les chambranles surtout y sont beaucoup plus chargés de moulures, et, dès qu'il s'agit d'édifices d'une certaine importance, les consoles, les frontons ou les colonnes interviennent presque toujours dans la décoration de ces ouvertures. Or la profusion des lignes est rarement d'un bon effet.

La planche 34 met sous les yeux du lecteur quatre portes modernes dues à des architectes italiens.

La première (fig. 1) est du dessin de Balthasar Peruzzi, l'un des architectes les plus éminents des débuts du seizième siècle, dont les compositions, hautement appréciées en Italie, ne sont pas assez connues en France. Elle est placée à l'entrée du petit palais Massimi, à Rome. Comme toutes les œuvres du même auteur, elle est empreinte d'un cachet particulier de fermeté, de grâce et de distinction ; plus simple que les suivantes, elle a un caractère plus monumental.

La seconde porte appartient au même architecte. Elle est tirée de l'église de Saint-Michel, à Bologne. Plus riche, plus importante que la première, elle n'a pas la même fermeté, mais on n'y trouve pas moins de goût. Son harmonie est parfaite et s'étend jusqu'aux plus petits détails ; ses ornements sont fins sans maigreur, multipliés sans confusion, et présentent beaucoup d'élégance. Peut-être les tuiles ornées qui sont placées aux deux extrémités du fronton, auraient-elles pu être supprimées sans inconvénient. Ce sont des réminiscences d'une disposition adoptée dans quelques temples de l'antiquité ; mais il semble que ce n'était pas le lieu de la faire revivre, et qu'elle a reçu des proportions exagérées.

La porte représentée par la figure 3 est du dessin de Vignole. Elle décore le palais de la Chancellerie, à Rome. Elle a de l'ampleur, de belles proportions, et ses profils sont heureusement conçus. Deux consoles richement ornées soutiennent les extrémités d'une corniche très-saillante (trop saillante peut-être), dont les deux plafonds sont décorés, le supérieur, d'élégantes cannelures, et l'inférieur, de gouttes et de losanges analogues à ceux qui se rencontrent dans quelques corniches d'ordre dorique. Ces consoles, de même que celles de la porte de Bologne, ne sont pas simplement appliquées contre le mur, comme on le voit dans les portes antiques d'Athènes et de Cora ; elles s'appuient chacune sur un montant placé à côté du chambranle, ou, pour employer l'expression consacrée, sur un *contre-chambranle*. Une feuille est ajustée sous la volute inférieure de la console, pour éviter le mauvais effet que produirait l'angle très-aigu formé par cette partie de l'ornement au point où elle se détache du mur. Cette disposition est, pour ainsi dire, de règle en pareil cas, et le lecteur a déjà pu la remarquer sur deux des exemples qui lui ont été présentés.

Peut-être y aurait-il eu avantage à augmenter un peu la hauteur de l'ouverture de cette porte aux dépens de la frise, qui paraît montrer une trop grande surface entièrement nue. Peut-être aussi était-il dans les intentions de l'architecte d'occuper cet intervalle par une inscription.

La quatrième porte a été dessinée d'après les règles posées par Serlio dans son Traité d'architecture. La disposition qu'elle présente convient parfaitement aux portes qui doivent être décorées avec un certain luxe et mises en évidence avec beaucoup de netteté. L'ouverture est entourée d'un chambranle, et elle est accompagnée, de chaque côté, d'une colonne engagée ; le tout est surmonté d'un entablement et couronné par un fronton. Quelquefois on substitue des pilastres aux colonnes ; mais alors la décoration est moins accentuée. On peut, au contraire, mettre les colonnes entièrement en saillie, et l'entablement porte alors un balcon avec balustrade.

308   TRAITÉ D'ARCHITECTURE.

Citons encore, comme exemple de porte moderne de forme rectangulaire, l'une des portes du rez-de-chaussée du palais du Louvre, qui est représentée sur la planche 38. Sa disposition, plus simple que les précédentes, se prête, comme elles, à divers degrés de richesse et aux expressions les plus variées.

La planche 35 présente divers exemples de portes en arcades, comme celles qui donnent entrée dans les cours de grands hôtels ou dans des enceintes d'une certaine importance.

On remarque, dans plusieurs hôtels appartenant aux deux derniers siècles, des portes disposées ainsi que le montre la figure 1 [1].

La figure 2 reproduit, sauf les ornements du tympan, l'une des portes des portiques latéraux de l'ancienne gare du chemin de fer du Nord, à Paris. Elle fait voir comment on peut établir une grande ouverture dans une ordonnance qui, au premier abord, paraît s'y opposer.

Les figures 3 et 4 offrent des exemples fort intéressants de portes décorées de pilastres et de bossages. Le premier de ces dessins représente une porte d'un caractère monumental, traitée avec une certaine richesse. Elle est due à l'illustre architecte ingénieur San-Micheli, qui l'a placée à l'entrée de la cale couverte qui renfermait le Bucentaure, dans l'arsenal de Venise. Elle est exécutée en marbre blanc, et elle est surmontée d'un bel attique, accompagné de pilastres avec refends, dont le centre est occupé par une figure symbolique de la République.

La quatrième porte est beaucoup plus simple que la précédente, et elle a quelque chose de rustique. Elle est du dessin de Serlio.

Exemples de fenêtres.

Nous avons réuni, sur la planche 32, plusieurs exemples de fenêtres; ils sont empruntés à des monuments antiques ou à des constructions des belles époques de l'art moderne.

Les figures 1 et 2 représentent respectivement la face externe et la face interne d'une des fenêtres du temple de Vesta à Tivoli, dont l'ensemble et la porte sont dessinés sur les planches 23 et 33. Elle est plus étroite en haut qu'en bas, comme la plupart des portes antiques, et la corniche repose immédiatement sur le chambranle. A l'extérieur, l'appui de la fenêtre est coupé carrément à ses extrémités, et il est enrichi d'une moulure formant encadrement; à l'intérieur, il n'y

---

[1] Voyez aussi les portes représentées par la figure 2, planche 76, et par la figure 3, planche 84, de la IIe partie de cet ouvrage.

a point d'appui, le chambranle entoure l'ouverture et porte des crossettes dans les angles.

Il est à remarquer que le larmier de la corniche intérieure est peu saillant et n'est pas refouillé en dessous, tandis que l'autre présente la disposition inverse. C'est une preuve du soin que les anciens apportaient souvent à se montrer rationnels jusque dans les plus petits détails de leurs édifices : le refouillement du larmier, ayant pour but de faire égoutter les eaux pluviales, était inutile dans un intérieur, et ils l'ont supprimé ; la corniche ne se présente alors que comme un ornement consacré par l'usage.

Le dessin qui vient à la suite (fig. 3) est dû à Bramante, qui l'a appliqué aux fenêtres placées au premier étage du palais de la Chancellerie, à Rome, dont l'un des pavillons est représenté sur la planche 36 (fig. 1). C'est l'une des plus heureuses compositions de détail de cet architecte, au goût pur, au sentiment délicat, qui, se rattachant à l'esprit plutôt qu'aux formes de l'art antique, sut toujours imprimer à ses œuvres le cachet de son individualité. On y admire l'ordre dans la fantaisie, ainsi que l'harmonie, les proportions et la grâce des ornements, qui sont fins sans sécheresse, riches sans profusion.

La fenêtre du palais Massimi (fig. 4) est due à Balthasar Peruzzi, l'auteur des belles portes dont nous avons parlé tout à l'heure. Elle est d'une architecture plus simple, plus sévère que la précédente ; mais elle peut être également citée comme un modèle, sous le double rapport des proportions et de la disposition des profils. Le chambranle est à crossettes, et les extrémités de la corniche sont soutenues par des consoles qui ne sont pas accompagnées de contre-chambranles ; l'appui de la fenêtre se détache par une forte saillie en forme de balcon.

Au-dessous de fenêtres situées au rez-de-chaussée, on pratique souvent des soupiraux destinés à donner de l'air et du jour dans les caves, et l'on s'attache quelquefois à comprendre, dans un même motif de décoration, ces deux ouvertures, qui sont, en général, très-rapprochées l'une de l'autre. Notre planche met sous les yeux du lecteur (fig. 5) la disposition qui a été adoptée à cet effet par Sangallo, dans le palais Sacchetti, à Rome. L'appui de la fenêtre a une saillie assez prononcée, et il est soutenu par deux hautes consoles, entre lesquelles s'ouvre le soupirail ; elles reposent sur un petit socle qui sert d'appui à cette ouverture. Cette composition se distingue par de beaux profils et des proportions très-fermes, qui sont parfaitement en harmonie avec le caractère général de l'édifice, et surtout de l'étage qu'elle décore. Elle a été fréquemment reproduite, non pas d'une manière servile, mais avec les modifications plus ou moins prononcées que paraissaient réclamer les circonstances.

Enfin la dernière fenêtre de la même planche est tirée de la façade, sur la cour, de la partie du palais du Louvre qui a été construite sur les dessins de Pierre Lescot. Elle prouve que la France avait des architectes capables de rivaliser avec ceux dont se glorifie l'Italie, avant que le seizième siècle eût atteint la moitié de son cours. Qu'on la compare aux précédentes, et l'on n'y trouvera ni moins d'élégance dans les proportions, ni moins de goût dans les ornements. Peut-être ces derniers paraîtront-ils un peu trop multipliés. Ils le seraient, en effet, s'il s'agissait d'un édifice ordinaire; mais qui pourrait les trouver déplacés dans le palais de François Ier et de Henri II?

Elle est de plus grandes dimensions que les fenêtres italiennes, ainsi que le prescrivent les convenances de notre climat. Elle était divisée autrefois en plusieurs parties par des meneaux en pierre, que nous n'avons pas cru devoir reproduire sur notre dessin, mais qui sont indiqués sur l'élévation d'une partie de ce palais (pl. 38).

Mezzanines et œils-de-bœuf. On emploie quelquefois des fenêtres bien différentes de celles dont nous venons de parler, quand on veut éclairer de grandes pièces à leur partie supérieure, ou des étages très-bas, comme des entre-sol. On leur donne, d'après les Italiens, le nom de mezzanines. Leur hauteur est tout au plus égale à leur largeur, et elle lui est souvent notablement inférieure. Ces ouvertures, étant d'importance très-secondaire, n'appellent pas la même décoration que les autres; on se borne ordinairement à les entourer d'un chambranle avec ou sans crossettes, et l'on s'abstient, en général, de les faire reposer sur un appui.

Les petites ouvertures circulaires ou elliptiques, dites en œil-de-bœuf, qu'on remarque dans plusieurs constructions des deux derniers siècles, sont rarement employées dans notre architecture moderne. Cependant il est plusieurs circonstances où il convient de leur donner la préférence sur les mezzanines.

Lucarnes. Il est enfin une classe particulière de fenêtres, dont on ne trouve d'exemples ni dans l'antiquité ni dans les constructions de l'Italie, et dont l'architecture française présente des types extrêmement remarquables : nous voulons parler des lucarnes. Les toits élevés qu'exige notre climat, ou qu'il légitime du moins, ont conduit naturellement à cette disposition. Il fallait de larges ouvertures pour éclairer convenablement les vastes greniers; on les a mises en évidence, et un nouvel et heureux motif de décoration est résulté de cette donnée d'ordre matériel, traitée avec art. Ces lucarnes aux formes variées, qui s'élèvent, plus ou moins espacées, au-dessus de la corniche, sauvent ce qu'il y a parfois d'un peu sec dans un couronnement dirigé en ligne droite, et terminent l'édifice par une sorte de dentelure vigoureusement accentuée, dont l'effet est presque toujours très-satisfaisant.

A raison de leur isolement, les lucarnes sont susceptibles de formes plus libres que celles des autres fenêtres, qui n'admettent pas la fantaisie au même degré, parce qu'elles se rattachent davantage à l'ensemble de la construction. Les planches 53, 55, 79, 83, 84 et 85 de la deuxième partie de cet ouvrage en offrent des exemples variés.

CHAPITRE SIXIÈME.

SOUBASSEMENTS, ATTIQUES, CORNICHES DE COURONNEMENT, FRONTONS ET BALUSTRADES.

DES SOUBASSEMENTS.

Les soubassements remplissent, dans nos constructions, un rôle analogue à celui des piédestaux des colonnes : ils ont pour objet d'élever, à une certaine hauteur au-dessus du sol, la partie principale de l'édifice auquel ils appartiennent, et ils doivent être disposés de manière à présenter toute garantie de solidité. Un soubassement complet se compose, de même qu'un piédestal, d'une base ou empatement plus ou moins saillant destiné à donner de l'*assiette* à la construction, d'une partie plane qui est verticale ou en talus, et d'une corniche.

Quand un édifice ne comporte qu'un rez-de-chaussée, la hauteur du sol intérieur au-dessus du sol extérieur détermine celle du soubassement, qui se réduit alors quelquefois à un simple socle très-peu saillant, ou à un socle précédé d'une base, dont les dimensions et le profil dépendent surtout du caractère qu'on juge convenable d'assigner à la construction. Mais, lorsqu'un ou plusieurs étages s'élèvent au-dessus d'un rez-de-chaussée, et lorsque d'ailleurs le premier étage est plus important que les autres, ainsi qu'il se rencontre souvent, le soubassement prend beaucoup plus de hauteur et embrasse ordinairement le rez-de-chaussée tout entier. On introduit ainsi de la variété dans les formes générales, et l'on marque nettement les traits essentiels de la composition.

L'art, qui s'appuie toujours sur les convenances et s'attache d'autant plus à y satisfaire qu'elles sont plus évidentes, exige que, dans toute construction, la partie qui supporte ait plus d'apparence de solidité que celle qui est supportée. Les formes qui annoncent la stabilité, les expressions caractéristiques de la force, doivent donc être plus développées dans un soubassement que dans le reste de l'édifice auquel il appartient; il y faut des empatements plus prononcés, des matériaux plus résistants, une décoration plus mâle. Mais il est une certaine mesure à observer dans toutes ces choses, afin d'assurer l'harmonie de l'ensemble. Une expression n'est vraie qu'à condition d'être harmonieuse, et un soubassement, pour être convenable, ne doit se montrer ni trop fort, ni trop faible par rapport à la charge apparente qui lui est imposée. Il faut rechercher les oppositions, mais éviter les disparates.

La partie inférieure d'un soubassement, celle qui en constitue la base, doit présenter des empatements d'autant plus fermes que l'édifice a une plus grande hauteur et un caractère plus monumental; cela est évident. C'est donc par rapport à l'ensemble de l'œuvre qu'il faut en déterminer les lignes et les proportions principales; mais il est une autre considération à laquelle il importe d'avoir égard. Il est à remarquer, en effet, qu'à raison de la position qu'ils occupent, les profils d'un soubassement sont exposés à être vus de près, et doivent être par conséquent traités de manière à plaire, à la fois, au spectateur qui les envisage isolément et à celui qui en est assez éloigné pour embrasser du même coup d'œil la composition tout entière. On satisfait à ces deux conditions, qui, au premier abord, paraissent difficiles à concilier, en alliant la grâce à la vigueur, et en introduisant de la finesse dans les détails, tout en conservant beaucoup de netteté dans la forme générale.

Quand l'empatement doit avoir une saillie considérable, eu égard à celles que comporte le style adopté, on peut la répartir en plusieurs groupes de moulures, qu'on sépare par des parties droites plus ou moins étendues. A une base unique, on en substitue deux ou trois. Quelquefois même ce ne sont pas seulement des bases, ce sont des soubassements qui se superposent. C'est ce qu'a fait Bramante au palais de la Chancellerie, à Rome, dont un des pavillons est représenté par la figure 1 de la planche 56. On voit qu'il a placé, au niveau du sol, un premier socle très-bas, accompagné d'une base et d'une corniche extrêmement simples; qu'au-dessus, s'élève un second socle plus élancé et décoré de moulures plus fines et plus nombreuses, et que cet ensemble forme en quelque sorte la base du soubassement, lequel est terminé par une corniche de faible saillie. Cette composition, dont les profils sont reproduits par la figure 2 sur une plus grande échelle que celle du dessin d'ensemble, est pleine de grâce et de finesse, tout en présentant un caractère de solidité très-convenable, et elle est en harmonie parfaite avec les étages supérieurs.

Soubassements du Louvre. Le soubassement de la colonnade du Louvre devait être disposé d'une manière analogue. On avait l'intention de creuser un fossé au pied de l'édifice, et il eût été alors composé de deux parties : de celle qui se voit aujourd'hui, et d'une autre beaucoup plus accentuée, semblable au soubassement du pavillon de Charles IX, lequel est représenté par la figure 3 de la planche 36. Le monument aurait beaucoup gagné à cette adjonction.

On remarquera que ce dernier soubassement est établi suivant un talus très-prononcé. Cette forme, qui annonce et donne effectivement beaucoup de stabilité, permet de réduire la saillie de la base, et s'applique plus particulièrement aux parties des édifices qui sont situées au-dessous du niveau du rez-de-chaussée, comme le montre l'exemple que nous avons choisi.

L'étage supérieur de ce pavillon n'appartient pas à la construction primitive. Ajouté sous Henri IV, il fut rétabli par Louis XIV, après avoir été gravement endommagé par un incendie. Des gravures du temps montrent que, sous Charles IX, l'aile du Louvre qui longe le jardin de l'infante ne se composait que d'un rez-de-chaussée élevé au-dessus d'un soubassement. Elle était couverte en terrasse.

Décoration. Les refends et les bossages sont fréquemment employés à la décoration des soubassements, et ils y conviennent, en effet, très-bien. Ils indiquent des matériaux de choix, et donnent à la construction un caractère de solidité dont on fait varier l'expression suivant les circonstances. Lorsque ce système de décoration règne dans toute la hauteur de l'édifice, on a soin de donner plus de vigueur aux refends du rez-de-chaussée qu'à ceux des étages supérieurs, et même quelquefois on ajoute des bossages aux premiers afin de les différencier plus nettement. Quand le soubassement seul est décoré de refends, cet ornement peut être moins accentué, et c'est presque toujours un avantage; car si l'art admet et exige même parfois des expressions très-vigoureuses, la modération est une des qualités morales qui lui siéent le mieux, et elle est une condition d'élégance. Enfin un soubassement peut rester entièrement lisse dans toute la partie comprise entre la base et la corniche, et il est plusieurs exemples de cette disposition qui produisent de fort bons effets. Il faut alors restreindre, autant que possible, le nombre et les dimensions des ouvertures à pratiquer dans le mur et adopter des empatements bien caractérisés, afin de trouver, dans la masse de la construction et dans ses garanties de stabilité, l'expression de résistance qu'on n'a pas jugé convenable de demander au mode de décoration. Le soubassement de la colonnade du Louvre satisfait à la première de ces conditions, mais non à la seconde, d'où résulte qu'il laisse à désirer sous le rapport du caractère. Il n'en est pas de même de celui de la nouvelle bibliothèque de Sainte-Geneviève, à Paris, qui est également dépourvu de refends; toutes choses y ont été très-justement disposées, et l'aspect monumental s'y concilie très-bien avec l'élégance de la forme.

En quelques circonstances, on a introduit des pilastres et même des colonnes dans la décoration des soubassements. Un des plus beaux exemples qu'on puisse citer à ce sujet nous est offert par la partie de l'aile du Louvre, longeant la rivière, qui s'étend depuis le palais jusqu'au pavillon de Lesdiguières. Au-dessus d'un premier soubassement énergique et de faible hauteur, s'élève un étage décoré de pilastres d'ordre dorique sans triglyphes, lequel forme soubassement par rapport à l'étage principal, dont il est séparé par un attique. Ainsi, cette composition se divise en quatre parties principales qui sont disposées dans l'ordre suivant : premier soubassement, formé par un mur plein avec socle et bandeau; second soubassement, décoré de pilastres; attique; étage principal. Les pilastres du soubassement portent des bossages, ainsi que le mur contre lequel ils sont appuyés. Il y a une vigueur très-convenable dans cette partie de la construction, et elle s'allie aux formes les plus gracieuses, à l'ornementation la plus riche. L'entablement, les chapiteaux, les bossages eux-mêmes sont couverts de sculptures pleines de goût, de délicatesse et de charmantes fantaisies, dont on peut prendre une idée à l'inspection de la figure 6 de la planche 30, qui représente une des colonnes de cette ordonnance. On ne trouve pas, dans ces ornements, la pureté de formes de ceux des beaux temps de la Grèce, le caractère monumental de ceux des Romains, la gracieuse naïveté de ceux des débuts de la Renaissance; ils ont un tout autre mérite, ils appartiennent à un style tout particulier, qui se distingue surtout par une heureuse alliance d'ampleur, de finesse et de fermeté. Peut-être ont-ils été semés avec trop d'abondance; mais personne ne songe à le regretter.

Ce monument, sous le double rapport de la forme générale et de la décoration, est un précieux témoignage de l'indépendance et de la virtualité de l'architecture française. C'est une œuvre vraiment originale, qui ne nous paraît inférieure à aucune de celles du même genre dont les autres nations s'enorgueillissent, et qui l'emporte de beaucoup sur la plupart des célèbres palais de l'Italie. Notre amour-propre national a-t-il quelque part dans ce jugement? nous ne le croyons pas.

L'ossature d'un soubassement se marque quelquefois par des arcades, qui se décorent de refends et dont les ouvertures sont fermées en partie par des murs lisses. Cette disposition se remarque dans plusieurs palais de Palladio, et entre autres dans celui qu'il fit construire à Vicence pour le comte de Porti, palais dont une partie de la façade principale est représentée par la figure 1 de la planche 37.

On doit éviter dans la composition d'un soubassement tout ce qui est de nature à altérer, soit en réalité, soit en apparence, la solidité de la construction. Ainsi il y a, en général, avantage à y restreindre le nombre et surtout les dimensions des ouvertures, portes ou fenêtres, de telle sorte que les pleins l'emportent de beaucoup sur les vides; mais il est des circonstances où la nature de l'édifice ne permet pas de satisfaire à cette condition, et où il est même nécessaire d'avoir un portique au rez-de-chaussée. Il faut alors adopter le mode de construction qui présente le plus de résistance, c'est-à-dire les arcades sur pieds-droits de forme rectangulaire, leur donner beaucoup de fermeté, et leur appliquer une décoration énergique. Tel est le système qui a été suivi, avec un sentiment parfait des convenances morales du sujet, pour les deux beaux palais construits par Gabriel sur la place de la Concorde, à Paris[1].

La corniche qui termine un soubassement doit être traitée avec beaucoup de simplicité. Il ne faudrait pas qu'elle luttât d'importance avec celle qui couronne l'étage principal ou l'édifice entier. Il convient d'ailleurs qu'elle participe du caractère de la partie de la construction à laquelle elle appartient, et l'on s'attache, à cet effet, à lui assurer une certaine apparence de solidité. Ces deux motifs conduisent habituellement à lui donner moins de saillie que de hauteur, et même quelquefois à la convertir en un simple bandeau, ainsi qu'il se remarque aux soubassements de la place Vendôme, des palais de la place de la Concorde, du palais de l'école des Beaux-Arts (dont une partie de l'élévation est représentée par

[1] IIe partie, planche 7.

la figure 2 de la planche 37), de la nouvelle bibliothèque Sainte-Geneviève et de plusieurs autres édifices.

L'architecture française, qui compte la franchise et la lucidité des expressions au nombre des qualités qui la distinguent, est peut-être plus riche qu'aucune autre en beaux soubassements. Elle en présente de toutes formes, de toutes proportions et des caractères les plus divers. Outre ceux dont il a été parlé tout à l'heure, on admire, à Paris, les soubassements de l'Hôtel de Ville[1], de la place des Victoires, du palais de l'École militaire, de l'hôtel des Monnaies et de plusieurs habitations privées.

DES ATTIQUES.

Quelques édifices sont terminés, à leur partie supérieure, par un étage d'importance secondaire, qu'une corniche plus ou moins prononcée sépare du reste de la construction. Cet étage forme ce qu'on appelle un attique.

Les attiques sont souvent décorés de pilastres, qui constituent un ordre spécial auquel on a donné le nom d'*ordre attique*. Cet ordre n'est pas formulé avec autant de précision que les autres; il s'en faut de beaucoup. On ne l'emploie jamais qu'en pilastres engagés dans le mur. Il est de ces pilastres qui sont décorés de bases et de chapiteaux, il en est auxquels on n'a affecté qu'un seul de ces ornements, quelques-uns en sont complétement dépourvus. Ils sont réunis, dans quelques édifices, par un entablement complet; dans d'autres, par une corniche accompagnée ou non d'une architrave. La forme des ornements ne varie pas moins que les dispositions générales, et il en est de même des proportions des pilastres et de celles de leurs entablements. On peut dire cependant que la largeur des premiers est habituellement comprise entre le quart et le sixième de leur hauteur.

Il est une certaine relation à observer entre la disposition, les proportions et la décoration d'un attique, d'une part, et celles de l'étage principal qu'il couronne, de l'autre. En ce qui concerne les hauteurs, ce rapport varie, dans les édifices exécutés, entre des limites assez éloignées : il descend jusqu'au quart et il atteint aux deux tiers. Mais on doit, en général, éviter ces termes extrêmes qui ont l'in-

---

[1] II⁰ partie, planche 53.

convénient, ou de trop réduire l'attique, ou de lui donner un développement exagéré et de jeter par là quelque indécision sur son caractère. Quant à la disposition, elle doit être conçue de telle sorte que les deux parties de l'œuvre soient nettement rattachées l'une à l'autre. Il faut des pilastres dans l'attique toutes les fois que des colonnes ou des pilastres sont appliqués à la décoration de l'étage principal, et il doit y avoir harmonie entre les divers ornements.

La composition des attiques soulève une question qui n'est pas sans difficultés. La corniche d'un attique doit-elle être établie en vue de cette partie de la construction, envisagée isolément, ou faut-il en régler les formes et les proportions de telle sorte qu'elle couronne convenablement l'édifice tout entier ? En d'autres termes, doit-elle l'emporter ou non sur celle qui termine l'étage principal ?

Cette question a été diversement résolue. Les arcs de triomphe des Romains sont couronnés par des attiques qui portent les inscriptions commémoratives, et dont les corniches ont moins d'importance que celles de l'ordonnance inférieure sous le double rapport des proportions et de la richesse. L'attique, dans ces édifices, se présente plutôt comme un objet supporté par le monument que comme une partie essentielle de la construction. Aussi est-il toujours traité avec une assez grande simplicité : les pilastres n'ont pas de chapiteaux, et la corniche repose immédiatement sur eux.

Attiques de l'architecture italienne.

Cette solution a été adoptée par la plupart des architectes italiens, et entre autres par Palladio. La figure 1 de la planche 37 en met un exemple sous les yeux du lecteur ; elle représente un fragment de l'élévation d'un palais construit à Vicence par cet illustre architecte. On voit que l'édifice est divisé en trois parties sur sa hauteur : un soubassement, formé d'arcades décorées de refends et couronnées par un simple bandeau ; un étage richement orné de colonnes ioniques, lesquelles sont engagées dans le mur ; au sommet, un attique avec pilastres sans chapiteaux et corniche peu importante. Cette œuvre est très-remarquable : elle présente à la fois variété et harmonie, chacune de ses parties a un caractère bien tranché, sans faire disparate avec les autres, et toutes les proportions en sont d'ailleurs très-heureuses. On trouve surtout beaucoup d'art dans la disposition de l'attique. Le parti auquel l'auteur s'est arrêté y est très-nettement indiqué, et la pensée est exprimée de manière à ne laisser aucune indécision dans l'esprit du spectateur. La saillie des pilastres est faible et, malgré cela, la corniche ressaute au-dessus de chacun d'eux. Il ne fallait pas, en effet, donner une trop grande apparence de solidité à une partie de la construction qu'on voulait présenter comme accessoire, et, si la corniche eût été dirigée en ligne droite alors que celle de l'étage principal ressautait au-dessus des colonnes, elle eût pu prendre, par cela même, une certaine importance relative qui aurait, non pas détruit, mais amoindri le caractère qu'on avait en vue. Cela n'a pas suffi à Palladio : afin de montrer le peu de valeur de cette corniche, il a jugé à propos de la faire ressauter également au-dessus des chambranles des fenêtres de l'attique, lesquels sont prolongés jusqu'à son arête inférieure. Plier un membre d'architecture aux plus petites saillies qu'il rencontre en son chemin, est ajouter évidemment à l'expression de faiblesse qui résulte des proportions qu'on lui a attribuées.

La position assignée aux statues qui décorent cet édifice est également digne de remarque. Palladio ne l'avait pas adoptée de prime abord; car le projet, qu'il a publié dans son Traité d'architecture, les place au-dessus des pilastres de l'attique. C'était une faute : c'était donner de l'importance à l'attique, et le présenter comme une partie essentielle de la composition; c'était s'éloigner du but qu'on avait poursuivi avec tant de sollicitude. L'auteur l'a compris, et il a corrigé, en exécution, l'erreur qui s'était glissée dans la première expression de sa pensée : les statues ont été placées immédiatement au-dessus de l'entablement de l'étage principal; elles sont supportées par les colonnes et non par les pilastres de l'attique. Elles ont pour effet d'augmenter la valeur du couronnement, de le marquer clairement, et d'amoindrir l'attique, qui se trouve caché en partie et semble être relégué sur un second plan.

Toutes ces dispositions sont assurément fort ingénieuses, et, la donnée admise, il est impossible de ne pas applaudir à la solution. Mais l'idée première est-elle bien juste? Est-il bien conforme aux véritables principes de l'art de rejeter, en quelque sorte, en dehors de l'architecture de l'édifice, une partie utile de la construction, dont la nécessité est proclamée par le fait même de l'exécution? Est-on bien en droit de placer un couronnement ailleurs qu'au sommet de l'édifice? La corniche principale ne doit-elle pas être celle qui, recevant les eaux de la toiture, est appelée à en abriter la façade ou à soutenir le chéneau par lequel elles s'écoulent?

La difficulté que les architectes italiens avaient plutôt tournée que résolue, les architectes français l'ont abordée de front. Fidèles aux inspirations du génie national, ils ont voulu rester dans le vrai; indépendants, alors même qu'ils paraissaient obéir à des traditions étrangères, ils se sont résolument engagés

Attiques de l'architecture française.

dans la voie nouvelle que leur admirable bon sens leur avait immédiatement révélée, et ils l'ont signalée par des œuvres empreintes du goût le plus pur, du sentiment le plus délicat des convenances de l'art. Dès les débuts de la Renaissance, la question se pose dans une construction de la plus haute importance, et elle est résolue par un chef-d'œuvre.

Construit par Philippe-Auguste, le vieux château du Louvre tombait en ruines. François Ier, qui avait été obligé d'y faire des réparations considérables pour y recevoir dignement Charles-Quint, résolut de construire un nouvel édifice dans l'emplacement même de l'ancien, et Serlio, appelé en France, fut consulté à ce sujet. Mais, aux dessins du célèbre architecte italien, on préféra ceux d'un jeune homme, Pierre Lescot, qui se révélait peut-être alors pour la première fois, car il n'avait qu'une trentaine d'années, et l'on sait combien est longue l'étude de l'architecture. Pierre Lescot fut donc chargé de la construction du nouveau palais du Louvre, et il la commença vers 1541, pour la terminer sous Henri II, en 1548, ainsi que nous l'apprend une des inscriptions gravées dans l'intérieur de l'édifice.

Le palais n'était pas projeté avec tout le développement qui lui a été donné depuis. François Ier n'avait ordonné qu'une aile, et c'est la partie du côté occidental de la cour actuelle, qui s'étend depuis le pavillon de l'Horloge jusqu'à l'angle sud-ouest; et le projet de Henri II, dont l'exécution fut commencée sous le règne de ce prince, du côté de la rivière, se bornait à la construction de trois autres ailes semblables, ainsi que le rapporte un auteur contemporain, Androuet du Cerceau [1], dont nous citerons les paroles. « Au milieu de « la court, dit-il, y auoit autrefois vne grosse tour ronde, pareille à celle qui « est en la conciergerie du Palais de laditte ville, destinée entre autres choses « pour mettre et serrer les deniers et finances du Roy. Mais d'autant qu'elle « occupoit partie d'icelle court, et offusquoit l'intérieur du logis, par le com- « mandement du feu Roy François premier, elle fut démolie et rasée : et « peu après commencé le bastiment de la face, où de présent sont les grandes « salles du premier et deuxiesme estage, regardant la porte et entrée : « au coing duquel est le grand escallier, seruant de passage pour aller aux « offices de cuisine hors le Chasteau. Ceste face de maçonnerie est tellement « enrichie de colomnes, frises, architraues, et toute sorte d'Architecture, auec

[1] *Les plus excellents bastiments de France*, par Jacques Androuet du Cerceau.

« symmetrie et beauté si excellente, qu'à peine en toute l'Europe ne se trouuera
« sa seconde. A l'autre bout, du costé de la riuière, y a vn fort grand pauillon,
« merueilleusement beau et commode pour le logis de sa Maiesté. Le tout com-
« mencé, ainsi que j'ay dit, du viuant du feu Roy François, et paracheué par le
« Roy Henry son fils, soubs l'ordonnance et conduite du seigneur de Clagny[1].
« Ce que le Roy Henry se trouuant grandement satisfait de la veuë d'une
« œuuvre si parfaicte, delibera la faire continuer és trois autres costez, pour
« rendre ceste court nompareille. Et ainsi par son commandement fut com-
« mencé l'autre corps de bastiment depuis le susdit Pauillon, tirant le long
« de la riuière : lequel a esté poursuiuy par les Roys François second et
« Charles neufiesme, dernier decedé, ses enfans, ou plustost par la Royne
« leur mère, iusques à l'endroit, où sera assis vn autre escallier, pour seruir
« au dit corps de logis. »

Ce fut sous Louis XIII qu'on arrêta l'idée de donner à la cour les dimensions que nous lui voyons aujourd'hui, en doublant la longueur des ailes et en y ajoutant les quatre gros pavillons placés au centre de chacune d'elles. Mais ce projet ne fut mis à exécution que plus tardivement, à une époque où le goût de la nation avait changé, et l'ordonnance imaginée par Pierre Lescot ne fut malheureusement pas respectée dans toutes ses parties. L'attique fut remplacé, sur trois des côtés de la cour, par un étage décoré de colonnes et de pilastres. Il ne règne que sur l'aile de l'ouest, de sorte que, des deux parties élevées par notre grand architecte, la seule qui soit restée intacte est celle qui a été commencée par François Ier. La figure 1 de la planche 38 donne le plan de la façade, sur la cour, de cette précieuse partie du monument, et la figure 2 représente un fragment de l'élévation. Les figures 3, 4, 5 et 6 de la même planche permettent d'apprécier les principaux détails de la décoration de l'attique.

L'édifice se compose d'un rez-de-chaussée décoré de colonnes corinthiennes, d'un premier étage, dont la riche ordonnance appartient à cette variété de l'ordre corinthien que les auteurs modernes ont désignée sous le nom de composite, enfin d'un attique dont nous allons étudier la disposition.

Les pilastres qui décorent ce dernier étage sont ornés de bases et de cha-

---

[1] Pierre Lescot était commendataire de l'abbaye de Clagny.

piteaux à feuilles d'acanthe; leur face principale est refouillée et porte un encadrement qui est destiné à leur donner une richesse en rapport avec celle des colonnes inférieures, et ils sont immédiatement couronnés par une corniche assez vigoureuse, mais qui n'a rien d'exagéré par rapport à eux. Elle ne ressaute pas au-dessus de chacun d'eux; leur saillie ne se reproduit que sur sa partie inférieure, et le larmier se dirige en ligne droite, ce qui lui donne déjà un caractère de fermeté qu'on ne trouve pas dans celle de l'œuvre de Palladio. Cette corniche, toutefois, est encore primée par celle qui précède l'attique, et elle n'aurait pas suffi pour terminer dignement l'édifice. Aussi Pierre Lescot ne s'en est-il pas contenté. Il a d'abord poursuivi, d'un pilastre à l'autre, l'ornement de feuillages des chapiteaux; c'était augmenter l'importance du couronnement, sans charger les pilastres au delà de ce qui avait paru convenable. Puis, au-dessus de la corniche et un peu en retraite, il a élevé un chéneau très-prononcé et richement décoré de sculptures. Trois groupes de lignes et d'ornements ont été réunis ainsi en un seul faisceau pour qui envisage l'ensemble, tout en paraissant bien distincts quand on examine le détail. Considérez-vous l'attique isolément, vous voyez des pilastres supportant une corniche en parfaite harmonie avec eux, un ornement qui les rattache les uns aux autres, et, en dehors de la corniche, un chéneau de forme élégante. Embrassez-vous l'édifice d'un seul coup d'œil, toutes ces divisions disparaissent pour ne former qu'un tout, et vous êtes pénétré d'admiration à la vue du couronnement le mieux caractérisé, le plus élégant, le plus riche, en un mot le plus beau que présente l'architecture moderne et qui ait peut-être jamais existé. C'est que dans ce chef-d'œuvre l'exécution ne s'est pas montrée inférieure à la conception du système; le style a répondu à la pensée, et lui a donné la forme la plus heureuse; tout se trouve réuni : l'idée juste et l'expression harmonieuse.

L'attique tout entier est même disposé de manière à ajouter au caractère de la corniche; toutes ses parties se rattachent les unes aux autres, et forment comme un riche et puissant bandeau qui précède et soutient la couronne. Les pilastres, déjà reliés à leur partie supérieure, le sont encore, à leur pied, par le prolongement des bases; les fenêtres, courtes, comme il convient pour un étage d'importance secondaire, s'unissent par leurs ornements, d'un côté, à la ligne des bases, de l'autre, à celle des chapiteaux, et de riches trophées remplissent les intervalles qui les séparent des pilastres. Il y a variété dans le détail, richesse continue dans l'ensemble.

Sans doute tout n'est pas également irréprochable dans cette dernière partie de l'œuvre de Pierre Lescot; on peut trouver que la sculpture y joue un trop grand rôle, qu'elle s'y montre sous des formes trop heurtées, et qu'elle ne respecte pas suffisamment les lignes, plus essentielles, de l'architecture. Les figures de l'attique, dues au ciseau de Paul Ponce, forment un contraste peut-être trop prononcé avec celles du rez-de-chaussée, auxquelles Jean Goujon a imprimé cette grâce naïve, cette ampleur pleine de délicatesse, ce sentiment parfait des convenances de l'architecture, en un mot, toutes ces précieuses qualités qu'il possédait au plus haut degré.

Nous appellerons encore l'attention du lecteur sur un autre attique, traité dans le même esprit, mais avec des formes plus simples : nous voulons parler de celui du palais de l'école des Beaux-Arts, à Paris, dont une partie de l'élévation est représentée par la figure 2 de la planche 37.

On voit que ses pilastres sont mis en harmonie avec les colonnes qui décorent l'étage principal, tant par leurs cannelures que par la forme riche, élégante et ferme de leurs chapiteaux. Ils sont surmontés d'une corniche qui est précédée d'une architrave, et au-dessus de laquelle s'élève un chéneau sculpté suivant un fort beau dessin. Ces trois divisions, parfaitement distinctes pour qui examine le détail, concourent à former le couronnement de l'édifice, et, de même qu'au Louvre, mais avec une autre disposition, elles sont précédées par un large bandeau décoré qui ajoute puissamment à leur effet.

Cette composition présente des proportions harmonieuses, des formes distinguées, et cette modération dans les effets, qui devient malheureusement bien rare aujourd'hui.

Les figures 3 et 4 montrent respectivement, sur une plus grande échelle, la coupe et l'élévation du couronnement de l'attique; la figure 5 donne le profil de la corniche et des consoles des fenêtres de cet étage; enfin, la figure 6 est une coupe de l'entablement qui couronne l'étage principal, et elle fait voir, à sa partie supérieure, le profil des bases des pilastres de l'attique et celui de la moulure qui les relie.

L'attique du palais nouvellement construit sur le quai d'Orsay, à Paris, a été disposé à peu près de la même manière, et couronne assez convenablement le grand édifice qu'il termine ; mais peut-être manque-t-il de fermeté, et ses détails laissent-ils quelque chose à désirer sous le rapport du goût.

Nous citerons enfin l'attique du palais de Versailles, du côté des jardins ; car les erreurs ont leurs enseignements, et ils ne sont pas toujours moins efficaces que les autres. L'illustre architecte Hardouin Mansard, qui en est l'auteur, n'a pas su prendre un parti tranché ; il semble avoir voulu se tenir entre les deux systèmes en présence ; il a relégué son attique sur un second plan, à l'exemple de Palladio, mais sans se décider à l'amoindrir assez ; l'importance qu'il lui enlevait d'un côté, il la lui a rendue de l'autre par la hauteur et l'ornementation qu'il lui a données, et surtout par la balustrade dont il l'a surmonté. Il en résulte une indécision fâcheuse dans l'esprit du spectateur ; on cherche le couronnement de l'édifice, et on ne le trouve pas ; l'œuvre n'a pas un caractère suffisamment accentué, ne présente pas la netteté de formes et la fermeté nécessaires à un grand monument, et l'on serait tenté de croire qu'elle est restée inachevée.

DES CORNICHES DE COURONNEMENT.

Dans notre système d'architecture, tout édifice est terminé par une corniche à sa partie supérieure. Cet ornement y remplit le même rôle que dans les ordres de colonnes : il marque le toit, éloigne les eaux pluviales, et couronne l'œuvre. On emploie souvent, à cet effet, des corniches analogues à celles qui ont été mises sous les yeux du lecteur lorsqu'il a été question des entablements des diverses espèces de colonnes, et on leur donne plus ou moins de hauteur, de vigueur et de richesse, suivant ce que paraît réclamer le caractère assigné à l'édifice. Quelquefois elles sont précédées d'une architrave ou d'une astragale. Mais il est des circonstances où il convient d'avoir recours à des formes plus accentuées ; et, de là, quelques dispositions particulières de corniches, dont les planches 39 et 40 offrent des exemples.

La corniche placée au sommet de la première de ces planches est due à Bramante et forme le couronnement du palais de la Chancellerie, dont la planche 36 (fig. 1) représente l'un des avant-corps. Elle est d'un bel et puissant effet. On voit qu'elle se compose d'un entablement complet, dont la frise est occupée par des consoles pleines de fermeté, qui supportent le larmier inférieur de la corniche. Ce larmier a reçu plus de hauteur qu'on ne lui en donne habituellement, sans doute afin qu'il ne soit pas entièrement compris dans l'ombre portée par celui qui le surmonte.

La hauteur de cet entablement est environ le cinquième de celle de l'ordre auquel il appartient et le vingt et unième de la hauteur totale de l'édifice.

La corniche suivante (fig. 2) est tirée du palais de Caprarola, dans les environs de Rome. Elle a été plusieurs fois reproduite par Vignole, son auteur, et aussi par d'autres architectes, sauf quelques légères modifications. On la retrouve, à Paris, à la porte Saint-Martin et à l'hôtel de la Monnaie. Sous le rapport de la disposition générale, elle a quelque analogie avec celle de Bramante ; mais elle est moins simple, moins monumentale, plus riche, et elle présente peut-être quelque chose de plus élégant. Les fleurs de lis qui sont sculptées entre les consoles, dans ce qu'on pourrait appeler les métopes de la frise, faisaient partie des armes de la maison Farnèse qui fit construire le château de Caprarola.

Vignole prescrit de donner à cet entablement le onzième de la hauteur de l'édifice.

La corniche représentée par la figure 3 couronne la façade du Louvre qui regarde le palais des Tuileries. Elle a été évidemment inspirée par celle du temple d'Antonin, à Rome, et peut-être ne l'aurions-nous pas mise ici, si nous avions trouvé place pour le modèle dans les planches qui ont été consacrées aux ordres de colonnes. Elle est d'ailleurs d'un fort beau caractère, et elle peut être très-convenablement reproduite en plusieurs circonstances. La frise qui la précède est ornée d'enroulements de feuillages, et se détache du mur au moyen d'une astragale.

La hauteur de ce couronnement est environ le seizième de celle de l'édifice.

Deux corniches moins importantes et susceptibles, par cela même, d'applications plus nombreuses, sont placées au bas de la planche. Elles sont dues, l'une (fig. 4) à Vignole et l'autre (fig. 5) à Palladio, et témoignent du goût de ces célèbres architectes. La première est tirée d'une petite église du faubourg du Peuple, à Rome ; elle est élevée à $11^m,67$ au-dessus du sol. La seconde forme le couronnement de l'église du Rédempteur, à Venise.

La planche suivante présente des corniches plus simples et plus accentuées que les précédentes, telles qu'il peut convenir d'en adopter pour des constructions monumentales ne comportant pas un grand degré de richesse, comme les ponts, les aqueducs, etc. La première et la seconde sont empruntées à l'architecture romaine; l'une (fig. 1) est tirée de l'enceinte du temple de Mars Vengeur, à Rome, et l'autre (fig. 2) appartient à un pont antique de Rimini[1]. La troisième (fig. 3) se voit au pont Saint-Michel, à Paris[2]; ce pont est biais et les consoles le sont également. Enfin la quatrième, que les dimensions de la planche n'ont pas permis d'exécuter à la même échelle que les autres, couronne le viaduc de Dinan[3], lequel a quarante mètres de hauteur au-dessus du fond de la vallée. Elle est surmontée d'un parapet posé en encorbellement, ainsi qu'on le voit sur la coupe.

Des dispositions du même genre ont été fréquemment employées dans l'architecture du moyen âge pour former des mâchicoulis; souvent aussi les consoles y sont réunies par des arcs, au lieu de l'être par des plates-bandes. Ces couronnements sont, en général, très-élevés par rapport à leur saillie, et tout le monde a pu apprécier le bon effet qu'ils produisent.

Les corniches placées dans les intérieurs de nos édifices peuvent recevoir les mêmes dispositions que celles des dehors; mais elles sont assujetties à des conditions spéciales qui conduisent presque toujours à leur assigner d'autres formes et d'autres proportions. Appelées à être vues de plus près, elles ne réclament pas des profils aussi accentués, et il convient d'y ménager de grandes surfaces unies, quand la peinture ou la sculpture doivent intervenir dans leur décoration. On leur donne enfin des saillies très-prononcées comparativement à leur hauteur, lorsque les salles auxquelles elles appartiennent sont peu élevées. La largeur apparente de la salle se mesure sur le plafond, et diminue par conséquent à mesure qu'on augmente la saillie de la corniche, tandis que la hauteur apparente s'accroît de tout ce qu'on enlève à celle de cet ornement.

---

[1] II⁰ partie, planche 69, figure 1. — [2] Id., planche 70, figure 1. — [3] Id., planche 71.

DES FRONTONS.

Les temples des Grecs étaient presque tous de forme rectangulaire et couverts par des toits à deux pentes dirigés suivant le sens de la longueur de l'édifice, dont les petits côtés se prolongeaient jusqu'à leur rencontre avec la toiture. Ces petits côtés, qui formaient les façades principales des temples, étaient par conséquent terminés, à leur partie supérieure, par des surfaces triangulaires comprises entre la corniche prolongée horizontalement et les extrémités du toit, le long desquelles on faisait ramper la corniche, ainsi qu'on le voit sur les planches 14, 16, 17, 19, 20, 21 et 24; ces triangles sont des *frontons*. Ils résultent d'une des données de la construction, et l'art s'en est tellement accommodé, en a su tirer un si heureux parti, qu'on n'eût pas admis qu'une façade de temple rectangulaire ne fût pas couronnée d'un fronton.

« Si l'on avait à bâtir un temple dans l'Olympe, où il ne saurait y avoir de « pluie, dit Cicéron, il faudrait encore lui donner un fronton. »

Les frontons n'avaient pas seulement l'avantage de terminer d'une manière heureuse les façades qu'ils décoraient; ils avaient en outre celui d'offrir de vastes champs au ciseau du sculpteur, et les Grecs paraissent avoir usé de cette faculté dans la plupart, sinon dans la totalité de leurs temples. On sait que les belles statues d'Égine, qu'on admire aujourd'hui dans le musée de Munich, proviennent du fronton d'un des temples de la première de ces villes, et que, suivant toute apparence, celles des Niobé occupaient autrefois une position analogue. Au temple de Delphes, les frontons représentaient, d'un côté, Apollon et les Muses, de l'autre, Bacchus avec les Thyades. Diodore rapporte que le grand temple de Jupiter à Agrigente montrait, dans l'un de ses frontons, le combat des Géants, et, dans l'autre, la prise de Troie. Notre planche 16 peut donner une idée de la disposition de celui des frontons du Parthénon, qui représentait la lutte de Minerve et de Neptune. Nous avons suivi pour cette restauration un dessin composé avec beaucoup de sollicitude par Papety, d'après les esquisses de Carrey et les fragments de ces admirables sculptures qui sont venus jusqu'à nous. Toutes ces figures, de même que celles d'Égine, sont sculptées en ronde bosse, et il est à croire que ce système a été suivi dans toute l'antiquité.

La sculpture intervient plus rarement aujourd'hui dans la décoration des frontons, et ses compositions sont, en général, moins simples et moins accentuées que celles des anciens. Nos sculpteurs semblent se préoccuper plutôt de leur œuvre que de l'effet général ; ils s'attachent moins à se mettre en harmonie avec les formes de l'architecture, qu'à rendre de la manière la plus complète le sujet qu'ils sont chargés de représenter. Une suite de figures également en saillie ne leur suffit pas ; il leur faut des plans différents, et, à la ronde bosse de l'antiquité, ils préfèrent le bas-relief, qui leur offre plus de ressources. C'est dans ce système qu'ont été décorés, entre autres, les frontons de la Madeleine, du Panthéon et du palais du Corps législatif, à Paris. Ces compositions sont assurément fort bien entendues, sont même, envisagées isolément, des œuvres très-remarquables ; mais elles font disparaître la construction proprement dite, l'essentiel est effacé par l'accessoire. On y trouve d'ailleurs un mouvement, une complication et une indécision de formes, qui font regretter la noble simplicité de la sculpture antique. Ajoutons, pour être juste, que nos mœurs ne la comportent peut-être pas : il est à présumer que nous accepterions difficilement, dans l'art actuel, cette vigoureuse naïveté que nous apprécions tant, quand nous la rencontrons dans les œuvres du passé. En architecture, et aussi ailleurs, nous semblons craindre les caractères énergiques, et nous nous accommodons volontiers des formes un peu effacées.

La plupart des frontons des temples de la Grèce étaient accompagnés en outre, à leurs extrémités inférieures et à leur sommet, de petits socles ou *acrotères* qui étaient couronnés par des sculptures. On en a indiqué sur la façade du Parthénon (pl. 16) ; mais ils n'ont aucune authenticité, les sphinx des angles et le motif de l'ornement supérieur ont été empruntés à un temple d'Égine. Quelquefois c'étaient de grandes tuiles richement décorées. Au temple de Jupiter, à Olympie, l'acrotère du milieu était orné d'une tête de Méduse, et supportait une statue de la Victoire en bronze doré ; les deux autres étaient surmontés de grands vases en même métal.

La disposition des frontons donne lieu à plusieurs observations.

Il est à remarquer d'abord que la cimaise supérieure ne se prolonge pas sur la partie horizontale de la corniche ; elle se retourne pour accompagner les deux parties rampantes du fronton. C'est chose parfaitement rationnelle, pour qui se reporte à l'origine de cet ornement; car on se rappelle qu'il représente le chéneau destiné à recevoir les eaux pluviales de la toiture. Où aucun toit ne s'appuyait sur la corniche, il n'y avait pas motif pour placer un chéneau, et la tradition s'en est conservée.

Dans les frontons des monuments élevés sous l'empire romain, dans ceux de la Renaissance et dans la plupart de ceux de notre époque, les corniches ont reçu la même disposition dans les parties inclinées que dans leur développement horizontal. Si la corniche de l'édifice présente des mutules, des modillons ou des denticules, ces ornements se retrouvent sur les deux côtés du fronton, avec cette seule différence qu'au lieu d'affecter la forme rectangulaire, ils prennent celles de parallélogrammes; car les faces latérales restent verticales, tandis que les deux autres suivent la pente du toit. Les Grecs et, à leur exemple, les Romains de la République, dans quelques édifices, n'avaient point adopté cette méthode, et Vitruve la critique[1]. « Les anciens, dit-il, n'ont jamais approuvé
« qu'on mît des mutules ou des denticules aux frontons. Ils ont préféré y faire
« les corniches tout unies, parce que, ni les arbalétriers, ni les chevrons, ne
« peuvent montrer leurs saillies dans la partie du toit qui compose le fronton,
« puisque ces pièces suivent la pente du comble. Ils ont jugé qu'ils ne pou-
« vaient admettre dans la représentation ce qui n'existait pas dans la réalité.
« Ils ont fondé, en effet, tous leurs ouvrages sur la nature même des choses,
« et n'ont approuvé que ce qu'ils pouvaient soutenir et expliquer par la raison
« et la vérité. »

Le temple de Minerve, à Assise, construction qui remonte, suivant toute apparence, à la république romaine et qui est représentée par la planche 24, offre un exemple fort intéressant de la disposition dont Vitruve déplore l'abandon. La corniche horizontale est décorée de modillons et de denticules, et aucun de ces ornements ne se retrouve dans les corniches inclinées du fronton. Ces dernières présentent, au-dessous du larmier, une forte moulure continue disposée suivant le profil un peu bizarre des modillons, et un quart de rond occupe l'intervalle qui correspond aux denticules. Ces deux moulures sont enrichies de sculptures, ainsi que le montrent les détails (fig. 3 et 5) de la même planche. Cette méthode n'a pas seulement l'avantage d'être plus conforme aux traditions;

---

[1] Vitruve, livre IV, chap. II.

elle est aussi plus satisfaisante que l'autre sous le rapport de la forme, en ce que ces modillons et ces denticules qu'on déforme, pour diriger leurs plans supérieurs et inférieurs suivant la pente du toit, ont toujours quelque chose de choquant. Mais, ainsi que nous avons déjà eu plusieurs fois occasion de le faire remarquer, les Romains ont souvent sacrifié les convenances de l'art à un esprit d'ordre poussé trop loin, et les architectes de la Renaissance leur avaient voué une trop profonde admiration pour apporter une critique suffisante dans l'appréciation de leurs œuvres.

Inclinaison des frontons. — Quelques auteurs ont voulu donner une valeur absolue à l'inclinaison des frontons, et ils ont prescrit les relations à observer entre la largeur et la hauteur de ces ouvrages. Assurément cette inclinaison ne doit varier et ne varie effectivement, dans les monuments des belles époques de l'art, qu'entre des limites assez rapprochées; cependant il est aisé de concevoir que tous les frontons ne peuvent être assujettis à suivre une même loi, ou du moins une loi basée uniquement sur deux des éléments d'une question qui en comporte un plus grand nombre. Ce n'est pas seulement, en effet, entre la hauteur et la largeur du fronton qu'il convient d'établir une proportion convenable, mais aussi entre cette hauteur et celle des colonnes du portique. Telle inclinaison qui donnera une hauteur de fronton parfaitement appropriée à un porche présentant quatre colonnes de front, par exemple, conduirait à une hauteur beaucoup trop considérable, si le nombre des colonnes était porté au double; et réciproquement. Aussi voit-on qu'on s'est généralement attaché à réduire l'inclinaison des frontons à mesure qu'augmente le rapport de leur largeur à la hauteur de la partie de la construction qu'ils couronnent. Il est évident qu'il faut éviter, à la fois, et de charger des colonnes d'un poids qui paraîtrait trop considérable, et de réduire les dimensions du tympan au-dessous d'une certaine limite. Il convient d'ailleurs d'établir de l'harmonie entre les proportions d'un fronton et celles de l'œuvre qui le supporte, de les faire participer du même caractère, et de ne pas élancer les unes quand les autres sont courtes. Enfin la hauteur de la corniche doit exercer aussi quelque influence sur l'inclinaison du fronton qu'elle encadre; mais, comme elle est en relation avec celle de la construction elle-même, il suffit de faire entrer cette dernière en ligne de compte, car les considérations qui auront porté à avoir une corniche lourde, légère, ou de force moyenne, devront engager à donner le même caractère à l'entourage du fronton.

FRONTONS.

Le tableau suivant fait voir quelles ont été les relations observées à ce sujet dans un certain nombre d'édifices. Les largeurs des frontons sont prises sur le filet qui couronne le larmier de la corniche, et les hauteurs sont comptées depuis l'arête supérieure de la partie horizontale de la corniche jusqu'au point culminant du fronton, déduction faite de la cimaise. Les hauteurs des constructions sont mesurées depuis le pied de l'édifice jusqu'à l'arête supérieure de la corniche.

DÉSIGNATION DES ÉDIFICES.	RAPPORT DE LA HAUTEUR A LA LARGEUR DU FRONTON.	RAPPORT DE LA HAUTEUR DU FRONTON A CELLE DE LA CONSTRUCTION.
Grand temple de Pœstum..	0,128	0,256
Temple de Thésée, à Athènes.	0,119	0,229
Parthénon..	0,125	0,289
Propylées d'Éleusis.	0,122	0,237
Temple d'Hercule, à Cora.	0,192	0,215
Temple de Minerve, à Assise.	0,151	0,224
Temple d'Auguste, à Pola.	0,207	0,193
Amphithéâtre de Nîmes.	0,189	0,203
Porte de Saint-Michel, à Bologne.	0,162	0,111
Fenêtre du palais Farnèse, à Rome..	0,212	0,184

On voit, d'après ces exemples pris en quelque sorte au hasard parmi des édifices appartenant à divers styles d'architecture, que l'inclinaison des frontons est, en général, d'autant moins prononcée, que la hauteur qui en résulte est plus forte comparativement à celle de l'édifice, ou, ce qui revient au même, que le rapport de la hauteur à la largeur de l'édifice est plus petit.

La plus faible inclinaison est celle du temple de Thésée, dont le fronton a un peu moins du huitième de l'ouverture en hauteur. La plus forte est celle des frontons qui couronnent les fenêtres du palais Farnèse, et elle élève ce rapport au cinquième environ. Dans le premier de ces édifices, la hauteur du fronton dépasse le quart de celle de la construction placée au-dessous; dans le second, elle n'en atteint pas le cinquième.

Plusieurs édifices de notre architecture moderne sont terminés par des frontons qui sont établis sur des proportions analogues à celles qu'on vient d'indiquer, et qui sont adossés contre des toitures à pentes très-prononcées. Or, malgré l'autorité de quelques-uns des architectes qui ont employé des dispositions de ce genre, il est impossible de n'y pas voir quelque chose de souverainement irrationnel. Les rampants d'un fronton sont la représentation des pans d'un toit, et il ne faut pas adopter une image quand on en doit démontrer immédiatement la fausseté. Il est sans doute des circonstances qui obligent à avoir des toits beaucoup plus élevés que ne le comportent les proportions habituelles des frontons; mais d'abord cette forme n'est pas indispensable, puis, quand un édifice d'une certaine importance paraît réclamer un fronton pour son couronnement, il suffit d'avoir recours à un système de couverture qui admette une inclinaison convenable. Au point de vue des convenances matérielles, les pentes des toits ne dépendent pas des climats, comme on l'a prétendu, mais bien plutôt du mode de couverture, ainsi qu'on le verra plus loin.

Quant aux pignons à pentes prononcées, rien n'empêche de les décorer sans y placer des frontons. Que la corniche se retourne pour en suivre les rampants, sans se prolonger horizontalement, ou que son prolongement dans cette direction se borne à couronner des chaînes de pierre ou des pilastres placés dans les angles; ces solutions ont été adoptées en plusieurs circonstances, et ont l'avantage de varier les caractères, ainsi qu'il convient à la diversité des constructions, tout en respectant les formes consacrées.

Il faut toujours placer les frontons sur les petits côtés des édifices, conformément à la pratique constamment suivie dans l'antiquité. On ne saurait attendre, en effet, aucun résultat satisfaisant d'une disposition de toiture qui paraîtrait vicieuse.

Frontons courbes.

L'architecture moderne a souvent employé des frontons circulaires, et l'on en trouve même quelques exemples dans celle des Romains. C'est une forme un peu capricieuse; mais il y aurait rigorisme à la proscrire, car de remarquables constructions l'ont consacrée. Ce qu'on peut dire, c'est qu'elle ne convient guère que dans les détails, comme couronnements de portes ou de fenêtres, et qu'elle doit être repoussée de tous les édifices qui réclament une certaine sévérité de style. Il en est de même des frontons brisés, qui se rencontrent fréquemment dans l'architecture de la Renaissance.

Frontons intérieurs.

Quelques critiques ont blâmé l'introduction des frontons dans l'intérieur des édifices, et il est évident que le droit strict est pour eux; mais, en matière d'art, il faut se garder des principes trop absolus. Il faut toujours être vrai, sans doute dans l'ensemble de la composition, mais il y aurait danger à se préoccuper outre mesure de la vérité matérielle et à la poursuivre jusque dans les moindres détails. C'est le goût surtout qui doit prononcer, et si, en quelques circonstances, il se montre plus délicat, plus exigeant que notre intelligence, on le trouve souvent beaucoup plus tolérant.

DES BALUSTRADES.

A ne considérer que son effet utile, une balustrade peut être remplacée par un petit mur élevé à hauteur d'appui, et cette disposition est, en effet, fréquemment employée dans les constructions les plus vulgaires, ou dans celles où l'on ne se préoccupe que de la satisfaction à accorder à des intérêts matériels. Elle est même susceptible d'une certaine décoration : on peut, au moyen d'une ou deux moulures, tracer des encadrements plus ou moins accentués sur les faces verticales, et obvier, par là, à l'excès de simplicité que présenteraient quelquefois des surfaces complétement lisses. C'est ainsi, par exemple, qu'étaient décorés les parapets des ponts antiques de Rimini et de Vicence.

On voit à Pompéi, près d'une des portes de la ville, un petit mur d'appui dont l'uniformité a été détruite par un autre procédé; il est formé par une suite de petites arcades fort étroites.

Il est aisé de juger que ces dispositions se prêtent à des formes assez variées, et sont susceptibles de divers degrés de richesse; mais aucune d'elles ne satisfait complétement aux exigences de la décoration architectonique, parce qu'elles ne portent aucune trace d'ossature, et ne rendent pas, par suite, un compte assez net des conditions d'existence de la construction et de son degré de solidité. Mieux vaut remplacer le mur d'épaisseur uniforme par des dalles plus ou moins longues, engagées à leurs deux extrémités dans des points d'appui plus épais. Il y a, non-seulement diversité dans la forme, mais encore diversité dans le caractère, suivant les proportions adoptées pour les largeurs, les saillies et les espacements des parties de l'ouvrage qui constituent et représentent la stabilité.

Ce système, que les figures 1 et 2 de la planche 41 représentent réduit à sa plus simple expression, a été employé par les Romains en plusieurs circonstances, et, entre autres, au pont Salaro, près de Rome. Dans ce monument, les dalles et les dés n'offrent aucune trace d'ornementation à l'extérieur; du côté de l'intérieur, ils sont décorés de divers dessins légèrement marqués en creux.

La même disposition a été adoptée pour l'appui de la galerie inférieure du phare de Bréhat [1]. Les dalles participent de la forme cylindrique de la tour; elles ont $1^m,50$ de longueur sur $0^m,12$ d'épaisseur, et elles sont engagées, par leurs deux extrémités, dans des rainures de $0^m,03$ de profondeur pratiquées sur les faces latérales des dés. Ces derniers ont $0^m,35$ d'équarrissage.

On obtient plus d'élégance et de richesse en évidant les dalles et en ornant les dés. On trouve, à Rome et dans ses environs, d'assez nombreux vestiges de constructions de ce genre. La dalle représentée par les figures 3, 4 et 5 de la planche 41 est actuellement placée dans la petite église de Saint-Nérée et Saint-Achille, et provient probablement des thermes construits dans le voisinage, par l'empereur Caracalla; le dé que nous lui avons accolé est tiré des ruines du même édifice. Elle imite par son dessin un appui formé de tuiles creuses superposées, système de construction journellement employé encore en Italie. Les petites ouvertures triangulaires du sommet sont simplement figurées, car on n'aurait pu les percer sans nuire outre mesure à la solidité. Cette dalle est exécutée en marbre blanc; elle a $1^m,60$ de longueur, $0^m,67$ de hauteur, et $0^m,09$ d'épaisseur; elle ne pénétrait pas de plus de $0^m,025$ dans les dés qui la soutenaient.

Les barrières en bois ont fourni des modèles pour des dessins plus variés et peut-être plus heureux. Nous nous bornons à en mettre deux exemples sous les yeux du lecteur. Le premier (fig. 6 et 7) est une restauration faite d'après un fragment de dalle que nous avons vu sur la route de Rome à Albano, et auquel nous avons associé un dé antique tiré de la villa Casali; le second (fig. 8 et 9) a été établi d'après des débris trouvés dans les ruines de l'amphithéâtre de Capoue. Dans ce dernier, les dalles ne sont pas percées à jour; elles sont pleines, et le dessin n'est accusé que par un relief. De même que le précédent, ces ouvrages sont exécutés en marbre blanc.

[1] IIe partie, planche 67.

Tout le monde connaît les élégantes balustrades des constructions du moyen âge, et la prodigieuse variété de leurs dispositions. Elles jouent un grand rôle dans les édifices de cette époque et contribuent efficacement, non-seulement à leur décoration, mais encore à leur caractère général ; car, très-multipliées et placées à diverses hauteurs, elles fournissent des points de comparaison qui permettent d'apprécier dans une certaine mesure les dimensions de l'œuvre.

A l'époque de la Renaissance, on a repris les traditions de l'antiquité pour les balustrades, de même que pour toutes les autres parties de l'architecture ; mais on n'avait pas encore retrouvé les fragments de ces légers ouvrages, qui ont été épargnés par les injures du temps, et l'on s'est inspiré de l'esprit et non de la forme ; il y a eu création. Les considérations théoriques sur lesquelles reposait l'architecture antique avaient conduit les Romains à imiter, dans leurs constructions en pierre, les barrières exécutées en charpente, et les artistes modernes, partant des mêmes principes, prirent également des ouvrages en bois pour point de départ ; mais les modèles ne furent pas les mêmes. L'industrie du tourneur avait reçu un grand développement à la fin du moyen âge, et un certain nombre d'ouvrages de charpente ou de menuiserie, les appuis entre autres, étaient formés de supports verticaux fort rapprochés les uns des autres, qui étaient exécutés sur le tour avec ces formes riches et capricieuses auxquelles le procédé d'exécution se prête si bien qu'il semble les appeler. C'étaient des balustres, et de là le nom de balustrade qui a été donné à ces appuis, et depuis, par extension, à tous les appuis à jour.

La balustrade représentée par les figures 10 et 11 est tirée du petit palais Farnèse, lequel a été construit à Rome, par Balthasar Peruzzi ; elle ferme les arcades du rez-de-chaussée. L'imitation du bois s'y reconnaît aisément.

Nous avons emprunté la balustrade suivante (fig. 12 et 13) à l'œuvre la plus remarquable de Vignole, au palais de Caprarola, près de Rome. Plus moderne, elle ne porte pas une empreinte aussi évidente de l'imitation du bois ; on voit que les propriétés de la pierre ont déjà exercé leur influence : il y a moins d'élégance, mais aussi plus de solidité.

Cette nouvelle disposition, plus encore que les précédentes, ouvrait un vaste champ à la fantaisie, et elle a donné lieu à des formes très-diverses, que quelques auteurs de Traités d'Architecture, Blondel entre autres, ont voulu classer à la manière des colonnes. Ils ont proposé d'attribuer, à chaque ordre, une forme et des proportions particulières de balustres ; mais peut-être était-ce pousser au delà du nécessaire une classification qui n'est rationnelle qu'à condition d'être maintenue en de justes limites ; et, d'un autre côté, la forme toujours plus ou moins bizarre des balustres ne saurait se mettre en parfaite harmonie avec la forme simple et éminemment logique des colonnes et de leurs entablements. Il y a là une disparate que l'habitude nous fait souvent accepter, mais qui cependant ne manquerait pas de nous choquer, si elle se rencontrait dans un édifice traité avec une grande sévérité de style.

Quelques architectes florentins de la Renaissance paraissent avoir senti cet inconvénient, et ils ont employé dans leurs balustrades, non pas des balustres, mais des colonnes. On voit au palais Pitti, par exemple, des balustrades formées de petites colonnes d'ordre ionique, de proportions assez courtes, fort rapprochées les unes des autres et consolidées, de distance en distance, par des dés rectangulaires. Mais il semble qu'on est tombé ici dans le défaut opposé à celui dont nous venons de parler ; il y a quelque chose de trop austère dans cette forme. Il n'est qualité qui n'ait ses bornes, et ce serait s'exposer à la sécheresse, que vouloir obéir toujours, et jusque dans les plus petits détails, à ces considérations rationnelles qui ont présidé à l'établissement des principales parties de notre système d'architecture.

Sans abandonner les balustres, on s'est rapproché parfois, depuis quelques années, de la forme des balustrades antiques, en distribuant, entre des points d'appui, des dalles évidées suivant divers dessins. Les figures 14 et 15 offrent des exemples de ces dispositions. Du reste, plusieurs architectes français de la Renaissance étaient entrés dans cette voie, et nous avons déjà signalé à l'admiration du lecteur la riche et gracieuse balustrade que Jean Goujon avait placée au-dessus de l'entablement que supportent les belles cariatides du Louvre (pl. 26, fig. 7).

Enfin, dans les contrées où la pierre est rare, on adopte quelquefois des balustrades en briques pour les constructions qui ne réclament pas un grand luxe d'architecture. Les dés, le socle et la petite corniche de la balustrade s'exécutent en pierres de taille, et les dalles sont remplacées par des tuiles creuses ou par des briques, qui, tantôt forment une clôture pleine, tantôt sont disposées de manière à présenter divers dessins à jour, dont la figure 16 offre des exemples. De la différence de couleur des matériaux employés, résultent quelque chose de plus accentué dans la décoration, et un caractère pittoresque, souvent fort convenable.

Lorsque, par un motif quelconque, les dés ou piédestaux d'une balustrade sont très-espacés, on assure sa stabilité et on lui donne l'apparence de solidité qu'on a en vue, en interposant, entre les points d'appui principaux, un ou plusieurs points d'appui secondaires. On place, entre les dés, des montants verticaux moins saillants, des *alettes*, ainsi qu'on l'a indiqué sur la figure 14. Il est impossible de fixer des règles à ce sujet; on peut dire seulement qu'en général, il ne faut pas admettre plus de dix à douze balustres consécutifs, ni plus de trois compartiments, quand on adopte une disposition analogue à celle qui est représentée par le côté droit de la figure 15.

Dans les balustrades posées sur des plans inclinés, comme celles des escaliers ou des rampes qui s'établissent parfois dans les jardins, les montants sont verticaux et les dessins des balustres ou des compartiments portent l'empreinte de l'inclinaison de l'ouvrage; les moulures des balustres sont penchées, les rectangles sont remplacés par des parallélogrammes, les angles qui étaient droits deviennent aigus ou obtus, les cercles s'allongent en ellipses. Toutefois les balustres ne se prêtent pas très-bien à cette transformation; leur forme, déjà un peu compliquée, prend quelque chose de trop bizarre. Aussi plusieurs architectes, parmi lesquels nous citerons Vignole et le Bernin, ont pris le parti de faire reposer les balustres des escaliers sur des gradins, et de leur conserver alors la forme habituelle, avec cette seule différence que le petit chapiteau qui les termine est coupé à sa partie supérieure suivant un plan incliné. Mais cette solution laisse également à désirer; les balustres deviennent trop courts et leurs chapiteaux tronqués sont d'un effet désagréable. On peut en conclure qu'il faut éviter d'employer des balustres en pareille position.

L'escalier des Géants, dans le palais du Doge, à Venise, est compris entre deux balustrades rampantes formées de dalles en marbre blanc, ornées de riches sculptures disposées en compartiments. Il offre un des plus beaux exemples qu'on puisse citer de ce genre de décoration, qui a été plusieurs fois reproduit dans d'autres palais de la même ville. Nous avons emprunté à l'un d'eux la figure 17 de notre planche.

CHAPITRE SEPTIÈME.

PLAFONDS ET VOUTES.

DES PLAFONDS.

Plafonds égyptiens.

Le système de construction des plafonds en pierre des monuments de l'Égypte est de la plus grande simplicité, en tant que conception : de longues dalles placées les unes à côté des autres sont supportées, à leurs deux extrémités, par les murs d'enceinte de la salle qu'elles recouvrent, ou par des rangées de colonnes lorsque l'espacement de ces murs est trop considérable. Aussi ne trouve-t-on pas, dans cette antique architecture, une seule salle un peu vaste qui n'ait été encombrée de colonnes ; c'est ce qui frappe dès l'abord quand on jette les yeux sur les plans de quelques-uns de ses temples. Le plafond de la grande salle hypostyle du temple ou palais de Karnac, par exemple, laquelle a environ 100 mètres de longueur sur 50 mètres de largeur, n'avait pas paru exiger moins de 134 colonnes, et cependant il était formé de pierres de dimensions colossales. Voici ce que rapportent à ce sujet MM. les ingénieurs Devilliers et Jollois, dans leur description de Thèbes :

« On peut considérer cette salle comme partagée en trois portions d'égale
« longueur, mais de largeurs inégales. La partie intermédiaire, qui renferme
« les plus grosses colonnes, forme une sorte d'avenue entre les deux distri-
« butions latérales. Toutes les descriptions, tous les plans sont insuffisants
« pour donner une idée exacte de cette construction; car bien que l'on puisse
« en fixer les mesures et comparer les colonnes qui la décorent à celles d'édi-

PLAFONDS.

« fices plus connus, il y a toujours des effets qui tiennent aux localités, et
« que, ni les dessins, ni les discours ne peuvent rendre. Il faut se représenter
« une avenue formée de deux rangées de six colonnes, qui ont chacune
« 11 pieds (3^m,55) de diamètre. Ce sont sans contredit les plus grandes colonnes
« qui aient jamais été employées dans l'intérieur des édifices ; elles sont
« égales en grosseur à la colonne Trajane et à celle qui a été récemment
« élevée, sur la place Vendôme, à la gloire des armées françaises et de leur
« illustre chef ; il ne faudrait pas moins de six hommes pour en embrasser
« le tour. Ces colonnes ont 65 pieds (21^m,11) depuis le sol jusqu'à la partie
« supérieure du dé. Le chapiteau seul a 10 pieds (3^m,25) de hauteur ; son
« plus grand diamètre en a 21 (6^m,82). Sur les chapiteaux s'élèvent des dés
« de 4 pieds 1 pouce 1 ligne (1^m,33) de haut, qui reçoivent des architraves
« destinées elles-mêmes à porter les pierres du plafond. Ce sont les plus grandes
« de toutes celles que nous ayons trouvées employées dans les constructions
« égyptiennes. En effet, la largeur de l'avenue entre les colonnes étant de
« 17 pieds 5 pouces (5^m,66), et les pierres s'étendant d'un milieu d'une
« colonne à l'autre, leur longueur n'a pu être moindre de 28 pieds 4 pouces
« (9^m,20). Elles ont 4 pieds (1^m,30) d'épaisseur et une largeur variable, mais
« qui n'est jamais moindre de 8 pieds. Chacune d'elles renferme 904 pieds
« cubes et devait peser 130 816 livres. Il y en avait dans tout le plafond
« dix-sept ou dix-huit de ces dimensions...

« Les deux autres parties de la salle hypostyle sont formées d'abord de
« six rangées de neuf colonnes, et d'une septième rangée qui est contiguë à
« la grande avenue, et qui en a sept... Ces colonnes ont de hauteur totale,
« en y comprenant le dé et la base, 40 pieds 4 pouces (13^m,11) ; leur dia-
« mètre inférieur est de 8 pieds 8 pouces (2^m,81). »

Cette multitude de colonnes colossales et richement ornées devait assurément produire un grand effet ; mais on ne peut s'empêcher d'y voir la condamnation d'un mode de construction qui exigeait à la fois des pierres aussi volumineuses et des points d'appui aussi rapprochés, et l'on est en droit d'en conclure que les plafonds en pierre ne conviennent qu'aux salles de dimensions assez restreintes.

Les plafonds ainsi disposés ne se prêtent pas à la décoration architectonique. Rien n'indique au spectateur la distribution des pierres qui les composent, et ne lui permet de juger du degré de solidité de la construction; il n'a sous les yeux qu'une surface plane. Cette surface peut être sans doute richement ornée, et l'a été, en effet, dans quelques édifices de l'Égypte; mais une ornementation dans laquelle la Peinture et la Sculpture sont seules appelées à intervenir n'est pas de nature à satisfaire aux légitimes exigences de l'art, surtout lorsqu'il s'agit de constructions monumentales.

Plafonds grecs. Il appartenait aux Grecs, à ce peuple éminemment artiste, de trouver une solution conforme aux conditions fondamentales de l'Architecture, et l'ingénieux esprit qui avait présidé à la composition de leurs entablements les dirigea dans la création d'un nouveau système de plafonds. Ce fut encore aux constructions en bois qu'ils demandèrent des formes significatives; et ils furent conduits ainsi à préférer, aux dalles continues et d'épaisseur uniforme, des poutres en pierre plus ou moins espacées, supportant des dalles beaucoup moins épaisses. Leurs plafonds en pierre présentent donc une disposition évidemment imitée de constructions exécutées en charpente; mais elle a reçu d'autres proportions, ainsi que l'exigeait la différence des matières. De cette ossature apparente, résultent une variété bien marquée dans les formes, une décoration rationnelle, et des expressions que l'art modifie diversement, suivant le caractère qu'il a en vue. Les ornements peints ou sculptés peuvent être encore admis à embellir ces plafonds; mais ils sont subordonnés aux lignes essentielles de l'architecture, le principal n'est plus couvert par l'accessoire.

Les figures 1 et 2 de la planche 42 mettent sous les yeux du lecteur deux exemples de ces plafonds de l'architecture grecque.

Le premier est tiré du portique antérieur du temple de Thésée, à Athènes; la partie supérieure de la figure représente un fragment de la coupe de ce plafond prise en regardant le pronaos, et la partie inférieure en donne le plan. Les poutres sont supportées par une frise ornée de sculptures, et elles sont dirigées dans le sens de la largeur du plafond, ainsi que le prescrivaient les convenances de la construction. Elles ont près de 4 mètres de longueur, sur $0^m,525$ de largeur, et $0^m,274$ de hauteur apparente, et elles sont espacées de $0^m,842$. Les intervalles qui les séparent sont fermés par des dalles minces qui portent de l'une à l'autre et sont divisées en compartiments carrés, de manière à représenter une ossature analogue à celle d'un grillage en charpente. Ces compartiments constituent ce qu'on appelle des *caissons*. Au centre de chacun d'eux, est percée une ouverture de même forme qui était bouchée par une petite dalle probablement peinte ou sculptée. Des ornements peints étaient appliqués contre les faces latérales des poutres, et d'autres, plus légers, encadraient les caissons. On les retrouve encore, et nous les avons indiqués sur notre dessin. Tout ce plafond est exécuté en marbre pentélique.

Notre second exemple est emprunté au portique nord de l'Érechthéion, dont l'ensemble et quelques détails sont représentés sur la planche 20. Ce plafond, également en marbre, a environ 5^m,40 de largeur, aussi ses poutres sont-elles de plus fort équarrissage que celles du précédent; elles ont 0^m,633 de largeur sur 0^m,603 de hauteur apparente. Il n'y a qu'un rang de caissons dans chaque intervalle de poutres; mais ils sont de plus grandes dimensions, se composent d'un plus grand nombre de plans, et sont plus richement ornés que ceux du temple de Thésée. Les oves des caissons sont peintes; celles qui couronnent les poutres sont sculptées, ainsi que les rangs de perles. On remarque, au centre de chaque caisson, une petite ouverture cylindrique, qui servait probablement à la suspension d'une rosace, qu'on peut supposer avoir été exécutée en métal.

On retrouve, dans ces plafonds, toutes les qualités distinctives de l'architecture grecque : simplicité et vérité dans la disposition, harmonie dans les proportions, ampleur dans l'ensemble, finesse dans les détails, élégance parfaite et richesse modérée dans la décoration. Dans quelques temples du même peuple et de la même époque, se voient, il est vrai, des caissons de forme moins simple, où le carré a été remplacé par le losange ou le triangle; mais on y reconnaît toujours le même esprit, et ils ont le mérite de prouver que la vérité dans l'art n'est nullement exclusive de la variété.

La figure 4 représente un fragment du plafond qui couvre le portique circulaire du temple de Vesta, à Tivoli, temple dont le plan, l'élévation et les principaux détails sont dessinés sur la planche 23, et qui date, suivant toute apparence, des derniers temps de la république romaine. Il est exécuté en travertin, pierre calcaire des environs de Rome. Il y a de la simplicité dans la disposition de cette partie du monument, de la sobriété dans la décoration, de l'harmonie dans l'ensemble; mais on n'y trouve pas les formes expressives et élégantes des plafonds grecs, et il n'y a pas, au fond, autant de vérité. Les principales lignes décoratives ne se rattachent plus à l'ossature réelle de la

Plafonds divers.

construction ; le plafond est formé de dalles jointives qui sont supportées, à une extrémité, par l'entablement des colonnes, et, à l'autre, par le mur de la cella ; les poutres qui séparent les caissons ne sont que figurées.

Sous le règne des empereurs, on s'écarta davantage encore des traditions de la Grèce. On recherchait alors, par-dessus tout, les formes riches et bien marquées, et l'on augmenta considérablement les dimensions des caissons, ainsi que le montre la figure 3, qui donne le plan et la coupe d'un de ceux du portique latéral du temple de Mars Vengeur, à Rome. Chacun de ces caissons occupe tout l'espace qui correspond à un entre-colonnement, et les poutres qui les séparent s'appuient sur l'architrave. Nos dessins s'étendent de l'axe d'une colonne à l'autre, de sorte que la largeur de ces poutres est double de celle qu'ils représentent. On voit que toutes les parties de cette décoration sont traitées avec luxe, et présentent un caractère monumental. La disposition générale n'a rien d'ailleurs que de très-rationnel, et les sculptures sont d'un fort bon style.

Les caissons des portiques latéraux de l'église de la Madeleine, à Paris, ont été établis dans le même système, et ils sont également très-beaux ; malheureusement ils sont placés dans la hauteur de l'architrave, au lieu de correspondre à la frise, comme le recommandaient le monument romain et la signification de ces deux parties essentielles de l'entablement. Il en résulte un défaut de netteté et quelque lourdeur ; l'effet général eût gagné beaucoup à plus de respect pour les formes symboliques.

On trouve dans les ruines de Palmyre plusieurs plafonds de dessins très-variés, et décorés avec une grande richesse ; mais leurs dispositions, de même que leurs détails, témoignent d'un commencement de décadence, et ils ne sauraient être cités comme des modèles.

Nous ne voudrions pas non plus présenter à titre de modèle le charmant plafond de l'époque de la Renaissance, qui est dessiné au bas de notre planche (fig. 5), et qui est tiré du palais du Louvre, où il recouvre l'un des paliers de l'escalier dit de Henri II. Les formes essentielles y sont trop sacrifiées aux ornements, l'architecture y est trop subordonnée à la sculpture ; c'est moins une construction décorée, qu'une décoration rappelant, par quelques-unes de ses lignes, le souvenir de formes puisées dans les convenances de l'édification. Les principes fondamentaux de l'art y sont méconnus, et qui a pour mission de les enseigner ne peut par conséquent approuver sans réserves ; mais il faut reconnaître que ce défaut, si grave qu'il soit, est racheté par de bien précieuses qualités. Qui n'admirerait cette heureuse variété dans la composition, la richesse pleine de goût de l'ornementation, l'élégance parfaite de toutes ces gracieuses sculptures? Cette œuvre, due au ciseau de notre illustre sculpteur Jean Goujon, est un des précieux spécimens de cette architecture du seizième siècle, qui avait su conserver son indépendance, tout en se rattachant à l'antiquité, demandait plutôt, aux monuments de l'ancienne Rome, des formes sur lesquelles elle pût exercer sa fantaisie que des modèles absolus ou des principes, et se préoccupait plus de l'agrément que de la vérité des expressions. Elle se recommandait donc à trop de titres pour que nous n'ayons pas éprouvé le besoin d'en donner connaissance au lecteur.

La figure 6 représente une coupe transversale de ce plafond, prise suivant une ligne brisée. Sa partie supérieure est une coupe passant par le centre de la composition, et sa partie inférieure donne le profil du plafond dans l'axe d'une des rangées de caissons.

Dans les constructions décorées avec luxe, les faces inférieures des poutres en pierre sont habituellement ornées de quelques lignes formant des encadrements, dans lesquels viennent quelquefois se placer des sculptures. Ce sont des *soffites* décorés. Le caisson du temple de Mars Vengeur en a déjà donné un exemple au lecteur ; ses soffites sont ornés d'une grecque d'un fort beau dessin, qui entoure un petit panneau. La figure 7 de la même planche représente un ornement placé dans une position analogue ; il décore la face inférieure de l'architrave du portique des douze dieux, à Rome, dont le chapiteau, d'ordre corinthien, est représenté par la figure 7 de la planche 25. L'encadrement consiste en un talon décoré de rais de cœur ; il est tracé en creux, et il est occupé par une guirlande de feuilles de chêne, d'un relief assez prononcé.

On a suivi, pour la construction des plafonds, la même marche que pour celle des architraves. Exécutés autrefois en pierres de grandes dimensions supportées à leurs deux extrémités, ils ont été presque constamment appareillés en voussoirs dans les édifices de l'architecture moderne ; mais, ainsi que nous l'avons déjà dit en parlant des architraves, le mode de construction ne convient pas à la forme, et si l'on veut construire des voûtes, loin de les dissimuler, il faut les accuser nettement en adoptant les dispositions qui leur sont le plus favorables. On satisfera ainsi à la fois aux convenances matérielles et aux exigences de l'art.

DES VOUTES.

L'invention des voûtes remonte-t-elle à une haute antiquité? En trouve-t-on quelque témoignage dans les plus anciens monuments de l'Asie ou de l'Égypte, ou dans ceux de la période héroïque de la Grèce? Ces questions ont été longuement controversées, et pendant longtemps les meilleurs esprits se sont refusés à les résoudre affirmativement. Il était, en effet, assez difficile d'admettre que l'humanité, ayant à sa disposition un système de construction aussi avantageux, se fût assujettie, pendant une longue suite de siècles, à l'emploi presque exclusif de plafonds exécutés en matériaux de dimensions colossales, et par conséquent au prix des plus grandes fatigues; que ni les Égyptiens, ni les Grecs n'eussent poursuivi la voie qu'ils avaient entr'ouverte, et qu'ils eussent laissé à des peuples moins éclairés, moins doués d'initiative, aux Étrusques et aux Romains, la gloire d'introduire dans l'Architecture une disposition dont ils auraient dû apprécier les mérites, puisqu'ils y avaient eu recours en quelques circonstances. Mais aujourd'hui le doute n'est plus permis; les témoignages se sont produits trop nombreux, trop certains pour qu'on puisse persister à nier l'antiquité de la voûte.

A Abydos, dans le palais d'Osymandias, dont le règne remonte à 2500 ans environ avant notre ère, on a trouvé une voûte en berceau formée de pierres posées en saillie les unes sur les autres; les assises successives ne sont pas dirigées normalement à l'intrados de la voûte, elles sont posées horizontalement. Même disposition se voit encore à Thèbes, dans le temple d'Ammon-Ra, dont la construction ne paraît pas postérieure à l'an 1736 avant J.-C. L'une des galeries intérieures de la grande pyramide de Ghizé est couverte par huit assises de pierres, posées en encorbellement. Dans le mur de construction cyclopéenne qui entoure l'acropolis de la cité pélasgique d'Arpino, on voit une porte en forme d'ogive, construite également par assises horizontales. Une disposition analogue se retrouve à Tirynthe, et elle a même origine. On pourrait citer encore quelques

antiques monuments de l'Asie Mineure et ces mystérieuses constructions de la Sardaigne, qui sont connues sous le nom de Nur-hags et appartiennent, suivant toute apparence, aux Phéniciens ou aux Tyrrhènes. Enfin on a découvert en Grèce un certain nombre de monuments fort curieux, qui remontent aux temps héroïques, et qui paraissent être les *trésors* dans lesquels les princes de cette époque renfermaient leurs richesses. Ils sont souterrains, de forme circulaire, et sont couverts par des voûtes exécutées dans le même système que celles dont il vient d'être parlé. La figure 13 de la planche 44 met sous les yeux du lecteur une coupe de celle de ces constructions qui est le mieux conservée, c'est le *trésor d'Atrée*, près de l'acropolis de Mycènes. Quelques antiquaires ont voulu y voir, il est vrai, le tombeau d'Agamemnon ; mais si la destination a été controversée, l'antiquité du monument n'a jamais été mise en doute, et d'ailleurs M. Blouet, à l'un des ouvrages[1] duquel nous avons emprunté notre dessin, a présenté à ce sujet une explication fort plausible et qui concilie toutes les opinions : « Tout porte à croire, dit-il, que ce monument pouvait être aussi bien
« un trésor qu'un tombeau. Rien, en effet, ne paraît mieux l'indiquer que,
« d'une part, un caveau taillé avec soin dans la masse pour recevoir des dé-
« pouilles mortelles, de l'autre, cette grande salle voûtée dans laquelle pouvaient
« être déposés une foule d'objets précieux. Comment d'ailleurs les anciens Grecs
« n'auraient-ils pas choisi un semblable lieu comme trésor, quand, d'après leurs
« mœurs et leurs croyances, ils ne connaissaient rien de plus inviolable que les
« tombeaux ? »

Un passage de six mètres de largeur, compris entre deux murs en pierres de taille, conduit à la porte d'entrée de l'édifice ; cette ouverture est moins large en haut qu'en bas, ainsi que le montre notre dessin, qui en représente la face intérieure, et elle est couverte par un linteau d'un seul morceau, de dimensions colossales ; il a $8^m,15$ de longueur sur $1^m,22$ de hauteur, et sa largeur aux extrémités atteint à $6^m,50$. Au-dessus, on a ménagé une ouverture triangulaire qui remplit l'office d'un arc en décharge. La salle circulaire a $14^m,27$ de diamètre au niveau du sol actuel, et elle est fermée par une voûte surhaussée qui devait avoir environ 14 mètres de hauteur. Sur un de ses côtés, on a ouvert l'entrée d'un caveau de forme rectangulaire, de dimensions plus restreintes, qui est entièrement creusé dans le roc, et qui n'est pas

[1] Expédition scientifique de Morée.

revêtu en pierres de taille; le linteau de la porte qui donne accès dans cette partie reculée du monument est également surmonté d'une ouverture triangulaire, formée par des pierres posées en encorbellement. Cette disposition est représentée en coupe sur le côté gauche de la figure. La voûte est entièrement recouverte de terre; mais il est évident qu'elle a dû être exécutée à ciel ouvert, sinon dans la totalité, du moins dans la majeure partie de sa hauteur.

On peut, il est vrai, se refuser à voir de véritables voûtes dans les monuments que nous venons de citer, car ils en présentent plutôt les apparences que la réalité; le mode de construction n'est pas celui qui caractérise la voûte, et qui lui a fait jouer un si grand rôle, rendre des services aussi signalés à l'architecture. Mais on a trouvé également, dans des édifices appartenant à l'antiquité égyptienne, des voûtes construites en claveaux avec joints inclinés à l'horizon. Hoskins en rapporte plusieurs exemples dans son voyage en Éthiopie. Il a vu, dans une des pyramides de Méroé, une voûte en plein cintre alternativement composée de quatre et de cinq cours de voussoirs régulièrement appareillés. A Djebel-el-Barkal, il a trouvé deux pyramides avec portiques; l'un est couvert par une voûte en ogive, l'autre par une voûte en plein cintre. La première présente six rangs de voussoirs, et la seconde cinq. A Thèbes, dans le tombeau d'Aménophis Ier, premier roi de la dix-huitième dynastie, il y a une voûte en berceau, de forme elliptique, qui est exécutée en briques dont les joints longitudinaux sont dirigés normalement à l'intrados. D'autres autorités pourraient encore être invoquées à ce sujet en ce qui concerne l'Égypte; mais cela ne semble pas nécessaire. A Ninive, M. Place a trouvé une porte de ville, voûtée en plein cintre, de 3^m,10 d'ouverture; la voûte est exécutée en briques dont les joints tendent au centre. On remarque, dans des bas-reliefs assyriens, qui sont conservés au Muséum britannique et qu'on fait remonter au huitième siècle avant notre ère, des portes de ville et même des fenêtres de petites dimensions, qui sont également terminées par des demi-circonférences de cercle. Quant à la Grèce, nous n'y connaissons, jusqu'à présent, aucun monument antérieur à la domination romaine, qui présente une voûte appareillée en voussoirs; de sorte qu'il est permis de supposer que les dômes dont il est question dans le voyage de Pausanias étaient construits suivant le même système que le trésor d'Atrée. Cependant Aristote parle de *clefs de voûte qui soutiennent la construction par la résistance qu'elles opposent de toutes parts.* Quoi qu'il en soit, que les Grecs aient

VOUTES.   347

construit ou non de véritables voûtes, plusieurs monuments de l'Égypte et de l'Asie établissent la haute antiquité de ce mode de construction, et c'est, sans doute, à un respect exagéré pour les formes consacrées qu'il faut attribuer le peu d'influence qu'il a exercée sur l'architecture des deux peuples.

Nous n'insisterons pas d'avantage sur ces considérations historiques, et nous allons successivement étudier les voûtes sous le triple rapport de la disposition, des proportions, et de la décoration.

I. — DISPOSITION.

Les principales voûtes employées dans nos édifices sont : les voûtes cylindriques, les voûtes annulaires et les voûtes sphériques. Elles se prêtent à des formes et à des dispositions très-variées.

Les premières comprennent les *voûtes en berceau*, les *voûtes d'arête* et les *voûtes en arc de cloître*.

La voûte en berceau (fig. 1, pl. 43) est celle dont la surface intérieure ou *intrados* est formée par une seule surface cylindrique. Elle est *biaise*, lorsque les plans de tête ne sont pas normaux à son axe. Elle est dite *en descente*, quand cette dernière ligne est inclinée à l'horizon.

<small>Modes de génération.</small>

Quelquefois une voûte en berceau est croisée par d'autres voûtes de même forme, mais de moindre hauteur; on dit alors que ces voûtes forment *pénétrations*, et l'ensemble prend le nom de *voûte en berceau avec lunettes*. La figure 2 représente une disposition de ce genre, en projection horizontale et en projections verticales.

Ainsi que le montre la figure 3, les voûtes incidentes sont quelquefois formées par des surfaces coniques, au lieu d'être cylindriques. On a principalement recours à ce système quand les lunettes sont occupées par des ouvertures destinées à l'introduction de la lumière; il permet d'éclairer plus complétement la partie supérieure de la voûte.

Deux voûtes en berceau de même hauteur forment par leur pénétration une *voûte d'arête* (fig. 4) ou une *voûte en arc de cloître* (fig. 5), suivant que les arêtes d'intersection des surfaces cylindriques sont saillantes ou rentrantes.

La directrice de l'une de ces surfaces se trace arbitrairement, et l'on assujettit ordinairement l'autre à satisfaire à cette condition, que les arêtes se projettent horizontalement sur les diagonales du rectangle qui forme le plan de la voûte composée. Ainsi, quand les deux voûtes sont d'ouvertures inégales, les directrices ne sont pas de même forme : si l'une d'elles est une demi-circonférence de cercle, l'autre est une demi-ellipse.

L'architecture italienne offre des exemples d'une autre disposition, qui est souvent préférable à la précédente, pour les voûtes d'arête établies sur plans rectangulaires. On y remarque plusieurs portiques en arcades, couverts par des voûtes de cette espèce, lesquelles sont composées de la manière suivante : la voûte dirigée suivant la longueur du portique est cylindrique, et a une demi-circonférence pour directrice ; les autres, qui sont plus étroites, sont engendrées par la révolution, autour de leur axe ab, $a'b'$ (fig. 6), d'un arc de cercle $m\,o\,n$ assujetti à la condition de passer par les sommets des demi-circonférences placées à leurs têtes, et d'être tangent au sommet de la grande voûte. On évite, par là, le mauvais effet qui serait résulté, si l'on n'avait employé que des surfaces cylindriques, de la forme elliptique des voûtes incidentes se dessinant au-dessus de la forme demi-circulaire des arcades, ainsi que le représente la figure 7. Les arêtes ne sont plus alors comprises dans des plans, et l'exécution régulière de la voûte présente un peu plus de difficultés.

Les voûtes en arc de cloître sont souvent tronquées à leur partie supérieure, pour être terminées par une surface plane (fig. 8). Il y a avantage à adopter cette disposition quand la voûte doit être décorée de peintures et toutes les fois que la salle à couvrir n'est pas très-élevée. Les voûtes ainsi composées prennent le nom de *voûtes en arc de cloître avec plafond* ou de *plafonds avec voussures*, suivant que le développement de la partie voûtée l'emporte ou non sur celui de la surface plane.

Les voûtes annulaires en berceau (fig. 9) sont des voûtes cylindriques établies sur plan curviligne. Pour se tenir dans leur définition la plus générale, il faut considérer leur surface comme engendrée par le mouvement d'une courbe assujettie à appuyer ses extrémités sur deux lignes parallèles, et à être toujours comprise dans un plan vertical, normal à la direction de ces lignes. Que les lignes soient droites, et la voûte est cylindrique. Il ressort également de cette définition qu'une voûte annulaire n'a pas toujours la forme dont sa dénomination réveille l'idée ; ainsi, bien que les portiques des amphithéâtres de l'antiquité fussent dirigés suivant des ovales, les voûtes qui les recouvraient doivent être rangées dans la classe des annulaires.

Une voûte annulaire en descente forme une *vis Saint-Gilles*. Cette espèce de voûte a été plusieurs fois employée pour soutenir les marches d'escaliers circulaires.

Les voûtes annulaires se prêtent aux mêmes dispositions que les précédentes, sauf les modifications qu'exige leur mode de génération ; mais, de toutes les voûtes composées auxquelles elles peuvent donner naissance, les voûtes d'arête sont, pour ainsi dire, les seules que connaisse l'architecture. Ces dernières proviennent, en général, de l'intersection d'un berceau annulaire par des voûtes comprises entre des plans normaux à sa direction. Il en résulte que celles-ci sont plus étroites à une extrémité qu'à l'autre, et on leur donne la forme de conoïdes, afin que leur sommet soit de niveau : chacune d'elles est engendrée par le mouvement d'une ligne droite qui est assujettie à être toujours horizontale, et à s'appuyer, d'un côté, sur une directrice dont la forme et la position sont données, et, de l'autre, sur la ligne d'intersection des deux plans verticaux entre lesquels cette voûte est comprise. La figure 10 représente le plan et la coupe d'une de ces voûtes, qui sont désignées en stéréotomie sous le nom de *voûtes d'arête en tour ronde*.

Les voûtes sphériques n'ont pas toujours la forme qu'indique leur nom, car on appelle ainsi toute voûte dont la surface est engendrée par un arc tournant autour de l'axe vertical qui passe par son sommet ; mais, le plus habituellement, leur surface appartient effectivement à une sphère. Elles sont susceptibles de dispositions assez variées.

La voûte sphérique simple (fig. 11) exige une base circulaire ; mais on peut la modifier de manière à la faire reposer sur quatre points d'appui seulement, comme la voûte d'arête, et elle devient alors ce qu'on appelle un *cul-de-four sur pendentifs*. Pour comprendre la génération de cette nouvelle forme, imaginez une voûte sphérique ayant pour base la circonférence $abcd$ (fig. 12) ; inscrivez un carré dans cette circonférence, et, par ses côtés, menez des plans verticaux ; ils retrancheront de la voûte quatre demi-calottes sphériques dont les projections horizontales sont apm, bmn, cno et dop, et il ne restera plus qu'une surface composée d'une calotte sphérique projetée horizontalement en $rstu$ et verticalement en $r'xt'$, et de quatre triangles sphériques ou *pendentifs*, dont les projections horizontales sont mrs, nst, otu et pur, et dont deux se projettent verticalement en $m'r's'$ et $n's't'$. Au lieu de faire les troncatures par des plans verticaux, on aurait pu couper la sphère par des voûtes en berceau, ayant pour directrices les demi-circonférences résultant de son intersection par ces plans, et la voûte alors n'aurait plus reposé que sur les quatre points A, B, C, D. On voit que cette voûte peut être substituée à la voûte d'arête, pour être placée à l'intersection de deux voûtes en berceau. Elle n'a pas même netteté de forme que cette dernière; elle est moins simple, moins facile à juger, mais elle a quelque chose de plus gracieux, et elle se prête peut-être mieux à la décoration. On voit aussi qu'elle s'élève à une plus grande hauteur, ce qui est quelquefois un avantage. Enfin il convient de lui donner la préférence toutes les fois que le sommet de la voûte doit être percé d'une ouverture; car elle admet parfaitement cette disposition, tant à raison de sa forme qu'eu égard au mode de distribution de ses claveaux, tandis qu'une voûte d'arête ne s'y prête sous aucun de ces rapports.

Un cul-de-four sur pendentifs ne se détacherait pas assez nettement des voûtes en berceau qui l'accompagnent, si l'on n'avait soin d'en accuser les contours par une saillie plus ou moins prononcée, telle que celles qui sont indiquées en r' et t'. Cette saillie forme ce qu'on appelle un *arc doubleau*. On verra tout à l'heure que ces arcs s'emploient en beaucoup d'autres circonstances.

Les dômes de plusieurs de nos églises reposent sur des voûtes sphériques qui sont modifiées plus profondément encore que les précédentes. Le cul-de-four s'enlève entièrement (fig. 13), et il ne reste plus que les pendentifs au-dessus desquels s'élève la tour cylindrique du dôme. On donne ordinairement à cette importante partie de la construction plus de largeur que n'en ont les nefs à l'intersection desquelles elle se trouve placée, et cette disposition est, en effet, parfaitement convenable, tant pour l'intérieur que pour les dehors de l'édifice. Les piliers qui supportent le dôme se tracent alors ainsi qu'il est indiqué sur le plan (fig. 14), où l'on voit que les différences de largeur sont rachetées par des pans coupés dirigés à 45°. La base de la sphère à laquelle appartiennent les pendentifs se projette horizontalement sur la circonférence circonscrite à l'octogone qui est formé, d'une part, par les pans coupés, et, de l'autre, par les projections des faces intérieures des arcs doubleaux qui terminent les nefs. La surface intérieure de la tour du dôme est projetée sur la circonférence $abcd$, laquelle est tangente à ces quatre dernières lignes, et alors les pendentifs ne sont plus des triangles, mais des trapèzes sphériques, dont les plus petits des côtés parallèles ont pour cordes les lignes qui marquent les pans coupés, et dont les grands côtés embrassent chacun le quart de la circonférence.

On voit que ces pendentifs ne se raccordent pas très-bien, à leur origine, avec les points d'appui sur lesquels ils reposent. Cet inconvénient disparaîtrait si les pans coupés étaient remplacés par des surfaces cylindriques, tangentes aux pendentifs; mais, ces surfaces n'embrassant qu'un petit nombre de degrés, leur courbure ne serait pas assez prononcée pour que leur forme ne présentât pas quelque chose d'indécis, qui serait d'un plus mauvais effet que le défaut dont il s'agit. Il est à remarquer d'ailleurs que ce qu'il y a d'irrégulier dans cette disposition est dissimulé, au moins en partie, par l'imposte ou la corniche qui, placée à la naissance de la voûte, sépare les deux formes en désaccord. On peut donc ne pas s'y arrêter, quand l'étendue des pans coupés est très-faible par rapport à celle de la voûte, et peut-être même serait-il permis de ne pas montrer plus de scrupule dans tous les cas. Cependant, dans quelques constructions et notamment au dôme des Invalides, à Paris, on a pris le parti de modifier la forme des pendentifs de manière à les faire coïncider exactement, à leur origine, avec les piliers qui les supportent; chacun d'eux a été formé d'une surface gauche comprise entre la ligne droite mp et les trois arcs pb, ma et aob. Cette surface, qui est désignée par Frezier sous le nom de sphérico-cylindrique, est engendrée par le mouvement d'un arc de cercle assujetti à être toujours horizontal, et dont le rayon varie depuis le sommet du pendentif, où il décrit l'arc aob, jusqu'à la naissance, où il est infini et donne la ligne pm.

On appelle *cul-de-four de niche* une voûte sphérique reposant sur une demi-circonférence (fig. 15), et réduite par conséquent au quart de la sphère. Telles sont les voûtes habituelles aux niches demi-circulaires. Les thermes des Romains en présentaient plusieurs de très-grandes dimensions, mais elles n'ont pu résister aux injures du temps. On en admire une très-vaste dans la grande cour du palais du Vatican; elle est de la composition de Bramante.

D'autres voûtes encore, telles que les trompes, les arrière-voussures, etc., se rencontrent dans nos édifices; mais elles sont d'importance tout à fait secondaire, et leur description entraînerait à des détails qui ne peuvent entrer dans le plan de cet ouvrage. Nous renverrons donc, en ce qui les concerne, aux traités spéciaux de stéréotomie, qu'il sera d'ailleurs nécessaire de consulter pour apprendre l'appareil des voûtes dont il vient d'être question, et dont nous avons dû nous borner à décrire les dispositions générales.

Directrices. — Dans les figures de la planche 43, on a adopté la demi-circonférence de cercle pour directrice des diverses surfaces; c'est la forme le plus fréquemment employée dans notre système d'architecture, mais il en est beaucoup d'autres qui peuvent lui être préférées, suivant les circonstances.

On dit qu'une voûte est *surhaussée*, quand sa hauteur au-dessus de la naissance surpasse la moitié de sa largeur; elle est en *plein cintre*, quand la hauteur est égale à la demi-largeur; elle est *surbaissée*, lorsque la hauteur n'atteint pas cette dernière dimension. Les directrices des voûtes surhaussées sont ordinairement la demi-ellipse prise sur le plus petit axe, ou l'ogive, courbe formée par l'intersection de deux arcs de cercle dont les centres sont placés sur la ligne des naissances de la voûte. L'ogive est dite en *tiers point*, quand le centre de chacun des arcs est pris à l'origine de l'arc opposé; la plupart de celles du quatorzième siècle ont été ainsi tracées.

La demi-circonférence de cercle est, pour ainsi dire, la seule directrice employée pour les voûtes en plein cintre.

Pour les voûtes surbaissées, on a recours à l'arc de cercle, à la demi-ellipse prise sur le grand axe, ou à l'*anse de panier*, courbe de forme ovale, qui résulte de la réunion de plusieurs arcs de cercle, dont les centres, les rayons et les amplitudes sont déterminés par la condition qu'elle ne présente ni jarrets, ni changements brusques de courbure, et qu'elle produise un effet satisfaisant.

On verra plus bas que d'autres courbes seraient préférables à celles qui viennent d'être énumérées, en ce qui concerne la stabilité des constructions.

Modes de construction. — Le choix des matériaux à employer pour la construction d'une voûte dépend essentiellement de la destination de l'œuvre. S'agit-il d'une voûte appelée à supporter des pressions considérables ou à résister aux intempéries de l'atmosphère, la pierre de taille de bonne qualité est la matière la plus convenable. Mais, dans les intérieurs de nos édifices, il y a souvent avantage à lui préférer d'autres matériaux, tels que les briques, les poteries et les moellons, soit parce que plus légers, soit parce que plus économiques, soit parce que plus adhérents à l'enduit dont on est obligé de revêtir l'intrados quand la voûte doit être décorée de peintures.

La plupart des grandes voûtes des Romains ont été exécutées en béton, système de construction simple, économique, auquel il paraît étrange qu'on ait à peu près renoncé. La voûte sphérique du Panthéon de Rome, qui n'a pas moins de 43 mètres d'ouverture et qui est dans un parfait état de conservation, a été construite de cette manière. Le béton employé était ordinairement très-riche en mortier, et il entrait beaucoup de fragments de briques et de pierres ponces dans sa composition, d'où résultait que les voûtes étaient assez légères, bien qu'elles présentassent de fortes épaisseurs.

Dans quelques voûtes exécutées par le même peuple, les arêtes ou des chaînes plus ou moins espacées sont formées de grandes briques posées sur champ, et constituent ainsi une sorte d'ossature dont les intervalles sont remplis en béton ou en maçonnerie de blocage. Nous employons fréquemment une disposition analogue dans les voûtes construites en briques ou en moellons, seulement nous mettons des pierres de taille, et quelquefois à tort, où les Romains auraient placé de la brique.

Les poteries creuses sont des matériaux très-convenables pour les voûtes qui ne sont pas soumises à de fortes pressions; les Romains y ont eu recours en plusieurs circonstances, et l'on en fait actuellement un assez grand usage. On verra tout à l'heure qu'il convient presque toujours de les réserver pour la partie supérieure de la voûte, et d'employer des matières plus lourdes dans les parties inférieures.

L'appareil d'une voûte doit être disposé de telle sorte que les pierres ou voussoirs qui la constituent se soutiennent mutuellement. En outre, les angles aigus étant plus exposés que les autres à la rupture, on doit s'attacher, en général, à rendre les faces des joints normales à la surface d'intrados, et à comprendre les têtes des voussoirs à l'intrados entre les lignes de plus grande et de plus petite courbure de cette surface. Ainsi, dans les voûtes en berceau, les joints sont dirigés suivant les génératrices et les directrices du cylindre, et, dans les voûtes sphériques, on prend, pour lignes de joints, les méridiens et les petits cercles horizontaux de la sphère. Mais il est quelques voûtes, entre autres les descentes et les berceaux biais, où des considérations de stabilité ne permettent pas de s'astreindre à cette condition.

II. — PROPORTIONS.

Deux sortes de proportions sont à considérer dans l'établissement des voûtes : au point de vue de l'art, celles qui règlent la forme de l'intrados ; au point de vue de la construction proprement dite, celles qui sont relatives à la stabilité. Les premières ne paraissent pas susceptibles d'être étudiées isolément ; elles dépendent essentiellement de la hauteur de la pièce à voûter, et du caractère qu'on veut assigner à cette partie de l'édifice. On s'en occupera lorsqu'il sera question de la disposition des salles voûtées, et l'on ne traitera actuellement que des dernières. Nous allons exposer les méthodes qui permettent d'assigner, aux différentes parties d'une voûte, les épaisseurs nécessaires pour assurer une stabilité suffisante, ou plutôt, car on procède à une vérification et non à une détermination *a priori*, les méthodes au moyen desquelles on reconnaît si une voûte projetée pourra se maintenir en équilibre sur ses pieds-droits, et, dans le cas contraire, la nature des modifications à introduire dans son tracé.

Poussée des voûtes.

Considérons d'abord la voûte la plus simple, une voûte droite en berceau. Soit une demi-voûte AB (pl. 44, fig. 1) ; il est évident qu'abandonnée à elle-même, elle ne se maintiendra pas en équilibre : il se détachera de sa partie supérieure un voussoir plus ou moins considérable $BCmn$, qui tombera, soit en tournant autour du point m, soit en glissant sur le plan de joint mn. Il est également certain qu'on s'opposerait à l'un et à l'autre de ces mouvements si l'on appliquait une certaine force horizontale F contre le plan Bc, et qu'il y aurait alors équilibre si la demi-voûte était constituée de telle sorte que cette force, nécessaire et suffisante pour empêcher un voussoir de tomber en dedans, ne fût pas assez grande pour en rejeter un autre au dehors. Or, lorsque la voûte est entière, chacune de ses moitiés exerce, contre l'autre, une pression horizontale qui est précisément cette force F, laquelle constitue ce qu'on appelle la *poussée de la voûte*. Il faut donc, pour s'assurer de la stabilité d'une voûte, chercher d'abord la valeur de la poussée, puis examiner si la construction est en état de résister à l'action de cette force, dont on détermine le point d'application ainsi qu'on le verra tout à l'heure.

Prenons une tranche de voûte, ayant pour longueur l'unité de mesure ; elle se comportera de la même manière que la voûte entière, et il en résultera plus de simplicité dans les calculs; adoptons, en outre, pour unité de poids, le poids de l'unité de volume des matériaux employés à la construction, et faisons abstraction de l'adhérence des mortiers.

Nous supposerons d'abord que le voussoir qui détermine la poussée se détache par rotation; le joint du sommet s'ouvrira à l'intrados, et les deux demi-voûtes s'appuieront l'une contre l'autre au sommet de l'extrados, en O (fig. 2). Ce point devra être pris pour point d'application de la poussée; et, en désignant par S la surface du voussoir, par D la distance horizontale mp du point m au centre de gravité c de ce voussoir, et par H la hauteur or du point o au-dessus du point m, on aura, pour déterminer la valeur de F, la relation de condition

$$F = \frac{SD}{H}. \qquad (1)$$

Mais on ne connaît pas, en général, la position du joint de rupture mn, d'où il résulte qu'afin d'avoir la véritable valeur de F, celle qui est nécessaire pour maintenir un voussoir quelconque, il faut faire différentes hypothèses sur cette position, calculer les valeurs de F correspondantes, et prendre ensuite le chiffre le plus élevé pour expression de la poussée.

Cette force étant connue, il faut examiner si la construction est en état de lui résister, et il est encore nécessaire de faire diverses hypothèses, tant sur le mode de rupture que sur la position du joint où la séparation tend à s'effectuer. On cherche quelle est la plus petite force nécessaire pour qu'il y ait rupture, et l'équilibre exige que ce minimum soit plus grand que le maximum trouvé pour F.

Ainsi, tout ou partie de la demi-voûte pourrait être renversé en dehors par l'action de la poussée, un joint $m'n'$ s'ouvrant à l'intrados et le mouvement de rotation s'accomplissant autour de l'arête projetée en n'. Soient :

S'   la surface du voussoir $m'n'os$,
D'   la distance du point n' à la verticale passant par le centre de gravité de ce voussoir,
H'   la hauteur du point o au-dessus de n',

on saura que toute force horizontale appliquée en o, qui sera inférieure à

$$F' = \frac{S'D'}{H'}, \qquad (2)$$

ne pourra pas renverser le voussoir qu'on aura considéré. Si l'on n'est pas assuré que le joint $m'n'$ soit celui qui donne la plus petite valeur de F', c'est-à-dire, soit celui qui présente le plus de tendance à s'ouvrir, il faudra calculer d'autres valeurs de F', en admettant d'autres positions $m''n''$, $m'''n'''$, etc., pour le joint de rupture. La voûte ne se rompra pas suivant le mode supposé, si la plus petite valeur de F' l'emporte sur la plus grande valeur précédemment trouvée pour F.

Le grand voussoir pourrait être repoussé en dehors, en glissant sur le joint $m'n'$, ainsi que le représente la figure 3. Or, si l'on appelle

α l'angle formé par ce joint avec la verticale,
f le rapport du frottement à la pression, pour les matériaux qui composent la voûte,

on aura pour condition d'équilibre

$$F'' = S' \frac{\cos\alpha + f\sin\alpha}{\sin\alpha - f\cos\alpha}, \qquad (3)$$

et il faudra que, pour tous les joints, F'' soit toujours plus grand que F. Si le joint de rupture était horizontal, et c'est ce qui se rencontre presque constamment, l'expression précédente se réduirait à

$$F'' = S'f. \qquad (4)$$

Les deux modes de rupture qui viennent d'être examinés sont ceux qui se présentent le plus habituellement dans la pratique, tellement que, dans la plupart des circonstances, il est permis de faire abstraction des autres; nous dirons cependant quelques mots de ces derniers. Ils sont au nombre de six :

1° Un voussoir plus petit que celui qui détermine la poussée peut être soulevé par la force F (fig. 4). Dans ce cas, le joint de la clef s'ouvre à l'extrados, la poussée se reporte en p à l'intrados, et il faut que la plus grande des valeurs trouvées pour cette force soit inférieure à la plus petite force horizontale à appliquer en p pour soulever une partie quelconque du grand voussoir $mnop$. Ce mode de rupture peut se présenter dans une voûte en ogive qui aurait peu d'épaisseur à la clef, et il semble que Brunelleschi le redoutait pour le dôme de Sainte-Marie des Fleurs, à Florence ; car on raconte qu'étant sur son lit de mort, il recommanda avec instance de charger par une lourde lanterne le sommet de cette voûte, la grande œuvre de sa vie et de l'architecture de son temps ;

2° Le petit voussoir, au lieu d'être soulevé par un mouvement de rotation, pourrait remonter en glissant sur le joint de rupture ou plutôt sur l'arête extérieure. On s'assurerait, par un calcul analogue à l'un des précédents, que ce mouvement n'aura pas lieu ; mais ce n'est pas nécessaire, car il ne se produit jamais dans la pratique ;

3° Le voussoir qui détermine la poussée pourrait glisser sur le joint de rupture, au lieu de prendre un mouvement de rotation, et, encore dans cette hypothèse, on trouve quatre modes de rupture, qui sont représentés figures 5, 6, 7 et 8 : le voussoir repoussé en dehors peut être plus grand ou plus petit que l'autre, et glisser ou tourner autour d'une arête extérieure.

De ces modes de rupture produits par le glissement du voussoir de poussée, les deux premiers sont, pour ainsi dire, les seuls qui puissent se présenter, et ils ne sont à redouter que pour des voûtes ayant beaucoup plus d'épaisseur à la clef qu'il n'est d'usage d'en admettre dans la construction des édifices.

Ainsi, dans la plupart des circonstances, il suffit de rechercher les valeurs de F, données par la formule (1), et de s'assurer qu'elles sont inférieures à celles qui se déduisent des formules (2) et (3). S'il n'en était pas ainsi, il faudrait, ou diminuer la valeur maximum de F, ou augmenter celles de F' ou de F'', ou adopter tous ces partis à la fois. On réduira la valeur de la poussée, en diminuant l'épaisseur à la clef, ou en construisant la partie supérieure de la voûte en matériaux plus légers ; on augmentera celle des résistances, en donnant plus d'épaisseur ou plus de poids aux parties inférieures de la construction. Les clochetons qui s'élèvent souvent au-dessus des piliers sur lesquels s'appuient les arcs-boutants de l'architecture du moyen âge, remplissent ce dernier office, et contribuent ainsi dans une certaine mesure à la stabilité des édifices qu'ils décorent.

Des données d'expérience permettent de reconnaître immédiatement, dans la plupart des circonstances, quelles sont les positions approximatives des joints de rupture, de sorte que le champ des tâtonnements à faire, pour déterminer le maximum de F et les minima de F′ et de F″, peut être renfermé entre d'assez étroites limites. Ainsi, dans les voûtes en plein cintre, le joint auquel correspond la poussée est situé ordinairement entre 30° et 40° à partir de la naissance; dans les voûtes en anse de panier, surbaissées au tiers ou au quart, la rupture tend à se produire à 50° environ de la naissance du petit arc; enfin, dans les voûtes en arc de cercle, le joint de rupture est presque toujours placé à la naissance. Quant au joint de rupture de la résistance, l'inspection seule du profil de la voûte suffit souvent pour en faire connaître la position. Il est habituellement placé à la naissance de la voûte, ou à celle du pied-droit.

Mais ces calculs, bien que circonscrits et très-simples en théorie, présentent de grandes difficultés dans la pratique, en ce qu'ils exigent la détermination des centres de gravité et des superficies de figures dont les formes sont irrégulières; et la plupart des constructeurs leur substituent des procédés graphiques, ou du moins demandent les surfaces et les centres de gravité à des opérations géométriques. Nous donnerons un exemple de ce dernier mode de calcul.

Supposons qu'il s'agisse de la voûte dont la figure 14 représente une moitié. Elle est en plein cintre; elle a 6^m,20 d'ouverture, 0^m,40 d'épaisseur à la clef, et elle est terminée horizontalement à sa partie supérieure, au moyen d'une maçonnerie de remplissage qui repose sur son extrados.

On trace le profil de cette voûte, sur une échelle assez grande pour qu'on n'ait pas à craindre des erreurs de quelque importance dans les opérations. On divise la voûte proprement dite, par des lignes dirigées suivant ses joints, en un nombre de parties tel qu'il soit permis de considérer les courbes de l'intrados et de l'extrados comme étant des lignes droites d'un point de division à l'autre (huit ou dix divisions suffisent ordinairement). Les ruptures qui se feraient dans la maçonnerie de remplissage seraient dirigées suivant des lignes brisées, et la cohésion de la maçonnerie leur serait de quelque obstacle; mais, comme il serait difficile de faire, avec chance de succès, des hypothèses sur le tracé de ces lignes et sur la valeur de cette résistance, on suppose la cohésion nulle dans le remplissage, ainsi qu'on le fait pour les joints de la voûte, et l'on admet que la rupture se fera en ligne droite. La maçonnerie qui garnit les reins de la voûte n'est censée agir que par son poids, et au-dessus de chacun des points de division de l'extrados, on mène des verticales que l'on considère

VOÛTES. 359

comme des joints possibles de rupture. On se place ainsi dans l'hypothèse la plus défavorable à la stabilité.

Les différents voussoirs étant regardés comme des quadrilatères rectilignes, on prend la surface de chacun d'eux d'après l'échelle adoptée, soit en les divisant en triangles, soit en construisant des triangles équivalents, ainsi qu'il est indiqué sur la figure. Quant aux positions de leurs centres de gravité, et de ceux des trapèzes qui divisent la maçonnerie de remplissage, elles se déterminent au moyen de la construction connue; on tire les diagonales ab, cd des quadrilatères (fig. 15), on divise l'une d'elles en deux parties égales au point m, on porte de c en d' la partie od de l'autre, et l'on joint $d'm$; le centre de gravité de la figure est situé en x, au tiers de cette ligne à partir du point m.

Cela posé, appelons : r, r', r'', r''', etc., les distances horizontales des centres de gravité des voussoirs 12, 23, 34, 45, etc., au joint pour lequel on veut avoir l'expression de la poussée ; r_1, r_1', r_1'', etc., les mêmes distances pour les centres de gravité des parties correspondantes du remplissage, en faisant remarquer qu'elles prendront des valeurs négatives lorsqu'elles devront être comptées à gauche de l'axe de rotation; S, S', S'', S''', etc., les surfaces des voussoirs ; enfin S_1, S_1', S_1'', S_1''', etc., celles des trapèzes du remplissage. Cherchons d'abord la valeur de la poussée, en supposant que la rupture ait lieu par rotation autour de l'arête passant par le point 5. Elle se déduira de la formule (1), $F = \frac{SD}{H}$, dans laquelle

$$SD = rS + r'S' + r''S'' + r'''S''' + r_1 S_1 + r_1' S_1' + r_1'' S_1'' + r_1''' S_1''' = 1,048.$$

H se mesure directement sur la figure, c'est la ligne OP, laquelle a pour valeur 1,30; d'où

$$F = \frac{1,199}{1,30} = 0,922.$$

On trouvera, de la même manière, que, pour les joints 4, 6 et 7, la poussée a pour expressions respectives :

$$F = 0,755, \quad F = 0,984 \quad \text{et} \quad F = 0,890.$$

Pour opérer le plus rigoureusement possible, il faudrait construire une courbe ayant pour ordonnées les valeurs de F ainsi calculées pour tous les joints, et pour abscisses les longueurs correspondantes de l'intrados ; l'ordonnée maxima représenterait la poussée, et son abscisse ferait connaître la position du joint de rupture avec toute l'exactitude que comporte le procédé. Mais on se contente ordinairement d'une valeur approximative, et l'on prendrait, dans l'exemple que nous considérons, 0,981 pour expression de la poussée.

On cherchera, en suivant la même marche, quelle est la valeur de la résistance

$$F' = \frac{S'D'}{H'},$$

et on trouvera qu'elle est égale,

pour le joint 9, placé à la naissance de la voûte, à. 1,801
et pour le joint 10, placé à la base du pied-droit, à. . . . 0,925

Cette voûte ne se tiendrait par conséquent pas en équilibre ; son pied-droit serait renversé au dehors, en accomplissant un mouvement de rotation autour du point a, et la partie supérieure tomberait en dedans, en tournant autour du point 6.

Mais, si l'on chargeait le pied-droit par un massif en maçonnerie $xyzu$, placé ainsi que l'indique la figure, et auquel nous supposons 2 mètres de hauteur sur 1ᵐ,50 de largeur, la résistance augmenterait, et l'on trouverait qu'à la base du pied-droit, où elle atteint son minimum, elle est égale à 1,188. La voûte ne serait donc plus renversée.

Au lieu de charger le pied-droit, on pourrait augmenter son épaisseur. Si, de 0ᵐ,68 on la portait à 1ᵐ,18, par exemple, la résistance à la rupture, au point que nous considérons, prendrait pour valeur 1,475. L'équilibre serait maintenu, et mieux encore que dans le cas précédent.

Un calcul très-simple permet d'ailleurs de déterminer immédiatement l'épaisseur d'un pied-droit en fonction de la poussée, de manière à être assuré de l'équilibre. Soient :

h la hauteur du sommet de l'extrados au-dessus de la naissance de la voûte proprement dite,
H la hauteur du pied-droit jusqu'à la naissance,

VOUTES.   561

x l'épaisseur du pied-droit,
F la poussée,
S la surface de la demi-voûte,
D la distance horizontale du centre de gravité de la demi-voûte à l'arête de l'intrados à la naissance,

on aura la relation suivante, pour exprimer l'équilibre autour de l'arête extérieure de la base du pied-droit :

$$F(H+h) = S(D+x) + Hx\frac{x}{2},$$

d'où

$$x = -\frac{S}{H} + \sqrt{\left(\frac{S}{H}\right)^2 + 2F\left(1 + \frac{h}{H}\right) - \frac{2SD}{H}}. \quad (5)$$

La valeur de x augmente en même temps que celle de H, mais dans une proportion d'autant moindre que le pied-droit est plus élevé par rapport à l'ouverture de la voûte. Dans les applications, on suppose souvent que H est infini, et alors l'épaisseur du pied-droit a pour expression :

$$x = \sqrt{2F}. \quad (6)$$

Ainsi, la limite de l'épaisseur à donner au pied-droit d'une voûte, dans le cas de l'équilibre strict, est égale à la racine carrée du double de la poussée, en prenant le poids de l'unité de volume de la maçonnerie pour unité de poids.

On pourrait également assurer la stabilité de la voûte, en diminuant l'épaisseur des parties de la construction qui sont comprises entre le joint de rupture et la clef, ou en les exécutant en matériaux plus légers, disposition dont on trouve plusieurs exemples dans l'architecture antique aussi bien que dans les constructions modernes.

Supposons, par exemple, qu'on ait adopté ce dernier parti, et qu'on ait exécuté la portion de voûte y 0 1 6 en matériaux d'une densité moitié moindre que celle du reste de la construction. On tiendra compte de cette circonstance, en réduisant dans la même proportion, c'est-à-dire de moitié, la valeur des moments des diverses divisions de cette partie de la voûte. On reconnaîtra que le joint de rupture peut être toujours placé au point 6, et que l'expression de la poussée se réduit à 0,491, tandis que celle de la résistance à la rupture par rotation autour du point a a pour valeur 0,629. La chute de la voûte, par suite d'un double mouvement de rotation, ne sera donc pas à redouter.

Enfin une voûte peut être consolidée par des fragments de voûtes disposés de telle sorte que leur poussée agisse à l'opposé de celle qu'on redoute. Ainsi une voûte telle que abc (fig. 16) exerce contre la voûte ABC une action horizontale qui devra entrer avec son bras de levier, et en tenant compte de sa direction, dans les relations qui expriment l'équilibre du système. Elle détruit une partie de la poussée de la seconde, ou plutôt elle la reporte sur le mur extérieur dont l'épaisseur doit être calculée en conséquence. Cette disposition s'observe dans plusieurs églises d'architecture romane, et c'est à l'un de ces monuments, à l'abbaye des Hommes de Caen, que nous avons emprunté l'exemple que le lecteur a sous les yeux. La demi-voûte servant de contre-fort vient s'appuyer à hauteur de la naissance de la voûte principale, qui est formée d'une suite de voûtes d'arête, et elle recouvre la galerie supérieure des nefs latérales. Dans d'autres édifices, appartenant au même style d'architecture, la voûte principale est en berceau de même que les demi-voûtes qui l'appuient, et il y a par conséquent plus d'unité dans la composition. Il est essentiel, quand on adopte un pareil système, de s'assurer s'il n'expose pas la voûte qu'il s'agit de consolider à tomber par suite du soulèvement des voussoirs du sommet, ainsi qu'il a été dit tout à l'heure et que l'indique la figure 4. On verra plus loin comment l'architecture gothique a assuré, par des procédés analogues, la stabilité des voûtes d'arête qu'elle a presque exclusivement employées dans ses constructions.

Ce qui précède suffit pour montrer quels sont les divers moyens auxquels il convient de recourir pour augmenter la stabilité d'une voûte, quand la construction paraît exposée au mode de rupture qui vient d'être considéré, et il est évident d'ailleurs qu'on peut les combiner deux à deux, ou les employer tous à la fois, suivant les circonstances dans lesquelles on se trouve placé.

Quant à la question de savoir si la voûte ne sera pas repoussée en dehors en glissant sur un de ses joints, elle est très-simple à résoudre. Il est aisé de reconnaître, à la seule inspection de la figure, que, si ce mode de rupture se produisait, le glissement aurait lieu à la naissance de la voûte, sur le joint 9, et il suffit, en conséquence, de calculer la valeur de la formule (4) :

$$F'' = S'f;$$

f varie suivant la nature des pierres et la perfection du travail, mais il sera prudent de lui donner toujours la valeur 0,58, qui est la plus petite de toutes celles que lui assignent les expériences faites à ce sujet. On en déduira, pour le cas que nous considérons, en admettant que la voûte entière soit exécutée en matériaux de même densité et en faisant abstraction de la surcharge $xyuz$, que la résistance au glissement a pour expression $F''=3,196$; d'où il suit qu'on n'a pas à craindre ce mode de rupture. Il ne se présente guère que dans les voûtes qui ont une grande épaisseur par rapport à leur ouverture, et il est facile de s'y opposer par des artifices de construction, soit en inclinant les plans de joints sur lesquels le glissement se produirait, soit en retenant les assises, les unes aux autres, au moyen de goujons métalliques, de dés en pierre, etc.

Si la voûte devait être chargée, il serait nécessaire d'avoir égard à cette circonstance dans le calcul de la stabilité, en tenant compte des moments des poids additionnels, comme on l'a fait pour ceux des voussoirs et de la maçonnerie de remplissage, et sans perdre de vue qu'on a pris le poids du mètre cube de maçonnerie pour unité de poids.

Bien que l'adhérence des mortiers, qui est loin d'être sans efficacité, ait été négligée dans ces calculs, il y aurait imprudence à se contenter d'un équilibre strict. Il faut s'assurer d'un excès de stabilité pour obvier aux surcharges accidentelles, aux petits mouvements qui se produisent lors du décintrement et aux ébranlements auxquels toute construction est plus ou moins exposée. C'est encore nécessaire, ainsi qu'on le verra tout à l'heure, pour prévenir l'écrasement des matériaux dont la voûte est composée. Le rapport à observer, entre la résistance à la rupture et la poussée, ou, pour employer l'expression consacrée, le *coefficient de stabilité*, doit varier d'ailleurs avec la destination de la voûte et le degré de solidité qu'on se propose d'avoir. On peut le tenir à 1,20 pour des voûtes légères; et on le porte jusqu'à 2 pour celles qui doivent présenter une grande résistance.

En exprimant cette condition dans la formule (5), qui donne l'épaisseur du pied-droit en fonction de la poussée dans le cas de l'équilibre strict, on aura, si l'on désigne par ρ le coefficient de stabilité:

$$x = -\frac{S}{\Pi} + \sqrt{\left(\frac{S}{\Pi}\right)^2 + 2\rho F \left(1 + \frac{h}{\Pi}\right) - \frac{2SD}{\Pi}}, \qquad (7)$$

et, pour l'épaisseur limite, pour celle qui correspond à une hauteur infinie du pied-droit,

$$x = \sqrt{2\rho F}. \tag{8}$$

Toutes les fois que la hauteur des pieds-droits d'une voûte dépasse la largeur de l'ouverture, il convient de déduire leur épaisseur de cette dernière formule.

Il est à remarquer que, dès qu'une voûte présente un excès de stabilité, elle sort de l'hypothèse qui a servi de base aux calculs précédents. La poussée ne peut plus alors être déterminée en toute rigueur, parce qu'on ignore la position de son point d'application; on sait seulement qu'il n'est plus placé sur une arête, et il en est de même de la résultante des forces qui agissent sur un voussoir quelconque.

Le déplacement des points sur lesquels se portent les pressions est d'ailleurs nécessaire pour qu'il n'y ait pas écrasement des matériaux, car les pierres ne pourraient résister à des efforts considérables s'exerçant sur des arêtes. Dans la plupart de nos édifices, les voûtes ne sont pas soumises à des pressions telles que ce danger soit à redouter, quand on a donné à la construction un excès de stabilité, conformément à ce qui a été dit plus haut, et l'on est en droit de ne pas s'en préoccuper d'une manière spéciale; mais il n'en est pas de même quand il s'agit de voûtes de grande ouverture, très-surbaissées ou appelées à résister à des charges considérables, de sorte que, pour opérer en toute sécurité sous ce rapport, il faut déterminer alors les limites dans lesquelles ces points d'application sont enfermés, et s'assurer qu'elles sont suffisamment éloignées des arêtes eu égard aux pressions supportées et à la résistance de la pierre à l'écrasement.

Épaisseur à la clef.

L'épaisseur à la clef des voûtes en plein-cintre peut se fixer, sous réserve de vérification ultérieure, d'après les formules empiriques suivantes, dans lesquelles cette épaisseur est désignée par E et l'ouverture de la voûte par O, le mètre étant l'unité de mesure :

Pour les voûtes légères qui n'ont à supporter que leur propre poids. $E = 0^m,10 + 0,01\ O$
Pour les voûtes supportant des planchers. . . . . $E = 0^m,20 + 0,02\ O$
Pour les voûtes exposées à de fortes surcharges. . . . . $E = 0^m,30 + 0,03\ O$
Enfin pour des voûtes appelées à supporter des pressions considérables. $E = 0^m,40 + 0,04\ O$

Ce ne sont là que des données approximatives, des points de départ qui doivent être contrôlés, quand on a calculé la valeur de la poussée. On peut réduire les

VOUTES. 365

chiffres tirés de ces formules, quand les matériaux à mettre en œuvre sont très-résistants, de même qu'il faut les augmenter dans le cas contraire et aussi quand la voûte est surbaissée.

Une méthode proposée par M. l'ingénieur Méry, pour s'assurer de la stabilité d'une voûte par des procédés graphiques, offre un moyen facile de résoudre les questions relatives à l'écrasement des matériaux. Elle fait reconnaître à première vue quelles sont les parties faibles d'un profil donné, et comment il convient de le modifier pour prévenir soit la rotation, soit le glissement, soit l'écrasement des matériaux. Plus complète, plus saisissante et plus expéditive que celle qui a été exposée tout à l'heure, elle doit lui être préférée dans la pratique. Cette dernière n'eût pas obtenu la priorité que nous lui avons accordée, si nous ne l'avions jugée plus propre à bien faire comprendre la théorie de la poussée des voûtes, à faire apprécier l'influence que les diverses parties de la construction exercent sur la stabilité, et à constituer ainsi un excellent point de départ.

<small>Méthode graphique.</small>

Si l'on connaissait la poussée d'une voûte et le point d'application de cette force sur un joint quelconque, il serait facile d'en conclure l'action exercée sur les autres joints. Supposons, par exemple, que la poussée horizontale de la voûte dessinée planche 45, figure 9, soit représentée par la ligne mf en grandeur et en position : la pression supportée par un joint xy sera la résultante de cette poussée, d'une part, et du poids des voussoirs supérieurs, de l'autre. Soit g le centre de gravité de ces voussoirs et gp la verticale qui représente leur poids; soient portées la longueur mF de m' en q, sur la ligne mF prolongée, et la longueur gp de m' en p'; et soit formé le rectangle $m'qn'p'$: cette résultante sera donnée en grandeur et en direction par la ligne $m'n'$, et son point d'application sera placé en u, à la rencontre de cette ligne avec le joint xy.

<small>Courbe des pressions.</small>

Qu'on opère de la même manière pour tous les joints, et qu'on réunisse par une courbe les points d'application des diverses résultantes, on obtiendra ce que M. Méry a appelé la *courbe des pressions*.

Il n'y aura pas de mouvement de rotation, si cette courbe est toujours comprise entre l'intrados et l'extrados de la voûte; il n'y aura pas glissement, si nulle part la résultante des pressions ne fait avec la normale au joint un angle supérieur à celui qui mesure le frottement dans les circonstances les moins favorables à la stabilité, c'est-à-dire un angle de plus de 30°, ou, en d'autres termes, n'est pas inclinée à moins de 60° sur le joint; il n'y aura pas écrasement de maté-

.riaux, si la courbe se maintient partout à une distance suffisante des arêtes, conformément à ce qui sera exposé tout à l'heure.

Quand une voûte est dans le cas de l'équilibre strict, il n'y a qu'une position possible pour la courbe des pressions, et cette courbe est alternativement tangente à l'intrados et à l'extrados, au droit des joints où la rupture tend à se produire. Mais, dès qu'il y a excès de stabilité, la courbe des pressions peut se mouvoir dans un intervalle plus ou moins étendu, et la valeur de la poussée dépend de la position du point d'application de cette force, lequel varie suivant la marche des tassements qui se produisent lors du décintrement de la voûte. On peut toutefois s'assurer des conditions de l'équilibre, et reconnaître si les matériaux ne sont pas exposés à l'écrasement; il suffit de considérer deux positions extrêmes et admissibles de la courbe dont il s'agit.

On juge, par exemple, qu'eu égard à la nature des matériaux à employer dans la construction de la voûte dont on s'occupe et à l'intensité probable de la poussée, la courbe des pressions ne doit pas se tenir à moins d'une certaine quantité, soit $0^m,10$ environ, de l'intrados ou de l'extrados. On peut faire une première hypothèse, en admettant que la poussée à la clef a son point d'application à $0^m,10$ au-dessous du sommet de l'extrados, et déterminer la valeur de cette action en cherchant la position du joint de rupture, comme on l'a fait plus haut; mais il ne faudra plus supposer que le mouvement de rotation tend à s'accomplir autour d'une arête, c'est à cette même distance de $0^m,10$ de l'intrados qu'il conviendra de reporter l'axe de rotation, et même à une distance un peu supérieure, si l'on veut opérer plus rigoureusement, eu égard à cette circonstance que la pression supportée par un voussoir quelconque est d'autant plus forte qu'il est plus éloigné de la clef.

Cette première valeur de la poussée étant connue, on en déduira une courbe des pressions, en suivant la marche qui a été indiquée tout à l'heure.

On trouvera une seconde valeur pour cette action, et par suite une seconde courbe des pressions, si l'on admet que la poussée à la clef a son point d'application à $0^m,10$, ou un peu plus, au-dessus de l'intrados.

Le procédé plus expéditif, proposé par M. Méry, consiste à faire deux hypothèses au lieu d'une, c'est-à-dire à fixer un peu arbitrairement un second point pour chacune des deux courbes des pressions. On sait que l'une de ces courbes, qui a son point de départ près de l'extrados à la clef, se rapproche de l'intrados pour s'en éloigner ensuite, et l'on admet qu'elle passera par un point tel que *u* (pl. 45, fig. 9). Le tracé de la courbe se déduit immédiatement de la position des deux points; il suffit de suivre une marche diamétralement opposée à celle qui vient d'être indiquée. Ce n'est plus la valeur de la poussée qui détermine le point, c'est la position du point qui fait connaître la poussée.

Par le centre de gravité *g* [1] du voussoir *abxy* augmenté du petit triangle *yvs* qui s'appuie sur ce voussoir, on mène une verticale qu'on prolonge jusqu'à sa rencontre avec l'horizontale passant par le point *m*. On porte, à partir du point d'intersection *m'*, une longueur *m'p'* représentant le poids du voussoir et du triangle, on tire la ligne *um'*, ainsi que l'horizontale *p'n'*, et la ligne *m'n'* représente en grandeur et en direction la résultante des pressions qui agissent sur le joint *xy*. La ligne *p'n'* mesure la poussée horizontale de la voûte. Il suffit maintenant d'opérer comme on l'a dit tout à l'heure, pour déterminer d'autres points de cette même courbe. On aura, par exemple, le point d'intersection de la courbe des pressions avec le joint *wz*, en faisant passer une verticale *g'p''* par le centre de gravité *g'* du voussoir *xywz* augmenté du quadrilatère *vywt*; cette verticale rencontre la ligne *m'n'* en *c*; on porte la longueur *m'n'* de *c* en *q''* sur le prolongement de cette dernière ligne, et une longueur *cp''*, représentant le poids du voussoir, sur la verticale passant par le centre de gravité *g'*; on forme le parallélogramme *cp''n''q''*, et la ligne *cn''* représente en grandeur et en direction la résultante des forces qui agissent sur le joint *wz*. Le point d'intersection *u'* de cette ligne avec le joint *wz* appartient à la courbe des pressions.

« Lorsqu'on a mal choisi les deux points destinés à déterminer la courbe,
« dit M. Méry, on s'en aperçoit bientôt par le tracé qui en résulte, et il est tou-
« jours facile de faire une nouvelle construction, dans laquelle on met à profit
« la plupart des éléments employés dans la première. »

La courbe que nous venons de considérer est celle qui répond au minimum de poussée, et qui a la plus grande flèche et la plus petite corde. Il faut tracer ensuite la courbe des pressions qui a la plus grande corde et la plus petite flèche, et qui correspond au maximum de la poussée. On sera assuré de l'équilibre, si cette courbe remplit les mêmes conditions que l'autre. Elle est indiquée sur la figure par les lettres *def*.

Le minimum de distance à observer entre la courbe des pressions et les lignes

[1] Voyez, pour la détermination des centres de gravité, la méthode indiquée à la page 559.

qui limitent la voûte se règle d'après l'hypothèse suivante, qui est généralement adoptée : quand une ligne AB (fig. 10) est soumise à une force CD appliquée en un point C, plus rapproché de A que de B, la pression qu'elle éprouve décroît suivant une progression arithmétique à partir du point A. Il résulte de cette hypothèse que la pression en ce dernier point est telle que, si elle était uniformément répartie de A en C, la partie AC de la ligne supporterait un effort qui pourrait s'élever aux deux tiers de la pression totale, et que AC ne doit pas avoir moins du tiers de AB, si l'on veut que la ligne soit comprimée dans toute son étendue. On connaît la résistance dont les matériaux à employer sont susceptibles, et l'on vérifie si leur écrasement n'est pas à redouter, en admettant que les deux tiers de la pression supportée par un joint quelconque, soient uniformément distribués sur le rectangle ayant pour côtés l'unité de mesure et la distance à laquelle la courbe des pressions rencontre ce joint. On peut donc déterminer les limites entre lesquelles les courbes dont il s'agit doivent être maintenues.

La plupart des voûtes de nos édifices ne sont appelées à supporter que leur propre poids, ou ne sont exposées qu'à des surcharges éventuelles qui sont faibles comparativement à la pesanteur de la construction, et auxquelles il est d'ailleurs facile de faire une part convenable. Il convient en conséquence de borner l'épaisseur de ces voûtes à ce qui est rigoureusement nécessaire pour que la courbe des pressions soit toujours comprise entre l'intrados et l'extrados, et ne s'approche pas de ces lignes au point de faire craindre l'écrasement des matériaux. On n'a plus alors qu'une seule courbe à tracer, et la méthode suivante est celle qui paraît la plus avantageuse pour la pratique.

La forme de l'intrados se détermine habituellement en vue de convenances inhérentes à la nature, au caractère ou à des circonstances particulières de l'édifice ; on fixe l'épaisseur à la clef, d'après l'une des formules empiriques qui ont été données plus haut ; enfin l'on trace l'extrados, de telle sorte que l'épaisseur de la voûte aille en augmentant depuis la clef jusqu'à la naissance. Ainsi s'établissent les lignes principales de la construction, sauf à les modifier si les tracés ultérieurs les montrent inacceptables. On divise ensuite en trois parties égales l'épaisseur à la clef, et le point de division le plus rapproché de l'extrados (m fig. 5) est considéré comme devant appartenir à la courbe des pressions. Pour avoir le second point qui est nécessaire au tracé de cette courbe, on mène une normale à l'intrados vers l'endroit où la rupture tendrait à se produire ; ce sera environ à 35° au-dessus de l'horizon si la voûte est en plein cintre, à hauteur de la naissance si la voûte est surbaissée en arc de cercle, dans une position intermédiaire si la voûte est tracée en anse de panier. La partie de cette normale comprise entre l'intrados et l'extrados se divise de même en trois parties égales, et le point de division n le plus rapproché de l'intrados est considéré comme appartenant à la courbe des pressions ; on procède alors au tracé de cette courbe comme il a été dit tout à l'heure, et l'on en conclut la poussée de la voûte, soit immédiatement, soit après rectification du tracé.

On prend pour épaisseur du pied-droit la racine carrée du produit du double de la poussée, ainsi déterminée, par le coefficient de stabilité ρ, auquel il suffit généralement de donner la valeur 1,20 (formule 8).

Il est nécessaire ensuite de vérifier si les matériaux ne sont exposés nulle part à l'écrasement, et d'augmenter les épaisseurs, ou de choisir des matériaux plus résistants ou moins lourds, dans le cas où ce danger paraîtrait redoutable.

Si l'on trouvait que l'épaisseur à assigner aux pieds-droits est trop considérable eu égard aux circonstances dans lesquelles on se trouve placé, on la réduirait, soit en diminuant la pesanteur des matériaux employés à la construction de la partie de la voûte qui s'élève au-dessus du point n, soit en chargeant les pieds-droits, soit en adoptant l'un et l'autre de ces partis, ainsi qu'on l'a déjà vu. On pourrait, par exemple, borner à ab' l'épaisseur ab du pied-droit de la voûte représentée par la figure 2 de la planche 45, si l'on réduisait de moitié le poids des voussoirs de m en n, et si l'on élevait ce point d'appui jusqu'à la ligne xy, ainsi que l'indiquent les lignes ponctuées.

Exemples. Plusieurs profils de voûtes avec leurs courbes de pressions ont été tracés sur la planche 45, afin de familiariser le lecteur avec la méthode qui vient d'être exposée, et lui donner une idée des proportions les plus convenables à assigner à des voûtes de diverses ouvertures.

Les figures 1, 2 et 3 représentent des voûtes n'étant chargées que de leur propre poids, et ayant respectivement 8, 14 et 20 mètres d'ouverture.

Les figures 4, 5 et 6 représentent des voûtes de 4, 7 et 10 mètres d'ouverture extradossées horizontalement pour supporter des planchers, et dont la surcharge a été évaluée à celle que produirait une couche de maçonnerie de $0^m,30$ de hauteur.

Les épaisseurs à la clef ont été déterminées d'après les formules empiriques de la page 364, et l'on a supposé toutes ces constructions exécutées en mêmes matériaux dans toute leur étendue. Les poussées ont respectivement pour expressions, en suivant l'ordre des numéros des figures : 0,69, 1,71, 3,12, 1,12, 2,40 et 4,04. Pour avoir leurs valeurs exprimées en kilogrammes et par mètre de longueur de voûte, il faut multiplier ces chiffres par celui qui représente, également en kilogrammes, le poids du mètre cube de la maçonnerie à employer dans la construction de la voûte. Admettons que ce poids soit de 2000 kilogrammes, ces poussées auront les valeurs : 1380, 3420, 6240, 2240, 4800 et 8080 kilogrammes. Les pressions maxima par centimètre carré à la clef seront respectivement, en les évaluant ainsi qu'il a été dit tout à l'heure (page 368) : $1^{kg},53$, $2^{kg},85$, $4^{kg},16$, $1^{kg},59$, $2^{kg},82$ et $4^{kg},04$. Ces mêmes pressions deviendront à la base des pieds-droits : $8^{kg},31$, $8^{kg},81$, $7^{kg},90$, $4^{kg},13$, $4^{kg},43$, et $4^{kg},69$.

Il faudrait augmenter les épaisseurs, si les matériaux ne permettaient pas d'élever les pressions aussi haut. Les plus fortes pressions sont celles qui ont lieu à la base des pieds-droits des trois premières voûtes ; on se mettrait à l'abri de l'écrasement, s'il paraissait à redouter, en donnant de l'empatement à la face externe de ces points d'appui. La courbe des pressions ferait reconnaître quelle serait la saillie à adopter, et jusqu'à quelle hauteur il faudrait l'élever pour ramener la charge par unité de surface à un chiffre donné.

Il est à remarquer qu'on peut se dispenser de tracer la courbe des pressions, lorsqu'il s'agit d'un premier aperçu et d'une voûte en plein cintre ou surbaissée, établie dans les conditions ordinaires. Les exemples précédents montrent qu'il suffit dans ce cas d'évaluer la poussée en regardant un point tel que n (fig. 2), comme appartenant à la courbe des pressions, c'est-à-dire de chercher pour ce seul point la valeur de $\frac{SD}{H}$, et d'introduire cette valeur à la place de F dans l'expression $x = \sqrt{2\rho F}$, pour avoir l'épaisseur du pied-droit.

La figure 7 de la même planche montre comment se comporte la courbe des pressions, quand une voûte est appuyée par une autre. La voûte ABCD ne se maintiendrait pas en équilibre si elle était isolée, ainsi que le montre la courbe des pressions $abcd$; mais la voûte EFGH s'oppose à son renversement, et la courbe des pressions se divise en deux branches telles que nop, $no'p'$, ayant un tronc commun mn. Il est facile de reconnaître qu'il y aurait encore instabilité dans le cas où l'action exercée par cette dernière voûte serait trop considérable ; seulement c'est en sens inverse que se produiraient les mouvements de rotation.

La figure 8 présente un parallèle entre des voûtes de diverses hauteurs, qui a paru de nature à offrir quelque intérêt. Elle met sous les yeux du lecteur trois voûtes de même ouverture : la première surbaissée en arc de cercle, la seconde en plein cintre, et la troisième en ogive. Ces voûtes sont extradossées suivant une courbe d'un côté, et horizontalement de l'autre. On voit comment se dessinent les courbes des pressions, et comment les épaisseurs des pieds-droits augmentent à mesure que les flèches diminuent. La voûte en ogive est plus avantageuse que les autres sous ce rapport, et elle le paraîtrait davantage encore si nous avions établi à même hauteur les sommets des voûtes au lieu d'y mettre les naissances. Mais il est à remarquer que, dans les conditions où nous nous sommes placé, la voûte en ogive exige plus de maçonnerie que les deux autres. On remarquera aussi que cette voûte est celle dans laquelle la courbe des pressions s'éloigne le plus, tantôt de l'intrados, tantôt de l'extrados, de sorte qu'elle exige plus d'épaisseur que les autres pour se maintenir en équilibre. Il y a chez elle tendance au soulèvement du voussoir supérieur, et le remplissage des reins a pour effet d'augmenter cette tendance. La forme de l'ogive serait de beaucoup préférable à toutes les autres, si les voûtes étaient chargées à leur sommet.

Nous nous sommes borné à tracer une seule courbe des pressions pour celles de ces trois voûtes qui occupent le côté gauche de la figure ; mais nous avons rapporté les deux courbes sur celles du côté droit, à titre d'exemples, sauf toutefois pour la voûte surbaissée, où elles se seraient trop rapprochées et où l'on a tracé la courbe moyenne [1].

Toutes les courbes des pressions qui viennent d'être passées en revue présentent à hauteur des naissances, un ressaut qui n'existerait pas en réalité, et qui provient de l'hypothèse que nous avons dû faire sur le mode de séparation de la maçonnerie de remplissage. Le point d'application de la résultante des forces qui agissent sur le plan des naissances s'éloigne brusquement de l'intrados au moment où l'on fait intervenir le poids de la partie supérieure du pilier, comprise entre la face externe et le pied de l'extrados. Cet effet ne se produirait pas si la courbe

---

[1] Afin de prévenir autant que possible la confusion que tend à produire la multiplicité des lignes de cette figure, on a tracé en lignes pleines tout ce qui se rapporte à la voûte surbaissée, en lignes mixtes à un seul point ce qui appartient à la voûte en plein cintre, et en lignes mixtes à deux points ce qui est relatif à la voûte en ogive.

d'extrados se prolongeait sur toute l'épaisseur du pied-droit, ainsi qu'on l'a indiqué sur le côté gauche de la figure 8 pour la voûte surbaissée. La courbe des pressions suit la ligne mnp, lorsque la voûte est extradossée suivant abc. Cet exemple montre aussi comment s'ouvre la courbe des pressions, dès qu'on enlève quelque chose à la charge qui repose sur le point d'appui de la voûte.

Il est aisé de juger, à l'inspection des figures, que la seule des voûtes prises pour exemple qui soit exposée à tomber par glissement est la voûte surbaissée de la figure 8. Ce n'est pas sans doute l'angle formé par la courbe des pressions avec le joint qu'il faut considérer, mais celui qui est formé avec ce joint par la résultante des forces qui agissent sur lui. Or, cette résultante n'est pas, en général, tangente à la courbe, car cet effet ne se produit que quand elle passe par le centre de gravité du joint; toutefois la direction de la résultante ne diffère pas tellement de celle de la tangente que la courbe ne puisse fournir d'utiles avertissements. On vérifie ensuite en ayant recours à la résultante. Il faudrait donc se garder de construire par assises horizontales la partie supérieure du pied-droit de la voûte surbaissée; la voûte devrait être en quelque sorte prolongée dans ce point d'appui, de manière qu'aucun joint ne fût coupé par la courbe des pressions ou plutôt par la résultante correspondant à ce joint sous un angle inférieur à 60°. Si l'on ne pouvait adopter ce parti, il serait nécessaire de rattacher ces assises aux assises inférieures par des artifices de construction, de manière à s'opposer à tout mouvement de translation.

Des trois voûtes mises en parallèle sur la figure 8, la voûte en ogive est celle dans laquelle la courbe des pressions diffère le plus des courbes d'intrados et d'extrados, ainsi que nous l'avons fait remarquer tout à l'heure. Il en résulte que les pressions y sont plus inégalement distribuées que dans les autres, et qu'elle a par suite une plus grande tendance à se déformer. L'expérience prouve en effet que les voûtes en ogive sont sujettes à prendre des mouvements considérables lors du décintrement, pour peu qu'elles n'aient pas été exécutées avec une grande précision, et qu'on n'ait pas tenu, en les élevant, un certain compte des effets probables du tassement.

Courbes des centres de gravité. — Ces effets ne seraient point à craindre, et l'on pourrait en même temps réduire l'épaisseur de la voûte à un minimum, si la forme du profil était telle que la courbe des pressions passât par les centres de gravité des voussoirs. La chaînette satisfait à cette condition, lorsque la voûte n'a que son propre poids à supporter. Aussi voit-on que les voûtes qui s'éloignent le moins de cette forme sont celles dans lesquelles les écarts de la courbe des pressions sont les plus faibles et dont la déformation est le moins redoutable. Sur le côté gauche de la figure 8, la voûte surbaissée en arc de cercle se présente comme la meilleure des trois sous ce rapport.

Il ne suffit pas que l'intrados présente la forme d'une chaînette, il faut encore que l'extrados soit régi par une courbe du même ordre; la voûte doit être comprise entre deux arcs de chaînettes semblables et équidistants, si l'on veut que la courbe des pressions passe par les centres de gravité des voussoirs. On peut alors réduire l'épaisseur à ce qui est nécessaire pour prévenir l'écrasement des matériaux, et la pression exercée sur chaque voussoir doit être considérée comme uniformément répartie sur toute l'étendue du lit. Mais le lecteur ne doit pas perdre de vue que cette forme ne convient qu'aux voûtes entièrement isolées, non chargées, et dont les reins ne sont point garnis.

M. Yvon de Villarceau, dans un travail très-remarquable qui a été présenté à l'Académie des sciences, et M. l'ingénieur de Saint-Guilhem, dans un mémoire subséquent [1], ont montré comment on peut déterminer analytiquement la forme à donner à une voûte chargée de poids, comme celle d'un pont ou celles que représentent les figures 4, 5 et 6 de la planche 45, pour que la courbe des pressions passe par les centres de gravité des voussoirs. Les méthodes proposées par ces savants exigent malheureusement des calculs très-longs, et il est à craindre qu'elles ne soient pas appelées à devenir pratiques. Mais, en fait de poussées de voûtes, on est parfaitement en droit de se contenter de solutions approximatives (la plupart de celles que nous avons offertes au lecteur n'ont pas d'autre caractère), et le tracé de la courbe des pressions permet d'approcher du but après quelques tâtonnements.

On peut procéder de la manière suivante : l'ouverture et la hauteur de la voûte étant données, ainsi que la charge qui doit lui être imposée, on arrête provisoirement un profil quelconque; on trace la courbe des pressions répondant à ce profil; on modifie ensuite les formes de l'intrados et de l'extrados, de manière que, sans présenter de jarrets, ces lignes se maintiennent à de telles distances de la courbe des pressions que celle-ci passe à peu près par les centres de gravité des nouveaux voussoirs; cette dernière courbe ne convient plus au profil rectifié; on en trace une autre, qui s'éloigne davantage des centres de gravité,

[1] *Annales des ponts et chaussées*, 1859.

mais beaucoup moins cependant que ne le faisait la première courbe dans le profil qui a servi de point de départ; on corrige alors une seconde fois, et toujours dans le même esprit, les courbes d'extrados et d'intrados, si l'on juge qu'il y ait lieu, et la vérification à laquelle on procède, prouve que ce dernier profil peut être regardé comme offrant une solution suffisamment exacte du problème. Il est même rare qu'on ne puisse se contenter d'une seule correction, pour peu que le profil primitif et la première courbe des pressions aient été tracés avec intelligence.

Cette méthode permet de reconnaître quelles sont les formes de voûtes les plus convenables dans les diverses circonstances qui peuvent se présenter. On trouve, par exemple, qu'une forme analogue à celle de l'ogive est préférable à toutes les autres pour les voûtes chargées à leur sommet. Mais les tangentes à l'origine ne sont pas verticales, et les flèches de courbure des branches sont d'autant moindres que le poids de la surcharge est plus considérable par rapport à celui de la voûte (fig. 11). Les deux branches ne sont pas symétriques, quand le poids n'est pas placé dans l'axe de la voûte, ainsi que le montre la figure 12.

Il est fort rare, du reste, qu'il y ait lieu d'opérer avec autant de rigueur en pareille matière. Ce sont des considérations de tout autre ordre qui déterminent les formes des voûtes; il s'agit bien plutôt de satisfaire à des conditions d'esthétique que de se conformer scrupuleusement aux convenances de la mécanique, et ce que nous venons de dire a surtout pour objet d'ouvrir de nouveaux aperçus sur la manière dont les voûtes se comportent suivant les actions qui leur sont imposées. Ajoutons cependant que le beau est toujours intéressé aux progrès accomplis dans la voie du vrai, et que l'art est appelé à tirer bon parti de tous les enseignements de la science.

Poussées des voûtes de diverses formes.
Les considérations et les méthodes qui ont été exposées plus haut ne sont pas spéciales aux voûtes en berceau; elles s'appliquent également à toutes les autres, mais moyennant certaines modifications qui dépendent de la disposition de la voûte et du tracé des voussoirs. Nous examinerons successivement comment on peut vérifier la stabilité de voûtes en arc de cloître, de voûtes d'arête et de voûtes sphériques.

Soit ABCD (pl. 44, fig. 9) le plan d'une voûte en arc de cloître. Ses arêtes auront pour projections horizontales les lignes AC et BD, et les génératrices des voûtes en berceau qui la composent seront respectivement parallèles aux côtés sur lesquels s'appuient ces deux voûtes, ainsi que l'indiquent les lignes tracées sur la figure. Or une voûte ainsi composée ne peut se renverser que si, indépendamment des ruptures qui seront dirigées suivant des génératrices de la surface, il y a séparation, ou suivant les arêtes d'intersection, ou suivant des lignes telles que mn, pq. Admettons d'abord la première hypothèse : on devra considérer séparément chacune des moitiés de la voûte, $AD\,o\,BC$, $AB\,o\,CD$, comme une portion de voûte en berceau et lui appliquer les règles ci-dessus indiquées, en ayant égard à cette circonstance caractéristique que la voûte n'est plus comprise entre deux plans normaux à sa direction, mais entre deux plans inclinés par rapport à son axe et venant se rencontrer à son sommet. On déterminera en conséquence, non plus les surfaces seulement, mais les volumes des voussoirs. On en déduira l'épaisseur à donner aux murs, et il est évident qu'elle sera inférieure à celle qu'ils auraient dû recevoir, s'ils eussent été appelés à résister à l'action d'une voûte en berceau projetée en $ABCD$, puisque la majeure partie des suppressions faites dans cette voûte porte sur les voussoirs du sommet, c'est-à-dire sur ceux qui déterminent la poussée.

Une épaisseur, admissible dans l'hypothèse où le pied-droit ne serait pas exposé à céder par parties, pourrait être insuffisante si la séparation s'effectuait suivant des lignes telles que mn et pq. Il faudrait, si l'on redoutait ce mode de rupture, diviser la voûte en un certain nombre de parties par des plans normaux à sa direction, et déterminer successivement l'épaisseur de pied-droit convenable à chacune d'elles. Cette épaisseur aurait son maximum au milieu de la longueur de AB, et y différerait d'autant moins de celle qu'eût exigée la voûte en berceau, supposée entière, que les divisions auraient été plus nombreuses. C'est surtout lorsqu'il s'agit de voûtes de grandes dimensions, à exécuter en matériaux de médiocre qualité, qu'il convient d'avoir égard à la possibilité de pareilles disjonctions.

On peut conclure des considérations qui précèdent qu'il y a intérêt à relier, aussi bien que le permettent les circonstances dans lesquelles on se trouve placé, les diverses parties qui composent une voûte en arc de cloître, surtout lorsqu'elle présente une ouverture considérable.

S'il s'agissait d'une voûte en arc de cloître avec plafond, on évaluerait d'abord l'action exercée par le plafond sur les parties de voûte qui le supportent, et l'on considérerait chacune d'elles comme une moitié de voûte en berceau sollicitée à son sommet par une force connue.

Soit maintenant une voûte d'arête, telle que celle qui est représentée par les figures 10 et 11, en projection verticale et en projection horizontale. Considérons la partie AoBp de cette voûte. On vérifiera sa stabilité en suivant la même marche que tout à l'heure; mais ici, à l'opposé de ce qui s'observe dans les voûtes en arc de cloître, les éléments ont d'autant plus de longueur qu'ils se rapprochent davantage du sommet, et la poussée l'emportera sur celle qu'aurait exercée la voûte en berceau comprise entre les deux plans verticaux qui limitent le pied-droit. D'un autre côté, moitié de chacune des voûtes incidentes AoC, BoD, ApE, BpF vient s'appuyer sur la voûte AoBp, et l'on voit, en désignant par mn et $m'n'$ la position des joints de rupture de cette dernière, que les parties de la construction qui sont projetées en oqm, pnr, $oq'm'$, $pn'r'$ viendront augmenter la valeur de la poussée, tandis que la moitié du surplus des voûtes incidentes, c'est-à-dire les parties de voûtes projetées en AqS, Bq'S', Art, B$r't'$ contribueront à la stabilité du système. C'est entre ces divers fragments, dont les actions sont opposées, qu'il y a lieu d'admettre le déchirement nécessaire pour qu'il y ait rupture de la voûte AoBp, et il faudra calculer le volume et le centre de gravité de chacun d'eux pour déterminer les valeurs respectives de la poussée et de la résistance.

Ces calculs présenteraient de grandes difficultés s'ils devaient être exécutés en toute rigueur; mais, ainsi qu'on l'a déjà vu, il est permis de se contenter d'approximations en pareille matière, tellement que ce n'est pas sortir des limites admissibles que substituer, dans ces recherches, le prolongement de la voûte AoBp à la moitié des voûtes incidentes. On rentre alors, pour ce qui est de la stabilité de la voûte sur ses naissances, dans le cas d'une voûte en berceau de même ouverture. Quant au pied-droit, il devra avoir évidemment plus d'épaisseur que celui de cette dernière, qui aurait régné sur toute la longueur de la construction, et d'autant plus qu'il sera moins large.

Quand plusieurs voûtes d'arête sont placées les unes à la suite des autres, les pieds-droits qui les supportent ne sont sollicités au renversement que dans une direction normale à celle de cette suite de voûtes, car les actions égales et opposées de deux voûtes contiguës se détruisent réciproquement. La largeur de ces points d'appui est alors déterminée, assez habituellement, par diverses considérations puisées dans la décoration de l'édifice, et leur épaisseur se déduit ainsi qu'il suit, de celle qu'on aurait assignée au pied-droit d'une voûte en berceau : en désignant par A la distance d'axe en axe de deux pieds-droits et par a la largeur donnée à chacun d'eux, il faudra multiplier, dans la formule (7), S et F par le rapport $\frac{A}{a}$, et l'épaisseur cherchée sera donnée par la relation :

$$x = -\frac{AS}{aH} + \sqrt{\frac{A^2S^2}{a^2H^2} + 2\rho F \frac{A}{a}\left(1 + \frac{h}{H}\right) - \frac{2ASD}{aH}},$$

formule dans laquelle D, S, H, h, F et ρ ont les significations indiquées plus haut.

Dans ce cas, l'épaisseur-limite du pied-droit, épaisseur qu'il convient d'adopter, ainsi que nous l'avons déjà dit, toutes les fois que la hauteur des naissances est égale ou supérieure à l'ouverture de la voûte, a pour expression :

$$x = \sqrt{2\rho F \frac{A}{a}}.$$

On calculerait de la même manière les dimensions à donner aux pieds-droits des extrémités d'une suite de voûtes d'arête, lesquels sont sollicités au renversement dans deux directions. Mais on juge toujours convenable de leur assurer plus de stabilité qu'aux autres, à raison de la position qu'ils occupent, et on les établit sur section carrée en prenant pour côté du carré l'épaisseur assignée aux pieds-droits intermédiaires. Cette disposition se concilie d'ailleurs, en général, tellement bien avec les conditions de régularité auxquelles il convient également de satisfaire, qu'elle paraît en être une sorte de conséquence.

Pour vérifier la stabilité d'une voûte sphérique, il faut diviser cette voûte en un certain nombre de fuseaux, et les considérer comme n'étant pas reliés latéralement les uns aux autres. Il est évident, en effet, que le renversement d'une construction de ce genre doit être précédé de séparations suivant les méridiens, et c'est ce que démontre l'expérience. Or, si l'on a pris un nombre pair de divisions, on peut regarder deux fuseaux opposés, tels que A et A' (fig. 12) comme s'appuyant l'un contre l'autre au sommet de la voûte, et étudier leurs conditions d'équilibre en faisant abstraction de tous les autres, qui sont sans action sur eux. Si d'ailleurs les divisions sont nombreuses, on pourra, sans erreur sensible, remplacer par une ligne droite le petit arc de cercle qui sert de base à chacune d'elles, et admettre que l'intrados de chaque fuseau appartient à une surface cylindrique. En un mot, on pourra substituer à la voûte sphérique une voûte en arc de cloître à base polygonale, dont on vérifiera l'équilibre ainsi qu'il a été dit plus haut.

Si la voûte, au lieu d'être supportée par un mur continu, ne l'était que par des points d'appui isolés, on opérerait de la même manière que pour les voûtes d'arête, c'est-à-dire que, dans la formule (7) qui donne l'épaisseur d'un pied-droit, on multiplierait S et F par le rapport du développement total de la base de la voûte à la somme des largeurs des points d'appui du côté de l'intérieur. On sera assuré, en suivant cette méthode, de ne pas pécher par défaut de solidité, car toutes les hypothèses sur lesquelles elle repose sont défavorables à la stabilité.

Les procédés qui viennent d'être exposés ne sont pas de nature assurément à donner pleine satisfaction à des esprits rigoureux; ils s'appuient sur des hypothèses évidemment inexactes, et ils ne conduisent qu'à des solutions approximatives. Mais il faut reconnaître que ce défaut de précision est inhérent au sujet et se retrouve dans presque toutes les autres parties de nos constructions. Le seul but qu'on se propose, dans la plupart des recherches relatives à la stabilité des édifices, est de s'assurer si les dispositions projetées présentent une solidité suffisante, sans offrir un trop grand excès de résistance.

L'essentiel pour un architecte est moins de déterminer, avec une grande précision, les épaisseurs à attribuer aux différentes parties d'une voûte, que de choisir les dispositions générales les plus convenables, celles qui promettent le plus de solidité pour une même masse de maçonnerie exécutée. Il faut s'attacher surtout à adopter les formes qui se concilient le mieux avec les exigences de la distribution de l'édifice dont on s'occupe, de manière que les murs ou les points d'appui nécessaires à cette distribution puissent être utilisés pour former les pieds-droits et se trouvent convenablement placés pour cet office. Quand plusieurs voûtes doivent être contiguës, il convient de les disposer de telle sorte que leurs poussées, s'exerçant dans des directions opposées, se détruisent réciproquement, sinon en totalité, du moins en partie. Enfin il est des combinaisons de voûtes qui permettent de reporter les poussées sur des points où il y a avantage à concentrer les résistances. On reviendra sur ce sujet lorsqu'il sera question de la disposition des salles voûtées, et on l'éclairera par des exemples; il suffit quant à présent de l'avoir indiqué. Ajoutons cependant que les architectes du moyen âge se sont montrés fort habiles sous ce rapport. L'art de la composition des voûtes a fait entre leurs mains des progrès remarquables. Ils ont réduit les poussées, en surhaussant les voûtes et en prenant l'ogive pour directrice; ils les ont concentrées sur quelques points, en adoptant des voûtes d'arête, et ils les ont reportées au dehors au moyen d'arcs-boutants; enfin ils ont augmenté la stabilité des points d'appui, en les chargeant de clochetons. Leur système d'exécution est d'ailleurs à la fois simple et ingénieux. Leurs voûtes sont divisées par des nervures, plus ou moins multipliées, qui sont formées de matériaux de choix et sont appareillées à la manière des voûtes en berceau; puis, entre ces nervures et appuyées sur elles, sont établies des voûtes de raccordement, de faible épaisseur, exécutées en très-petits matériaux, quelquefois même en une sorte de béton. La figure 17 de la planche 44 offre un exemple de ces dispositions; elle représente une coupe transversale de l'église Saint-Ouen, à Rouen, dont la construction remonte au quatorzième siècle. La figure 19 est un fragment du plan exécuté sur une plus petite échelle. On voit que la grande nef est couverte par une suite de voûtes d'arête, et qu'à chaque retombée de ces voûtes, correspond un arc-boutant extérieur qui reporte la poussée sur un fort pilier, lequel s'élève à une assez grande hauteur et présente beaucoup de résistance. Peut-être même y a-t-il quelque exagération sous ce rapport.

Dans plusieurs églises du treizième siècle, les piliers qui supportaient les arcs-boutants étaient en saillie très-prononcée sur les faces latérales de l'édifice, ainsi qu'on le remarque, encore aujourd'hui, à la cathédrale de Reims, et, par la suite, on tira parti de cette disposition pour établir une série de petites chapelles le long des bas côtés. C'est ce qui a été pratiqué, par exemple, dans les cathédrales d'Amiens [1] et de Paris. Les piliers sont devenus alors des murs de refend, et il en est résulté une admirable concordance entre les exigences de la construction et les convenances de la distribution de l'édifice.

Lorsque les bas côtés sont doubles en profondeur, les arcs-boutants sont habituellement divisés en deux parties, par des piliers qui s'élèvent au-dessus des points d'appui intermédiaires de ces galeries latérales. Quelquefois aussi ils s'échelonnent les uns au-dessus des autres, et viennent soutenir, en divers points de sa hauteur, le pied-droit qui reçoit la retombée de la

---

[1] IIe partie, planches 58 et 59.

voûte. Ceux de la cathédrale de Chartres, par exemple, sont composés de trois arcs dont les deux premiers sont reliés par une suite d'arcades sur colonnes, qui rappellent la disposition des rayons d'une roue; les colonnes ne sont pas verticales, elles sont placées dans une direction normale à la courbe des arcs.

Le glacis supérieur des arcs-boutants est souvent creusé en forme de canal, et sert à conduire au dehors de l'édifice les eaux pluviales recueillies sur le toit de la grande nef; mais il n'en est pas toujours de même, ainsi que le montre la figure 18, qui est une coupe d'un des arcs de l'église de Saint-Ouen, prise suivant la ligne AB de la figure 17.

Toutes ces dispositions sont assurément fort ingénieuses, et il est impossible, quand on se rend compte des motifs qui les ont fait adopter, de ne pas être frappé de l'intelligence, de l'indépendance d'esprit et de la puissance d'initiative dont elles témoignent. L'invention d'une architecture originale, en harmonie parfaite avec les connaissances et les sentiments religieux de l'époque est un des grands faits du moyen âge; c'est une gloire, que nous devons être d'autant moins tentés de contester, que nous savons par expérience combien elle est difficile à acquérir, nous qui éprouvons sans cesse le besoin de nous appuyer sur des précédents, et semblons reculer devant les innovations les plus légitimes. Mais s'ensuit-il qu'il convienne de faire revivre cette architecture abandonnée depuis plusieurs siècles, de lui emprunter des formes, ou de se conformer servilement à ses procédés? Nous ne le pensons pas. Par cela même qu'elle a été parfaite pour son époque, elle serait déplacée aujourd'hui, que les mœurs, les idées et les conditions de la société sont essentiellement différentes. Du reste, c'est un sujet sur lequel nous aurons occasion de revenir dans la seconde partie de cet ouvrage, et que nous traiterons alors avec les développements qu'il mérite; nous devons nous borner actuellement à apporter quelques correctifs aux éloges que nous venons de donner à l'architecture ogivale, en ce qui concerne l'établissement des voûtes.

On ne saurait nier que tous ces arcs-boutants, appuyés contre un édifice, ne soient d'un fort mauvais effet pour qui envisage l'ensemble; ils rappellent les pièces de charpente auxquelles on a parfois recours pour étançonner une construction qui menace de s'écrouler. Ils ne rassurent pas d'ailleurs; ils effrayent plutôt, car ils semblent bien frêles, perdus qu'ils sont dans l'espace, ces appuis jugés indispensables à la solidité. Puis est-il bien rationnel de porter au dehors des parties aussi essentielles de la construction, et de les exposer sur toutes leurs faces aux dégradations redoutables des agents atmosphériques, alors surtout que, forcé de les maintenir entre certaines limites, de peur de dépasser le but, on n'a pas la faculté de les faire beaucoup plus massives que ne le réclame la stabilité? Et cependant on a encore ajouté à ce qu'il y a de vicieux dans cètte disposition, en dirigeant les eaux pluviales, l'une des causes de destruction les plus actives, sur ces points dont il importait tant d'assurer la conservation. Aussi voyez combien ces églises dont nous admirons les vaisseaux élancés offrent peu de garanties de durée, et à quelles dépenses incessantes oblige leur entretien. Qu'on les abandonne pendant quelque temps, et bientôt elles tomberont en ruines. Enfin, tout en reconnaissant que la conception repose sur une juste appréciation des conditions d'équilibre des voûtes, on peut se demander si ses applications ont toujours été suffisamment intelligentes; si les arcs-boutants n'ont pas été souvent prodigués sans motifs, ou même maladroitement appliqués; s'il n'ont pas créé parfois un danger réel, où il n'y en avait pas à prévenir. Et une étude sérieuse de ces questions aura pour effet de ramener en de plus justes limites cette admiration trop absolue pour l'architecture du moyen âge, qui est de mode aujourd'hui, comme l'était autrefois le dénigrement; elle montrera qu'à côté des bonnes dispositions, il en est de vicieuses, et parmi ces dernières nous n'hésitons pas à ranger les arcs-boutants, du moins dans la plupart des circonstances.

III. — DÉCORATION.

Il faudrait marquer la face apparente de chaque voussoir par des refends ou par des bossages, si l'on voulait appliquer aux voûtes exécutées en pierres de taille le système de décoration qui consiste à mettre en évidence le détail de la construction; mais ce qui convient à une disposition simple, facile à apprécier, évidemment conforme aux exigences de la stabilité, peut être insuffisant et même produire un fort mauvais effet en d'autres circonstances. Que des refends ou des bossages soient tracés sur un mur, ils présenteront à notre esprit une idée de solidité, et de solidité d'autant plus grande qu'ils seront plus accentués et qu'ils indiqueront des pierres de plus fortes dimensions. Sur une voûte, ils agiraient en sens inverse : ils effrayeraient loin de rassurer, parce que le spectateur ne serait pas suffisamment édifié sur le mérite des dispositions adoptées pour assurer l'équilibre des voussoirs ; plus ces pierres lui seraient montrées massives, plus il éprouverait de doute sur la stabilité du système, plus leur chute lui paraîtrait à craindre. Il est d'ailleurs aisé de concevoir que ce mode de décoration ait été cependant admis pour les arcades, si l'on considère que dans ces constructions, les têtes des voussoirs sont apparentes, ainsi que les largeurs des pieds-droits qui supportent la voûte, de sorte que tout y est connu : la forme de coin qui s'oppose à la chute des pierres, et la puissance du massif qui résiste à leur écartement. Mais rien de semblable ne se rencontre dans les voûtes ordinaires, puisque leur intrados est seul en évidence. Dans un cas, satisfaction complète est donnée à l'intelligence ; dans l'autre, elle est refusée : et de là, impossibilité de plaire par les mêmes moyens.

Arcs doubleaux. On tourne la difficulté, en modifiant le système de distribution des matériaux. A des constructions continues, on substitue, du moins en apparence, des constructions discontinues ; au lieu de présenter l'idée d'une même résistance sur toute la longueur de la voûte, on montre des parties fortes et des parties faibles, des parties essentielles à la solidité de l'ensemble et d'autres n'ayant pour but que de clore les intervalles existant entre les premières, en un mot, on indique une ossature. Il en résulte des formes variées et susceptibles des diverses expressions qui appartiennent à l'architecture. Cette disposition, ainsi motivée par les besoins de la décoration, n'a d'ailleurs rien que de très-rationnel, et elle pourrait être recommandée par des convenances purement matérielles, aussi bien au point de vue de l'économie, que sous le rapport des facilités de l'exécution. Soit, par exemple, une voûte en berceau supportant un plancher, ou chargée, d'une manière quelconque, en quelques points seulement de sa longueur : il conviendra évidemment de lui donner plus d'épaisseur partout où elle est appelée à présenter plus de résistance qu'ailleurs. Or qu'il soit satisfait à cette condition d'une manière évidente, c'est-à-dire que l'augmentation d'épaisseur se témoigne par une saillie sur l'intrados, et la voûte se trouvera divisée, de distance en distance, par des arcs plus ou moins larges, plus ou moins saillants, ainsi que le montrent les figures 1 et 2 de la planche 46.

Plus ces arcs présenteront de vigueur et plus ils seront rapprochés, plus la construction paraîtra solide. On peut d'ailleurs les accompagner de quelques moulures au lieu de les laisser lisses, les couvrir même d'ornements sculptés, et des encadrements, plus ou moins riches, peuvent être également tracés sur les parties de voûtes qui les séparent, conformément à ce qui se pratique quelquefois sur les murs, et à ce qui est indiqué sur le côté droit de la figure 2. De sorte qu'il est facile d'obtenir, par ce moyen, ce qui est essentiel à tout bon système de décoration : des formes vraies, caractéristiques et susceptibles d'agrément et d'expression. Enfin, qu'à ces parties solides de la voûte, correspondent les parties les plus résistantes de la construction qui la supporte, que les *arcs doubleaux* (c'est le nom qui leur a été donné) s'élèvent au-dessus de colonnes, de pilastres ou de chaînes de pierres, et soient en harmonie avec eux, et il en résultera une unité bien marquée dans l'ensemble de la composition. Là encore, on aura satisfait à la fois à la raison et au bon goût.

On doit reconnaître cependant que, quand la peinture ne lui apporte pas son concours, ce mode de décoration ne présente pas des formes aussi caractérisées, et ne se prête ni à autant de variété, ni à autant de richesse que celui qui a été appliqué aux plafonds. Aussi les Romains de l'Empire, plus sensibles aux expressions riches et accentuées qu'aux charmes de la simplicité et de la vérité, ne purent se résoudre à s'y renfermer pour toutes leurs voûtes, et ils adoptèrent ici un parti analogue à celui qu'ils avaient suivi pour la décoration des arcades. Doués, en matière d'art, d'une faible puissance d'initiative, ils empruntèrent aux Grecs des formes décoratives, pour les attribuer à un mode de construction que ne connaissait pas l'architecture de ce peuple : ils transportèrent dans les voûtes les caissons des plafonds, de même qu'ils avaient appliqué des colonnes contre les pieds-droits des arcades. Ces deux conceptions remontent à un même ordre d'idées. On peut, il est vrai, imaginer un système de construction de voûtes qui ait pour conséquence l'établissement de caissons : que des arcs doubleaux soient très-rapprochés ; qu'ils soient reliés, de distance en distance, par des plates-bandes dirigées suivant les génératrices de la surface cylindrique ; que des dalles ou des constructions légères ferment les intervalles de cette ossature, en s'appuyant sur elle, et la forme dont il s'agit se trouvera rattachée aux données fondamentales du sujet, elle deviendra parfaitement légitime. Mais cette disposition est-elle bien rationnelle ? Peut-elle être rangée au

Caissons.

384   TRAITÉ D'ARCHITECTURE.

nombre de celles que l'esprit du spectateur intelligent admet et approuve? Si elle n'est pas vraie, est-elle au moins vraisemblable? Il est permis d'en douter.

Quoi qu'il en soit, la décoration par caissons a été consacrée pour les voûtes, et principalement pour les voûtes en berceau. Ces caissons présentent des formes très-variées, de même que ceux des plafonds. Les plus simples, sous le rapport de la disposition générale, sont de forme carrée ou rectangulaire; d'autres sont tracés suivant des hexagones, des octogones ou des losanges, et échappent par conséquent à toute explication basée sur les convenances réelles de la construction. Les uns et les autres peuvent être simples, doubles ou triples en profondeur, et sont habituellement accompagnés de moulures et décorés de rosaces. Ils sont séparés par des nervures ou *côtes*, plus ou moins larges et plus ou moins saillantes suivant le caractère qu'on veut assigner à la décoration, mais qui dépassent rarement le tiers de la largeur du compartiment, et se tiennent habituellement bien au-dessous de cette limite. On donne d'autant plus de profondeur aux caissons, qu'on veut une ornementation plus accentuée, soit eu égard à la nature de l'édifice, soit à cause de la distance à laquelle la voûte doit produire son effet. Il est aisé de juger, enfin, comment on peut faire varier les degrés de richesse, en multipliant ou restreignant le nombre des moulures, et en donnant plus ou moins d'importance aux ornements sculptés.

Exemples de décoration. La planche 46 met sous les yeux du lecteur plusieurs exemples de caissons de diverses formes et de divers caractères.

Les caissons représentés en développement par la figure 5 et en coupe, exécutée sur une plus grande échelle, par la figure 6 sont tirés de la voûte en berceau de l'arc de triomphe de Titus, à Rome. Cette construction est terminée, à chacune de ses extrémités, par un arc doubleau décoré de sculptures. Ses caissons sont carrés, ont peu de profondeur, et sont séparés par des côtes fort étroites, qui sont presque entièrement couvertes par une torsade de faible relief. Ils sont décorés de rosaces de formes variées, et des fleurons de très-petites dimensions sont placés aux points d'intersection des côtes. Le premier rang de caissons est établi à une certaine hauteur au-dessus de la naissance de la voûte, et cet intervalle est occupé par une suite de rosaces. Cette décoration est exécutée sur une assez petite échelle; ses divisions n'ont que $0^m,556$ d'axe en axe. Elle est d'ailleurs à la fois riche et légère, tout en présentant un certain caractère monumental, et elle convient parfaitement, tant à la nature de l'édifice, qu'aux dimensions restreintes et à la faible hauteur de la voûte. Cette voûte n'a, en effet, que $5^m,40$ d'ouverture, et sa naissance n'est établie qu'à $3^m,35$ environ au-dessus de la voie publique [1].

Les caissons carrés, dont les figures 7 et 8 donnent le dessin, sont également tirés d'un arc de triomphe, ils sont empruntés à la grande voûte de l'arc de l'Étoile, à Paris; mais ils sont traités dans un tout autre esprit que les précédents. Le monument français étant de dimensions beaucoup plus considérables, et présentant plus d'apparence de solidité que celui de Rome, sa décoration devait être plus accentuée et plus ferme; elle réclamait des formes plus nettes et plus vigoureuses. Ces conditions ont été parfaitement appréciées par l'homme distingué, M. Huyot, qui a présidé à la construction de la partie supérieure de l'édifice, et dont l'Architecture française déplore encore la mort prématurée. On remarque dans ces caissons un heureux assemblage de simplicité et de richesse, d'élégance et de vigueur. Ils sont distribués en sept rangs sur le développement de la voûte et en trois sur la longueur. Cette voûte a $14^m,60$ d'ouverture, et elle prend naissance à $22^m,20$ au-dessus du sol.

Les figures 9 et 10 représentent le développement et la coupe des caissons qui décorent les arcs doubleaux de la grande voûte en berceau de l'église de Saint-Pierre de Rome [2]. Plus riches et plus variés que les précédents, ils sont tous rectangulaires, mais non de mêmes formes et de mêmes dimensions, et les grands sont plus profonds que les petits. Les premiers sont décorés de rosaces, et les seconds de sculptures allégoriques. Une ornementation riche et puissante couvre les moulures et les côtes, et, entièrement dorée, se détache sur un fond blanc. Elle produit le plus bel effet, et elle est en parfaite harmonie avec le reste de l'architecture de l'édifice : elle est riche, élégante et monumentale. La voûte est de dimensions colossales; elle a $27^m,30$ d'ouverture, et sa hauteur à la clef est de $47^m,30$ au-dessus du sol de l'église.

Des caissons octogones, décorés avec une assez grande richesse, sont représentés en développement et en coupe par les figures 11 et 12. Ils sont accompagnés de petits caissons carrés qui occupent les intervalles de même forme

[1] IIe partie, planche 50.
[2] La planche 44, IIe partie, représente une vue intérieure de ce monument.

qu'ils laissent nécessairement entre eux ; ces petits caissons ne comportent, ni autant de profondeur, ni autant de moulures que les autres. Les voûtes des bas côtés qui contournent le dôme de Saint-Pierre de Rome sont décorées de caissons disposés de cette manière. Cette forme convient moins que la forme rectangulaire aux édifices traités avec beaucoup d'ordre et de sévérité ; mais elle a par elle-même quelque chose de plus riche, ce qu'elle présente d'un peu capricieux n'est pas toujours hors de propos, et elle admet d'ailleurs les expressions les plus diverses, bien qu'elle ne se rattache nullement, ni en réalité ni en apparence, aux données de la construction. Les mêmes observations s'appliquent aux caissons en forme d'hexagones ou de losanges, dont nous ne jugeons pas nécessaire d'offrir des exemples à nos lecteurs.

Ainsi l'Architecture, abandonnée à ses propres ressources, a deux systèmes principaux pour la décoration des voûtes : l'un consiste à marquer une ossature au moyen d'arcs doubleaux ; l'autre repose sur l'emploi des caissons dont l'idée première remonte évidemment aux constructions en charpente. Ni l'un ni l'autre ne présente ce caractère de simplicité de conception et de vérité saisissante que le lecteur a dû reconnaître dans la plupart des formes élémentaires qu'il a successivement passées en revue jusqu'à présent ; mais on comprend que les constructions doivent perdre de leur clarté à mesure qu'elles deviennent plus savantes. Où il y a artifice dans le fond, on doit s'attendre à en trouver dans la forme, et il faut bien alors savoir se contenter de ce qui présente une certaine apparence de vérité. D'ailleurs, si ces dispositions ont quelque chose de peu satisfaisant pour un esprit rigoureux, quand on les envisage au point de vue des principes fondamentaux de l'art, elles ont le mérite de se renfermer dans les conditions spéciales de l'Architecture ; car elles puisent uniquement leurs effets dans la régularité de l'ordonnance, dans la convenance des expressions et dans l'harmonie des proportions et des orne-

Voûtes peintes. ments. Elles sont éminemment monumentales. Mais, si précieuse qu'elle soit, cette qualité n'est pas toujours à rechercher ; il est une foule de circonstances où les autres arts du dessin, la Peinture surtout, sont appelés à intervenir largement dans la décoration des voûtes, et il faut alors que l'Architecture sache s'effacer un peu, et, acceptant franchement le concours qui lui est offert, s'applique à ouvrir à ses auxiliaires des champs dans lesquels ils puissent se développer convenablement. Elle n'a plus, en pareil cas, à se préoccuper avant tout de la signification de ses formes; elle doit se borner à marquer en traits légers, sur la surface qu'il s'agit de décorer, des compartiments plus ou moins étendus, de formes plus ou moins régulières, et disposés suivant un certain ordre.

On reviendra sur ce système dans la partie de cet ouvrage qui traitera de la décoration intérieure; nous nous bornerons actuellement à citer, comme exemple, la voûte dont la figure 13 de la planche 46 représente la moitié. Elle couvre l'une des admirables salles du Vatican connues sous le nom de *Stanze*; elle est du dessin de Raphaël, et elle a été peinte par ce grand maître. Les figures des compartiments et les arabesques des cadres se détachent sur des fonds dorés, et le fond du caisson central est bleu d'outremer, ainsi que ceux des petits caissons triangulaires. Cette ornementation, riche et harmonieuse au delà de toute expression, produit le plus grand effet, alors même qu'on se borne à en considérer l'ensemble, sans s'arrêter à la beauté des détails.

Ces divers modes de décoration peuvent s'appliquer à toutes les espèces de voûtes; mais ils ne conviennent pas également à toutes, et leurs dispositions doivent d'ailleurs se plier à celles des surfaces qu'ils sont appelés à accentuer et à embellir. De sorte qu'après les avoir envisagés dans ce qu'ils ont de plus général, il faut examiner séparément chacune des principales formes de voûtes, afin de se rendre compte de ses exigences spéciales et des moyens à employer pour y satisfaire.

Voûtes en berceau. Quelle que soit la forme des caissons adoptés pour la décoration d'une voûte en berceau, les côtes qui les séparent doivent avoir toutes même largeur, à l'exception toutefois de la première côte horizontale, qu'on tient habituellement plus large que les autres, parce qu'elle est cachée en partie par la saillie du bandeau ou de la corniche qui marque la naissance de la voûte. Cette augmentation de largeur est d'autant plus prononcée, que la corniche est plus saillante et plus élevée par rapport aux dimensions horizontales de la salle. Il est de règle de placer une rangée de caissons au sommet de la voûte; c'est-à-dire que, dans le sens de la directrice de la surface, le nombre de caissons est toujours impair. Cette prescription, bien qu'elle ait quelque chose d'absolu, n'est basée sur aucune exigence de la construction; elle paraît avoir été dictée par cette espèce de convenance morale qui porte à décorer les sommets. Les figures 3 et 4 de la planche 46, repré-

<small>Tracé des caissons.</small>

sentent une voûte en berceau décorée de caissons, lesquels ont été distribués conformément à ce qui vient d'être exposé.

En établissant des caissons dans le sens de la longueur d'une voûte, il ne faut pas perdre de vue qu'ils représentent les parties faibles de la construction, tandis que les côtes en constituent l'ossature apparente. De sorte que, si le mur qui supporte la voûte est percé d'ouvertures d'une certaine importance, il conviendra de s'attacher à placer un rang de caissons sur chacun des axes de ces vides; si, au lieu d'un mur, ce sont des colonnes, il y aura, en général, avantage à distribuer un nombre impair de caissons, d'un point d'appui à l'autre, de manière à en avoir un dans l'axe de l'entre-colonnement. Les mêmes considérations engageront à mettre une nervure au-dessus de chacune de ces colonnes. Toutefois, lorsque des arcs doubleaux sont élevés au-dessus de colonnes ou de pilastres, chacun d'eux peut être décoré d'une suite de caissons, lesquels se trouvent nécessairement placés dans le prolongement de l'axe du support; la construction se présente, dans ce cas, comme formée de deux nervures très-rapprochées l'une de l'autre, et reliées de distance en distance; c'est une disposition analogue à celle des poutres jumelles des planchers. Du reste, il est beaucoup plus essentiel de donner aux caissons des formes et des proportions convenables, et de les distribuer régulièrement, que de les rattacher de la manière la plus rationnelle aux détails de la construction au-dessus de laquelle ils s'élèvent.

Il n'en est pas de même quand une voûte en berceau doit être décorée de grands compartiments : les divisions prennent plus d'importance, par cela même qu'elles sont moins nombreuses, et elles doivent concorder avec celles qui ont été observées sur les parois verticales de la salle, alors même qu'on croirait devoir admettre des formes un peu capricieuses dans la disposition de ces ornements. On peut user, assurément, d'une assez grande liberté lorsqu'on se borne à tracer des cadres à la Peinture, et l'on serait exposé à tomber dans la sécheresse si l'on poursuivait avec trop de soin la régularité; mais il faut savoir s'arrêter au point où disparaîtrait l'harmonie et se produirait le désordre.

Voûtes d'arête et voûtes en arc de cloître. Ces voûtes ne se prêtent pas bien à la distribution de caissons réguliers; leur disposition et les arêtes en diagonales qui les divisent y mettent obstacle. Une grande partie de ces caissons

VOUTES.   589

seraient en effet nécessairement tronqués et de différentes manières, soit qu'on les prolongeât jusqu'à leur rencontre avec ces lignes, soit, ce qui serait préférable, qu'on les arrêtât à une certaine distance, afin d'éviter de fâcheuses solutions de continuité dans ce qui caractérise le plus nettement la forme de la voûte. Les surfaces ainsi formées par la rencontre de plusieurs berceaux se décorent plus convenablement au moyen d'encadrements, dont le nombre et les formes se déterminent suivant les dimensions de la voûte et le caractère qu'on veut lui assigner.

Pour les voûtes d'arête, la disposition la plus simple, la plus rationnelle et la plus usitée consiste à marquer les arêtes par des nervures saillantes, ainsi que le représentent le plan (fig. 1, pl. 47) et le détail placé au-dessus. Quand plusieurs de ces voûtes se suivent, on les sépare habituellement par des arcs doubleaux, de telle sorte que tous les compartiments soient de forme triangulaire. L'architecture du moyen âge et celle de la Renaissance offrent de nombreux exemples de décorations de ce genre, et elles ont souvent appelé la Peinture à y concourir ; une grande figure peinte, se détachant sur un fond bleu, parsemé d'étoiles, est ordinairement placée au milieu de chaque panneau, et les nervures sont accompagnées de larges encadrements, plus ou moins riches, qui ont le mérite de les accuser nettement.

Quelques édifices de la dernière partie du moyen âge présentent une disposition qui donne quelque chose de plus monumental et de plus riche à ce qui est du ressort exclusif de l'Architecture, dans ce mode de décoration ; elle consiste à multiplier les nervures. Outre celles qui forment arcs doubleaux, d'un support à l'autre, et celles qui marquent les arêtes principales, il est des nervures partant, les unes des naissances, les autres des clefs des arcs doubleaux et du sommet de la voûte, qui se rencontrent et divisent les surfaces comprises entre les premières en compartiments de diverses formes. Des rosaces sont placées aux points d'intersection de toutes ces lignes. La figure 2 met sous les yeux du lecteur le plan et la coupe d'une voûte d'arête ainsi décorée. Les voûtes qui se croisent sont quelquefois cylindriques, comme il s'observe dans la plupart de celles de l'architecture moderne ; mais leur forme est presque toujours plus compliquée, et la clef centrale est élevée à une hauteur assez notable au-dessus des sommets des arcs de tête. Notre dessin reproduit cette dernière disposition. Les nervures sont habituellement exécutées en pierres de taille de petites dimensions, appareillées à la manière des voussoirs des voûtes en berceau, et les remplissages, qui présentent des surfaces gauches dont la génération n'est pas très-rigoureusement déterminée, sont formés de très-petits matériaux qu'on n'a pas jugé nécessaire de tailler avec une grande précision, et qui sont en effet suffisamment maintenus par le plâtre ou le mortier garnissant les joints. Il est même des édifices où, ainsi qu'il a été dit plus haut, ces remplissages, dont l'étendue est toujours très-bornée, ont été entièrement exécutés en une sorte de béton à bain de plâtre ou de mortier.

Cette disposition n'a pas seulement le mérite d'introduire de la variété dans la composition, d'admettre divers degrés de richesse et d'être d'une exécution facile; elle a en outre celui de se prêter à ces formes bizarres et de nature à frapper l'imagination, que recherchait volontiers l'architecture qui l'a inventée. On voit que les nombreuses nervures qui concourent au sommet de la voûte se rencontrent avant d'y arriver; elles s'appuient les unes contre les autres, et elles se soutiennent réciproquement. La clef centrale devient inutile à la solidité de la construction, et l'on peut, sans inconvénient, la remplacer par une légère rosace sculptée à jour, ainsi qu'il s'en trouve quelques exemples. Il y a plus : à raison de la forme des arcs, qui sont surhaussés, il est non-seulement permis de les charger au sommet, mais il y a même quelque avantage à le faire, et les architectes du moyen âge en ont très-habilement tiré parti. Les clefs pendantes qu'ils ont établies, assez peu prononcées au début, ont fini par prendre un grand développement, et par jouer un rôle fort important dans leurs édifices. Formées d'abord d'un seul morceau de pierre, elles en ont exigé plusieurs par la suite, et elles ont été suspendues alors à des barres de fer traversant la clef appuyée sur les nervures. Ce sont comme d'immenses stalactites, aux formes souvent heureuses et presque toujours assez compliquées, qui descendent du sommet de la voûte, sans qu'on puisse se rendre compte de leur but et des motifs de leur stabilité. Et cela n'a pas suffi encore : on voit de ces clefs qui, abaissées presque au niveau des naissances des arcs, reçoivent la retombée d'autres arcs qui semblent appelés à soutenir les premiers, et représentent des points d'appui reposant sur le vide. Il est assurément impossible de sortir davantage de la réalité, de se jouer plus complètement des lois de la matière, et de se montrer moins soucieux de parler à l'intelligence du spectateur.

Une architecture rationnelle n'admet pas de pareils effets, mais elle peut, comme celle du moyen âge, multiplier les nervures des voûtes d'arête dans un but de décoration. La figure 3 donne l'exemple d'une disposition de ce genre. Les deux voûtes en berceau qui se croisent sont coupées par des plans verticaux, avant qu'elles se rencontrent, et d'autres voûtes, également en berceau, dirigées suivant les diagonales du plan, s'appuient sur les courbes résultant de ces intersections. Un petit plafond, qui peut être orné de diverses manières, occupe le sommet de la construction, et toutes les arêtes sont couvertes par des nervures. On trouve dans les palais d'Italie plusieurs applications de ce système, qui se prête à des expressions assez variées.

Dans les voûtes en arc de cloître, les arêtes ne peuvent jouer un aussi grand rôle, par cela même qu'elles sont rentrantes au lieu de se présenter en saillie, et le système de décoration généralement adopté, tout en y ayant égard, y trouve plutôt un obstacle qu'un secours. Il consiste à associer des compartiments de formes et de dimensions diverses; ils sont habituellement rectangulaires dans la majeure partie de la voûte, et triangulaires ou trapézoïdaux le long des arêtes. Ce qu'il y a d'un peu libre dans la disposition générale fait admettre ce que ces dernières formes présentent de peu régulier. La figure 4 représente la moitié du plan et de la coupe d'une voûte ainsi décorée, qui est ouverte à sa partie supérieure. Des tableaux peuvent être peints dans les principaux compartiments, et divers ornements dans les petits. Quand un plafond de grandes dimensions relatives termine une voûte en arc de cloître, ce qui constitue la voûte proprement dite n'admet pas un aussi grand nombre de divisions. On se borne alors, presque toujours, à un seul rang de compartiments plus ou moins étendus, et tantôt on respecte l'arête, tantôt on la coupe par un encadrement, ainsi que l'indique la figure 5. Le plafond ayant plus d'importance que la voûte, on tient moins à accuser les formes de cette dernière, et l'on s'attache surtout à ménager des espaces convenables pour la Peinture, lorsque cet art est appelé à compléter l'ornementation. Des caissons pourraient être placés dans le plafond, mais on leur préfère habituellement des tableaux. Il faut éviter, dans ce cas, de donner au plafond des dimensions telles que le spectateur ne puisse l'embrasser d'un seul coup d'œil.

Voûtes sphériques. Grâce à leur uniformité et à la simplicité de leur génération, ces voûtes admettent parfaitement les divers systèmes de décoration dont nous avons exposé les principes, et peut-être le plus rationnel est-il celui qui leur convient le mieux. Leurs arcs doubleaux ou nervures, étant dirigés suivant des méridiens de la surface, se rapprochent les uns des autres à mesure qu'ils s'élèvent, et engendrent par conséquent une ornementation plus riche et plus variée que celle qui résulterait d'une disposition analogue appliquée à une voûte en berceau. En outre, par cela même qu'ils convergent tous vers le sommet de la sphère, ils peuvent être appelés à se réunir à un ornement central, dont ils paraîtront être des ramifications, ou à soutenir une couronne si la voûte doit être ouverte à sa partie supérieure. Dans l'un et l'autre cas, ils donnent beaucoup d'unité à la composition, et lui impriment un grand cachet de vérité. Lorsque la voûte est de grandes dimensions ou réclame beaucoup de richesse de décoration, les fuseaux compris entre les nervures se meublent de compartiments de diverses formes dans lesquels on peut introduire ensuite des compositions peintes ou sculptées.

La figure 6 de la planche 47 offre au lecteur l'exemple d'une disposition de ce genre; elle représente, d'un côté, moitié de la coupe, de l'autre, moitié de l'élévation du dôme de la grande basilique de Saint-Pierre de Rome.

Beaucoup d'unité et de simplicité de composition sont associées, dans cette œuvre, à la plus grande richesse d'ornementation. Les arcs doubleaux s'élèvent à l'intérieur au-dessus des groupes de pilastres qui décorent le tambour, et ils s'accusent au dehors par des nervures vigoureusement accentuées, au-dessous desquelles se rattachent les contre-forts dont le dôme est entouré. Ils sont accompagnés de moulures, et sont décorés d'étoiles en or se détachant sur un fond bleu. De grandes figures, exécutées en mosaïque sur fond d'or, sont encadrées dans les intervalles qui les séparent. Il n'y a rien, dans les lignes essentielles de cette composition, qui ne soit parfaitement rationnel, rien qui paraisse établi en vue de produire de l'effet, et rien qui ne concoure à l'effet général. La construction est d'une grande hardiesse, puisque ce dôme, qui a plus de quarante mètres de diamètre intérieur, s'élève en encorbellement, à une hauteur considérable; et il ne vient à personne l'idée d'en être effrayé, de concevoir le moindre doute sur sa solidité, tant est saisissante l'harmonie qui unit les diverses parties du monument. Aucun autre mode de décoration n'eût donné un pareil résultat.

Cette voûte, où tout est colossal et grandement conçu, saisit dès l'abord tous ceux à qui il est donné de la contempler, et se grave en traits ineffaçables dans leur souvenir. Aucune autre ne réunit, à un aussi haut degré, le caractère monumental, les proportions harmonieuses et la décoration mâle et caractéristique, soit au dedans, soit au dehors. Pleine de majesté, cette forme est l'une des plus puissantes dont l'architecture moderne se puisse glorifier.

Ajoutons, pour être juste, que tous les détails de l'ornementation ne sont peut-être pas du goût le plus pur, et qu'on y chercherait en vain cette élégance parfaite, cette grâce exquise qui se font remarquer dans d'autres œuvres à peu près contemporaines, et, par-dessus tout, dans celles de l'antiquité grecque.

La figure 7 de la même planche représente, sur une plus grande échelle, le plan d'un des contre-forts et d'un des trumeaux du tambour du dôme. La figure 8 donne le profil d'un des arcs doubleaux, pris à hauteur des centres des encadrements circulaires, et la figure 9 celui des nervures extérieures, à leur origine. Ces nervures sont revêtues en bronze, et les fuseaux qui les séparent sont couverts en plomb.

Lorsqu'il s'agit de décorer, dans un système analogue, la surface intérieure de voûtes sphériques de petites dimensions, on supprime, assez habituellement, les nervures saillantes, ou plutôt on leur donne peu de relief, et on les réunit par des nervures transversales, de manière à former des compartiments légèrement accentués, qui restent unis ou dans lesquels viennent se placer des peintures, suivant la nature de l'édifice.

Les caissons des voûtes sphériques présentent une particularité qui ne se rencontre pas dans les voûtes en berceau. Ils sont, comme partout ailleurs, distribués par rangs horizontaux et par rangs verticaux; mais ces derniers n'ont pas même largeur dans tout leur développement, puisque chacun d'eux est nécessairement compris entre deux plans méridiens, d'où il suit que les caissons se rétrécissent à mesure qu'ils s'élèvent; et il en est de même des côtes ou nervures verticales qui les séparent. Il faut donc, pour conserver de l'harmonie entre les formes des différentes parties de l'ornementation, que les suites horizontales de caissons, ainsi que les côtes superposées, diminuent de hauteur suivant une certaine loi, à mesure qu'elles s'approchent du sommet de la voûte. Quand les caissons affectent la forme de polygones réguliers, on se donne pour condition que les côtes, entre lesquelles chacun d'eux est compris, soient circonscrites à une circonférence de cercle, et l'on détermine également la hauteur de chacune des côtes horizontales, de telle sorte qu'une circonférence puisse être inscrite dans le quadrilatère formé par l'intersection des deux arêtes de cette côte avec celles d'une des côtes verticales.

La plupart des traités d'architecture enseignent, pour exécuter ces opérations et en rapporter les résultats sur les dessins de la voûte, de pratiquer, à la manière des géographes, le développement approximatif d'un des fuseaux de la sphère, de tracer sur cette figure les circonférences dont on vient de parler, et de reporter ensuite sur l'intrados les points de division ainsi obtenus. Mais, à cette méthode, qui manque d'exactitude et ne laisse pas que d'être d'une exécution assez longue, M. le colonel Émy[1] a substitué la solution suivante, laquelle est fort élégante et ne présente aucun de ces inconvénients.

Imaginez une sphère tangente, à une distance quelconque de la voûte, aux deux plans méridiens qui comprennent un rang vertical de caissons, et un cône enveloppant cette sphère et ayant son sommet au centre de la voûte ; à quelque hauteur qu'elle se trouve, pourvu que son centre soit toujours situé sur la même verticale, le cône coupera l'intrados suivant une circonférence de cercle qui sera tangente aux deux méridiens. Que ce cône soit également tangent au petit cercle de la sphère, qui limite inférieurement une rangée de caissons, et il suffira de mener un cercle horizontal par le sommet de son intersection avec la voûte pour avoir l'arête supérieure de cette même suite de compartiments. Il en sera de même pour les côtes horizontales : leurs arêtes supérieures seront déterminées par l'intersection, avec l'intrados de la voûte, de cônes tangents aux deux méridiens qui comprennent une côte verticale, et au cercle qui termine la rangée de caissons immédiatement inférieure.

Voici, d'après cela, quel est le procédé à suivre pour tracer des caissons réguliers sur une voûte sphérique. On détermine, au préalable, le nombre et la position des méridiens qui comprennent entre eux les rangs verticaux de caissons ; on arrête également la hauteur de la première côte horizontale, d'après les considérations qui ont été exposées plus haut. On prolonge au dehors de la voûte, sur sa projection horizontale, deux des lignes oA, oB (fig. 10, pl. 47) qui représentent les deux méridiens limitant une suite de caissons, et, en un point quelconque, on trace une circonférence de cercle $mnpq$ tangente à ces lignes ; on élève une verticale CD passant par le centre de cette courbe, et c'est

[1] *Traité de l'art de la charpenterie*, tome II.

sur cette ligne CD que se placeront tous les centres des cercles à décrire sur la projection verticale de la voûte. Le premier de ces cercles se trace avec un rayon égal à celui de la circonférence $mnpq$, de manière à être tangent à la ligne uv qui joint le centre de la voûte à l'arête supérieure de la première côte ; la ligne ux représente l'arête la plus élevée du cône tangent à la sphère qui se projette horizontalement en $mnpq$, et le point e, où elle rencontre la sphère, est celui par lequel il faut faire passer un plan horizontal pour terminer la première rangée de caissons, et pour former l'arête inférieure de la seconde côte horizontale. On détermine, en suivant une marche analogue, la hauteur à assigner à cette côte ; on trace, sur le plan, deux méridiens, oA′, oB′, représentant la projection d'une côte méridienne, et l'on décrit, du même centre que la première, une circonférence $m'n'p'q'$ tangente à ces deux lignes ; cette circonférence se reporte ensuite sur la projection verticale, avec son centre sur CD et tangentiellement à la ligne ux ; la tangente supérieure uy coupe l'intrados au point f, par lequel doit passer l'arête supérieure de la côte ou la limite inférieure de la seconde rangée de caissons. On reprend alors la circonférence $mnpq$, qui se place au-dessus de la ligne uy, de manière à lui être tangente, et le point g appartient au cercle qui termine ce second rang. On continue ainsi de suite, et l'on arrête l'opération lorsque les caissons sont devenus trop petits pour qu'il convienne de les prolonger davantage. Le sommet de la voûte reste lisse ou se décore suivant divers dessins ; souvent on y perce une ouverture, soit pour l'introduction de la lumière, soit pour laisser voir une peinture appliquée sur une voûte supérieure, disposition qui a été adoptée dans le Panthéon, à Paris.

Les culs-de-four sur pendentifs se décorent à la manière des voûtes sphériques. Quelquefois, à l'exemple de ce qui a été fait par Raphaël pour l'une des loges du Vatican, les caissons se prolongent jusque sur les pendentifs, et s'arrêtent, sans trop de régularité dans les formes, contre les cercles verticaux entre lesquels sont comprises ces parties inférieures de la voûte ; mais plus habituellement, et surtout lorsqu'il s'agit d'œuvres de grandes dimensions et qui réclament quelque sévérité de style, le cul-de-four se sépare des pendentifs par une corniche. La première de ces divisions est seule ornée de caissons, et l'on se borne à tracer sur les autres de grands compartiments dans lesquels viennent se placer des figures peintes ou sculptées. La figure 11 de la planche 47 donne un exemple de cette dernière disposition.

CHAPITRE HUITIÈME.

ESCALIERS, AIRES ET PAVEMENTS.

DES ESCALIERS.

Il y a deux choses principales à considérer dans un escalier : en premier lieu, la disposition et les proportions des marches, en second lieu, la disposition générale, c'est-à-dire la forme et les dimensions de la cage et des rampes, l'éclairage, le système de décoration, les relations avec les autres parties de l'édifice, etc. Fidèle au plan que nous nous sommes tracé, nous ne nous occuperons actuellement que de la première de ces choses, et nous renverrons l'étude de la seconde à la partie de cet ouvrage qui traitera de la composition des édifices.

Disposition des marches. Des nombreuses dispositions auxquelles on peut avoir recours pour l'établissement d'un escalier, celle qui a dû se présenter la première à l'esprit, celle qui est la plus simple en tant que conception, consiste à former chaque marche d'une seule pierre scellée par ses deux extrémités dans deux murs parallèles. Les marches successives se recouvrent les unes les autres d'une certaine quantité, et l'écartement des murs se règle sur la largeur qu'on juge convenable de donner à l'escalier. Mais, lorsque cette dernière dimension est considérable, on peut éprouver de la difficulté à se procurer des pierres de la longueur voulue, et il y aurait d'ailleurs à craindre qu'elles ne se rompissent sous les pressions qui leur seraient imposées. Quand rien ne s'y oppose, comme dans les perrons de faible hauteur, on se garantit de cet inconvénient et de ce danger, en multipliant les murs qui supportent les marches, de telle sorte que chacune d'elles puisse être formée de plusieurs morceaux sur sa longueur, et que la distance des points d'appui soit assez faible pour qu'il n'y ait pas de rupture à redouter ; mais ce système deviendrait très-dispendieux, s'il devait être appliqué sur une grande hauteur, et il présenterait, en outre, le grave inconvénient de s'opposer à ce que l'on tirât parti de l'espace placé au-dessous de l'escalier, soit pour établir une autre rampe, soit pour tout autre usage. Il est préférable alors de soutenir les marches au moyen d'une voûte rampante supportée par les deux murs. On emploie, à cet effet, des voûtes en berceau, dont les génératrices sont parallèles à la ligne de plus grande pente de l'escalier. Ces voûtes ont reçu le nom de *descentes*.

Tous les escaliers trouvés dans les monuments de l'antiquité sont construits suivant l'un ou l'autre de ces systèmes, lesquels sont respectivement représentés, en projection horizontale et en coupe longitudinale, par les figures 1, 2, 3 et 4 de la planche 48.

Ces dispositions ne sont pas particulières aux escaliers formés de rampes droites ; elles s'appliquent également à ceux qui sont établis sur plans curvilignes. Mais alors les faces antérieures des marches ne sont plus parallèles comme dans les escaliers *droits*, et les faces supérieures (les *girons*) ne sont plus de même largeur dans toute leur étendue ; leur plus grande largeur s'appuie contre la partie concave de la cage, et la plus petite contre la partie convexe. Quand une voûte supporte ces marches, c'est une voûte annulaire en descente, ou ce qu'on appelle une *vis Saint-Gilles*, du nom de l'abbaye de Saint-Gilles, près de Nîmes, où l'on prétend que cette forme aurait été employée pour la première fois.

On remarque, dans plusieurs clochers et dans quelques-uns de nos phares, des escaliers de dimensions fort restreintes, qui rentrent dans la classe de ceux dont les marches sont supportées par les deux extrémités, mais qui méritent une mention spéciale, à raison de leur multiplicité et de ce qu'il y a d'ingénieux dans leur disposition. Les figures 5 et 6 de la planche 48 représentent respectivement le plan et un fragment de coupe d'un de ces escaliers. On voit qu'il est compris dans une cage cylindrique, et que ses marches sont supportées, d'un côté, par le mur d'enceinte, de l'autre, par un noyau placé dans l'axe du cylindre. Chaque marche porte avec elle la partie de ce dernier point d'appui qui correspond à sa hauteur ; son arête antérieure se projette horizontalement suivant un des rayons du cercle qui forme la base du cylindre, et son arête postérieure est dirigée tangentiellement au noyau. Cette dernière disposition a pour but d'assurer à la marche une largeur suffisante au collet, c'est-à-dire contre le noyau.

Si la section transversale de ces marches était rectangulaire, la face inférieure de l'escalier présenterait les mêmes saillies que la face supérieure, d'où résulteraient deux inconvénients, eu égard au peu de distance verticale qui, dans ces petits escaliers, sépare deux révolutions consécutives : la circulation pourrait être gênée par insuffisance de hauteur, et les formes inutilement heurtées, que le spectateur aurait sous les yeux, très-près de lui, produiraient un fort mauvais effet. On prend donc habituellement le parti d'abattre l'arête postérieure du dessous de chaque marche, et on la remplace par une surface gauche, qui est engendrée par le mouvement d'une ligne droite, assujettie à la condition d'être toujours horizontale et tangente au noyau, et de s'appuyer sur un arc d'hélice tracé sur le mur d'enceinte.

Ainsi, une marche, bien que formée d'un seul morceau, peut être décomposée en trois parties : la partie qui est scellée dans le mur, celle qui appartient au noyau, et, entre les deux, celle qui constitue la marche proprement dite. Cette dernière présente cinq faces : le dessus de la marche, dont partie est recouverte par la marche suivante ; la face antérieure, qui consiste en un plan vertical passant par l'axe de l'escalier ; la face postérieure, qui est formée par un plan vertical, de quelques centimètres de hauteur, tangent au noyau ; la surface gauche dont on vient de décrire la génération ; enfin, la face inférieure, qui est horizontale, et se trouve comprise entre la face antérieure de la marche et l'arête postérieure de la marche précédente.

Les dessins que le lecteur a sous les yeux rendent un compte très-net de ces dispositions ; on y a représenté par des lignes ponctuées les arêtes non apparentes dans le mode de projection adopté.

Ces escaliers, qu'on désigne sous le nom de *circulaires à noyau plein*, sont ceux qui exigent le moins de place ; on en voit dont la cage n'a pas plus de 1^m,20 de diamètre intérieur. Il en est même de plus étroits encore ; mais il n'est pas donné à tout le monde de pouvoir passer par ces derniers.

La plupart des grands escaliers établis dans les hôtels qui ont été construits pendant les deux derniers siècles, présentent plus de hardiesse que les précédents, tout en conservant un beau caractère monumental. Ils sont ordinairement établis sur plan rectangulaire, et ils sont composés de trois rampes, que séparent deux paliers carrés, ainsi que le montre le plan (fig. 7). Des voûtes soutiennent encore leurs marches, mais elles ne s'appuient plus sur deux murs parallèles ; ce sont, ou des portions de voûtes en berceau, dont les génératrices sont parallèles aux marches, ou des voussures reposant sur les murs qui forment la cage de l'escalier. La première de ces dispositions s'observe dans un grand nombre d'édifices construits sous le règne de Louis XIV ; elle a quelque chose de plus simple, de plus satisfaisant pour l'esprit que la seconde, qui lui est postérieure ; mais elle présente l'inconvénient d'exiger des points d'appui pour soutenir les paliers intermédiaires, et recevoir la retombée des voûtes. Du reste, on a presque toujours dissimulé cette nécessité, en appuyant les deux premières rampes sur un mur d'échiffre intérieur, et alors la troisième rampe et le palier supérieur, qui règne sur toute la longueur de la cage, sont seuls supportés par des voûtes apparentes. Les voussures permettent de supprimer tout autre point d'appui que les murs d'enceinte, et de laisser en évidence le dessous de chacune des rampes ; cependant, même dans ce système de construction, on ajoute un mur d'échiffre à la première rampe, au moins sur une partie de sa longueur, de telle sorte que non-seulement on trouve un libre passage au-dessous de la voussure, mais que la naissance de cette voûte soit élevée à une hauteur convenable au-dessus du sol. Les paliers intermédiaires sont soutenus par des trompes coniques, ou par des demi-voûtes en arc de cloître, qui, les unes et les autres, se raccordent avec les voussures rampantes. Dans la coupe (fig. 8), on a admis la première de ces dispositions, qui est peut-être d'un meilleur effet que la seconde. On prend habituellement une demi-ellipse pour directrice des trompes ; celle des voussures est alors un arc de parabole. Le grand palier qui occupe toute la longueur de la cage, au sommet de l'escalier, peut être également supporté par une voussure avec trompes aux extrémités, ou, ce qui paraît préférable, par une voûte en berceau surbaissée, disposée de manière à se raccorder avec la voussure qui vient s'appuyer sur elle. Ces escaliers n'embrassent, pour la plupart, qu'un seul étage dans leur hauteur ; ils conduisent du rez-de-chaussée au premier étage, et d'autres escaliers de dimensions plus restreintes, desservent les étages supérieurs. Il en est de fort beaux, tant par leurs grandes proportions que par le luxe d'architecture déployé dans la décoration de leurs cages, lesquelles concourent puissamment à l'effet qu'ils produisent, par cela même qu'elles peuvent être embrassées d'un seul coup d'œil. Un des plus remarquables qu'on puisse citer est celui qui a été construit dans le phare de

Cordouan, par l'ingénieur Teulère, lorsque ce précieux monument fut exhaussé de 20 mètres.

On a été plus loin encore en fait de hardiesse et surtout de légèreté apparente. On a disposé les marches de telle sorte qu'elles se supportent les unes les autres, et l'on a pu alors supprimer les voûtes. Chaque marche repose, par une petite surface horizontale, sur celle qui précède, et s'y appuie, en outre, par une coupe dirigée normalement à la surface rampante qui forme le dessous de l'escalier, ainsi que le représentent les figures 10 et 12. Il est essentiel, pour la solidité de la construction, que ces marches soient solidement scellées dans le mur par une de leurs extrémités, et que leurs joints présentent assez de surface pour résister efficacement aux pressions auxquelles ils seront exposés. Dans un escalier suspendu de dimensions moyennes, on ne donne pas, en général, moins de $0^m,20$ de longueur au scellement, et Rondelet annonce que, pour les pierres de très-bonne qualité, comme le liais des environs de Paris, il ne faut pas donner moins du tiers de la hauteur de la marche à la coupe, et moins des deux tiers de cette même dimension au recouvrement. Il est évident que cette règle est très-contestable; car ce n'est pas la hauteur des marches, c'est celle de la rampe qui influe sur les pressions, et c'est par conséquent cette dernière qui devrait entrer dans l'expression des surfaces. Mais cela importe peu dans la pratique habituelle, parce que la hauteur des marches aussi bien que celle des rampes ne varie qu'entre des limites assez rapprochées. Il ne faut donc voir dans cette prescription qu'une donnée approximative, que l'expression, facile à retenir, d'une moyenne déduite d'un grand nombre d'observations. Il conviendra évidemment d'augmenter les dimensions indiquées, lorsque la longueur des rampes, ou la nature des transports à opérer sur l'escalier paraîtront devoir produire des pressions plus considérables qu'il ne se rencontre habituellement, et aussi lorsque la pierre présentera une résistance à l'écrasement sensiblement inférieure à celle de la pierre de liais [1], ou ne se prêtera pas à autant de précision dans la taille.

Ces escaliers s'établissent avec ou sans limon. Pour les premiers, deux systèmes de construction sont usités, et il serait assez difficile de donner une préférence marquée à l'un d'eux : tantôt les marches sont exécutées à part du limon, et leurs extrémités sont reçues dans des entailles pratiquées sur la face intérieure de cet appendice; tantôt chacune d'elles porte la partie de limon qui lui corres-

---

[1] Voyez page 105.

pond. Dans un cas, le limon donne un point d'appui à la marche; dans l'autre, il a pour objet d'augmenter l'étendue des surfaces en contact.

Les escaliers à limon présentent, toutes choses égales d'ailleurs, plus de solidité réelle et apparente que les autres, et ils ont en outre l'avantage d'offrir à la balustrade un appui très-convenablement disposé. Quand on supprime le limon, la construction devient et paraît plus hardie; mais il convient rarement de rechercher cette qualité dans les œuvres de quelque importance, et d'ailleurs, la balustrade, qu'il faut appuyer sur les têtes des marches, ne s'agence pas très-bien, et doit être traitée avec beaucoup de légèreté si l'on ne veut pas qu'elle paraisse écraser l'escalier. Du reste, toutes les fois qu'un des côtés d'un escalier n'est pas directement soutenu, soit par un mur, soit par une suite de points d'appui, la balustrade qui l'accompagne doit être exécutée en métal et non en pierre, sous peine de produire un effet peu satisfaisant; mais elle est susceptible de recevoir d'autant plus d'ampleur, que la solidité de la construction est plus évidente.

Les figures 9 et 10 de notre planche représentent un fragment de plan et d'élévation latérale d'un escalier suspendu, dans lequel chaque marche porte une partie de limon. Le limon est arrondi en forme de volute à son extrémité inférieure, et repose sur la seconde marche.

Les figures 11 et 12 montrent la disposition des marches d'un escalier suspendu sans limon. Quand on adopte ce mode de construction, on a presque toujours le soin de décorer les faces antérieures des marches d'une petite moulure qui se retourne sur les têtes, ainsi que le représente la seconde de ces figures, qui est un fragment d'élévation latérale.

On a supposé, dans ces deux exemples, qu'il s'agissait de rampes droites. Les mêmes dispositions conviendraient également à des rampes établies sur plans curvilignes; seulement le dessous de l'escalier formerait un hélicoïde au lieu de présenter une surface plane.

Proportions des marches. La longueur à assigner aux marches d'un escalier dépend essentiellement de l'importance de la circulation qu'il s'agit de desservir, du caractère qu'on veut donner à cette partie de la construction, et aussi de l'espace dont on peut disposer. Elle varie par conséquent beaucoup, et il n'y a point de prescription à donner à ce sujet, quand on se renferme dans les généralités. Mais il n'en est pas de même pour la hauteur et la largeur des marches; on comprend qu'il y a une certaine relation à observer entre ces deux dimensions, et qu'elles doivent être renfermées entre des limites assez étroites. C'est l'amplitude habituelle du pas de l'homme qui est appelée à régler cette relation, et à poser ces limites. Or elle varie avec l'inclinaison du plan sur lequel s'opère le mouvement de translation; mais on ignore suivant quelle loi, de sorte qu'ici encore, il n'y a pas lieu à précision, et que, tout en s'appuyant sur les données de l'expérience, on a été conduit à proposer différentes formules pour résoudre la question. Les résultats déduits de ces formules diffèrent, du reste, assez peu dans les circonstances ordinaires de la pratique.

Voici comment a été établie la règle qui a été le plus généralement adoptée, probablement parce qu'elle est la plus facile à retenir et à appliquer : on a remarqué que, lorsqu'un homme de taille moyenne se meut sur un plan horizontal, l'ouverture de son pas est d'environ $0^m,64$, qu'elle diminue à mesure que le plan se relève, et qu'elle se réduit à moitié quand il fait avec l'horizon un angle de 90°, c'est-à-dire lorsqu'il s'agit de monter à une échelle verticale. On s'est cru autorisé à en conclure que la largeur d'une marche augmentée du double de sa hauteur doit être égale à la quantité constante $0^m,64$, et cette règle concorde, en effet, avec les deux termes sur lesquels on l'appuie. Elle est cependant inexacte; car elle ne fait pas correspondre la plus petite ouverture du pas à la plus forte inclinaison, mais à un angle de 63° 26′ 6″ avec l'horizon. La construction géométrique, bien simple, par laquelle on peut exprimer cette relation, fait immédiatement reconnaître l'anomalie. Soit ABC (pl. 48, fig. 13), un triangle rectangle ayant $0^m,32$ de hauteur et $0^m,64$ de base; si, par le sommet A, on mène des lignes Am diversement inclinées, les abscisses et les ordonnées, par rapport à A, des points où ces lignes rencontreront l'hypoténuse seront les largeurs et les hauteurs de marches correspondant aux inclinaisons indiquées, et l'on voit que l'ouverture minima répond, non pas à la ligne verticale, mais à la perpendiculaire Ap menée sur l'hypoténuse. Il est probable que le lieu géométrique que détermineraient, en admettant les mêmes points de départ, les largeurs et les hauteurs de marches les plus convenables serait une courbe à inflexion, ayant sa tangente horizontale à ses deux extrémités, dans le genre de celle qui est représentée, sur la même figure, par une ligne ponctuée. Mais à quelle hypothèse s'adresser pour en arrêter le tracé? Il est à remarquer d'ailleurs, d'une part, que le sujet ne demande pas à être traité avec une rigueur mathématique, et, de l'autre, que la ligne droite ne s'éloigne pas beaucoup de la courbe, lorsqu'on se renferme entre les inclinaisons admises dans la pratique.

S'il y a, en effet, pour chaque inclinaison d'escalier, des dimensions préférables à toutes les autres, il ne s'ensuit pas que le choix de l'inclinaison soit indifférent. Si la pente est peu prononcée, chaque marche exigera moins d'efforts pour être gravie, mais il en faudra un plus grand nombre, pour arriver à une hauteur donnée, que si l'escalier avait été plus roide ; et réciproquement. Ce qu'il importe de considérer, c'est la fatigue totale, et l'expérience apprend que, pour la réduire à son minimum, il faut éviter également et les marches très-basses, et celles qui ont beaucoup de hauteur ; elle engage à renfermer les hauteurs entre $0^m,19$ et $0^m,11$, ce qui, d'après la règle précitée, conduit à comprendre les largeurs entre $0^m,26$ et $0^m,42$. Elle a fait reconnaître enfin qu'il y a avantage à se rapprocher des premières de ces dimensions, quand la hauteur à franchir est considérable ; ce qui se conçoit d'ailleurs assez aisément. Dans les grands escaliers, au contraire, lesquels n'embrassent ordinairement qu'un seul étage, il convient de donner peu de hauteur aux marches ; leur ascension est moins fatigante, leur parcours plus facile, et leur aspect plus satisfaisant. Quant aux escaliers de nos habitations particulières, ils sont habituellement établis sur des dimensions moyennes. Les hauteurs de marches y sont comprises entre $0^m,16$ et $0^m,17$; les largeurs devraient par conséquent y varier entre $0^m,32$ et $0^m,30$, mais on les réduit assez souvent de quelques centimètres, afin de gagner de la place. Il est surtout essentiel de conserver la même inclinaison dans tout le développement de l'escalier, car tout changement y devient une cause de fatigue et de trouble, et y produit un mauvais effet.

Il n'y a, en général, nulle difficulté à se conformer à ces préceptes dans les escaliers composés de rampes droites ; mais il n'en est pas de même pour ceux qui sont établis sur plan curviligne, puisque les marches, y étant nécessairement plus étroites d'un côté que de l'autre, ne peuvent présenter les dimensions les plus convenables qu'en un seul point de leur longueur. D'un côté de ce point, l'escalier exigera des pas trop longs ; de l'autre, il obligera à les faire trop petits. La position à assigner à ce point de plus facile montée est à peu près arbitraire ; quelques auteurs l'ont placé à $0^m,50$ environ de la balustrade, afin que les personnes qui parcourent l'escalier puissent s'appuyer sur elle, sans cesser de trouver une voie commode; mais, dans un grand escalier, cette disposition aurait l'inconvénient de donner aux marches des largeurs tout à fait exagérées, du côté où elles s'appuient contre le mur. Aussi, dans la plupart des circonstances, fixe-t-on le point dont il s'agit au milieu de la longueur de la marche. La ligne qui passe par tous ces points s'appelle la *ligne de foulée*; c'est sur elle que se portent les largeurs voulues, et les arêtes antérieures des marches sont habituellement dirigées suivant des normales à cette courbe. Toutefois, lorsque le plan de l'escalier présente des changements brusques de courbure, on ne peut suivre ces directions, parce qu'en dehors de la ligne de foulée, la largeur des marches varierait tout d'un coup d'une manière trop prononcée. Pour qui se trouverait sur l'escalier à droite ou à gauche de cette ligne, il y aurait passage brusque d'une inclinaison à l'autre, défaut qu'il importe d'éviter.

Cette difficulté se présente assez fréquemment dans nos habitations particulières, où, pour gagner de la place, on forme souvent l'escalier de deux parties droites réunies par une partie demi-circulaire, comme le représente en plan la figure 1 de la planche 72. On voit que si les arêtes des marches étaient partout normales à la ligne de foulée, ainsi que l'indiquent des lignes ponctuées, on changerait brusquement d'inclinaison, en passant de la partie droite à la partie circulaire, dès qu'on se rapprocherait du mur ou de la rampe, au lieu de se tenir au milieu de la longueur des marches. En outre, le limon et la main courante de la balustrade présenteraient des jarrets désagréables, aux points où ils épousent la forme demi-circulaire. On évite l'un et l'autre de ces inconvénients en *balançant* les marches. Voici comment se pratique cette opération : on suppose toutes les arêtes antérieures dirigées normalement à la ligne de foulée; celles des parties droites sont parallèles, et celles de la partie circulaire tendent au centre; on fait le développement ABCD (fig. 15, pl. 72) du côté intérieur de l'escalier ainsi disposé; les angles ABO, OCD représentent, dans cette construction, les jarrets qu'on observerait dans le limon et dans la main courante, si l'on ne modifiait pas le tracé des marches; on efface ces angles en raccordant les lignes AB et CD au moyen d'une courbe à inflexion POQ qui leur est tangente à toutes deux; on prolonge les lignes qui marquent les faces supérieures des marches, jusqu'à leur rencontre avec ces arcs de cercle; on procède alors en sens inverse, c'est-à-dire qu'on reporte sur la projection horizontale de l'escalier les largeurs de têtes de marches indiquées par la forme de développement qu'on a ainsi arrêtée ; on joint enfin ces nouveaux points de division à ceux de la ligne de foulée par des lignes qui sont les projections des arêtes antérieures des marches. La courbe POQ est habituellement formée de deux arcs de cercle OP, OQ, qui sont déterminés par la condition d'être tangents entre eux au point O, milieu de la ligne BC ; les autres points de tangence, P et Q, sont alors à même distance des sommets B et C que le point O. D'autres modes de tracé ont été proposés, mais celui-ci paraît devoir être préféré dans la plupart des circonstances ; il a le mérite d'être d'une exécution facile, de faire disparaître complétement les jarrets, et d'appeler à participer au balancement une quantité très-convenable de marches des parties droites de l'escalier. Il y aurait, en effet, inconvénient à toucher à un trop petit ou à un trop grand nombre de ces marches : à un trop petit, parce qu'on ne modifierait pas suffisamment les inclinaisons de la partie circulaire en dehors de la ligne de foulée ; à un trop grand, parce qu'il pourrait y avoir, sinon danger, du moins impression désagréable à rencontrer, dans une partie droite, des marches non parallèles, avant d'avoir été prévenu, en quelque sorte, d'une disposition de ce genre, par la proximité de la forme circulaire. Il est aisé d'ailleurs de juger comment il convient de modifier ce tracé, toutes les fois que le rapport observé entre les parties droites et la partie courbe de l'escalier établit la nécessité de s'en départir.

Mais si l'on atténue le mal, on ne le fait pas disparaître ; les escaliers curvilignes présentent le grave inconvénient de n'être pas d'un parcours également facile en tous leurs points, quelles que soient les dispositions adoptées, et ce défaut est d'autant plus prononcé que les marches sont plus longues et que le rayon de courbure est plus petit. On en doit conclure que les escaliers appelés à desservir une circulation très-active doivent être, autant que possible, formés de rampes droites. De nombreuses exceptions à cette règle se rencontrent, il est vrai, et surtout dans nos théâtres, où cependant les escaliers sont exposés à être encombrés par une foule compacte ; mais qui ne sait les difficultés et même les accidents qui en résultent ?

DES AIRES.

On désigne sous le nom d'aire une couche de maçonnerie étendue sur un sol quelconque pour recevoir un plancher, un pavage ou un dallage, ou même pour en tenir lieu.

Les Romains attachaient un grand intérêt à la confection des aires, et Vitruve nous a transmis à ce sujet des documents assez complets, dont plusieurs débris de l'antiquité sont venus attester l'exactitude.

Quand l'aire devait être établie sur le terrain naturel, on commençait par aplanir la surface, qu'on pilonnait ensuite avec soin, si la consistance du sol paraissait insuffisante; puis on posait une première couche de maçonnerie, formée de petits moellons bruts et de mortier. C'était le *statumen*. Au-dessus, se plaçait une seconde couche, le *rudus*, qui était établie en béton. Elles étaient toutes deux fortement comprimées au moyen de battes, et leur épaisseur totale était de $0^m,24$ environ. Le *nucleus* formait une troisième couche, de $0^m,12$ d'épaisseur, qui était exécutée en mortier de chaux et de poudre de tuileaux; circonstance assez extraordinaire dans une contrée qui fournit en abondance de la pouzzolane naturelle, bien autrement énergique que celle de tuileaux.

On adoptait les mêmes dispositions pour les aires à établir sur des planchers; seulement un lit de paille ou de fougère était interposé entre la maçonnerie et le plancher, et les moellons du *statumen* étaient de dimensions plus restreintes que dans le cas précédent.

Vitruve ne s'est pas borné à nous faire connaître les méthodes employées par les Romains pour la confection de ces ouvrages; il est entré dans quelques détails sur un système de construction en usage chez les Grecs pour les aires des salles à manger. Ils ne sont pas dépourvus d'intérêt, et nous croyons devoir les reproduire, ne fût-ce qu'à titre de document archéologique. « On commence, « dit-il, par creuser le sol dans toute l'étendue de la salle, sur environ deux « pieds de profondeur, et, après avoir pilonné le terrain, on le recouvre d'une « couche de béton ou d'un pavage en briques, en donnant une forme bombée à « cette partie de l'ouvrage. Au-dessus, se placent, d'abord un lit de charbon, « qu'on foule avec le pied, puis une couche, de six pouces d'épaisseur, formée

« d'un mortier de chaux, de sable et de cendre. Cette dernière couche se dresse
« parfaitement de niveau, et on l'unit en la frottant; elle a une teinte noirâtre.
« Les aires ainsi préparées ont l'avantage d'absorber immédiatement les liquides
« qui peuvent s'échapper des vases ou des coupes, et de permettre aux ser-
« viteurs de rester nu-pieds sans être incommodés par le froid. »

On voit que les Grecs eux-mêmes savaient sacrifier l'agréable à l'utile. Toutefois il est permis de douter que Périclès, Alcibiade ou Aspasie aient admis un sol aussi peu élégant dans leurs salles de festins; il est à présumer qu'ils auront préféré s'exposer aux inconvénients qui pouvaient résulter de la maladresse des convives, et qu'ils auront trouvé d'autres moyens de préserver la santé des esclaves.

Les aires s'établissent à moins de frais dans nos constructions modernes. L'aire doit-elle reposer sur le sol, on commence par affermir le terrain, puis on le couvre d'une couche de $0^m,15$ à $0^m,20$ d'épaisseur, qui est formée de béton de cailloux ou de pierrailles, ou même de béton de sable, et qu'on a soin de comprimer fortement. Doit-elle être établie sur un plancher, elle consiste simplement en une couche de mortier ou de plâtre de $0^m,05$ d'épaisseur environ. Quand on emploie cette dernière matière, il faut diviser l'aire en plusieurs parties et l'isoler des murs, afin de prévenir les mouvements qui pourraient résulter de l'augmentation de volume que prend le plâtre en durcissant. On diminue d'ailleurs cet effet en mélangeant un peu de poussière avec le plâtre.

A Naples, où la plupart des maisons sont couvertes en terrasse, voici, d'après Rondelet, quel est le procédé employé pour obtenir des aires parfaitement imperméables :

On mélange des fragments de pierres ponces et de tuf volcanique avec de la chaux éteinte depuis plusieurs jours et réduite en bouillie liquide, et l'on broie ce béton à plusieurs reprises. On laisse reposer pendant vingt-quatre heures, et l'on broie de nouveau. Il se dégage alors une certaine quantité de chaleur. La même opération se répète une troisième fois, et même une quatrième, s'il est nécessaire, c'est-à-dire si le mélange ne présente pas assez de consistance, ou donne encore des signes d'effervescence.

Pour appliquer cette composition sur un plancher, on commence par boucher les joints des planches avec de la chaux en pâte un peu ferme ; puis on étend au-dessus un lit de petites pierres posées à sec, sur 0^m,05 d'épaisseur. Sur cette première couche, on verse le béton, et on lui donne environ 0^m,20 d'épaisseur, lesquels se réduisent à près de 0^m,15 après le battage. On ne procède à cette dernière opération que vingt-quatre heures après le versement. Elle consiste à massiver toute la surface avec de grosses battes en bois, en marchant toujours dans le même sens, puis avec des battes plus petites, et en procédant dans une direction perpendiculaire à la première. On massive ainsi jusqu'à ce que l'ouvrage ait acquis une assez grande fermeté ; ordinairement on s'y prend à trois reprises, en laissant entre chacune d'elles un jour d'intervalle.

On couvre ensuite l'aire ainsi préparée de 0^m,16 de terre environ, afin de prévenir les gerçures que ne manquerait pas de produire une dessiccation trop rapide, et l'on conserve cette couverte pendant deux mois, si l'on a opéré dans la belle saison, et davantage dans le cas contraire.

On voit que cette composition n'est autre chose qu'un béton de pierres poncés à bain de mortier de chaux grasse et pouzzolane naturelle. Les pierres ponces ont l'avantage de donner beaucoup de légèreté à la construction, et peut-être aussi de mieux adhérer au mortier que d'autres ; il est cependant à présumer qu'on obtiendrait le même résultat, en ce qui concerne l'étanchéité, quand bien même on serait obligé de se priver de leur secours.

Dans quelques autres villes d'Italie, et particulièrement à Venise, on exécute des aires en béton qui prennent un beau poli et se prêtent parfaitement à la décoration. On pose d'abord une couche de mortier de chaux grasse et pouzzolane artificielle ou naturelle, à laquelle on donne 0^m,10 d'épaisseur, et qu'on massive comme dans le système précédent ; puis on applique une seconde couche, de 0^m,04 d'épaisseur de mortier de même composition, mais un peu plus gras, et on la recouvre immédiatement de petits morceaux de marbre de forme irrégulière. On bat alors la surface jusqu'à ce que tous ces fragments aient disparu sous le mortier. Dix ou douze jours après l'achèvement de cette opération, l'on procède au polissage suivant la méthode ordinaire, et l'on a soin de reboucher, en mortier convenablement coloré, les joints qui se dégradent pendant cette dernière partie du travail.

Les aires ainsi exécutées sont de véritables brèches, et elles produisent presque le même effet que les brèches naturelles. On en voit d'une même couleur; d'autres sont formées de marbres diversement colorés, mélangés au hasard; dans quelques-unes, on réunit ensemble les marbres d'une même couleur, et l'on trace sur le sol des compartiments ou des dessins, plus ou moins compliqués, que font ressortir les différences de coloration. On a soin, quand on adopte cette dernière disposition, de donner au mortier employé pour reboucher les joints la couleur des petits fragments de marbre qu'il réunit.

Divers ciments, mélangés avec du sable ou de menus graviers, ont été employés depuis quelques années à la confection des aires, et ont donné d'excellents résultats. Le ciment de Portland surtout acquiert une dureté qui assure à ces ouvrages une durée comparable à celle des meilleurs dallages. On peut d'ailleurs colorer ces ciments par des oxydes métalliques, et y trouver des éléments de décoration.

On sait enfin qu'un grand nombre d'aires sont actuellement exécutées en bitume, et ont le double mérite d'être tout à fait imperméables et de présenter une assez grande résistance. Les bitumes colorés jouent déjà un grand rôle dans l'ornementation de quelques édifices. La couleur est donnée par les fragments de pierre ou de marbre que réunit le bitume, lequel se remplace par de la résine ou des corps gras mélangés avec diverses matières, quand on trouve que sa couleur noirâtre serait de nature à produire un mauvais effet.

DES PAVEMENTS.

Les pavements des constructions de l'antiquité romaine étaient établis, à bain de mortier, sur des aires disposées suivant la méthode qui a été indiquée tout à l'heure. Ils étaient formés de grandes dalles irrégulières et fort épaisses, quand ils étaient appliqués à des voies publiques; et, dans l'intérieur des édifices, ils étaient exécutés, soit en briques posées à plat ou sur champ, soit en dalles minces de pierres dures ou de marbres diversement colorés, lesquelles étaient distribuées en compartiments réguliers, soit enfin en mosaïques plus ou moins fines et plus ou moins ornées.

Ce dernier système paraît avoir été fort en vogue chez les Romains, car on en trouve des traces dans la plupart des ruines qu'ils nous ont laissées, et il n'est si petite maison à Pompéi dont la cour ne soit ainsi pavée. Ces mosaïques, employées à couvrir le sol, présentaient quelquefois les dessins les plus beaux et les plus variés, et souvent d'heureuses compositions. Tout le monde a entendu parler de ce chien enchaîné, placé au seuil d'une des maisons de Pompéi, avec l'inscription : *Cave canem*. Il se détache en noir sur un fond blanc. On connaît aussi la belle mosaïque représentant l'enlèvement d'Europe, qui a été transportée, des ruines de Præneste, dans le palais Barberini, à Rome. Une charmante composition de Sosus, qui se conserve dans le musée du Vatican, et qui représente plusieurs colombes placées autour d'une coupe, a été reproduite à profusion par tous les mosaïstes modernes. Elle provient de la mosaïque d'une salle de festins de Pergame, laquelle, au dire de Pline, figurait un dallage parsemé des divers objets qui auraient pu s'échapper de la main des convives. On admire, dans le même musée, une grande mosaïque circulaire qui présente au centre une tête de Méduse, et dans divers compartiments, des combats de centaures, des Tritons, des Néréides, etc. Enfin, il n'est, pour ainsi dire, pas de musée, si pauvre qu'il soit, qui ne se pare d'une mosaïque d'origine romaine.

On remarque, dans quelques anciennes basiliques chrétiennes, des mosaïques d'un genre particulier, qu'on désigne sous le nom d'*opus Alexandrinum*, de celui de l'empereur Alexandre Sévère, au règne duquel paraît remonter leur origine. Elles sont formées de grandes dalles, ordinairement circulaires, en porphyre ou en granit, qui sont encadrées et reliées les unes aux autres par de larges bandeaux ou entrelacs de mosaïque à dessins réguliers, lesquels sont généralement exécutés en pierres un peu plus grandes que ne le comportent les mosaïques ordinaires. Leurs dispositions sont variées, mais elles sont toujours bien accentuées; les couleurs sont vives et tranchées, et les détails sont pleins de finesse et d'élégance. Ces pavements sont les plus riches et les plus beaux qui se puissent voir, et satisfont parfaitement aux conditions qu'on doit se proposer dans l'établissement d'ouvrages de cette espèce, où il convient d'avoir à la fois de grands et de petits dessins : de grands dessins bien nets, et disposés de manière à établir de l'harmonie entre les divisions de la paroi horizontale et celles des autres côtés de la salle, afin de les rattacher les unes aux autres, et d'éviter la confusion aux yeux de qui envisage l'ensemble; de petits dessins, pour donner de la richesse, de la variété, et pour plaire à qui n'embrasse qu'une partie de l'œuvre. Il faut d'ailleurs que tous les compartiments, grands ou petits, se marquent par des couleurs tranchées, sous peine de n'être pas suffisamment accentués ; mais il faut en même temps de l'harmonie dans les couleurs, et il n'est pas toujours facile de satisfaire à la fois à ces deux exigences.

Quelques édifices des temps modernes ont reçu de riches pavements en marbres diversement colorés, dont la disposition générale est souvent très-convenable, et dont les couleurs sont heureusement assorties ; mais on n'y trouve pas les détails fins et vifs de l'*opus Alexandrinum*, et ces compositions paraissent, pour la plupart, trop exclusivement disposées en vue de l'ensemble.

Les carrelages en terre cuite ont joué un grand rôle dans les édifices du moyen âge et de la Renaissance, et ils ont repris faveur depuis quelques années, surtout dans les contrées méridionales où ils conviennent mieux que dans le nord. Ils se prêtent à des dispositions très-variées. Des carreaux de diverses couleurs s'associent pour former des compartiments réguliers analogues à ceux des dallages en marbre, d'autres portent des dessins plus ou moins riches et sont disposés de manière à engendrer par leur réunion des décorations d'un certain développement. Quelquefois les ornements colorés sont simplement appliqués sur la surface du carreau avant la cuisson et sont alors protégés par un vernis. Les couleurs sont brillantes, mais il y a cet inconvénient que les carrelages sont très-glissants quand ils sont neufs et deviennent ternes, voient même bientôt leurs dessins s'effacer, dès que le vernis a été enlevé par le frottement, ce qui ne tarde pas beaucoup pour peu que la circulation soit de quelque activité. Mieux valent les carreaux dans lesquels les ornements sont estampés avant la cuisson et sont formés de pâtes, de même nature que celle du carreau, qui sont colorées par des oxydes métalliques et pénètrent jusqu'au tiers environ de l'épaisseur sans pouvoir se détacher.

On exécute également depuis quelques années des dallages en carreaux de mortier à base de chaux hydraulique, ou, ce qui est préférable, à base de ciment de Portland. La matière doit être fortement comprimée dans le moule qui la reçoit, et, de même que la terre cuite, elle est susceptible d'être diversement colorée ; mais elle ne présente ni autant de finesse de grain ni autant de netteté dans les formes.

CHAPITRE NEUVIÈME.

COUVERTURES.

I. — DES COUVERTURES EN TERRE CUITE.

Les tuiles en terre cuite remontent à une antiquité très-reculée. Elles étaient de deux espèces chez les Grecs et chez les Romains : les unes plates et les autres courbes. Les premières présentaient des rebords saillants sur les côtés dirigés suivant le sens de la pente du toit, et chacune d'elles était placée à recouvrement sur celle qui lui était immédiatement inférieure ; leurs joints montants étaient fermés par les secondes, qui se recouvraient également les unes les autres. Celles-ci formaient ainsi des nervures qui rejetaient les eaux sur les tuiles plates, dont les recouvrements et les rebords saillants rendaient la couverture parfaitement étanche. Chaque rangée de tuiles creuses était ordinairement arrêtée à sa partie inférieure par une tuile un peu plus grande que les autres, solidement fixée sur la corniche, et fermée sur sa face inférieure. Ces dernières sont connues sous le nom d'*antéfixes*, du mot latin *antefixæ*; elles étaient décorées d'ornements peints ou en relief, et l'on peut même juger, à l'inspection de plusieurs débris antiques, que souvent ces deux modes de dessins se trouvaient combinés : les parties en relief, colorées en clair, se détachaient habituellement sur une teinte foncée.

On plaçait également quelquefois une rangée d'antéfixes sur le faîte de l'édifice, ainsi que le montre la figure 16 de la planche 49.

Les figures 1 à 5 de la même planche représentent des antéfixes antiques en terre cuite. Le dessin de la quatrième n'était accusé que par des couleurs ; tous les autres étaient en relief.

Dans quelques couvertures, les antéfixes étaient supprimées et on les remplaçait par un chéneau exécuté également en terre cuite et plus ou moins orné. Dans l'axe de chaque rangée de tuiles plates, ce chéneau portait une tête de lion saillante, dont la gueule était ouverte et rejetait au dehors les eaux pluviales.

Les figures 6 à 13 de la même planche donnent les détails d'une couverture en tuiles ainsi disposée, dont les fragments ont été recueillis dans les ruines de Pompéi.

La figure 6 est un fragment de l'élévation de la toiture.

La figure 7 est une coupe du toit suivant une ligne horizontale.

La figure 8 est une coupe du toit suivant l'axe d'une rangée de tuiles creuses.

La figure 9 est le plan d'une des tuiles formant chéneau, vue en dessus.

Les figures 10 et 11 représentent une tuile plate, vue en dessus et en dessous.

La figure 12 est une coupe sur le rebord d'une tuile à sa partie supérieure.

La figure 13 est une coupe sur le rebord d'une tuile à sa partie inférieure.

Les figures 14 et 15 représentent, en élévation et en coupe, des fragments de chéneau formant corniches, qui ont été trouvés dans la même ville.

Ce système de couverture est encore en usage en Italie, mais sans antéfixes et sans chéneaux, ornements auxquels il est à regretter qu'on ait renoncé, car ils formaient une agréable décoration.

On pose sur les chevrons, lesquels sont espacés de $0^m,32$ environ de milieu en milieu, de grandes briques, de $0^m,028$ d'épaisseur, qui portent d'un chevron sur l'autre et dont les joints sont garnis de mortier. Sur le carrelage ainsi formé, on range les tuiles plates d'abord ; elles se recouvrent de $0^m,08$ environ, et elles sont, à cet effet, plus larges par le haut que par le bas. Deux rangées contiguës sont éloignées l'une de l'autre de $0^m,03$, et l'intervalle qui les sépare est recouvert, ainsi que leurs rebords, par les tuiles creuses, lesquelles sont également posées à recouvrement. Toutes ces tuiles sont quelquefois maçonnées sur le carrelage, et alors la couverture est en quelque sorte indestructible ; le plus souvent on se contente de maçonner les rangées inférieures.

Les tuiles plates se nomment *tegole* et les tuiles creuses, *canali* ; les Romains les désignaient sous les noms de *tegulæ hamatæ* et de *tegulæ imbricatæ*, et, par abréviation, de *tegulæ* et de *imbrices*.

Dans la Rome moderne, les *tegole* et les *canali* ont $0^m,41$ de longueur ; les *tegole* ont $0^m,33$ de largeur au sommet et $0^m,25$ à la partie inférieure ; leurs rebords ont $0^m,025$ de saillie, et leur épaisseur est de $0^m,022$. Les *canali* ont $0^m,173$ de diamètre au sommet, $0^m,24$ de diamètre à la base et $0^m,02$ d'épaisseur.

Ce système de couverture est représenté par les figures 1, 2 et 3 de la planche 50.

Rondelet dit avoir trouvé, dans les ruines des Thermes de Caracalla, des tuiles antiques qui avaient plus de $0^m,65$ de longueur sur près de $0^m,54$ de largeur.

L'inconvénient des couvertures ainsi disposées est d'exercer une pression fort considérable, et d'exiger, par suite, des charpentes très-massives. On réduirait, il est vrai, leur poids de près de moitié si l'on supprimait le carrelage en briques ; mais l'ouvrage serait moins durable et probablement moins étanche.

On trouve, en Italie, quelques couvertures dans lesquelles les *canali* ont été supprimés et remplacés par des *tegole* retournées, ainsi qu'il est indiqué figure 7. Cette disposition a l'avantage de réduire un peu le poids de la construction et d'offrir moins de prise au vent, mais elle augmente les chances de filtrations, par cela même qu'elle multiplie les joints horizontaux.

Tuiles creuses. Dans quelques parties de la France, principalement dans le Midi et dans la Lorraine, ce sont, au contraire, les tuiles plates qui sont supprimées ; la couverture est entièrement exécutée en tuiles creuses disposées par rangées alternativement concaves et convexes.

Ces tuiles creuses varient, d'un lieu à l'autre, de formes et de dimensions, mais entre des limites très-rapprochées. Elles ne descendent guère au-dessous de $0^m,35$ pour la longueur et de $0^m,014$ pour l'épaisseur. Elles ne sont pas tout à fait demi-circulaires ; l'arc que présente leur section est de 150° environ.

Elles se posent simplement sur un plancher continu, cloué sur les chevrons, et il faut par conséquent que l'inclinaison de la toiture ne soit pas assez prononcée pour déterminer leur glissement. On a reconnu par expérience qu'elle ne devait pas dépasser l'angle de 27° avec l'horizon. Il ne faut pas, d'ailleurs, la tenir au-dessous de 15°, si l'on ne veut s'exposer à des filtrations.

Les tuiles dont la concavité est tournée au dehors s'accotent de chaque côté avec de petites pierres ou des débris de vieilles tuiles ; quelquefois même on les maçonne, soit dans toute l'étendue de la toiture, soit seulement à sa partie inférieure. Elles forment des files dirigées suivant les lignes de plus grande pente, éloignées l'une de l'autre de $0^m,04$ environ, et dont l'intervalle est couvert par des tuiles semblables, mais présentant leur convexité au dehors. Les tuiles de chaque file se recouvrent les unes les autres de $0^m,10$ environ (fig. 4, 5 et 6, pl. 50).

Le poids des couvertures ainsi disposées varie de 75 à 90 kilogrammes par mètre carré.

Les angles saillants et rentrants des combles s'exécutent en tuiles de même forme, mais de plus grandes dimensions, lesquelles sont posées à bain de mortier. Dans le département de la Manche, celles de ces tuiles qui sont placées sur le faîtage sont vernissées et sont surmontées d'un ornement à jour ; elles rappellent, jusqu'à un certain point, les antéfixes des anciens, et produisent fort bon effet. Il serait désirable de voir généraliser cet usage, qui n'a rien d'ailleurs de bien dispendieux.

On emploie en Flandre, et l'on désigne sous le nom de *tuiles flamandes*, des tuiles à double courbure en forme d'S aplatie. Elles portent par le haut un fort talon, au moyen duquel elles s'accrochent à des lattes clouées sur les chevrons, ce qui permet de les employer avec de fortes inclinaisons. Elles se recouvrent de $0^m,05$ environ, et leurs joints sont habituellement garnis de mortier (fig. 8, 9 et 10).

Ces tuiles ont l'avantage de moins charger les charpentes que les tuiles creuses ordinaires ; mais il est difficile de leur donner une forme bien régulière : elles prennent souvent du gauche, soit à la dessiccation, soit à la cuisson, et elles ne forment plus alors des couvertures parfaitement étanches.

Les couvertures de ce genre pèsent près de 80 kilogrammes par mètre carré.

Les tuiles plates ordinaires constituent d'excellentes couvertures, mais elles *Tuiles plates.*

exigent des inclinaisons très-prononcées et elles chargent beaucoup les charpentes, parce qu'on est obligé de leur donner de forts recouvrements. Elles sont habituellement de forme rectangulaire, et elles sont munies en dessous, à leur partie supérieure, d'un talon au moyen duquel elles se fixent sur le lattis. Quelquefois ce talon est remplacé par deux trous qui permettent de maintenir la tuile avec des clous ; on substitue alors un plancher au lattis. Cette dernière disposition augmente le prix de la couverture ; mais elle assure plus de solidité. On emploie, à Paris, des tuiles plates de deux dimensions ; elles ont, les unes, $0^m,31$ de longueur, sur $0^m,24$ de largeur, et $0^m,016$ d'épaisseur ; les autres, $0^m,26$ de longueur, $0^m,18$ de largeur, et $0^m,015$ d'épaisseur. Les premières pèsent près de deux kilogrammes, et les secondes, environ $1^{kg},3$.

Le lattis sur lequel repose la couverture s'exécute en lattes de chêne, posées par rangées horizontales, clouées sur les chevrons et espacées du tiers de la longueur des tuiles. Les chevrons sont espacés de telle sorte que chaque latte en embrasse cinq sur sa longueur ; on a soin d'ailleurs de poser ces lattes en liaison, c'est-à-dire de manière que leurs joints se trouvent à peu près également répartis entre tous les chevrons afin de bien relier ces dernières pièces.

Une rangée de tuiles s'accroche sur chaque rang de lattes, de manière que chacune d'elles se trouve recouverte sur les deux tiers de sa longueur. La couverture comporte par conséquent trois épaisseurs de tuile dans toute son étendue. La partie apparente de la tuile est ce que les couvreurs appellent le *pureau*.

Les tuiles de chaque rang se posent les unes à côté des autres sans recouvrement, mais on a soin de découper les joints d'une rangée à l'autre. Chaque joint répond précisément au milieu de la tuile immédiatement inférieure (pl. 50, fig. 11, 12 et 13).

Lorsqu'il s'agit de couvrir des hangars ou des magasins qui n'exigent pas une clôture bien hermétique, on réduit le poids et la dépense en espaçant les tuiles de moitié environ de leur largeur, et en augmentant un peu le pureau. Les couvertures ainsi formées sont dites à *claire-voie*.

Les angles saillants et rentrants se recouvrent en tuiles creuses maçonnées en mortier ou en plâtre. A Paris, on se contente assez habituellement de pratiquer sur les arêtiers un filet de plâtre (*solin*), de 0^m,04 de largeur, qui recouvre les parties des tuiles qu'on a dû couper diagonalement.

L'inclinaison des couvertures en tuiles plates varie habituellement de 40° à 60° et elle est quelquefois beaucoup plus considérable.

La partie inférieure de la couverture se dispose de différentes manières :

1° A *égout simple*, lorsqu'un chéneau est placé au pied du comble ; la première rangée de tuiles, disposée comme à l'ordinaire, s'appuie sur l'arête de la sablière qu'elle dépasse d'une certaine quantité (fig. 14) ;

2° A *égout retroussé*, lorsque la corniche n'a pas de chéneau ; on pose à bain de plâtre ou de mortier, sur la face supérieure de la corniche, un premier rang de tuiles auxquelles on donne une légère pente et une saillie de 0^m,10 à 0^m,11 (fig. 15). Un second rang (*doublis*) se place ensuite en liaison. Les coyaux qui prolongent les chevrons s'appuient sur le bord intérieur de l'égout, et la première rangée de tuiles de la couverture, sur le bord extérieur. Les couvreurs forment quelquefois une sorte de décoration sous l'égout en plaçant les premières tuiles sur l'angle, et en blanchissant, afin de faire ressortir ce dessin, la face inférieure de la seconde rangée. Il faut alors trois rangs de tuiles pour former l'égout ;

3° A *égout pendant*, lorsque les extrémités des chevrons dépassent le mur ; on cloue sur ces extrémités un rang de planches (*chanlates*), taillées en biseau, sur lesquelles s'appuie le double rang de tuiles formant l'égout (fig. 16).

Il est assez ordinaire de doubler la première rangée de tuiles, au-dessus de l'égout, par des demi-tuiles posées en liaison et maçonnées en plâtre ou en mortier.

On a employé, pour la couverture de quelques édifices et notamment de dômes, des tuiles plates terminées en demi-cercle par le bas, de manière à imiter des écailles de poisson (fig. 17). Les couvertures ainsi formées sont d'un aspect plus agréable, et sont moins pesantes que les autres ; en outre les tuiles s'égouttent plus promptement, parce que les eaux, quand elles ne sont plus très-abondantes, tendent toutes à se réunir au point le plus bas. Mais ce système exige que les tuiles soient parfaitement planes, et c'est là sans doute ce qui l'a empêché de se répandre davantage.

On voit, depuis quelques années, à Paris et dans quelques autres villes, des tuiles plates à rebords, qui ont le triple avantage de diminuer le poids de la couverture, de la rendre plus étanche et de former des dessins d'un assez bon effet. Elles sont

<small>Tuiles à emboîtements.</small>

carrées, et se posent une pointe en bas, l'une des diagonales du carré étant horizontale et l'autre dirigée par conséquent suivant la ligne de plus grande pente. Les rebords des deux côtés de la tuile qui sont tournés vers le bas du comble font saillie sur la face inférieure, et les deux autres, sur la face supérieure. La figure 18 montre comment ces tuiles s'emboîtent réciproquement, et la figure 19 donne la perspective de l'une d'elles vue en dessus.

Elles se fixent sur un lattis à claire-voie, disposé en forme de treillis, au moyen de crochets de 0^m,03 environ de saillie, qu'elles portent sur leur face inférieure. Leur épaisseur est de 0^m,015, et elles ont 0^m,26 de côté ; la saillie de leurs rebords est de 0^m,02.

Les faîtages, les arêtiers et les noues s'exécutent en tuiles creuses, posées à recouvrement,

La disposition en diagonale facilite l'écoulement de l'eau, et le vent a fort peu de prise sur une construction ainsi exécutée ; aussi peut-on, sans inconvénient, donner à ces couvertures une aussi faible inclinaison qu'à celles de tuiles creuses, et elles admettent d'ailleurs les plus fortes pentes.

Les figures 20 et 21 de la même planche représentent d'autres tuiles à rebords, qui ont pris une assez grande extension depuis quelques années. Elles ont, comme les précédentes, l'avantage de ne pas exiger de forts recouvrements, et leurs rebords, ainsi que les nervures qui les décorent, permettent de leur donner peu d'épaisseur. Chaque tuile est maintenue par un crochet sur le lattis, ainsi qu'on le voit sur la figure 21 qui montre la face inférieure de la tuile.

Les tuiles des figures 22 et 23 forment également des couvertures peu pesantes et dont l'étanchéité ne laisse rien à désirer. Chacune d'elles est maintenue par deux crochets sur le lattis, et s'engage dans la tuile immédiatement inférieure par une petite languette qui passe sous la nervure longitudinale en saillie sur le plan supérieur. Ces tuiles, connues sous le nom de *tuiles Gillardoni*, du nom de l'inventeur, ont obtenu une médaille de première classe à l'Exposition universelle de 1855.

Enfin les figures 24 et 25 donnent les dessins de tuiles conçues dans le même esprit, qui ont été également l'objet de récompenses dans les expositions internationales, et sont fort employées aujourd'hui à Paris, en Bourgogne, et dans une partie du midi de la France. A l'ornement qui est en saillie au milieu de chaque tuile, correspond sur la face inférieure une cavité où l'on a ménagé une languette, laquelle est percée d'un trou de quelques millimètres de diamètre. Cette disposition permet d'ajouter aux crochets de suspension de la tuile un fil de fer qui la saisit en son milieu et la maintient solidement sur le lattis où il est fixé.

Les quatre espèces de tuiles à emboîtements dont nous venons de parler sont de beaucoup préférables aux tuiles plates et aux tuiles creuses, qui cependant sont encore plus usitées; elles exigent, il est vrai, de meilleure terre et plus de perfection dans le travail que les autres, mais elles forment des couvertures plus étanches, d'un aspect plus satisfaisant, et elles chargent beaucoup moins les charpentes. Leur poids peut être évalué à 40 kilogrammes par mètre carré.

Une grande amélioration à introduire dans les tuiles consisterait à les recouvrir d'un vernis ; elles y gagneraient beaucoup, non-seulement au point de vue de la décoration, mais encore en ce qui est de leur durée. On a employé, en plusieurs circonstances, des tuiles ainsi préparées; mais cette façon a été, jusqu'à présent, trop dispendieuse pour devenir habituelle. La découverte d'un vernis solide et économique serait donc un grand service rendu à une branche importante de nos constructions.

II. — COUVERTURES EN PIERRES.

Les Grecs et les Romains ont fréquemment employé des tuiles de marbre blanc *Pierres taillées.* pour la couverture de leurs principaux édifices et surtout de leurs temples ; et telle était l'importance qu'ils attachaient, à bon droit d'ailleurs, à cette partie de la construction, qu'au dire de Pausanias, le premier de ces peuples éleva des statues à Bizès de Naxos, pour avoir eu l'idée de substituer le marbre à la terre cuite, dans l'exécution de ces ouvrages.

Ces tuiles étaient disposées à la manière des tuiles en terre cuite des mêmes peuples. Les tuiles plates portaient des rebords latéraux, et quelquefois aussi des rebords à la base et au sommet, par lesquels elles s'accrochaient réciproquement, et qui s'opposaient à l'introduction des eaux pluviales. Les couvre-joints étaient quelquefois de forme arrondie comme les *imbrices*, le plus souvent de forme rectangulaire ; les Grecs les nommaient ἁρμοί.

Les figures 16, 17, 18 et 19 de la planche 49 sont tirées des *Antiquités de l'Attique*, ouvrage publié par la Société des dilettanti, de Londres ; elles représentent le système de couverture du temple de Némésis à Rhamnus.

La figure 16 est un fragment de l'élévation latérale du toit ; des ornements sculptés couronnaient le sommet et les naissances du fronton, et ce dessin fait voir deux des acrotères qui les supportaient.

La figure 17 est une coupe prise au sommet de la toiture, suivant l'axe d'une rangée de tuiles plates.

La figure 18 est une vue indiquant la disposition des tuiles du sommet.

La figure 19 donne la vue d'une des dalles formant chéneau.

Les figures 20 à 24 de la même planche représentent les tuiles et les antéfixes de marbre blanc qui formaient la couverture du portique d'Octavie, à Rome. On voit que les antéfixes de ce monument étaient accrochées au rebord des tuiles plates, et qu'elles étaient décorées d'aigles d'un relief assez prononcé.

Un système analogue est quelquefois employé dans nos grands édifices, lorsque la couverture repose immédiatement sur des voûtes en maçonnerie. Des dalles, plus ou moins épaisses, se posent à recouvrement, et les joints dirigés suivant le sens de la pente du toit sont couverts par de longues pierres qui remplissent l'office des ἁρμοί, et qui sont désignées par nos constructeurs sous le nom de chevrons.

Les figures 1 et 2 de la planche 51 indiquent la disposition adoptée pour la couverture du portique circulaire qui entoure le dôme du Panthéon, à Paris. Ce mode de construction n'offre ni la légèreté, ni l'élégance des couvertures antiques ; mais il est beaucoup plus économique.

On trouve, dans quelques édifices, des terrasses couvertes en dalles posées sans recouvrements, les unes à côté des autres ; les joints sont remplis en mastics de différentes compositions. Les couvertures ainsi exécutées sont rarement étanches, parce que les joints ne tardent pas à s'ouvrir à la suite des mouvements qui se manifestent dans la construction. On les améliorerait si l'on avait soin de creuser un peu la pierre sur sa largeur, de manière que les joints dirigés suivant le sens de la pente de la terrasse fussent placés sur des espèces de bourrelets, et si l'on donnait à chaque pierre une légère saillie sur celle qui est située immédiatement au-dessous (fig. 3 et 4, pl. 51). Cette saillie aurait pour but de protéger le joint, et elle ne serait pas assez prononcée pour gêner la circulation. Les feuilles métalliques sont d'ailleurs préférables aux pierres sous le double rapport de l'économie et de l'efficacité.

Dans quelques parties du midi de la France, on exécute des terrasses en briques, qui paraissent donner d'assez bons résultats. Elles sont formées de deux rangées de grandes briques, de $0^m,22$ sur $0^m,44$, dont les joints se recouvrent, et qui sont posées à bain de mortier hydraulique.

Enfin on couvre quelquefois des terrasses en bitume. Ce système est assez économique, et donne des couvertures parfaitement étanches, lorsqu'il a été convenablement exécuté ; mais le bitume est sujet à se fendre dans les grands froids, ou à s'amollir lorsque la température est très-élevée. Il présente d'ailleurs à peu près les mêmes inconvénients que les dallages en pierre, pour peu que des mouvements se manifestent dans la construction.

En général, on ne doit employer la pierre, la brique ou le bitume, pour l'exécution des terrasses, que lorsque ces ouvrages sont supportés par des voûtes en maçonnerie. Il se produit trop de mouvements dans les planchers, soit par le jeu, soit par la flexion, soit par la pourriture du bois, pour qu'il n'en résulte pas des ouvertures de joints ou des fissures, et par suite des filtrations plus ou moins abondantes.

Les couvertures en ardoises appartiennent à la classe des couvertures en pierres ; mais elles diffèrent essentiellement de celles dont il vient d'être parlé, tant par leur légèreté que par leur disposition. C'est avec les couvertures en tuiles plates qu'elles ont le plus de rapports.

Ardoises.

Les ardoises présentent les avantages suivants comparativement aux tuiles : elles sont plus légères, elles forment des surfaces plus unies et plus brillantes, et elles sont d'une teinte plus égale et plus agréable. Elles ont l'inconvénient d'être moins durables et d'éclater au feu.

Les ardoises sont presque toujours de forme rectangulaire, et sont débitées sur divers échantillons. Celles dont l'usage est le plus répandu à Paris proviennent des carrières d'Angers, et se désignent sous le nom de *grandes carrées fortes*; elles ont $0^m,30$ de longueur, $0^m,217$ de largeur et $0^m,0035$ d'épaisseur. Cette dernière dimension n'est pas toujours observée, mais c'est à tort, car les ardoises trop minces ne présentent pas une résistance suffisante, et sont facilement enlevées par le vent.

D'autres modèles de plus grandes dimensions ont été empruntés à l'Angleterre, et ont pris place depuis quelques années dans un certain nombre d'édifices. Tous les schistes ne se prêtent pas à une assez grande régularité de fabrication pour qu'on puisse les leur demander ; mais ceux d'Angers ne laissent rien à désirer sous ce rapport. Le tableau suivant fait connaître les dimensions de ces nouvelles ardoises :

HAUTEUR.	LARGEUR.	ÉPAISSEUR.
m.	m.	
0,640	0,360	
0,608	0,360	
0,608	0,304	0^m,0045 à 0^m,006
0,558	0,279	
0,508	0,254	
0,458	0,254	
0,406	0,203	0^m,0035 à 0^m,005
0,355	0,203	

Ces ardoises présentent plus de solidité que les autres, ont moins de joints, et admettent moins d'inclinaison pour la couverture.

Les ardoises des Ardennes sont inférieures à celles de l'Anjou sous le rapport de la finesse du grain, mais elles ont le double avantage d'être plus dures et de ne pouvoir se débiter sous d'aussi faibles épaisseurs, ce qui assure plus de durée aux couvertures.

Les couvertures en ardoises peuvent s'exécuter sur lattes quand on adopte l'un des grands échantillons, et c'est un avantage, car il y a économie. Lorsque les ardoises sont de petites dimensions, il faut les poser sur un plancher jointif, ou à peu près, lequel est formé de planches de sapin, de 0^m,011 à 0^m,012 d'épaisseur sur 0^m,16 environ de largeur, qu'on espace de 0^m,01, et qui s'arrêtent au moyen de trois clous sur chaque chevron. Quelquefois, au lieu de planches de sapin, on emploie, par économie, des voliges de peuplier ou d'autres bois blancs, mais le plancher est à la fois moins solide et moins durable.

Avant de poser les ardoises, on construit l'égout, qui s'exécute à la manière de ceux des couvertures en tuiles, en ardoises s'il doit être *simple* ou *pendant*, en tuiles s'il doit être *retroussé*. Les ardoises se posent ensuite comme les tuiles plates, par rangs horizontaux, en liaison et au *tiers de pureau*, et le mode d'attache habituellement employé consiste à maintenir la tête de chacune d'elles par deux clous qui la traversent et pénètrent dans le voligeage. Il est bien de galvaniser ces clous, afin de les garantir de l'oxydation, et il est mieux encore de les exécuter en cuivre.

On peut réduire le recouvrement dans les couvertures exécutées en grandes ardoises ; il se fixe ordinairement à 0^m,08 pour celles qui sont inclinées à plus de 20°, et à 0^m,12 pour celles dont l'inclinaison est comprise entre 15° et 20°. Le pureau s'élève alors à plus du tiers de la longueur de l'ardoise ; il est égal à la moitié de la longueur, déduction faite du recouvrement. Avec des ardoises de $0^m,608$, par exemple, il est de $0^m,264$.

Dans les édifices d'une certaine importance, les arêtes saillantes ou rentrantes des combles s'exécutent en lames de plomb qui recouvrent les ardoises dans le premier cas, et sont recouvertes dans le second ; mais on évite cette dépense dans les constructions ordinaires : les faîtages et les noues sont revêtus en tuiles creuses, et, quant aux arêtiers, on adopte le même système, ou l'on se contente de couper les ardoises de manière qu'elles forment exactement l'arête voulue, en se recouvrant sur leur épaisseur.

La figure 5 de la planche 51 représente une couverture en ardoises de l'espèce dite *grandes carrées*, qui sont posées au tiers de pureau.

Quand une couverture de cette espèce est peu inclinée, elle est très-exposée à être soulevée par le vent, et, d'un autre côté, les eaux pluviales n'y trouvant pas un écoulement rapide, les ardoises ne tardent pas à se détériorer sous l'action trop prolongée de l'humidité. Il en résulte que ces couvertures s'inclinent rarement à moins de 30°, bien qu'il soit possible de les rendre parfaitement étanches, alors même qu'elles ne formeraient pas avec l'horizon un angle de plus de 20°. A Paris, on se tient ordinairement entre 33° et 45°. Dans les contrées où les neiges sont plus fréquentes et où les ardoises offrent moins de résistance, cette inclinaison serait trop faible, et on l'élève souvent jusqu'à 60°. Les grandes ardoises du modèle anglais permettent de descendre jusqu'à 15° ; mais il est prudent de ne pas user de toute cette latitude.

Le poids d'une couverture en ardoises varie de 30 à 40 kilogrammes par mètre carré.

Un nouveau système de fixation des ardoises paraît appelé à remplacer bientôt celui que nous avons dû décrire d'abord comme étant le plus répandu. Il consiste à substituer aux clous des crochets en fil de cuivre ou en fil de fer galvanisé. On n'est plus obligé de percer dans l'ardoise des trous qui en déterminent parfois la rupture, l'ardoise est maintenue à sa partie inférieure, c'est-à-dire au point où le vent a le plus d'action pour la soulever, elle est appuyée en outre au sommet par le crochet de celle qui la recouvre, enfin son remplacement s'opère avec la plus grande facilité.

Les figures 6 et 7 de la planche 51 représentent des couvertures ainsi exécutées en ardoises du modèle anglais, l'une sur lattis en bois, l'autre sur lattis en fer avec angles abattus. La figure 8 montre comment le crochet se fixe sur la latte en bois, et la figure 9 fait voir quelles sont les dispositions adoptées pour les charpentes en fer. Dans ce dernier cas, le lattis se compose de petites tringles en fer laminé présentant la forme d'un canal rectangulaire dont l'un des bords serait plus élevé que l'autre ; la différence de hauteur est égale à une épaisseur d'ardoise, et chaque rangée d'ardoises s'appuie sur un des petits côtés à sa partie supérieure. La tringle est fixée par une vis sur chacun des arbalétriers qu'elle rencontre.

On trouve dans le commerce des ardoises de différentes couleurs ; il en est de noires, de grises, de violettes, et on les combine parfois de manière à former sur le comble des panneaux, qui contribuent dans une certaine mesure à la décoration de l'édifice.

III. — ÉCOULEMENT DES EAUX.

Divers systèmes sont employés pour se débarrasser des eaux pluviales recueillies sur les toits. Le plus simple de tous consiste à laisser égoutter librement les eaux, lorsqu'elles sont parvenues à la partie inférieure de la couverture ; mais, pour que l'édifice n'ait point à en souffrir, il faut qu'il soit peu élevé, et que le toit fasse une saillie très-prononcée sur le mur. A diverses époques, et entre autres pendant le moyen âge, on a souvent pris le parti de les recueillir au moyen de chéneaux placés au-dessus de la corniche, et de les conduire de là dans des gargouilles très-saillantes qui les rejetaient au dehors. On les portait ainsi à une plus grande distance de la construction, mais cette dernière n'en était pas toujours suffisamment abritée ; la solution était incomplète. Au reste, ces dispositions ne sont plus admises aujourd'hui sur la voie publique, du moins dans la plupart de nos villes.

Dans les constructions ordinaires, les eaux s'écoulent de la toiture dans des gouttières qui les conduisent à des tuyaux de descente appliqués contre la paroi extérieure de l'édifice. Ces gouttières s'exécutent en fer-blanc ou en zinc, et les tuyaux, en mêmes matières ou en fonte. Mais ce système, qui est fort bon en ce qu'il éloigne toute crainte de filtration dans les murs, n'est point applicable aux édifices traités avec une certaine dignité. Sans doute l'Architecture est appelée à satisfaire à toutes les exigences de nos constructions, et elle n'a point à en rougir ; mais il est cependant des services qu'il n'est pas nécessaire de mettre en évidence. Il y aurait évidemment faute à cacher l'essentiel pour montrer que l'accessoire n'a pas été négligé; et d'ailleurs, à trop entrer dans le détail, on court risque de tomber dans la confusion.

Ainsi, dans un édifice de quelque importance, on ne se reconnaîtra pas le droit de cacher des parties fondamentales de l'œuvre par les appareils destinés à donner de l'écoulement aux eaux pluviales; on ne masquera pas la corniche de couronnement par une gouttière; on n'interrompra pas une décoration un peu riche par des tuyaux de descente.

Il n'est pas difficile de suppléer à la gouttière; un chéneau remplit le même office, seulement il est plus dispendieux, et il faut l'exécuter avec beaucoup de soin, si l'on ne veut s'exposer à des filtrations. Mais la suppression apparente des tuyaux de descente présente plus de difficultés; car, en les encastrant dans le mur, on court risque de voir les eaux s'introduire dans les maçonneries, soit qu'ils s'engorgent, soit qu'ils se rompent par suite des mouvements de la construction ou de la congélation de l'eau. Le système qui paraît le meilleur consiste à placer ces ouvrages dans des espèces de tuyaux de cheminée intérieurs, exécutés en maçonnerie, disposés de manière à rejeter au dehors les eaux de filtration, et assez larges pour qu'on y puisse faire toutes les réparations nécessaires. L'objet est important et vaut la dépense; mais il faut reconnaître que la disposition dont il s'agit peut être parfois fort gênante.

Au reste, les tuyaux de descente nuisent beaucoup moins que les gouttières à l'aspect d'un édifice, et leur suppression n'est pas aussi souvent nécessaire. Il y a plus : il est un grand nombre de constructions où ils peuvent intervenir heureusement dans la décoration. Qu'ils soient distribués régulièrement, que leurs colliers soient disposés avec goût, que des ornements les rattachent aux principales moulures, ou que celles-ci les contournent avec art, et l'on pourra en tirer de bons effets décoratifs, ainsi qu'on le remarque d'ailleurs dans quelques édifices modernes.

IV. — DÉCORATION DES TOITS.

Ce titre pourra causer une sorte de surprise à quelques lecteurs, tant il semble admis aujourd'hui que la décoration d'un édifice ne doit pas s'étendre au delà de la corniche de couronnement. Chaque jour nous voyons les plus belles façades surmontées de toitures vulgaires, qui sont dépourvues de tout cachet artistique, et que d'informes tuyaux de cheminées viennent découper de la manière la plus désordonnée. Alors que toutes les autres lignes de la construction sont sérieusement méditées par l'architecte, la ligne la plus apparente, celle qui forme le point culminant de l'œuvre et se détache sur le ciel, est abandonnée aux caprices du hasard et des ouvriers[1]. Aussi beaucoup de personnes se sont-elles figuré qu'une toiture était nécessairement quelque chose de laid, et que le meilleur parti à prendre était de la supprimer ou de la dissimuler. On a préconisé les terrasses ou les toits peu inclinés qui peuvent se cacher derrière des balustrades ou des attiques. Mais la première de ces dispositions ne convient ni à nos usages, ni à notre climat; elle ne doit être adoptée que dans des circonstances exceptionnelles, et, si l'on ne peut la repousser d'une manière absolue, au moins peut-on dire qu'il y a, en général, faute à y avoir recours et par conséquent à la figurer. Une toiture n'est point, dans nos contrées, un de ces objets accessoires qu'il est permis, non-seulement de reléguer sur un second plan, mais encore de négliger tout à fait. Ce n'est pas chose comparable à ces tuyaux de descente dont il était question tout à l'heure. C'est une partie essentielle de nos édifices, et l'art doit s'appliquer, non pas à méconnaître sa valeur, mais à la constater.

En agissant ainsi, il obéira à la fois à ses fins et à ses précédents. Chez aucun des peuples, à aucune des époques où il a été florissant, il n'a repoussé cette condition quand elle s'est présentée. On a vu plus haut avec quelle sollicitude étaient décorés les toits des édifices grecs et romains. Ces tuiles de marbre blanc aux formes accentuées et régulières, ces élégantes antéfixes formant une sorte de feston sur la corniche et parfois jusque sur le faîtage, ces riches couvertures en bronze doré en totalité ou par parties, ne déparaient certes point l'architecture de l'édifice. C'étaient d'autres formes, parce qu'il y avait d'autres besoins à satisfaire; mais on y retrouvait le même esprit, le même sentiment d'art, le même degré de richesse et de distinction.

Il en a encore été ainsi dans les belles époques du moyen âge. La nature du climat, surtout le caractère de l'architecture, qui, reflet fidèle des tendances de la

---

[1] Je laisse subsister ce passage quoiqu'il ne soit pas aussi motivé aujourd'hui qu'à l'époque où il a été écrit (1849). Il peut servir à fixer la date d'un retour à une saine appréciation des choses auquel les observations qui suivent ont peut-être contribué dans une certaine mesure.

société, semblait ne voir dans la terre qu'un point d'appui pour s'élancer vers le ciel, engagèrent à donner plus d'importance aux toits en leur attribuant plus de hauteur. On ne trouvait pas alors, dans l'ornementation extérieure des édifices, le luxe des derniers temps de la Grèce et de Rome, mais la toiture ne fut pas négligée. C'étaient des feuilles métalliques régulièrement disposées; c'étaient quelquefois des tuiles colorées et vernissées, distribuées suivant divers dessins; c'étaient surtout des galeries à jour, marquant l'origine et le faîtage. Des poinçons s'élevaient-ils au-dessus des croupes, ils étaient nettement marqués, et ils se recouvraient de ces sculptures pittoresques, qui étaient dans les goûts de l'époque. Qu'on examine encore les édifices de la Renaissance, et l'on y trouvera matière à même observation. Le toit de l'aile de la cour du Louvre, qui renferme le pavillon de l'Horloge, était un ouvrage extrêmement remarquable en ce genre. Outre le magnifique chéneau sculpté qui a été intégralement conservé, il offrait sur son faîtage une galerie festonnée de la plus grande richesse, que rehaussait peut-être encore l'éclat des couleurs ou de la dorure. Cet ornement a été restitué sur notre planche 38, d'après un dessin de Ducerceau. Il n'est pas jusqu'au siècle de Louis XIV, bien qu'alors un faux sentiment de dignité commençât à prendre pied en architecture, qui n'ait vu couronner des édifices par des toits élevés et traités dans un style monumental. La chapelle du château de Versailles offre un bel exemple de l'effet que peut produire une toiture nettement accusée et convenablement décorée. Que ce riche et mâle couronnement soit comparé à celui du même palais, du côté du parc, où l'on a figuré une terrasse, et la question de savoir quel est le système à préférer ne sera douteuse pour aucun homme de goût, alors même qu'il se placerait exclusivement au point de vue de l'art.

Sans doute la décoration dont il s'agit ne peut le disputer en importance à celle des parois verticales de nos édifices. Elle n'est pas en position d'être aussi bien appréciée, et elle n'est susceptible, ni de la même finesse dans les détails, ni de la même netteté dans les expressions; la nature de la construction s'y oppose. Mais aussi elle ne rencontre pas les mêmes exigences. Il suffit, dans la plupart des circonstances, que la forme générale soit régulière; que de légères saillies ou des couleurs marquent quelques dessins sur la surface; que le chéneau, les arêtiers et le faîtage soient indiqués par une décoration plus ou moins riche; que la toiture, en un mot, porte l'empreinte du goût qui a présidé au reste de la construction.

Les nombreux tuyaux de cheminées de quelques-uns de nos édifices apportent, il est vrai, quelque obstacle à une bonne décoration; mais c'est là un inconvénient que le spectateur est disposé à accepter, parce qu'il sait que l'architecte ne le pouvait éviter. Et on l'atténuera beaucoup, si l'on s'applique à distribuer ces appendices avec un certain ordre, et à les décorer convenablement. Les palais du Louvre et des Tuileries offrent de beaux exemples de ce genre de décoration.

La planche 52 met sous les yeux du lecteur divers dessins relatifs à la décoration des toits.

La figure 1 est une élévation latérale de la partie supérieure de la chapelle du château de Versailles. La couverture est exécutée en ardoises; le chéneau, les arêtiers, le faîtage et les divers ornements qui s'y rapportent sont en plomb. Il y a là une forme puissante, dont tous les détails ne sont pas assurément du goût le plus pur, mais qui, vue à distance, est du plus bel effet, et devait en produire bien davantage encore lorsque les dorures, qu'on y avait prodiguées, brillaient de tout leur éclat.

La figure 2 montre la décoration du sommet du comble brisé qui recouvre la partie centrale du même palais, celle dont la construction date du règne de Louis XIII. Le pli du comble est décoré d'un large bandeau cannelé, avec feuilles enroulées, et accompagné d'une riche garniture de baldaquin; le tout est exécuté en plomb. Au faîtage, au-dessus d'un bandeau uni, en même métal, s'élève une crête à jour, d'environ 0^m,70 de hauteur, d'un dessin riche et accentué, qui est formée de cuivre repoussé.

Nous avons emprunté les figures 3 et 4 à un opuscule fort intéressant, publié sur ce sujet par M. de la Quérière. Elles représentent deux crêtes en plomb. La première est tirée du château de Meillant; les C entrelacés, les flammes et les monts figurés qui la décorent se rapportent au nom de la personne qui fit construire ce remarquable édifice, le sieur de Chaumont. La seconde est empruntée au Palais de Justice de Rouen, construction qui appartient aux premières années du seizième siècle; elle s'appuie contre un poinçon de croupe ou *épi* décoré.

Enfin, la figure 5 représente la décoration d'un tuyau de cheminée construit dans le palais du Louvre, sous le règne de Louis XIV.

LIVRE TROISIÈME.

CONSTRUCTIONS EN BOIS.

Au point de vue de l'art de bâtir, le bois présente les avantages suivants, quand on le compare à la pierre : il offre plus de résistance à la rupture, il est plus léger, et il est mauvais conducteur du calorique. Il résulte de ces qualités que les constructions en bois sont moins massives que les constructions en pierre, plus économiques dans la plupart des contrées, et éminemment propres à former des revêtements contre les parois intérieures de nos habitations. Il en résulte également, en ce qui concerne le système de construction, qu'on ne peut se contenter de placer les pièces de bois les unes au-dessus des autres, suivant la méthode usitée pour les pierres. Ainsi employées, elles ne présenteraient pas une stabilité suffisante ; on est obligé de les relier entre elles par des *assemblages*, et souvent même par des ligatures métalliques.

Les constructions en bois se divisent en deux grandes classes ; les grosses constructions appartiennent à la *charpente*; la *menuiserie* embrasse toutes les constructions légères (*menues*) exécutées en planches plus ou moins épaisses.

CHAPITRE PREMIER.

CHARPENTE.

DES ASSEMBLAGES.

Les assemblages employés dans les constructions en charpente sont extrêmement variés ; nous nous bornerons à mentionner les plus simples, lesquels sont également les plus usités. Ils sont représentés sur la planche 53.

1° *Assemblages à tenon et mortaise.* Le tenon est une saillie ménagée à l'extrémité d'une pièce de bois ; il est reçu dans une cavité (*mortaise*) pratiquée dans la pièce avec laquelle il y a assemblage. Cet assemblage se modifie suivant les positions relatives des pièces qu'il est appelé à relier, et suivant la direction des pressions auxquelles il doit résister.

Le plus simple est celui de deux pièces de bois A, B, se rencontrant à angle droit, et dont la dernière est comprimée dans le sens de sa longueur (fig. 1). Le tenon a toute la largeur de la pièce B, et son épaisseur est déterminée par cette condition, qu'il présente la même résistance à la rupture que chacune des joues (*jouées*) de la mortaise ; de sorte que, quand les deux pièces A et B ont même épaisseur, on prend le tiers de cette épaisseur pour le tenon. Il est essentiel que la mortaise soit exactement de même largeur que le tenon, pour que l'assemblage présente une rigidité convenable ; on lui donne d'ailleurs ordinairement un peu plus de profondeur que n'en exige la longueur de la saillie qu'elle doit recevoir, afin que cette dernière ne soit pas exposée à l'écrasement. L'assemblage est maintenu par une cheville en bois qui traverse, de part en part, le tenon et les jouées de la mortaise.

Lorsque deux pièces se rencontrent obliquement, on abat l'angle aigu du tenon pour éviter les difficultés que présenteraient le refouillement de la mortaise et la pose de la charpente. Le tenon ainsi disposé s'appelle un *tenon en about*. Cet assemblage a presque toujours lieu avec *embrèvement*, c'est-à-dire que la face de la pièce qui le reçoit est entaillée, afin que le tenon n'ait pas seul à supporter la pression qui tend à faire glisser les deux pièces l'une sur l'autre (fig. 2 et 3).

Quand la pièce qui est mortaisée est plus épaisse que l'autre dans une assez forte proportion, l'embrèvement n'a lieu habituellement que sur l'épaisseur de cette dernière; il y a *encastrement* (fig. 4).

Si l'angle que forment les pièces était très-aigu, il conviendrait de multiplier les entailles de l'embrèvement, ainsi qu'il est indiqué par la figure 5, afin d'offrir un appui plus efficace à la pièce embrevée.

On assemble parfois une pièce de bois verticale dans une pièce inclinée, au moyen de tenons triangulaires, dits à *oulice;* cette assemblage s'opère avec ou sans embrèvement. Les avantages qu'il présente sont de moins affaiblir la pièce mortaisée, et de réduire, dans une très-faible proportion d'ailleurs, la longueur des bois à employer (fig. 6).

Lorsque des pièces, comme celles qui composent un plancher, sont chargées de poids qui tendent à faire rompre le tenon sur son épaisseur, on renforce cette partie de l'assemblage. Cette disposition est représentée par les figures suivantes :

Figure 7. *Renfort en chaperon avec about carré.*

Figure 8. *Renfort en dessous;* cet assemblage exige que la pièce dans laquelle on assemble ait plus de hauteur que les pièces assemblées ; ce qui est d'ailleurs toujours désirable.

On combine quelquefois les deux systèmes en ajoutant au dernier un renfort en chaperon (fig. 9).

Quand la pièce assemblée est soumise à une traction longitudinale qui aurait pour effet de faire sortir le tenon de la mortaise, on peut, au tenon ordinaire, substituer avec avantage un *tenon passant*, c'est-à-dire un tenon qui traverse de part en part la pièce mortaisée ; une forte clef est placée en travers du tenon, au-dessous de cette dernière pièce (fig. 10). Cet assemblage a été fréquemment employé dans les anciennes charpentes pour relier l'entrait d'une ferme à son poinçon ; actuellement on lui substitue, presque toujours, l'assemblage ordinaire à tenon et mortaise que l'on consolide par un étrier en fer ;

2° *Assemblages à queue d'hironde.* Ils s'emploient, concurremment avec le précédent, lorsqu'ils doivent résister à un effort de traction.

Figure 11. *Assemblage à queue d'hironde à mi-bois.*

Figure 12. *Assemblage à queue d'hironde avec clef.* La queue d'hironde forme tenon ; l'entaille pratiquée pour recevoir la clef permet la *mise dedans;*

3° *Assemblages d'angle.*

Figure 13. *Assemblage à entailles à mi-bois.*

Figure 14. *Assemblage à entailles et onglets.*

Figure 15. *Assemblage à onglet à plat joint avec clef.* Les deux pièces sont coupées d'onglet dans toute leur hauteur, s'appuient l'une contre l'autre, et l'assemblage est consolidé par une clef abc qui traverse l'une et l'autre pièce.

On a recours à l'une de ces deux dernières dispositions lorsque les bois doivent rester apparents ;

4° *Assemblages de pièces de bois qui se croisent.*

Figure 16. *Assemblage à mi-bois,* lorsque les parements des deux pièces sont dans les mêmes plans.

Assemblage à tiers-bois. Lorsqu'on craint que les pièces ne soient trop affaiblies par le système précédent, on les place en saillie l'une sur l'autre du tiers de leur épaisseur environ.

Ces assemblages doivent toujours être maintenus par un boulon ;

5° *Assemblages bout à bout, ou entures.* Le système d'assemblage à employer pour relier deux pièces placées dans le prolongement l'une de l'autre dépend essentiellement de la direction des forces qui agissent sur elles.

Lorsqu'elles sont soumises à un effort de traction dans le sens de leur longueur, l'assemblage le plus efficace est le *trait de Jupiter avec clef* (fig. 17).

La clef A serre l'assemblage, et s'oppose à la séparation des pièces ; les coupes inclinées des extrémités empêchent les deux pièces de se disjoindre verticalement. Il convient souvent de maintenir en outre cet assemblage au moyen de brides à écrous ou de plates-bandes en fer reliées par des boulons. Quand l'effort de traction est considérable, ou lorsque la pièce est de fort équarrissage, on multiplie les entailles et les clefs, afin de répartir les pressions sur une plus grande surface (fig. 18).

Si l'on craignait que les pièces ne se disjoignissent par suite de pressions exercées perpendiculairement à leur longueur, on y obvierait, soit au moyen de tenons, soit en traçant les joints suivant des lignes brisées *m n o* (fig. 19) ; on dirige alors la clef parallèlement à ces forces. Ainsi, elle se pose verticalement si la pièce est horizontale et chargée de poids. On conçoit en effet qu'un trait de Jupiter doit présenter plus de résistance dans le sens de la clef que dans l'autre direction, où les pièces ne sont retenues que par les coupes des abouts. Il n'en est pas de même lorsque l'assemblage est maintenu par des boulons ; il y a avantage alors à placer le trait de Jupiter sur l'autre face. Quand les pièces à réunir ne sont pas tirées dans le sens de leur longueur, on se contente de les assembler à *entures à mi-bois avec abouts carrés* (fig. 20), ou *avec abouts en coupe* (fig. 21). On consolide quelquefois ces assemblages par des boulons avec ou sans plates-bandes.

Les assemblages le plus habituellement employés pour enter deux pièces verticales sont les suivants :

Figure 22. *Enture à tenaille ou à fausse entaille;* s'emploie lorsqu'on prévoit que, lors du *levage* de la charpente, on sera obligé de faire entrer la pièce supérieure par le côté.

Figure 23. *Enture à tenon et tenailles en croix;* présente plus de solidité que la précédente, mais exige que la pièce supérieure puisse être soulevée de toute la saillie du tenon, pour être mise en place.

Figure 24. *Enture à tenon ou à faux tenon carré;* un tenon carré est ménagé sur la face inférieure de la pièce supérieure, ou bien un faux tenon de même forme est introduit dans des mortaises pratiquées sur l'une et l'autre pièce.

Figure 25. *Enture en fausse coupe avec tenons réservés;* s'emploie plus spécialement pour les pièces de bois méplates.

On peut également avoir recours à des assemblages à enfourchements et à traits de Jupiter pour réunir des pièces verticales ; mais ceux qui viennent d'être décrits sont les plus usuels. Il convient d'ailleurs, presque toujours, de consolider ces assemblages par des brides ou par des plates-bandes à boulons, et c'est surtout la ligature qui contribue à la solidité du système ; l'essentiel est de donner aux pièces de bois assez de recouvrement pour qu'elle y trouve prise suffisante ;

6° *Assemblages longitudinaux.* Lorsque deux pièces sont appliquées l'une contre l'autre dans le sens de leur longueur, et doivent être solidaires, on les réunit de diverses manières, suivant les actions auxquelles elles sont appelées à résister. Nous nous bornerons à mentionner les principales :

Avec rainures et languettes ou fausses languettes. Une rainure est pratiquée sur l'une des faces, et une languette, ménagée sur l'autre, pénètre dans la rainure (fig. 26). Afin d'éviter la perte de bois qui résulterait de la saillie de la languette, on préfère souvent ouvrir des rainures sur les deux faces, et les remplir par une languette rapportée, ou *fausse languette* (fig. 27).

Avec queues d'hironde et clefs. On place, de distance en distance, des doubles queues d'hironde, qui sont reçues dans des mortaises, traversent les deux pièces et sont serrées au moyen d'une clef (fig. 28).

Avec brides ou boulons, à plats joints, à entailles ou à clefs. C'est le système le plus solide. Les entailles et les clefs ont pour but de s'opposer au glissement des pièces (fig. 29, 30, 31 et 32).

DES PANS DE BOIS.

I. — DISPOSITION.

Les murs exécutés en charpente ont reçu le nom de *pans de bois*. Ils sont quelquefois préférables aux murs en maçonnerie, soit parce que moins dispendieux, soit parce que plus légers, soit parce qu'exigeant moins d'épaisseur. Leurs principaux inconvénients sont d'être moins durables, d'abriter moins efficacement contre les variations thermométriques de l'atmosphère, et d'offrir un aliment aux incendies.

Un pan de bois (pl. 54, fig. 1 et 2) est essentiellement composé de pièces de bois verticales, peu espacées, et maintenues dans leur position par des pièces horizontales et par des pièces inclinées; les intervalles qui les séparent sont remplis de maçonnerie, afin de clore et d'augmenter la rigidité du système.

Dans le but de préserver les bois de l'action délétère de l'humidité, on élève toujours le pied d'un pan de bois à une certaine hauteur au-dessus du sol, au moyen d'un petit mur (*parpaing*) exécuté en pierres de taille, en moellons ou en briques. Sur le parpaing repose une pièce horizontale A (fig. 1), qui est la *sablière inférieure*, dans laquelle sont assemblés les *poteaux* B, C, D.

On donne le nom de *poteaux d'huisserie*, de l'ancien mot *huis*, à ceux qui forment les jambages des portes et des fenêtres.

Au-dessus des poteaux se place une *sablière supérieure* E, dans laquelle ils sont également assemblés.

Un pan de bois qui ne serait composé que de poteaux et de sablières ne présenterait pas une fixité suffisante ; le jeu que prennent les assemblages, par suite du desséchement des bois, lui permettrait de se déformer dans le sens de sa longueur. On remédie à cet inconvénient en plaçant, entre les poteaux, des pièces F, inclinées à l'horizon, qui s'assemblent dans les sablières. Ces pièces s'appellent des *décharges* ou *écharpes*. L'intervalle qui existe entre les décharges et les autres pièces de la charpente est occupé par de petits poteaux (*tournisses*) taillés obliquement à l'extrémité qui s'appuie contre la décharge. Quelquefois, surtout lorsque les bois doivent rester apparents, on substitue aux tournisses d'autres décharges formant *croix de Saint-André* avec les premières (fig. 3). On a même, en quelques circonstances, doublé ces croix de Saint-André (fig. 4), ou complété le système suivant divers dessins, de manière à réduire avec goût les intervalles qui séparent les pièces de bois. Les figures 5, 6, 7 et 8 donnent des exemples de ces dispositions.

Des pièces horizontales G s'assemblent dans les poteaux d'huisserie pour limiter les ouvertures à leur partie supérieure ; ce sont des *linteaux*. Lorsque leur éloignement de la sablière supérieure l'exige, on les surmonte de petits poteaux de remplissage (*potelets de remplage*) qui sont assemblés dans l'une et l'autre pièce. Mais on a recours à un système de décharge, disposé ainsi qu'il est indiqué sur la figure 1, quand, l'ouverture étant considérable, la sablière est chargée d'un poids de nature à faire craindre une flexion trop prononcée.

Dans les pans de bois placés à rez-de-chaussée, la sablière basse forme ordinairement l'appui des fenêtres ; mais, dans ceux des étages supérieurs, des pièces spéciales (*pièces d'appui*) remplissent cet office, et sont soutenues dans leur longueur par des potelets de remplage.

Les pans de bois des divers étages d'un édifice sont distincts ; mais il convient de les relier entre eux par des poteaux qui les embrassent tous dans leur hauteur. Les poteaux d'angle (*poteaux corniers*) satisfont habituellement à cette condition. Les sablières des divers étages s'y assemblent à leurs extrémités.

Quand un pan de bois porte plancher, les solives sont établies sur la sablière supérieure, et la sablière basse du pan de bois suivant est placée immédiatement au-dessus, ainsi qu'il est indiqué sur la figure 1, où l'on a marqué par des croix les abouts des solives. Cette disposition, qui offre l'avantage de ne percer de trous de mortaises que l'un des côtés des sablières, n'est admissible toutefois que pour les pans de bois extérieurs, où les ouvertures ne descendent pas jusqu'au niveau du plancher; dans les pans de bois de refend, afin d'éviter de couper la sablière basse au droit des portes, parfois très-multipliées, qui s'y rencontrent, on prend le parti de supprimer cette pièce, et d'assembler les poteaux dans la sablière haute du pan de bois inférieur.

Quelquefois on prend un terme moyen, en combinant les deux systèmes : les principaux poteaux sont assemblés dans la sablière haute, comme il vient d'être dit, et les autres sont reçus dans une sablière basse qui est assemblée à ses extrémités dans les premiers.

La première de ces dispositions de pans de bois de refend est représentée sur le côté gauche de la figure 2, et la seconde sur le côté droit.

Dans les anciennes constructions, les tournisses étaient presque toujours assemblées à oulices avec les décharges; maintenant on se contente volontiers de les couper obliquement (*en bec de flûte*), et de les arrêter avec de fortes broches en fer appelées *têtes de loup*. Les tournisses sont moins bien maintenues, mais les décharges ne sont pas affaiblies par des mortaises multipliées, et la main-d'œuvre est simplifiée. Il convient d'ailleurs d'embrever les tournisses afin de s'opposer à leur glissement.

Il est essentiel de consolider les principaux assemblages d'un pan de bois par des ligatures en fer. Ainsi, on relie le poteau cornier avec les sablières qui s'y assemblent, au moyen d'étriers maintenus par des boulons; on place de semblables étriers à chacune des extrémités des grands linteaux; on consolide par des plates-bandes boulonnées les assemblages bout à bout, à trait de Jupiter ou autres qui unissent les divers morceaux d'un même cours de sablières; on rattache enfin, par des bandes de fer diversement disposées, les pans de bois de face aux pans de bois de refend ou aux principales pièces des planchers.

Quand un pan de bois se relie à des murs en maçonnerie, on scelle dans ces murs les extrémités de toutes les sablières, et il convient en outre d'assurer par des ancres en fer, sinon tous ces scellements, au moins la majeure partie d'entre eux.

L'emploi de tous ces moyens de consolidation est d'autant plus nécessaire qu'un pan de bois n'a par lui-même qu'une très-faible stabilité, à raison de son peu d'épaisseur et de sa légèreté. Dans les maisons de Paris, où l'on emploie à la fois des pans de bois et des murs, on donne $0^m,22$ d'épaisseur à un pan de bois où l'on eût donné $0^m,48$ à un mur en maçonnerie, et, d'un autre côté, la pesanteur spécifique du premier est à celle du second dans le rapport de cinq à neuf environ. La stabilité du mur étant représentée par l'unité, celle du pan de bois aurait par conséquent pour expression approximative $0^m,12$; or on sait qu'un mur de $0^m,48$ d'épaisseur, embrassant plusieurs étages dans sa hauteur, n'aurait qu'une stabilité tout à fait insuffisante, s'il n'était rattaché à d'autres parties de la construction.

<small>Stabilité des pans de bois.</small>

Lorsque toute la charpente d'un pan de bois est mise en place, on procède au remplissage en maçonnerie. Au préalable, on *larde de rappointis* (vieux clous) les faces latérales des différentes pièces contre lesquelles la maçonnerie doit s'appliquer, afin de la rendre plus adhérente, puis on exécute le travail en moellons, en briques ou en plâtras, maçonnés avec mortier, plâtre ou argile, suivant les ressources locales.

<small>Remplissage.</small>

On était autrefois, et l'on est encore en quelques lieux, dans l'usage de laisser les bois apparents au dehors. Dans ce cas, la maçonnerie s'établit en retraite sur la face du pan de bois, de manière à réserver l'épaisseur ($0^m,025$) de l'enduit qui doit affleurer la charpente. Lorsqu'au contraire, ainsi qu'il se pratique habituellement à Paris, les bois doivent être recouverts, la maçonnerie a même épaisseur qu'eux, et, après son achèvement, on couvre la face à enduire d'un lattis espacé tant plein que vide et cloué sur les poteaux ; il a pour but de retenir l'enduit. Les figures 9 et 10 représentent un fragment d'élévation et de coupe d'un pan de bois ainsi exécuté.

La première de ces méthodes a, sur la seconde, l'avantage d'être plus favorable à la conservation des bois, et de se mieux prêter à une décoration rationnelle et caractéristique ; mais elle a l'inconvénient de clore moins efficacement, d'exiger plus de perfection dans le travail, ainsi que des bois plus choisis, et d'être par suite plus dispendieuse.

Phare Pontaillac.

Il est des circonstances dans lesquelles on juge inutile, ou même désavantageux, de clore les intervalles qui séparent les différentes pièces d'un pan de bois. Quelques phares, par exemple, destinés à signaler des bancs ou des passes mobiles, ont été exécutés en charpente, et ont dû être disposés de manière à offrir peu de prise au vent et à pouvoir être facilement transportés, en cas de besoin. Tel est le phare de Pontaillac, près de Royan, dont la planche 55 donne les dessins.

Cet édifice, qui n'a pas moins de 40 mètres de hauteur, est entièrement à jour jusqu'à la plate-forme de couronnement, au-dessus de laquelle s'élèvent les deux petites chambres, revêtues en madriers, qu'exigeait l'appareil d'éclairage. Il est essentiellement composé de quatre poteaux corniers placés suivant les arêtes d'un tronc de pyramide quadrangulaire, d'entretoises horizontales assemblées dans ces poteaux, de croix de Saint-André et de trois cours de moises longitudinales sur chaque face. Quatre poteaux verticaux, placés au centre de la construction, limitent la cage de l'escalier et concourent à la solidité de la charpente. Des boulons en fer maintiennent les différentes pièces partout où elles se croisent. Les dessins rendent du reste un compte beaucoup plus net des dispositions adoptées que ne pourrait le faire la plus minutieuse description.

La figure 1 représente, dans sa partie inférieure, la moitié du plan du patin qui repose sur le petit mur formant parpaing, et, dans sa partie supérieure, la moitié du plan pris au-dessus de la galerie de couronnement. La figure 2 est une élévation latérale. La figure 3 représente sur une plus grande échelle, d'un côté un fragment d'élévation, et de l'autre un fragment de coupe de la partie supérieure de l'édifice. Enfin la figure 4 est un plan pris à hauteur de la ligne AB de la figure précédente.

Cette construction est entièrement exécutée en bois de sapin du Nord, sauf les huit contre-fiches courbes qui soutiennent la galerie supérieure et s'appuient sur les arêtiers, lesquelles sont en bois de chêne. Grâce au peu de prise qu'elle offre et à la solidarité de toutes les pièces qui la composent, elle résiste aux plus violentes tempêtes sans en être ébranlée.

II. — PROPORTIONS.

Un pan de bois devant toujours être tellement maintenu dans sa position, que son déversement ne soit pas à redouter, on peut déterminer directement les équarrissages des pièces qui le composent, en raison des actions qu'elles ont à supporter, par une application très-simple des formules relatives à la résistance des bois chargés debout. Il est utile toutefois de connaître les dimensions qui sont consacrées par la pratique.

A Paris, on donne habituellement à un pan de bois extérieur, qui a trois ou quatre étages de hauteur, de $0^m,22$ à $0^m,25$ d'épaisseur au rez-de-chaussée, y compris le ravalement en plâtre des deux faces. Les poteaux corniers ont de $0^m,25$ à $0^m,27$ d'équarrissage; les sablières, de $0^m,22$ à $0^m,25$ de hauteur; les décharges et les poteaux d'huisserie, de $0^m,20$ à $0^m,22$ de largeur, cette dimension étant prise parallèlement au pan de bois. La largeur des poteaux de remplage varie de $0^m,12$ à $0^m,16$.

Les pans de bois intérieurs portant planchers varient entre $0^m,16$ et $0^m,22$ d'épaisseur, suivant que la hauteur des salles est plus ou moins grande. Ceux qui servent uniquement de cloisons sont plus minces encore; leur épaisseur est comprise entre $0^m,08$ et $0^m,14$.

On donne du *fruit* aux pans de bois élevés les uns au-dessus des autres; on réduit leur épaisseur de $0^m,01$ environ à chaque étage, en faisant porter le fruit au dehors, quand il s'agit de pans de bois extérieurs, et en le répartissant également de chaque côté, dans les pans de bois de refend. Quant aux intervalles à laisser entre les différentes pièces de bois, ils varient suivant les dispositions données à ces pièces. Ils sont de $0^m,27$ environ dans les constructions de Paris, où la plupart d'entre elles sont verticales.

III. — DÉCORATION.

Pour décorer un pan de bois d'une manière rationnelle et caractéristique, il faut, conformément aux principes qui régissent notre système d'architecture, mettre en évidence les données essentielles de la construction, c'est-à-dire laisser les bois apparents. Cette méthode, constamment suivie autrefois, a donné de très-heureux résultats, et plusieurs de nos anciennes cités renferment, encore aujourd'hui, de précieux témoignages du goût et de la richesse d'ornementation dont la décoration des pans de bois est susceptible.

Nos pères se gardaient bien de dissimuler ces constructions; de les couvrir d'un enduit, pour leur donner la fausse apparence de murs en maçonnerie; d'y marquer des refends ou des bossages, pour indiquer de la pierre où il y avait du bois. Ils montraient naïvement ce qui était; la construction en bois avait son caractère distinctif, de même que la construction en briques ou en pierres; et de ces pièces de bois diversement sculptées, se combinant suivant des dessins variés et plus ou moins symétriques, des couleurs dont ils les couvraient, des saillies et de la hardiesse que permettait le mode de construction, ils savaient tirer bon parti. C'étaient des formes incessamment nouvelles et accidentées; c'était une décoration légère, originale, rationnelle dans son ensemble, pleine de caprices dans ses détails, éminemment pittoresque.

Certes, sous le rapport de l'art, un mur en pierres de taille produit, à un certain point de vue, un meilleur effet qu'un pan de bois : il a quelque chose de plus monumental, il annonce plus de puissance, il promet plus de durée et un meilleur abri. Et cependant, tel est sur notre esprit l'empire du vrai, tel est le charme de la naïveté, que la vue de ces vieilles maisons en bois ne nous cause pas moins de plaisir que celle des constructions en pierre contemporaines. On les comparerait volontiers aux fabliaux du moyen âge, ou aux gracieuses poésies légères de la Renaissance. Il y a là un genre d'attrait tout particulier, que nous demanderions en vain à des compositions plus importantes ou d'un goût plus sévère.

La planche 56 met sous les yeux du lecteur un exemple fort intéressant de décoration de pans de bois. Elle représente la façade d'une maison de Lisieux, qui date probablement du commencement du seizième siècle. Les intervalles qui séparent les pièces de bois sont remplis en briques.

On trouve encore dans plusieurs de nos provinces, et surtout en Normandie, un assez grand nombre de constructions de ce genre, d'une date un peu plus récente, qui sont également décorées avec beaucoup de richesse et de goût, mais dans un autre style d'architecture. Les formes de la Renaissance y remplacent celles du moyen âge, et sont, en général, exécutées avec plus de perfection que ces dernières; les sculptures surtout y présentent plus de finesse et d'élégance. Par contre, il y a moins d'originalité dans l'ornementation, et parfois moins de vérité dans la disposition générale ; quelques-unes d'entre elles portent à penser que la forme a dominé le fond dans l'esprit de leur auteur.

DES SUPPORTS ISOLÉS.

Dans les constructions en bois, les supports isolés prennent le nom de *poteaux*.

La section d'un poteau est ordinairement carrée, quelquefois octogonale.

On place habituellement les poteaux sur de petits dés en pierre, qui sont destinés à les préserver des atteintes de l'humidité du sol, et à reporter sur de plus larges bases les pressions qu'ils transmettent. C'est une disposition analogue à celle des piédestaux des colonnes et à celle des parpaings des pans de bois.

Une pièce de bois horizontale, une *sablière*, relie entre eux les poteaux d'une même rangée ; des mortaises y sont pratiquées, et reçoivent des tenons ménagés sur les têtes de ces poteaux. D'autres pièces de bois, dirigées en sens inverse, rattachent la rangée de poteaux à sa voisine, ou au mur en avant duquel elle a été placée ; enfin, au-dessus, s'élève la construction plus ou moins inclinée qui forme le toit. On retrouve là les trois parties de l'entablement des colonnes en pierre ; mais il y a cette différence, entre les deux systèmes de construction, que ce qui suffisait pour la pierre serait complétement insuffisant pour le bois. Faute d'étendue à la base, faute de pesanteur, une telle combinaison de pièces de bois n'offrirait pas assez de stabilité ; il faut, pour s'opposer à son déversement, y ajouter des pièces inclinées (*liens*), qui sont assemblées à la fois dans les pièces verticales et dans les pièces horizontales, de manière à assurer l'invariabilité des angles.

L'espacement et les équarrissages des poteaux et des sablières varient à l'infini, suivant les circonstances. L'espacement est habituellement déterminé par celui des fermes de la charpente ou des poutres des planchers que supportent les poteaux ; les équarrissages se règlent sur les pressions.

Il est rare qu'on ait recours à des poteaux dans un édifice d'une certaine importance ; aussi la décoration des constructions de cette espèce, quand on juge convenable de les décorer, est-elle extrêmement simple. Elle consiste dans le dressement régulier des faces, dans l'abatage des arêtes, qui sont remplacées par un chanfrein ou par une petite gorge, dans quelques moulures qui se clouent à la base ou au sommet des poteaux, et enfin dans les diverses couleurs qu'on leur applique.

DES PLANCHERS.

I. — DISPOSITION.

Les planchers sont des pans de charpente qui se placent horizontalement pour séparer les différents étages d'un édifice, et en supporter les aires ou parquets.

La manière la plus simple de les former, et elle est en usage dans les constructions les plus vulgaires, consiste à placer, de distance en distance, des pièces de bois (*solives*) parallèles, supportées par les murs à leurs deux extrémités (pl. 57, fig. 1).

Ce système a l'inconvénient de répartir uniformément la pression sur les murs d'enceinte, qui ne présentent pas une égale résistance dans toute leur étendue lorsqu'ils sont percés d'ouvertures ; de multiplier les scellements, ce qui divise la maçonnerie d'une manière fâcheuse ; et d'exiger un grand nombre de pièces de bois de fort équarrissage, quand le plancher est d'une certaine largeur.

On a recours, dans la plupart des planchers, à une disposition un peu plus compliquée, mais plus convenable. On y emploie, outre les solives ordinaires, des *solives d'enchevêtrure*, des *solives boiteuses*, des *chevêtres*, des *linçoirs*, des *lambourdes*, des *liernes*, etc.

Les *solives d'enchevêtrure* AA (fig. 2) sont scellées à chaque extrémité dans les murs, et doivent être toujours placées au-dessus des parties les plus résistantes.

Les *chevêtres* B et les *linçoirs* C se placent, les premiers en avant des foyers, les seconds au-devant des tuyaux de cheminées et au droit des parties faibles des murs, au-dessus des ouvertures, par exemple ; ils s'assemblent à tenons dans les solives d'enchevêtrure.

Les solives ordinaires D s'assemblent de la même manière dans les chevêtres et dans les linçoirs.

Les *solives boiteuses* E sont celles qui, d'un côté, s'assemblent dans une autre pièce, et, de l'autre, sont scellées dans le mur.

On voit que ce système revient à diviser le plancher en travées, lesquelles sont composées de solives assemblées dans des pièces transversales, qui sont elles-mêmes assemblées dans des solives principales que le mur supporte directement. Toute la pression exercée par une travée se trouve ainsi reportée sur quatre tenons, et c'est là le vice de la disposition dont il s'agit. On s'efforce d'y remédier, en suspendant les chevêtres et les linçoirs aux solives d'enchevêtrure au moyen d'*étriers* en fer, de $0^m,04$ à $0^m,05$ de largeur sur $0^m,010$ à $0^m,012$ d'épaisseur, lesquels sont disposés ainsi qu'il est indiqué par la figure 3 de la même planche et par la figure 13 de la planche 77.

Quand il n'y a pas d'inconvénients à s'appuyer sur le mur, on peut substituer des *lambourdes* (F) aux linçoirs. Ces pièces, en partie encastrées dans le mur, sont maintenues par des boulons à scellement, qui sont accouplés et les embrassent (fig. 4), ou sont isolés, et alors les traversent (fig. 5). Les solives leur sont superposées (fig. 4), ou, ce qui est préférable, y sont assemblées à queue d'hironde (fig. 5). Ce système, très-fréquemment employé autrefois, l'est rarement aujourd'hui, du moins dans les planchers de nos habitations, parce que la saillie des lambourdes oblige à donner une trop forte épaisseur à la corniche qui entoure le plafond.

On augmente quelquefois la rigidité du système en embrassant les solives sur un ou deux points de leur longueur, par des pièces dirigées en sens inverse, appelées *liernes* (fig. 2 et 6, lettre G), qui les reçoivent dans des entailles, et y sont fixées par des chevilles en fer ou de petits boulons. Quelquefois aussi, au lieu de liernes, on emploie, dans le même but, une suite de petites pièces de bois, qui se chassent entre les solives, et qu'on maintient, quand on veut obtenir toute la solidité dont ce système est susceptible, par un fort madrier chevillé tant sur ces pièces, que sur les solives (fig. 7). Ces dispositions permettent de réduire l'épaisseur des solives, et même d'exécuter des planchers d'assez grande ouverture avec des madriers de $0^m,08$ d'épaisseur seulement.

Des ordonnances de police règlent les distances à observer entre les chevêtres, les scellements de solives ou les linçoirs, et les âtres ou tuyaux de cheminées. A Paris, on est tenu d'écarter toute pièce de bois de 0^m,16 au moins des âtres, des jambages et des tuyaux de cheminées.

L'intervalle compris entre le mur dans lequel est ouverte une cheminée, et les chevêtres et solives d'enchevêtrure, se remplit en maçonnerie exécutée en briques ou en plâtras. Des bandes de fer, qu'on appelle *bandes de trémie*, et qui se disposent ainsi qu'il est indiqué en H (fig. 2), supportent cette maçonnerie.

Quand la distance des murs sur lesquels repose le plancher est considérable, il faut supporter les solives par des *poutres*, ainsi que le montre la figure 8. Le plancher est encore divisé en travées, mais elles sont mieux soutenues.

Trois systèmes principaux sont employés à cet effet :

1° Les solives reposent sur les poutres. On les place dans le prolongement l'une de l'autre (fig. 9), quand la poutre est de telles dimensions que sa demi-largeur leur offre une assiette suffisante (0^m,16 environ) ; on les croise, dans le cas contraire. On augmente quelquefois la rigidité des solives en les recevant dans les entailles à queue d'hironde de faible profondeur, pratiquées sur la poutre (fig. 10) ;

2° Afin de réduire la saillie de la poutre, on donne à ces entailles même hauteur qu'aux solives. Ce système n'affaiblirait pas le plancher si la hauteur de la poutre était double de celle des solives, et si ces dernières remplissaient exactement les entailles ; mais le retrait que prennent les bois en se desséchant ne permet pas d'y compter ;

3° Les solives sont supportées par des lambourdes accolées à la poutre et suspendues par des étriers en fer (fig. 11) ; les solives sont, ou simplement posées sur ces lambourdes, ou entaillées, ou assemblées à tenons et mortaises.

Il faut avoir recours à d'autres systèmes quand la largeur d'un plancher dépasse la longueur des pièces dont on peut disposer.

La figure 1 de la planche 58 indique une disposition recommandée par Serlio dans son Traité d'architecture. Les principales pièces, qui remplissent l'office de poutres, sont scellées par une extrémité dans le mur, et sont assemblées à l'autre, soit à entailles (fig. 2), soit à tenons et mortaises. Les solives se placent au-dessus. Les tenons, si l'on adopte ce mode d'assemblage, doivent être soulagés par des étriers en fer. Quand les pièces sont entaillées, disposition qui paraît préférable, il convient de les relier deux à deux par de fortes plates-bandes en fer, afin qu'elles puissent être considérées comme encastrées par leurs deux extrémités.

Ce système a reçu une grande extension dans un plancher construit en Hollande pour couvrir une salle carrée, de près de 10 mètres de côté, avec des pièces de $2^m,30$ environ de longueur et de $0^m,24$ d'équarrissage. Le plancher (fig. 3, 4, 5 et 6) est assemblé dans un grand cadre formé de lambourdes encastrées de leur épaisseur dans le mur. Toutes les poutrelles qui le composent sont égales; chacune d'elles est assemblée à ses deux extrémités, et reçoit deux assemblages au milieu de sa longueur. Ces assemblages sont à entailles avec coupes, et sont maintenus par des plates-bandes en fer, placées sur la face supérieure des pièces. Rondelet, à qui nous empruntons cet exemple de planchers à compartiments, fait remarquer, avec raison, que les plates-bandes eussent été plus efficaces, si elles avaient été appliquées en dessous; mais on a craint sans doute que les fers apparents ne produisissent un mauvais effet.

Au-dessus des poutrelles, on a placé un double rang de planches qui se croisent à angle droit, sont assemblées à rainures et languettes, et sont solidement clouées sur elles. Ce double plancher contribue très-efficacement à la rigidité du système. On a d'ailleurs donné à la construction un bombement de $0^m,08$ environ au milieu, afin de prévenir les effets qui devaient résulter de la dessiccation des bois et du resserrement des assemblages.

Dans d'autres planchers, les pièces de bois sont disposées diagonalement, et s'assemblent entre elles à tenons et mortaises. On trouvera, dans les ouvrages spéciaux de Krafft et du colonel Émy, de nombreux exemples de dispositions de ce genre; dispositions qui ont d'ailleurs, plus encore que les précédentes, l'inconvénient de faire supporter tout le poids du plancher par un petit nombre d'assemblages, d'exiger une main-d'œuvre assez dispendieuse, et qui n'ont pas, comme elles, l'avantage de se prêter à une décoration simple, rationnelle et régulière.

Quand une poutre doit avoir une grande longueur, ou quand elle est appelée à supporter un poids considérable, les équarrissages que fournit le commerce peuvent être insuffisants, et l'on prend le parti de la composer de plusieurs pièces

Poutres armées.

disposées de manière à offrir le degré de résistance voulu ; on emploie des *poutres armées*.

Ces ouvrages sont susceptibles de dispositions très-variées ; nous nous bornerons à en indiquer quelques-unes parmi les plus usuelles :

1° On superpose deux ou trois poutres ; on les maintient par des crans et des clefs en bois, de telle sorte qu'elles ne puissent glisser ; et on les réunit en outre par de forts étriers en fer (pl. 59, fig. 1) ;

2° On établit une armature en bois au-dessus de la poutre qu'il s'agit de fortifier (fig. 2). Ce système exige moins de bois que le précédent, mais il a l'inconvénient de se prêter moins bien à la pose des solives ;

3° L'armature peut se placer au milieu de la poutre, qui est composée alors de deux pièces ; des languettes sont pratiquées sur ses côtés pour la relier aux deux moitiés de la poutre, et le pied des pièces inclinées est maintenu par une cale boulonnée. Cette disposition, qui est représentée par les figures 3 et 4 de la même planche, exige une grande perfection d'exécution ;

4° Quand la poutre doit être chargée d'un poids considérable, on se rapproche davantage encore des dispositions adoptées pour les fermes des combles : on la compose d'un entrait, et de deux arbalétriers assemblés dans un poinçon. Les poutres, ainsi disposées, ayant une grande hauteur, sont habituellement doublées, et l'on se contente quelquefois d'une seule armature. Lorsque les solives doivent être établies au-dessus, cet appareil est surmonté d'une pièce horizontale destinée à les supporter.

Le côté gauche de la figure 5 et la figure 6 représentent une poutre armée de cette espèce. Ainsi que le montre cette dernière figure, qui est une coupe suivant CD, une double armature supporte la poutre sur laquelle reposent les solives.

Le côté droit de la figure 5 indique un système d'exécution très-simple, qu'on peut également employer avec avantage toutes les fois qu'il n'y a pas inconvénient à donner beaucoup de hauteur aux poutres.

Cette disposition a reçu un grand développement pour la construction de ponts et surtout de passerelles en charpente, et a constitué ce qu'on a appelé les poutres à treillis auxquelles on a recours avec avantage pour les longues portées. Chacune des pièces longitudinales se remplace par deux moises, entre lesquelles viennent se placer des pièces inclinées à 45° et en sens inverse, de manière à former un treillis. Tantôt ces dernières pièces sont assemblées entre elles à mi-bois, tantôt elles sont simplement juxtaposées. Des boulons en fer les fixent les unes aux autres, et d'autres boulons les maintiennent entre les moises. Tout le système est ainsi rendu parfaitement solidaire.

Depuis quelques années, on arme les poutres en fer, disposition qui a le mérite d'offrir un même degré de résistance sous un moindre volume. Il en sera question lorsque nous traiterons des constructions en fer.

Le système à employer pour le scellement des poutres et des solives est un point essentiel à considérer dans l'établissement d'un plancher, car il exerce une grande influence sur la résistance et sur la durée des pièces. *Modes de scellement.*

En ce qui concerne la résistance, on sait qu'une pièce encastrée solidement par ses deux extrémités peut supporter, avant de se rompre, un poids double de celui qui déterminerait sa rupture, si elle était simplement posée sur ses appuis, et que, pour un poids donné, la flèche de courbure est quatre fois moindre.

Il est donc d'un grand intérêt d'arrêter solidement les extrémités des différentes pièces qui composent un plancher, et principalement celles des poutres et des solives d'enchevêtrure. Pour les solives ordinaires, il suffit d'un scellement de $0^m,20$ de longueur environ dans la maçonnerie, ou d'un assemblage, soit à tenon et mortaise, soit à queue d'hironde, et l'on a même vu que, dans quelques circonstances, on est conduit à les poser simplement sur les poutres ou sur les lambourdes; mais il y aurait insuffisance s'il s'agissait de poutres ou de solives d'enchevêtrure; car, toutes choses égales d'ailleurs, ces dernières pièces sont soumises à des pressions beaucoup plus considérables que les autres.

On les maintient au moyen de plates-bandes et d'ancres en fer qui sont scellées dans la maçonnerie. Autrefois ces ancres s'appuyaient contre la face extérieure du mur, et contribuaient même, jusqu'à un certain point, à sa décoration; on leur donnait différentes formes, le plus habituellement celle de l'S ou de l'X. Aujourd'hui on s'attache à les dissimuler; on les encastre dans le mur, quand il est en pierres de taille, et on les recouvre par l'enduit, quand la construction est exécutée en moellons. Quelque parti qu'on adopte d'ailleurs, ce système est d'une grande efficacité, et il présente cet avantage remarquable, d'être non-seulement utile aux planchers, mais encore aux murs dont il augmente la stabilité, par cela même qu'il les relie entre eux.

La pression transmise par une poutre étant en général assez considérable, il convient de la reporter sur une surface supérieure à celle que présente l'assiette de la poutre, lorsque la construction est exécutée en moellons ou en briques de médiocre qualité. On y parvient très-simplement, en plaçant une pierre de taille ou une semelle en bois immédiatement au-dessous de la poutre. Dans les édifices de quelque importance, on ne se borne pas là : les poutres sont supportées par des chaînes verticales en pierres de taille, montant de fond.

On a remarqué que les pièces de bois sont plus sujettes à la pourriture, lorsqu'elles sont renfermées dans des maçonneries que quand elles sont exposées à l'air, et que, dans une même pièce, les parties ainsi mises en contact avec l'humidité et soustraites à l'action de l'air peuvent être complétement pourries, alors que le reste est dans un parfait état de conservation. C'est à cette observation qu'il faut sans doute attribuer la pratique, autrefois suivie et dont on trouve des témoignages dans beaucoup d'anciennes constructions, de faire traverser aux poutres toute l'épaisseur du mur. L'extrémité de la poutre étant exposée à l'air libre, le scellement n'exerçait aucune influence fâcheuse sur la conservation du bois. On obtiendrait vraisemblablement le même résultat, sans nuire en rien à l'aspect extérieur de l'édifice, si l'on ménageait immédiatement en arrière de chaque scellement un petit espace vide (une *chambre*) dans lequel l'air pourrait se renouveler. Il serait bien aussi, et divers constructeurs l'ont proposé, d'envelopper la pièce de bois de feuilles métalliques ou de plaques de liége sur toutes celles de ses faces qui sont en contact avec la maçonnerie, afin de la préserver des atteintes de l'humidité.

Enfin il y a toujours avantage, au point de vue de la construction proprement dite, à soutenir les extrémités des poutres par des consoles en saillie sur le mur. On diminue ainsi la portée de la poutre, et l'on assure des points d'appui au plancher, pour le cas où les parties enfermées dans le mur viendraient à pourrir. Quelquefois même, on profite de cette disposition pour ne pas pratiquer de scellement; mais il conviendrait alors, afin que la pièce fût parfaitement encastrée, de la maintenir par une boîte en fonte scellée dans le mur, ou de la rattacher à son ancre par deux fortes plates-bandes en fer, placées l'une en dessus, l'autre en dessous.

Plusieurs systèmes peuvent être employés pour clore les intervalles qui séparent les différentes pièces d'un plancher.

PLANCHERS.

On peut placer, immédiatement au-dessus des solives, des planches qui formeront le sol de l'étage supérieur; mais cette clôture ne serait pas assez hermétique, et le plancher serait trop sonore pour qu'une disposition aussi simple fût habituellement admissible; elle est représentée par la figure 7 de la planche 59.

On place donc ordinairement sur les solives, ou des planches, ou de petites lames de bois (*bardeaux*); les unes et les autres étant jointives, on établit immédiatement au-dessus une aire en plâtre ou en mortier, de $0^m,04$ d'épaisseur environ, et, sur cette aire, se posent les carreaux, quand la pièce est carrelée, les lambourdes du parquet, quand elle est parquetée.

En ce qui concerne la partie inférieure du plancher, on suit deux systèmes principaux, suivant que les solives doivent rester apparentes ou non.

Dans le premier cas, lorsque l'aire est soutenue par des bardeaux, on applique un enduit en plâtre sur leur partie inférieure. Ces planchers sont dits à *entrevous*; les entrevous sont planchéiés ou plafonnés. La première de ces dispositions est représentée par la figure 8, la seconde par la figure 9. On peut aussi clore l'intervalle des solives près de leur plan inférieur, au moyen de planches ou de panneaux, et abattre les arêtes des solives en les remplaçant par des moulures. Ces dispositions sont favorables à la conservation des bois, et sont susceptibles de produire de fort bons effets sous le rapport de la décoration; nous y reviendrons tout à l'heure.

Quand les solives ne doivent pas rester apparentes, on peut clouer en dessous des planches disposées ou non en compartiments; mais on prend ordinairement le parti de plafonner. Alors, afin de rendre les planchers plus sourds, on établit des *augets* entre les solives, et l'on procède de la manière suivante: on cloue d'abord des lattes, presque jointives, sur la face inférieure des solives et dans une direction normale à la leur; on établit au-dessus de ces lattes une aire en plâtre ou en mortier, qui est concave à sa partie supérieure et se relève contre les solives; puis on plafonne en dessous (fig. 10).

Cette disposition a, sur toutes les autres, l'avantage de l'économie, en ce qu'elle admet des pièces de divers équarrissages et dans l'état où le commerce les fournit; elle enlève en outre beaucoup de sonorité aux planchers; mais elle a l'inconvénient de hâter la destruction du bois.

II. — PROPORTIONS.

Une pièce de bois posée horizontalement fléchit sous son propre poids, et, à plus forte raison, lorsqu'elle est chargée. On ne peut donc s'opposer d'une manière absolue à la flexion des différentes pièces qui composent un plancher; le seul but à se proposer est de la rendre insensible.

Il convient, dans les circonstances extraordinaires, de se rendre compte directement des équarrissages à adopter pour que les flexions ne dépassent pas une certaine limite; mais, dans la plupart des cas, il est plus expéditif et plus sûr de s'en rapporter aux proportions qu'une longue expérience a consacrées.

Les formules empiriques suivantes concordent assez bien à la fois avec les données de l'expérience et avec les formules au moyen desquelles on détermine les flexions produites par des poids donnés. Elles supposent l'emploi de bois de chêne ou de sapin de bonne qualité.

Lorsqu'il s'agit de solives ordinaires, lesquelles s'espacent habituellement d'une fois à une fois et demie leur épaisseur, on peut déterminer les hauteurs b en fonction des longueurs l, par la formule

$$b = 0{,}05\, l.$$

Quant aux épaisseurs, elles sont comprises habituellement entre $\frac{b}{\sqrt{2}}$ et $\frac{b}{2}$, et se rapprochent plus ou moins de l'un ou de l'autre de ces rapports, suivant le degré de solidité ou l'espacement qu'on a en vue.

Il est d'usage de donner aux chevêtres et aux solives d'enchevêtrure $0^m{,}03$ de plus qu'aux autres solives, dans l'un et l'autre sens.

Si les solives ne reçoivent pas une plus grande hauteur par rapport à leur épaisseur, ce qui permettrait de réduire dans une forte proportion le cube des bois employés, il le faut attribuer à ce que, si l'on descendait au-dessous des limites qui viennent d'être indiquées, ces pièces n'auraient pas une assiette suffisante, et seraient exposées à se déverser ou à fléchir horizontalement. A côté de l'économie dans la consommation du bois, se trouverait d'ailleurs une perte d'es-

PLANCHERS.

pace, par suite de la plus grande épaisseur que cette disposition conduirait à donner aux planchers. Cependant il est des circonstances où il convient d'adopter ce parti, et l'on a recours alors à des liernes ou à des calles pour s'opposer aux flexions transversales.

Il est essentiel d'observer qu'il ne faudrait pas calculer d'après ces formules les équarrissages de toutes les pièces de bois qui entrent dans la composition d'un plancher; car, les longueurs de ces pièces étant souvent fort diverses, on serait conduit à adopter des hauteurs trop inégales, et il s'ensuivrait d'assez grandes difficultés d'exécution, soit pour l'établissement du plafond, soit pour celui de l'aire supérieure. Il est nécessaire, en effet, lorsqu'un plancher doit être plafonné, que toutes les faces inférieures des solives soient comprises dans un même plan horizontal; par conséquent les différences de hauteur que présentent les solives se marquent toutes sur le plan supérieur, et, si elles étaient trop prononcées, elles obligeraient à donner trop d'épaisseur à l'aire dans quelques parties, d'où une surcharge inutile et même nuisible.

Il convient donc d'attribuer à peu près même hauteur à toutes les solives d'un plancher; de la déterminer en vue de la longueur la plus répétée; et d'augmenter ou de réduire, dans une proportion convenable, les épaisseurs des pièces plus longues ou plus courtes.

La hauteur d'une poutre peut se déduire de la formule

$$b = 0{,}05\, l \sqrt[4]{e},$$

dans laquelle la longueur l et l'espacement e de la poutre sont exprimés en mètres. L'épaisseur sera comprise entre b et $\dfrac{b}{\sqrt{2}}$.

III. — DÉCORATION.

Cette décoration s'applique à la partie inférieure des planchers, et réside essentiellement dans l'indication du système de la construction. La planche 60 en offre divers exemples.

Les figures 1, 2 et 3 représentent un fragment de plancher composé de travées séparées par des poutres. Les entrevous peuvent être plafonnés en plâtre ou en mortier, ou être exécutés en planches. On a supposé dans la coupe (fig. 1) l'adoption de ce dernier système.

La poutre est supportée par une console à chaque extrémité, et ses arêtes inférieures sont remplacées par un petit cavet. Les solives sont simplement posées sur la poutre, et, au-dessus de cette dernière pièce, les intervalles qui les séparent sont fermés par de petites planches rapportées sur l'une et l'autre face, ainsi qu'il est indiqué par la coupe (fig. 2). Une petite moulure est clouée autour des entrevous ; elle cache les joints des solives avec les planches, et elle encadre ainsi de longs caissons. Cette disposition est représentée, en projection horizontale, par la partie supérieure de la figure 3. Dans la partie inférieure de la même figure, on a supposé que des ornements peints, tant sur les solives que sur les entrevous, donnaient assez de richesse à la décoration pour qu'on pût se passer de moulures, et l'on y a réuni diverses dispositions de dessins. On trouve, dans quelques constructions du seizième et du dix-septième siècle, des planchers ornés de cette manière et à fort peu de frais : les ornements se détachent en clair sur les fonds, et ils sont formés d'une seule teinte, ce qui a permis de les exécuter au moyen de patrons découpés. L'effet qu'ils produisent est habituellement très-heureux.

Les planchers ainsi disposés sont très-sonores, à moins qu'on ne donne beaucoup d'épaisseur à l'aire qu'ils supportent, et, d'un autre côté, quand la salle n'a pas une grande hauteur, la profondeur des entrevous peut donner quelque chose de trop accentué à la décoration. On remédie à ces défauts en établissant le fond des entrevous à une certaine distance au-dessous du plan supérieur des solives, ainsi que le montrent les coupes (fig. 4 et 5), et, quand on craint la sonorité, on remplit en plâtre ou en autre matière tout ou partie de l'intervalle qui sépare les deux clôtures. On a supposé dans ces dessins, ainsi que dans la projection horizontale (fig. 6), qu'il y avait lieu à plus de richesse de décoration que dans l'exemple précédent. La poutre est supportée par des pilastres, au lieu de l'être par des consoles ; au moyen de planches et de moulures rapportées, elle est profilée à la manière des architraves des édifices en pierres, qui d'ailleurs ont vraisemblablement emprunté cette forme à des constructions en bois. Les arêtes inférieures des solives sont abattues et remplacées par une petite moulure, afin de réduire la largeur des parties planes et de donner plus d'importance aux encadrements. Dans la partie inférieure de la figure 6, les moulures rapportées se bornent à contourner les entrevous ; dans la partie supérieure, elles se retournent de manière à former des caissons carrés. Chacun de ces caissons est orné d'une petite rosace qui en occupe le centre. Il est sans doute inutile d'ajouter que la richesse résultant de ces dispositions peut être augmentée encore par des ornements peints ou dorés.

Les figures 7, 8 et 9 montrent comment on peut obtenir de plus grandes divisions, sans sortir d'un système rationnel de construction, et tout en le laissant en évidence, du moins dans ses principales parties. On suppose que des solives principales, des solives d'enchevêtrure, par exemple, sont placées à des intervalles égaux, et que des solives ordinaires leur sont interposées. Dans cet exemple, les arêtes inférieures de la poutre et des principales solives, les seules qui soient apparentes, sont largement abattues, et des moulures leur sont substituées ; disposition qui n'est pas seulement favorable à la décoration, mais qui a encore l'avantage de permettre d'utiliser des pièces de bois qu'il faudrait rebuter si elle n'était pas adoptée, car il est très-habituel de rencontrer des flaches dans les arêtes des pièces de fort équarrissage. Des planches ou des panneaux en menuiserie sont cloués sur les faces inférieures des solives de remplissage, et sur des tasseaux rapportés contre les faces latérales des solives principales. On peut également établir des plafonds en plâtre dans les intervalles.

La partie supérieure de la figure 9 suppose l'adoption du premier de ces systèmes ; les planches se recouvrent ainsi que l'indique la figure 10, et leurs joints sont marqués par de petites baguettes, afin que les retraits résultant de la dessiccation du bois soient moins sensibles.

On peut encore rapporter, d'une solive à l'autre, des moulures en menuiserie semblables à celles que présentent les faces inférieures de ces solives, et former ainsi de grands caissons carrés. Cette disposition est représentée par la partie inférieure de la figure 9, où l'on a admis que le fond des caissons consistait en panneaux de menuiserie, ou, du moins, en présentait l'apparence.

Nous avons supposé dans nos dessins que les poutres restaient apparentes, afin de mieux exprimer l'accord de la décoration avec la construction ; mais, dans la plupart des circonstances, la difficulté qu'on éprouve à se procurer des bois de fortes dimensions, parfaitement sains et sans gerçures, engage à couvrir la poutre d'un revêtement en menuiserie. L'apparence est la même; il n'y a de différence que dans le mode d'exécution.

Les caissons se marquent davantage et les moulures prennent en même temps plus d'importance, lorsque le plancher est disposé dans le genre de ceux de Serlio, de manière à former de grands compartiments. Il convient alors de placer des culs-de-lampe aux intersections des poutres; ils semblent les rattacher les unes aux autres, et ils ont l'avantage de dissimuler les joints, qui tendent toujours à s'ouvrir. La même forme peut résulter également d'un autre système de construction : des poutres espacées de la largeur des caissons peuvent être reliées, de distance en distance, soit par d'autres poutres, soit par des coffres en menuiserie présentant même apparence.

Le plafond de la basilique de Sainte-Marie Majeure, à Rome, dont la planche 74 représente un fragment, est peut-être le plus bel exemple de ce mode de décoration qu'on puisse citer. Les ornements sont en saillie et dorés, et ils se détachent sur un fond blanc. Nous en reparlerons plus bas.

Enfin, au lieu de caissons multipliés, on peut n'admettre qu'un petit nombre de compartiments, résultant de la disposition des principales poutres, ainsi qu'on en trouve de nombreux exemples dans nos palais. Un grand panneau, de forme rectangulaire, est ordinairement placé au centre du plafond, et il est occupé par un tableau. Il faut en proportionner les dimensions à la hauteur de la salle, afin que l'œil du spectateur puisse embrasser le tableau dans toute son étendue. Peut-être n'a-t-on pas eu suffisamment égard à cette condition dans quelques-uns des nouveaux plafonds du Louvre.

La planche 64 donne les dessins de deux plafonds ainsi disposés. Le premier (fig. 1) est tiré du palais Vieux, à Florence; la coupe (fig. 2) en donne le profil. Il est peint; les poutres sont ornées d'arabesques qui se détachent sur un fond d'un vert assez foncé. Le second décore la chambre, dite de Henri II, dans le palais du Louvre. Il est entièrement couvert de riches sculptures, et le bois est partout apparent, sauf dans quelques parties où il est doré. Ses formes sont vigoureusement accentuées, ainsi que le montre la coupe (fig. 4). Cette œuvre est extrêmement remarquable; elle est du plus beau style, et produit beaucoup d'effet.

On n'a représenté que la moitié de chacun de ces plafonds, afin de pouvoir les rapporter à une échelle convenable, et l'on n'a pas jugé nécessaire de reproduire, dans toute leur étendue, les ornements peints ou sculptés qui les décorent.

On voit que ces divers systèmes de décoration, en même temps qu'ils sont extrêmement rationnels, sont susceptibles des formes les plus variées, et se prêtent aux expressions les plus simples, comme à l'ornementation la plus riche et la plus puissante; cependant l'amour du changement, ce besoin d'innovation, qui est une des maladies en même temps qu'une des qualités de notre esprit, et aussi le désir que nous éprouvons parfois d'accorder quelque chose à la fantaisie, n'ont pas permis de s'en tenir là. Tous ces motifs ont donné naissance à des caissons de formes différentes : il en est d'hexagones, d'octogones; on en trouve qui sont disposés en losanges; il en est même qui s'enchevêtrent les uns dans les autres suivant des contours parfois très-compliqués. La construction n'est plus apparente alors, car elle ne saurait se plier à tant de caprices; ce sont des coffres en menuiserie, placés au-dessous du plancher, qui forment ces divers compartiments.

On ne saurait proscrire des dispositions qui ont été consacrées par les architectes les plus éminents, et qui contribuent efficacement à la décoration de nos plus beaux édifices, mais il faut se garder d'en faire abus, et de les admettre dans les constructions qui réclament de la simplicité ou une grande sévérité. Elles doivent être réservées pour les endroits où l'on juge convenable de recourir à des formes un peu capricieuses.

Nous nous bornerons à en donner un seul exemple. La planche 62 représente le quart du plafond d'une des principales salles du palais Vieux, à Florence. Il est peu de constructions de ce genre, il n'en est pas, peut-être, qui présentent un caractère aussi monumental, qui soient décorées avec autant de luxe, et qui produisent un effet plus saisissant. Le plafond et l'entablement qui le supporte sont entièrement dorés, à l'exception cependant de la frise et des fonds des caissons, qui sont peints en bleu.

Les parois de la salle sont ornées, sur un côté, d'une belle fresque du Ghirlandajo, et sur les autres, d'un semis de fleurs de lis en or sur fond bleu.

Tels sont les différents systèmes de décoration de ce qu'on pourrait appeler les planchers monumentaux; mais, s'ils conviennent parfaitement à nos grands édifices, ils sont difficilement admissibles dans nos habitations privées, c'est-à-dire dans les constructions les plus nombreuses. D'une part, en effet, les salles n'ont peut-être pas assez de hauteur pour admettre des formes aussi marquées, et de l'autre, la disposition des solives est assujettie à des conditions trop diverses et trop absolues, et présente trop d'irrégularité, pour qu'il soit possible de tirer de la construction elle-même un bon parti décoratif.

Dans ces édifices, le système qui paraîtrait le plus convenable consisterait à appliquer, sur la face inférieure des solives, des panneaux en menuiserie, qui pourraient être disposés en compartiments réguliers à l'instar des caissons, ou suivre des dessins plus variés et plus capricieux (pl. 60, fig. 11 et 12). Des plafonds ainsi disposés, peints de couleurs légères, décorés de sculptures, enrichis de quelques dorures, seraient susceptibles de produire les effets les plus divers et les plus heureux; mais ce mode de décoration serait plus dispendieux que les plafonds en plâtre presque exclusivement employés aujourd'hui.

Certes c'est là un exemple frappant de l'empire de l'habitude sur nos esprits. Alors que nous nous appliquons avec grand soin à orner les parois verticales de nos intérieurs; alors même qu'elles sont tendues des plus riches étoffes, que le sol foulé par nos pieds est couvert des plus beaux tapis, que les glaces, les métaux recherchés, les objets d'art les plus précieux décorent nos appartements, nous admettons au-dessus de nos têtes, et sans être choqués de la disparate, une surface unie, blanche, formée de la matière la plus commune. Sous ce rapport, nos plus beaux salons ne diffèrent des chambres les plus modestes que par des rosaces et des corniches plus ou moins riches, ornements dont l'un est assez insignifiant, et dont l'autre appartient plutôt aux murs qu'au plafond. Ce système cessera d'être aussi exclusif dès que nous porterons, dans toutes les parties de notre architecture, la raison et le goût que nous réservons actuellement pour quelques-unes.

DES COMBLES.

I. — DISPOSITION.

Un comble est une construction destinée à supporter la couverture d'un édifice et limitée au dehors par une ou plusieurs surfaces inclinées.

COMBLES.   457

Ceux dont l'usage est le plus rationnel et le plus répandu ne présentent que des surfaces planes.

Les uns sont formés par deux plans inclinés en sens inverse, qui déterminent par leur intersection la ligne culminante, le *faîte* de l'édifice, et se prolongent jusqu'à leur rencontre avec les murs latéraux ; ces murs sont terminés en triangle à leur partie supérieure, et prennent le nom de *pignons*. Les combles ainsi composés sont dits à *deux égouts*.

On donne le nom d'*appentis* aux combles qui n'offrent qu'un seul plan incliné ou un seul égout.

Quelquefois, au lieu de prolonger les murs latéraux jusqu'à leur rencontre avec les pans du comble, on les termine horizontalement à même hauteur que les autres, et l'on appuie également un plan incliné sur chacun d'eux. Ces combles présentent alors autant d'égouts que l'édifice compte de côtés. Lorsque le plan de la construction a la forme d'un polygone régulier, ou lorsque ses côtés diffèrent peu de longueur, tous ces égouts sont triangulaires et se réunissent en un même point à leur partie supérieure ; un comble ainsi composé est habituellement désigné sous le nom de *comble en pavillon*. Quand l'édifice est élevé sur plan oblong, les plans inclinés qui s'appuient sur les grands côtés sont les *longs pans*, et ceux qui s'appuient sur les petits, les *pans de croupe*.

Les inclinaisons des combles exercent nécessairement une grande influence sur la disposition des charpentes dont ils sont formés ; mais elles varient entre des limites assez éloignées. Quelques auteurs ont cru qu'elles devaient être déterminées en fonction des latitudes, et ont même proposé des formules à ce sujet. Il est certain, en effet, que les terrasses sont moins convenables dans le Nord que dans les pays où les pluies sont rares et où l'on n'a point de neiges à redouter, et que les toits fortement inclinés ont l'avantage de s'opposer au séjour prolongé des neiges, et de soustraire ainsi la charpente à la pression qu'elles exercent et à l'humidité qu'elles produisent. Mais le mode d'exécution de la couverture est un élément non moins important de la question, et l'on remarque souvent des combles d'inclinaisons fort diverses dans une même localité.

On peut dire que, dans toutes les constructions d'une certaine importance, c'est au goût seul qu'il appartient de fixer la pente à adopter ; on déter-

Inclinaison des combles.

58

mine ensuite, en conséquence, la disposition de la charpente du comble et la nature des matériaux à employer pour l'établissement de la couverture. C'est encore affaire de goût, alors même qu'on n'a pas le choix de ces matériaux, seulement l'action du goût est enfermée entre des limites plus étroites.

Quelle que soit sa disposition générale, un comble est essentiellement composé d'un ou de plusieurs pans de charpente, qui supportent un plancher jointif ou à claire-voie, sur lequel s'établit la couverture proprement dite.

Dans les circonstances les plus habituelles, ces pans sont formés par des pièces de bois de faible équarrissage ($0^m,08$ à $0^m,10$), espacées de $0^m,33$ à $0^m,60$ de milieu en milieu, suivant le système adopté pour la couverture, qui sont dirigées suivant le sens de la pente du toit, et qu'on nomme *chevrons*. Les chevrons sont soutenus à leur partie supérieure par une pièce horizontale A (pl. 63, fig. 1), qui est le *faîtage*, à leur pied par une *sablière* C posée sur la face supérieure du mur, et, quand leur longueur l'exige (lorsqu'elle dépasse $2^m,50$ à 3 mètres), par une ou plusieurs pièces de bois intermédiaires posées horizontalement ; ces dernières sont des *pannes* (B).

Dans quelques charpentes, les chevrons ont été assemblés dans les pannes ; mais cette méthode présente le double inconvénient d'affaiblir ces dernières pièces et d'augmenter la main-d'œuvre. Mieux vaut, quand il est nécessaire de réduire l'épaisseur de la toiture, supprimer les chevrons en multipliant les pannes, ainsi qu'il s'est pratiqué quelquefois.

Dans les combles à deux égouts, les chevrons des faces opposées se correspondent, et sont, ou assemblés deux à deux à mi-bois, ou coupés par un plan vertical, de manière à s'appliquer exactement l'un contre l'autre au-dessus du faîtage, ou enfin entaillés à mi-bois dans cette dernière pièce ; dans ces deux derniers cas, il est nécessaire de les maintenir sur le faîtage par des chevilles en fer ou en bois. Ils sont simplement posés sur les pannes, quand ils sont formés chacun d'un seul morceau ; dans le cas contraire, leurs extrémités se recouvrent et sont chevillées sur ces pièces. Enfin les pieds des chevrons sont reçus, par embrèvement, dans des entailles ou *pas* pratiqués sur la face supérieure de la sablière.

Quand le mur est couronné par une corniche, tantôt on reçoit les eaux pluviales dans un chéneau établi au-dessus de cette corniche, ainsi qu'il est indiqué sur le côté droit de la figure 1, tantôt la couverture s'étend jusqu'à l'arête antérieure et la dépasse même, de manière à rejeter immédiatement les eaux en dehors de la construction. Les chevrons se prolongent alors au moyen de petites pièces de bois (*coyaux*) D, qui sont clouées sur eux et qui reposent par le bas, soit sur la corniche elle-même, soit sur quelques rangées de tuiles ou d'ardoises formant *égout*. Lorsque le mur se termine carrément, ou n'est surmonté que d'une moulure peu saillante, on prolonge les chevrons au dehors, afin d'éloigner les eaux pluviales du pied de la construction, et on les cloue sur la sablière (fig. 2). Quand la saillie du toit est assez considérable pour qu'il y ait lieu de redouter la flexion de ces pièces, on les fortifie par une ou deux fourrures, ainsi que le montre la figure 3.

On voit que les chevrons, d'une part, les pannes et le faîtage, de l'autre, jouent dans les combles un rôle analogue à celui des solives et des poutres dans les planchers ordinaires.

Il est inutile d'ajouter aucune pièce de bois à celles qui viennent d'être décrites, lorsque les pignons, ou les murs de refend qui leur sont parallèles, sont assez rapprochés pour que, sans sortir des équarrissages habituels de la charpente, on puisse se contenter de faire porter sur ces murs les extrémités des pannes et du faîtage. La charpente ainsi formée est aussi solide que simple; aucune autre combinaison ne donnerait un meilleur résultat.

On peut quelquefois adopter cette disposition en remplaçant les murs de refend par des arcs en maçonnerie. On en trouve des exemples dans quelques anciennes basiliques chrétiennes, et l'on voyait, il y a quelques années, dans la rue Chauchat, à Paris, une grande halle dont la couverture était ainsi supportée et qui présentait un très-beau caractère; elle a été convertie depuis en temple protestant. Mais un pareil système est rarement admissible, et il faut, presque toujours, avoir recours à d'autres procédés pour soutenir les pannes ou les faîtages. Les appareils en charpente qu'on emploie à cet effet sont des *fermes*.

Dans la plupart des cas, une ferme est essentiellement composée de deux *Fermes droites.* pièces inclinées suivant la pente du toit, qui sont réunies à leur pied par une pièce horizontale. Les pièces inclinées sont les *arbalétriers*, la pièce horizontale est le *tirant*.

Les arbalétriers A (pl. 63, fig. 5) sont appelés à soutenir les pannes B, et le tirant C a pour objet de s'opposer à l'écartement de leurs pieds. Des cales en bois DD (*chantignolles*) clouées sur les arbalétriers, au-dessous des pannes, empêchent ces dernières pièces de glisser.

Les arbalétriers sont assemblés à embrèvement, avec ou sans tenons, sur le tirant, et on les maintient en outre, assez habituellement, par des étriers en fer, qui sont destinés à prévenir le soulèvement de leur partie inférieure et par suite leur glissement. Ils peuvent s'appuyer l'un contre l'autre au sommet, et on les rattache alors par une clef chevillée; mais il y a avantage à les assembler à tenons et mortaises dans une pièce verticale E, qui est le *poinçon*. Le poinçon rend d'autres services encore: prolongé jusqu'au tirant, il y est assemblé, et il s'oppose à sa flexion, au moyen d'un tenon passant ou d'un lien en fer; il maintient le faîtage en s'assemblant avec lui; il reçoit des liens ou *aisseliers* GG (fig. 6), qui s'assemblent également dans le faîtage, et ont pour but d'assurer la position verticale de la ferme; enfin d'autres pièces diversement disposées peuvent reporter sur le poinçon une partie de la pression exercée par les pannes.

Il faut s'attacher à prévenir la flexion des arbalétriers, ou du moins à la rendre insensible. Les combinaisons de charpente qu'il convient d'adopter, à cet effet, dépendent de l'inclinaison et de la largeur du comble. Ces choses influent principalement: la première, sur la disposition des pièces de bois appelées à soutenir les arbalétriers; la seconde, sur le nombre de ces pièces; toutes deux, sur les équarrissages.

Sous le rapport de l'inclinaison, on se borne, dans la pratique, à diviser les combles en deux classes: les combles à pentes prononcées, et les combles à pentes douces. Il est assurément impossible de tracer entre elles une ligne de démarcation bien tranchée; mais l'on ne doit point s'arrêter à des difficultés de ce genre, dès qu'on sort de la spéculation. Nous préciserons même, en prenant pour limite l'angle 30° avec l'horizon, et il nous suffira, pour rester dans le vrai, de rappeler qu'il ne peut être question ici que d'une valeur approximative.

En ce qui concerne le second élément, il y a lieu à plus de précision, attendu qu'on peut substituer, qu'il convient même de substituer à la considération de la largeur du comble, celle du nombre de pannes que supportent les arbalétriers; et de là, une classification bien tranchée.

Combles à pentes prononcées. On soutient les arbalétriers au droit de chacune des pannes, lesquelles sont, autant que possible, également distantes, et ne sont pas, en général, espacées de plus de 3 mètres.

Les dispositions suivantes paraissent les plus convenables :

1° Fermes à une panne (pl. 63, fig. 5).

Des contre-fiches FF' reportent sur le poinçon la pression exercée par les pannes ; elles sont assemblées dans l'arbalétrier et dans le poinçon ;

2° Fermes à deux pannes (pl. 63, fig. 7).

L'une des pannes est soutenue comme précédemment ; l'autre l'est au moyen d'une jambette A assemblée dans l'arbalétrier et dans le tirant ;

3° Fermes à trois pannes (pl. 64, fig. 1).

La panne intermédiaire est soutenue par un second tirant A, qui prend le nom d'entrait, et dans lequel le poinçon est assemblé. Quand on craint la flexion du tirant inférieur, on le soutient au milieu de sa longueur par un long étrier en fer, fixé au poinçon.

Quelquefois, afin d'assurer les angles formés par les arbalétriers avec l'entrait, on ajoute des *aisseliers* (B) aux pièces que nous venons de décrire ; mais ces aisseliers forment eux-mêmes des angles trop obtus pour agir bien efficacement, et les mortaises qu'ils exigent ne sont pas sans inconvénients. De fortes équerres en fer rempliraient plus convenablement le même office ;

4° Fermes à quatre pannes (pl. 64, fig. 2).

On peut, en adoptant pour les autres pannes les dispositions précédentes, soutenir la seconde à partir du bas par une autre jambette, mais le tirant serait trop fortement chargé, s'il n'était pas directement soutenu en dessous. Il paraît préférable, dans ce cas, de doubler l'arbalétrier jusqu'à hauteur de l'entrait. On peut d'ailleurs, au moyen de jambes de force peu saillantes, reporter contre le mur la pression plus considérable que transmet la jambette.

Quatre pannes supposent, en admettant une inclinaison à 40°, une ouverture de 23 mètres environ sans points d'appui intermédiaires, ouverture qu'il ne faut dépasser qu'en cas de nécessité absolue, et à laquelle même on est assez rarement conduit dans la pratique. Il nous paraîtrait en conséquence peu utile d'aller au delà, et nous renverrons aux traités de Krafft et du colonel Émy ceux de nos lecteurs qui voudraient connaître quels ont été les principaux systèmes adoptés pour de plus grandes ouvertures.

Quelquefois la disposition de l'édifice, ou le désir d'utiliser le comble pour y établir des logements, ne permettent pas de placer le tirant comme nous l'avons supposé jusqu'ici.

Lorsque le plancher du grenier est établi au-dessous de la corniche, on peut adopter le système représenté par la figure 3 de la planche 64. Chaque ferme est composée de deux parties, l'une triangulaire, l'autre en forme de trapèze. Le tirant inférieur est logé dans l'épaisseur du plancher. Des pièces spéciales, des *blochets* (A) ont pour but de relier la sablière à chacune des fermes. Quelquefois aussi, surtout lorsque le comble a peu de largeur, on prolonge l'arbalétrier jusqu'au blochet, et il s'y assemble, ainsi que le montre la figure 4 de la même planche.

Un blochet composé de deux pièces accouplées formant *moises* est représenté par la figure 3; dans la figure 4, on l'a supposé simple.

En quelques circonstances, il est nécessaire de supprimer les tirants. Il n'y aurait nulle difficulté, si les murs étaient en état de résister à la *poussée* des arbalétriers; mais il n'en est pas ainsi d'ordinaire, et il faut disposer les fermes de manière, sinon à neutraliser complètement cette action, au moins à la réduire dans une forte proportion. Les figures 1 et 2 de la planche 65, qui sont extraites du Traité de charpente du colonel Émy, offrent des exemples des dispositions auxquelles on peut avoir recours dans ce but; les pieds des arbalétriers sont maintenus par des croix de Saint-André, au lieu de l'être par un tirant. Ces fermes sont exécutées en madriers de sapin, et la plupart des pièces forment moises. La première a été exécutée en Hollande; et le colonel Émy annonce qu'il a pris le dessin de la seconde dans une filature de Rouen. On remarquera l'élégance et la légèreté de cette dernière.

Il est aisé de juger comment il conviendrait de modifier ces systèmes, si, afin d'avoir des constructions plus durables, on voulait employer des bois de charpente de plus fortes épaisseurs, du moins pour les principales pièces; la figure 3 en est un exemple. Les blochets, les arbalétriers et les sous-arbalétriers sont des pièces de charpente de $0^m,20$ d'épaisseur; les pièces qui les relient sont des moises.

La figure 5 de la même planche fait voir, en outre, comment, avec des pièces droites, on peut exécuter des combles ayant une forme curviligne à l'intérieur. Cette forme s'obtient au moyen de fourrures (AA) rapportées dans les angles. Sur les fermes ainsi disposées, on cloue parfois des planches de peu de largeur, de manière à former une voûte. On rapporte alors au droit de chacune d'elles une planche étroite, avec ou sans moulures, pour couvrir les joints et former arc doubleau.

Combles à pentes douces. Les diverses dispositions qui viennent d'être indiquées ne conviennent pas aux combles à pentes douces ; car les pièces appelées à soutenir les arbalétriers les rencontreraient sous des angles tellement obtus, qu'elles n'auraient pas une efficacité suffisante. On a recours alors à l'un ou à l'autre de ces partis : ou bien on réunit les arbalétriers au tirant, au droit de chaque panne, de manière que ces deux pièces soient parfaitement solidaires, et la ferme est convertie en une sorte de poutre armée, ou bien on soutient l'arbalétrier en un ou deux points, et on lui donne une section telle que sa flexion ne soit pas à redouter. La première solution exige moins de bois ; la seconde a quelque chose de plus élégant, et permet d'utiliser le grenier.

Dans le premier cas, ce sont, ou des moises qui embrassent l'une et l'autre pièce, comme on l'a indiqué sur le côté gauche de la figure 1, planche 66, ou des potelets assemblés et reliés par des étriers en fer, ainsi qu'on le voit sur le côté droit de la même figure.

Les combinaisons du second système sont plus variées ; nous en donnerons quelques exemples. La figure 2 de la même planche représente une ferme du comble de l'ancienne basilique de Sainte-Sabine, à Rome. Ainsi que le fait remarquer Rondelet, cette construction, qui remonte au cinquième siècle de notre ère, peut être regardée comme un type des dispositions adoptées par l'antiquité romaine, et recommandées par Vitruve *pro majoribus spatiis*.

La figure 3 est tirée de l'ancienne basilique de Saint-Paul hors les Murs, à Rome ; elle est encore vraisemblablement un témoignage des charpentes romaines *pro cellis immani magnitudinis*.

Les fermes sont accouplées, et elles sont espacées, dans chaque couple, de $0^m,40$ environ ; le poinçon est placé entre les deux, ainsi que l'indique la coupe (fig. 4).

Les fermes du comble de la basilique de Sainte-Marie-Majeure, à Rome, que représentent les figures 5 et 6, sont également groupées. Leur disposition est préférable à la précédente en ce que le tirant se trouve mieux soutenu, et surtout en ce que les principales pièces, au lieu de buter les unes contre les autres, sont assemblées dans des poinçons, d'où résulte que le système est mieux lié. Les tirants supportent un plafond richement décoré, dont il a été déjà question et dont nous reparlerons plus bas.

Ces trois dernières fermes sont exécutées en sapin, et les toits sont couverts en tuiles creuses.

On remarquera que les pannes y sont beaucoup moins espacées que dans les fermes précédentes. Cette disposition est motivée par la pesanteur de la couverture, et elle a l'avantage de réduire la flexion des arbalétriers, parce qu'elle distribue la charge plus uniformément sur la longueur de ces pièces.

Fermes brisées. — On a fait un assez grand usage, dans la dernière moitié du dix-septième siècle et pendant presque tout le dix-huitième, de *combles brisés*, autrement dit, *combles à la Mansard*, du nom de l'architecte François Mansard, qui les avait mis en vogue. Leur emploi est plus restreint aujourd'hui; mais on n'y a pas renoncé, car ils se prêtent mieux que tous les autres à l'habitation des greniers.

Ils sont composés de deux parties : l'une surbaissée, l'autre très-abrupte. Les pannes A (pl. 67, fig. 1) prennent le nom de *pannes de brisis*; elles s'assemblent à tenon et mortaise avec l'entrait. Quelquefois on prolonge l'entrait, et l'on pose au-dessus la panne de brisis; mais il faut alors la maintenir par des équerres en fer. Des plates-bandes en fer rattachent également les sablières aux jambes de force.

La figure 2 de la même planche est empruntée à l'ouvrage du colonel Émy; elle montre comment on peut utiliser la disposition dont il s'agit pour comprendre une voûte dans la hauteur d'un comble.

Fermes courbes. — Deux systèmes principaux sont employés pour la construction des fermes courbes : celui de Philibert Delorme et celui du colonel Émy. Dans le premier, les cintres sont formés de planches posées sur champ; dans le second, les planches sont courbées à plat.

Système de Philibert Delorme. On a contesté à Philibert Delorme l'invention du système de charpente qui porte son nom, et il est certain, en effet, que des arcs formés de plusieurs cours de planches, posées sur champ et diversement reliées, ont été employés à des époques bien antérieures à celle où vivait cet illustre architecte; mais peut-être les anciennes constructions lui étaient-elles inconnues, et la naïveté de ses déclarations doit le faire supposer[1]. On ne saurait lui refuser, d'ailleurs, le mérite d'avoir fait revivre cette disposition, d'en avoir reconnu et signalé le premier tous les avantages, et de l'avoir portée, de prime abord, à son plus haut degré de perfection. Si l'idée première ne lui appartient pas, c'est à lui au moins qu'est dû l'honneur de l'avoir fécondée, et il est de toute justice que les applications qui en ont été faites rappellent sa mémoire.

Dans ce système, les arcs sont formés de deux cours de planches reliés entre eux par des chevilles en bois. Les planches de chaque cours sont posées bout à bout; les joints sont dirigés normalement à la courbe, et ceux d'un cours répondent au milieu de la longueur des planches de l'autre. Les arcs sont reliés entre eux par des liernes qui les traversent au droit des joints et les maintiennent au moyen de clefs en bois; chacun d'eux est reçu à son pied dans une sablière posée sur le mur, à une certaine distance au-dessous de la corniche (pl. 67, fig. 3 et 4).

Au grand comble du château de la Muette, exécuté par Philibert Delorme, comble qui avait dix toises d'ouverture, il y avait au droit de chaque joint deux cours de liernes placés, l'un au-dessus, l'autre au-dessous de l'arc, et tous les arcs étaient traversés en outre par des liernes intermédiaires, ainsi qu'on le remarque sur la figure 5 de la même planche.

---

[1] « Aussi que ie considerois la nécessité et peine qui est auiourdhuy, et sera désormais, pour trouuer de si grands
« arbres qu'il faut pour faire poutres, sablières, pannes, cheurons et autres telles pièces requises pour les logis des
« dicts Princes et Seigneurs : d'auantage que ie préuoyois grande deffaillance non-seulement des dicts grands arbres,
« mais aussi des moiens, tels qu'il faudroit pour faire les couuertures de si grands logis. Qui m'a faist peuser de longue
« main comme l'on y pourroit remedier pour satisfaire aux entreprises de leurs Maiestez : et s'il seroit possible en
« telle nécessité trouuer quelque inuention de se pouuoir aider de toutes sortes de bois, et encore de toutes petites
« pièces, et se passer de si grāds arbres que l'on a de coustume mettre en œuure. Surquoy il m'aduint vn iour d'en
« toucher quelque mot à la Maiesté du feu Roy Henry estant à table. Mais quoy ? les auditeurs et assistans pour n'auoir
« ouy parler de si nouuelles choses et si grande inuention, tout à vn coup me recullerent de mon dire : comme si
« i'eusse voulu faire entendre à ce bon Roy quelques menteries : lesquelles i'ay tousiours eu en grandissime horreur
« et detestation : estimant que tout ainsi que le corps vault peu sans l'ame, ainsi faist la bouche sans verité.... Quel-
« ques temps après, la Maiesté de la Royne Mère delibera faire couurir un ieu de l'palmaille à son chasteau de Monceaux,
« pour donner plaisir et contentement au feu Roy Henry, duquel elle estoit fort curieuse, comme vne prudente Dame
« et bonne Princesse, aimant parfaitement son mary. Et voiant qu'on luy en demandoit si grande somme d'argent,
« cela me fait reparler de cette inuention : et fut la dite dame seule cause que ie la voulu esprouuer..... »

Nouuelles inuentions pour bien bastir et à petits fraiz, trouuées n'aguères par Philibert de L'Orme, Lyonnais, architecte, conseiller et aumosnier ordinaire du feu Roy Henry, etc., albé de St. Eloy lez Noyon.

Paris, 1576, E*p*istre au Lecteur.

Ces doubles cours de liernes embrassant les arcs, paraissent bien préférables à ceux qui les traversent ; car les premiers s'opposent à la fente des planches, tandis que les seconds tendent à la favoriser. Il y aurait, sous ce rapport, tout avantage à supprimer ces derniers ; mais il faudrait alors relier les planches par de petits boulons en fer, afin que la liaison, si essentielle à établir entre les deux parties de l'arc, ne fût pas diminuée.

Philibert Delorme recommande de donner aux planches quatre pieds de longueur ; il espace les fermes de deux pieds, de milieu en milieu, et il proportionne, ainsi qu'il suit, les largeurs et les épaisseurs de planches aux ouvertures des fermes :

FERMES.	PLANCHES.	
OUVERTURES.	LARGEURS.	ÉPAISSEURS.
4 toises.	8 pouces.	1 pouce.
6	8	1 $\frac{1}{2}$
10	13	2
15	13	2 $\frac{1}{2}$
18	13	3

En ce qui concerne les liernes, sans être très-explicite à ce sujet, il semble leur donner même épaisseur qu'aux planches, et quatre fois cette épaisseur en largeur. Leurs cours ne sont pas continus, ce qui eût exigé l'emploi, que voulait éviter l'auteur, de bois de grandes dimensions. Chacune d'elles n'embrasse pas plus de trois fermes ; mais elles sont disposées de telle sorte que toutes les fermes sont cependant parfaitement solidaires. Leurs extrémités chevauchent, à cet effet, de l'une à l'autre.

La forme extérieure du comble est donnée par des coyaux qui se placent au-dessus de la corniche et au sommet des arcs, et, lorsqu'on veut avoir une pente plus prononcée, par des arcs surhaussés que des moises peuvent rattacher aux premiers. La première de ces dispositions est indiquée sur la figure 4, que nous avons empruntée à l'ouvrage de Philibert Delorme, ainsi que les deux autres.

Dans ces combles, les pannes et les chevrons sont inutiles ; les fermes sont assez rapprochées pour que le plancher de la couverture puisse reposer immédiatement sur elles.

Les tirants sont également supprimés, bien que les arcs exercent une poussée ; mais cette action est moindre que dans les fermes ordinaires, tant à cause de la forme, qu'à raison du rapprochement des arcs, qui fait que chacun d'eux est peu chargé. Aussi peut-on laisser aux murs le soin de s'y opposer, sans être obligé de leur donner de trop fortes dimensions ; mais il faut y avoir égard, et déterminer en conséquence les épaisseurs de la maçonnerie.

Ce grand rapprochement des fermes et les suppressions de pièces qui en résultent ne sont point nécessités par le système : Philibert Delorme a suivi en cela la pratique de son époque. Même dans les fermes droites, on n'admettait alors ni pannes, ni chevrons ; les combles étaient composés de maîtresses fermes, dont les poussées étaient détruites par des tirants ou soutenues par des contre-forts, et de fermes intermédiaires (*fermes de remplage*) qui supportaient immédiatement le plancher de la couverture, étaient par conséquent peu espacées, et ne différaient des autres que par de plus faibles équarrissages et l'absence de tirants.

On peut fort bien, et on l'a plusieurs fois pratiqué de nos jours, donner aux fermes à la Philibert Delorme le même espacement qu'aux fermes ordinaires ; les arcs reçoivent de plus forts équarrissages, et ils supportent les pannes de la toiture, directement si le comble est courbe au dehors, par l'intermédiaire d'un arbalétrier droit si l'on veut des surfaces planes à l'extérieur. Mais on renonce alors à la plupart des avantages du système ; il faut des tirants ou des contre-forts pour résister à la poussée des fermes ; les courbes très-espacées ne produisent pas un aussi bel effet lorsqu'elles restent apparentes, ou ne se prêtent pas aussi bien à l'établissement de revêtements intérieurs, dans le cas où la nature de l'édifice engagerait à adopter ce mode de décoration. Cette disposition exige d'ailleurs l'emploi de ces longues pièces de charpente que Philibert Delorme voulait éviter, et mieux vaut alors supprimer complétement les courbes en menuiserie et avoir recours aux fermes ordinaires. Non-seulement il y aura plus d'unité dans le système, mais encore plus de solidité et d'économie.

Il est certain, en effet, que si l'invention de Philibert Delorme a pu être présentée comme économique à l'époque où elle s'est produite, elle a complétement perdu ce caractère aujourd'hui ; d'une part, parce que la main-d'œuvre est plus dispendieuse, et, de l'autre, parce qu'on a considérablement réduit la hauteur des combles et le cube des bois qui entrait autrefois dans leur composition. Ce n'est plus une *méthode pour bien bastir et à petits fraiz*, on pourrait presque dire que c'est précisément l'opposé, au moins dans la plupart des circonstances. Cela provient non-seulement de ce que le bois en planches est plus dispendieux, à cube égal, que le bois de charpente, non-seulement de la façon considérable qu'exige le système, mais encore de ce que la multiplicité des joints réduit la résistance dans une forte proportion. Ces voûtes en bois se comportent à la manière des voûtes en maçonnerie. Dans les arcs en plein cintre, les joints tendent à s'ouvrir à la clef et à la naissance à l'intrados, et, à l'extrados, en un point situé à 30° environ avec l'horizon. Si les cours des planches étaient isolés, les fibres ne résisteraient pas par extension, leur compression seule serait mise en jeu, tantôt d'un côté, tantôt de l'autre, et les joints s'ouvriraient d'ailleurs librement. Les chevilles qui réunissent les planches déterminent, il est vrai, des résistances par extension ; mais il faut que les réactions qui en sont la conséquence ne puissent, ni les rompre, ni faire fendre la planche qu'elles sollicitent à la flexion. On n'a pas à craindre leur rupture ; mais la fente de la planche qui relie les deux morceaux dont le joint tend à s'ouvrir est d'autant plus à redouter que ces charpentes s'exécutent habituellement en sapin, et l'on sait combien est faible la cohésion de ce bois dans une direction normale à celle des fibres.

On voit par là, ce qu'il était facile d'ailleurs de présumer, qu'il y a avantage pour la solidité à réduire le nombre des joints, et à rendre la liaison entre les cours de planches aussi intime que possible.

Ajoutons que ce système convient parfaitement pour la construction de voûtes légères en bois et principalement de dômes, et qu'il se prête mieux qu'aucun autre à une grande élégance de forme. Une application extrêmement heureuse en a été faite, dans le dernier siècle, pour la couverture de la grande cour circulaire de la halle aux blés, à Paris. Ce dôme qui avait plus de 39 mètres de diamètre, produisait, au dire des contemporains, un admirable effet. Les arcs, au nombre de 175, s'assemblaient, à leur partie supérieure, dans une couronne de 8 mètres de diamètre, qui était surmontée d'une lanterne vitrée ; de longues ouvertures, ménagées entre les fermes, au-dessus des arcades, versaient des flots de lumière dans l'intérieur ; enfin un revêtement en planches, appliqué sur l'intrados, donnait à l'œuvre l'aspect d'une immense voûte continue. Cette charpente n'existe plus aujourd'hui ; détruite, en 1802, par un incendie, elle a été remplacée par une construction en fer, qui produit assurément un fort bon effet, mais qui n'a pas le même caractère monumental.

Système du colonel Émy. Au lieu de mettre les planches sur champ et de les couper en petits morceaux, le colonel Émy les pose à plat et les emploie sur toute leur longueur. Un cintre, dans cet ingénieux système, est formé de plusieurs planches superposées, qui se plient facilement l'une après l'autre en vertu de leur flexibilité, et qui se relient fortement ensuite au moyen d'étriers et de boulons. Il tend à se redresser lorsqu'on le retire du gabarit sur lequel il a été établi, mais l'expérience a prouvé, et il était aisé de pressentir que cette tendance est très-faible, et que le mouvement qui en est la conséquence est peu prononcé ; la force, qui sollicite au redressement, n'équivaut, en effet, qu'à la somme des efforts qu'il a fallu faire pour courber les planches isolées, et elle est insuffisante pour produire des contractions ou des extensions de fibres un peu considérables.

La figure 1 de la planche 68, représente une des fermes d'un hangar construit, à Marac, par le colonel Émy ; le bâtiment a 20 mètres de largeur dans œuvre, et les fermes sont espacées de 5 mètres ; la couverture est exécutée en tuiles creuses. La figure 2 est un fragment de la coupe transversale.

« Les feuilles ou madriers qui entrent dans la composition d'un arc, dit
« l'auteur [1], ont $0^m,055$ d'épaisseur, $0^m,13$ de largeur, et 12 à 13 mètres
« de longueur. Deux madriers et demi bout à bout, à joints carrés, suffisent
« au développement de l'arc. Les joints sont distribués de façon qu'aucun de
« ceux d'un rang ne réponde à un autre joint d'un autre rang, et que tous sont
« couverts par des moises normales. »

Chaque cintre est formé de cinq madriers de sapin, mais il est renforcé, dans une partie de son développement, par d'autres madriers de bois de chêne.

---

[1] *Traité de l'art de la charpenterie*, chap. xx.

et les cinq épaisseurs de planche du sommet sont portées à sept à la base, et à huit à hauteur des reins. Ces renforts ont pour but de réduire l'élasticité de l'arc, et par suite sa poussée.

La partie droite de chaque ferme est reliée à la partie courbe par des moises normales à la courbe. Les fermes sont maintenues dans leur position et rattachées les unes aux autres par deux cours de moises horizontales, ainsi que par des croix de Saint-André, qui sont assemblées dans le faîtage et dans les poinçons.

Les moises normales et les faces latérales des arcs sont entaillées de $0^m,01$ de profondeur, afin que ces moises puissent serrer les arcs et empêcher le glissement des madriers les uns sur les autres. Les boulons qui appuient et maintiennent les madriers sont espacés de $0^m,80$; ils ont $0^m,018$ de diamètre. On a placé en outre un étrier en fer dans chaque intervalle de moises, de telle sorte qu'entre les boulons, les madriers sont alternativement serrés par une moise et par un étrier.

Ce système comporte moins de main-d'œuvre que celui de Philibert Delorme, et il a l'avantage de ne pas exiger autant de bois ; car il utilise une plus grande partie de la résistance des fibres, par cela même que les joints y sont beaucoup moins multipliés. Il résulte de l'examen comparatif de deux projets rédigés pour la couverture du manége de Libourne, l'un dans le système de Philibert Delorme, l'autre dans celui du colonel Émy, que le mètre carré d'espace couvert exigeait $0^{mc},204$ de bois de charpente dans le premier, et $0^{mc},124$ seulement dans le second. Mais il convient de faire remarquer que les nombreuses ferrures de ce dernier réduisent, dans une assez forte proportion, les avantages économiques qui viennent d'être signalés.

C'est principalement pour la construction de fermes de très-grandes ouvertures que paraît se recommander la nouvelle invention.

Systèmes divers. Un charpentier, nommé Lacaze, a proposé et a appliqué en plusieurs circonstances une disposition de fermes courbes qui se rapproche de celle de Philibert Delorme. Elle en diffère en ce que les cintres, au lieu d'être formés de deux cours de planches, sont composés d'un seul cours de solives, lesquelles s'assemblent entre elles à traits de Jupiter. Les liernes s'assemblent à tenons et mortaises dans les cintres contre lesquels elles s'appuient à leurs extrémités, et à mi-bois dans les autres.

Les figures 3 et 4 de la planche 68, qui sont extraites de l'ouvrage de Rondelet, indiquent une application de ce système à un comble de 10 mètres de largeur.

Les cintres ont 0^m,067 de largeur sur 0^m,135 d'épaisseur ; ils sont espacés de 0^m,81. Les liernes ont même épaisseur sur une largeur un peu moindre, et leur espacement est de 1^m,62. Les intervalles compris entre les uns et les autres sont subdivisés par des entretoises et de petites courbes, afin de soutenir convenablement, d'un côté, le lattis de la couverture, de l'autre, un lattis intérieur destiné à recevoir un enduit en plâtre. Cette disposition est représentée en perspective, et sur une plus grande échelle, par la figure 5.

Rondelet dit que la largeur des courbes doit être d'autant de lignes que le comble a de pieds d'ouverture, soit $\frac{1}{144}$ de l'ouverture, et que leur épaisseur doit être double de leur largeur. Il fait remarquer d'ailleurs qu'il y aurait avantage à réduire l'épaisseur au sommet et à l'augmenter à la base.

Ces dispositions ne sont pas sans mérite, mais les entailles pratiquées pour le passage des liernes, ainsi que la multiplicité des joints, affaiblissent considérablement les cintres. En outre, les pièces de bois étant plus longues que dans le système de Philibert Delorme, on est obligé de couper un plus grand nombre de fibres pour obtenir la courbure voulue ; d'où un plus fort déchet et une nouvelle cause d'affaiblissement.

Il faudrait, pour remédier à ces inconvénients, rétablir la continuité des fibres, coupées par les entailles, et rendre solidaires celles de deux morceaux consécutifs, au moyen de plates-bandes en fer maintenues par des boulons, lesquelles seraient appliquées aux points où les fibres sont sollicitées à l'extension ; puis former le cintre de pièces naturellement courbes ou courbées par des moyens mécaniques, et non de pièces droites. Enfin il y aurait avantage à se rapprocher des proportions adoptées par Philibert Delorme, afin de diminuer la flexibilité des cintres.

Une disposition fort ingénieuse et qui a pour effet de réduire le cube des bois dans une forte proportion, a été appliquée à la couverture de quelques gares de chemins de fer. Elle consiste à former les cintres au moyen de voussoirs, qui sont réunis les uns aux autres par des boulons et des plates-bandes en fer. Chaque voussoir est composé de deux arcs concentriques appartenant l'un à l'intrados, l'autre à l'extrados du cintre ; de deux pièces normales aux arcs, dans lesquelles ces arcs sont assemblés à leurs extrémités; et d'une croix de Saint-André, qui a pour objet d'assurer l'invariabilité des angles. Les pièces qui limitent les voussoirs latéralement se joignent deux à deux et sont maintenues l'une contre l'autre par trois boulons. Les arcs sont en outre reliés par des plates-bandes en fer appliquées sur chaque joint et sur chaque face.

Les charpentes ainsi disposées ne manquent pas d'une certaine élégance, et elles ont le double mérite d'être faciles à transporter, et de pouvoir être exécutées au moyen de machines et sur une grande échelle. Mais la multiplicité des ferrements employés pour maintenir les voussoirs est un inconvénient, tant au point de vue de la dépense qu'à celui de la durée des ouvrages.

Des divers systèmes de fermes courbes qui viennent d'être examinés, les deux premiers se recommandent spécialement en ce qu'ils permettent l'emploi de planches pour la construction de grandes charpentes. On donnera la préférence à celui de Philibert Delorme, quand on voudra utiliser des planches de faible longueur, établir à peu de frais un revêtement intérieur, ou assurer un caractère d'élégance et de légèreté à une charpente qui devra rester apparente. Celui du colonel Émy sera choisi comme plus économique, quand on ne sera guidé par aucune de ces considérations, et surtout quand il s'agira de fermes d'ouvertures très-considérables; mais on ne perdra pas de vue :

1° Que toutes ces fermes exercent, toutes choses égales d'ailleurs, une poussée d'autant plus grande qu'elles sont plus chargées, et l'on déterminera en conséquence les épaisseurs des murs ou les dimensions des contreforts ;

2° Que les fermes composées de bois de charpente droit sont plus économiques, exigent moins de bois, et peuvent être disposées de manière à ne pas avoir plus de poussée.

Croupes et noues.

Des Croupes. L'établissement d'une croupe exige des dispositions spéciales, et une certaine agglomération de pièces de bois.

Il faut une ferme transversale ordinaire pour recevoir l'extrémité du faîtage et pour soutenir le poinçon, dit *poinçon de croupe*, dans lequel s'assemblent une grande partie des pièces qui constituent la charpente de la croupe. Une demi-ferme (*ferme de croupe*) se place dans le même plan vertical que le faîtage, dont elle forme le prolongement en projection horizontale. Enfin deux *demi-fermes d'arêtiers* sont disposées au droit des intersections du pan de croupe avec les longs pans (fig. 1, 2, 3 et 4, pl. 69).

Les demi-fermes d'arêtiers reçoivent les extrémités des pannes de longs pans et de croupe; la demi-ferme de croupe supporte ces dernières au milieu de leur longueur.

Le tirant de la demi-ferme de croupe, ou plus simplement le tirant de croupe, porte, d'un côté, sur le mur de croupe et est assemblé, de l'autre, dans le tirant de la ferme transversale; l'arbalétrier, la contre-fiche, etc., s'assemblent dans le poinçon de croupe, et sont disposés d'ailleurs comme ceux des autres fermes du comble.

Les tirants des demi-fermes d'arêtiers, ou *coyers*, sont dirigés vers le point d'intersection des deux autres tirants, mais la difficulté des assemblages s'oppose à ce qu'on les prolonge jusque-là. On les assemble dans des pièces horizontales (*goussets*) qui s'assemblent elles-mêmes dans les tirants.

Cette disposition de pièces forme une *enrayure*. Elle est représentée, en projection horizontale, par la figure 3.

Les arbalétriers d'arêtiers s'appuient contre le poinçon, mais d'ordinaire ils n'y sont pas assemblés, parce que cette dernière pièce se trouve déjà percée de trois mortaises à l'endroit où il faudrait creuser celles des arêtiers; on se contente donc habituellement de les embrever, mais il faut les *déjouter*, afin qu'ils trouvent passage entre les arbalétriers de croupe et ceux des longs pans. Quand le poinçon est de forme rectangulaire, leur extrémité supérieure est taillée en *engueulement*, mais il est préférable de donner au poinçon une forme polygonale qui permette d'éviter ces entailles, et d'avoir, par suite, un embrèvement à la fois plus simple et plus solide.

Dans les charpentes exécutées avec une certaine recherche, la face supérieure des arbalétriers d'arêtiers se compose de deux plans respectivement parallèles aux pans de croupe et aux longs pans. Quelquefois la face inférieure est disposée de la même manière, avec cette seule différence que les deux plans forment un angle rentrant au lieu d'un angle saillant; mais on se dispense presque toujours de cette façon, qui exige de la main-d'œuvre et fait perdre du bois. Les mêmes considérations portent souvent à renoncer également au *délardement* de la face supérieure ; on pratique alors sur cette face, au droit des portées des pannes, des entailles dont les plans inférieurs sont parallèles aux pans correspondants des combles, comme l'eussent été les faces délardées. Les pannes de croupe et de longs pans se joignent bout à bout dans le plan vertical passant par l'arête du comble, et se relient habituellement entre elles au moyen de plates-bandes en fer, lesquelles sont pliées suivant l'angle que forment les plans supérieurs de ces pièces.

Il est à remarquer que la poussée exercée par les arbalétriers de croupe et par ceux d'arêtier n'est pas aussi efficacement détruite que celle des arbalétriers des fermes transversales ; elle est reportée sur le tirant de la dernière ferme du long pan, et elle tend à faire fléchir cette pièce horizontalement. Il faudrait, pour s'opposer à cette action, relier les deux demi-fermes de croupe opposées par une suite de tirants placés dans le prolongement des tirants de croupe, et que des plates-bandes en fer rattacheraient les uns aux autres ; mais, lorsqu'il s'agit de combles de faible ouverture, on se contente d'augmenter la largeur du tirant dont on craint la flexion. Il convient toujours d'ailleurs de donner à la croupe une inclinaison plus prononcée que celle du long pan, non-seulement afin de réduire la poussée des arbalétriers, mais encore et surtout dans le but de diminuer la longueur des arêtiers.

L'ouverture de la demi-ferme de croupe est habituellement comprise entre les $\frac{2}{3}$ et les $\frac{3}{4}$ de celle d'une des demi-fermes transversales ; mais il faut avoir égard, dans la détermination de ce rapport, à cette autre condition : que les fermes, comme les poutres, ne doivent jamais être placées au-dessus de parties faibles de la construction, telles que les ouvertures de portes ou de fenêtres.

Cette différence d'inclinaison entre les pans conduit à *dévoyer* la ferme transversale, ainsi que les fermes d'arêtiers, c'est-à-dire que les plans verticaux passant par le sommet de l'angle dièdre résultant de l'intersection des trois pans et dirigés, l'un parallèlement au petit côté de l'édifice, les autres suivant les arêtes du comble ne divisent, ni les divers arbalétriers, ni le poinçon en deux parties égales.

Le faîtage s'assemble à son extrémité dans le poinçon de croupe, lequel se prolonge assez souvent jusqu'au-dessus du toit. D'autres assemblages sont établis à peu près à même hauteur dans la même pièce; ils servent à maintenir les pièces suivantes :

1° Chacun des deux chevrons de long pan qui viennent s'appuyer contre le poinçon ;

2° Le chevron placé au milieu de la croupe, dit *chevron de croupe;*

3° Les chevrons d'arêtiers.

Ces derniers sont disposés à la manière des arbalétriers d'arêtiers. Leur face supérieure est délardée ; mais leur face inférieure l'est rarement. On trouve plus simple, ou d'y pratiquer des entailles au droit des pannes, ou de dresser la face supérieure de ces dernières pièces, de manière à assurer convenablement les portées. Les chevrons des faces triangulaires de la croupe et des longs pans diminuent de longueur à mesure qu'ils se rapprochent des angles de l'édifice; ce sont des *empanons*. Ils posent sur la sablière, comme les autres chevrons, et ils sont assemblés, à leur extrémité supérieure, dans les chevrons arêtiers.

Les figures 1 à 6 de la planche 69 rendent compte de ces diverses dispositions.

La figure 1 est une coupe transversale du comble choisi pour exemple, par un plan parallèle au mur de croupe.

La partie supérieure de la figure 2 représente le plan de la charpente de croupe ; des lettres en désignent les principales pièces :

A poinçon de croupe ;
BB derniers chevrons des longs pans; au-dessous paraît la dernière ferme de long pan ;
CC chevrons d'arêtiers ; au-dessous, les arêtiers ;
D chevron de croupe ; au-dessous, la demi-ferme de croupe ·
EE empanons de long pan ;
FF empanons de croupe.

La figure 3 montre la disposition de l'enrayure, toutes les autres pièces de la charpente étant enlevées; on a marqué, sur les tirants, les mortaises destinées à recevoir les tenons des arbalétriers et des arêtiers.

La figure 4 est une coupe prise suivant la ligne *mn* du plan.

Les figures 5 et 6 sont des projections horizontales rapportées à une plus grande échelle; la première représente l'extrémité inférieure de l'un des arêtiers ; la seconde, les extrémités supérieures des différentes pièces qui se réunissent au sommet du poinçon.

Quand le plan de l'édifice n'est pas rectangulaire, les coupes sont *biaises*, et il devient nécessaire d'introduire quelques modifications dans la disposition et dans la forme des pièces de la charpente.

Lorsque le biais n'est pas très-prononcé, la dernière ferme transversale est, comme les autres, normale à la direction des longs pans, le chevron de croupe se projette horizontalement dans le prolongement du faîtage, et les empanons de croupe lui sont parallèles. Mais alors, si l'on veut que les faces latérales de tous ces chevrons soient comprises dans des plans verticaux, il faut *délarder* leurs faces supérieures et inférieures, puisqu'elles doivent être parallèles au pan de croupe ; la section d'un chevron n'est plus un rectangle, c'est un parallélogramme. On évite la perte de bois et de main-d'œuvre qu'exige cette disposition, en laissant aux chevrons leur forme rectangulaire. Les faces latérales ne sont plus verticales, elles sont perpendiculaires au pan de croupe ; les empanons ainsi placés sont dits *déversés*.

Il convient de donner la préférence à ces derniers, lorsque la charpente ne doit pas rester apparente ; dans le cas contraire, le délardement paraît devoir être adopté, parce qu'il présente quelque chose de plus régulier.

Quand le biais est très-prononcé, on dirige obliquement la dernière ferme transversale et même toutes les fermes, si l'édifice a la forme d'un parallélogramme, et si d'ailleurs les grands côtés ne l'emportent pas de beaucoup sur les petits ; mais alors toutes les pièces sont biaises, celles des longs pans, comme celles de la croupe, et il faut les délarder ou les déverser.

Quoi qu'il en soit, on voit, d'après ce qui précède, que l'établissement d'une croupe exige une charpente plus compliquée et, par suite, plus dispendieuse que celle d'un comble à deux égouts. C'est surtout lorsqu'il s'agit de combles de grande ouverture que ces inconvénients se font vivement sentir ; aussi convient-il alors de préférer les pignons aux croupes.

Les combles en pavillons s'établissent d'après les mêmes principes que les croupes, et ce sont, en effet, des combles composés d'une réunion de croupes. Ainsi, chaque pan est soutenu au milieu par une demi-ferme de croupe, et chaque arête, par une demi-ferme d'arêtier.

Des convenances de distribution intérieure portant habituellement à pratiquer des ouvertures, portes ou fenêtres, au milieu des faces d'un édifice, surtout lorsque ces faces présentent peu de longueur, on voit que, contrairement à l'un des principes fondamentaux de la construction, la disposition des croupes fait porter une ferme au-dessus d'un vide. Mais il faut remarquer, d'une part, que les fermes de croupe sont généralement moins chargées que les autres, et, de l'autre, que le même inconvénient subsisterait quand bien même on substituerait un pignon à la croupe, puisque le faîtage serait scellé au milieu du mur.

Des noues. Lorsque deux combles de même hauteur, et dont les naissances sont établies au même niveau, se croisent, le poinçon qui leur appartient à tous deux, et qui reçoit leurs faîtages, est soutenu par deux fermes placées en diagonales, qui sont dites fermes de *noues*. Elles se disposent de la même manière que les fermes d'arêtiers; la face supérieure de la pièce formant la *noue* (le nœud des deux combles) est délardée parallèlement aux deux pans auxquels elle appartient, et les empanons s'y assemblent; mais l'arête résultant de l'intersection des deux plans de délardement est rentrante au lieu d'être saillante. Il est à remarquer en outre que la poussée des fermes de *noues* est complètement détruite, tandis que celle des demi-fermes d'arêtiers ne l'est que d'une manière imparfaite.

Un bâtiment qui se retourne d'équerre présente un arêtier dans l'angle saillant et une noue dans l'angle rentrant; ces deux pièces sont soutenues par une ferme posée en diagonale, dans le poinçon de laquelle s'assemblent les deux faîtages. Deux demi-fermes de croupe se placent dans le prolongement de ces dernières pièces. Cette disposition est indiquée sur la partie inférieure de la figure 2 de la planche 69, et la figure 7 de la même planche représente, en projection horizontale et sur une plus grande échelle, les extrémités supérieures des pièces qui se réunissent au sommet du poinçon.

Quand la largeur du comble est considérable, il peut être nécessaire de soutenir les pannes dans l'intervalle qui sépare la demi-ferme de croupe de la dernière ferme du long pan. On satisfait à cette condition au moyen d'une nouvelle ferme placée diagonalement, ainsi qu'il est indiqué sur le dessin par des lignes ponctuées.

Lorsque les combles sont de hauteurs inégales, les noues prennent le nom de *noulets*. Si l'un des combles est de petite ouverture, le noulet consiste simplement en un chevron délardé, qui reçoit les empanons du comble auquel il appartient et se pose sur les chevrons du grand toit, lesquels se prolongent jusqu'à leur sablière. Dans le cas contraire, les noulets exigent l'établissement de fermes qui sont également couchées sur la pente du grand comble, et qui reçoivent les extrémités des pannes et du faîtage.

Nous ne saurions insister davantage sur ce genre particulier de constructions sans sortir des limites que nous avons dû nous imposer; il nous suffit d'avoir montré dans quel esprit il doit être traité, et nous renverrons aux ouvrages spéciaux de charpente ceux de nos lecteurs qui voudraient étudier d'une manière plus approfondie, soit les diverses dispositions dont il est susceptible, soit le détail du tracé des assemblages des différentes pièces qu'il exige.

II. — PROPORTIONS.

Les pièces de charpente qui entrent dans la composition d'un comble sont soumises à des actions qui varient entre des limites trop éloignées, suivant que le comble est plus ou moins incliné, que les fermes sont plus ou moins espacées, que le poids de la couverture est plus ou moins considérable, pour que les dimensions de leur section puissent se déduire de formules empiriques. Il faut donc avoir recours, dans les recherches de ce genre, soit aux formules connues sur la résistance des matériaux, soit à une étude sérieuse et faite dans un esprit sagement critique des constructions exécutées.

La seconde de ces méthodes est presque exclusivement adoptée par les praticiens, et elle est, en effet, la meilleure quand il s'agit d'ouvrages usuels; mais elle serait d'un secours insuffisant, et pourrait exposer à de graves mécomptes en d'autres circonstances. Toutes les fois qu'il s'agit d'établir des fermes de charpente sortant de ce qui se rencontre habituellement dans la pratique, soit par leurs dimensions, soit par leur disposition, soit par les pressions qu'elles sont appelées à supporter, il convient de demander aux formules analytiques des enseignements moins incertains que ceux qui se pourraient déduire de constructions, ou trop rares, ou trop différentes pour faire autorité suffisante.

COMBLES. 479

On évalue les actions auxquelles les différentes pièces de la charpente sont appelées à résister, et l'on en conclut les équarrissages à adopter.

Le poids de la couverture et les pressions accidentelles qu'elle devra supporter constituent le point de départ des calculs dont il s'agit.

La première de ces choses varie entre des limites assez éloignées, dans un même système de couverture, pour qu'il y ait lieu à une évaluation spéciale dans chaque cas particulier; mais il est souvent utile d'avoir des données approximatives, et le tableau suivant en présente quelques-unes :

NATURE DE LA COUVERTURE.	POIDS PAR MÈTRE CARRÉ	
	DE LA COUVERTURE.	DU PLANCHER OU DU LATTIS ET DES CHEVRONS EN SAPIN.
Tuiles creuses.	75 à 90 kg.	20 à 25 kg.
Tuiles plates au tiers de pureau.	60 à 80	18 à 25
Tuiles à rebords.	40	15 à 20
Ardoises ordinaires.	25 à 30	15 à 20
Ardoises, modèle anglais.	40	15 à 20
Zinc.	8 à 9	12 à 15
Plomb.	40 à 50	15 à 20
Cuivre.	7 à 8	12 à 15
Tôle de fer.	7 à 8	12 à 15
Fonte.	80 à 100	20 à 25

Les pressions accidentelles qu'il y a lieu de prendre en considération sont dues à l'action de la neige ou à celle du vent.

On estime que, dans nos climats, la neige amoncelée sur un toit n'atteint jamais à plus de $0^m,50$ d'épaisseur, et sa densité étant de 0,10 environ, il s'ensuit qu'il n'y a pas à compter plus de 50 kilogrammes pour la pression qu'elle exerce par mètre carré de couverture.

Quant au vent, son action est parfois très-redoutable; elle peut s'élever à 175 kilogrammes par mètre carré sur un plan normal à sa direction. Mais il est extrêmement rare qu'elle atteigne ce chiffre dans l'intérieur des terres, où l'on est toujours plus ou moins abrité; puis cette pression se réduit dans une proportion qui est généralement très-prononcée, quand on l'évalue, ainsi qu'il convient, dans une direction normale à la ligne de plus grande pente de la couverture.

Enfin il est à remarquer qu'un vent très-fort a pour effet d'enlever la neige, et que la neige se maintient plus difficilement à mesure que la pente étant plus forte, la pression du vent prend plus de valeur ; de sorte qu'il y aurait excès de prudence à évaluer à la fois à leur maximum les deux surcharges dont il s'agit. Nous admettrons que, sauf les circonstances tout à fait exceptionnelles, on peut se borner au chiffre de 50 kilogrammes, qui résulte du maximum d'épaisseur de neige.

Les équarrissages des diverses pièces peuvent se déduire, d'après ces données, des formules relatives à la résistance des matériaux.

Les pannes se calculeront d'après les formules 19 et 20 du premier livre de cet ouvrage (page 134), ou d'après les prescriptions du paragraphe 8, suivant qu'elles seront simplement posées sur leurs appuis, ou qu'elles pourront être considérées comme encastrées par leurs deux extrémités.

Un arbalétrier entièrement isolé sur toute sa longueur peut être assimilé à une pièce inclinée, encastrée à son extrémité supérieure, sollicitée à l'autre par deux forces et chargée de poids distribués uniformément sur sa longueur. L'une de ces forces est horizontale et égale à la poussée de l'arbalétrier ; l'autre est verticale, dirigée de bas en haut et égale au poids qui agit sur la pièce. Si l'on désigne par

- p la pression par unité de surface, déterminée ainsi qu'il a été dit plus haut,
- l la longueur de l'arbalétrier,
- o la moitié de l'ouverture de la ferme,
- h la hauteur de la ferme,
- d l'espacement des fermes,
- a et b les côtés de la section de l'arbalétrier,

on aura pour expression de la force horizontale

$$Q = \frac{5}{8} \frac{pdol^2}{h},$$

et pour expression de la force verticale

$$P = pdl,$$

COMBLES.

et l'on pourra déterminer l'équarrissage de l'arbalétrier d'après la formule

$$R = pdl^2 \left(\frac{5}{8} \frac{o^2}{ablh} + \frac{3}{4} \frac{o}{ab^2} \right),$$

dans laquelle l'une des inconnues a ou b sera exprimée en fonction de l'autre. Malheureusement l'équation sera du 3ᵉ degré, et par conséquent peu commode dans la pratique. Mais les formules simplifiées qui ont été proposées par M. le général Morin donnent une solution suffisamment exacte de la question, et paraissent mériter la préférence des constructeurs [1]. En admettant une section carrée pour les arbalétriers et l'emploi de bois bruts, on peut adopter les relations suivantes pour les diverses espèces de couvertures :

    Couvertures en zinc ou en tôle. . . . . $a^3 = 0,00026 \, o^2$
    Id.   en ardoises. . . . . $a^3 = 0,00045 \, o^2$
    Id.   en tuiles creuses. . . . . $a^3 = 0,00057 \, o^2$
    Id.   en tuiles creuses maçonnées. . . . $a^3 = 0,00087 \, o^2$

Les dimensions a et o sont exprimées en mètres.

Le tirant qui unit les pieds des arbalétriers doit être en état de résister à une traction longitudinale dont la valeur est égale à Q, soit

$$\frac{5}{8} \frac{pdol^2}{h}.$$

Les dimensions déduites de cette formule seraient tout à fait insuffisantes, si la pièce était chargée de poids, comme il arrive d'ordinaire lorsqu'elle est logée dans l'épaisseur d'un plancher. Il faudrait donc tenir compte de ces poids, et l'on tomberait encore sur une équation du 3ᵉ degré. Mais l'action exercée par les poids l'emportant de beaucoup sur la tension, l'équarrissage qu'elle exigera pourra être regardé comme suffisant dans la plupart des circonstances. On se garantirait d'ailleurs de tout mécompte, si, après avoir calculé la section du tirant, en le regardant comme une pièce encastrée par ses deux extrémités et chargée de poids, on augmentait la dimension horizontale de ce qui est nécessaire pour résister à la force Q.

[1] *Leçons de mécanique pratique.*

Quand les arbalétriers sont maintenus en un point de leur longueur par un entrait retroussé comme ceux de la figure 3 de la planche 66, on calcule la partie supérieure comme on vient de le voir, et l'on admet que le poids de la portion de comble qui s'élève au-dessus de l'entrait agit sur l'extrémité des arbalétriers de la partie inférieure.

Dans les fermes représentées sur les planches 63 et 64, les arbalétriers sont maintenus au droit de chaque panne, et l'on peut alors calculer les équarrissages, en décomposant la pression exercée par chacune des pannes, suivant la direction des pièces qui se réunissent pour la supporter. Ces pièces peuvent donc être assimilées à celles qui sont comprimées dans le sens de la longueur.

III. — DÉCORATION.

Les combles sont rarement apparents à l'intérieur, dans les édifices qui réclament un certain luxe d'architecture. Ils sont cachés, ou par des voûtes, ou par des planchers que supportent les entraits des fermes. Ce dernier système a été employé dans des édifices fort importants, et, quoique moins monumental que le premier, il est susceptible de produire un fort bon effet. La riche basilique de Sainte-Marie Majeure, à Rome, est couverte par un plafond en menuiserie qui se relie aux fermes de la charpente, et qui présente le plus beau caractère, par la grandeur et la simplicité de sa disposition, aussi bien que par la richesse de son ornementation. Il est représenté par la planche 71. On voit que cet ouvrage est simplement exécuté en planches, avec ornements rapportés. Ces ornements sont dorés et se détachent sur un fond blanc.

La figure 1 représente les caissons vus en dessous; la figure 2 les fait voir par-dessus. Les fonds des caissons de la première rangée de droite sont enlevés afin de mieux faire juger le mode de construction. Les figures 3 et 4 sont des fragments de coupe transversale et de coupe longitudinale.

La basilique de Saint-Jean de Latran, dans la même ville, et l'église de Notre-Dame de Lorette, à Paris, montrent également des plafonds qui sont suspendus à la charpente du comble, mais dont les formes, plus compliquées, ne paraissent pas aussi heureuses.

Il serait facile de citer beaucoup d'autres exemples de dispositions de ce genre, mais ce ne sont point là des décorations de combles, ce sont plutôt des décorations de planchers ; le comble est séparé de la salle qu'il recouvre par un plancher qu'on décore, il n'est pas décoré.

C'est encore aux édifices religieux qu'il convient d'avoir recours pour trouver des exemples de décorations de combles. Lors de la construction des premières basiliques chrétiennes, la misère des temps et des fidèles obligeait à une grande économie dans les dépenses, et cependant il fallait des salles de vastes dimensions. On prit en conséquence le parti de laisser apparentes les fermes fort simples qui supportaient les couvertures de ces édifices. Plus tard, les progrès de la nouvelle religion ayant permis d'introduire un peu plus de luxe dans ses temples, les charpentes reçurent quelque ornementation ; elles furent décorées de peintures, et l'on y introduisit même des ornements sculptés.

On a reproduit encore cette disposition dans des édifices beaucoup plus modernes. Ce n'était plus la nécessité de l'économie qui y engageait, mais le désir de rappeler une forme dont le caractère paraissait religieux parce qu'elle avait été consacrée, en quelque sorte, par les premiers monuments de la religion. Il faut reconnaître d'ailleurs que cette mise en évidence complète de toutes les données de la construction est entièrement conforme aux conditions fondamentales de l'Architecture, et il ne faudrait point conclure de ce qui précède qu'elle est d'institution comparativement moderne ; il paraît bien établi, au contraire, qu'elle était entrée dans la pratique de l'antiquité, et que, dans des édifices de haute importance, les Grecs, aussi bien que les Romains, laissaient parfois apparaître les formes de la toiture.

On citera, parmi les charpentes ornées les plus remarquables, le comble de la basilique de San-Miniato, près de Florence, lequel est décoré de peintures, et dont un fragment est représenté par les figures 1 et 2 de la planche 70, et celui de la cathédrale de Messine, qui a été construit dans le douzième siècle. Ce dernier, décoré avec la plus grande richesse, présente un caractère vraiment monumental.

L'église de Saint-Vincent de Paul, à Paris, témoigne également de la richesse et de l'élégance qu'on peut introduire dans la décoration d'un comble. Peut-être un plafond à caissons serait-il mieux en rapport, que des fermes apparentes, avec le luxe de construction déployé dans les autres parties de l'édifice. Peut-être cette charpente est-elle un peu trop légère. Mais, la donnée admise, il faut reconnaître qu'il était difficile d'imaginer une ornementation de meilleur goût, et l'on doit savoir gré au savant architecte, M. Hittorf, d'avoir introduit en France une disposition qui peut être très-convenablement reproduite en d'autres circonstances et pour diverses natures d'édifices.

La belle charpente décorée qui couvre le cirque des Champs-Élysées est due au même architecte.

La salle d'attente de l'ancienne gare du chemin de fer du Nord, à Paris, offrait aussi un exemple d'une disposition de ce genre. Les pièces de la charpente du comble étaient apparentes à l'intérieur; les pannes étaient assemblées dans les arbalétriers, et formaient avec eux de grands caissons dont le fond était garni de panneaux imitant la menuiserie.

La coupe et le plan d'une des travées de cette charpente sont représentés par les figures 3 et 4 de la planche 70. La salle était éclairée par sa partie supérieure, et un vitrage horizontal, en verre dépoli, occupait le panneau central.

Une grande simplicité dans la disposition des fermes est une des conditions les plus essentielles d'une bonne décoration; quand une ferme doit rester apparente, il y a tout avantage, sous le rapport de l'effet à produire, à réduire le nombre des pièces qui entrent dans sa composition, quitte à augmenter les équarrissages.

Dans quelques charpentes laissées en évidence, le plancher sur lequel est fixée la couverture proprement dite reste également apparent, mais alors il se manifeste parfois des précipitations aqueuses sur la face intérieure de la couverture. Cet effet provient du refroidissement dû au rayonnement de la surface extérieure du toit, et il est d'autant plus prononcé que la matière employée conduit mieux le calorique; il s'observe surtout sur les couvertures exécutées en feuilles métalliques.

Il est essentiel de s'en garantir dans les édifices fermés, principalement lorsqu'ils doivent être chauffés. On y parvient en plaçant une seconde enveloppe au-dessous de celle qui forme la couverture. Ainsi, à Saint-Vincent de Paul la couverture réelle est fort éloignée de celle qui est apparente à l'intérieur, et, dans la salle d'attente de la gare du chemin de fer du Nord, on avait placé, à quelque distance au-dessous des chevrons, un plancher formé par de petites solives que supportaient les pannes; ce plancher était recouvert d'un enduit de mortier hydraulique et plafonné en plâtre en dessous. Les figures 5 et 6 de la planche 70 rendent un compte plus net de cette dernière disposition que la coupe de la figure 3. Ce sont des fragments, rapportés à une plus grande échelle, de coupes prises, l'une en travers, l'autre normalement à la direction de la pente du comble.

DES ESCALIERS.

Le système généralement employé pour la construction des escaliers en charpente consiste à former chaque marche d'une pièce de bois, qui est scellée, à une extrémité, dans le mur formant la cage de l'escalier, et qui est soutenue, à l'autre, par un limon.

En ce qui concerne leur disposition générale et les proportions des marches, ces escaliers ne diffèrent nullement de ceux qui sont exécutés en pierre, dont il a été déjà parlé, et il ne sera question ici que de leur mode de construction.

Dans les anciens escaliers, le limon était supporté, à chaque changement de direction, par un noyau montant de fond, dans lequel il s'assemblait. Les marches étaient formées par des solives de $0^m,16$ d'équarrissage environ, qui étaient reçues dans des entailles de $0^m,03$ de profondeur, pratiquées sur la face intérieure du limon. Elles étaient profilées sur leur face antérieure et délardées en dessous. On plafonnait le dessous de l'escalier, et l'intervalle qui existait entre les marches était rempli en maçonnerie et carrelé. Quand les dimensions de la cage le permettaient, on n'admettait que des rampes droites, et elles étaient séparées par des paliers; dans le cas contraire, on avait recours à des marches tournantes. Ces dernières étaient

Escaliers à limons.

toutes assemblées dans les noyaux, et étaient, par suite, fort étroites au collet. Un garde-corps, formé de balustres en bois, supportant une forte lisse, était établi au-dessus du limon, et contribuait à donner beaucoup de rigidité à la construction.

Ces escaliers étaient très-solides, mais lourds et disgracieux, et la disposition de leurs marches tournantes laissait beaucoup à désirer. Aucun de ces défauts ne se rencontre dans les escaliers modernes.

Les noyaux pleins montant de fond sont supprimés; ils sont remplacés par des noyaux évidés, qui ne sont autre chose que le prolongement du limon dans les changements de direction. On s'attache en outre à donner assez d'ouverture au jour des escaliers sur cage oblongue, pour que la largeur des marches dansantes ne soit pas réduite dans une trop forte proportion à leur collet. Enfin on *balance* ces marches, comme on le pratique pour les escaliers en pierre, tant pour faciliter le parcours de l'escalier, en dehors de la ligne de foulée, que pour éviter les jarrets désagréables que présenteraient le limon et le garde-corps, si l'on négligeait de prendre ce parti.

Dans la plupart de ces escaliers, les marches sont formées chacune d'une seule pièce de bois, et elles se recouvrent les unes les autres de quelques centimètres, sur toute leur longueur. Elles sont profilées sur le devant et plafonnées en dessous. Le limon fait saillie au-dessus des marches et au-dessous du plafond. Cette disposition est représentée en coupe par la figure 3 de la planche 72.

Quelquefois les marches sont posées, non-seulement à recouvrement, mais encore en coupe, à la manière de celles des escaliers en pierre; on peut alors les laisser apparentes en dessous (fig. 2). Mais ce système, plus dispendieux que le précédent, est peut-être moins satisfaisant, en ce que les joints ne tardent pas à s'ouvrir par suite du retrait des bois.

La première marche de l'escalier est ordinairement exécutée en pierre dure, et elle est encastrée de manière à ne pouvoir s'écarter de sa position. C'est elle qui supporte le limon, lequel est assemblé dans une pièce horizontale, appelée *patin*, et y est relié en outre par une jambette. La partie inférieure du limon, ou plutôt l'extrémité antérieure du patin, est presque toujours terminée par une volute, au centre de laquelle s'implante le premier balustre de la rampe (fig. 1, 2 et 6).

Dans l'escalier représenté par la figure 1, la marche palière est scellée par ses deux extrémités dans le mur, et le limon s'appuie contre elle. Elle soutient en outre les solives du palier, et elle est entaillée à cet effet, ainsi qu'il se voit sur la figure 4, de manière que le profil du limon se prolonge dans toute la partie de cette pièce qui répond au jour de l'escalier. Quelquefois aussi les solives du plancher sont soutenues par une pièce spéciale, ou bien elles sont dirigées parallèlement à la marche palière, ce qui permet de réduire l'équarrissage de cette dernière pièce. La partie entaillée ne reçoit, dans ce cas, que la faible saillie qui est nécessaire pour supporter les extrémités des lattes et des bardeaux (fig. 5).

Dans les paliers intermédiaires des escaliers disposés comme celui qui est représenté par la figure 6, les marches palières ne peuvent être scellées par leurs deux extrémités. On place alors les solives des paliers diagonalement, afin que moitié du poids seulement soit reportée sur le limon, ou bien on les soutient par une croix de Saint-André, dont trois extrémités sont scellées dans le mur, et dont la quatrième est assemblée dans le limon.

Le limon est toujours arrondi dans les angles, et, afin que les joints des deux marches contiguës ne soient pas placés sur la même ligne, on arrondit également les extrémités de ces marches, en les dirigeant normalement à la courbe que forme la projection horizontale du limon.

Dans le nouveau système, le limon n'est pas, à beaucoup près, aussi bien maintenu que dans le précédent, et l'on a surtout à redouter qu'il ne fléchisse horizontalement et ne laisse échapper les marches. On remédie à ce danger en l'arrêtant, de distance en distance, par de longs boulons qui sont scellés par une extrémité dans le mur.

Les diverses pièces qui composent le limon sont assemblées entre elles à redans avec tenons et mortaises. Cet assemblage est représenté par la figure 7. Il n'assurerait pas assez de solidité s'il n'était assujetti par un boulon, qui est logé dans l'épaisseur du bois, et qu'on serre au moyen d'un écrou, d'un côté, et d'une clavette, de l'autre. On substitue quelquefois à ce boulon des plates-bandes en fer, entaillées de leur épaisseur de manière à n'être point apparentes.

On abat assez habituellement les arêtes du limon, et on les remplace par des moulures plus ou moins prononcées, suivant la dimension de la pièce. Les figures 8 et 9 en offrent des exemples.

Les équarrissages des limons se règlent d'après les dimensions des marches, la hauteur de l'étage et le degré de solidité qu'on veut obtenir. Dans les très-petits escaliers, ce sont des madriers de 0^m,05 d'épaisseur seulement, et il est de grands escaliers, où le limon n'a pas moins de 0^m,20 d'épaisseur. Quant à la hauteur de cette pièce, elle dépend essentiellement de la forme des marches.

<small>Escaliers sans limons.</small>

Après avoir adopté, pour les marches des escaliers en charpente, la forme usitée dans les constructions en pierre, on a été conduit à supprimer le limon. Mais, le bois étant sujet à se tourmenter et n'exerçant pas une pression aussi considérable que la pierre, les escaliers en bois, privés du secours de cette pièce essentielle, n'auraient pas présenté une solidité suffisante, si l'on n'y avait suppléé par un artifice de construction. Chaque marche a été reliée à la marche inférieure au moyen d'un boulon les traversant toutes deux, et, quand la longueur des marches l'a exigé, on a multiplié ces moyens de consolidation en ayant recours à deux et même à trois cours de boulons. On voit donc que la suppression du limon n'est qu'apparente; il est, par le fait, remplacé par un ou plusieurs limons en fer. Ce système de construction, représenté par les figures 10 et 11, est fort dispendieux, et n'a reçu que d'assez rares applications; mais il a mis sur la voie d'une autre disposition, qui est presque exclusivement employée aujourd'hui pour tous les escaliers en bois de nos habitations privées. Elle réunit la simplicité et l'économie à la hardiesse et à l'élégance de forme par lesquelles se recommandaient les escaliers dépourvus de limons.

<small>Escaliers avec limons crémaillère.</small>

Cette nouvelle disposition admet un limon, mais elle le dissimule; il ne s'élève plus au-dessus des marches, il est entaillé au droit de chacune d'elles, de manière à présenter une suite de gradins. Les extrémités des marches ne sont plus reçues dans des cavités ménagées sur la face cachée du limon; elles reposent sur les gradins, et elles y sont fixées par de fortes vis ou par des équerres qui les saisissent en dessous.

Ces marches ne sont pas toujours pleines dans toute leur hauteur; le dessus est souvent formé par un madrier plus ou moins épais, et la partie antérieure, la *contre-marche*, par une planche assemblée, à rainure et languette ou à embrèvement, dans les deux marches auxquelles elle se rattache. Toutes les marches se profilent latéralement, comme dans les escaliers sans limons.

On plafonne en dessous. Quelquefois les lattes nécessaires à l'exécution de ce travail sont clouées sur les arêtes postérieures des marches ; mais il est mieux de les fixer sur de petites solives qui sont scellées, d'un côté, dans le mur, et sont supportées, de l'autre, par le limon, afin d'éviter que l'ébranlement éprouvé par les marches ne se communique à l'enduit et n'y détermine des crevasses.

La figure 12 est une coupe d'un de ces escaliers, prise suivant la ligne de foulée, et les figures 13 et 14 représentent les deux systèmes en usage pour maintenir les marches sur le limon.

Quand ces escaliers sont de petites dimensions, ils sont exécutés en planches, et ils rentrent alors dans les ouvrages de menuiserie.

On substitue quelquefois, au limon en bois, un limon à crémaillère exécuté en fer forgé ; ce qui permet de donner plus de légèreté apparente et en même temps plus de solidité à la construction. Limons en fer

Dans d'autres escaliers, le dessus des marches est formé d'une dalle de pierre dure, et l'on n'a recours au bois que pour les faces antérieures et le limon. Au moyen d'une peinture appliquée sur ces dernières parties, l'escalier paraît être entièrement exécuté en pierre. Marches.

On construit enfin de petits escaliers de dégagement en les isolant tout à fait des murs. Les marches sont pleines et sont maintenues par des boulons, comme dans les escaliers sans limons, ou bien elles sont exécutées en menuiserie et supportées par des limons à crémaillère. Il est essentiel, pour la stabilité de ces ouvrages, de les fixer solidement, par leur extrémité supérieure, au plancher de l'étage qu'ils desservent, et il est aisé de juger d'ailleurs qu'ils ne pourraient résister à des pressions bien considérables. Escaliers isolés.

Tous les escaliers construits avec limons à crémaillère présentent ce dernier inconvénient à un degré plus ou moins prononcé. Aussi, dans les édifices publics, où les escaliers sont appelés à desservir une circulation très-active, comme les écoles, les casernes, les hôpitaux, on adopte presque toujours des marches pleines avec limons apparents.

Les garde-corps ou rampes des escaliers en bois s'exécutent habituellement en fer. Les montants sont implantés au milieu du limon dans les Rampes.

escaliers où cette pièce est apparente, et ils sont fixés sur les têtes des marches dans les autres.

On les espace de $0^m,16$ environ de milieu en milieu, et on les relie, à leur partie supérieure, par une lisse en fer forgé sur laquelle la main courante en bois se maintient par des vis; ces vis se posent en dessous, afin de n'être pas apparentes.

CHAPITRE DEUXIÈME

MENUISERIE.

La Menuiserie a pour objet l'exécution de revêtements contre les parois intérieures de nos édifices, et de cloisons légères, fixes ou mobiles, telles que portes, croisées, persiennes, etc. Elle embrasse, en un mot, tous les ouvrages qui s'exécutent en planches.

Pour établir économiquement des ouvrages de menuiserie, il faut prendre en considération les dimensions, les épaisseurs surtout des planches qui se trouvent dans le commerce ; et, si l'on veut les disposer convenablement, il est essentiel de ne pas perdre de vue que, sous l'influence des variations hygrométriques, toutes les planches sont exposées à des mouvements de contraction et de dilatation plus ou moins prononcés. C'est là un fait capital, qui domine toute la théorie de l'art. Le problème à résoudre peut se poser en ces termes : exécuter des ouvrages de dimensions sensiblement invariables avec des éléments dont les dimensions varient sans cesse.

DES ASSEMBLAGES.

Plusieurs des assemblages de la charpente appartiennent également à la menuiserie ; ainsi les assemblages à tenons et mortaises, à rainures et languettes, à queues d'hironde, à traits de Jupiter s'emploient dans les travaux de l'un et de l'autre de ces arts. Mais il est un mode d'assemblage qui est, pour ainsi dire, spécial à la menuiserie, qui y joue un très-grand rôle, et qui est merveilleusement approprié aux conditions toutes particulières des ouvrages auxquels il s'applique : c'est *l'embrèvement longitudinal*.

Dans les constructions de charpente, lorsque deux pièces se rencontrent obliquement, celle qui porte le tenon est *embrevée* dans l'autre; en menuiserie, l'embrèvement s'applique principalement à la réunion de planches ou de panneaux avec des pièces de plus forte épaisseur. La planche ou le panneau pénètre dans une rainure pratiquée sur le côté de la pièce qui reçoit l'assemblage, mais sans arriver jusqu'au fond de cette cavité (pl. 73, fig. 5). Il résulte de cette disposition que toutes les parties de l'ouvrage sont libres d'obéir à l'influence des variations hygrométriques, sans que les dilatations et les contractions qu'elles éprouvent se manifestent au dehors. Ces mouvements ne peuvent nuire en rien, ni à la beauté, ni à la solidité de la construction. Les angles saillants de la pièce la plus épaisse sont habituellement abattus et remplacés par des moulures.

Quand l'épaisseur de la pièce embrevée le permet, on ajoute à l'embrèvement une rainure et une languette, afin d'augmenter la solidité de l'assemblage, lorsqu'il n'y a pas d'ailleurs une grande différence d'épaisseur entre les deux pièces. Cet assemblage est représenté par la figure 6.

L'assemblage à *joints couverts* (fig. 7) présente les mêmes avantages que le précédent, et peut s'appliquer à la réunion de planches de même épaisseur.

Lorsque l'une des faces de l'ouvrage doit être seule apparente, l'embrèvement ne se pratique que de ce côté; sur l'autre face, le mode de réunion rentre dans l'assemblage à rainure et languette (fig. 8).

On a souvent recours à la disposition représentée par la figure 9, dans le but d'augmenter les saillies de la pièce qui reçoit l'assemblage sur celle qui est assemblée. Elle consiste à réduire l'épaisseur du panneau, à une certaine distance de son périmètre, en figurant une table saillante sur l'une des faces et quelquefois sur les deux.

Dans tous ces assemblages, les rainures doivent être d'autant plus profondes que les planches ou panneaux qui y sont embrevés sont plus larges, puisque, toutes choses égales d'ailleurs, les contractions sont proportionnelles aux largeurs. Mais, dans la pratique ordinaire, pour ce qu'ils appellent les *ouvrages courants*, les menuisiers n'admettent, en général, que deux profondeurs ; ils donnent $0^m,008$ environ aux rainures qui doivent recevoir des planches dont la largeur ne dépasse pas $0^m,22$, et de $0^m,015$ à $0^m,018$ à celles dans lesquelles ils embrèvent des panneaux.

Lorsqu'on doit assembler un montant et une traverse, qui portent moulures sur une de leurs rives, on pratique un *onglet* dans la hauteur de la moulure. Si la traverse était décorée de moulures sur ses deux côtés, l'assemblage présenterait un *double onglet*. Enfin, dans les ouvrages de luxe où le bois doit rester apparent, l'onglet embrasse toute la largeur des pièces ; l'assemblage est à *bois de fil*. Ces dispositions sont indiquées par les figures 10, 11 et 12.

Quant on veut unir entre elles des planches de même épaisseur, placées sur le même plan, et de telle sorte que leurs joints ne puissent s'ouvrir, on ajoute des clefs (fig. 13) à l'assemblage par rainures et languettes.

Les rainures ont de $0^m,006$ à $0^m,008$ de profondeur, lorsque les planches n'ont pas plus de $0^m,04$ d'épaisseur ; au delà, on leur donne habituellement de $0^m,008$ à $0^m,014$. Les clefs s'espacent de $0^m,60$ à $1^m,00$; de même que les languettes et les tenons, elles ont pour épaisseur le tiers de celle de la planche.

Dans les ouvrages vulgaires, on supprime parfois les rainures et languettes, et l'assemblage est dit à *joints plats avec clefs*.

Il ne faut pas perdre de vue d'ailleurs que, pour adopter impunément l'une ou l'autre de ces deux dernières dispositions, il est essentiel que l'ouvrage entier soit placé dans des conditions telles que rien ne s'oppose à sa contraction ou à sa dilatation.

Lorsque les planches ne sont pas réunies en panneaux, quand elles sont, par exemple, assemblées à leur pied et à leur sommet dans des traverses où elles sont maintenues par des tenons, toute facilité doit être laissée à leurs mouvements individuels. On prend alors, assez ordinairement, le parti de marquer leurs joints par de petites baguettes, afin qu'ils puissent s'ouvrir et se resserrer entre certaines limites sans nuire à l'aspect de l'ouvrage. La figure 14 rend compte de cette disposition.

Enfin l'on emploie fréquemment la colle forte pour consolider les ouvrages de menuiserie ; mais il ne faut pas qu'elle soit appliquée de manière à s'opposer aux mouvements de contraction et de dilatation des planches. Ainsi, on collera entre elles les planches d'un même panneau ; mais on se gardera bien de réunir, par ce procédé, un panneau avec l'encadrement qui le reçoit, et dans lequel il doit avoir toute liberté de se mouvoir.

DES PARQUETS.

Les planchers les plus vulgaires s'exécutent en planches des largeurs fournies par le commerce, et assemblées entre elles à rainures et languettes ; mais, pour peu que le bois ne soit pas parfaitement sec, ces planches ne tardent pas à jouer, et les joints à s'ouvrir beaucoup. On remédie à ces inconvénients en réduisant la largeur des planches, et les planchers prennent alors le nom de parquets.

On compte trois espèces principales de parquets : les *parquets à l'anglaise*, les *parquets à point de Hongrie*, les *parquets à compartiments*.

Ils s'exécutent quelquefois en bois de sapin, le plus souvent en bois de chêne, qui donne de bien meilleurs résultats, parce qu'il est plus dur. Leur épaisseur varie entre $0^m,027$ et $0^m,054$. On n'a guère recours à cette dernière dimension que pour les rez-de-chaussée ; l'épaisseur la plus habituelle et la plus convenable est celle de $0^m,034$.

Parquets à l'anglaise. Les planches, réduites à $0^m,08$ ou $0^m,11$ de largeur environ, se placent les unes à côté des autres, et s'assemblent à rainures et languettes. Elles sont fixées sur des lambourdes de $0^m,06$ à $0^m,08$ d'équarrissage, lesquelles sont espacées de $0^m,50$ environ et posées sur l'aire du plancher, où elles sont maintenues par des scellements en plâtre. Chaque planche est assujettie sur chaque lambourde par des clous inclinés dans le champ du bois, de manière à n'être point apparents. Les extrémités des planches sont chevauchées, et doivent toujours répondre au milieu d'une lambourde. Ces parquets s'entourent d'un encadrement dans lequel ils s'assemblent à rainures et languettes (pl. 73, fig. 15).

Parquets à point de Hongrie. Les figures 16 et 17 indiquent les dispositions de ce genre de parquets. Les planches sont encore assemblées entre elles à rainures et languettes, et sont clouées sur les lambourdes. Une lambourde doit toujours se trouver au droit de chaque joint longitudinal. On règle la longueur des feuilles et l'angle sous lequel elles se rencontrent, d'après les dimensions de la salle, et en s'attachant à réduire autant que possible les pertes de bois. On leur donne ordinairement $0^m,08$ de largeur, lorsqu'elles ont moins d'un mètre de longueur, et $0^m,11$ quand elles dépassent cette limite.

Parquets à compartiments. Ainsi que le fait pressentir leur nom, ces parquets sont susceptibles de dispositions extrêmement variées. Les figures 18 et 19 en offrent des exemples, et la figure 20 indique leur système de construction. On voit que les planches étroites ou *frises*, qui marquent les compartiments, s'assemblent entre elles à tenons et mortaises, et reçoivent, dans des rainures, les languettes que les petits panneaux carrés ou rectangulaires portent sur leurs rives. Ces panneaux sont formés ordinairement chacun d'un seul morceau, et, comme ils sont d'une assez grande largeur, leurs joints s'ouvrent beaucoup pour peu que le bois ne soit pas parfaitement sec.

Les grands panneaux de la figure 19 s'assemblent à rainures et languettes, soit entre eux, soit dans les frises qui les séparent. Tous les assemblages à tenons et mortaises sont chevillés en bois. Le parquet se fixe sur les lambourdes au moyen de clous qui saisissent les principales pièces dans le champ du bois. Les grands panneaux sont presque toujours placés en diagonale, ce que la disposition de la planche n'a pas permis d'indiquer.

Ces parquets s'exécutaient autrefois en merrains, planches de chêne de faible longueur, mais débitées sur maille; d'où résultaient un plus bel aspect et des joints moins disposés à s'ouvrir. Des considérations d'économie, fort mal entendue d'ailleurs, font renoncer à cette pratique dans la plupart des constructions modernes.

On exécute parfois des parquets beaucoup plus riches, et de dessins plus capricieux et plus variés, en employant des bois de différentes couleurs. Leur disposition compliquée et la légèreté de quelques-unes de leurs pièces ne permettraient pas de les établir directement sur les lambourdes; on les construit sur un premier plancher, qui est solidement fixé et qui est exécuté en bois de chêne ou de sapin du Nord, parfaitement sec. Il importe que les diverses essences de bois qui sont ainsi associées présentent à peu près même degré de dureté; sans cela le parquet n'aurait qu'une durée fort éphémère.

DES LAMBRIS.

Les planchers n'admettant que des surfaces unies, ne se prêtent pas à une solution complète du grand problème de la menuiserie. On réduit la largeur des planches, afin de diminuer l'ouverture des joints lorsque le bois se resserre; on emploie du bois très-sec et quelquefois du merrain, comme on l'a dit plus haut, pour que ce mouvement soit peu prononcé; on assemble les pièces de telle sorte qu'elles ne puissent se soulever isolément; mais ce ne sont là que des palliatifs. On atténue le mal; on ne le fait pas disparaître.

Les lambris ouvrent à l'art un plus vaste champ. Ils admettent de légères saillies et permettent par là de satisfaire à toutes les conditions du problème. Des planches, ou des réunions de planches formant panneaux, assemblées à embrèvement dans des châssis en bois plus épais, qui se fixent contre la paroi qu'il s'agit de revêtir : telle est la disposition générale des lambris.

Cette donnée admet les formes les plus simples, se prête merveilleusement aux plus compliquées, et s'applique aux ouvrages les plus vulgaires comme aux plus importants. On en déduit quatre combinaisons principales, en ce qui concerne l'esprit de la construction; elles sont représentées sur la planche 74.

La première (fig. 1) consiste à assembler des planches, auxquelles on a conservé toute leur largeur, dans des traverses et dans des montants beaucoup plus étroits, mais plus épais qu'elles. Ces dernières pièces se combinent suivant divers dessins, et sont habituellement disposées de manière à offrir une division à hauteur d'appui, comme le montrent les deux exemples qui ont été réunis sur la même figure. Leurs arêtes sont quelquefois conservées; mais, le plus souvent, elles sont remplacées par une petite moulure, ainsi qu'il se voit sur le détail de l'assemblage (fig. 2).

La plupart de nos anciennes boiseries sont établies dans ce système, et il y a lieu de penser qu'il était également entré dans la pratique de l'antiquité. C'est, en effet, celui qui a dû se présenter le premier à l'esprit.

Les lambris formés de planches assemblées à joints couverts, qui s'emploient quelquefois, en sont un cas particulier ; ils en diffèrent seulement en ce que les parties saillantes sont de la même largeur que les parties rentrantes. La figure 3 représente la coupe d'un de ces lambris, dont il n'a pas paru nécessaire de donner l'élévation.

La seconde combinaison consiste à réunir entre elles un certain nombre de planches de même épaisseur, et à assembler dans des châssis les panneaux ainsi formés. On peut alors augmenter et varier l'espacement des montants. La figure 4 en offre un exemple.

Ces lambris sont habituellement divisés en deux parties sur leur hauteur ; la première, qui s'élève à hauteur d'appui, forme une sorte de soubassement, et elle est séparée de la seconde par un petit bandeau auquel on a donné le nom de *cimaise*. Les châssis de l'une et de l'autre s'assemblent à embrèvement dans la cimaise.

On peut admettre des panneaux de largeurs inégales dans une même salle, et il convient même de le faire, afin d'introduire de la variété dans la composition ; mais il faut les disposer avec ordre, en d'autres termes, suivant une loi que le spectateur puisse saisir facilement.

Quelquefois, soit pour obtenir cette régularité, soit pour établir des divisions bien tranchées, soit encore pour présenter à l'esprit l'idée d'une plus grande résistance en quelques points, on a recours à des tables saillantes, de faible largeur, qui s'assemblent à joints couverts dans les châssis, ainsi qu'il est représenté sur le côté droit de la figure 4, et sur le détail (fig. 5), lequel est une coupe prise suivant la ligne AB et rapportée à une plus grande échelle.

L'ornementation de ces lambris réside dans les petites moulures pratiquées sur les côtés des planches qui forment les châssis. Or ces planches sont nécessairement assez étroites, et des considérations d'économie ne permettent pas de leur donner une grande épaisseur, de sorte que, sous le rapport de l'ornementation, les deux systèmes qui viennent d'être examinés peuvent paraître insuffisants en quelques circonstances.

On résout cette difficulté en ajoutant des cadres aux châssis. Le lambris est

Lambris à grands cadres.

dit alors à *grands cadres*. Les encadrements sont formés de moulures prises dans une pièce de bois plus épaisse que le châssis, lequel y est embrevé. Le panneau est également reçu à embrèvement dans le cadre. On peut alors accentuer et enrichir autant qu'on le juge convenable l'ornementation du lambris.

La figure 6 offre un exemple de cette disposition.

Quelquefois enfin le grand cadre entoure un certain nombre de panneaux, qui ne sont séparés les uns des autres que par de petits cadres, ainsi qu'on le voit sur la figure 7.

On a donné sur la première de ces deux figures, un exemple de porte entourée d'un chambranle et surmontée d'un fronton en boiserie, et l'on a montré, sur la seconde, comment on peut faire intervenir des pilastres dans la décoration des revêtements en bois.

Les figures 8 à 13 représentent les détails des principaux assemblages de ces boiseries.

Fig. 8. Coupe de la cimaise. . . . .
Fig. 9. Coupe suivant CD. . . . . } de la boiserie, fig. 6.
Fig. 10. Coupe du chambranle et d'une partie de l'embrasure de la porte. . . . .
Fig. 11. Coupe d'un des petits cadres, suivant EF. . . .
Fig. 12. Coupe d'un des grands cadres, suivant GH. . . } de la boiserie, fig. 7.
Fig. 13. Coupe transversale d'un des pilastres. . . . . .

Dans les constructions où l'on est obligé d'apporter une très-grande économie dans les dépenses, on prend souvent le parti de ne pas donner aux bâtis beaucoup plus d'épaisseur qu'aux panneaux, et d'assembler les uns et les autres à rainures et languettes. On couvre alors les joints au moyen de tringles plus ou moins ornées de moulures, lesquelles forment des cadres saillants et sont fixées sur les bâtis par des pointes. Mais ce système ne présente, ni la même solidité, ni la même élégance de construction que le précédent. Il est indiqué sur la planche par la figure 14.

Les corniches ou entablements, compris entre l'extrémité supérieure des lambris et le plafond ou la voûte qui couvre la salle, s'exécutent quelquefois en bois, mais le plus souvent en plâtre. Quand on adopte le premier de ces modes de construction, on les forme de planches distribuées et assemblées de manière à offrir de l'économie dans le cube de la matière, et à s'opposer à l'ouverture des joints. Les figures 1 et 4 donnent des exemples de ces dispositions.

Les lambris ne descendent pas habituellement jusqu'au niveau du sol; ils s'arrêtent à une certaine distance, et leur extrémité inférieure est masquée par une planche formant socle, qui est simplement clouée ou maintenue par des vis contre la paroi de la salle.

Il est plusieurs conditions et détails de construction qu'il est nécessaire de connaître pour établir convenablement un lambris. Ils vont être successivement passés en revue.

Détail de construction.

1° Les panneaux présentent, suivant leurs dimensions et le degré de solidité qu'il s'agit d'obtenir, depuis $0^m,013$ jusqu'à $0^m,034$ d'épaisseur; le plus habituellement $0^m,020$. Ils sont formés de planches de $0^m,13$ à $0^m,20$ de largeur, assemblées à rainures et languettes, et collées dans leurs joints, comme il a été dit plus haut. On consolide quelquefois ces assemblages au moyen de bandes de toile collées par derrière, ou de nerfs de bœuf battus.

L'expérience paraît avoir démontré qu'il convient de ne pas donner à un panneau plus d'un mètre sur la largeur et plus de trois sur la longueur.

Lorsqu'on craint qu'un panneau ne fléchisse, on le fortifie en arrière par une ou plusieurs barres transversales, qui se fixent sur les montants des châssis. Elles s'entaillent à queue d'hirondelle dans le panneau, lorsqu'il est d'épaisseur suffisante, ou bien elles se fixent au moyen de vis qui les traversent. Dans ce dernier cas, il faut pratiquer une entaille horizontale dans la barre, au droit de chaque vis, afin que ce moyen de consolidation ne devienne pas un obstacle aux mouvements de contraction et de dilatation du panneau.

2° Les montants et les traverses qui forment les châssis ou *bâtis* s'assemblent entre eux à tenons et mortaises, et ces assemblages sont maintenus chacun par deux chevilles en bois. Il convient de ne pas donner à ces pièces plus de $0^m,16$ de largeur, et elles sont prises ordinairement dans des planches de $0^m,027$ à $0^m,054$ d'épaisseur.

3° Les montants et les traverses des cadres embrevés s'assemblent entre eux d'onglet et à tenons et mortaises.

4° Il est bon de raboter, de *blanchir*, par derrière, au moins au milieu de leur largeur, toutes les planches qui entrent dans la composition d'un lambris. L'expérience a démontré que cette pratique diminue leur tendance à se courber; cela provient, sans doute, de ce qu'elles sont alors plus également aérées.

5° Afin d'assurer la conservation des bois, il est essentiel de les isoler du mur dont ils forment le revêtement, et il convient de les couvrir de deux ou trois couches de grosse peinture à l'huile sur la face non apparente.

6° On fixe les lambris au moyen de vis traversant les pièces de bâtis. Quand ils sont appliqués contre des murs en maçonnerie, on scelle au préalable, au droit de chaque vis, un *tampon* en bois de chêne, qui fait une certaine saillie sur le nu du mur afin d'isoler le lambris, et dans lequel on fait ensuite pénétrer la vis. Les têtes de ces vis ne doivent pas rester apparentes; elles s'encastrent dans le bois, et l'on rapporte par-dessus de petites pièces de même bois dont les fibres sont dirigées dans le sens de celles des bâtis, et qui se maintiennent avec de la colle forte. Cette disposition est indiquée sur les figures 5 et 9.

En ce qui concerne la décoration, le petit nombre d'exemples que le lecteur a sous les yeux paraît suffire pour montrer qu'elle est susceptible d'une assez grande richesse. Elle peut s'appliquer d'ailleurs à des formes très-variées, tant sous le rapport de la composition générale, que sous celui des détails. On trouve, dans quelques lambris du seizième et du dix-septième siècle, des dispositions plus compliquées que celles de notre planche, et elles présentent souvent beaucoup d'élégance et de distinction. Les formes circulaires s'y allient parfois heureusement aux formes rectilignes; les panneaux y sont, en général, très-nombreux et surtout peu élevés, ce qui provient sans doute de l'usage où l'on était de les construire en merrains. Les lambris du dix-huitième siècle sont, pour la plupart, beaucoup plus riches, mais leur dessin est sujet à tomber dans la bizarrerie, et il en est dont les contours sont trop tourmentés.

Les dispositions de ce genre ne peuvent être, ni recommandées, ni proscrites d'une manière absolue. Si elles sont moins rationnelles, elles sont, en revanche, moins sévères que celles dont la ligne droite est le seul régulateur; elles ouvrent une plus large porte à la fantaisie, à ces compositions capricieuses qu'il y aurait rigorisme exagéré à repousser de nos décorations intérieures; mais il faut se garder d'en faire abus. Mieux vaut pécher par excès de simplicité et de raison que par le défaut opposé.

Les sculptures dont on enrichit parfois les boiseries sont prises dans la masse du bois, lorsqu'il s'agit d'ouvrages exécutés avec une certaine recherche; mais, le plus souvent, elles sont moulées en diverses matières et maintenues par des clous ou des vis.

Par suite des progrès de l'industrie des papiers peints, laquelle livre à très-bas prix des produits fort remarquables, on lambrisse aujourd'hui beaucoup moins qu'on ne le faisait autrefois ; il ne s'établit presque plus de *lambris de hauteur* dans nos habitations modernes. Ce résultat est peut-être regrettable au point de vue de l'art. Le bois est, en effet, une matière des plus convenables pour nos revêtements intérieurs ; et les grandes boiseries, par leurs dispositions ingénieuses, par l'ordre et la variété de leurs compartiments, par la vérité de leurs expressions, étaient, au plus haut degré, susceptibles d'un beau caractère, et rappelaient au dedans le sentiment artistique qui avait présidé à l'architecture du dehors. Il y avait diversité dans la matière et dans la forme, mais unité bien évidente dans la composition. Sans doute, des tentures, dont les dessins sont élégants, dont les couleurs sont heureusement assorties, ont quelque chose de plus riche et meublent peut-être davantage ; mais, si l'on ne peut songer à les repousser, on pourrait demander que leur emploi fût moins exclusif. Qu'un lambris s'élève jusqu'à hauteur d'appui ou même un peu plus haut, ce qui est d'ailleurs très-motivé, parce que le bois résiste mieux aux frottements que l'étoffe ou le papier ; que la tenture occupe des panneaux plus ou moins vastes entourés de cadres en menuiserie ; que des points d'appui et des remplissages se marquent dans le revêtement ; et, en combinant ainsi les deux systèmes, on réunira leurs mérites : au caractère résultant de la disposition générale, viendra s'ajouter heureusement la décoration produite par les dessins et les couleurs des panneaux.

DES PORTES.

Les portes les plus simples sont les portes *pleines*. Elles sont entièrement planes sur l'une et l'autre face, et sont formées de planches, habituellement de sapin, emboîtées, haut et bas, dans des traverses en chêne. Ces planches sont assemblées entre elles à rainures et languettes avec clefs, et à tenons et mortaises dans les traverses. On a soin de donner de la refuite aux tenons et aux chevilles qui les maintiennent, c'est-à-dire que les mortaises ont plus de longueur que les tenons, et qu'il en est de même des trous pratiqués dans ces derniers par rapport aux chevilles qui les traversent, afin de laisser toute liberté aux mouvements de contraction et de dilatation des planches. Quelquefois on adopte un autre système : les planches se meuvent isolément; elles ne sont plus maintenues les unes aux autres par des clefs; les joints sont accusés comme le montre la figure 14 de la planche 73, et les assemblages dans les traverses sont fixés. Cette dernière disposition est préférable à la première, en ce que, les planches n'étant plus solidaires dans leurs mouvements, la largeur de la porte ne varie pas d'une manière sensible.

Mais ces ouvrages ne sont admissibles que dans les constructions les plus vulgaires; les portes sont établies partout ailleurs suivant des dispositions analogues à celles qui régissent la composition des lambris. Il n'y a, sous ce rapport, qu'une seule différence entre les deux objets : les premiers présentent deux parements, tandis que les autres n'en ont qu'un.

Ainsi, en ce qui concerne le système de construction, on divise les portes à panneaux en deux classes : les portes à *petits cadres*, et les portes à *grands cadres*. Ceux-ci peuvent être *rapportés ou embrevés*; mais ce dernier mode d'assemblage est le seul auquel il convienne d'avoir recours dans les édifices de quelque importance.

Les épaisseurs à donner aux châssis et aux panneaux dépendent à la fois des dimensions de la porte et du degré de solidité qu'on veut obtenir, et c'est principalement le caractère de la décoration qui règle celles des encadrements. Dans les circonstances ordinaires, on adopte les proportions suivantes pour les épaisseurs des bâtis des portes intérieures, savoir : $0^m,032$ à $0^m,040$ pour les portes de moins de 3 mètres de hauteur; $0^m,040$ à $0^m,050$ pour celles de 3 à 4 mètres; et $0^m,052$ à $0^m,058$ pour celles dont la hauteur est comprise entre 4 et 5 mètres. L'épaisseur des panneaux varie, comme dans les lambris, entre $0^m,013$ et $0^m,034$; elle est habituellement de $0^m,020$ environ.

Les portes d'intérieur sont, presque toujours, entourées de chambranles en menuiserie, et sont reçues dans des feuillures qui ont en profondeur l'épaisseur des bâtis, de sorte que leur parement affleure la face intérieure du chambranle. Ces chambranles se fixent contre les murs au moyen de pattes à vis qui se clouent contre les poteaux d'huisserie, s'il s'agit d'un pan de bois, ou sont terminées par un scellement, lorsque le mur est exécuté en maçonnerie. Les *contre-chambranles* (chambranles appliqués sur la face du mur opposée à celle que la porte affleure) se maintiennent de la même manière. L'embrasure de la porte est ordinairement revêtue d'un lambris, qui est assemblé, à la fois, dans le chambranle et dans le contre-chambranle; cet ouvrage, quelquefois à grands cadres, le plus souvent à petits cadres, est suffisamment maintenu par ces assemblages.

Les chambranles des portes percées dans les cloisons légères consistent simplement en moulures clouées autour des huisseries, lesquelles portent feuillure.

On trouve, dans quelques portes cochères du dix-septième siècle, un système de construction fort ingénieux et qui assure beaucoup de solidité. Les montants et les traverses sont étroits, mais épais et très-multipliés; au dehors, au lieu d'être en saillie sur les panneaux, ils sont recouverts par eux, et ils s'y assemblent à embrèvement; du côté opposé, des croix de Saint-André, placées en arrière de chacun des panneaux, consolident les assemblages, maintiennent les panneaux, qui y sont fixés par de petits boulons ou des clous rivés, et affleurent la face intérieure du bâti. On a soin d'ailleurs de donner un peu de refuite aux boulons, pour que les panneaux ne soient pas exposés à se fendre lorsqu'ils prennent du retrait. Les panneaux inférieurs de la porte cochère représentée par la figure 12 de la planche 75, sont exécutés dans ce système, et le détail de leur assemblage avec les bâtis est donné par la figure 13, qui est une coupe prise suivant la ligne EF.

Il est d'usage de ménager un guichet pour les piétons dans les portes cochères. La disposition généralement adoptée, consiste à composer chaque vantail d'un châssis très-épais, lequel présente une traverse intermédiaire au-dessus du guichet; les feuillures qui reçoivent la porte de ce guichet, sont pratiquées sur l'un des côtés du bâti. Les grands panneaux, ainsi formés, sont entourés d'un autre bâti moins épais et quelquefois en outre d'un grand cadre embrevé; ils sont d'ailleurs susceptibles d'être divisés en compartiments, suivant divers dessins.

L'ouverture des portes cochères étant à peu près constante, on règle habituellement l'épaisseur des bâtis d'après la hauteur de ces ouvrages. Il est d'usage de donner $0^m,08$ à $0^m,11$ d'épaisseur aux gros bâtis, pour les portes qui n'ont pas plus de 4 mètres de hauteur; $0^m,11$ à $0^m,14$, pour celles de 5 mètres; et $0^m,14$ à $0^m,16$, pour celles dont la hauteur atteint 6 mètres. On donne aux petits bâtis de $0^m,06$ à $0^m,08$ d'épaisseur, suivant les circonstances.

Afin que les deux grands vantaux se maintiennent réciproquement, on les emboîte entre eux à la manière de ceux des fenêtres, c'est-à-dire *à noix*.

On donne le nom de *portes charretières*, à des portes composées d'un châssis dans les traverses duquel viennent s'assembler, à tenons et mortaises, des planches jointes à rainures et languettes, et dont les joints sont marqués par de petites baguettes comme ceux de la seconde espèce de portes pleines dont il a été parlé plus haut. Les planches sont moins épaisses que le châssis, et elles l'affleurent au dehors; des croix de Saint-André, placées en arrière, maintiennent toutes les parties de l'ouvrage.

Ces portes, beaucoup plus légères que les portes cochères ordinaires, peuvent être également percées de guichets; on a recours, dans ce cas, au double châssis, ou, ce qui est plus simple et plus habituel, on prend le parti d'ouvrir le guichet entre deux traverses, et de maintenir les planches qui le ferment par des barres transversales, placées en arrière et clouées à leur pied et à leur sommet.

La planche 75 met sous les yeux du lecteur plusieurs dessins de portes, afin de lui faire bien comprendre les principaux systèmes de construction qui viennent d'être exposés, et de lui montrer qu'ils se prêtent à des combinaisons assez variées.

La figure 1 représente une porte à un vantail, composée d'un assez grand nombre de panneaux à petits cadres. On trouve des dispositions analogues dans les menuiseries du seizième et du dix-septième siècle. La figure 2 est la coupe d'un des montants du bâti de la porte; elle est prise suivant la ligne AB.

La figure 3 montre une porte, également à un vantail et à petits cadres, traitée avec la plus grande simplicité. La figure 4 donne la coupe d'un de ses montants.

Une porte plus grande, quoique toujours à un seul vantail, et plus richement décorée que la précédente, est représentée par la figure 5. Une moulure embrevée forme, autour de cette porte, un grand cadre qui embrasse quatre panneaux, lesquels sont séparés par des petits cadres. La figure 6 est une coupe prise suivant la ligne AB; elle montre la forme et les assemblages de la moulure principale.

La figure 7 représente une porte à deux vantaux disposée dans un système, qui a été fort en vogue au commencement du dernier siècle et surtout dans les édifices d'une certaine importance. Chacun des châssis est entouré, sur son périmètre extérieur, d'un cadre saillant dans lequel les montants et les traverses sont embrevés. On a supposé dans la coupe (fig. 8), laquelle est prise suivant la ligne AB, que les panneaux s'assemblaient directement dans le bâti, c'est-à-dire étaient entourés de petits cadres, mais il conviendrait d'avoir recours à des moulures embrevées si l'on voulait plus de richesse et surtout des formes plus accentuées.

La figure 9 donne le dessin d'une porte à deux vantaux plus ornée que la précédente. Elle offre une disposition analogue à celle de la figure 5, en ce sens qu'un grand cadre y embrasse un certain nombre de panneaux séparés par des petits cadres. Chacun de ces panneaux est carré. Dans quelques édifices traités avec luxe, les portes principales ont été dessinées suivant le même esprit, mais avec des moulures plus riches et plus importantes, et les panneaux ont été souvent occupés par des rosaces ou des boucliers diversement décorés. Cette forme est celle qui se prête le mieux à une ornementation monumentale, quand on ne veut pas avoir recours à des bas-reliefs.

La figure 10 est la coupe du contre-chambranle de la porte, elle fait voir comment il s'assemble, d'une part, avec la boiserie, et, de l'autre, avec le revêtement de l'embrasure. La figure 11 est une coupe prise suivant la ligne CD.

Nous avons représenté, par la figure 12, une porte cochère traitée avec une certaine recherche, bien que les panneaux soient entourés de petits cadres. Ainsi qu'on l'a dit plus haut, les panneaux inférieurs sont placés en saillie sur le bâti, et leur mode d'assemblage est représenté sur la coupe (fig. 13). Les figures 14 et 15 sont des coupes prises respectivement suivant les lignes CD et AB de la figure 12.

DES CHASSIS VITRÉS, DES VOLETS ET DES PERSIENNES.

Un châssis vitré établi à demeure, ou *châssis dormant*, consiste en un encadrement dans lequel viennent s'assembler les *petits bois* qui portent le vitrage. Ces dernières pièces s'assemblent entre elles à tenons et mortaises avec double onglet.

L'encadrement et les petits bois sont profilés sur un des parements, et portent, sur l'autre, les feuillures destinées à recevoir les vitres. La face décorée se place au dehors ou au dedans, suivant qu'on attache plus ou moins d'importance à la décoration extérieure. Quelquefois aussi, on profile les deux parements.

Dans les châssis de grandes dimensions, on divise la surface totale en plusieurs compartiments, au moyen de montants et de traverses, afin de ne pas être obligé de donner de trop forts équarrissages aux petits bois.

Les châssis se fixent dans les feuillures qui les reçoivent, au moyen de pattes en fer qui sont scellées dans la maçonnerie.

La partie supérieure de la figure 1 de la planche 76 représente un châssis vitré dormant, de $3^m,70$ de largeur sur $4^m,15$ de hauteur. Les figures 2, 3, 4 et 5 en donnent les détails. Les trois premières sont les fragments d'une coupe prise suivant AB; elles représentent les sections horizontales de l'encadrement, d'un petit bois et d'un montant. La dernière est une coupe, suivant GH, du linteau qui supporte le châssis et reçoit le battement des portes vitrées du bas. Les diverses pièces de bois dont la réunion forme la partie demi-circulaire de l'encadrement sont assemblées entre elles à traits de Jupiter. Un croisillon en fer, entaillé de son épaisseur et maintenu par des vis, est placé à l'intersection du montant principal avec la traverse établie à hauteur de la naissance de l'arc.

Croisées. Les croisées sont des châssis vitrés mobiles, qui se composent habituellement d'un bâti ou *dormant*, et d'un ou plusieurs châssis.

Le *dormant* est formé de deux montants ou *battants*, de la *traverse du haut* et de la *pièce d'appui*. Quand les croisées ont une grande hauteur, des traverses intermédiaires réduisent les vantaux à des dimensions convenables.

Le dormant se fixe dans la feuillure de la baie, au moyen de pattes à scellement; la pièce d'appui repose sur l'appui en pierre de la fenêtre.

Les montants des châssis vitrés portent également le nom de *battants*. Dans les croisées à deux vantaux, ceux qui s'appuient contre le dormant sont dits *battants de noix*, ceux qui se joignent quand la fenêtre est fermée sont les *battants meneaux*. La traverse du bas reçoit la forme particulière représentée par la figure 10, afin de rejeter au dehors les eaux pluviales, et porte le nom de *jet d'eau*.

Autrefois plusieurs rangées de petits bois divisaient les châssis; mais aujourd'hui on emploie de bien plus grands carreaux, grâce aux progrès accomplis dans l'art de fabriquer le verre. Il n'y a plus de petits bois verticaux dans les croisées ordinaires, et l'on commence même à supprimer complétement toutes ces divisions ; dans les constructions traitées avec une certaine richesse, on vitre en glaces ou en *verre double*. Il y a loin de là aux carreaux multipliés des fenêtres du dix-septième siècle, et plus loin encore aux petits morceaux de verre enchâssés dans du plomb, dont le moyen âge avait dû se contenter.

Afin de clore hermétiquement et de maintenir les châssis contre les dormants, on pratique sur l'épaisseur des battants de dormants une cavité demi-circulaire qui forme ce qu'on appelle la *noix*, dans laquelle se loge une saillie de même forme ménagée sur les battants de noix de châssis, ainsi que le représente la figure 11. Une feuillure, pratiquée dans la traverse du haut du dormant, reçoit les traverses des châssis vitrés. La pièce d'appui porte également une feuillure à l'intérieur; au dehors, elle est arrondie de manière à rejeter au dehors les eaux qui s'écoulent du châssis (fig. 10).

Les pièces de châssis sont profilées à l'intérieur, et portent feuillures au dehors; elles s'assemblent entre elles à tenons et mortaises, et ces assemblages sont chevillés; mais, avec quelque soin qu'on les exécute, ils ne suffisent pas pour maintenir la forme des châssis, et il faut toujours y ajouter des équerres en fer, qui se placent à l'intersection des montants et des traverses, s'entaillent de toute leur épaisseur, de manière à n'être point apparentes, et se fixent au moyen de vis.

La fermeture à gueule de loup (fig. 12) est la meilleure de toutes celles qui ont été essayées jusqu'à ce jour ; c'est celle qui maintient le mieux les deux vantaux, et s'oppose le plus efficacement à l'introduction des eaux pluviales. Mais on ne peut y avoir recours quand il s'agit de portes croisées, attendu qu'elle ne permet pas d'ouvrir un vantail isolément ; on adopte, dans ce cas, la fermeture à *doucine* (fig. 13), à *chanfrein*, ou à *double recouvrement*. Ce dernier système a été adopté pour les portes vitrées de la menuiserie représentée par la figure 1 ; il est indiqué par les détails (fig. 6 et 7), qui sont des coupes prises, l'une suivant CD, à hauteur du vitrage, et l'autre suivant EF, sur les panneaux pleins de la partie inférieure.

Les jets d'eau de l'un et de l'autre vantail se coupent en biseau à l'endroit où ils se rejoignent, de manière à offrir une ligne à peu près continue, quand la fenêtre est fermée, et à ne pas gêner les mouvements des châssis. Leur face inférieure n'est pas horizontale ; elle se relève un peu au dehors, à partir de la feuillure, et elle porte un petit canal longitudinal, qui est destiné à faire retomber les eaux sur la pièce d'appui. Il est bien de pratiquer, en outre, un autre petit canal au fond de la feuillure de cette dernière pièce, pour recueillir les eaux qui, malgré la disposition adoptée, viendraient à s'introduire dans l'intérieur ; au moyen d'une légère pente, il les conduit au dehors par un orifice percé dans la pièce d'appui. La figure 10 rend compte de tous ces détails.

On a dit plus haut que les fenêtres très-élevées se divisent habituellement en plusieurs parties sur leur hauteur. Deux divisions suffisent d'ordinaire. Lorsque les vantaux supérieurs doivent s'ouvrir, il est nécessaire de disposer leur traverse du bas en forme de jet d'eau ; mais il n'en est pas ainsi quand ils sont *dormants*. Les châssis s'assemblent alors dans les montants et les traverses du dormant, et il suffit, pour s'opposer aux filtrations, de donner un peu de pente transversale à la partie supérieure de la traverse intermédiaire, ainsi que le montre la figure 14.

Dans les fenêtres en forme d'arcade, on place, assez habituellement, une traverse à hauteur de la naissance de l'arc, et de là, le nom d'imposte attribué à cette partie de l'ouvrage d'abord, puis, par extension, à la partie de la croisée qui s'élève au-dessus.

Les équarrissages à donner aux différentes pièces de bois qui entrent dans la composition d'une croisée dépendent essentiellement des dimensions de l'ouverture ou des vantaux, et souvent aussi du caractère qu'on veut attribuer à la construction. Cependant il est des données d'expérience qu'il paraît utile de consigner ici.

En général, les battants de dormant et la traverse du haut ont de $0^m,054$ à $0^m,07$ d'épaisseur, sur $0^m,06$ à $0^m,08$ de largeur, lorsque les embrasures ne doivent pas être revêtues en menuiserie; cette dernière dimension est augmentée de $0^m,025$, dans le cas contraire. Ces pièces dépassent au dehors, le *tableau* de la fenêtre, de $0^m,005$ à $0^m,01$. Les pièces d'appui ont de $0^m,08$ à $0^m,11$ d'épaisseur; leur hauteur dépend de la disposition adoptée pour l'appui en pierre, et elle se règle, presque toujours de telle sorte que la largeur apparente à l'intérieur soit la même que celle des montants.

L'épaisseur des châssis vitrés varie de $0^m,034$ à $0^m,054$, suivant leurs dimensions superficielles. On donne habituellement en largeur, aux battants de noix et aux traverses du haut, de $0^m,07$ à $0^m,09$, au battant meneau de gauche, de $0^m,054$ à $0^m,08$, et à celui de droite, de $0^m,09$ à $0^m,12$. Ce dernier est plus épais que les autres pièces, des deux saillies que forme le meneau qui est figuré au dehors et au dedans.

Les jets d'eau reçoivent de $0^m,08$ à $0^m,11$ de largeur, et leur épaisseur dépasse de $0^m,034$ à $0^m,05$ celle du châssis.

Il est à remarquer que la largeur apparente des battants meneaux est inférieure à celle des battants de noix; mais on ne pourrait remédier à cet inconvénient sans augmenter la largeur totale du meneau au delà de ce qu'exigent la solidité et le goût, et d'ailleurs il n'a rien de bien choquant.

Les figures 8 et 9 représentent le plan et l'élévation intérieure d'une croisée. On a indiqué, sur le côté gauche, un vantail avec petits bois, embrassant toute la hauteur de l'ouverture, et, sur le côté droit, un vantail vitré d'un seul morceau et surmonté d'une imposte dormante.

On doit s'attacher, dans la disposition des croisées, à réduire les surfaces des bois, afin de laisser plus de place à l'introduction de la lumière. Il convient surtout de diminuer autant que possible la largeur des petits bois. Sous ce rapport, nos ouvrages modernes présentent un progrès incontestable; mais on pourrait faire mieux encore, soit en employant du bois de choix et sur une plus forte épaisseur, soit en substituant le fer au bois pour l'exécution de ces pièces secondaires. En Angleterre, où l'on a conservé l'usage des anciennes croisées, dites à *guillotine*, cette partie de la menuiserie présente beaucoup plus de légèreté qu'en France. Mais, ainsi que nous l'avons dit plus haut, la meilleure solution consiste à supprimer complétement les petits bois, et à vitrer en verre épais.

Volets. — Les volets sont de deux sortes : les volets extérieurs et les volets intérieurs.

Les premiers sont établis à la manière des portes pleines, sont reçus dans des feuillures pratiquées autour de l'ouverture, et se composent d'un ou de deux vantaux, suivant les circonstances. On leur donne habituellement $0^m,027$ à $0^m,034$ d'épaisseur.

Les volets intérieurs sont presque toujours à deux vantaux, et ils sont brisés en deux, ou même quelquefois en trois parties, afin qu'ils puissent se loger dans l'embrasure de la fenêtre, quand ils sont ouverts. Chacune de ces parties se compose de montants, de traverses et de panneaux, qui sont disposés à la manière de ceux des lambris à petits cadres. Il n'y a de moulures que sur une seule face, sur celle qui s'appuie contre les vitres, lorsque les volets sont fermés.

On entoure quelquefois l'ouverture intérieure d'un chambranle en menuiserie, qui fait une saillie plus ou moins prononcée sur l'embrasure, afin de couvrir la tranche des volets. Cette disposition est indiquée sur le côté droit des figures 8 et 9.

Persiennes. — Les persiennes sont des volets extérieurs disposés de manière à laisser pénétrer un peu d'air et de lumière dans l'intérieur. Elles sont habituellement composées de deux vantaux, et chacune d'elles est formée de montants et de traverses entre lesquels on place des lames de bois mince, inclinées à l'horizon et assez rapprochées pour s'opposer à l'introduction des rayons solaires et des eaux pluviales. Quelques persiennes présentent, à la partie inférieure de chaque vantail, un châssis mobile autour d'un axe horizontal, de manière à permettre de voir au dehors sans ouvrir les vantaux et sans donner passage aux rayons du soleil. Quelquefois aussi, et ce système est très-convenable, les lames sont disposées de telle sorte qu'elles peuvent tourner autour des tourillons qui les maintiennent dans les bâtis; elles sont réunies par une tringle de fer, au moyen de laquelle on les fixe dans la position qu'on veut leur assigner.

Les persiennes sont reçues, comme les volets, dans des feuillures pratiquées à l'extérieur autour de l'ouverture. Cette disposition a l'inconvénient de cacher les chambranles des fenêtres, lorsque les persiennes sont ouvertes, et d'exposer aux intempéries de l'atmosphère des ouvrages qui ne sont pas en état d'y résister longtemps. On y a remédié, dans quelques constructions modernes, en brisant les persiennes, comme on brise les volets intérieurs, et en les logeant dans les tableaux des fenêtres, dont on augmente, à cet effet, la profondeur ; mais s'il en résulte une véritable amélioration pour les dehors de l'édifice, il y a dommage pour le dedans, en ce que les embrasures sont supprimées, que moins de jour y pénètre, et que la vue est gênée par la trop grande saillie du tableau.

Des volets brisés, à l'intérieur, et des jalousies ou des stores, au dehors, paraissent résoudre la question d'une manière plus heureuse.

On donne aux bois des châssis de persiennes, de $0^m,07$ à $0^m,11$ de largeur sur $0^m,034$ à $0^m,041$ d'épaisseur, dans les circonstances ordinaires de la pratique. Les lames reçoivent de $0^m,011$ à $0^m,016$ d'épaisseur, s'espacent à peu près de l'épaisseur des châssis, et s'inclinent, de telle sorte que l'arête inférieure de l'une soit comprise dans le même plan horizontal que l'arête supérieure de la précédente. On abat les champs des traverses parallèlement aux faces des lames.

Les lames sont simplement reçues dans des entailles pratiquées dans les battants, et y sont maintenues par de petits goujons ménagés dans le bois ou par des pointes. Il convient d'ailleurs de consolider les persiennes de la même manière que les croisées, au moyen d'équerres en fer qui sont entaillées dans les angles des châssis.

LIVRE QUATRIÈME.

CONSTRUCTIONS EN FER.

Les services que le bois rend à l'art de bâtir sont atténués par deux graves inconvénients : il est peu durable, et il est sujet aux incendies. Cette matière ne convient donc pas aux constructions qui, destinées à un long avenir, doivent présenter des garanties de durée et un caractère monumental, et aussi la voit-on repoussée de tous les édifices d'une certaine importance, à mesure que se développent l'industrie et la richesse des nations. Les temples des Grecs et ceux des Romains, couverts en charpente dans le principe, furent ensuite entièrement exécutés en pierre. Les premiers chrétiens avaient dû se contenter de fermes apparentes ou de plafonds en bois pour leurs basiliques; leurs successeurs, plus puissants, voûtèrent les églises, et l'on ne trouve, depuis le moyen âge, que de rares exceptions à cette coutume. Chaque jour nous voyons des ponts en pierre remplacer des ponts en bois, tombant de vétusté malgré un dispendieux entretien. Il n'est pas jusqu'à nos habitations qui ne suivent la même marche; la pierre y remplace le bois partout où elle peut remplir le même office.

Un autre motif a contribué au même résultat, et il est aisé de prévoir que son influence augmentera sans cesse, loin de diminuer : c'est la difficulté, toujours croissante, qu'on éprouve à se procurer des pièces de charpente de fortes dimensions; c'est l'élévation progressive du prix du bois. Les forêts disparaissent devant l'accroissement des populations; des contrées qui jadis en étaient couvertes en sont dépourvues maintenant. Celles de l'ancienne Gaule, par exemple, qui étaient si vastes et si belles, ont été presque entièrement détruites; et nous sommes obligés, aujourd'hui, de tirer des régions moins peuplées du nord de l'Europe une grande partie de nos bois de construction. Certes nous avons fait, et nous faisons encore une œuvre doublement profitable, en puisant d'utiles matériaux dans les vastes magasins que nous offre la nature à la surface du globe, et en tirant parti de l'emplacement qu'ils occupaient. Mais cette œuvre n'est pas sans limites, et il n'est point supposable que nos descendants, procédant à l'encontre de nous, se décident à consacrer de précieux terrains à la lente production de bois propres à la charpente. Notre exploitation devient heureusement plus intelligente et plus complète à mesure que nous étendons notre empire sur la terre; nos investigations descendent de la surface aux profondeurs, et nous nous préparons à ne plus demander au dehors les services que l'intérieur peut nous rendre. Déjà le bois est remplacé par la houille dans nos foyers, par les pierres naturelles ou artificielles dans plusieurs parties de nos édifices; et voilà que notre industrie, en produisant le fer en plus grande abondance et à moins de frais que par le passé, nous offre une nouvelle matière pour nos planchers, nos combles, nos ponts de grande ouverture, en un mot, pour tous les travaux de construction auxquels, jusqu'à présent, le bois seul avait paru convenir.

Or le fer se prête mieux que le bois à toutes les formes; il permet de donner plus de légèreté et de hardiesse aux constructions, d'espacer davantage les points d'appui et d'en réduire considérablement la grosseur; il n'a point à redouter les incendies, et il est facile de lui assurer une longue durée. Aussi chaque jour s'étendent ses applications et se multiplient ses bienfaits. Maintenant, dans nos palais et dans la plupart de nos bâtiments publics, les planchers et les combles s'exécutent en fer; nos habitations privées elles-mêmes sont entrées dans cette voie; le fer a déjà constitué de remarquables édifices, à l'exclusion de toute autre matière; il a permis d'établir des ponts, pour les ouvertures desquels aucune combinaison de charpente n'eût paru assez sûre;

enfin il se substitue avec avantage au bois jusque dans la construction de ces immenses navires, qui témoignent si hautement de la puissance de l'homme. Ajoutons toutefois, que sa conductibilité pour le calorique ne lui permet pas de remplacer partout la pierre ou le bois, et que, dans la plupart des circonstances, les constructions en fer ne se présentent pas encore comme les plus économiques, en ce qui concerne les frais de premier établissement.

Le fer se recommande, à un autre point de vue, aux études sérieuses des architectes. Depuis longtemps on accuse l'Architecture de ne pas renouveler les formes qu'elle met en œuvre; on prétend que nous n'avons point de système d'architecture, parce que nous reproduisons des éléments déjà connus. Sans doute ces plaintes ont quelque chose d'injuste; elles témoignent, dans leur exagération, d'une appréciation peu éclairée des conditions et des mérites de l'art ; il semble, à les entendre, que les formes sur lesquelles il est appelé à agir soient choses de caprice et de pure convention, et elles méconnaissent l'une des plus précieuses qualités des beaux-arts, leur universalité. Cependant, si l'on remarque qu'elles ne portent, ni sur la Peinture, ni sur la Statuaire, pour ne parler que des arts du dessin, qui cependant, bien plus encore que l'Architecture, restent fidèles à un même type, on sera amené à reconnaître qu'elles ont quelque chose de fondé, et que, si l'expression est fausse, si les exigences sont outrées, le sentiment est vrai. Le public, sans se rendre un compte bien net des diverses conditions imposées à l'Architecture, sent parfaitement que cet art ne peut rester étranger au progrès des sciences et de l'industrie, et, lorsqu'il nous voit si fort au-dessus de nos devanciers, dans ces deux branches de l'activité humaine, il est en droit de s'étonner de retrouver presque exclusivement, dans nos édifices, les formes et les proportions élémentaires de la Grèce ou de Rome. Les changements qu'il peut constater lui paraissent insuffisants, parce qu'il n'apprécie pas complétement le mérite des formes de nos constructions en pierre.

Mais, à la nouvelle matière qui vient s'offrir à nous, il faudra de nouvelles formes et de nouvelles proportions, car elle diffère essentiellement de toutes celles qui ont été mises en œuvre jusqu'à ce jour. Ce qui convenait à la pierre ne saurait, sous aucun rapport, convenir au fer. Il y a donc, dans le fait industriel, le principe, non pas d'une rénovation complète de l'art, mais de nouveaux éléments, d'une nouvelle branche qui est sans doute destinée à des développements considérables, et aux progrès de laquelle il serait impossible d'assigner des limites. La science sera également appelée ici à exercer une influence directe sur l'Architecture, et elle permettra de ne pas recommencer pour le fer les longs tâtonnements auxquels il a fallu se livrer avant de découvrir les formes et les proportions les plus convenables pour les constructions en pierre. Elle donnera immédiatement ce que, privés de son secours, nous eussions dû attendre d'une longue et dispendieuse expérience. Elle ne dictera pas des lois absolues, elle ne fixera pas des proportions harmonieuses, ce ne sont point choses de son ressort ; elle ne dominera pas l'art ; mais elle élaborera les bases sur lesquelles le sentiment appuiera ses créations, elle posera les limites entre lesquelles le goût de l'artiste agira librement.

Les essais faits jusqu'à présent ont présenté plus de hardiesse dans les constructions purement industrielles que dans celles qui sont plus spécialement du ressort de l'art. A peine, dans quelques-unes de ces dernières, la nouvelle matière a-t-elle timidement essayé de se produire sous les formes qui lui conviennent. Il n'y point à s'en étonner ; les plus grandes choses ont eu d'humbles débuts, et d'ailleurs, il ne suffit pas de la puissance créatrice de l'artiste pour introduire de nouvelles formes, il faut une opinion publique disposée à les apprécier. On demande sans cesse du nouveau, mais c'est, presque toujours, avec une sorte de répulsion qu'on le voit apparaître, et il doit se garder de rompre trop brusquement avec le passé, s'il veut être accepté ; avant de se produire au grand jour, il faut qu'il ait, pendant longtemps, germé dans les esprits. Il y a donc un travail préliminaire à accomplir avant que l'Architecture puisse s'approprier nettement le fer : il est nécessaire que les propriétés, les proportions, les dispositions des nouvelles constructions soient entrées dans le sentiment de l'époque. La matière a été livrée par l'industrie minérale ; la science et l'industrie des constructions l'élaborent actuellement ; l'esprit public s'y forme peu à peu ; l'art viendra plus tard.

Il s'ensuit que les développements dans lesquels nous allons entrer porteront principalement sur des questions de construction proprement dite ; celles qui sont du domaine exclusif de l'art n'y pourront être traitées qu'avec grande réserve.

Le fer s'emploie dans nos constructions sous deux états différents : à l'état de fer forgé ou fer proprement dit, et à l'état de fer fondu ou fonte. Ainsi qu'il a été dit, dans le premier livre de ce Traité, le fer et la fonte diffèrent sous le triple

ASSEMBLAGES DE FERRONNERIE. 517

rapport de la composition chimique, de la résistance à l'allongement et à la rupture, et des procédés à employer pour leur donner les formes voulues. Le fer s'allonge ou s'accourcit, dans une moindre proportion que la fonte, avant de rompre sous les efforts auxquels il est soumis; la première de ces matières est malléable à divers degrés, la seconde ne l'est que très-peu; l'une plie à froid, mieux encore à chaud, l'autre ne jouit pas de cette propriété d'une manière sensible; une barre de fer peut supporter impunément un choc auquel ne résisterait pas une barre de fonte de dimensions égales et même supérieures; le fer l'emporte de beaucoup sur la fonte pour la résistance à la rupture produite par extension, et il lui est inférieur pour la résistance à l'écrasement; le fer se forge ou se lamine, la fonte se coule dans des moules, d'où résulte que le volume des pièces ouvragées est plus limité pour le fer que pour la fonte, et que les formes compliquées sont plus dispendieuses dans la première de ces matières que dans la seconde; enfin, le prix de la fonte est notablement inférieur à celui du fer. Des différences aussi marquées dans les propriétés essentielles ne permettent pas d'employer indifféremment l'une ou l'autre de ces matières; il faut savoir choisir entre elles suivant les circonstances, et l'on verra tout à l'heure quelles sont les parties des constructions auxquelles l'une et l'autre sont plus particulièrement affectées. Mais auparavant nous dirons quelques mots des principaux assemblages auxquels on a recours pour réunir entre elles des pièces de fer ou de fonte.

DES ASSEMBLAGES.

La propriété que possède le fer forgé ou laminé de pouvoir se souder permet de former d'un seul morceau des pièces qui auraient exigé de nombreux assemblages si elles avaient dû être exécutées en bois; mais elle ne dispense pas de recourir souvent à des assemblages pour réunir entre elles différentes pièces de fer. Toutes les fois qu'il s'agit d'ouvrages de grandes dimensions, il y a avantage à donner la préférence à cette dernière méthode, qui simplifie l'exécution et facilite la mise en place.

Quelques-uns des assemblages de ferronnerie se disposent à la manière de ceux de la charpente; mais la plupart reçoivent de tout autres dispositions.

<small>Assemblages du fer forgé.</small>

L'assemblage à tenon et mortaise n'est pas d'un emploi aussi fréquent dans les constructions en fer que dans les constructions en bois, parce que la première de ces matières admet des formes qui assurent plus de solidité, sans exiger plus de main-d'œuvre. Cependant on est obligé d'y avoir recours en plusieurs circonstances, notamment pour de menus ouvrages. Quelquefois le tenon est forgé avec la pièce à laquelle il appartient, mais il est rapporté plus habituellement, et il est alors presque toujours de forme cylindrique ; on le visse sur la tête de la pièce, laquelle est taraudée, et il se fixe dans la mortaise au moyen d'une goupille rivée.

Cet assemblage est tellement simple qu'il n'a pas paru nécessaire de le dessiner ; on n'a pris ce soin que pour les plus usuels de ceux qui appartiennent plus particulièrement à la ferronnerie. Ils sont figurés sur la planche 77.

On a représenté, par la figure 1, l'assemblage *à charnières*, qui a pour but de réunir deux pièces soumises à un effort de traction et placées dans le prolongement l'une de l'autre. Il s'applique principalement aux chaînes qui se logent dans l'épaisseur des murs pour relier les différentes parties d'une construction. L'une des pièces est terminée par une fourche dans laquelle l'autre vient s'engager ; elles sont renforcées à ces extrémités, et une ouverture y est pratiquée pour recevoir la clef en fer qui les assujettit. Souvent la clef est double et en forme de coin, de manière à permettre de serrer fortement les deux pièces.

La figure 2 représente un assemblage *à trait de Jupiter avec brides*. Il est préférable au précédent, mais il exige plus de soin dans l'exécution.

L'assemblage que montre la figure 3 offre plus de résistance que les deux premiers, et donne plus de latitude pour le serrage des pièces.

L'assemblage *à mi-fer avec double fourrure* est donné par la figure 4. Il réunit les deux pièces à peu près également bien dans toutes les directions ; mais il ne conviendrait pas pour un chaînage, parce qu'il ne permet pas de les tendre.

Lorsqu'on veut se réserver la faculté de rapprocher ou d'éloigner les deux pièces l'une de l'autre au delà de ce que permettrait un coinçage, on a recours à divers systèmes, dont les deux principaux sont représentés par les figures 5 et 6.

Fig. 5. Les extrémités des pièces sont taraudées sur une certaine longueur, et pénètrent dans des ouvertures pratiquées aux deux extrémités d'une longue boucle ; elles sont saisies par des écrous qui, suivant qu'on les tourne dans une direction ou dans l'autre, éloignent ou rapprochent ces extrémités. On se borne souvent à tarauder l'une des deux pièces. La boucle fait fonction d'écrou et peut tourner autour des deux pièces. Cette disposition est représentée par la figure 8 de la planche 79.

Fig. 6. Un verrin, ou boulon à deux tiges taraudées en sens inverse, pénètre dans des cavités, également taraudées en sens inverse, qui sont pratiquées aux extrémités des pièces.

Quand deux pièces placées dans le prolongement l'une de l'autre doivent laisser un passage entre elles, et lorsqu'on juge inutile de se réserver la faculté de modifier leur écartement, on se contente de les réunir par deux semelles ou fourrures, qui sont fixées à chacune d'elles par un boulon, ainsi que le représente la figure 7.

Les figures 8 et 9 sont celles des assemblages le plus fréquemment employés pour la suspension d'une pièce horizontale, comme celle d'un tirant par un poinçon. La pièce qui suspend est embrassée par une bride qui lui est fixée par des boulons ou par une clavette, et qui soutient la pièce suspendue. Lorsque la première doit être prolongée au delà de la seconde, on peut avoir recours à l'assemblage que représente la figure 7 ; la suspension s'obtient alors au moyen d'une forte clavette, ainsi qu'il a été indiqué sur le dessin.

La figure 10 représente l'assemblage de deux pièces horizontales avec une pièce verticale. Il est de beaucoup préférable à l'assemblage par tenon et mortaise, qu'on emploierait en charpente en pareille circonstance. Il consiste à donner un empatement prononcé à chacune des extrémités des pièces horizontales, et à les unir l'une à l'autre au moyen de boulons qui traversent à frottement la pièce verticale. Il est d'un usage très-fréquent.

Les assemblages *à enfourchement*, que font voir les figures 11 et 12, sont aussi très-souvent employés en ferronnerie.

Deux dispositions principales sont employées pour enter des pièces comprimées dans le sens de leur longueur, comme le sont les montants de la construction dessinée sur la planche 79.

On peut les faire pénétrer l'une dans l'autre en les taraudant dans toute la longueur de l'assemblage. Celle qui reçoit est renforcée à la forge à son extrémité ; celle qui est reçue porte un collier, dont l'effet est d'augmenter l'étendue des surfaces en contact et de raccorder convenablement les deux pièces à leur point de jonction. Cet assemblage est représenté par la figure 15 de la planche 77.

On combine habituellement les assemblages de ce genre avec ceux de pièces diversement distribuées qui viennent se réunir aux deux autres. La figure 16 de la même planche donne l'exemple d'une de ces dispositions. Six tirants horizontaux sont assemblés dans un poteau cylindrique au point où il reçoit une enture. Chacun d'eux saisit, au moyen d'une fourchette boulonnée, une couronne qui repose sur le collier du poteau et sur laquelle vient s'appuyer la pièce établie en prolongement de ce poteau. Cet assemblage est représenté en coupe, d'un côté, et en élévation, de l'autre.

Un autre système consiste à refouler l'une et l'autre pièce à son extrémité, de manière à terminer chacune d'elles par un large collier sur lequel on les boulonne. La figure 17 de la planche 77 représente ce mode d'assemblage, qui est moins satisfaisant que le précédent, mais qui a le mérite de ne pas exiger un outillage spécial. On a supposé le poteau supérieur vertical, et le poteau inférieur incliné sur l'horizon.

La même figure et les figures 7 à 12 de la planche 79 font voir comment on peut assembler des pièces diversement inclinées sur une pièce verticale. Un collier composé d'autant de parties qu'il y a de pièces à assembler embrasse la pièce verticale entre deux renforts, qui le maintiennent dans sa position. Il porte des oreilles saillantes qui saisissent les pièces, ainsi qu'on le voit sur la planche 77, ou qui sont saisies par elles, comme dans la planche 79.

Ces diverses dispositions montrent combien le fer se prête mieux que le bois aux assemblages, surtout quand ils sont nombreux sur le même point. Et il est à remarquer que les assemblages de la ferronnerie présentent beaucoup plus de solidité que ceux de la charpente, et ont le mérite de ne pas affaiblir les pièces dans lesquelles ils sont pratiqués pour peu qu'ils soient convenablement établis.

On fait un grand usage, depuis quelques années, de fers laminés dont les formes sont très-diverses. Les principaux sont les *cornières* et le fer à *simple* ou à *double* T.

Les cornières et les fers à T peuvent se plier à chaud, moyennant le refoulement du fer dans l'angle rentrant. Mais si cet angle devait être très-aigu, il serait mieux d'enlever par une entaille une partie de la matière en excès et de relier ensuite les deux branches par une double équerre en tôle rivée, ainsi que le représente la figure 32 de la planche 82. C'est également au moyen d'équerres que s'assemblent entre eux les fers à T. Cet assemblage est fréquemment employé dans les planchers et dans les combles exécutés en fer à double T. On assemble une panne avec un arbalétrier, ou une solive avec une autre au moyen de deux équerres en tôle dont la hauteur est égale à la distance qui sépare les deux branches du double T, et qui sont rivées sur l'une des pièces et boulonnées sur l'autre. Le boulon a pour objet de faciliter la mise en place ; il faudrait une forge à proximité de l'ouvrage, si l'on voulait lui substituer un rivet, et il ne serait pas toujours possible d'ailleurs de river convenablement, faute d'espace pour agir. Le boulon se place sur la pièce qui reçoit l'assemblage et s'établit à mi-hauteur, de manière que l'ouverture destinée à lui donner passage ne coupe que les fibres les moins sollicitées à la rupture. Dans quelques constructions, on s'est contenté d'un seul rivet, placé de même, pour la pièce qui est assemblée ; mais il est mieux d'en admettre deux, afin d'avoir une solidarité plus complète, et l'on n'a point à craindre de trop affaiblir la pièce. Ce mode d'assemblage est représenté par la figure 18, de la planche 82. On prolongerait les branches de l'équerre et l'on augmenterait le nombre des rivets ou des boulons, ainsi que le montre la figure 10 de la planche 84, si l'on avait à redouter des efforts de traction. Quand les deux pièces sont de même hauteur, on entaille les branches du double T de celle qui est assemblée.

La figure 7 de la planche 78 montre comment peuvent s'établir de grands panneaux formés de fers à simple T, et consolidés par une écharpe, comme ceux qui se voient sur la figure 2 de la même planche. Les montants et les traverses, coupés d'onglet, buttent simplement les uns contre les autres, et sont réunis par des équerres doubles, plus ou moins développées, suivant les actions auxquelles il s'agit de résister, qui sont rivées tant sur eux que sur une fourrure de même épaisseur que l'âme du T. Cette fourrure a pour objet à la fois de consolider l'assemblage et de boucher un vide qui serait d'un mauvais effet. Les extrémités de l'écharpe buttent également contre les fers à T, et passent entre les équerres auxquelles elles sont fixées par des rivets. Un panneau ainsi disposé est mieux assuré contre la déformation que ceux de nos pans de bois.

Les boulons jouent un grand rôle dans tous les assemblages de pièces de fer, et il est par conséquent essentiel de leur donner des proportions convenables. Il y a à distinguer le cas où ils sont tirés dans le sens de leur longueur, et celui où ils sont appelés à résister dans une direction normale.

Dans le premier cas, on détermine leur diamètre d'après l'effort de traction auquel ils seront soumis, et il est généralement admis qu'on doit limiter leur tension à 3 kilogr. par millimètre carré de la section transversale. Le diamètre du noyau de la partie filetée peut se déduire de la relation

$$D = 0{,}65\ \sqrt{P},$$

dans laquelle P, qui désigne le poids ou l'effort de traction, est exprimé en kilogrammes. La valeur de D est donnée en millimètres.

L'écrou et la vis se disposent de manière à présenter plus de résistance encore que le noyau. Les filets sont en saillie sur le noyau du dixième du diamètre, et leur pas est double de leur saillie. L'épaisseur de l'écrou et celle de la tête du boulon sont égales au diamètre des filets, c'est-à-dire qu'elles l'emportent de $\frac{1}{4}$ sur celui du noyau. Les largeurs des têtes et écrous varient entre deux fois et une fois et demie le diamètre du boulon ; leur valeur proportionnelle étant d'autant plus forte que les dimensions sont plus faibles. On donne habituellement au corps du boulon quelques millimètres de plus en diamètre qu'aux filets, afin qu'ils remplissent les ouvertures ménagées pour le recevoir, et qu'elles n'apportent aucun obstacle au libre passage de la partie filetée.

C'est la résistance transverse de la matière qui est mise en jeu, quand les boulons sont soumis à une tension ou à une pression s'exerçant dans une direction normale à leur longueur, comme ceux des assemblages représentés sur la planche 79 ; la rupture tend à se produire par glissement ou *cisaillement* suivant deux sections transversales.

Il convient de limiter l'action transmise à ces sections aux $\frac{4}{5}$ environ de la résistance à la traction, qui est généralement fixée à **7** kilogr. par millimètre carré, ainsi que nous l'avons dit (page 125). C'est donc à $5^{kg},60$, ou, pour

ASSEMBLAGES DE FERRONNERIE.

plus de sécurité, à 5 kilogr. par millimètre carré qu'il est prudent de s'arrêter, et le diamètre du boulon se déduit de la relation

$$D = 0,35 \sqrt{P}.$$

La valeur de P doit être la même que celle d'où l'on a conclu le diamètre à assigner à la pièce assemblée. Les valeurs de D et de P sont respectivement exprimées en millimètres et en kilogrammes, comme dans la formule précédente.

Il ne suffit pas de déterminer convenablement le diamètre du boulon. La rupture pourrait se produire dans l'assemblage, parce que la partie méplate du tirant ou les oreilles du collier céderaient au point où elles sont affaiblies par l'ouverture destinée au passage du boulon, et les sections en ces points doivent être déterminées en conséquence. Si cette ouverture était trop rapprochée de l'extrémité d'une des pièces en contact, on serait exposé à voir la rupture par glissement s'opérer dans la pièce elle-même, mais il est facile de se préserver de ce danger.

Si le boulon était placé de telle sorte que la rupture ne dût se produire que suivant une seule section, le second membre de la formule précédente devrait être multiplié par $\sqrt{2}$, ou, ce qui serait plus expéditif, l'on pourrait adopter la formule

$$D = 0,50 \sqrt{P}.$$

Il n'est pas nécessaire de donner autant de résistance aux écrous des boulons exposés à ce mode de rupture qu'à ceux dont il a été parlé tout à l'heure. On se contente même quelquefois de river les têtes des boulons, ainsi qu'on le voit sur l'assemblage représenté par les figures 9 et 10 de la planche 79.

Les rivets sont souvent préférés aux boulons. Ils sont surtout employés pour relier entre elles des feuilles de tôle, ou les fixer sur des fers de diverses formes ayant peu d'épaisseur. L'une des têtes hémisphériques du rivet est faite d'avance, l'autre se rabat après la mise en place. Cette opération se fait nécessairement à chaud. On obtient ainsi un serrage très-énergique, qu'augmente la contraction éprouvée par la matière en se refroidissant, et, en même temps, le corps du rivet, étant refoulé avec force, remplit très-exactement la cavité qui le renferme, et se soude même en quelque sorte à ses parois. Mais il est nécessaire que la longueur du rivet ne dépasse pas une certaine limite, si l'on veut que cet effet

Rivets.

se produise dans toute l'étendue de la pièce refoulée. Des constructeurs expérimentés fixent cette limite à 0^m,05. L'adhérence des rivets avec les pièces qu'ils réunissent permettrait de leur donner des diamètres inférieurs à ceux qui se déduisent des formules précédentes; mais il est prudent de faire abstraction de ce surcroît de résistance, surtout dans les grands travaux, où il est impossible de compter sur une exécution complétement irréprochable.

Les têtes des rivets trop longs sont sujettes à sauter lors du refroidissement, et, en outre, la matière, n'ayant pas été comprimée suffisamment, se constitue dans un état de tension qui diminue sa résistance.

Assemblages des feuilles de tôle. Divers systèmes sont employés pour assembler deux feuilles de tôle entre elles au moyen de rivets.

Ces feuilles peuvent être placées à recouvrement, ainsi que le représente la figure 18 de la planche 77, ou être placées bout à bout et maintenues par deux couvre-joints, comme le montrent les figures 19 et 20 de la même planche. La seconde de ces dispositions est plus dispendieuse que la première, mais elle a pour effet de donner plus de résistance, de mieux répartir les efforts de traction, et de ne pas exposer à voir l'assemblage se déjeter sous l'action de rivets soumis à des forces constituant un couple; elle a d'ailleurs quelque chose de plus satisfaisant sous le rapport de la forme.

On multiplie les rangées transversales des rivets, quand les pièces assemblées sont fortement sollicitées à la rupture par traction. Les diamètres des rivets se calculent d'après les mêmes formules que ceux des boulons, et ils sont par conséquent d'autant plus faibles, toutes choses égales d'ailleurs, que les points d'attache sont plus multipliés.

Ces assemblages ne diminuent pas sensiblement la résistance de la pièce lorsqu'ils sont bien faits, grâce à la pression exercée par les têtes des rivets.

On assemble fréquemment des feuilles de tôle avec des cornières, soit pour former des poutres, soit pour maintenir le pied et le sommet de cloisons en tôle. Ce sont des rivets qui constituent ces assemblages, dont les figures 21 à 26 de la planche 77 et les figures 10 à 15 de la planche 82 offrent des exemples.

Les figures 21, 22 et 23 de la première de ces planches représentent l'élévation, le plan et la coupe d'une cloison en tôle saisie à son pied entre deux cornières, et renforcée, de distance en distance, par des montants à simple T, d'un côté, et par des couvre-joints, de l'autre. La figure 9 de la planche 78 montre une disposition analogue appliquée dans un angle obtus. On dispose aussi quelquefois les montants à simple T de manière à leur faire remplir sur l'une des faces l'office de couvre-joint, et à présenter une nervure de l'autre côté, ainsi qu'il est indiqué sur la figure 24 de la planche 77.

La figure 25 de la même planche donne le plan d'une cloison en tôle consolidée sur chaque face par des fers à simple T, formant contre-forts. On a représenté sur la figure 26 le plan de deux cloisons en tôle qui se croisent à angles droits, et sont réunies et fortifiées par des cornières que fixent des rivets. Il est nécessaire, dans ce cas, de faire chevaucher les rivets, afin de ne pas se créer inutilement des difficultés d'exécution.

Quelques usines fabriquent des fers de forme spéciale, qui peuvent être combinés de manière à remplir l'office de supports, et à réunir et consolider en même temps des cloisons en tôle. La figure 22 de la planche 82 donne la section d'un de ces supports composés se rattachant à deux cloisons en tôle, et la figure 23 montre quelle est la disposition adoptée lorsque les cloisons sont en nombre double. On voit que ce système assure beaucoup de résistance à la pression et de solidité dans les assemblages. Il est aisé de juger d'ailleurs comment on pourrait fortifier le support par l'interposition de lames de fer plus ou moins épaisses entre les branches en saillie.

La figure 11 de la planche 78 donne un exemple de l'adjonction de fers à T à une plate-bande dont on veut prévenir la flexion transversale ; c'est une coupe de l'écharpe de la figure 7.

La fonte est trop fragile, et ses formes ne s'obtiennent pas assez précises pour qu'on puisse, dans les circonstances ordinaires, employer de véritables assemblages à la réunion de pièces formées de cette matière. Quelquefois, il est vrai, on a recours, dans ce but, à de petits goujons en fer forgé, qui sont vissés ou goupillés dans l'une et l'autre pièce ; mais cette disposition n'assure pas une grande solidité, et n'est guère admissible que pour les ouvrages tels que les panneaux ornés des balcons, des grilles, etc., qui ne sont pas appelés à résister à des efforts énergiques. Dans les grosses constructions, les pièces de fonte se réunissent toujours par des boulons. Lorsque ces pièces sont comprimées, il est essentiel que les surfaces en contact s'appliquent exactement l'une contre l'autre, sinon en tous leurs points, au moins sur une étendue suffisante pour résister efficacement à la

Assemblages de la fonte.

charge; cela importe surtout aux endroits où les boulons les saisissent, car il y aurait à craindre que des inégalités de pression ou une trop forte tension des boulons ne déterminassent des ruptures. Or, il est rare d'obtenir des surfaces parfaitement planes par le procédé de la fusion, et il serait souvent trop dispendieux de dresser après coup, au burin ou à la lime, les surfaces qui doivent s'appliquer l'une contre l'autre. On résout cette difficulté, soit en interposant entre les deux pièces une lame mince, de substance susceptible de céder à la pression entre certaines limites, telle que le plomb ou le feutre, soit en ménageant des *portées* aux points d'application des boulons. Ces portées consistent en de petites surfaces légèrement en saillie sur chacune de celles qui doivent être réunies, qu'on dresse avec la plus grande précision, et sur lesquelles les pressions se trouvent ensuite concentrées. On détermine leur étendue en raison des actions auxquelles elles doivent résister. Le surplus des surfaces n'arrive pas à un contact réel.

Moulage de la fonte.

Il est essentiel, pour disposer des ouvrages en fonte d'une manière convenablement économique, de se rendre compte des procédés du moulage et des conditions qui lui sont imposées. Mais nous ne pouvons entrer ici dans des détails qui exigeraient de fort longs développements, et nous devons renvoyer le lecteur, désireux d'approfondir le sujet, aux traités spéciaux qui ont été publiés sur cette branche intéressante de l'industrie. Où il faudrait un long chapitre, nous sommes obligé de nous borner à quelques mots.

Les fontes grises sont, pour ainsi dire, les seules qui soient employées dans nos constructions, et on les distingue en fontes de première et de seconde fusion. Les premières sont moulées au sortir du fourneau dans lequel elles ont été extraites du minerai; les secondes, fondues d'abord en *gueuses*, puis refondues pour le moulage, sont plus homogènes que les autres, et doivent leur être préférées, quoique plus dispendieuses, pour les pièces qui sont richement ornées ou qui demandent des ajustements compliqués.

Il faut éviter d'avoir des épaisseurs très-différentes dans une même pièce de fonte, parce que les parties les plus minces, se solidifiant avant les autres, ne peuvent pas obéir au retrait auquel ces dernières les sollicitent, et, de là, un état de tension des molécules, qui rend la pièce fragile, et peut même en déterminer la rupture spontanée lors du refroidissement.

Il convient encore de s'attacher à donner à la pièce, qu'il s'agit d'exécuter en fonte, des formes telles que son modèle puisse être facilement retiré du moule en sable dans lequel elle sera coulée. Elle doit être de *dépouille*, pour employer l'expression technique, c'est-à-dire que les parties saillantes doivent diminuer d'épaisseur à mesure qu'elles s'éloignent du corps de la pièce, et que les angles rentrants doivent être un peu obtus et légèrement arrondis. Le modèle se divise en plusieurs morceaux, quand les dispositions adoptées ne permettent pas de le retirer entier sans briser le moule, et il s'ajuste et s'enlève alors par parties. Ces opérations exigent beaucoup de soins, et augmentent, par conséquent, le prix de la fonte.

Pour les pièces creuses, on place dans le moule et dans l'endroit qui doit rester vide un noyau, qu'on exécute en sable ou en terre. Ce noyau est soutenu par un axe en fer ou en fonte, auquel on donne différentes dispositions, suivant la nature et les dimensions de la pièce.

Le bois est la matière habituellement employée à la confection des modèles; mais on lui préfère le bronze, lorsqu'il s'agit d'un objet à reproduire un grand nombre de fois, et comportant beaucoup de finesse dans les détails.

Il importe d'avoir égard, dans l'établissement de ces modèles, au retrait que prend la fonte en passant de la température de fusion à la température ordinaire. Les praticiens admettent, en général, un retrait d'un cent-unième, c'est-à-dire qu'ils augmentent d'un centième toutes les dimensions prescrites pour l'objet à exécuter.

DES MURS.

Le fer est rarement employé pour former des murs, mais il est souvent appelé à assurer la solidité de constructions exécutées en pierre ou en bois, et il est même fort peu d'édifices où l'on ne juge pas nécessaire de recourir à son intervention. Dans les murs en pierre de taille, il sert, sous forme de crampons ou de goujons, à relier entre elles les pierres d'une même assise, ou à fixer une assise sur celle qui lui est immédiatement inférieure. Pour rattacher convenablement un mur de refend avec le mur de face qu'il rencontre, on pose horizontalement, dans le premier, une barre de fer de 2 à 3 mètres de longueur, laquelle est bifurquée *en queue de carpe*, à l'une de ses extrémités, de manière à pouvoir être solidement scellée, et saisit, à l'autre, une ancre verticale, qui est encastrée dans le second. Lorsque les murs sont très-élevés, on les maintient ainsi en plusieurs points de leur hauteur.

Quand ils sont exécutés en moellons, ou lorsque les actions auxquelles ils sont exposés font juger utile de les relier plus complétement encore les uns aux autres, on place dans tout leur développement, et au milieu de leur épaisseur, des chaînes horizontales en fer plat ou carré, qui sont solidement arrêtées par des ancres à chaque point d'intersection de ces murs, et qui sont vigoureusement tendues au moyen de coins chassés avec force dans leurs assemblages. Ce chaînage général est fort usité dans les constructions de Paris, où il se reproduit quelquefois à hauteur de chaque étage. Il s'exécute habituellement en fer plat, de $0^m,05$ à $0^m,07$ de largeur, sur $0^m,012$ à $0^m,016$ d'épaisseur ; les ancres sont formées de fer carré, de $0^m,03$ à $0^m,05$ de côté. Quand les planchers sont établis en fer, ce sont les solives elles-mêmes qui constituent le chaînage, ainsi qu'on le verra plus loin.

Le fer est plus nécessaire encore pour relier les pans de bois entre eux ou pour les rattacher à des murs en maçonnerie ; on peut même dire qu'il est alors indispensable. S'agit-il de pans de bois, il s'emploie sous forme d'équerres, de plates-bandes ou d'étriers, qui sont boulonnés ou solidement cloués sur les principales pièces de la charpente ; de la jonction d'un pan de bois et d'un mur, on applique sur les sablières des plates-bandes à talon, qui saisissent chacune une ancre scellée dans le mur. La figure 14 de la planche 77 représente une de ces plates-bandes, et les figures 1 et 2 de la planche 54 offrent divers exemples de l'application du fer à la consolidation d'ouvrages de ce genre.

Le chaînage en fer est surtout utile au maintien des voûtes sphériques et des voûtes annulaires. Convenablement disposé, il s'oppose très-efficacement aux mouvements horizontaux qui se manifestent presque toujours dans ces voûtes, lorsqu'elles sont de grandes dimensions. Ainsi, plusieurs lézardes s'étant produites dans le dôme de Saint-Pierre de Rome, on a pris le parti, vers le milieu du siècle dernier, d'entourer cette importante construction de six cercles en fer, qui ont été placés en divers points de sa hauteur. Ils sont formés de fer plat, de près de $0^m,10$ de largeur sur $0^m,055$ d'épaisseur, et ils ont été fortement tendus. Il est toujours prudent de prendre, dès l'abord, des précautions de ce genre, à moins que les maçonneries ne présentent un grand excès de stabilité. Elles n'avaient pas été négligées dans cet édifice, mais les cercles primitifs, trop faibles ou trop rares, s'étaient rompus en plusieurs points.

En Italie, on voit beaucoup de portiques couverts par des voûtes d'arête qui ne sont soutenues que par des colonnes, et il est évident que ces supports ne seraient pas en état de résister à la poussée des voûtes, si elle n'était détruite par des tirants en fer, placés au-dessus de chaque colonne, à hauteur des naissances. Les ancres qui arment ces tirants sont encastrées, d'un côté, dans les colonnes et dans la maçonnerie supérieure, de l'autre, dans le mur du fond du portique. On est tellement habitué à cette disposition, que personne ne songe à la critiquer, et cependant il est certain qu'elle a quelque chose de vicieux, en ce qu'elle accuse nettement l'insuffisance des points d'appui. Elle est indispensable, sans doute, dans le système de construction qui a été adopté; mais le système est mauvais, puisqu'il ne présente pas, par lui-même, des garanties convenables de stabilité.

Il est d'autres voûtes qui se soutiendraient encore moins sans le secours du fer, et dans lesquelles rien ne trahit au dehors le grand rôle qu'y joue cette matière; mais une saine architecture doit les repousser. Nous voulons parler des voûtes en plates-bandes appareillées en pierres de taille, qu'on voit dans un grand nombre d'édifices modernes, où les architectes de la Grèce ou de Rome auraient placé des architraves d'un seul morceau. Là les barres de fer sont très-multipliées, parce qu'il faut résister à des efforts énergiques, et l'on ne se borne plus à des tirants pour contenir les poussées; on y ajoute de longs crampons qui saisissent chacun des voussoirs sur ses faces latérales, afin de le maintenir exactement dans sa position. C'est dans ce système qu'ont été exécutées les architraves de la plupart des portiques des monuments de Paris, dans lesquels des colonnes sont réunies par des entablements, tels que le Louvre, les palais de la place de la Concorde, le Panthéon, le palais de la Bourse, l'église de la Madeleine, etc. La figure 6 de la planche 4 peut en donner une idée; elle représente un fragment de la coupe longitudinale de l'entablement du portique supérieur de l'église Saint-Sulpice. Nous n'entrerons pas dans un examen détaillé de ce mode de construction. Ainsi que nous l'avons dit, en parlant des entablements en pierre, nous ne saurions l'approuver : d'abord parce qu'il est faux, en ce qu'il tend à faire supposer au spectateur beaucoup de simplicité de composition où il y a, au contraire, une grande complication; puis, parce qu'il y a quelque chose de souverainement irrationnel à faire reposer entièrement la stabilité d'une construction sur des barres de fer logées dans l'épaisseur des maçonneries, où elles peuvent s'oxyder en quelques points, sans qu'on en reçoive d'autre avis que la chute de l'édifice. Il y a lieu de s'étonner qu'un système aussi vicieux ait été aussi fréquemment appliqué, et qu'aucune catastrophe ne l'ait encore fait abandonner; mais il est hors de doute que les entablements à l'exécution desquels il a présidé n'auront pas une longue durée.

Il est assurément très-légitime d'employer le fer comme moyen accessoire de consolidation dans les édifices exécutés en pierre; mais il ne l'est pas de faire dépendre de lui seul la stabilité d'une construction qui doit présenter, et avoir par elle-même, un caractère monumental. Dans le premier cas, on obéit à la voix de la prudence, on ajoute quelque chose à une solidité qui, à la rigueur, pourrait paraître suffisante, on se prémunit contre des éventualités dont les conséquences seraient funestes; dans le second, on nuit à l'effet de l'édifice, si le fer, mis en évidence, prouve que les supports sont jugés trop faibles pour résister aux actions en vue desquelles ils ont dû être établis, ou la durée de la construction n'est pas convenablement garantie, si l'on dissimule l'artifice employé. On peut sans doute concevoir un système d'architecture reposant sur l'emploi simultané de matériaux de natures fort diverses; mais il ne sera satisfaisant, que si toutes les parties qui le composent se rattachent bien les unes aux autres, si le rôle de chacune d'elles est nettement marqué, si elles ont toutes leur raison d'être, en un mot, s'il y a harmonie et vérité dans la composition.

Dans tous les ouvrages dont il vient d'être parlé, le fer est appelé à résister à des efforts de traction, et il faut même qu'il puisse obéir aux inégalités de tassement auxquelles les maçonneries sont sujettes; il convient, par conséquent, de les exécuter en fer forgé et non en fonte. Il y a lieu aussi de préférer le fer de roche au fer doux, pour les chaînages ou les longs tirants, parce que le premier s'allonge beaucoup moins que le second sous une faible tension.

En quelques rares circonstances, le fer et la fonte ont joué un rôle plus important dans la construction des murs. Ainsi, l'on a exécuté en tôle de fer des tours de phares, destinées à être transportées dans des contrées lointaines qui n'offraient aucune ressource pour l'art de bâtir, ou à être établies sur des rochers d'un accès trop difficile pour qu'il n'y eût pas un grand intérêt à réduire la durée des travaux de construction.

Phare des Roches-Douvres. La planche 78 offre l'exemple d'un édifice de ce genre, qui doit être installé sur le plateau des Roches-Douvres, lequel est situé à peu près à mi-distance entre la côte de France et l'île de Guernesey. La figure 1 donne l'élévation principale du phare; la figure 2 est une coupe prise suivant la ligne AB du plan du rez-de-chaussée, que représente la figure 3; les figures 4, 5 et 6 sont des plans pris respectivement à hauteur des lignes EF, GH et KL; les autres figures se rapportent à des détails de construction sur lesquels nous reviendrons tout à l'heure.

Un escalier en fonte occupe le centre de la tour; à la base sont distribués les logements et magasins, lesquels sont surmontés de deux galeries intérieures où pourront être recueillis des naufragés, et où coucheront les ouvriers que des circonstances exceptionnelles appelleraient à passer quelques jours dans le phare. Les logements se composent d'un vestibule *a* (fig. 3), dans lequel sont arrimées les caisses à eau, d'une cuisine *c*, de trois chambres de gardiens *d* et d'une chambre *e* réservée aux ingénieurs en tournée d'inspection; en *b* est le magasin du phare, en *f* la soute aux vivres, et au-dessous de la cage de l'escalier (*h*, fig. 2), se trouve le dépôt de charbon. Au sommet de la tour, on a ménagé une chambre dite de *service* (fig. 5), d'où part une échelle de meunier en fonte, qui donne accès dans la *chambre de la lanterne* (fig. 6).

Aucun des phares métalliques exécutés jusqu'à présent n'est établi sur d'aussi grandes dimensions, et la plupart sont formés de feuilles de tôle plus ou moins épaisses qui sont rivées entre elles. Mais ce mode de construction n'est pas sans inconvénients : il fait reposer la solidité de l'édifice sur une enveloppe, qui, fortement exposée à l'oxydation, ne peut être de longue durée pour peu que l'entretien de la peinture soit négligé, et, d'un autre côté, la pose des rivets requiert des ouvriers spéciaux qu'on ne peut se procurer partout, en même temps que la mise en place exige des échafaudages qui sont dispendieux et qu'il peut être fort difficile d'établir sur une roche de dimensions restreintes. On s'est imposé ici les conditions suivantes :

1° Rendre l'ossature de l'édifice indépendante de l'enveloppe extérieure, la mettre à l'abri des embruns de mer dont l'action oxydante est très-énergique, et en faciliter la visite et l'entretien;

2° Disposer la construction de telle sorte qu'elle puisse s'installer sans grands échafaudages, et qu'il ne soit pas nécessaire de poser un seul rivet sur place;

3° Ne pas admettre de pièces de telles dimensions qu'il en résulte des difficultés d'arrimage à bord du bâtiment de transport, de débarquement sur le rocher ou de mise en place.

La tour a reçu un fruit très-prononcé et un large évasement à son pied, afin de ne pas éprouver de trop fortes oscillations sous l'action du vent.

Des cloisons en briques entourent les chambres; celles qui sont placées sur le périmètre extérieur ont $0^m,25$ d'épaisseur et sont éloignées de $0^m,05$ de l'enveloppe en tôle, de manière à mettre convenablement à l'abri des variations thermométriques de l'atmosphère. Une aire en béton supporte un parquet qui est établi à $0^m,40$ au-dessus des patins en fonte de la fondation, et un plancher en maçonnerie, reposant sur de petites solives en fer, forme le plafond, de manière que les chambres sont parfaitement closes. Le plafond qui couvre la galerie située au premier étage est également en maçonnerie, et il est revêtu à sa partie supérieure d'une aire en ciment de Portland, sur laquelle ont été tracées des rigoles destinées à recueillir les eaux de condensation qui s'écoulent parfois le long des parois de la tour et à les diriger sur un tuyau de descente. Un petit caniveau établi au-dessus du premier plafond, sur le périmètre extérieur, reçoit celles qui se précipitent sur l'enveloppe du premier étage.

L'escalier est en fonte avec limons en fer. Le limon extérieur est boulonné contre les montants qu'il rencontre, et contribue ainsi à la rigidité du système. Une demi-révolution de l'escalier correspond exactement à la hauteur d'un panneau, soit, $3^m,20$.

Les fers à T formant les côtés extérieurs des panneaux sont pliés suivant les angles du polygone, ont $0^m,18$ sur $0^m,10$, et pèsent 31 kilogr. par mètre. Ceux qui constituent les trois autres côtés ont $0^m,20$ sur $0^m,10$, et pèsent 35 kilogr. par mètre. Les panneaux des trois premiers rangs ont chacun une écharpe en diagonale, laquelle est composée d'un fer méplat de $0^m,14$ sur $0^m,014$, uni au moyen de rivets à deux fers à T de $0^m,130$ sur $0^m,065$.

Les entretoises sont formées de fer méplat de $0^m,080$ sur $0^m,016$.

L'épaisseur de la tôle diminue depuis l'étage inférieur, où elle est de $0^m,010$, jusqu'au sommet, où elle est réduite à $0^m,007$. Les couvre-joints sont exécutés en fer plat de $0^m,011$ d'épaisseur.

Le poids de la partie métallique de la construction s'élève à 304 865 kilogr. et se décompose ainsi qu'il suit :

16 880 kilogr. de fonte ordinaire, 47 090 kilogr. de fonte ouvragée, pour esca-

lier, corniche, etc., 219 380 kilogr. de fers et tôle, 20 450 kilogr. de fers ajustés, pour escalier, 1065 kilogr. de bronze, pour main courante, etc.

La figure 7 donne le détail des équerres qui assujettissent les angles des panneaux du premier rang et maintiennent les extrémités de la jambe de force de chacun d'eux. Cette jambe de force dont la section est représentée par la figure 11, est composée d'une âme qui va butter contre les côtés du panneau, en passant entre les équerres, et elle est consolidée par deux fers à T qui s'appuient sur ces équerres et dont les nervures se terminent en forme de congé. Une pièce d'un seul morceau présentant un profil analogue à ceux des balanciers de nos machines à vapeur, c'est-à-dire celui d'un solide d'égale résistance, serait préférable à la pièce qui vient d'être décrite; mais les considérations d'économie qui s'imposent aux constructeurs n'ont pas permis d'y avoir recours.

Le mode d'attache sur le massif des fondations se voit à la partie inférieure de la figure 7, et la figure 8 en donne la coupe.

Les figures 9 et 10 représentent respectivement l'assemblage d'un couvre-joint angulaire avec les panneaux et le montant qui lui correspondent, et le mode d'attache de deux panneaux superposés.

La figure 12 est une coupe horizontale prise à la partie inférieure d'une des consoles en fonte de la corniche de couronnement.

La porte d'entrée est entourée d'un chambranle en fonte, sur lequel est fixé au dedans un châssis dormant en chêne. La figure 13 représente les dispositions adoptées pour cette partie de la construction.

Les châssis des fenêtres sont exécutés en fer, et ils sont vitrés en glaces. La figure 14 donne le plan d'une de ces fenêtres.

Enfin, la figure 15 montre quel est le système de construction de l'escalier en fonte. Nous en parlerons plus loin.

Un phare établi dans le même système, mais un peu moins élevé, a été installé en 1865 sur l'un des îlots de la Nouvelle-Calédonie.

Quelques phares de petites dimensions ont été formés d'une série de tambours cylindriques en fonte, posés à emboîtement ou avec nervures intérieures et maintenus par des boulons. Mais ce système de construction exige plus de matière, et ne donne pas d'aussi bons résultats que le précédent, qui, convenablement simplifié, a été appliqué aussi avec succès à des tourelles exécutées sur des proportions très-restreintes.

Des magasins, des maisons même ont été également établis en tôle de fer, pour être expédiés au loin. Dans ces édifices, les feuilles de tôle sont réunies et consolidées par des cornières, des fers à simple T, ou des fers disposés de manière à former par leur réunion des supports très-résistants, ainsi que nous l'avons dit en parlant des assemblages, et que le montrent les figures 21 à 26 de la planche 77 et les figures 22 et 23 de la planche 82; mais des boulons se substituent aux rivets sur plusieurs points, afin de faciliter le montage sur place comme on a fait pour le phare des Roches-Douvres.

Phare de Walde.

Le fer se substitue parfois au bois pour l'établissement de grands échafaudages. La planche 79 met sous les yeux du lecteur un exemple de ce genre de constructions. Elle représente un phare récemment construit sur la pointe de Walde, près de Calais, et dont nous avons déjà parlé (page 155) à propos des fondations sur pieux à vis. Cet édifice est établi, près de la laisse des basses mers de vives eaux, sur une plage de sable fin susceptible d'être affouillé. Une construction en maçonnerie eût exigé de grandes dépenses, et il eût fallu descendre ses fondations à une profondeur considérable, sous peine de les voir déchaussées. Des pieux en fer ont très-simplement résolu le problème. On aurait pu sans doute avoir recours à des pièces de bois; mais on sait que le bois est de peu de durée, quand il est soumis à des alternatives incessantes de sécheresse et d'humidité, et qu'il est d'ailleurs promptement rongé à la mer par les vers tarets.

Ainsi que le montrent les plans (fig. 1 et 2) et l'élévation (fig. 3), l'échafaudage consiste en un pieu central, qui s'élève verticalement, et en six pièces inclinées, qui forment les arêtes d'un tronc de pyramide à base hexagonale. Tous ces pieux sont exécutés en fer forgé, sont cylindriques, et sont rendus solidaires par des entretoises et des croix de Saint-André. Une chambre, revêtue en tôle de fer au dehors et en menuiserie au dedans, surmonte ce tronc de pyramide, et est entourée d'une galerie en encorbellement, que supportent des consoles également en tôle. Cette chambre est divisée en compartiments, de manière à offrir les divers magasins nécessaires au service, et un logement pour deux gardiens, dont les lits se relèvent pendant le jour. Une échelle conduit sur la galerie, et un escalier central donne accès dans la lanterne. Cette construction, n'offrant, pour ainsi dire, aucun obstacle au libre développement des lames, ne les oblige pas à se relever, et ne provoque point d'affouillements. On a pu se borner à élever le plancher à 6^m,30 au-dessus du niveau des plus hautes mers, et la seule modification qui se soit produite dans l'état antérieur de la plage consiste en une petite cuvette de quelques centimètres de profondeur, au pied de chaque montant.

Les figures 4, 5 et 6 représentent l'une des vis de fondations. Les figures 7 et 8 donnent le détail de l'assemblage d'un pieu avec les trois pièces inclinées qui le saisissent à une petite distance au-dessus du sol. Les figures 9 et 10 montrent comment le pieu central s'assemble, en deux points de sa hauteur, avec douze pièces inclinées qui vont se réunir deux à deux à chacun des pieux extérieurs. On a représenté, par les figures 11 et 12, l'assemblage à enture d'un de ces derniers montants et celui des neuf pièces qui partent du même point. On voit enfin, sur la figure 16 de la planche 77, le détail de l'enture du pieu central au milieu de sa hauteur, et celui de l'assemblage des six entretoises qui maintiennent le système. Le lecteur remarquera qu'on s'est réservé la faculté de tendre tous les tirants. L'ouvrage a été exécuté d'une manière très-remarquable, et la précision des assemblages ne laisse rien à désirer.

On a quelquefois employé la fonte pour former des revêtements de murs de quai, et diverses dispositions ont été adoptées à cet effet. La meilleure consiste à enfoncer dans le terrain, de distance en distance, des pieux en fonte portant, sur leurs faces latérales, des rainures dans lesquelles viennent s'engager les plaques qui constituent le revêtement. Ces pieux sont maintenus dans leur position par des tirants en fer, et une maçonnerie à pierres sèches ou avec mortier s'exécute en arrière. Ce système de construction a été imaginé et appliqué en Angleterre ; mais il ne paraît pas y avoir pris beaucoup d'extension, bien que la pierre de bonne qualité y soit assez rare, et qu'on y soit habitué à prodiguer la fonte.

Revêtements en fonte.

DES SUPPORTS ISOLÉS.

La fonte est généralement préférable au fer forgé pour l'exécution des supports isolés; car elle présente plus de résistance à la rupture, quand la hauteur ne dépasse pas une certaine limite, se prête mieux aux formes les plus convenables, et coûte moins cher. Il n'y aurait avantage économique à recourir au fer que si l'on avait des chocs à redouter, ou si la hauteur du support s'élevait à quarante fois environ la plus petite des dimensions de la base. Les supports en fonte sont pleins, lorsqu'il importe de réduire leur largeur autant que possible; mais, en toute autre circonstance, il convient de les établir creux.

Dans le premier cas, leur section horizontale est carrée, circulaire, ou en forme de croix. Cette dernière disposition est la plus convenable, sous le rapport de l'économie de la matière; mais elle comporte un peu plus de largeur, et elle paraît moins recommandable que les deux autres au point de vue de l'art, parce qu'elle est moins facile à apprécier et n'offre pas les mêmes ressources à l'ornementation. Aussi a-t-elle toujours été reléguée dans les constructions purement industrielles, sans y être d'ailleurs exclusive.

Quelle que soit la forme de la section, il convient de donner à ces supports plus de largeur au milieu de leur hauteur qu'à leurs deux extrémités, parce qu'ils sont exposés à s'infléchir avant de se rompre. Le renflement, qui a été pratiqué quelquefois dans les colonnes en pierre, sans y être parfaitement motivé, est ici d'une incontestable utilité, et il produit un bon effet par cela même qu'il témoigne d'un judicieux emploi de la matière. Il s'en faut de beaucoup cependant qu'il ait été adopté par tous les architectes; mais ces sortes de constructions ne font que de naître, et n'ont pas encore revêtu les formes qui les caractériseront un jour.

Les chapiteaux et les bases sont plus nécessaires encore pour ces points d'appui que pour les colonnes en pierre, surtout lorsque la construction qu'ils supportent et celle sur laquelle ils reposent sont exécutées en matériaux moins résistants que la fonte; car il est essentiel alors de répartir les pressions sur des surfaces supérieures à celles que présente la section des supports. Ces ornements reçoivent donc, en général, des hauteurs et des saillies plus fortes, proportionnellement à la largeur du point d'appui, que n'en comportent ceux des constructions en pierre. En outre, on ménage habituellement des tenons plus ou moins saillants au-dessus des chapiteaux et au-dessous des bases, afin de bien assurer la stabilité du système. Souvent aussi les colonnes ou les pilastres sont groupés par deux, par trois ou même par quatre, et il convient alors d'établir entre eux une telle solidarité qu'ils ne puissent fléchir isolément. On les unit, à cet effet, de distance en distance, par des colliers en fer forgé, et un même plateau, placé à leur sommet, est traversé par les tenons des chapiteaux. Lorsqu'ils sont au nombre de trois ou de quatre, on est en droit, pour évaluer leur résistance, de les considérer comme n'ayant en hauteur que la distance qui sépare deux colliers consécutifs, ou, si l'on envisage la hauteur totale, de les regarder comme formant une masse d'un seul morceau et évidée. En tous cas, on trouve une résistance de beaucoup supérieure au triple ou au quadruple de celle qu'offrirait l'un de ces supports, s'il était pris isolément. Quand il n'y a que deux colonnes, ce bénéfice n'est assuré que dans la direction de la ligne qui les joint.

Les supports creux sont préférables aux pleins, sous le double rapport de l'économie et de l'art. Ils permettent d'imposer une plus grande pression à une même quantité de matière, car les résistances décroissent rapidement à mesure qu'augmente le rapport de la hauteur à la largeur, ainsi qu'on l'a vu lorsqu'il a été question de la résistance des matériaux; et, plus apparents, ils prennent quelque chose de plus monumental, peuvent contribuer plus efficacement à la beauté de l'édifice auquel ils appartiennent. Le vide intérieur est susceptible d'ailleurs d'être utilisé de diverses manières, et il l'est souvent pour donner de l'écoulement aux eaux pluviales.

La forme des colonnes est celle qui convient le mieux à ces supports, dans la plupart des circonstances, par les motifs qui l'ont fait adopter pour les constructions en pierre; mais la nouvelle matière comporte, et, par cela même, exige jusqu'à un certain point, des proportions différentes. Théoriquement parlant, il y a avantage à donner de très-forts diamètres à des colonnes creuses, à condition de réduire en conséquence l'épaisseur de l'enveloppe; mais les exigences de l'exécution, par voie de fusion, ne permettent pas de se tenir, sous le rapport de l'épaisseur, au-dessous d'une certaine limite, laquelle dépend surtout des dimensions de la colonne. De sorte qu'un diamètre trop fort, loin de procurer de l'économie, entraîne à un accroissement de dépense, conduit à un emploi peu judicieux de la matière. Il y a donc une relation à observer entre le diamètre, l'épaisseur, la hauteur, et la pression qui doit être supportée. Or, dans les circonstances habituelles de nos édifices, les pressions ne sont pas assez considérables pour qu'il convienne, eu égard à la limite dont on vient de parler, de donner aux colonnes en fonte des proportions aussi massives que celles des colonnes en pierre. Et, ici encore, les convenances d'une économie rationnelle concordent admirablement avec celles de l'art; car notre esprit n'est pas disposé à admettre qu'une même forme puisse se concilier également bien avec les propriétés de matières aussi différentes que la fonte et la pierre; la première lui paraît comporter évidemment plus de hardiesse que la seconde; et cette qualité, il ne lui suffit pas qu'elle se manifeste sur les ornements, il veut en trouver l'empreinte dans ce qui est plus fondamental, c'est-à-dire dans les proportions de l'ensemble. Est-il nécessaire d'ajouter que ce sont ces dernières considérations qui dominent dans la question, et que la solution a été dictée par elles bien plutôt que par le désir de l'économie?

Ni les proportions, ni les ornements des colonnes en fonte, n'ont été coordonnés comme ceux des colonnes en pierre. Rien n'entrave, sous ce rapport, la liberté de l'architecte; peut-être un jour, quand on sera plus familiarisé avec ce genre de constructions, sera-t-elle enfermée entre certaines limites; mais il ne nous appartient pas, et il n'est nullement dans nos intentions de chercher à devancer cette époque, si tant est qu'elle doive arriver. Nous nous bornerons donc à mettre quelques exemples sous les yeux du lecteur, et plutôt à titre de documents qu'à titre de préceptes.

Les figures 1, 2 et 3 de la planche 80 représentent un fragment de l'élévation, la coupe transversale, et quelques détails d'un des portiques latéraux, qui étaient placés à l'entrée de l'ancienne gare du chemin de fer du Nord, à Paris.

Les colonnes sont en fonte, et sont surmontées d'un entablement en bois. La corniche est formée par les chevrons de la toiture, et présente une saillie très-prononcée, afin d'être un abri suffisant dans les circonstances ordinaires, c'est-à-dire lorsque la pluie n'est pas fortement chassée par le vent. Les colonnes ont $0^m,20$ de diamètre à la base sur $3^m,35$ de hauteur, non compris le piédestal; elles sont cannelées à vive arête et sont couronnées par des chapiteaux ioniques, mais dont les formes et les proportions diffèrent beaucoup de celles qui se rencontrent dans les constructions en pierre. Ces chapiteaux ont été fondus à part, afin de faciliter l'exécution ; ils s'assemblent à emboîtement sur les colonnes, et y sont fixés par des vis. Au-dessus de chacun d'eux s'élève un tenon qui pénètre dans l'architrave en bois, et traverse une semelle en fer forgé ; cette dernière pièce est encastrée dans l'architrave et la maintient par une forte vis et un talon, de chaque côté de la colonne. Le vide intérieur n'est pas utilisé pour donner de l'écoulement aux eaux pluviales, parce que le peu de longueur du portique permettait de les rejeter aux deux extrémités.

On a représenté sur la même planche (fig. 4 et 5), un fragment d'élévation et la coupe transversale d'un portique analogue au précédent, mais traité avec plus de légèreté, avec des dimensions plus restreintes, et dans lequel le métal joue un plus grand rôle. Il occupait l'une des faces latérales de l'ancienne gare du chemin de fer d'Orléans, à Paris.

Les colonnes n'ont que $2^m,87$ de hauteur sur $0^m,09$ de diamètre à la base. Au-dessus de chacune d'elles s'élève un support, également en fonte creuse, qui s'y emboîte et porte quatre consoles évidées. Deux d'entre elles supportent l'architrave, une autre reçoit la retombée de l'arbalétrier de la toiture qui correspond à la colonne ; la quatrième soutient un large chéneau établi en encorbellement et formant corniche, dont les eaux sont dirigées sur les colonnes par où elles se dégagent. Un petit tirant en fer s'oppose au déversement de la colonne.

La figure 6 fait voir, d'un côté la coupe, de l'autre l'élévation, prises toutes deux parallèlement au portique, d'une des colonnes et de la construction superposée. La figure 7 est un fragment de coupe transversale. Les figures 8 et 9 montrent quelles ont été les dispositions adoptées pour unir les arbalétriers au poinçon et supporter le faîtage de la toiture.

On a élevé, dans ces dernières années, un grand nombre de constructions de ce genre, pour des halles, des portiques, ou des édifices relatifs à l'exploitation de chemins de fer. Elles consistent pour la plupart en colonnes de fonte, qui sont réunies à leur sommet par une poutre en tôle, pleine ou formée d'un treillis à jour analogue à celui des pannes de la planche 85. Les colonnes sont creuses, à section circulaire ou octogonale jusqu'au chapiteau et à section carrée au-dessus ; trois consoles en fonte, découpées à jour suivant divers dessins, s'appuient sur le chapiteau, deux d'entre elles pour soutenir la poutre formant architrave, la troisième pour recevoir la retombée d'une ferme, et toutes pour maintenir les angles du système. Des boulons fixent ces consoles, tant au corps carré de la colonne qu'aux poutres et à l'arbalétrier; un chéneau s'élève au-dessus des poutres, conduit les eaux pluviales dans les colonnes, et forme une sorte de corniche au dehors. Aucune disposition spéciale n'est appelée à faciliter les mouvements de contraction et de dilatation. Les variations de température déterminent en conséquence des tensions, des compressions et des inflexions; mais ces actions ne sont ni redoutables, ni apparentes.

Les grandes halles de Paris, dont les dessins sont donnés par la planche 65 de la deuxième partie de cet ouvrage, et qui consistent aussi en colonnes de fonte supportant des fermes en fer, forment le plus vaste et le plus remarquable de tous les édifices de ce genre élevés jusqu'à ce jour. C'est un frappant témoignage des services que le fer est appelé à rendre à l'art de bâtir.

Les constructions ainsi disposées ont l'avantage de pouvoir s'exécuter dans de grandes usines convenablement outillées, c'est-à-dire, dans les meilleures conditions sous le double rapport de l'économie et de la perfection du travail, et de pouvoir être ensuite transportées à peu de frais et montées très-rapidement avec beaucoup de facilité.

La planche 84 rend compte d'un édifice beaucoup plus important au point de vue de l'art que ceux dont on vient de parler; mais dans lequel le métal ne se montre pas aussi exclusif, et n'a pas revêtu peut-être des formes aussi caractéristiques. Elle donne les dessins de la grande salle de la nouvelle bibliothèque Sainte-Geneviève, à Paris.

Cette salle est élevée au-dessus d'un rez-de-chaussée, dans lequel sont distribués un vestibule et deux grandes pièces pour dépôt de livres. Elle a 17 mètres de largeur sur $80^m,75$ de longueur dans œuvre, et elle est divisée en deux travées longitudinales par une rangée de seize colonnes de fonte, que des arcs en plein cintre, exécutés en même matière, relient entre elles et aux murs d'enceinte. Les bases de ces colonnes sont élevées à $2^m,45$ au-dessus du sol de la salle, sur des dés en pierre de taille entre lesquels sont placés des casiers, sauf dans les trois entre-colonnements du milieu, qui sont réservés à la circulation. Chaque travée est recouverte par une voûte en berceau surbaissée, concentrique aux arcs qui réunissent les colonnes aux murs, et reposant, d'un côté, sur l'un de ces murs, de l'autre, sur les colonnes et sur les arcs placés dans leur alignement. Les naissances de cette voûte sont marquées par un bandeau en fonte, évidé et décoré de rosaces, que surmonte un ornement découpé, d'un dessin ferme et riche; au-dessus, s'élèvent des arcs en fer forgé, reliés par des entretoises, également en fer, lesquels constituent l'ossature de la voûte, et dont les intervalles sont fermés par une couche de plâtre, appliquée sur un grillage en fil de fer. Ces arcs sont supportés, à leur sommet, par une suite d'autres arcs en fonte, lesquels sont assemblés avec ceux qui divisent la voûte sur sa longueur. La charpente du comble consiste en des pannes en fer forgé, qui sont soutenues par des montants en fonte, au droit de chacune des divisions transversales de la salle. Ces montants reposent, l'un sur la colonne, les autres sur les grands arcs. Des pièces en fer, parallèles aux lignes de plus grande pente du comble, les saisissent et les maintiennent dans leur position verticale.

L'enceinte de la salle est formée par une suite d'arcades sur pieds-droits, exécutées en pierres de taille, et fermées par un mur qui est établi en retraite sur l'une et l'autre face de ces pieds-droits. Au dehors, la retraite se borne à ce qui est nécessaire pour indiquer nettement ce système de construction; mais elle est beaucoup plus prononcée à l'intérieur, et elle est utilisée pour le dépôt des livres. Les corps de bibliothèque sont distribués sur deux étages; les uns, situés au niveau du sol de la salle, sont installés en avant des pieds-droits, de manière à laisser, entre eux et le mur, un couloir pour la circulation des employés de l'établissement; les autres, élevés au-dessus de ce passage, sont appuyés contre le mur, dans les grandes niches formées par les arcades.

De petits escaliers et des portes ménagées, de distance en distance, dans les corps de bibliothèque inférieurs, mettent ces différentes parties en communication, et assurent au service les conditions les plus favorables. La salle est éclairée par de larges fenêtres ouvertes dans les arcades, à leur partie supérieure. Enfin une élégante balustrade, exécutée en fonte et en bronze, est placée à quelque distance en avant des différents corps de bibliothèque établis au niveau du sol.

Les dessins que le lecteur a sous les yeux suppléent à ce qu'il y a d'incomplet dans cette description sommaire, et permettent d'apprécier convenablement les diverses dispositions qu'ils représentent.

La figure 1 est une coupe transversale prise au milieu de la longueur de la salle, et la figure 2 est un fragment de coupe longitudinale, qui s'étend du point A au point B du plan.

Le plan de la salle est donné par la figure 3. On voit, à la partie inférieure de ce dessin, l'escalier qui conduit du rez-de-chaussée au premier étage, et l'on remarque, dans les angles de la salle, quatre cages carrées qui forment culées pour les arcades. Cette dernière disposition, que réclamait la solidité de la construction, a été très-heureusement utilisée pour donner de l'écoulement aux eaux pluviales recueillies sur la toiture; les tuyaux de descente ont été placés dans l'intérieur de ces culées, où il est facile de les visiter et de les réparer, en cas de besoin, et où ils sont soustraits aux froids trop rigoureux, qui pourraient déterminer leur rupture. En outre, deux d'entre elles servent au dégagement de la fumée des calorifères, et les deux autres sont occupées chacune par un petit escalier de service.

La figure 4 est un détail destiné à faire mieux juger que les dessins d'ensemble de la décoration des arcs qui réunissent les colonnes, et de celle du bandeau placé à la naissance de la voûte. Elle rend également compte des assemblages de ces pièces.

La partie supérieure de l'arcade est formée d'un seul morceau du point C au point D de la figure 2; elle est évidée dans ses tympans et dans le petit rang de cercles qui s'élève au-dessus. Elle repose sur la partie inférieure, qui est représentée par la figure 5, et elle y est maintenue par deux brides boulonnées. Les deux bandeaux en fonte, qui appartiennent à l'une et à l'autre des voûtes dont ces arcs reçoivent les retombées, s'élèvent immédiatement au-dessus du petit rang de cercles et sont fixés par des boulons qui traversent des oreilles. On voit ces appendices sur la figure 4, parce qu'on y a éloigné l'une de l'autre les pièces qui, en réalité, sont juxtaposées. Les têtes des boulons sont couvertes par des rosaces.

La figure 6 est un plan pris à la naissance des arcades, ou, en d'autres termes, une section horizontale faite à hauteur de EF (fig. 5); on y remarque les trous des quatre boulons qui rattachent chaque groupe d'arcs à la colonne correspondante.

Ainsi que le montrent les figures 7, 8 et 9, les ornements qui forment les chapiteaux des colonnes sont fondus à part et sont rapportés après coup. On n'a mis en place que la moitié du chapiteau, sur les deux premiers de ces dessins. La figure 10 représente la base d'une colonne.

La figure 11 donne le détail de la partie supérieure des grands arcs des voûtes, lesquels sont évidés suivant un dessin fort élégant. Chacun d'eux est formé de quatre morceaux, dont deux se réunissent et sont boulonnés sur une clef creuse, en forme de prisme à base octogonale, qui occupe le sommet de l'arc, et est fermée, à sa partie inférieure, par une étoile rapportée sur cette même clef. Dans une direction normale à celle du grand arc, viennent s'appuyer les arcs qu'on voit à la partie supérieure de la figure 2, lesquels soutiennent l'armature en fer de la voûte, comme il a été dit plus haut, et ont en outre pour effet de maintenir les grands arcs dans leur position verticale. On a supposé, sur le dessin (fig. 11), que ces petits arcs étaient enlevés, mais on y a marqué les trous des boulons qui les fixent sur la clef.

La figure 12 montre comment les parties supérieures des grands arcs s'assemblent avec les parties inférieures, dont l'une repose sur une console appliquée contre le pied-droit correspondant et y est maintenue par un fort scellement, et dont l'autre fait partie du groupe d'arcs qui est directement supporté par la colonne. Les têtes des boulons qui maintiennent cet assemblage sont couvertes par de grandes rosaces, dont le dessin est représenté par la figure 13. En outre, afin de relier plus complétement entre elles les différentes parties du système, on a fait appuyer, l'un contre l'autre, les deux arcs opposés, au moyen d'appendices triangulaires qui sont boulonnés entre eux et à la base du montant qui supporte le faîtage.

Enfin la figure 14 fait connaître la forme et la disposition de la grille placée au niveau du plancher; les balustres sont en fonte, et les petits barreaux en bronze.

Cette construction, dont les formes témoignent du goût le plus distingué, est due à M. H. Labrouste.

DES PLANCHERS.

Nous avons déjà fait connaître, en parlant des constructions en bois, quelques-uns des services que le fer forgé rend à l'établissement des planchers. Il s'y emploie sous forme d'étriers (pl. 77, fig. 13), pour consolider des assemblages; de plates-bandes, pour relier des poutres placées dans le prolongement l'une de l'autre; d'ancres (pl. 77, fig. 14), pour former des scellements solides. Des boîtes en fonte reçoivent quelquefois les extrémités de poutres qui doivent être scellées dans un mur; elles les maintiennent et les soustraient au contact de l'humidité; d'autres sont appendues à des poutres pour supporter des solives. La fonte et le fer peuvent être substitués avec avantage à la pierre, pour l'établissement de consoles réclamant beaucoup de saillie. Enfin nous avons dit qu'on avait souvent recours au fer forgé, pour armer des poutres exécutées en bois.

Ces armatures se disposent suivant deux systèmes principaux.

Poutres en bois et fer.

L'un consiste à soutenir la poutre en dessous ; l'armature est formée de deux tringles de tirage, qui sont fixées aux extrémités supérieures de la pièce de bois, et qui s'assemblent à charnières avec un tirant horizontal placé au-dessous de cette pièce. Chaque charnière est traversée par une ancre en fer, qui s'oppose à la flexion ; les tringles de tirage se roidissent au moyen d'écrous qui les saisissent à leur partie supérieure, et dont la pression est reportée sur le bois et répartie sur une surface convenable, par une plaque exécutée en fer ou en fonte. Quelquefois on applique une armature semblable sur les deux faces latérales de la poutre; mais habituellement la poutre est refendue, et l'armature se place entre les deux morceaux, qui sont ensuite reliés l'un à l'autre par des boulons. Cette dernière disposition est représentée, en élévation et en coupe transversale, par les figures 1 et 2 de la planche 82.

Il y a avantage à faire descendre l'armature jusqu'à une certaine distance au-dessous de la poutre, lorsque les convenances de l'édifice ne s'y opposent pas; on soutient alors cette poutre au moyen de bielles en un ou plusieurs points de sa longueur, ainsi que le montrent les figures 3 et 4 de la même planche.

On voit, par contre, dans quelques charpentes anglaises, des pannes dans lesquelles des armatures de ce genre ont été complétement dissimulées. Les tringles ont été logées dans des trous forés, et les tirants et ancres, dans des entailles préparées pour les recevoir ; puis, ces entailles, qui eussent été apparentes en dessous, ont été couvertes par des planches minces, artistement rapportées. Mais il est douteux que ce système soit avantageux, car l'humidité peut s'introduire dans les ouvertures pratiquées dans la pièce, et attaquer le bois.

Quelle que soit la disposition adoptée, il convient de donner du *roide* à la poutre, c'est-à-dire de la courber un peu, de telle sorte que son plan supérieur soit convexe, ce à quoi l'on parvient en la soulevant au milieu de sa longueur, et en agissant fortement sur les écrous des tringles.

Le second système d'armature consiste en un arc en fer forgé, qui est maintenu par un tirant en même matière. Cet appareil peut être simple, et alors il se place entre deux poutres jumelles ; il est entaillé dans l'une d'elles, et il est maintenu par des boulons qui les traversent toutes deux. Quelquefois il est double, et il s'applique sur l'une et l'autre face latérale de la poutre, contre laquelle il est boulonné. Une autre disposition du même genre a été utilement appliquée en quelques circonstances ; on a interposé une forte feuille de tôle entre deux poutres jumelles, et le tout a été rendu solidaire par des boulons.

On voit que, dans l'un de ces systèmes, le bois est comprimé, tandis que le fer est uniquement sollicité à l'extension, et que, dans l'autre, les deux matières sont comprimées à la partie supérieure de la poutre et tendues à la partie inférieure. Le premier paraît être préférable au second, en ce qui est de l'économie de la matière. Celui-ci ne permet pas d'ailleurs de tirer des poutres de diverses natures qu'il associe, un effet égal à la somme de ceux qu'on en obtiendrait si elles agissaient isolément en se maintenant toujours dans un plan vertical ; cela provient de ce que le bois s'allonge ou s'accourcit beaucoup plus que le fer sous les actions qu'il est permis de leur imposer.

On peut encore exécuter une poutre analogue à celle que représente la figure 3 de la planche 59, en substituant des tirants en fer forgé à la moise qui maintient le pied des arbalétriers. Le bois sera comprimé, et le fer étendu, si le poids est appliqué sur le poinçon.

Mais il est presque toujours plus avantageux de former les poutres d'une même matière, et le fer forgé ou laminé est celle qui convient le mieux à ces ouvrages, à raison de sa résistance aux chocs, à l'allongement et à la rupture. *Poutres en fer.*

Les poutres en fer s'établissent suivant divers systèmes, parmi lesquels nous nous bornerons à citer ceux qui sont le plus fréquemment employés :

1° *Poutres pleines à double* T. On trouve dans le commerce des fers laminés à double T, qui ont jusqu'à 0^m,50 de hauteur, et pèsent 85 kilogr. par mètre courant (pl. 82, fig. 7) ; quelques usines en fournissent même de plus forts encore. Ils peuvent servir de poutres, toutes les fois que les longueurs ou les pressions ne sont pas trop considérables. Quand ils paraissent insuffisants, on compose la poutre d'une feuille de tôle, qui est rivée haut et bas sur deux cornières, lesquelles peuvent être rivées elles-mêmes sur d'autres feuilles de tôle posées horizontalement. Ces deux dispositions sont représentées par les figures 10, 11, 12 et 13; la poutre, qu'on n'a pu se procurer d'un seul morceau, est ainsi formée de plusieurs pièces, qui sont rattachées les unes aux autres de telle sorte qu'elles ne peuvent se mouvoir isolément.

2° *Poutres jumelles à double* T. On associe deux ou trois poutres à double T, et on les rend solidaires par des frettes en fer, qui les embrassent et sont espacées de 0^m,80 environ, et par des tringles en fer carré, qui sont posées en diagonales entre les deux poutres, s'appuient sur les nervures, et sont forcées à grands coups de masse. Cette disposition est représentée par la figure 9. On y a fréquemment recours aujourd'hui dans la construction des maisons pour former les poitrails qui couvrent les baies des magasins ouverts sur la voie publique, lesquels sont souvent chargés du poids de plusieurs étages. Ces ouvrages sont scellés dans les murs à leurs extrémités, et sont soutenus par des colonnes en fonte en un ou plusieurs points de leur longueur. On est dans l'usage de les remplir en une maçonnerie de briques, qui est disposée de manière à former une voûte en plate-bande; mais il ne faudrait pas compter sur l'efficacité de ce remplissage, car il se brise probablement lorsque les poutres s'infléchissent sous la pression qu'elles supportent, et il n'agit plus que pour maintenir l'écartement des fers. Les colonnes sont quelquefois accouplées, et elles sont alors réunies à leur sommet par un sommier en fer sur lequel repose le poitrail, ainsi que le montre la figure 16.

En d'autres circonstances, une colonne comprend dans sa hauteur le rez-de-chaussée et l'étage immédiatement supérieur, de manière à procurer des magasins superposés, largement ouverts au dehors. La poutre qui forme l'architrave intermédiaire se compose alors de deux solives à double T, lesquelles embrassent la colonne et reposent sur des consoles *venues à la fonte*. Cette disposition est représentée par la figure 17. Le poitrail supérieur doit offrir plus de résistance, puisqu'il est plus chargé, et il se compose habituellement de trois solives disposées comme celles de la figure précédente.

3° *Poutres à treillis*. Les figures 1, 2, 8 et 9 de la planche 85 mettent sous les yeux du lecteur des exemples de poutres de cette espèce. Ces poutres présentent plus de légèreté que les précédentes, et peut-être un emploi plus judicieux de la matière.

4° *Poutres à simple* T *avec joues en tôle.* On voit dans quelques constructions deux fers à simple T, plus ou moins espacés, réunis par des joues en tôle qui sont rivées sur la tige du T. Les joues peuvent être continues et alors la poutre a l'apparence d'un double T, ou être discontinues et découpées suivant tel dessin qu'on juge convenable, ainsi que le montrent les figures 5 et 6 de la planche 82. Le premier de ces systèmes paraît plus économique, parce qu'il permet de faire entrer les feuilles de tôle dans le calcul de la résistance de la pièce; le second peut présenter quelque chose de plus élégant. Le mode de scellement le plus convenable consiste à refouler à leurs extrémités les deux pièces à T, et à les percer d'un œil que traverse l'ancre de scellement. On a représenté la poutre pleine sur le côté droit de la figure 5 avec le scellement dont on vient de parler; la poutre est évidée sur le côté gauche, et on lui a appliqué un scellement qui a été fréquemment employé.

5° *Poutres en tôle à section rectangulaire.* La poutre se compose de quatre feuilles de tôle, qui sont assujetties entre elles par des cornières et des rivets. Lorsque les dimensions de la poutre ne permettent pas de river à l'intérieur, les cornières se placent en dehors et les faces horizontales sont en saillie sur les faces verticales, comme on le voit sur le côté gauche de la figure 14; mais quand la poutre doit rester apparente, il y a avantage à supprimer les saillies du bas et il convient d'avoir recours au mode d'assemblage qui est indiqué sur le côté droit de la même figure. On adopte la disposition représentée par la figure 15, quand la poutre est de section telle qu'un ouvrier puisse pénétrer à l'intérieur pour poser les rivets et maintenir leur tête pendant qu'on refoule l'autre extrémité. Si une poutre de cette espèce était de grandes dimensions et était exposée à des pressions considérables, il serait prudent de la consolider en un ou plusieurs points de sa longueur au moyen de cloisons en tôle, évidées et rivées sur les parois.

Quelques constructeurs ont proposé d'augmenter la section de la traverse supérieure des poutres en fer aux dépens de celle de la traverse inférieure, ainsi qu'on le voit sur la figure 8, et plusieurs expériences établissent qu'il y a avantage à adopter cette disposition. Ce n'est pas parce que le fer résiste mieux à la tension qu'à la compression; la différence est minime, et l'on est en droit d'en faire abstraction tant que les charges ne dépassent pas les limites prescrites : c'est parce que, la longueur de la barre étant considérable par rapport aux dimensions transversales, la traverse supérieure est sollicitée à une flexion qui a pour conséquence le gauchissement de la poutre et par suite une réduction de résistance. Il serait préférable de donner même section aux deux branches du double T, si la poutre était maintenue latéralement dans toute sa longueur, de telle sorte qu'elle ne pût s'infléchir que dans un plan vertical.

Il est à remarquer qu'on n'éprouve pas pour les poutres en fer les difficultés qu'on rencontre dans les constructions en bois, quand la longueur des poutres à établir dépasse celle des pièces dont on peut disposer. Il est facile, au moyen d'un assemblage du genre de celui de la figure 20 de la planche 77, de réunir bout à bout deux feuilles de tôle, sans qu'il y ait réduction sensible de résistance. On peut, par des procédés analogues, prolonger des cornières ou des fers à T; mais il faut avoir soin de croiser les assemblages des pièces associées. Nous avons déjà fait remarquer que les assemblages de la ferronnerie ont, sur ceux de la charpente, l'avantage de pouvoir être disposés de manière à ne pas affaiblir les pièces.

Poutres en fonte.

On exécute également des poutres en fonte, surtout en Angleterre, où l'on en a fait un grand usage il y a quelques années, et notamment dans l'établissement des planchers du nouveau palais de Westminster. Divers profils ont été adoptés par les constructeurs anglais. Le profil à double T à branches égales a été préconisé par Tredgold; M. Hodgkinson a cru pouvoir conclure de ses nombreuses expériences que la forme la plus convenable est celle dans laquelle la branche inférieure est cinq fois plus développée que l'autre; il y a tendance aujourd'hui à supprimer complètement la branche supérieure, de manière à donner à la poutre la forme d'un simple T renversé. Ces trois profils sont représentés par les figures 19, 20 et 21 de la planche 82.

Cette divergence d'opinion s'explique aisément, si l'on se rappelle que la fonte ne présente pas même résistance à la rupture par extension et à la rupture par compression, et que cependant les allongements et les accourcissements sont sensiblement de même valeur sous une même action et proportionnels à son intensité, tant que cette action n'atteint pas la limite que la prudence engage les constructeurs à ne jamais dépasser. Il s'ensuit en effet que, jusqu'à cette limite, la forme du double T à branches égales est celle qui donne les meilleurs résultats; et qu'il est indifférent alors, si l'on emploie le profil à simple T, de placer la nervure en dessus ou en dessous. Une série d'expériences de M. Hodgkinson, qui n'a peut-être pas été assez remarquée, établit ce fait capital avec la plus grande netteté. Mais il en est tout autrement quand la pression exercée sur la poutre dépasse le terme dont il s'agit : les inégalités de résistance aux deux modes de rupture se manifestent, et l'on reconnaît qu'il y a avantage à augmenter la section de la partie du profil qui est sollicitée à la rupture par extension. En poussant les épreuves jusqu'à la rupture, on trouve qu'à section égale, la poutre la plus résistante est la poutre à simple T avec nervure en dessous, que la résistance diminue à mesure qu'on porte plus de matière à la partie supérieure du T, et qu'elle atteint son minimum lorsque la forme est celle du simple T avec nervure en dessus.

Il est sans doute inutile d'ajouter que ce qui précède suppose implicitement certaines proportions entre les diverses parties du profil. On conçoit sans peine que la poutre céderait par compression, si la tige du simple T renversé était trop mince par rapport à la nervure. Dans un profil bien conçu en vue de la rupture, le haut et le bas de la poutre doivent se rompre en même temps, l'un par compression, l'autre par extension.

On doit conclure des faits qui viennent d'être exposés que, quand une poutre en fonte a été calculée en donnant au coefficient de rupture R la valeur $5^{ks},50$ que nous lui avons assignée (page 132), et n'est pas d'ailleurs exposée à des chocs redoutables, la forme du double T à branches égales est celle qu'il convient de donner à sa section. Si l'on prévoyait des surcharges ou des chocs, il faudrait préférer, soit le simple T renversé, soit le double T à branches inégales, en plaçant la plus forte branche en bas. L'un ou l'autre de ces derniers profils conviendrait mieux que le premier pour le plancher d'une salle de bal, par exemple, ou pour celui d'un magasin dans lequel on devrait remuer des poids considérables.

Il est à remarquer du reste que la fonte est une matière peu convenable pour l'établissement des planchers, par le triple motif, qu'elle s'allonge plus que le fer sous une même charge, qu'elle ne résiste pas aussi bien aux chocs, et qu'elle est sujette à des défauts d'homogénéité, que rien ne trahit au dehors et dont la gravité est telle qu'ils se manifestent parfois par des ruptures instantanées. On a même des exemples de poutres en fonte qui se sont rompues sous l'influence d'un brusque abaissement de la température. De déplorables accidents se sont produits en Angleterre, dans plusieurs usines dont les planchers avaient été exécutés en fonte, et ils ont entraîné la mort d'un grand nombre d'ouvriers. Aussi plusieurs ingénieurs distingués, M. Fairbairn entre autres, préconisent-ils maintenant l'emploi des poutres en fer, et semblent-ils disposés à proscrire la fonte d'une manière absolue.

Ajoutons que, d'après les résistances et les prix relatifs du fer et de la fonte, il n'y a aucun avantage économique à employer cette dernière matière dans l'établissement des poutres. Il y a plus : il est aisé de reconnaître, en admettant une même hauteur pour les deux poutres et les valeurs que nous avons adoptées pour les coefficients de rupture, qu'à résistance égale, la poutre en fer, qui offre beaucoup plus de sécurité, coûte moins cher que la poutre en fonte.

Planchers en fer.

La plupart des planchers métalliques qu'on exécute actuellement dans nos édifices sont essentiellement composés de solives en fer laminé à double T. Ces solives sont scellées à chaque extrémité dans les murs, sont parallèles et plus ou moins espacées, et supportent des entretoises en fer, sur lesquelles reposent des tringles parallèles aux solives. Les tringles ont pour objet de maintenir le remplissage et le plafond en plâtre. Les intervalles des solives se garnissent en plâtras, en briques creuses ou en poteries de diverses formes. Les lambourdes du parquet sont dirigées normalement aux solives, portent directement sur elles, et y sont parfois entaillées.

Les solives ne sont pas droites ; elles sont légèrement courbées dans le plan vertical, de manière à présenter une flèche de $0^m,005$ par mètre, ou de $\frac{1}{200}$ de la portée. Lorsqu'elles sont supportées par des murs, elles sont scellées à chaque extrémité sur $0^m,25$ de longueur environ. Quand elles se rattachent à des poutres ou à des chevêtres situés à même hauteur, elles s'y assemblent au moyen de fortes équerres en tôle, qui sont rivées sur la solive et maintenues par un ou deux boulons sur la poutre ou le chevêtre. Les deux branches du T de la solive sont enlevées sur toute la saillie de celles de la poutre ou du chevêtre. La figure 18 de la planche 82 rend compte de cet assemblage.

Les chevêtres sont assemblés de la même manière dans les solives d'enchevêtrure. On donne quelquefois plus d'épaisseur à ces dernières solives qu'aux autres, tout en les tenant de même hauteur, ou bien on les convertit en poutres, en les composant de deux solives ordinaires accolées et rendues solidaires, comme il a été dit plus haut.

L'espacement des solives varie entre $0^m,60$ et $1^m,00$, suivant leur portée et leur résistance.

Les entretoises sont généralement espacées de $1^m,00$, et les tringles ou *fantons* qu'elles supportent le sont de $0^m,20$ à $0^m,30$.

PLANCHERS EN FER.

Différents systèmes ont été adoptés pour unir les entretoises aux solives ; les plus habituels sont les suivants :

1° L'entretoise est coudée à chaque extrémité et repose à la fois sur les deux nervures de la solive, ainsi que le représente la figure 25 ; elle s'exécute en fer carré, qui varie de 0^m,016 à 0^m,020 de côté ;

2° L'entretoise est formée de fer plat de 0^m,025 sur 0^m,007 environ, et elle s'accroche sur la nervure inférieure de la solive, comme le montre la figure 26 ; le fer s'applique à plat sur la nervure et se retourne immédiatement après, de manière à se présenter sur champ ; l'un des crochets est façonné d'avance, l'autre est fait sur place ;

3° L'entretoise, également en fer plat, est simplement coupée de longueur, et butte contre les solives entre lesquelles elle est comprise ; elle repose sur les nervures inférieures, et elle est maintenue dans sa position par deux petites brides en fer qui la rattachent aux entretoises placées sur la même ligne : la figure 27 rend compte de cette disposition ;

4° Les solives sont traversées au milieu de leur hauteur par une suite de boulons à écrous, formant entretoises, et les tringles, quand il y en a, sont suspendues à ces boulons, ainsi que le montre la figure 28.

5° Les entretoises se retournent d'équerre à chaque extrémité, et sont assujetties par des boulons qui traversent les solives à hauteur de l'axe neutre.

Quelques constructeurs maintiennent les solives par leur partie supérieure au moyen de tringles à taquets, qui, de même que les boulons, constituent un chaînage dans une direction normale à celle des solives. La figure 29 représente l'une des dispositions adoptées à cet effet.

La figure 24 de la planche 82 donne le plan d'un plancher en fer de 6^m,50 de portée, dont les solives sont espacées de 0^m,70. Une ouverture est pratiquée dans ce plancher, sur le bas du plan, à droite. La solive d'enchevêtrure est formée de deux solives ordinaires accolées. Les solives assemblées dans le chevêtre sont de même section que les autres, quoique de moindre longueur ; mais elles sont plus espacées. Une tringle à taquets est placée dans le prolongement du chevêtre, sur lequel elle est maintenue par deux boulons.

Le remplissage entre les solives consiste quelquefois en augets, exécutés en plâtras et plâtre. La maçonnerie se relève contre les solives de manière à affleurer

Remplissage.

la nervure supérieure, ainsi qu'on le voit sur la figure 29. Mais il est préférable d'avoir recours soit à des briques tubulaires, soit à des poteries creuses, et de les poser de manière à former des voûtes très-surbaissées (fig. 30). La construction présente plus de solidité, le plancher est moins sonore, et l'on s'oppose mieux au gauchissement des solives.

Les planchers en fer ont le mérite d'exiger moins d'épaisseur que les planchers en charpente; mais ils ont l'inconvénient d'être plus sonores, même lorsqu'on a adopté pour leur remplissage la dernière des dispositions qui viennent d'être indiquées, et cet inconvénient est grave, surtout dans les maisons destinées à l'habitation de plusieurs familles. Il serait facile de le faire disparaître, si l'on consentait à donner au plancher un peu plus d'épaisseur que n'en exige la solidité de l'ouvrage. Le remplissage étant exécuté en briques ou en poteries, on placerait des bardeaux jointifs au-dessus des solives, en les soutenant dans leur portée par une ou deux petites levées en plâtre construites sur la voûte de remplissage, et sur ces bardeaux s'établirait l'aire en plâtre ou en mortier des planchers ordinaires. Le plancher se composerait alors de trois cloisons superposées et séparées par des couches d'air : la voûte de remplissage, l'aire et le parquet. La figure 31 représente cette disposition.

On peut aussi, et ce système qui est indiqué sur le côté gauche de la figure 31 paraît préférable aux précédents, former entre les solives des voûtes en plates-bandes, au moyen de voussoirs de terre cuite ou de plâtre convenablement évidés, sous lesquels s'applique l'enduit du plafond, sans qu'il soit nécessaire de le maintenir par des fers spéciaux.

Il est enfin une disposition qui a le mérite de conduire à un mode de décoration caractéristique et de nature à prendre les expressions les plus variées. Elle est représentée sur le côté droit de la figure 31. Elle consiste en dalles de marbre blanc ou de terre cuite ornée de peintures, qui sont supportées à chaque extrémité par la branche inférieure d'une des solives, laquelle se dessine en saillie sur le plafond. On pourrait se borner à peindre le fer ainsi mis en évidence; mais dans les salles qui réclameront une certaine richesse de décoration, il sera mieux de le recouvrir, comme il est indiqué sur notre dessin, par une baguette exécutée soit en cuivre, soit en terre cuite, que des vis en forme de cul-de-lampe maintiendront sur la solive. Le remplissage s'établit au-dessus du dallage sans s'appuyer sur lui.

PLANCHERS EN FER.

Scellements.

Un point très-essentiel pour la résistance du plancher est le scellement des solives dans la maçonnerie, et il est trop souvent négligé dans nos constructions ordinaires. Il serait bien de maintenir chaque scellement par une ancre, qui traverserait une ouverture pratiquée à l'extrémité de la solive ou à celle d'une plate-bande que deux boulons fixeraient à la pièce; mais ces systèmes auraient l'inconvénient d'exiger une assez forte dépense. Il convient donc de les réserver pour les pièces principales, telles que les poutres et solives d'enchevêtrure, et ils se montrent appliqués de cette manière sur la planche 82. Quant aux solives ordinaires, voici quelles sont les dispositions qu'elles paraissent comporter :

1° Pour leur scellement dans un mur en pierre de taille, les terminer en queue de carpe, les loger dans une entaille en queue d'hironde, et les sceller en ciment de Portland;

2° Pour leur scellement dans un mur de moellons ou de briques, les terminer également en queue de carpe, et exécuter la maçonnerie, qui doit les maintenir, à bain de mortier de ciment de Portland, sur toute l'épaisseur du mur et sur $0^m,50$ environ de hauteur;

3° Lorsque les solives reposent sur un mur de refend, les terminer carrément, et fixer chacune d'elles à celle qui est établie dans son prolongement, de l'autre côté du mur, par une plate-bande en fer boulonnée sur toutes deux ; si les solives n'étaient pas également espacées des deux côtés du mur, on pourrait les sceller séparément, comme il a été dit tout à l'heure, dans le cas où l'épaisseur du mur serait suffisante, et, dans le cas contraire, les réunir par une tringle de fer qui les traverserait toutes.

Ces dispositions sont indiquées sur la figure 24 de la planche 82. A droite, les solives sont terminées en queue de carpe, et sont scellées dans le mur; il en est de même à gauche, dans la partie inférieure de la figure, parce que le mur de refend est assez épais pour recevoir des scellements efficaces, et que les solives n'ont pas le même espacement des deux côtés de ce mur. Dans la partie supérieure, les solives sont placées sur les mêmes axes et sont réunies par des plates-bandes boulonnées.

Il convient d'ailleurs d'utiliser les planchers en fer pour relier tous les murs entre eux et constituer un chaînage énergique, de sorte que des ancres de scellement doivent être appliquées à des solives ordinaires, de distance en distance, lorsque le plancher ne comporte ni poutres ni solives d'enchevêtrure, ou ne les présente pas en positions voulues pour cet objet. Les tringles qui, comme celle de la figure 29, ont pour objet de maintenir les solives à leur partie supérieure peuvent être utilisées pour former un chaînage dans une direction normale, et il est bien de les armer toujours d'ancres à scellement. On a recours à des tirants spéciaux, quand on n'a pas jugé convenable d'employer des tringles de cette espèce.

Les entretoises et les petits fers qu'elles supportent se scellent également dans la maçonnerie, et sont terminés en forme de crochets, afin d'être suffisamment retenus.

Quand la maçonnerie de remplissage entre les solives est exécutée en plâtre, il est nécessaire de maintenir pendant quelques jours l'échafaudage sur lequel on s'est établi, car le gonflement du plâtre aurait pour effet de déterminer un affaissement du plancher, si rien ne s'opposait à ce mouvement.

Cloisons de distribution. — La plupart des planchers en fer sont assez résistants pour supporter les cloisons de distribution dirigées normalement aux solives, parce que la pression qu'elles exercent est répartie sur plusieurs de ces pièces. Mais il y aurait quelque imprudence à faire porter toute une cloison sur une seule solive, lorsque les sections ont été calculées dans un judicieux esprit d'économie, et il est prudent d'accoupler les solives au-dessous des cloisons qui sont dirigées dans le même sens qu'elles. Le poids de ces cloisons peut être évalué à 100 kilogrammes par mètre carré.

Calcul des solives. — En remplaçant, dans la formule 19 de la page 134, le produit ab^2 par $\frac{ab^3 - a'b'^3}{b}$, a, b, a' et b' ayant les significations qui leur ont été données à la page 132, on obtient la relation

$$pl = \frac{4R(ab^3 - a'b'^3)}{5bl},$$

ou

$$p = \frac{4R(ab^3 - a'b'^3)}{5bl^2},$$

qui permet de déterminer la pression par une unité de longueur à imposer à une solive à double T, dont les dimensions sont données et dont les extrémités sont posées sur les points d'appui sans y être encastrées. Mais elle conduirait à des sections trop fortes et par suite à des dépenses plus grandes qu'il n'est nécessaire, si l'on voulait l'appliquer aux solives qui entrent dans la composition d'un plancher. Il est à remarquer, en effet, que si le scellement de ces solives dans les murs ne peut pas être considéré comme un véritable encastrement, surtout lorsque la maçonnerie est exécutée en moellons, il est loin cependant d'être sans efficacité, et doit assurer plus de résistance qu'on n'en aurait si les solives n'étaient pas scellées. D'un autre côté, la courbure de ces solives tend à les rendre plus résistantes. Enfin les entretoises, les tringles longitudinales, le remplissage et le plafond établissent une grande solidarité entre toutes les parties du système, et contribuent à sa solidité. La résistance de toutes ces choses vient donc s'ajouter à celle des solives, et il convient d'en tenir compte, si l'on veut opérer avec économie.

On peut évaluer séparément, et quelques constructeurs l'ont tenté, chacun de ces éléments de consolidation, et en conclure quelle est la portion de la charge totale qu'il y a lieu de regarder comme annulée par eux. Mais les investigations de ce genre laissent toujours quelque incertitude dans l'esprit, et il semble que les données d'une pratique, qui est déjà assez longue pour faire autorité, peuvent être plus utilement invoquées. Connaissant les sections admises pour des planchers établis dans de bonnes conditions, on en déduira la valeur à donner au coefficient R de la formule qui vient d'être rappelée, valeur qui sera applicable à toutes les constructions du même genre et de dimensions analogues.

La pression que supporte un plancher y compris son propre poids étant donnée, ainsi que les dimensions des solives, on en tirera la valeur de

$$R = \frac{5\,p\,b\,l^2}{4\,(ab^3 - a'b'^3)}.$$

On admet généralement qu'un plancher en fer, convenablement hourdé, pèse environ 210 kilogr. par mètre carré, et qu'il doit être en état de résister à une surcharge de 190 kilogr., également par mètre carré, lorsqu'on veut se réserver la faculté de lui faire supporter des cloisons légères dans une direction normale à celle des solives (nous avons dit plus haut qu'il convient d'avoir recours à des solives accolées pour soutenir les cloisons parallèles aux solives). Dans les édifices qui réclament plus de solidité que les maisons particulières, les planchers sont un peu plus lourds, et l'on prévoit des surcharges plus fortes ; on calcule sur une pression totale de 500 kilogr. environ par mètre carré.

Cela posé, nous passons à quelques exemples, d'après lesquels il paraît qu'on peut fixer équitablement la valeur dont il s'agit.

Les planchers de la caserne récemment construite à Paris, sur la place du Château-d'Eau, ont généralement 4^m,20 de largeur et sont formés de solives, espacées de 0^m,80 d'axe en axe, dans lesquelles on trouve

$$a = 47^{mm},$$
$$a' = 41,$$
$$b = 140,$$
$$b' = 126,$$

Ils sont en état de résister à une pression de 500 kilogrammes par mètre carré, d'où il suit que p, qui représente le poids dont une solive est chargée par unité de longueur, c'est-à-dire par millimètre, a pour valeur 0^{kg},400. On a donc

$$R = \frac{5}{4} \frac{0^{kg},500 \times 0,80 \times 140 \times 4200^2}{47 \times 140^3 - 41 \times 126^3} = 15^{kg},779.$$

Dans une maison récemment exécutée à Paris, par un de nos bons entrepreneurs, des solives de 6^m,80 de portée sont espacées de 0^m,70 et présentent une section dans laquelle

$$a = 55^{mm},$$
$$a' = 47,$$
$$b = 180,$$
$$b' = 162,$$

et l'on a

$$R = \frac{5}{4} \frac{0^{kg},400 \times 0,70 \times 180 \times 6800^2}{55 \times 180^3 - 47 \times 162^3} = 14^{kg},452.$$

Veut-on encore un exemple : dans le plancher d'une autre maison de Paris, les solives ont 5^m,60 de portée, sont espacées de 0^m,75 et donnent

$$a = 48^{mm},$$
$$a' = 40,$$
$$b = 160,$$
$$b' = 146,$$

d'où

$$R = \frac{5}{4} \frac{0^{kg},400 \times 0,75 \times 160 \times 5600^2}{48 \times 160^3 - 40 \times 146^3} = 15^{kg},655.$$

Nous croyons pouvoir conclure de ces faits qu'on est en droit de calculer les solives à double T d'un plancher, d'après la formule qui vient d'être rappelée, en donnant au coefficient R la valeur de 15 kilogrammes. Mais il importe de remarquer que si la construction était autre, que si les solives n'étaient pas solidement scellées et étaient indépendantes les unes des autres, ce chiffre serait trop fort, et qu'il pourrait être prudent de descendre jusqu'à 7 kilogrammes, qui est le coefficient généralement assigné au fer (page 132).

La marche à suivre pour juger quel est de tous les échantillons de fer à double T que fournit le commerce, celui qu'il convient d'employer dans une circonstance donnée, consiste donc à prendre l'un de ceux qui, d'après les exemples présentés, paraîtront les plus convenables, et à vérifier si la valeur qu'il attribue à R, eu égard à l'espacement adopté, n'est pas trop forte ou trop faible. Il est rare qu'en procédant ainsi, il faille plus de deux ou trois essais pour arriver au but.

DES COMBLES.

La grande résistance du fer forgé à la rupture par extension, rend cette matière éminemment propre à remplacer le bois pour toutes les pièces d'une charpente qui sont soumises à des efforts directs de traction, telles que les tirants des fermes, et, d'un autre côté, les boîtes d'assemblage en fonte peuvent rendre de grands services dans l'établissement de ces ouvrages. L'intervention du métal procure, à la fois, plus de légèreté apparente et plus de résistance ; aussi fait-on, depuis quelques années, surtout en Angleterre, un grand usage de fermes exécutées en bois et en fer.

La planche 83 met sous les yeux du lecteur les dessins d'une charpente disposée dans ce système : c'est celle du comble qui couvrait la grande halle de l'ancienne gare du chemin de fer du Nord, à Paris.

Cette halle avait $34^m,40$ de largeur dans œuvre, et était divisée en deux travées égales, par une rangée longitudinale de colonnes en fonte, qui supportaient les fermes du comble. Ces colonnes étaient espacées de 5 mètres, d'axe en axe, étaient creuses et servaient à donner de l'écoulement aux eaux pluviales recueillies sur les versants qui s'appuyaient sur elles. Enfin elles étaient composées chacune de deux parties assemblées à emboîtement et fixées par des boulons; la section de la partie inférieure était circulaire, celle de la partie supérieure carrée, ou plutôt polygonale, car les angles du carré étaient abattus. Les tirants et les aiguilles pendantes étaient exécutés en fer forgé, les autres pièces en sapin, à l'exception des blochets qui étaient en chêne. Les poinçons se prolongeaient au-dessus des arbalétriers, et supportaient le faîtage d'un large châssis vitré. Chacune des jambes de force inférieure était assemblée à son pied, d'un côté, à la base de la seconde partie de la colonne, de l'autre, dans une boîte en fonte, scellée dans le mur et supportée par une console en pierre.

La figure 1 représente la coupe transversale d'une des travées, et la figure 2 est un fragment de coupe longitudinale. Les autres figures de la même planche reproduisent, sur une plus grande échelle, les divers détails de cette construction, qui sont ci-après désignés :

Fig. 3 et 4. Élévation latérale et plan vu en dessous de l'extrémité supérieure de la seconde partie d'une colonne. On voit que ce support est terminé par deux oreilles, qui sont embrassées par la double sablière dirigée dans le sens de la longueur du comble, et sont traversées par les boulons destinés à réunir les deux pièces dont elle est formée. Cette disposition a surtout pour objet de maintenir la colonne dans sa position verticale.

Fig. 5. Moitié de la coupe et de l'élévation de cette extrémité.

Fig. 6. Quart du plan de la seconde partie de la colonne, pris au-dessus de la base et vu en dessus, et quart du même plan pris et vu en dessous.

Fig. 7. Coupe et élévation montrant le système d'assemblage des deux parties de la colonne. Une feuille de feutre goudronné est interposée dans le joint, et l'assemblage est fixé par quatre boulons placés dans les angles du tailloir; l'un de ces boulons est représenté par la figure 10.

Fig. 8. Plan vu en dessous du chapiteau de la colonne.

Fig. 9. Coupe et élévation de la base de la colonne.

Fig. 11. Plan et élévation latérale d'un des blochets; ces dessins montrent la disposition de l'assemblage du tirant, dont les extrémités filetées traversent un collier boulonné sur le blochet, et sont saisies par un écrou qui permet d'allonger ou d'accourcir le tirant.

Fig. 12. Assemblage de l'aiguille pendante avec le poinçon, d'une part, et avec le tirant, de l'autre.

Fig. 13. Plan et coupe d'une des boîtes en fonte qui reçoivent les jambes de force appuyées contre le mur.

Il est une autre disposition de fermes en bois et en fer dans laquelle ce métal joue un plus grand rôle. Elle consiste à former chaque arbalétrier d'une poutre armée assez résistante pour ne pas prendre une flexion sensible sous la charge qui lui est imposée. La poutre s'exécute en bois, et son armature se compose de deux tringles de tirage en fer forgé, sur lesquelles s'appuie une bielle en fonte, qui soutient la poutre au milieu de sa longueur. Ce système, proposé et appliqué, pour la première fois, par M. Polonceau, donne des charpentes très-simples et de forme très-élégante, et a reçu de nombreuses applications dans ces dernières années. Les figures 1 et 2 de la planche 84 en mettent un exemple sous les yeux du lecteur. Il est tiré de la gare de Paris, du chemin de fer de Paris à Lyon.

La grande halle de cette gare n'a pas moins de $42^m,60$ de largeur dans œuvre, et, de même que celle du chemin de fer du Nord, elle est divisée en deux travées égales, par une suite de colonnes creuses, exécutées en fonte. Ces colonnes sont espacées de 10 mètres d'axe en axe, et sont réunies les unes aux autres par des arcs en fonte, qui supportent chacun deux des fermes de la charpente. D'autres fermes sont placées dans les axes des colonnes, de sorte qu'il y en a trois par entre-colonnement, lesquelles sont espacées de $3^m,33$ de milieu en milieu.

Chaque arbalétrier est fixé à son pied dans une boîte en fonte, et y porte un large étrier en fer forgé, dans lequel vient s'engager l'extrémité filetée d'une des tringles de l'armature. A son sommet, il est reçu dans une double boîte en fonte qui l'unit à l'arbalétrier opposé, et qui porte deux consoles sur lesquelles se boulonne le faîtage. Au-dessous de cette boîte est fixée une double plaque d'assemblage en fer forgé, dans laquelle sont boulonnées les extrémités supérieures des deux tringles de tirage et de l'aiguille pendante. Les tringles et la bielle de chaque arbalétrier sont réunies et boulonnées sur deux plaques d'assemblage, qui saisissent également l'une des extrémités du tirant. Chaque colonne porte, à sa partie supérieure, les amorces des deux arcs qui s'appuient sur elle, et le surplus de ces arcs est formé d'un seul morceau par entre-colonnement ; il est fixé sur les amorces par trois boulons de chaque côté. Le chéneau qui règne au-dessus des colonnes est soutenu par les boîtes inférieures des arbalétriers, et par deux petits supports en fonte, dans chacun des intervalles qui séparent les fermes. Le plancher de la couverture est directement supporté par les pannes; mais il est maintenu en outre par un chevron entaillé sur ces pannes au milieu de leur longueur. Les planches qui le forment sont inclinées en sens inverse, et contribuent ainsi à assujettir les fermes dans leur position verticale. Un large châssis vitré, surmonté d'une petite lanterne d'aérage, occupe la partie supérieure de chacun des combles. Des colonnes, appliquées contre les murs longitudinaux de la halle, correspondent à celles qui séparent les deux travées; les unes et les autres sont creuses, et servent au dégagement des eaux pluviales.

La figure 3 de la planche 84 représente le plan et l'élévation latérale d'un des étriers en fer, qui sont placés au pied des arbalétriers pour recevoir la tringle de tirage inférieure de l'armature.

La figure 4 est une coupe de l'arc en fonte et du chéneau, prise au milieu d'un entre-colonnement.

La figure 5 donne deux fragments de coupe de la boîte en fonte qui reçoit les extrémités supérieures des arbalétriers; elle montre la disposition de la double plaque d'assemblage qui est fixée à cette pièce.

La figure 6 réunit le plan, l'élévation et la coupe de l'assemblage de l'aiguille pendante avec le tirant.

Un système analogue a été appliqué plusieurs fois, tant en France qu'en Angleterre, à des charpentes entièrement exécutées en fer, parmi lesquelles nous citerons celle de la gare de la rue Saint-Lazare, à Paris, dont une partie est représentée par les figures 7 et 8 de la planche 84. La première de ces figures donne l'élévation d'une ferme, et la seconde est un fragment de coupe longitudinale.

Chaque arbalétrier est soutenu par des bielles en fonte sur trois points de sa longueur, au lieu de l'être seulement au milieu, et les diverses tringles de tirage sont boulonnées sur cette pièce, qu'elles embrassent au moyen de fourchettes. Les arbalétriers, les pannes et le faîtage sont exécutés en fer laminé sous forme de double T, ainsi que le montrent les détails (fig. 9, 10, 13 et 14). Les pannes s'appuient contre les arbalétriers, et sont fixées à chacun d'eux par deux fortes équerres boulonnées. Les arbalétriers s'assemblent à leur partie supérieure dans une boîte en fonte, qui reçoit également le faîtage et soutient l'aiguille.

pendante; chacun d'eux repose à son pied sur une console en fonte et y est boulonné. Du côté du mur, ces consoles sont solidement scellées dans la maçonnerie; du côté des colonnes, deux consoles opposées et deux autres placées dans une direction normale à la leur font partie d'une même pièce, laquelle est évidée à son centre et coiffe la colonne. Cette disposition est représentée sur la figure 7, où les colonnes et les consoles sont montrées en coupe, bien que les autres pièces de la ferme aient été figurées en élévation. Au-dessus des consoles dirigées dans le même sens que la rangée de colonnes, s'élève une poutre en fonte qui est boulonnée sur elles et qui fait fonction de sablière.

La couverture est exécutée en feuilles de tôle de fer cannelée, et elle est supportée par un plancher disposé par panneaux, dans lequel les planches sont inclinées en sens inverse de manière à contreventer les fermes.

Les détails les plus intéressants de cette charpente sont reproduits, sur une grande échelle, par les figures 9 à 14.

La figure 9 représente la boîte en fonte dans laquelle s'assemblent les arbalétriers, le faîtage et l'aiguille pendante. Les dessins qui la composent donnent : 1° le plan vu en dessus; 2° moitié de l'élévation et de la coupe suivant un plan perpendiculaire à la direction du comble; 3° l'élévation latérale; 4° la coupe prise suivant l'axe du faîtage.

La figure 10 fait voir l'assemblage d'une panne avec un arbalétrier, et elle donne les coupes de ces deux pièces.

Les figures 11 et 12 représentent respectivement l'élévation et le plan vu en dessus des plaques d'assemblage qui reçoivent les pieds des petites et des grandes bielles des arbalétriers. Ces plaques sont exécutées en fer forgé.

La figure 13 réunit l'élévation latérale, la section transversale et un fragment d'élévation de face d'une des petites bielles; les arbalétriers sont maintenus sur ces pièces par des coins en bois.

Enfin la figure 14 donne les détails des dispositions adoptées pour soutenir le grand châssis vitré.

Une des travées de la même gare est plus large encore que celle dont nous avons représenté la charpente; elle a $27^m,23$ d'ouverture. Les mêmes dispositions lui ont été appliquées.

De plus grandes ouvertures peuvent être franchies par des fermes disposées dans un système analogue, et même sans qu'il soit nécessaire de soutenir chaque arbalétrier en plusieurs points de sa longueur. Il suffit de donner à ces pièces une section calculée de telle sorte qu'elles ne soient pas exposées à fléchir, au delà d'une certaine limite, dans l'intervalle des points d'appui.

La planche 85 met sous les yeux du lecteur un exemple fort intéressant des ressources qu'offre le fer pour l'établissement de fermes de grande portée. Elle représente l'une des fermes du marché du Château-d'Eau, à Paris, laquelle n'a pas moins de $34^m,84$ d'ouverture.

Il n'y a qu'une seule bielle par arbalétrier; mais l'arbalétrier consiste en une poutre à treillis de $0^m,55$ de hauteur, qui est disposée ainsi que le montre la figure 8. Les traverses de cette poutre ont $0^m,30$ sur $0^m,012$, les cornières ont $0^m,08$ sur $0^m,011$, et les tôles qui constituent le treillis ont $0^m,065$ sur $0^m,01$. Toutes ces pièces sont solidement rivées les unes aux autres. Les tirants sont en fer rond de $0^m,065$ de diamètre. Ceux qui se rattachent directement au pied des arbalétriers sont saisis par des colliers à deux branches, boulonnés sur des armatures en fonte, lesquelles embrassent les arbalétriers et y sont fixées par des boulons. Les tirants supérieurs sont terminés par un enfourchement, qui s'assemble également avec une armature en fonte. On a jugé qu'il suffisait de se réserver la faculté de tendre les premiers de ces tirants. Chaque ferme est simplement posée sur le mur et maintenue par deux scellements à écrous. Les bielles sont exécutées en fer, et chacune d'elles est formée de quatre cornières rivées, dont les extrémités ont été étampées.

Les arbalétriers sont légèrement courbes, ainsi que l'indiquent les lignes ponctuées de la figure 1. La flèche de la courbe était de $0^m,14$ au moment de la mise en place. Elle s'est réduite sous la charge; mais elle n'est point annulée. L'écartement des fermes est considérable; elles sont espacées de $8^m,59$, d'axe en axe, et les pannes ont été formées en conséquence de poutres à treillis. La figure 9 représente la coupe d'une de ces pannes. On voit qu'elles ont $0^m,35$ de hauteur, et que leur treillis est simplement saisi haut et bas par des cornières. Ces dernières pièces ont $0^m,07$ sur $0^m,01$, et les tôles du treillis ont reçu $0^m,045$ sur $0^m,01$.

Les pannes sont distantes l'une de l'autre de $3^m,13$, et sont rivées sur les arbalétriers. La différence de hauteur qu'il y a entre elles et ces dernières pièces est rachetée par des consoles en tôle, qui consolident l'assemblage.

La couverture est exécutée en zinc, sauf la lanterne, qui est vitrée. Les balustres qui supportent cette lanterne sont en fonte de fer.

La figure 1 donne l'élévation d'une ferme.

La figure 2 représente un fragment de coupe longitudinale prise au-dessous de la première panne, à partir du sommet; elle rend compte de la disposition des pannes et de celle de la lanterne.

Les figures 3 et 5 sont des fragments de l'élévation d'une ferme, rapportés sur une plus grande échelle que les dessins précédents; elles représentent, l'une la partie inférieure, l'autre la partie supérieure de l'arbalétrier.

La figure 4 est un plan pris suivant la ligne CDEF de la figure 3, et la figure 5 est une coupe prise suivant la ligne AB de la même figure.

Enfin les figures 7, 8 et 9 représentent respectivement l'enfourchement de l'extrémité du tirant supérieur, la coupe d'un arbalétrier et la coupe d'une panne.

Le lecteur aura pu remarquer qu'on ne trouve dans ces divers ouvrages aucune pièce analogue aux aisseliers des fermes en charpente, dont l'objet est de maintenir la ferme dans une position verticale. Cela provient de ce que le mode d'assemblage du faîtage et des pannes est bien autrement efficace dans les constructions en fer que dans les autres. Un assemblage à tenon et mortaise ne peut pas s'opposer à quelque variation dans les angles, tandis qu'il suffit de deux boulons sur la hauteur d'un assemblage en fer pour empêcher tout mouvement.

Ces différents systèmes de fermes sont très-convenables; ils permettent de franchir les plus grandes ouvertures, et ils sont les plus économiques de tous ceux qui ont été proposés ou employés jusqu'à ce jour, pour l'exécution de charpentes en fer forgé ou laminé. Mais, lorsqu'un plancher doit être établi à hauteur de la naissance du comble, il peut y avoir avantage à recourir à d'autres dispositions, tant afin de laisser plus d'espace libre dans le grenier, que pour faire remplir à quelques poutres du plancher l'office de tirants, et aux fermes celui d'armatures de ces pièces. Dans ce cas, chaque ferme consiste habituellement en un arc en fer, qui soutient les arbalétriers en un certain nombre de points, et auquel se suspend la poutre correspondante, laquelle est exécutée en bois ou en fer. Quand l'ouverture est considérable, il convient de faire supporter les pressions par deux arcs superposés, maintenus à une certaine distance l'un de l'autre et rendus parfaitement solidaires au moyen de treillis analogues à ceux dont nous venons de parler.

La plupart des charpentes en fer présentent, lorsqu'elles doivent rester en évidence, un défaut qui provient de l'exagération d'une des qualités qui les font rechercher : elles ont trop de légèreté apparente. Leurs dispositions ne ressortent pas avec une netteté suffisante ; nous sommes plus frappés par la hardiesse que rassurés sur la solidité de l'œuvre, et, bien que nous nous formions une idée assez juste de la résistance de la matière, nous ne trouvons pas une harmonie convenable entre ce qui est supporté et ce qui supporte : les formes paraissent trop grêles d'un côté et trop massives de l'autre. Mais on peut remédier au mal sans renoncer aux avantages qu'assure la matière, et il suffit pour cela de faire intervenir dans la construction des pièces en tôle analogues à celles que représentent les figures 14 et 15 de la planche 81. Il est facile de constituer de la sorte une ossature très-accentuée, sans être entraîné à de trop fortes dépenses, et de donner aux diverses parties de l'œuvre telles formes et proportions qui paraissent convenir le mieux à l'effet qu'on a en vue. Cette nouvelle disposition se prête à de grandes comme à de petites ouvertures, mais se recommande surtout pour les premières, où elle trouve sa raison d'être, aussi bien dans le fond que dans la forme. C'est dans cet esprit qu'a été conçue avec raison la charpente de la grande nef du bâtiment principal de l'Exposition universelle de 1867, solennité qui, au moment où nous écrivons ces lignes, préoccupe au plus haut degré l'attention publique. Cette charpente consiste en arcs surbaissés de 35 mètres d'ouverture, présentant une section rectangulaire de $0^m,65$ de largeur sur $0^m,80$ de hauteur, dont l'espacement moyen est de 15 mètres, et qui sont reliés par dix cours de pannes formées de feuilles de tôle avec cornières, comme celle que montre la figure 10 de la planche 81, et par un faîtage disposé de la même manière qu'eux, c'est-à-dire en forme de poutre creuse. La couverture en tôle ondulée repose directement, tant sur les arcs que sur les pannes et le faîtage. Les tôles des arcs et du faîtage ont $0^m,006$ d'épaisseur.

Cette construction, qui est due à M. l'ingénieur Krantz, est d'un fort beau caractère, et aurait quelque chose de bien plus saisissant si, se développant en ligne droite au lieu d'être établie sur plan circulaire, elle offrait une longue perspective susceptible d'être embrassée d'un seul coup d'œil.

La fonte étant moins résistante que le fer exige des sections plus fortes et conduit plus naturellement aux formes monumentales. Ainsi les ponts en fonte ont, pour la plupart, une apparence de solidité que présentent rarement ceux qui sont exécutés en fer. Il en est de même pour les fermes des combles, et ici ne se trouvent pas les inconvénients qui se rencontrent dans l'établissement des plan-

COMBLES EN FER. 565

chers : l'on n'a point de chocs à redouter. Sous le rapport de la dépense, la réduction qui s'est produite dans le prix des fers rend la fonte un peu moins recommandable.

La planche 86 représente une ferme en fonte, qui est de même ouverture, à peu près, que celle du marché du Château-d'Eau, mais qui ne peut invoquer, comme elle, l'autorité de l'exécution. Elle était destinée à une gare de chemin de fer, et peut-être est-il regrettable que diverses considérations, étrangères du reste au mérite de ses dispositions, n'aient pas permis de donner suite à ce projet, dont les formes simples et nettes auraient eu quelque chose de hardi et de saisissant.

On a indiqué sur ce dessin les deux arcs en maçonnerie qui devaient terminer le vaisseau. Une grande ouverture circulaire, pratiquée au-dessus du pilier intermédiaire, eût été vitrée, et un cadran d'horloge eût occupé sa partie centrale.

La figure 2 est un fragment de coupe longitudinale de la partie supérieure de cette charpente.

La figure 3 est une coupe, exécutée sur une grande échelle, d'un des arbalétriers en fonte; cette section est prise suivant la ligne AB de la figure 1.

La figure 4 est un détail qui fait connaître la disposition de la corniche de la lanterne, et montre comment les montants en fer de cette lanterne sont maintenus à leur pied, tant sur la panne supérieure, que sur l'entrait en fonte.

On peut déterminer les sections des différentes pièces qui entrent dans la composition d'une ferme en fer d'après les chiffres qui ont été donnés lorsqu'il a été question des fermes en bois, et les formules sur la résistance des matériaux, que contient le premier livre de cet ouvrage. Mais il est deux formes qui sont spéciales aux constructions en fer, et il nous paraît utile de présenter au lecteur les formules à employer pour en calculer les éléments : il s'agit des arbalétriers sous-tendus par des tirants, et de leur section transversale à double T.

<small>Calcul des fermes en fer.</small>

Dans une poutre sous-tendue, comme le sont les arbalétriers des fermes représentées par les figures 1 des planches 84 et 85, et chargée au milieu de sa longueur par un poids P, si l'on désigne par l la longueur des tirants, par h la hauteur de la bielle et par L la longueur de la poutre, la tension T des tirants sera donnée par la relation

$$T = \frac{1}{2}\frac{Pl}{h},$$

et la poutre sera soumise à un effort de compression égal à $\frac{1}{4}\frac{PL}{h}$.

Si, au lieu d'être chargée en son milieu, la poutre supportait un poids p par unité de longueur, on aurait

$$T = \frac{1}{4}\frac{pLl}{h},$$

et la compression exercée sur la poutre aurait pour valeur $\frac{1}{8}\frac{pL^2}{h}$.

On voit que la tension des tirants, et par suite la compression de la poutre, sont inversement proportionnelles à la longueur de la bielle.

Ces formules s'appliquent au calcul des arbalétriers, mais moyennant certaines modifications qu'exigent les circonstances dans lesquelles ces pièces se trouvent placées. Il faut tenir compte de la traction exercée par le tirant horizontal, tant sur la bielle que sur le tirant inférieur de l'armature de l'arbalétrier. Soient :

L   la longueur de l'arbalétrier,
l la longueur des tirants,
h la hauteur du sommet des arbalétriers au-dessus du tirant horizontal,
h' la hauteur des bielles,
p le poids que supporte l'arbalétrier par unité de longueur,
O   l'ouverture de la ferme,
α l'angle formé par l'arbalétrier avec la verticale,
α' l'angle formé par le tirant inférieur de l'armature avec l'horizontale.

En désignant par T la tension du tirant horizontal, et par T' et T'' les tensions du tirant supérieur et du tirant inférieur de l'armature, on aura, si ces tensions sont telles que l'arbalétrier ne s'infléchisse pas au point d'application de la bielle,

$$T = \frac{1}{4}\frac{pLO}{h},$$

$$T' = \frac{1}{4}\frac{pLl}{h'}\left(\sin\alpha + \frac{O \sin\alpha'}{2h\sin(\alpha+\alpha')}\right),$$

$$T'' = \frac{1}{4}\frac{pLl}{h'}\left(\sin\alpha + \frac{O \sin\alpha'}{2h\sin(\alpha+\alpha')}\right) + \frac{1}{4}\frac{pLO}{h}\frac{\sin\alpha}{\sin(\alpha+\alpha')}.$$

La pression exercée sur la bielle aura pour valeur

$$\frac{1}{2}pL\sin\alpha + T\frac{\sin\alpha'}{\sin(\alpha+\alpha')}.$$

On pourra simplifier les calculs, en mesurant les sinus sur le dessin de la ferme.

Les sections de ces différentes pièces seront déterminées par la condition que les tensions ou compressions par unité de surface ne dépassent pas les limites prescrites.

Quant aux arbalétriers, on peut, dans la pratique, négliger les actions qui les sollicitent dans le sens de leur longueur, et regarder chacune de leurs moitiés comme un solide horizontal encastré par ses deux extrémités et chargé par unité de longueur d'un poids égal à $p \sin \alpha$.

On déduira alors leur section de la formule

$$p = \frac{4R\,(ab^3 - a'b'^3)}{3bl^2 \sin \alpha},$$

ou plutôt on vérifiera, au moyen de cette formule, si la section qui a été adoptée est convenable.

Auvents. — Il est une disposition particulière de combles à laquelle le fer convient tellement, qu'il y est presque exclusivement affecté : nous voulons parler des auvents ou *marquises*, qui se placent en avant des édifices, dont on veut mettre l'entrée à l'abri des eaux pluviales, sans entraver en rien la circulation à leurs abords. Ces constructions sont supportées par le mur dans lequel sont scellées leurs pièces principales, et leur extrémité antérieure n'est pas directement soutenue, bien qu'elle présente quelquefois une saillie très-prononcée.

Des ouvrages de ce genre couvrent les entrées de la plupart de nos grands hôtels et de nos salles de spectacle, et ils paraissent appelés à être fréquemment employés dans l'établissement des stations de chemins de fer, auxquelles ils conviennent beaucoup mieux que des portiques pour abriter les trottoirs.

Nous avons tiré de l'un de ces derniers édifices, de celui qui a été construit à Versailles, pour le chemin de fer de l'Ouest, les dispositions représentées par les figures 10 à 15 de la planche 80. La figure 10 est une coupe transversale de l'auvent, lequel est exécuté en fer forgé et en bois. La figure 11 est un fragment de l'élévation du chéneau et du baldaquin; le premier est formé par un madrier en chêne, et le second est découpé dans une feuille de zinc. Les autres figures sont relatives à des détails de construction sur lesquels nous allons revenir.

Chaque ferme est composée d'un arbalétrier, d'un tirant, d'une jambe de force et d'un poinçon. Elle est solidement maintenue à deux fortes chapes à scellement encastrées dans le mur, au sommet de l'arbalétrier et à hauteur du tirant. Sa saillie est de 3^m,50, à partir du parement du mur. L'arbalétrier est formé d'une tringle de bois de chêne, de 0^m,05 sur 0^m,04, qui est comprise entre deux plates-bandes en fer forgé, de 0^m,04 sur 0^m,01. Ces deux plates-bandes embrassent, d'un côté, le scellement supérieur, et, de l'autre, l'entrait, lequel est en fer forgé, de 0^m,055 sur 0^m,03. Des planches, placées en diagonales, sont clouées sur les tringles des fermes, et supportent les feuilles de zinc de la couverture.

Les fermes sont espacées de 2^m,06 d'axe en axe, et, au milieu de chacun des intervalles qui les séparent, est un chevron disposé à la manière des arbalétriers, qui est maintenu par une chape à scellement, à son extrémité supérieure, et qui est assemblé, à l'autre, dans une lisse de tête en fer forgé, que supportent les entraits.

La figure 12 est une coupe transversale d'un arbalétrier, et la figure 13 montre la disposition de l'assemblage de l'arbalétrier, du poinçon, et de la jambe de force. Les figures 14 et 15 représentent l'élévation latérale et le plan de la chape à scellement qui maintient l'arbalétrier.

Cette construction, hardie et légère, est parfaitement disposée dans toutes ses parties, et produit un fort bon effet.

Si l'on voulait des formes plus élégantes et plus riches, on pourrait substituer, aux fermes en fer forgé, des consoles évidées, exécutées en fonte, dans le genre de celle qui est représentée par la figure 16 de la même planche, et dont la figure 17 montre le lambrequin.

DES GRILLES.

Les grilles jouent un grand rôle dans nos édifices, et se prêtent aux formes et aux caractères les plus divers. Le fer forgé et la fonte sont les matières qui conviennent le mieux à leur confection. Cette dernière leur est très-fréquemment appliquée depuis quelques années, et l'on y a recours surtout pour celles qui présentent des formes un peu compliquées. Mais son emploi avait été fort restreint jusqu'alors, et les belles grilles qu'on rencontre dans plusieurs édifices des deux derniers siècles ont été exécutées en fer forgé. Quelques-unes d'entre elles sont très-remarquables, tant par la richesse, l'élégance et même l'ampleur de leurs formes, que par la perfection avec laquelle elles ont été travaillées. Elles consistent ordinairement en panneaux formés de barres de fer diversement contournées et distribuées, qui sont compris entre des pilastres, également en fer, mais plus remplis et présentant l'image d'une plus grande résistance. Des ornements en bronze doré viennent souvent s'associer à cette décoration. Quelquefois la construction métallique est comprise entre des points d'appui en pierre ou en marbre, qui lui donnent une apparence de solidité qu'elle n'a pas par elle-même.

La figure 1 de la planche 87 met sous les yeux du lecteur, l'un des plus beaux exemples qu'on puisse citer d'une disposition de ce genre; elle représente une grille placée à l'entrée d'une des cours du palais de Fontainebleau, et dont la construction doit remonter au règne de Louis XIII.

De chaque côté d'un large passage, compris entre deux Termes d'un fort beau caractère, sont placés deux panneaux en fer forgé, lesquels sont soutenus à leurs extrémités par des dés en pierre de taille, qui ont la forme de piédestaux et sont surmontés par des vases. Le tout est élevé à une certaine hauteur au-dessus du sol, sur un soubassement qui est également exécuté en pierres de taille. Cette grille est riche, élégante et monumentale. Ses proportions sont heureusement établies, ses points d'appui ont une fermeté très-convenable, et le dessin de ses panneaux est fin sans être maigre, plein de fantaisie sans être bizarre.

La figure 2 reproduit l'une des travées de cet intéressant ouvrage; elle est dessinée sur une plus grande échelle que la précédente, de manière à rendre un compte bien net de tous les détails.

Nous avons représenté sur la figure 3 un fragment de grille, qui fait connaître une disposition dont on trouve de nombreux exemples dans les édifices du moyen âge et des débuts de la Renaissance. Il est emprunté à la grande salle du palais public de la ville de Sienne. On voit que la construction est divisée en un grand nombre de panneaux par des montants et des traverses en fer. Chaque panneau se compose de six morceaux semblables, exécutés en fer mince et probablement étampés, qui se juxtaposent et sont assujettis entre eux et à l'encadrement par de petits étriers que maintiennent des rivets. Ainsi que le montre le détail (fig. 4), les pièces constituant le châssis sont formées de plusieurs lames de fer superposées et réunies par des broches à tête sphérique. L'une de ces lames est découpée de manière à présenter une suite de redans. Une frise à jour, richement ornée, et une petite corniche terminent la grille à sa partie supérieure. Enfin au-dessus s'élèvent une série de dards, de fleurons et de candélabres.

Il est aisé de comprendre que ce système se prête à des formes très-variées et aux effets les plus satisfaisants. On s'en est heureusement inspiré dans quelques ouvrages modernes.

La plupart des grilles qui s'exécutent aujourd'hui en fer forgé présentent des dispositions plus simples. Elles sont formées de barreaux cylindriques, de $0^m,025$ à $0^m,035$ de diamètre, qui sont maintenus, haut et bas, par un ou deux cours de traverses. Ces barreaux sont habituellement décorés de bases et de chapiteaux en fonte ou en bronze, et sont couronnés par des fers de lance, des fleurons ou autres ornements. Des points d'appui, dans lesquels s'assemblent les traverses, sont placés de distance en distance; ce sont des pilastres en pierre, des colonnes creuses en fonte, ou des barreaux semblables aux autres, mais consolidés par des jambes de force.

Les grilles d'un dessin plus riche sont presque toujours exécutées en fonte, ainsi qu'il a été dit plus haut. Elles consistent en colonnettes ou en panneaux de diverses formes, qui sont ordinairement maintenus par des traverses en fer forgé, et que soutiennent des colonnes creuses en fonte, plus ou moins espacées et solidement scellées dans un socle en pierres de taille. Des candélabres sont souvent ajustés sur quelques-uns de ces points d'appui.

Les figures 5 et 6 de la même planche donnent des exemples de ces dispositions. La première représente une des travées de la grille qui entoure le cirque des Champs-Élysées, à Paris. On voit que des colonnettes très-espacées y sont réunies par des ornements en fonte d'un dessin fort élégant. La seconde est empruntée à l'ancienne grille de la cour d'entrée de la gare du chemin de fer du Nord, à Paris. Cet ouvrage, plus élevé et d'une forme plus simple que le précédent, ainsi qu'il convenait à sa destination, est composé d'une suite de petites colonnes cannelées, à chapiteaux ioniques, qui s'appuient sur une forte traverse en fer forgé: elles sont surmontées d'une frise formée de deux traverses semblables que réunissent des montants de section octogonale, entre lesquels sont comprises des étoiles sculptées à jour. Au-dessus de cette frise s'élèvent des fers de lance ornés de rinceaux. Des colonnes creuses, d'un diamètre plus fort et d'un dessin plus riche que les autres, forment les points d'appui de la construction ; elles sont espacées de $2^m,86$, d'axe en axe. Dans les parties ouvrantes, une seconde traverse est placée au bas de la grille, tant pour la consolider que pour la prolonger convenablement.

La figure 7 donne le détail de l'ornementation supérieure. Les modes d'assemblage des différentes pièces y sont indiqués par des lignes ponctuées. Les petits montants de la frise sont creux. Ils sont traversés par des tiges en fer rond, de $0^m,02$ de diamètre, lesquelles sont goupillées, d'une part, sur les colonnettes, de l'autre, sur la lisse supérieure. Les ornements en forme d'étoile sont fixés par des *prisonniers*, dans les deux lisses et dans les montants qui les accompagnent. La crête du couronnement est maintenue sur la lisse supérieure au moyen de prisonniers goupillés.

Lorsque la construction exige un caractère monumental, les dispositions précédentes peuvent paraître insuffisantes; on peut trouver que, quoique susceptibles d'une très-grande solidité, elles n'en annoncent pas assez, et qu'elles ont quelque chose de trop maigre. Il convient, dans ce cas, de recourir à des supports creux ; car il est facile de leur donner des formes aussi massives qu'on le juge à propos, sans être entraîné à une blâmable prodigalité de la matière. Telle est la disposition de la grille en bronze qui entoure le soubassement de la colonne élevée à Paris, en mémoire de la révolution de 1830.

La figure 8 de la planche 87 représente celle des travées de cet ouvrage dans laquelle est ouverte la porte d'entrée de l'enceinte du monument. Des montants, en forme de balustres, sont très-rapprochés les uns des autres; ils s'appuient sur un soubassement et supportent une corniche. Le soubassement s'élève au-dessus d'un socle en marbre, et la corniche est surmontée d'un ornement à jour, composé de fers de lance et d'enroulements. Chaque travée est comprise entre deux dés, dont la section est carrée, et qui sont espacés de $3^m,87$ de milieu en milieu.

Les différentes pièces de cette construction sont reliées entre elles par des boulons et des vis qui n'apparaissent pas au dehors, ainsi que le montrent les détails (fig. 8 et 9), lesquels représentent respectivement une coupe de la partie supérieure et une coupe de la partie inférieure de la grille.

Cette œuvre est d'un fort beau caractère, de même que le monument auquel elle appartient ; ses formes sont élégantes, et l'on y trouve toute la finesse de détails que comporte et que réclamait par conséquent la matière employée.

Enfin les grilles en fer forgé ou en fonte s'appliquent journellement à l'établissement de balcons, de rampes d'escaliers, etc. Ces ouvrages ne sont pas sans importance, car ils sont très-multipliés, et ils peuvent contribuer efficacement à la beauté des édifices qu'ils décorent ; mais nous ne croyons pas nécessaire d'en donner des exemples, et ce qui précède suffit pour faire comprendre dans quel esprit il convient de les traiter.

DES ESCALIERS ET DE QUELQUES MENUS OUVRAGES.

La fonte convient parfaitement à la construction des escaliers, et elle y est assez fréquemment appliquée. Ces ouvrages se disposent de diverses manières, dont les principales vont être successivement passées en revue.

Deux systèmes principaux sont en usage pour les escaliers suspendus, c'est-à-dire pour ceux dont les marches ne sont scellées qu'à l'une de leurs extrémités et se soutiennent réciproquement. L'un présente une disposition analogue à celle des escaliers en pierre sans limons ; mais les marches sont creuses, au lieu d'être pleines ; leur face supérieure est striée, afin de ne pas devenir trop glissante ; elles ne se touchent habituellement que par leurs faces de coupe, et elles sont fixées les unes aux autres par de fortes vis ou de petits boulons appliqués sur ces faces, au nombre de trois ou de quatre. Les barreaux de la rampe sont maintenus sur les têtes des marches par des écrous. On donne à la fonte environ $0^m,015$ d'épaisseur. Ces escaliers sont susceptibles de beaucoup de solidité et sont plus durables que les escaliers en pierre. Le grand escalier du théâtre Montansier, à Paris, dont les marches ont environ 2 mètres de longueur, est exécuté dans ce système, qui est représenté en coupe par la figure 18 de la planche 80.

La seconde méthode consiste à comprendre la marche et la contre-marche, qui sont fondues d'une seule pièce, entre deux limons en fer laminé. La marche repose à chacune de ses extrémités sur une cornière fixée au limon par des vis, et elle y est boulonnée. La contre-marche supérieure s'appuie sur elle et est également maintenue par des boulons. Les escaliers ainsi disposés se prêtent à toutes les formes et peuvent même être complétement isolés ; quand ils sont adossés contre un mur, des boulons à scellement assujettissent le limon extérieur à la maçonnerie. La figure 15 de la planche 78 rend compte de ce mode de construction.

Les figures 19 et 20 de la planche 80 donnent les principaux détails d'une autre disposition d'escaliers en fonte, qui est plus usuelle que les précédentes, parce qu'elle convient mieux pour des espaces restreints. L'escalier est circulaire avec noyau montant de fond. Chaque marche est fondue avec sa contre-marche et la partie du noyau qui répond à sa hauteur. Le noyau est creux, et ses tronçons s'emboîtent successivement les uns dans les autres, ainsi que le montre la coupe (fig. 20). Chaque contre-marche repose sur la marche précédente et y est fixée par un petit boulon, qui traverse deux appendices ou oreilles, dont l'un est indiqué sur le plan (fig. 19) par la lettre A. Afin de diminuer le poids de ces escaliers, et de leur donner aussi plus de légèreté apparente, on ne remplit pas les têtes des marches, lesquelles sont ordinairement en évidence, car elles n'ont pas besoin d'être scellées. Les barreaux de la balustrade se fixent alors à de petites oreilles, qui descendent au-dessous du plan de la marche, et qui sont représentées en projection horizontale sur la figure 19. Quand rien ne s'y oppose, il convient de placer une tige verticale, en fer forgé, dans l'axe du noyau; elle est scellée à son pied et taraudée à son extrémité supérieure; elle traverse un disque en fonte qui recouvre le noyau, et elle est saisie par un écrou qui sert à assujettir les différentes parties de l'ouvrage. On lui substitue quelquefois des vis placées sur chaque joint, au nombre de deux ou de trois ; mais cette dernière disposition offre moins de solidité que la précédente. Il est essentiel, en tous cas, que la marche supérieure et la marche inférieure soient solidement scellées.

Enfin on voit, dans la plupart de nos phares, des escaliers en fonte qui sont disposés en forme d'échelles de meunier. Leurs marches sont comprises entre deux limons, et chacune porte avec elle les parties de ces limons qui s'élèvent jusqu'à la marche immédiatement supérieure. Ces parties de limon sont terminées par des oreilles horizontales, sur lesquelles la marche suivante se fixe au moyen de petits boulons à têtes perdues. Comme on est presque toujours obligé de réduire autant que possible la largeur de ces escaliers, les balustrades ne se placent pas sur les côtés des limons, mais bien sur leur face antérieure; une petite embase est ménagée, à cet effet, pour chaque barreau, lequel y est vissé ou goupillé. On donne à la fonte de ces petits escaliers environ $0^m,045$ d'épaisseur. La figure 21 représente la vue d'une marche, et la figure 22 est une coupe prise sur une oreille.

Le fer et la fonte s'emploient encore à une multitude d'ouvrages de détail, dans l'examen desquels nous n'avons pas l'intention d'entrer, et dont il nous suffira de citer quelques-uns.

On exécute quelquefois des dallages en fonte. Ils sont formés de plaques minces (de 0^m,01 d'épaisseur environ), qui sont striées à leur partie supérieure, sont fortifiées en dessous par des nervures plus ou moins espacées, suivant le degré de solidité qu'on a en vue, et se posent simplement les unes à la suite des autres, sans être reliées par aucun assemblage. La durée et l'incombustibilité de la fonte la recommandent pour cet office, et la rendent, en quelques circonstances, préférable à toute autre matière; mais sa couleur, sa conductibilité pour le calorique, et la difficulté de maintenir bien propre une surface striée, sont des motifs d'exclusion qui doivent prévaloir dans la plupart de nos édifices.

Des tuyaux en fonte servent à l'écoulement des eaux ou au dégagement de la fumée de nos foyers. La même matière forme des gargouilles sous nos trottoirs, des chéneaux au sommet de nos édifices, et des bornes ou des chasse-roues à leur pied. On l'emploie quelquefois pour encadrer des fenêtres de prison, car elle oppose plus d'obstacles que la pierre aux tentatives d'évasion. La tôle de fer remplace chaque jour le bois dans l'établissement des volets de boutiques, parce qu'elle exige moins d'épaisseur et présente plus de garanties. Elle est employée encore, concurremment avec le fer mouluré au laminoir, à la confection de châssis vitrés, pour fenêtres, serres, combles, etc. Des moulures en fonte ornée de sculptures s'appliquent souvent sur des panneaux en menuiserie; elles ont, comparativement aux sculptures en bois, l'avantage de l'économie et de la solidité; mais, au point de vue de l'art, il y a quelque chose de peu satisfaisant dans cette disposition.

Enfin de nombreux ouvrages d'art ont été exécutés en fonte dans ces dernières années. Ce sont des candélabres, des statues, des fontaines, des portes monumentales couvertes de bas-reliefs et de sculptures. Sous ce rapport, la fonte tend à se substituer au bronze. Il en résulte des ouvrages moins précieux en ce qui est de la matière, moins susceptibles de finesse dans l'exécution, moins durables s'ils sont abandonnés aux ravages de l'oxydation; mais beaucoup plus économiques,

COUVERTURES MÉTALLIQUES. 575

et présentant peut-être au fond plus de garanties de durée, parce qu'ils tenteront moins la cupidité et seront moins exposés à être sacrifiés dans les misères publiques.

DES COUVERTURES MÉTALLIQUES.

La ductilité du plomb rend ce métal très-convenable à la couverture des édifices ; mais on est obligé de l'employer sur d'assez fortes épaisseurs, pour qu'il présente une résistance suffisante, après l'altération que lui fait éprouver la couche d'oxyde dont il se recouvre, et pour qu'il ne se déchire pas dans les mouvements de dilatation et de contraction qui proviennent des variations thermométriques. Il en résulte que les couvertures ainsi exécutées sont lourdes et surtout dispendieuses. On n'a donc recours au plomb que pour des édifices importants, et principalement pour les parties de la construction, telles que les dômes, qui présentent des formes un peu tourmentées, ou qui n'ont qu'une très-faible inclinaison. C'est dans la couverture des terrasses, des chéneaux, des noues, des faîtages et des arêtiers que ce métal reçoit ses applications les plus usuelles.

Couvertures en plomb.

Les tables de plomb employées pour les couvertures ont habituellement de 4 à 5 mètres de longueur, sur 1 à 2 mètres de largeur et $0^m,0022$ à $0^m,0045$ d'épaisseur. Elles se posent par rangs, le plus petit côté étant dirigé suivant le sens de la pente du toit, et l'on opère de la manière suivante : après avoir établi sur les chevrons un plancher en voliges, disposé de la même manière que ceux des couvertures en ardoises, et avoir posé le chéneau qui règne au bas du comble, on cloue des pattes en fer plat au droit de chaque chevron et au-dessus du dossier de ce chéneau. Ces pattes sont recourbées à leur partie inférieure et sont destinées à retenir la première rangée de tables. Chaque table s'y engage, puis on l'étend, on la dresse avec une batte en bois, de manière à l'appliquer exactement sur le plancher, et on la maintient par le haut au moyen d'un fort clou sur chacun des chevrons. Les tables d'une même rangée horizontale s'agrafent les unes aux autres en se repliant, et l'on a soin de laisser une petite distance entre le fond du pli d'une des tables et l'extrémité de celle qui s'y engage, afin que, sauf les frottements, rien ne s'oppose aux contractions ou aux dilatations du métal. Ces recouvrements forment des bourrelets continus qui sont dirigés suivant les lignes de plus grande pente. Après avoir posé le premier rang de tables, on procède de la même manière à l'établissement du second, et l'on continue ainsi jusqu'à ce qu'on soit arrivé au sommet du comble, lequel se garnit d'un *enfaîtement*. Cette dernière pièce se maintient avec de petits crampons, lorsqu'il paraît à craindre qu'elle ne soit soulevée par des ouragans.

Les recouvrements des rangées successives de tables, et de la première rangée sur le dossier du chéneau, varient avec l'inclinaison de la toiture, et sont ordinairement compris entre 0^m,08 et 0^m,16.

Les figures 10, 11, 21 et 22 de la planche 51 rendent compte de ces dispositions.

La figure 10 est un fragment du comble vu en dessus.

La figure 11 est une coupe du comble suivant une ligne horizontale.

La figure 21 est une coupe prise normalement au faîtage.

La figure 22 est une coupe prise suivant la ligne de plus grande pente du chéneau.

Les couvertures des dômes s'exécutent de la même manière ; seulement elles sont, presque toujours, ornées de côtes très-saillantes, et c'est dans les plis de ces côtes que se réunissent les tables d'un même rang.

Pour la couverture des terrasses, la longueur des tables se dirige suivant le sens de la pente. Ces tables s'agrafent latéralement les unes aux autres, à la manière ordinaire, puis l'on rabat les bourrelets ainsi formés, de telle sorte que leur saillie ne puisse être un obstacle à la circulation. Chacune d'elles recouvre à son extrémité la table inférieure, et l'on a soin de ménager, en construisant la terrasse, une petite saillie ou gradin peu prononcé au droit de ce joint, afin de s'opposer à l'introduction des eaux pluviales.

Il y a avantage à employer des tables très-longues, afin de réduire le nombre de ces gradins ; mais il convient d'augmenter leur épaisseur, quand on adopte ce parti, de peur qu'elles ne se déchirent en se contractant lors des abaissements de température. Ainsi l'on donne quelquefois jusqu'à 10 mètres de longueur à ces tables, et il ne faut pas alors que leur épaisseur soit inférieure à 0^m,004.

Les chéneaux en plomb s'exécutent à la manière des terrasses, c'est-à-dire que les tables se relèvent à leur extrémité supérieure et s'abaissent à leur extré-

COUVERTURES MÉTALLIQUES. 577

mité inférieure sur de petits gradins pratiqués, soit sur le plancher, soit sur la forme en pierre, en mortier ou en plâtre qui les reçoit, et que la longueur de ces tables est dirigée dans le sens de la pente. Sur l'un des côtés, elles se clouent contre la sablière ou sur le voligeage de la couverture, et de l'autre, elles se relèvent contre la pierre ou le madrier qui forme la face extérieure du chéneau, et elles se rabattent par-dessus en formant bourrelet (fig. 22 et 23). Il est essentiel de les maintenir du côté du toit à un niveau plus élevé que celui de l'arête supérieure de ce chéneau, afin que les eaux se déversent au dehors, en cas d'obstruction des tuyaux de descente.

On donne habituellement aux chéneaux une pente de $0^m,01$ au moins, indépendamment de celle qui résulte des gradins.

Les Romains ont employé le cuivre, ou plutôt le bronze, dans la couverture de quelques édifices, et même sur une très-grande échelle. On sait que le Panthéon d'Agrippa était ainsi couvert, et que cette riche enveloppe lui fut enlevée sous le pontificat d'Urbain VII, pour être consacrée à l'établissement du baldaquin du maître-autel et de la chaire de Saint-Pierre, dans la vaste basilique de ce nom. Il en reste pourtant une trace : on voit encore aujourd'hui, autour de l'ouverture pratiquée au sommet de la voûte, de grandes lames de bronze de près de 2 mètres de largeur, qui n'ont pas moins de $0^m,012$ d'épaisseur.

Couvertures en cuivre.

Le temple dédié par Adrien à Vénus et à Rome avait été couvert en marbre dans le principe, et le fut plus tard en bronze. Cette dernière couverture paraît avoir été dévastée à la même époque et par le même motif que celle du Panthéon.

La nef principale de l'ancienne basilique de Saint-Pierre de Rome était couverte en tuiles de bronze qui avaient été enlevées au temple de Romulus, sous l'empereur Héraclius, et qui portaient encore des traces de dorure[1].

Les couvertures modernes sont disposées dans un tout autre esprit : le métal est réduit en feuilles très-minces, et elles sont à la fois plus légères et plus économiques. Elles sont, il est vrai, moins monumentales; mais ce n'est pas un mal, à un certain point de vue. Peut-être le Panthéon, ainsi que le monument d'Adrien, eussent-ils été respectés si la proie eût été moins riche, et l'inconvénient de toutes les couvertures en métal est précisément d'être exposées aux déprédations de la cupidité. Sous ce rapport, les couvertures en fer ou en zinc sont préférables à

[1] Bonnani, *Templi Vaticani historia*.

celles de cuivre ou de plomb ; mais, d'un autre côté, elles sont moins durables par elles-mêmes.

Lorsque les feuilles de cuivre sont très-minces, il est nécessaire de les étamer pour boucher les petites fissures qui résultent du laminage, fissures qui, d'abord imperceptibles, ne tardent pas à s'ouvrir par suite des mouvements de dilatation et de contraction. L'étamage peut être pratiqué sur les deux faces, et c'est le parti qui a été adopté pour la couverture de la halle aux blés, à Paris. Ordinairement, on se borne à étamer la face inférieure ; mais il est préférable de supprimer cette façon, et de donner aux feuilles une épaisseur convenable. Il est à remarquer d'ailleurs que l'étamage n'est pas nécessaire pour préserver de l'oxydation les couvertures en cuivre ; elles s'oxydent, il est vrai, à la surface, mais cet oxyde, cette *patine* forme une couche mince, très-dure, insoluble dans l'eau, et qui adhère parfaitement au métal.

Les feuilles de cuivre le plus habituellement employées ont 42 pouces sur 52 ($1^m,137$ sur $1^m,408$), et se désignent, suivant leurs épaisseurs, par des numéros qui répondent au poids de la feuille exprimé en livres. Ainsi le n° 25, qui a été employé pour la couverture de la Bourse de Paris, pèse 25 livres par feuille, ou $7^{kg},625$ par mètre carré. Le n° 20 a été adopté pour la couverture du palais du Corps législatif dans la même ville ; il pèse $6^{kg},10$ par mètre carré. Ces feuilles sont assez épaisses pour qu'on ait pu se dispenser de les étamer. On est descendu quelquefois jusqu'à des feuilles des n°ˢ 9 et 10, mais en ayant soin de leur donner cette préparation. Il ne paraît pas d'ailleurs qu'il y ait avantage à employer des feuilles aussi minces ; mieux vaut avoir recours au zinc ou à la tôle de fer, quand des considérations d'économie ne permettent pas de donner au cuivre une épaisseur convenable ; on pourra, à moindres frais, obtenir une couverture plus durable.

Les feuilles de cuivre se placent, comme les feuilles de plomb et généralement toutes les feuilles métalliques, de manière à laisser libre jeu aux mouvements de dilatation et de contraction. Chaque feuille est ordinairement maintenue à sa partie supérieure, au moyen de vis, sur le plancher du comble ; elle recouvre la feuille inférieure, et elle s'assemble à double recouvrement, formant bourrelet, avec les feuilles voisines. On s'oppose au soulèvement par des agrafes qui sont soudées au-dessous de chaque feuille, près de son extrémité inférieure, et qui s'engagent sous la feuille précédente. Il suffit de deux agrafes par feuille pour obtenir ce résultat.

La cathédrale de Saint-Denis, dont la nouvelle charpente a été exécutée en fer, a été couverte en feuilles de cuivre disposées suivant un autre système.

Les chevrons en fer, de $0^m,065$ sur $0^m,024$, sont espacés de $0^m,50$ d'axe en axe, et ils sont reliés par des boulons horizontaux, qui présentent le même espacement. Au milieu de chaque boulon, est une agrafe ou patte, qui s'enroule sur lui, et qui, soudée sous la feuille, s'oppose au soulèvement de cette dernière. Chaque feuille recouvre de $0^m,10$ la feuille immédiatement inférieure, et son extrémité est maintenue au moyen de deux pattes qui lui sont soudées, et qui, n'étant pas fixées à l'autre feuille, n'apportent aucun obstacle aux mouvements thermométriques.

Il était inutile de s'agrafer aux boulons placés près de ces recouvrements, et l'on a supprimé ce travail.

Les assemblages latéraux sont à enroulements; chaque feuille recouvre d'un côté et est recouverte de l'autre. Ces enroulements forment des bourrelets assez prononcés. D'autres nervures, mais beaucoup plus faibles, s'observent au milieu de chaque feuille; elles sont nécessitées par les chevrons, qui font une légère saillie sur les boulons.

La feuille pèse $9^{kg},75$.

Cette couverture est représentée, sur la planche 51, par les figures suivantes :

Fig. 12. Fragment de la couverture vu en dessus ;

Fig. 13. Fragment vu en dessous, montrant la disposition des chevrons, des boulons et des agrafes;

Fig 14. Coupe suivant une ligne horizontale.

Ces diverses dispositions de détail sont bien conçues; mais il y a quelque chose de vicieux à faire reposer des feuilles de cuivre sur des tringles de fer, et il est probable qu'il se produira des actions galvaniques, et par suite des oxydations destructives, sous l'influence de l'humidité qu'on observe souvent sur la face inférieure des couvertures métalliques.

Les couvertures en zinc sont d'un usage tout moderne, comparativement aux précédentes; mais elles ont pris un tel développement qu'elles sont devenues, de toutes les couvertures métalliques, celles dont l'étude importe le plus aux constructeurs. Elles ont en effet le grand avantage d'être les plus économiques.

Couvertures en zinc.

Le zinc exposé à l'air se couvre, comme le cuivre, d'une mince couche d'oxyde, qui est parfaitement adhérente, est insoluble dans l'eau, présente une grande dureté et préserve le reste du métal. Le zinc est moins dur et moins tenace que le cuivre, mais beaucoup plus que le plomb. Il a l'inconvénient de se dilater plus que ces deux métaux, et d'être moins ductile que le second, ce qui le rend moins propre à la couverture des terrasses qu'à celle des combles.

On a reproché au zinc la faculté qu'il possède de s'enflammer, lorsqu'il est porté à un haut degré de température, et l'on a manifesté la crainte qu'elle ne contribuât à la propagation des incendies; mais ce métal entre en fusion à une température bien inférieure à celle qu'exige sa volatilisation, laquelle n'arrive que lorsqu'il a été porté au blanc. Ainsi, dans les incendies, le zinc entre en fusion et tombe à la manière du plomb, et cet effet n'a même lieu qu'à une température plus élevée[1].

De la propriété que possède le zinc de former à sa surface un oxyde adhérent, il ne faudrait pas conclure que son oxydation ne pût présenter aucun inconvénient. Ce métal ayant une grande affinité pour l'oxygène, il forme, lorsqu'il est en contact humide avec le fer, une pile galvanique, qui a pour effet de produire de rapides corrosions. Il est par conséquent essentiel, si l'on ne peut éviter l'emploi du fer dans l'établissement de couvertures de ce genre, de soustraire ce métal aux atteintes de l'humidité.

Les feuilles de zinc du commerce ont ordinairement 18, 24 ou 30 pouces de largeur sur 6 pieds de longueur. Elles sont de diverses épaisseurs, qui sont indiquées par des numéros. Les épaisseurs sont assez difficiles à vérifier, mais l'on distingue les numéros à la pesanteur des feuilles.

Le tableau suivant est extrait d'un mémoire fort intéressant, publié par M. Poncelet, sur ce genre de couverture, dans le *Mémorial du génie* (n° 13).

NUMÉROS	ÉPAISSEUR		POIDS	
DU ZINC.	EN POINTS.	EN MILLIMÈTRES.	DU PIED CARRÉ.	DU MÈTRE CARRÉ.
14	4 $\frac{1}{2}$	0,85	0,640 kg.	6,07 kg.
15	5	0,94	0,710	6,74
16	5 $\frac{1}{2}$	1,03	0,780	7,40
17	6	1,13	0,850	8,06
18	7	1,32	0,990	9,40
19	8	1,50	1,140	10,81
20	9	1,69	1,280	12,13

[1] Le zinc entre en fusion à 360°, et le plomb à 334°.

Les feuilles de zinc se disposent de différentes manières, qui peuvent se classer en quatre catégories :

1° Les feuilles sont employées sous les dimensions que fournit le commerce ;
2° Elles sont divisées en petits panneaux ;
3° Elles sont courbées ;
4° Elles sont cannelées.

Nous examinerons successivement ces divers systèmes.

Couvertures à grandes feuilles. Ces couvertures s'établissent sur un plancher cloué sur les chevrons, et disposé à la manière de ceux qui sont en usage pour les couvertures en ardoises. Dans les constructions les plus vulgaires, ce plancher est exécuté en minces voliges de peuplier, plus ou moins espacées ; mais il est alors de faible durée, et la couverture est fort exposée à être enlevée, quand le vent peut s'introduire par-dessous. Il ne faut pas perdre de vue, en ce qui concerne la durée, que, par suite du rayonnement et de leur conductibilité pour le calorique, toutes les couvertures métalliques sont exposées à des précipitations aqueuses, plus ou moins abondantes, sur leur face inférieure, et que les alternatives de sécheresse et d'humidité, qui en sont la conséquence, tendent à déterminer la pourriture du bois. D'un autre côté, plus les voliges d'un plancher sont espacées, plus le vent a de prise sur les feuilles de zinc pour les soulever. Aussi la vicieuse disposition des planchers n'a-t-elle pas moins contribué que l'insuffisance des moyens d'attache des feuilles à la prompte destruction de quelques couvertures en zinc, et à l'espèce de défaveur que ce mode de construction rencontre encore dans l'esprit de quelques personnes.

Il convient donc d'exécuter le plancher en planches de sapin, de $0^m,012$ d'épaisseur sur $0^m,12$ de largeur environ, fixées par deux clous sur chaque chevron, et espacées de $0^m,01$, afin de laisser un libre jeu à leur dilatation. Il faut éviter d'ailleurs d'employer dans ce travail du bois trop vert, parce qu'il pourrait arracher les clous dans ses mouvements, déformer la couverture ou se fendre.

Quelques couvertures à grandes feuilles ont été disposées à la manière des couvertures en cuivre. Chaque feuille est maintenue par quatre ou cinq clous à sa partie supérieure ; on s'oppose à son soulèvement au moyen de deux agrafes, qui sont soudées par le bas, et qui s'engagent sous la feuille immédiatement inférieure, en passant entre les clous ; enfin elle se recourbe sur les côtés et y est emboîtée par un couvre-joint. On augmente quelquefois la solidité de ces couvertures, en embrassant les enroulements latéraux par des agrafes clouées sur le plancher.

Les figures 15, 16, 24 et 25 de la planche 51 sont relatives à cette disposition.

La figure 15 est un fragment de la couverture vue en dessus.

La figure 16 est une coupe prise suivant une ligne horizontale.

La figure 24 montre le recouvrement de deux feuilles dans le sens de la pente du toit.

La figure 25 est la coupe en travers d'un couvre-joint ou *boudin*. On y voit les extrémités enroulées de deux feuilles contiguës et les agrafes qui les maintiennent.

La grande dilatabilité du zinc ne tarde pas à détériorer les couvertures ainsi exécutées; les feuilles se déforment, les boudins et les enroulements s'ouvrent plus ou moins, se détachent, et le vent peut occasionner alors de grands dégâts; il enlève quelquefois des couvertures tout entières. Il est à remarquer, en effet, que les dilatations des métaux laminés sont loin d'être uniformes; les molécules, violemment déplacées par le laminage, tendent incessamment à se constituer dans un autre état d'équilibre, et semblent profiter de tous les mouvements produits par les variations de température pour obéir à cette tendance. Ainsi, une feuille qui, plane d'abord, s'est voilée par suite d'un accroissement de température, ne revient pas à sa forme primitive, lorsque cet effet cesse de se produire; elle se contracte, elle change de forme, mais elle reste gauche. Peut-être, comme l'a fait remarquer M. Poncelet, éviterait-on ces effets nuisibles, si l'on soumettait les feuilles laminées à un recuit préalable, dans des étuves convenablement disposées. Cette observation n'est pas d'ailleurs particulière au zinc, elle s'applique à tous les métaux laminés; mais elle a plus de portée pour celui qui nous occupe, parce qu'il est plus dilatable que les autres.

Le système généralement employé aujourd'hui est préférable au précédent. Il est connu sous le nom de système de couverture en grandes feuilles avec tringles et chapeaux. Son caractère distinctif consiste en ce que les feuilles se relèvent sur les côtés contre des tringles en sapin, qui sont en saillie sur la toiture, et sont recouvertes ensuite d'un chapeau en zinc formant couvre-joint, lequel est maintenu sur ces tringles par des vis ou des agrafes.

Les chevrons sont espacés de $0^m,416$, de milieu en milieu; le plancher est exécuté en planches de sapin du Nord, ayant l'épaisseur, la largeur et l'espacement qui ont été recommandés plus haut. Les tringles de sapin ont un espacement double de celui des chevrons, c'est-à-dire $0^m,83$, et chacune d'elles correspond exactement à un chevron. Leur section a la forme d'un trapèze régulier, de $0^m,05$ de largeur à la base, de $0^m,03$ au sommet, et de $0^m,03$ de hauteur. Elles sont fixées par des clous de $0^m,06$ de longueur environ, qui pénètrent par conséquent dans les chevrons, et qui sont espacés de $0^m,50$.

Chaque feuille se recourbe par le bas et par le haut, pour s'engager dans les feuilles contiguës. Quand la couverture est munie de chéneaux dans tout son développement, la première feuille s'agrafe, en se repliant sur elle-même, à une bande de zinc continue clouée sur le plancher au-dessus du dossier du chéneau. Cette bande a $0^m,16$ de largeur, le plomb est recouvert sur $0^m,12$, et la feuille est repliée sur $0^m,05$ de longueur. A sa partie supérieure, cette feuille se replie également, mais en sens inverse et sur $0^m,06$ de longueur, et elle est saisie par trois agrafes clouées sur le plancher et placées, l'une au milieu, les autres sur les côtés de la feuille. Elle reçoit la feuille immédiatement supérieure, comme elle avait été reçue par la bande clouée au-dessus du chéneau ; le recouvrement a une largeur totale de $0^m,063$ environ.

L'extrémité d'une feuille ne pénètre pas jusqu'au fond du pli de celle qui la reçoit, de manière à ne pas gêner les contractions. Sur les côtés, les feuilles se relèvent à angle obtus sur $0^m,03$ de longueur, et sont recouvertes par le chapeau qui les maintient, mais qui cependant ne s'y applique pas exactement, afin d'éviter les effets de la capillarité.

Ces chapeaux sont posés à recouvrement, et sont fixés sur les tringles, chacun par quatre vis à bois de $0^m,04$ de longueur. Au droit de chaque recouvrement il y a une vis qui saisit les deux chapeaux. La tête de chaque vis repose sur une petite rondelle en zinc, et est recouverte d'un calottin en même métal, qui est soudé sur le chapeau, et qui a pour but de la préserver des atteintes de l'humidité.

Les dilatations dans le sens de la longueur des chapeaux sont contrariées ; mais l'expérience montre que les déformations qui en sont la conséquence ne sont pas assez prononcées pour être nuisibles. On peut d'ailleurs remédier à cet inconvénient en se bornant à clouer le chapeau sur la tringle à son extrémité supérieure, et à le maintenir sur sa longueur par deux ou trois agrafes fixées à cette dernière pièce.

Les feuilles sont maintenues, en outre, par de petites agrafes qui passent sous les tringles et saisissent deux feuilles voisines. Il y a une de ces agrafes par longueur de feuille, et elles sont placées alternativement vers le haut et vers le bas de la feuille.

Les noues s'exécutent en plomb ou en feuilles de zinc soudées et fixées au lattis, sur les rives, par des clous en fer galvanisé. Les feuilles de zinc de la couverture y sont agrafées suivant les dispositions déjà décrites.

Les arêtiers sont disposés à la manière des couvre-joints ordinaires, avec ces modifications toutefois, que la tringle est un peu plus forte (0^m,05 d'équarrissage moyen), et que les feuilles sont soudées entre elles et aux chapeaux qu'elles rencontrent.

On suit le même système pour les faîtages, ou, ce qui paraît préférable, mais est un peu plus dispendieux, on les recouvre en feuilles de plomb, de 0^m,002 d'épaisseur, qui se fixent sur la tringle et se rabattent de chaque côté sur 0^m,10 à 0^m,12 de longueur.

Les grandes feuilles sont formées de zinc n° 14 ; les chapeaux et les noues reçoivent du zinc n° 16.

Les figures 17, 18, 26, 27 et 28 de la planche 51 rendent compte de ces dispositions.

La figure 17 est un fragment de la couverture vue en dessus.

La figure 18 est une coupe prise suivant une ligne horizontale.

La figure 26 est un détail, sur une plus grande échelle, de l'assemblage d'une feuille avec celle qui la précède.

La figure 27 représente l'assemblage du premier rang de feuilles à son extrémité inférieure.

Enfin la figure 28 est la coupe d'une tringle recouverte de son chapeau.

Quand le toit est peu incliné, c'est-à-dire lorsqu'il forme avec l'horizon un angle de moins de 25°, il est nécessaire de souder les feuilles bout à bout ; la couverture peut être considérée alors comme formée de feuilles d'un seul morceau, entre chaque cours de tringles, et l'on a soin de laisser à sa partie inférieure un jeu suffisant pour les dilatations ou les contractions.

Couvertures à petites feuilles ou ardoises de zinc. Ce système consiste à employer des feuilles de zinc dont les dimensions varient de 0^m,32 à 0^m,50 pour la longueur et de 0^m,28 à 0^m,32 pour la largeur. Ces feuilles se fixent sur le lattis et se recouvrent les unes les autres.

Parmi les dispositions fort diverses qui ont été adoptées par différents constructeurs, pour ce genre de couverture, nous nous bornerons à en citer une, qui est due à M. Lebobe, et qui est recommandée par M. Poncelet. Elle est représentée par les figures 19, 20 et 29 de la planche 51.

Les feuilles ont environ $0^m,33$ de hauteur sur $0^m,28$ de largeur. Chacune d'elles porte, d'un côté, un rebord de $0^m,012$ de saillie, et, de l'autre, un bourrelet destiné à couvrir le rebord de la feuille adjacente. Elle est fixée sur le lattis, au moyen de deux clous en zinc, placés à sa partie supérieure, et elle est recouverte par le haut sur $0^m,05$ à $0^m,06$ de longueur. Afin d'être isolée dans l'étendue du recouvrement, et de s'opposer cependant à l'introduction des eaux refoulées par le vent, elle porte, par le bas, un *coupe-larme* faisant saillie sur la face inférieure, et elle présente à son extrémité supérieure, dans la partie qui doit être recouverte, deux petits reliefs inclinés ou *bosselages* estampés, ainsi qu'il est indiqué sur la figure 29. L'intervalle laissé entre ces bosselages permet l'écoulement de l'eau provenant de la condensation ou refoulée par le vent.

Une agrafe placée au-dessous de chaque feuille la maintient, par le bas, à la feuille immédiatement inférieure, près d'un des clous qui fixent cette dernière sur le lattis.

Ce système donne de fort bons résultats; mais il est plus dispendieux que le précédent, et il est presque abandonné.

Couvertures en feuilles courbes. L'avantage de ce mode de couverture résulte de ce que les feuilles posées sur des formes concaves se tourmentent moins que celles qui sont appliquées sur des surfaces planes, et donnent un écoulement plus rapide aux eaux pluviales. Son inconvénient est que le voligeage est plus dispendieux que celui qui se pratique d'ordinaire.

Les voliges sont dirigées suivant le sens de la pente du toit, et sont clouées sur des cercles en planches de $0^m,04$ d'épaisseur environ, qui sont espacées de $0^m,60$ à $0^m,80$, et se fixent de différentes manières entre les chevrons. Des couvre-joints sur tasseaux, disposés de la même manière que ceux des couvertures en feuilles planes, séparent les rangées de feuilles courbes. Enfin les feuilles s'agrafent réciproquement et se maintiennent par leur partie supérieure, ou se soudent, ainsi qu'il a été dit plus haut. C'est surtout dans les couvertures peu inclinées que cette disposition paraît susceptible d'être employée avantageusement.

Couvertures en feuilles cannelées. Ce système paraît n'avoir été appliqué que sur de petites feuilles; les cannelures ou plutôt les ondulations, car le mouvement est peu prononcé et il n'y a point d'arêtes vives, les ondulations sont dirigées suivant le sens de la pente du toit, et les feuilles se maintiennent et se recouvrent à peu près de la même manière que les ardoises de zinc dont il a été parlé plus haut.

L'avantage de cette disposition est de faciliter l'écoulement des eaux, et surtout d'être favorable à la conservation du voligeage, parce qu'il s'établit, entre les parties saillantes des cannelures et les voliges, une ventilation qui s'oppose à l'action délétère de l'humidité; mais ce mode de couverture est plus dispendieux que ceux dont on vient de parler, et ses applications ont été fort restreintes jusqu'à présent.

On a exécuté quelques terrasses en zinc; mais ce métal convient beaucoup moins que le plomb à ce genre d'ouvrage, à raison de sa dilatabilité et de l'aigreur qu'il contracte au bout d'un certain temps.

Couvertures en fer.

Jusqu'à ces dernières années, il ne s'était fait en France que quelques rares essais pour appliquer le fer à la couverture des toits, et ils n'avaient pas paru très-encourageants. Cependant, en Angleterre, en Suède, dans le nord de l'Allemagne et surtout en Russie, de nombreux et importants édifices sont, depuis longtemps, couverts en tôle de ce métal.

En Angleterre, on remarque des couvertures exécutées en tôle cannelée et courbée suivant un arc plus ou moins surbaissé. Toutes les feuilles qui entrent dans leur composition sont réunies entre elles au moyen de clous rivés, suivant la méthode employée dans la construction des chaudières de machines à vapeur, et elles forment une sorte de grand couvercle qui repose simplement sur ses côtés, sans aucun point d'appui intermédiaire. La roideur provenant, tant de la qualité de la matière que des cannelures, s'oppose efficacement aux déformations. Ce système a reçu plusieurs applications en France.

En Russie, la plupart des édifices sont également couverts en tôle de fer, mais avec une disposition différente. Les feuilles sont planes, et elles ont habituellement $0^m,70$ sur $0^m,50$ et sur $0^m,0008$ d'épaisseur[1]. Elles reposent immédiatement sur des tringles en bois, de $0^m,06$ à $0^m,08$ d'équarrissage, lesquelles sont posées horizontalement et sont espacées de $0^m,18$ à $0^m,20$. Ces feuilles se placent à recouvrement dans le sens de la pente du toit, et s'assemblent sur les côtés en se

[1] Belmas, *Mémorial du génie*, n° 11.

repliant. Des agrafes en tôle, clouées sur les tringles, les saisissent et se rabattent sur elles.

On préserve ces couvertures de l'oxydation qui les détruirait en peu de temps, au moyen de plusieurs couches de peinture à l'huile qu'on a soin de renouveler fréquemment. On contribue ainsi également à leur décoration. Toutes les personnes qui ont visité la Russie ont été frappées du bon effet que produisent ses toits et ses dômes colorés en vert, en rouge, en bleu ou en gris clair.

Dans quelques parties de la Prusse et de la Pologne, on voit des clochers couverts en fer-blanc, lequel conserve tout son éclat pendant fort longtemps.

Il est douteux que ces moyens de conservation réussissent dans notre climat, où l'on sait avec quelle rapidité le fer s'oxyde, à moins qu'on ne renouvelle très-fréquemment la peinture destinée à le préserver, et où le fer-blanc, exposé à l'air, ne tarde pas à se ternir et à se ronger. Mais un nouveau procédé, la galvanisation ou l'étamage au zinc du fer, a donné d'heureux résultats, et a engagé depuis quelques années à couvrir plusieurs édifices en tôle.

Les couvertures en tôle galvanisée se disposent à la manière des couvertures en zinc. Ainsi, il en est à grandes feuilles planes ou courbes avec couvre-joints, et à petites feuilles se repliant sur les côtés.

Elles ont, sur les couvertures en zinc, l'avantage d'être plus solides, de se moins dilater et de résister plus efficacement aux incendies. Elles présentent l'inconvénient d'être un peu plus dispendieuses ; puis l'expérience n'a peut-être pas encore suffisamment prononcé sur leur durée.

On a essayé de couvrir des édifices en tuiles de fonte ; mais les couvertures ainsi formées sont lourdes et dispendieuses, et d'ailleurs les plaques de fonte présentent presque toujours du gauche, d'où résultent des joints plus ou moins ouverts et des filtrations.

FIN DE LA PREMIÈRE PARTIE

NOTE

SUR LES VALEURS ATTRIBUÉES AUX COEFFICIENTS DE RÉSISTANCE DE LA FONTE DE FER.

Les coefficients que j'ai adoptés (page 152) pour exprimer la résistance de la fonte, soit à la rupture, soit à l'extension, diffèrent notablement de ceux qui ont été donnés par la plupart des auteurs, et je dois faire connaître au lecteur les motifs de mon opinion.

La résistance que la fonte oppose à la rupture étant très-différente, suivant qu'il y a extension ou compression, il est difficile d'évaluer exactement la résistance de cette matière à la rupture par flexion, d'après les chiffres qui ont été obtenus à la suite d'actions directes, et l'on a pris le parti d'avoir recours à des expériences spéciales pour déterminer le coefficient qui est généralement désigné par la lettre R. Il en a été fait de très-nombreuses sur des pièces horizontales, encastrées par une extrémité ou posées sur deux appuis, et chargées de poids jusqu'à la rupture; puis, au moyen des formules de résistance à la rupture, on en a tiré la valeur de R :

$$R = 7{,}50.$$

Mais il est à remarquer que, si ces formules peuvent être considérées comme étant d'une exactitude suffisante pour la pratique, jusqu'à la charge de rupture, lorsqu'elles s'appliquent à des matières telles que le bois et le fer forgé, qui présentent à peu près même résistance à la compression et à l'extension, il n'en est pas de même quand il s'agit de la fonte, qui est fort loin de jouir de cette propriété. Elles deviennent alors complétement fausses, bien avant que la rupture se produise, car l'axe neutre de la pièce expérimentée ne passe plus par le centre de gravité de la section, dès que la charge s'élève au delà d'une certaine limite. Il se rapproche de la face comprimée, et s'éloigne de celle qui est étendue. Aussi voit-on qu'on obtient pour R des valeurs très-différentes, non-seulement quand on passe d'une section à une autre, mais encore dans une même pièce de fonte, suivant que cette pièce est posée à plat ou sur champ, ou, si la section est en forme de simple T, suivant que la nervure est placée en bas ou en haut. On comprend aisément du reste que les expériences faites sur les ruptures précédées de flexion, ruptures auxquelles la résistance à la compression et la résistance à l'extension s'opposent toutes deux, indiquent une sorte de résistance moyenne, et qu'au point de vue de l'économie des constructions, il y ait avantage à adopter cette valeur. Mais on n'est plus en droit alors de se servir des formules qui ont été établies dans la double hypothèse d'une égalité dans les deux modes de résistance, et de la proportionnalité des allongements et des accourcissements aux charges qui les produisent. Il faudrait se diriger d'après des formules empiriques, qu'on déduirait de nombreuses expériences faites dans les conditions habituelles de la pratique, et ces formules varieraient avec les formes et les dimensions des corps. C'est ainsi qu'il convient de procéder dans les constructions importantes, et surtout pour les ouvrages qui doivent être très-multipliés. On pourra reconnaître alors en plusieurs circonstances qu'il y a lieu d'adopter, pour résister à une action déterminée, une section inférieure à celle qui se déduirait de la valeur $R = 3,50$ que nous avons admise. S'il s'agit de poutres en fonte, par exemple, on jugera peut-être convenable de s'arrêter à la section qui, dans les expériences spéciales, aura admis une charge sextuple de celle qu'on prévoit, et ces expériences auront appris sur quelle flèche il faut compter.

Mais si l'on veut employer les formules (et il y a grand intérêt, ne fût-ce que pour obtenir une solution approximative ou un point de départ), il faut bien se renfermer dans les limites que leur assigne l'hypothèse d'où elles sont déduites. Or cette hypothèse est que les allongements suivent exactement la même loi que les accourcissements et sont proportionnels à la force qui les produit, et les expériences faites paraissent établir qu'elle ne se vérifie pas au delà de 5 kilogr. environ et en moyenne par millimètre carré.

D'un autre côté, on admet qu'il ne convient pas d'imposer à la fonte une traction supérieure au cinquième de celle qui produirait la rupture, et la limite de R devrait être fixée par conséquent à 2,60, d'après ce qui a été rapporté plus haut, sur la résistance de cette matière à la rupture par extension. C'est ce chiffre qui a été adopté dans notre première édition. De mûres réflexions, et les lumières qui résultent des dernières expériences faites à ce sujet, nous portent à penser qu'il est trop faible, qu'il accorde une trop large part à la prudence. Il est à remarquer en effet que les fibres les plus éloignées de l'axe, lesquelles sont situées à la surface, sont seules exposées à ce maximum de tension qu'on ne veut pas dépasser, et qu'à raison de la constitution de la matière, elles présentent beaucoup plus de résistance que les autres. La fonte est placée sous ce rapport dans de bien meilleures conditions que si l'on trouvait en tous les points de la section une même résistance, qui serait égale à la résistance moyenne de la pièce. La résistance varie, de l'axe neutre aux fibres les plus sollicitées à la rupture, sinon dans le même rapport, du moins dans le même sens que les actions. On est donc en droit d'admettre pour ces fibres extrêmes un chiffre supérieur à celui qui exprime la résistance moyenne. Or le tableau de la page 121 montre que, si les barres de fonte, ayant des dimensions analogues à celles qui se rencontrent habituellement dans les constructions, se rompent sous une tension de 13 kilogr. environ par millimètre carré, on doit adopter un chiffre plus fort, soit environ 18 kilogr., pour les barres de faible équarrissage, dans lesquelles le noyau, comparativement peu résistant, disparaît pour ainsi dire. C'est à peu près au cinquième de ce dernier chiffre que nous nous sommes arrêté.

Un autre motif doit engager à ne pas dépasser cette limite dans la construction des édifices, et surtout lorsqu'il s'agit de poutres de planchers : c'est l'intérêt qu'il y a à ne pas avoir des flèches de courbure trop prononcées. Supposons deux poutres de forme rectangulaire, l'une en fer forgé, l'autre en fonte, et admettons que la hauteur de ces poutres soit la même : les chiffres de résistance, $R = 7$ pour le fer et $R = 3,50$ pour la fonte, conduiront à donner à la poutre de fonte deux fois plus d'épaisseur qu'à l'autre, et les flèches de courbure des poutres chargées seront dans le rapport de $\frac{9}{10}$. La poutre en fonte ne se sera pas infléchie beaucoup plus que l'autre. Tandis que si l'on adoptait le chiffre $R = 7,50$ pour la fonte, la poutre formée de cette matière devrait être plus mince que l'autre; mais alors elle se courberait beaucoup plus sous la charge. Sa flèche de courbure s'élèverait à plus du double de celle de la poutre en fer.

Enfin on reconnaîtra que les architectes sont tenus à une très-grande prudence dans l'application de la fonte aux constructions, si l'on prend en sérieuse considération ces deux faits importants : que cette matière est bien plus exposée que le fer à des vices d'exécution, et présente beaucoup moins de résistance aux chocs.

Des considérations du même ordre nous ont fait substituer pour E la valeur 9000 kilogrammes qui se déduit des expériences d'Hodgkinson, à celle de 11000 kilogrammes, que nous avions admise précédemment, d'après Navier. Et encore devons-nous rappeler que ce chiffre serait trop fort, si l'on voulait calculer les flèches de courbures de pièces dont les équarrissages s'élèveraient au-dessus des dimensions qui se rencontrent le plus habituellement dans nos édifices.

TABLE DES MATIÈRES.

Préface. . . . . v à ix
Introduction. . . . . 1 à 17

LIVRE PREMIER.
MATÉRIAUX DE CONSTRUCTION.

CHAPITRE PREMIER.
DESCRIPTION DES MATÉRIAUX.

I. Des pierres. Composition. — Pierres gélives. — Eau de carrière. — Pierre dures ; — tendres. — Pierres de taille. — Libages. — Moellons piqués ; — smillés ; — bruts. — *Pierres calcaires*. — Silicatisation. — Phosphatisation — Marbres. — Albâtre. — Marbres antiques. — Marbres modernes. — Serpentines. — *Pierres siliceuses*. — Granit. — Syénite. — Grès. — Meulières. — *Pierres argileuses*. — Ardoises. — *Pierres gypseuses*. — Albâtre gypseux. — *Pierres volcaniques*. — Basalte. — Porphyre. — Laves. — Tufs volcaniques. — Pierres ponces. . . . . 19 à 34

II. Des briques. Briques antiques ; — crues ; — cuites. — Leur emploi chez les Romains. — Briques modernes. — Briques tubulaires. — Fabrication des briques. — Silicatisation de la brique. — Tuiles. . . . . 34 à 41

III. Des chaux et ciments. Chaux pure ; — vive ; — éteinte. — Son foisonnement. — Chaux grasse ; — maigre ; — hydraulique. — Chaux limite. — Ciments. — Chaux et ciments artificiels. — Procédés d'extinction. — Théorie de la solidification des chaux et ciments. — Action de l'eau de mer. — Chaux et ciments de France. . . . . 41 à 48

IV. Des sables et pouzzolanes. Sable de rivière; — fossile. — Arènes. — Pouzzolanes naturelles; — artificielles. — Action des pouzzolanes. — Action de l'eau de mer sur les pouzzolanes. . . . . 49 à 54
V. Des mortiers. Mortiers hydrauliques; — non hydrauliques. — Théorie de la solidification des mortiers. — Proportion des ingrédients. — Fabrication. — Durcissement. — Mortiers de ciments. — Silicatisation du mortier. . . . . 54 à 61
VI. Des bétons. Leur composition. — Leur immersion. — Pierres factices. — Béton de sable. . . . . 61 à 63
VII. Du platre. Sa composition. — Sa fabrication. — Son gonflement. — Des stucs. 63 à 64
VIII. Du bitume et des mastics bitumineux. Leur composition. — Leur préparation. — Leurs qualités. — Lave fusible. — Compositions hydrofuges. . . . . 65 à 66
IX. Des verres. Composition et qualité du verre. — Verre soluble. . . . . 67 à 68
X. Des bois de construction. Moelle. — Écorce. — Corps ligneux. — Aubier. — Liber. — Couches ligneuses. — Mailles. — Influence du sol sur la qualité du bois. — Action de la séve. — Défauts des bois. — Conservation des bois. — Procédé du docteur Boucherie. — Carbonisation. — Dilatation et contraction des bois. — Chêne. — Châtaignier. — Orme. — Charme. — Hêtre. — Sapins. — Pins. — Peuplier. — Planches. — Leurs dimensions. — Chêne de Hollande. — Débit sur mailles. — Contraction et dilatation des planches. — Expériences faites à ce sujet. . . . . 68 à 87
XI. Des métaux. Fer forgé. — Fonte de fer. — Cuivre. — Bronze. — Laiton. — Potin. — Zinc. — Plomb. . . . . 87 à 98

CHAPITRE DEUXIÈME.

RÉSISTANCE DES MATÉRIAUX.

I. Considérations générales. Constitution moléculaire des corps. — Élasticité. — Résistances permanentes; — instantanées. . . . . 99 à 103
II. Résistance des pierres. Force portante. — Force tirante. — Dureté. . . . . 103 à 111
III. Résistance des bois. Force portante. — Force tirante. — Élasticité. . . . . . 111 à 116
IV. Résistance des métaux. Force portante. — Force tirante. — Élasticité. — Force transverse. — Contraction et dilatation. . . . . 116 à 130
V. Formules de résistance. Pièces horizontales chargées de poids. — Pièces chargées obliquement. — Pièces combinées; — de diverses sections; — courbes. — Solides d'égale résistance. — Exemples. . . . . 130 à 147

LIVRE DEUXIÈME.

CONSTRUCTIONS EN PIERRE.

Considérations générales. 149

CHAPITRE PREMIER.

FONDATIONS.

I. Considérations générales. Diverses natures de terrains. — Terrains incompressibles; compressibles. . . . . 150 à 152
II. Fondations sur terrains incompressibles. Sur rocher. — Sur terrains pierreux; graveleux; — sablonneux. — Sur pilotis. — Sur pieux à vis. — Sur arcades. — Par épuisements. — Par caissons. — Sur massif de béton. — Fondations tubulaires. — Scaphandres. — Affouillements. — Radiers généraux. . . . . . 152 à 164
III. Fondations sur terrains compressibles. Sur terrains d'argile compacte; — d'argile détrempée; — tourbeux, etc. 165 à 167
IV. De l'épaisseur des fondations. Règles données par divers auteurs. — Disposition des empatements. . . . . 167 à 168

CHAPITRE DEUXIÈME.

MURS.

I. Disposition. Constructions homogènes en pierres de taille. — Appareils de l'antiquité. — Pierres de taille posées à sec; — avec mortier. — Carreaux. — Boutisses. — Parpaings. — Opus isodomum. — Constructions homogènes en moellons; — en briques. — Constructions mixtes. — Ἐμπλεκτόν. — Opus incertum. — Opus reticulatum. — Maçonneries parementées en briques. — Constructions mixtes des modernes. — Revêtements en dalles de marbre. — Chaînes en pierres. . . . . 169 à 177
II. Proportions. Épaisseur des murs de clôture; — des murs d'édifices. — Pressions supportées par les maçonneries. — Épaisseur des murs de soutènement. — Contre-forts. . . . . 177 à 188
III. Décoration. Refends. — Bossages. — Leur emploi dans l'architecture grecque; — romaine; — florentine; — française. — Chaînes verticales et encadrements. — Revêtements en marbres. — Sculpture. — Peinture. . . . . . . 188 à 195

CHAPITRE TROISIÈME.

SUPPORTS ISOLÉS AVEC ENTABLEMENTS.

DES COLONNES.

I. Disposition. Forme des colonnes.— Base. — Fût.—Chapiteau. — Entablements égyptiens; — grecs. — Architrave. — Frise. — Corniche. — Piédestaux. — Construction des colonnes et des entablements.. . . . . 194 à 197

II. Proportions. Proportions des colonnes. — Trois systèmes principaux. — Leur vérification scientifique. — Rapport du diamètre supérieur au diamètre inférieur.— Inclinaison des axes des colonnes.— Galbe des colonnes.— Colonnes renflées. — Proportions des entablements. — Proportions des piédestaux. . . 198 à 209

III. Décoration. Des moulures. — Leur forme scientifique. — Leurs ornements. — De l'art de profiler. — Des ordres de colonnes. — Leur théorie. . . . . . 209 à 224

De l'ordre dorique. Temple de Neptune, à Pœstum. — Parthénon. — Temple de Cora. — Ordres doriques — du théâtre de Marcellus; — de Palladio; — de Vignole; — de Jean Bullant. — Type d'ordre dorique moderne. — Décoration des fûts. — Colonnes du Louvre. — Ordres toscans — du temple de Junon Matuta; — du Colisée; — de l'amphithéâtre de Nîmes; — de Vignole; — de Serlio. . . . . 225 à 240

De l'ordre ionique. Chapiteau. — Érechthéion. — Temple d'Apollon, à Bassæ.—Chapiteau du portique du forum triangulaire, à Pompéi.— Temple de la Fortune virile, à Rome. — Ordres ioniques — du temple de l'Espérance ; — du théâtre de Marcellus ; — de Scamozzi. — Entablements ioniques avec triglyphes. — Type d'ordre ionique moderne. — Méthodes pour le tracé de la volute. — Cannelures.— Colonnes ioniques du château des Tuileries. . . . . 240 à 254

De l'ordre corinthien. — Chapiteau. — Chapiteaux — du temple d'Apollon, à Bassæ ;—du monument de Lysicrates, à Athènes.— Temples — de Vesta, à Tivoli ; — de Minerve, à Assise. — Chapiteau du Colisée. — Type d'ordre corinthien moderne. — Cannelures. — Chapiteaux composites. — Chapiteaux — du temple de Diane, à Messène ; — du portique des Douze-Dieux ; — du palais de la Chancellerie, à Rome. . . . . 254 à 267

DES PILASTRES.

Pilastres de l'architecture grecque. — Formes des chapiteaux. — Pilastres de l'architecture romaine. — Pilastres modernes. — Saillie des pilastres. . . . . . . 267 à 273

DES CARIATIDES.

Origine des cariatides.— Caractère à leur assigner.—Cariatides—de l'Érechthéion; — de la villa Albani ; — du temple de Jupiter, à Agrigente ; — des thermes de Pompéi ; — de Jean Goujon. — De l'emploi des cariatides. . . . . 273 à 280

CHAPITRE QUATRIÈME.

ARCADES.

I. Disposition. Arcades des Étrusques ; — des Romains. — Pieds-droits. — Bases. — Impostes. — Corniches. . . . . 281 à 282
II. Proportions. Des ouvertures ; — des pieds-droits. 282
III. Décoration. Arcades avec refends ou bossages ; — avec impostes et archivoltes. — Arcades de Bramante dans l'église de Saint-Laurent, à Rome. . . . . . . 283 à 289
Arcades sur colonnes. — Origine. — Disposition. — Arcades de l'architecture romaine ; — de la Renaissance ; — du palais de Venise, à Rome. 289 à 293
Arcades avec colonnes. — Origine. — Disposition. — Arcades de la basilique de Vicence, par Palladio. — Arcades avec pilastres. — Arcades du château des Tuileries, par Philibert Delorme. — Dispositions diverses. 294 à 299

CHAPITRE CINQUIÈME.

PORTES ET FENÊTRES.

Disposition. — Proportions. — Décoration. — Refends. — Chambranles. — Corniches. . . . . 300 à 304
Portes des temples — d'Agrigente ; — de Vesta, à Tivoli ; — de Cora ; — de l'Érechthéion ; — de Céfalu. — Portes — de Balthazar Peruzzi ; — de Vignole ; — de Serlio ; — du Louvre. — Portes en arcades ; — de San-Micheli ; — de Serlio. . 304 à 308
Fenêtres — du temple de Vesta, à Tivoli ; — de Bramante ; — de Balthazar Peruzzi ; — de San-Gallo ; — de Pierre Lescot. — Mezzanines. — Œils-de-bœuf. — Lucarnes. . . . . 308 à 311

CHAPITRE SIXIÈME.

SOUBASSEMENTS, ATTIQUES, CORNICHES DE COURONNEMENT, FRONTONS, BALUSTRADES.

DES SOUBASSEMENTS.

Disposition. — Soubassements — du palais de la Chancellerie, à Rome, — du Louvre ; — du palais Porti, à Vicence ; — des palais de la place de la Concorde, à Paris ; — de la place Vendôme ; — de l'École des beaux-arts ; — de la bibliothèque Sainte-Geneviève ; — de la Monnaie. . . . . 312 à 317

DES ATTIQUES.

Disposition. — Ordre attique. — Attiques — de l'architecture italienne ; — du Louvre ; — de l'École des beaux-arts ; — du palais du quai d'Orsay ; — du château de Versailles . . . . 317 à 324

598   TRAITÉ D'ARCHITECTURE.

DES CORNICHES DE COURONNEMENT.

Corniches de couronnement — du palais de la Chancellerie; — du château de Caprarola; — du Louvre; — d'une église du faubourg du Peuple, à Rome; — de l'église du Rédempteur, à Venise; — de l'enceinte du temple de Mars Vengeur; — des ponts de Rimini, de Saint-Michel et de Dinan. — Corniches d'intérieurs . . . . 524 à 326

DES FRONTONS.

Disposition. — Sculpture des frontons des temples — d'Égine; — de Delphes; — d'Agrigente; — du Parthénon. — Sculptures modernes. — Forme des corniches de frontons. — Fronton du temple de Minerve, à Assise. — Inclinaison des frontons. — Pignons sans frontons. — Frontons circulaires; — brisés. . . . . 527 à 333

DES BALUSTRADES.

Disposition. — Balustrades — des Romains; — de Balthazar Peruzzi; — de Vignole; — de Jean Goujon; — diverses; — d'escaliers. . . . . 333 à 337

CHAPITRE SEPTIÈME.

PLAFONDS ET VOUTES.

DES PLAFONDS.

Plafonds — de l'architecture égyptienne; — de l'architecture grecque, — du temple de Thésée, à Athènes; — de l'Érechthéion; — du temple de Vesta, à Tivoli. — Caissons — du temple de Mars Vengeur, à Rome; — de l'église de la Madeleine, à Paris. — Plafonds — de Palmyre; — du Louvre, par Jean Goujon. — Soffites. — Construction moderne des plafonds. . . . . 338 à 344

DES VOUTES.

Voûtes de l'Égypte et de la Grèce. — Trésor d'Atrée à Mycènes. . . . . 344 à 347
I. Disposition. Voûtes — en berceau; — biaises; — en descente; — en berceau avec lunettes. — Voûtes d'arête. — Voûtes en arc de cloître; — avec plafond. — Voûtes annulaires. — Vis Saint-Gilles. — Voûte d'arête en tour ronde. — Voûtes sphériques. — Culs-de-four sur pendentifs. — Dômes sur pendentifs. — Culs-de-four de niches. — Voûtes surhaussées; — en plein cintre; — surbaissées. — Diverses formes de directrices. — Construction des voûtes en pierres de taille; — en moellons; — en briques; — en poteries; — en béton. — Appareils. . . 347 à 353

II. Proportions. Stabilité des voûtes. — Poussée. — Son évaluation. — Modes divers de rupture. — Procédé graphique pour s'assurer de la stabilité d'une voûte. — Systèmes de consolidation des voûtes. — Voûtes de l'architecture romane. — Abbaye des hommes à Caen. — Coefficients de stabilité. — Épaisseurs à la clef. — Méthode de M. Méry. — Courbe des pressions. — Exemples. — Courbe des centres de gravité. — Chaînette. — Théorie de M. de Villarceau. — Solution pratique. — Poussée des voûtes en arc de cloître ; — d'arête ; — sphériques. — Voûtes de l'architecture gothique. — Église Saint-Ouen, à Rouen. — Disposition des arcs-boutants ; — leurs inconvénients. . . . . 354 à 381

III. Décoration. Difficulté de la décoration des voûtes. — Arcs doubleaux. — Caissons. — Caissons — de l'arc de Titus, à Rome ; — de l'arc de l'Étoile, à Paris ; — de l'église de Saint-Pierre, à Rome ; — octogones. — Compartiments peints. — Voûte d'une salle du Vatican, par Raphaël. — Disposition des caissons dans les voûtes en berceau. — Décoration des voûtes d'arête. — Voûtes d'arête de l'architecture gothique. — Clefs pendantes. — Décoration des voûtes en arc de cloître, avec ou sans plafond. — Décoration des voûtes sphériques. — Dôme de Saint-Pierre de Rome. — Disposition et tracé des caissons des voûtes sphériques. — Décoration des culs-de-four sur pendentifs. . . . . . . 381 à 395

CHAPITRE HUITIÈME.

ESCALIERS, AIRES ET PAVEMENTS.

DES ESCALIERS.

Disposition des marches. — Marches scellées à leurs deux extrémités ; — supportées par des voûtes en descente ; — par des voussures. — Marches suspendues, avec ou sans limon. — Proportion des marches. — Formule empirique. — Ligne de foulée. — Balancement des marches. . . . . 396 à 405

DES AIRES.

Aires — des Romains ; — des Grecs ; — modernes ; — de Naples ; — de Venise ; — en ciment ; — en bitume. . . . . 406 à 409

DES PAVEMENTS.

Pavements des Romains. — Mosaïques. — Opus alexandrinum. — Dispositions générales. — Carrelages en terres cuites. . . . . 409 à 411

CHAPITRE NEUVIÈME.

COUVERTURES.

I. Couvertures en terre cuite. Tuiles antiques. — Antéfixes. — Chéneaux ornés. — Tuiles creuses. — Tuiles plates. — Égouts. — Tuiles à emboîtements. . . . 412 à 419
II. Couvertures en pierres. Couvertures en marbre ; — en pierres de taille ; — en ardoises. . . . . 419 à 424
III. Écoulement des eaux. Gargouilles. — Gouttières. — Chéneaux. — Tuyaux de descente. — Dispositions à adopter. . . . . 424 à 425
IV. Décoration des toits. Toits décorés de l'antiquité ; — du moyen âge ; — de la Renaissance. — Tuyaux de cheminées. — Toits de la chapelle et du château de Versailles ; — du château de Meillant ; — du palais de justice de Rouen. . . . 425 à 428

LIVRE TROISIÈME.

CONSTRUCTIONS EN BOIS.

Considérations générales 429

CHAPITRE PREMIER.

CHARPENTE.

DES ASSEMBLAGES.

Assemblages — à tenon et mortaise ; — à queue d'hironde ; — d'angle ; — de pièces qui se croisent ; — bout à bout ; — longitudinaux. . . . . 430 à 434

DES PANS DE BOIS.

I. Disposition. Sablières. — Poteaux d'huisserie ; — corniers. — Écharpes. — Tournisses. — Pans de bois de refend. — Stabilité des pans de bois. — Remplissage en maçonnerie. — Phare de Pontaillac. . . . . 434 à 438
II. Proportions. Équarrissages des pièces. 439
III. Décoration. Maisons du moyen âge ; — de la Renaissance. — Maison à Lisieux. 439 à 441

DES SUPPORTS ISOLÉS.

Disposition. — Proportions. — Décoration. . . . . 441 à 442

TABLE DES MATIÈRES.

DES PLANCHERS.

I. Disposition. Solives. — Solives d'enchevêtrure. — Chevêtres. — Linçoirs. — Lambourdes. — Liernes. — Poutres. — Planchers d'assemblage. — Poutres armées. — Scellements. — Remplissage entre les solives. . . . . 442 à 449
II. Proportions. Formules empiriques. . . . . 450 à 451
III. Décoration. Solives apparentes. — Caissons et peintures. — Planchers à grands compartiments. — Caissons de diverses formes. — Planchers — du palais Vieux, à Florence; — du Louvre. — Panneaux en menuiserie. — Plafonds unis. . . 451 à 456

DES COMBLES.

I. Disposition. Combles à deux égouts; — en appentis; — en pavillon. — Inclinaison des combles. — Chevrons. — Faîtages. — Sablières. — Pannes. — Coyaux. — Fermes. — Arbalétriers. — Tirants. — Poinçons. — Combles à pentes prononcées. — Fermes de différentes grandeurs. — Blochets. — Fermes sans tirants. — Combles à pentes douces. — Fermes — de Sainte-Sabine; — de Saint-Paul hors les Murs; — de Sainte-Marie-Majeure, à Rome. — Combles brisées. — Fermes courbes — de Philibert Delorme; — du colonel Émy; — de Lacaze; — avec voussoirs. — Croupes droites; — biaises. — Noues. — Noulets. . . . . 456 à 478
II. Proportions. Pressions supportées par les combles. — Formules pratiques. . 478 à 482
III. Décoration. Combles — de Sainte-Marie-Majeure; — de San-Miniato; — de la cathédrale de Messine; — de Saint-Vincent-de-Paul; — d'une salle de la gare du chemin de fer du Nord. . . . . 482 à 485

DES ESCALIERS.

Disposition des marches. — Escaliers à limon; — sans limons; — avec limons à crémaillère. — Limons en fer. — Marches en pierre. — Escaliers isolés. — Rampes. . . . . 485 à 490

CHAPITRE DEUXIÈME.

MENUISERIE.

Considérations générales. 491

DES ASSEMBLAGES

Assemblages à embrèvement; — à joints couverts; — à onglets; — avec clefs. Panneaux. . . . . 491 à 494

DES PARQUETS.

Parquets à l'anglaise; — à point de Hongrie; — à compartiments; — en bois colorés. . . . . 494 à 496

DES LAMBRIS.

Disposition. — Lambris à petits cadres; — à grands cadres. — Moulures rapportées. — Détails de construction. — Décoration. . . . . 496 à 501

DES PORTES.

Portes pleines; — à petits cadres; — à grands cadres; — à panneaux saillants. — Portes cochères; — charretières. . . . . 502 à 505

DES CHASSIS VITRÉS, DES VOLETS ET DES PERSIENNES.

Châssis dormants.— Croisées. — Volets extérieurs; — intérieurs. — Persiennes. . 506 à 511

LIVRE QUATRIÈME.
CONSTRUCTIONS EN FER.

Considérations générales. . . . . 513 à 517

DES ASSEMBLAGES.

Assemblages de pièces en fer forgé. — Boulons. — Rivets. — Assemblages des feuilles de tôle; — de la fonte. — Moulage de la fonte. . . . . 517 à 527

DES MURS.

Application du fer à la consolidation des murs en maçonnerie et des pans de bois. — Chaînages. — Ceintures et tirants pour résister à la poussée des voûtes. — Armatures d'architraves. — Murs en tôle ou en fonte. — Phare des Roches-Douvres. — Phare de Walde. — Revêtements en fonte. . . . . 527 à 535

DES SUPPORTS ISOLÉS.

Colonnes en fonte; — pleines; — creuses. — Bases. — Chapiteaux. — Formes. — Proportions. — Portiques en fonte et bois; — en fonte; — en fonte et fer. — Grandes halles de Paris. — Bibliothèque Sainte-Geneviève, à Paris. . . . . . . 536 à 543

DES PLANCHERS.

Étriers. — Ancres. — Plates-bandes. — Boîtes en fonte. — Poutres armées en fer. — Poutres en fer. — Poutres en fonte. — Planchers en fer. — Leur remplissage; — leurs scellements. — Calcul des solives. . . . . 543 à 557

TABLE DES MATIÈRES.

DES COMBLES.

Fermes en fer et bois; — en fer; — en fonte. — Fermes des gares des chemins de fer — du Nord; — de Paris à Lyon; — de Saint-Germain. — Ferme du marché du Château-d'Eau, à Paris. — Ferme en fonte de grande ouverture. — Calcul des diverses parties d'une ferme en fer. — Auvents en fer; — en fonte... 557 à 568

DES GRILLES.

Grilles en fer; — en fonte; — du château de Fontainebleau; — du palais public de Sienne; — du chemin de fer du Nord; — du cirque des Champs-Élysées; — de la colonne de Juillet........................ 568 à 571

DES ESCALIERS ET DE QUELQUES MENUS OUVRAGES.

Escaliers suspendus; — à noyau; — en forme d'échelle de meunier. — Dallages. — Tuyaux. — Chéneaux. — Encadrements d'ouvertures. — Volets. — Châssis vitrés. — Portes. — Candélabres. — Fontaines, etc. .... 571 à 574

DES COUVERTURES MÉTALLIQUES.

Couvertures en plomb. Disposition. — Dômes. — Terrasses. — Chéneaux..... 575 à 576
Couvertures en cuivre. Couvertures en bronze des Romains.—Couvertures modernes. 576 à 579
Couvertures en zinc. Couvertures en feuilles — grandes; — petites; — courbes; — cannelées... 579 à 585
Couvertures en fer. Couvertures en tôle; — en fer-blanc; — en fer galvanisé; — en fonte... 585 à 587

NOTE.

Sur les valeurs attribuées aux coefficients de résistance de la fonte.......... 589 à 591

FIN DE LA TABLE DES MATIÈRES.

PARIS. — IMP. SIMON RAÇON ET COMP., RUE D'ERFURTH. 1.

www.ingramcontent.com/pod-product-compliance
Lightning Source LLC
Chambersburg PA
CBHW060402230426
43663CB00008B/1366